最新经济管理政策法规汇编丛书（第一辑）

U0881853

中国药品监督管理政策法规汇编

2014年版

丛书编辑部 编

经济管理出版社
ECONOMY & MANAGEMENT PUBLISHING HOUSE

图书在版编目（CIP）数据

中国药品监督管理政策法规汇编（2014 年版）/《最新经济管理政策法规汇编丛书》编辑部编．—北京：经济管理出版社，2014.4

（最新经济管理政策法规汇编丛书）

ISBN 978 - 7 - 5096 - 3086 - 0

Ⅰ.①中…　Ⅱ.①最…　Ⅲ.①药品管理—法规—汇编—中国　Ⅳ.①D922.169

中国版本图书馆 CIP 数据核字（2014）第 079037 号

责任编辑：谭　伟　王　琰
责任印制：黄章平
责任校对：陈　颖

出版发行：经济管理出版社
（北京市海淀区北蜂窝 8 号中雅大厦 A 座 11 层　100038）
网　　址：www. E - mp. com. cn
电　　话：（010）51915602
印　　刷：三河市海波印务有限公司
经　　销：新华书店
开　　本：880mm × 1230mm/16
印　　张：39.25
字　　数：1108 千字
版　　次：2014 年 5 月第 1 版　2014 年 5 月第 1 次印刷
书　　号：ISBN 978 - 7 - 5096 - 3086 - 0
定　　价：298.00 元

最新经济管理政策法规汇编丛书（第一辑）

专家审读组

组　长：李文阁（全国人大常委会法工委行政法室处长）

成　员：李辉（全国人大常委会法工委行政法室主任科员）

张涛（全国人大常委会法工委行政法室主任科员）

田林（全国人大常委会法工委行政法室主任科员）

杨威（全国人大常委会法工委行政法室主任科员）

最新经济管理政策法规汇编丛书（第一辑）

编辑说明

一、为了方便药品行业投资者、研究者和管理者全面、系统地了解和掌握药品产业相关政策法规，指导产业投资以及政府对药品政策法规的完善与更新，我们特编印此书。

二、《中国药品监督管理政策法规汇编》由经济管理出版社副社长杨世伟主导编印、对本书进行了统筹策划，硕士研究生范美琴负责具体的编辑工作。

三、《中国药品监督管理政策法规汇编》按以下顺序编排：①综合类政策法规；②药品生产及医疗机构制剂政策法规；③药品经营政策法规；④药品管理、监督政策法规；⑤药品包装、广告及药品安全政策法规；⑥医疗器械监管政策法规。

四、本汇编较为系统地梳理、收录了我国近年来中央及地方出台的有关药品监督管理方面的政策及法规，在编辑过程中我们对一些已经失去时效或相关部门明确表示作废、终止的政策法规进行了筛选和删除。

五、本书将根据国家药品监督管理政策法规的制定、出台及更新情况及时进行修订。

六、由于时间仓促，本书在编辑方面难免存在不足，敬请指正。

编者

2013 年 12 月

目　录

第一编　综合类政策法规

第二编　药品生产及医疗机构制剂政策法规

第三编　药品经营政策法规

第四编　药品管理、监督政策法规

第五编 药品包装、广告及药品安全政策法规

第六编　医疗器械监管政策法规

附　　录　国家基本药物目录

第一编　综合类政策法规

中华人民共和国药品管理法*

（1984年9月20日第六届全国人民代表大会常务委员会第七次会议通过，2001年2月28日第九届全国人民代表大会常务委员会第二十次会议修订）

第一章　总　　则

第一条　为加强药品监督管理，保证药品质量，保障人体用药安全，维护人民身体健康和用药的合法权益，特制定本法。

第二条　在中华人民共和国境内从事药品的研制、生产、经营、使用和监督管理的单位或者个人，必须遵守本法。

第三条　国家发展现代药和传统药，充分发挥其在预防、医疗和保健中的作用。

国家保护野生药材资源，鼓励培育中药材。

第四条　国家鼓励研究和创制新药，保护公民、法人和其他组织研究、开发新药的合法权益。

第五条　国务院药品监督管理部门主管全国药品监督管理工作。国务院有关部门在各自的职责范围内负责与药品有关的监督管理工作。

省、自治区、直辖市人民政府药品监督管理部门负责本行政区域内的药品监督管理工作。省、自治区、直辖市人民政府有关部门在各自的职责范围内负责与药品有关的监督管理工作。

国务院药品监督管理部门应当配合国务院经济综合主管部门，执行国家制定的药品行业发展规划和产业政策。

第六条　药品监督管理部门设置或者确定的药品检验机构，承担依法实施药品审批和药品质量监督检查所需的药品检验工作。

第二章　药品生产企业管理

第七条　开办药品生产企业，须经企业所在地省、自治区、直辖市人民政府药品监督管理部门批准并发给《药品生产许可证》，凭《药品生产许可证》到工商行政管理部门办理登记注册。无《药品生产许可证》的，不得生产药品。

《药品生产许可证》应当标明有效期和生产范围，到期重新审查发证。

药品监督管理部门批准开办药品生产企业，除依据本法第八条规定的条件外，还应当符合国家

---

* 2013年12月28日十二届全国人大常委会第六次会议在对《海洋环境保护法》等七部法律的修改决定中，对《药品管理法》作了修改，将第十三条修改为："经省、自治区、直辖市人民政府药品监督管理部门批准，药品生产企业可以接受委托生产药品。"

制定的药品行业发展规划和产业政策，防止重复建设。

第八条 开办药品生产企业，必须具备以下条件：

（一）具有依法经过资格认定的药学技术人员、工程技术人员及相应的技术工人；

（二）具有与其药品生产相适应的厂房、设施和卫生环境；

（三）具有能对所生产药品进行质量管理和质量检验的机构、人员以及必要的仪器设备；

（四）具有保证药品质量的规章制度。

第九条 药品生产企业必须按照国务院药品监督管理部门依据本法制定的《药品生产质量管理规范》组织生产。药品监督管理部门按照规定对药品生产企业是否符合《药品生产质量管理规范》的要求进行认证；对认证合格的，发给认证证书。

《药品生产质量管理规范》的具体实施办法、实施步骤由国务院药品监督管理部门规定。

第十条 除中药饮片的炮制外，药品必须按照国家药品标准和国务院药品监督管理部门批准的生产工艺进行生产，生产记录必须完整准确。药品生产企业改变影响药品质量的生产工艺的，必须报原批准部门审核批准。

中药饮片必须按照国家药品标准炮制；国家药品标准没有规定的，必须按照省、自治区、直辖市人民政府药品监督管理部门制定的炮制规范炮制。省、自治区、直辖市人民政府药品监督管理部门制定的炮制规范应当报国务院药品监督管理部门备案。

第十一条 生产药品所需的原料、辅料，必须符合药用要求。

第十二条 药品生产企业必须对其生产的药品进行质量检验；不符合国家药品标准或者不按照省、自治区、直辖市人民政府药品监督管理部门制定的中药饮片炮制规范炮制的，不得出厂。

第十三条 经国务院药品监督管理部门或者国务院药品监督管理部门授权的省、自治区、直辖市人民政府药品监督管理部门批准，药品生产企业可以接受委托生产药品。

第三章 药品经营企业管理

第十四条 开办药品批发企业，须经企业所在地省、自治区、直辖市人民政府药品监督管理部门批准并发给《药品经营许可证》；开办药品零售企业，须经企业所在地县级以上地方药品监督管理部门批准并发给《药品经营许可证》，凭《药品经营许可证》到工商行政管理部门办理登记注册。无《药品经营许可证》的，不得经营药品。

《药品经营许可证》应当标明有效期和经营范围，到期重新审查发证。

药品监督管理部门批准开办药品经营企业，除依据本法第十五条规定的条件外，还应当遵循合理布局和方便群众购药的原则。

第十五条 开办药品经营企业必须具备以下条件：

（一）具有依法经过资格认定的药学技术人员；

（二）具有与所经营药品相适应的营业场所、设备、仓储设施、卫生环境；

（三）具有与所经营药品相适应的质量管理机构或者人员；

（四）具有保证所经营药品质量的规章制度。

第十六条 药品经营企业必须按照国务院药品监督管理部门依据本法制定的《药品经营质量管理规范》经营药品。药品监督管理部门按照规定对药品经营企业是否符合《药品经营质量管理规范》的要求进行认证；对认证合格的，发给认证证书。

《药品经营质量管理规范》的具体实施办法、实施步骤由国务院药品监督管理部门规定。

第十七条 药品经营企业购进药品，必须建立并执行进货检查验收制度，验明药品合格证明和其他标识；不符合规定要求的，不得购进。

第十八条　药品经营企业购销药品，必须有真实完整的购销记录。购销记录必须注明药品的通用名称、剂型、规格、批号、有效期、生产厂商、购（销）货单位、购（销）货数量、购销价格、购（销）货日期及国务院药品监督管理部门规定的其他内容。

第十九条　药品经营企业销售药品必须准确无误，并正确说明用法、用量和注意事项；调配处方必须经过核对，对处方所列药品不得擅自更改或者代用。对有配伍禁忌或者超剂量的处方，应当拒绝调配；必要时，经处方医师更正或者重新签字，方可调配。

药品经营企业销售中药材，必须标明产地。

第二十条　药品经营企业必须制定和执行药品保管制度，采取必要的冷藏、防冻、防潮、防虫、防鼠等措施，保证药品质量。

药品入库和出库必须执行检查制度。

第二十一条　城乡集市贸易市场可以出售中药材，国务院另有规定的除外。

城乡集市贸易市场不得出售中药材以外的药品，但持有《药品经营许可证》的药品零售企业在规定的范围内可以在城乡集市贸易市场设点出售中药材以外的药品。具体办法由国务院规定。

第四章　医疗机构的药剂管理

第二十二条　医疗机构必须配备依法经过资格认定的药学技术人员。非药学技术人员不得直接从事药剂技术工作。

第二十三条　医疗机构配制制剂，须经所在地省、自治区、直辖市人民政府卫生行政部门审核同意，由省、自治区、直辖市人民政府药品监督管理部门批准，发给《医疗机构制剂许可证》。无《医疗机构制剂许可证》的，不得配制制剂。

《医疗机构制剂许可证》应当标明有效期，到期重新审查发证。

第二十四条　医疗机构配制制剂，必须具有能够保证制剂质量的设施、管理制度、检验仪器和卫生条件。

第二十五条　医疗机构配制的制剂，应当是本单位临床需要而市场上没有供应的品种，并须经所在地省、自治区、直辖市人民政府药品监督管理部门批准后方可配制。配制的制剂必须按照规定进行质量检验；合格的，凭医师处方在本医疗机构使用。特殊情况下，经国务院或者省、自治区、直辖市人民政府的药品监督管理部门批准，医疗机构配制的制剂可以在指定的医疗机构之间调剂使用。

医疗机构配制的制剂，不得在市场销售。

第二十六条　医疗机构购进药品，必须建立并执行进货检查验收制度，验明药品合格证明和其他标识；不符合规定要求的，不得购进和使用。

第二十七条　医疗机构的药剂人员调配处方，必须经过核对，对处方所列药品不得擅自更改或者代用。对有配伍禁忌或者超剂量的处方，应当拒绝调配；必要时，经处方医师更正或者重新签字，方可调配。

第二十八条　医疗机构必须制定和执行药品保管制度，采取必要的冷藏、防冻、防潮、防虫、防鼠等措施，保证药品质量。

第五章　药品管理

第二十九条　研制新药，必须按照国务院药品监督管理部门的规定如实报送研制方法、质量指标、药理及毒理试验结果等有关资料和样品，经国务院药品监督管理部门批准后，方可进行临床试验。药物临床试验机构资格的认定办法，由国务院药品监督管理部门、国务院卫生行政部门共同制定。

完成临床试验并通过审批的新药，由国务院药品监督管理部门批准，发给新药证书。

第三十条　药物的非临床安全性评价研究机构和临床试验机构必须分别执行药物非临床研究质量管理规范、药物临床试验质量管理规范。

药物非临床研究质量管理规范、药物临床试验质量管理规范由国务院确定的部门制定。

第三十一条　生产新药或者已有国家标准的药品的，须经国务院药品监督管理部门批准，并发给药品批准文号；但是，生产没有实施批准文号管理的中药材和中药饮片除外。实施批准文号管理的中药材、中药饮片品种目录由国务院药品监督管理部门会同国务院中医药管理部门制定。

药品生产企业在取得药品批准文号后，方可生产该药品。

第三十二条　药品必须符合国家药品标准。中药饮片依照本法第十条第二款的规定执行。

国务院药品监督管理部门颁布的《中华人民共和国药典》和药品标准为国家药品标准。

国务院药品监督管理部门组织药典委员会，负责国家药品标准的制定和修订。

国务院药品监督管理部门的药品检验机构负责标定国家药品标准品、对照品。

第三十三条　国务院药品监督管理部门组织药学、医学和其他技术人员，对新药进行审评，对已经批准生产的药品进行再评价。

第三十四条　药品生产企业、药品经营企业、医疗机构必须从具有药品生产、经营资格的企业购进药品；但是，购进没有实施批准文号管理的中药材除外。

第三十五条　国家对麻醉药品、精神药品、医疗用毒性药品、放射性药品，实行特殊管理。管理办法由国务院制定。

第三十六条　国家实行中药品种保护制度。具体办法由国务院制定。

第三十七条　国家对药品实行处方药与非处方药分类管理制度。具体办法由国务院制定。

第三十八条　禁止进口疗效不确、不良反应大或者其他原因危害人体健康的药品。

第三十九条　药品进口，须经国务院药品监督管理部门组织审查，经审查确认符合质量标准、安全有效的，方可批准进口，并发给进口药品注册证书。

医疗单位临床急需或者个人自用进口的少量药品，按照国家有关规定办理进口手续。

第四十条　药品必须从允许药品进口的口岸进口，并由进口药品的企业向口岸所在地药品监督管理部门登记备案。海关凭药品监督管理部门出具的《进口药品通关单》放行。无《进口药品通关单》的，海关不得放行。

口岸所在地药品监督管理部门应当通知药品检验机构按照国务院药品监督管理部门的规定对进口药品进行抽查检验，并依照本法第四十一条第二款的规定收取检验费。

允许药品进口的口岸由国务院药品监督管理部门会同海关总署提出，报国务院批准。

第四十一条　国务院药品监督管理部门对下列药品在销售前或者进口时，指定药品检验机构进行检验；检验不合格的，不得销售或者进口：

（一）国务院药品监督管理部门规定的生物制品；

（二）首次在中国销售的药品；

（三）国务院规定的其他药品。

前款所列药品的检验费项目和收费标准由国务院财政部门会同国务院价格主管部门核定并公告。检验费收缴办法由国务院财政部门会同国务院药品监督管理部门制定。

第四十二条 国务院药品监督管理部门对已经批准生产或者进口的药品，应当组织调查；对疗效不确、不良反应大或者其他原因危害人体健康的药品，应当撤销批准文号或者进口药品注册证书。

已被撤销批准文号或者进口药品注册证书的药品，不得生产或者进口、销售和使用；已经生产或者进口的，由当地药品监督管理部门监督销毁或者处理。

第四十三条 国家实行药品储备制度。

国内发生重大灾情、疫情及其他突发事件时，国务院规定的部门可以紧急调用企业药品。

第四十四条 对国内供应不足的药品，国务院有权限制或者禁止出口。

第四十五条 进口、出口麻醉药品和国家规定范围内的精神药品，必须持有国务院药品监督管理部门发给的《进口准许证》、《出口准许证》。

第四十六条 新发现和从国外引种的药材，经国务院药品监督管理部门审核批准后，方可销售。

第四十七条 地区性民间习用药材的管理办法，由国务院药品监督管理部门会同国务院中医药管理部门制定。

第四十八条 禁止生产（包括配制，下同）、销售假药。

有下列情形之一的，为假药：

（一）药品所含成份与国家药品标准规定的成份不符的；

（二）以非药品冒充药品或者以他种药品冒充此种药品的。

有下列情形之一的药品，按假药论处：

（一）国务院药品监督管理部门规定禁止使用的；

（二）依照本法必须批准而未经批准生产、进口，或者依照本法必须检验而未经检验即销售的；

（三）变质的；

（四）被污染的；

（五）使用依照本法必须取得批准文号而未取得批准文号的原料药生产的；

（六）所标明的适应症或者功能主治超出规定范围的。

第四十九条 禁止生产、销售劣药。

药品成份的含量不符合国家药品标准的，为劣药。

有下列情形之一的药品，按劣药论处：

（一）未标明有效期或者更改有效期的；

（二）不注明或者更改生产批号的；

（三）超过有效期的；

（四）直接接触药品的包装材料和容器未经批准的；

（五）擅自添加着色剂、防腐剂、香料、矫味剂及辅料的；

（六）其他不符合药品标准规定的。

第五十条 列入国家药品标准的药品名称为药品通用名称。已经作为药品通用名称的，该名称不得作为药品商标使用。

第五十一条 药品生产企业、药品经营企业和医疗机构直接接触药品的工作人员，必须每年进行健康检查。患有传染病或者其他可能污染药品的疾病的，不得从事直接接触药品的工作。

第六章 药品包装的管理

第五十二条 直接接触药品的包装材料和容器，必须符合药用要求，符合保障人体健康、安全的标准，并由药品监督管理部门在审批药品时一并审批。

药品生产企业不得使用未经批准的直接接触药品的包装材料和容器。

对不合格的直接接触药品的包装材料和容器，由药品监督管理部门责令停止使用。

第五十三条 药品包装必须适合药品质量的要求，方便储存、运输和医疗使用。

发运中药材必须有包装。在每件包装上，必须注明品名、产地、日期、调出单位，并附有质量合格的标志。

第五十四条 药品包装必须按照规定印有或者贴有标签并附有说明书。

标签或者说明书上必须注明药品的通用名称、成份、规格、生产企业、批准文号、产品批号、生产日期、有效期、适应症或者功能主治、用法、用量、禁忌、不良反应和注意事项。

麻醉药品、精神药品、医疗用毒性药品、放射性药品、外用药品和非处方药的标签，必须印有规定的标志。

第七章 药品价格和广告的管理

第五十五条 依法实行政府定价、政府指导价的药品，政府价格主管部门应当依照《中华人民共和国价格法》规定的定价原则，依据社会平均成本、市场供求状况和社会承受能力合理制定和调整价格，做到质价相符，消除虚高价格，保护用药者的正当利益。

药品的生产企业、经营企业和医疗机构必须执行政府定价、政府指导价，不得以任何形式擅自提高价格。

药品生产企业应当依法向政府价格主管部门如实提供药品的生产经营成本，不得拒报、虚报、瞒报。

第五十六条 依法实行市场调节价的药品，药品的生产企业、经营企业和医疗机构应当按照公平、合理和诚实信用、质价相符的原则制定价格，为用药者提供价格合理的药品。药品的生产企业、经营企业和医疗机构应当遵守国务院价格主管部门关于药价管理的规定，制定和标明药品零售价格，禁止暴利和损害用药者利益的价格欺诈行为。

第五十七条 药品的生产企业、经营企业、医疗机构应当依法向政府价格主管部门提供其药品的实际购销价格和购销数量等资料。

第五十八条 医疗机构应当向患者提供所用药品的价格清单；医疗保险定点医疗机构还应当按照规定的办法如实公布其常用药品的价格，加强合理用药的管理。具体办法由国务院卫生行政部门规定。

第五十九条 禁止药品的生产企业、经营企业和医疗机构在药品购销中账外暗中给予、收受回扣或者其他利益。

禁止药品的生产企业、经营企业或者其代理人以任何名义给予使用其药品的医疗机构的负责人、药品采购人员、医师等有关人员以财物或者其他利益。禁止医疗机构的负责人、药品采购人员、医师等有关人员以任何名义收受药品的生产企业、经营企业或者其代理人给予的财物或者其他利益。

第六十条 药品广告须经企业所在地省、自治区、直辖市人民政府药品监督管理部门批准，并发给药品广告批准文号；未取得药品广告批准文号的，不得发布。

处方药可以在国务院卫生行政部门和国务院药品监督管理部门共同指定的医学、药学专业刊物上介绍，但不得在大众传播媒介发布广告或者以其他方式进行以公众为对象的广告宣传。

第六十一条　药品广告的内容必须真实、合法，以国务院药品监督管理部门批准的说明书为准，不得含有虚假的内容。

药品广告不得含有不科学的表示功效的断言或者保证；不得利用国家机关、医药科研单位、学术机构或者专家、学者、医师、患者的名义和形象作证明。

非药品广告不得有涉及药品的宣传。

第六十二条　省、自治区、直辖市人民政府药品监督管理部门应当对其批准的药品广告进行检查，对于违反本法和《中华人民共和国广告法》的广告，应当向广告监督管理机关通报并提出处理建议，广告监督管理机关应当依法作出处理。

第六十三条　药品价格和广告，本法未规定的，适用《中华人民共和国价格法》、《中华人民共和国广告法》的规定。

第八章　药品监督

第六十四条　药品监督管理部门有权按照法律、行政法规的规定对报经其审批的药品研制和药品的生产、经营以及医疗机构使用药品的事项进行监督检查，有关单位和个人不得拒绝和隐瞒。

药品监督管理部门进行监督检查时，必须出示证明文件，对监督检查中知悉的被检查人的技术秘密和业务秘密应当保密。

第六十五条　药品监督管理部门根据监督检查的需要，可以对药品质量进行抽查检验。抽查检验应当按照规定抽样，并不得收取任何费用。所需费用按照国务院规定列支。

药品监督管理部门对有证据证明可能危害人体健康的药品及其有关材料可以采取查封、扣押的行政强制措施，并在七日内作出行政处理决定；药品需要检验的，必须自检验报告书发出之日起十五日内作出行政处理决定。

第六十六条　国务院和省、自治区、直辖市人民政府的药品监督管理部门应当定期公告药品质量抽查检验的结果；公告不当的，必须在原公告范围内予以更正。

第六十七条　当事人对药品检验机构的检验结果有异议的，可以自收到药品检验结果之日起七日内向原药品检验机构或者上一级药品监督管理部门设置或者确定的药品检验机构申请复验，也可以直接向国务院药品监督管理部门设置或者确定的药品检验机构申请复验。受理复验的药品检验机构必须在国务院药品监督管理部门规定的时间内作出复验结论。

第六十八条　药品监督管理部门应当按照规定，依据《药品生产质量管理规范》、《药品经营质量管理规范》，对经其认证合格的药品生产企业、药品经营企业进行认证后的跟踪检查。

第六十九条　地方人民政府和药品监督管理部门不得以要求实施药品检验、审批等手段限制或者排斥非本地区药品生产企业依照本法规定生产的药品进入本地区。

第七十条　药品监督管理部门及其设置的药品检验机构和确定的专业从事药品检验的机构不得参与药品生产经营活动，不得以其名义推荐或者监制、监销药品。

药品监督管理部门及其设置的药品检验机构和确定的专业从事药品检验的机构的工作人员不得参与药品生产经营活动。

第七十一条　国家实行药品不良反应报告制度。药品生产企业、药品经营企业和医疗机构必须经常考察本单位所生产、经营、使用的药品质量、疗效和反应。发现可能与用药有关的严重不良反应，必须及时向当地省、自治区、直辖市人民政府药品监督管理部门和卫生行政部门报告。具体办法由国务院药品监督管理部门会同国务院卫生行政部门制定。

对已确认发生严重不良反应的药品，国务院或者省、自治区、直辖市人民政府的药品监督管理部门可以采取停止生产、销售、使用的紧急控制措施，并应当在五日内组织鉴定，自鉴定结论作出之日起十五日内依法作出行政处理决定。

第七十二条　药品生产企业、药品经营企业和医疗机构的药品检验机构或者人员，应当接受当地药品监督管理部门设置的药品检验机构的业务指导。

第九章　法律责任

第七十三条　未取得《药品生产许可证》、《药品经营许可证》或者《医疗机构制剂许可证》生产药品、经营药品的，依法予以取缔，没收违法生产、销售的药品和违法所得，并处违法生产、销售的药品（包括已售出的和未售出的药品，下同）货值金额二倍以上五倍以下的罚款；构成犯罪的，依法追究刑事责任。

第七十四条　生产、销售假药的，没收违法生产、销售的药品和违法所得，并处违法生产、销售药品货值金额二倍以上五倍以下的罚款；有药品批准证明文件的予以撤销，并责令停产、停业整顿；情节严重的，吊销《药品生产许可证》、《药品经营许可证》或者《医疗机构制剂许可证》；构成犯罪的，依法追究刑事责任。

第七十五条　生产、销售劣药的，没收违法生产、销售的药品和违法所得，并处违法生产、销售药品货值金额一倍以上三倍以下的罚款；情节严重的，责令停产、停业整顿或者撤销药品批准证明文件、吊销《药品生产许可证》、《药品经营许可证》或者《医疗机构制剂许可证》；构成犯罪的，依法追究刑事责任。

第七十六条　从事生产、销售假药及生产、销售劣药情节严重的企业或者其他单位，其直接负责的主管人员和其他直接责任人员十年内不得从事药品生产、经营活动。

对生产者专门用于生产假药、劣药的原辅材料、包装材料、生产设备，予以没收。

第七十七条　知道或者应当知道属于假劣药品而为其提供运输、保管、仓储等便利条件的，没收全部运输、保管、仓储的收入，并处违法收入百分之五十以上三倍以下的罚款；构成犯罪的，依法追究刑事责任。

第七十八条　对假药、劣药的处罚通知，必须载明药品检验机构的质量检验结果；但是，本法第四十八条第三款第（一）、（二）、（五）、（六）项和第四十九条第三款规定的情形除外。

第七十九条　药品的生产企业、经营企业、药物非临床安全性评价研究机构、药物临床试验机构未按照规定实施《药品生产质量管理规范》、《药品经营质量管理规范》、药物非临床研究质量管理规范、药物临床试验质量管理规范的，给予警告，责令限期改正；逾期不改正的，责令停产、停业整顿，并处五千元以上二万元以下的罚款；情节严重的，吊销《药品生产许可证》、《药品经营许可证》和药物临床试验机构的资格。

第八十条　药品的生产企业、经营企业或者医疗机构违反本法第三十四条的规定，从无《药品生产许可证》、《药品经营许可证》的企业购进药品的，责令改正，没收违法购进的药品，并处违法购进药品货值金额二倍以上五倍以下的罚款；有违法所得的，没收违法所得；情节严重的，吊销《药品经营许可证》或者医疗机构执业许可证书。

第八十一条　进口已获得药品进口注册证书的药品，未按照本法规定向允许药品进口的口岸所在地的药品监督管理部门登记备案的，给予警告，责令限期改正；逾期不改正的，撤销进口药品注册证书。

第八十二条　伪造、变造、买卖、出租、出借许可证或者药品批准证明文件的，没收违法所得，并处违法所得一倍以上三倍以下的罚款；没有违法所得的，处二万元以上十万元以下的罚款；情节严重的，并吊销卖方、出租方、出借方的《药品生产许可证》、《药品经营许可证》、《医疗机构制剂许可证》或者撤销药品批准证明文件；构成犯罪的，依法追究刑事责任。

第八十三条　违反本法规定，提供虚假的证明、文件资料样品或者采取其他欺骗手段取得《药品生产许可证》、《药品经营许可证》、《医疗机构制剂许可证》或者药品批准证明文件的，吊销《药品生产许可证》、《药品经营许可证》、《医疗机构制剂许可证》或者撤销药品批准证明文件，五年内不受理其申请，并处一万元以上三万元以下的罚款。

第八十四条　医疗机构将其配制的制剂在市场销售的，责令改正，没收违法销售的制剂，并处违法销售制剂货值金额一倍以上三倍以下的罚款；有违法所得的，没收违法所得。

第八十五条　药品经营企业违反本法第十八条、第十九条规定的，责令改正，给予警告；情节严重的，吊销《药品经营许可证》。

第八十六条　药品标识不符合本法第五十四条规定的，除依法应当按照假药、劣药论处的外，责令改正，给予警告；情节严重的，撤销该药品的批准证明文件。

第八十七条　药品检验机构出具虚假检验报告，构成犯罪的，依法追究刑事责任；不构成犯罪的，责令改正，给予警告，对单位并处三万元以上五万元以下的罚款；对直接负责的主管人员和其他直接责任人员依法给予降级、撤职、开除的处分，并处三万元以下的罚款；有违法所得的，没收违法所得；情节严重的，撤销其检验资格。药品检验机构出具的检验结果不实，造成损失的，应当承担相应的赔偿责任。

第八十八条　本法第七十三条至第八十七条规定的行政处罚，由县级以上药品监督管理部门按照国务院药品监督管理部门规定的职责分工决定；吊销《药品生产许可证》、《药品经营许可证》、《医疗机构制剂许可证》、医疗机构执业许可证书或者撤销药品批准证明文件的，由原发证、批准的部门决定。

第八十九条　违反本法第五十五条、第五十六条、第五十七条关于药品价格管理的规定的，依照《中华人民共和国价格法》的规定处罚。

第九十条　药品的生产企业、经营企业、医疗机构在药品购销中暗中给予、收受回扣或者其他利益的，药品的生产企业、经营企业或者其代理人给予使用其药品的医疗机构的负责人、药品采购人员、医师等有关人员以财物或者其他利益的，由工商行政管理部门处一万元以上二十万元以下的罚款，有违法所得的，予以没收；情节严重的，由工商行政管理部门吊销药品生产企业、药品经营企业的营业执照，并通知药品监督管理部门，由药品监督管理部门吊销其《药品生产许可证》、《药品经营许可证》；构成犯罪的，依法追究刑事责任。

第九十一条　药品的生产企业、经营企业的负责人、采购人员等有关人员在药品购销中收受其他生产企业、经营企业或者其代理人给予的财物或者其他利益的，依法给予处分，没收违法所得；构成犯罪的，依法追究刑事责任。

医疗机构的负责人、药品采购人员、医师等有关人员收受药品生产企业、药品经营企业或者其代理人给予的财物或者其他利益的，由卫生行政部门或者本单位给予处分，没收违法所得；对违法行为情节严重的执业医师，由卫生行政部门吊销其执业证书；构成犯罪的，依法追究刑事责任。

第九十二条　违反本法有关药品广告的管理规定的，依照《中华人民共和国广告法》的规定处罚，并由发给广告批准文号的药品监督管理部门撤销广告批准文号，一年内不受理该品种的广告审批申请；构成犯罪的，依法追究刑事责任。

药品监督管理部门对药品广告不依法履行审查职责，批准发布的广告有虚假或者其他违反法律、行政法规的内容的，对直接负责的主管人员和其他直接责任人员依法给予行政处分；构成犯罪的，依法追究刑事责任。

第九十三条　药品的生产企业、经营企业、医疗机构违反本法规定，给药品使用者造成损害的，依法承担赔偿责任。

第九十四条　药品监督管理部门违反本法规定，有下列行为之一的，由其上级主管机关或者监察机关责令收回违法发给的证书、撤销药品批准证明文件，对直接负责的主管人员和其他直接责任人员依法给予行政处分；构成犯罪的，依法追究刑事责任：

（一）对不符合《药品生产质量管理规范》、《药品经营质量管理规范》的企业发给符合有关规范的认证证书的，或者对取得认证证书的企业未按照规定履行跟踪检查的职责，对不符合认证条件的企业未依法责令其改正或者撤销其认证证书的；

（二）对不符合法定条件的单位发给《药品生产许可证》、《药品经营许可证》或者《医疗机构制剂许可证》的；

（三）对不符合进口条件的药品发给进口药品注册证书的；

（四）对不具备临床试验条件或者生产条件而批准进行临床试验、发给新药证书、发给药品批准文号的。

第九十五条　药品监督管理部门或者其设置的药品检验机构或者其确定的专业从事药品检验的机构参与药品生产经营活动的，由其上级机关或者监察机关责令改正，有违法收入的予以没收；情节严重的，对直接负责的主管人员和其他直接责任人员依法给予行政处分。药品监督管理部门或者其设置的药品检验机构或者其确定的专业从事药品检验的机构的工作人员参与药品生产经营活动的，依法给予行政处分。

第九十六条　药品监督管理部门或者其设置、确定的药品检验机构在药品监督检验中违法收取检验费用的，由政府有关部门责令退还，对直接负责的主管人员和其他直接责任人员依法给予行政处分。对违法收取检验费用情节严重的药品检验机构，撤销其检验资格。

第九十七条　药品监督管理部门应当依法履行监督检查职责，监督已取得《药品生产许可证》、《药品经营许可证》的企业依照本法规定从事药品生产、经营活动。

已取得《药品生产许可证》、《药品经营许可证》的企业生产、销售假药、劣药的，除依法追究该企业的法律责任外，对有失职、渎职行为的药品监督管理部门直接负责的主管人员和其他直接责任人员依法给予行政处分；构成犯罪的，依法追究刑事责任。

第九十八条　药品监督管理部门对下级药品监督管理部门违反本法的行政行为，责令限期改正；逾期不改正的，有权予以改变或者撤销。

第九十九条　药品监督管理人员滥用职权、徇私舞弊、玩忽职守，构成犯罪的，依法追究刑事责任；尚不构成犯罪的，依法给予行政处分。

第一百条　依照本法被吊销《药品生产许可证》、《药品经营许可证》的，由药品监督管理部门通知工商行政管理部门办理变更或者注销登记。

第一百零一条　本章规定的货值金额以违法生产、销售药品的标价计算；没有标价的，按照同类药品的市场价格计算。

第十章　附　　则

第一百零二条　本法下列用语的含义是：

药品，是指用于预防、治疗、诊断人的疾病，有目的地调节人的生理机能并规定有适应症或者功能主治、用法和用量的物质，包括中药材、中药饮片、中成药、化学原料药及其制剂、抗生素、生化药品、放射性药品、血清、疫苗、血液制品和诊断药品等。

辅料，是指生产药品和调配处方时所用的赋形剂和附加剂。

药品生产企业，是指生产药品的专营企业或者兼营企业。

药品经营企业，是指经营药品的专营企业或者兼营企业。

第一百零三条　中药材的种植、采集和饲养的管理办法，由国务院另行制定。

第一百零四条　国家对预防性生物制品的流通实行特殊管理。具体办法由国务院制定。

第一百零五条　中国人民解放军执行本法的具体办法，由国务院、中央军事委员会依据本法制定。

第一百零六条　本法自 2001 年 12 月 1 日起施行。

中药品种保护条例

（1992 年 10 月 14 日中华人民共和国国务院令第 106 号发布，
自 1993 年 1 月 1 日起施行）

第一章　总　　则

第一条　为了提高中药品种的质量，保护中药生产企业的合法权益，促进中药事业的发展，制定本条例。

第二条　本条例适用于中国境内生产制造的中药品种，包括中成药、天然药物的提取物及其制剂和中药人工制成品。

申请专利的中药品种，依照专利法的规定办理，不适用本条例。

第三条　国家鼓励研制开发临床有效的中药品种，对质量稳定、疗效确切的中药品种实行分级保护制度。

第四条　国务院卫生行政部门负责全国中药品种保护的监督管理工作。国家中药生产经营主管部门协同管理全国中药品种的保护工作。

第二章　中药保护品种等级的划分和审批

第五条　依照本条例受保护的中药品种，必须是列入国家药品标准的品种。经国务院卫生行政部门认定，列为省、自治区、直辖市药品标准的品种，也可以申请保护。

受保护的中药品种分为一、二级。

第六条　符合下列条件之一的中药品种，可以申请一级保护：

（一）对特定疾病有特殊疗效的；

（二）相当于国家一级保护野生药材物种的人工制成品；

（三）用于预防和治疗特殊疾病的。

第七条　符合下列条件之一的中药品种，可以申请二级保护：

（一）符合本条例第六条规定的品种或者已经解除一级保护的品种；

（二）对特定疾病有显著疗效的；

（三）从天然药物中提取的有效物质及特殊制剂。

第八条　国务院卫生行政部门批准的新药，按照国务院卫生行政部门规定的保护期给予保护；其中，符合本条例第六条、第七条规定的，在国务院卫生行政部门批准的保护期限届满前六个月，可以重新依照本条例的规定申请保护。

第九条　申请办理中药品种保护的程序：

（一）中药生产企业对其生产的符合本条例第五条、第六条、第七条、第八条规定的中药品种，可以向所在地省、自治区、直辖市中药生产经营主管部门提出申请，经中药生产经营主管部门签署意见后转送同级卫生行政部门，由省、自治区、直辖市卫生行政部门初审签署意见后，报国务院卫生行政部门。特殊情况下，中药生产企业也可以直接向国家中药生产经营主管部门提出申请，由国家中药生产经营主管部门签署意见后转送国务院卫生行政部门，或者直接向国务院卫生行政部门提出申请。

（二）国务院卫生行政部门委托国家中药品种保护审评委员会负责对申请保护的中药品种进行审评。国家中药品种保护审评委员会应当自接到申请报告书之日起六个月内做出审评结论。

（三）根据国家中药品种保护审评委员会的审评结论，由国务院卫生行政部门征求国家中药生产经营主管部门的意见后决定是否给予保护。批准保护的中药品种，由国务院卫生行政部门发给《中药保护品种证书》。

国务院卫生行政部门负责组织国家中药品种保护审评委员会，委员会成员由国务院卫生行政部门与国家中药生产经营主管部门协商后，聘请中医药方面的医疗、科研、检验及经营、管理专家担任。

第十条　申请中药品种保护的企业，应当按照国务院卫生行政部门的规定，向国家中药品种保护审评委员会提交完整的资料。

第十一条　对批准保护的中药品种以及保护期满的中药品种，由国务院卫生行政部门在指定的专业报刊上予以公告。

第三章　中药保护品种的保护

第十二条　中药保护品种的保护期限：

中药一级保护品种分别为三十年、二十年、十年。

中药二级保护品种为七年。

第十三条　中药一级保护品种的处方组成、工艺制法，在保护期限内由获得《中药保护品种证书》的生产企业和有关的药品生产经营主管部门、卫生行政部门及有关单位和个人负责保密，不得公开。

负有保密责任的有关部门、企业和单位应当按照国家有关规定，建立必要的保密制度。

第十四条　向国外转让中药一级保护品种的处方组成、工艺制法的，应当按照国家有关保密的规定办理。

第十五条　中药一级保护品种因特殊情况需要延长保护期限的，由生产企业在该品种保护期满前六个月，依照本条例第九条规定的程序申报。延长的保护期限由国务院卫生行政部门根据国家中药品种保护审评委员会的审评结果确定；但是，每次延长的保护期限不得超过第一次批准的保护期限。

第十六条　中药二级保护品种在保护期满后可以延长七年。

申请延长保护期的中药二级保护品种，应当在保护期满前六个月，由生产企业依照本条例第九条规定的程序申报。

第十七条　被批准保护的中药品种，在保护期内限于由获得《中药保护品种证书》的企业生产；但是，本条例第十九条另有规定的除外。

第十八条　国务院卫生行政部门批准保护的中药品种如果在批准前是由多家企业生产的，其中未申请《中药保护品种证书》的企业应当自公告发布之日起六个月内向国务院卫生行政部门申报，并依照本条例第十条的规定提供有关资料，由国务院卫生行政部门指定药品检验机构对该申报品种进行同品种的质量检验。国务院卫生行政部门根据检验结果，可以采取以下措施：

（一）对达到国家药品标准的，经征求国家中药生产经营主管部门意见后，补发《中药保护品种证书》。

（二）对未达到国家药品标准的，依照药品管理的法律、行政法规的规定撤销该中药品种的批准文号。

第十九条　对临床用药紧缺的中药保护品种，根据国家中药生产经营主管部门提出的仿制建议，经国务院卫生行政部门批准，由仿制企业所在地的省、自治区、直辖市卫生行政部门对生产同一中药保护品种的企业发放批准文号。该企业应当付给持有《中药保护品种证书》并转让该中药品种的处方组成、工艺制法的企业合理的使用费，其数额由双方商定；双方不能达成协议的，由国务院卫生行政部门裁决。

第二十条　生产中药保护品种的企业及中药生产经营主管部门，应当根据省、自治区、直辖市卫生行政部门提出的要求，改进生产条件，提高品种质量。

第二十一条　中药保护品种在保护期内向国外申请注册的，须经国务院卫生行政部门批准。

第四章　罚　　则

第二十二条　违反本条例第十三条的规定，造成泄密的责任人员，由其所在单位或者上级机关给予行政处分；构成犯罪的，依法追究刑事责任。

第二十三条　违反本条例第十七条的规定，擅自仿制中药保护品种的，由县级以上卫生行政部门以生产假药依法论处。

伪造《中药品种保护证书》及有关证明文件进行生产、销售的，由县级以上卫生行政部门没收其全部有关药品及违法所得，并可以处以有关药品正品价格三倍以下罚款。

上述行为构成犯罪的，由司法机关依法追究刑事责任。

第二十四条　当事人对卫生行政部门的处罚决定不服的，可以依照有关法律、行政法规的规定，申请行政复议或者提起行政诉讼。

第五章　附　　则

第二十五条　有关中药保护品种的申报要求、申报表格等，由国务院卫生行政部门制定。

第二十六条　本条例由国务院卫生行政部门负责解释。

第二十七条　本条例自 1993 年 1 月 1 日起施行。

药品行政保护条例

（1992 年 12 月 12 日国务院批准，1992 年 12 月 19 日国家医药管理局发布）

第一章　总　　则

第一条　为了扩大对外经济技术合作与交流，对外国药品独占权人的合法权益给予行政保护，制定本条例。

第二条　本条例所称药品，是指人用药品。

第三条　凡与中华人民共和国缔结有关药品行政保护双边条约或者协定的国家、地区的企业和其他组织以及个人，都可以依照本条例申请药品行政保护。

第四条　国务院药品生产经营行政主管部门受理和审查药品行政保护的申请，对符合本条例规定的药品给予行政保护，对申请人颁发药品行政保护证书。

第二章　行政保护的申请

第五条　申请行政保护的药品应当具备下列条件：

（一）1993 年 1 月 1 日前依照《中国专利法》的规定其独占权不受保护的；

（二）1986 年 1 月 1 日至 1993 年 1 月 1 日期间，获得禁止他人在申请人所在国制造、使用或者销售的独占权的；

（三）提出行政保护申请日前尚未在中国销售的。

第六条　药品行政保护的申请权属于该药品独占权人。

第七条　外国药品独占权人申请行政保护，应当委托国务院药品生产经营行政主管部门指定的代理机构办理。

第八条　申请人应当报送下列文件的中文、外文对照本：

（一）药品行政保护申请书；

（二）申请人所在国有关主管部门颁发的证明申请人享有该药品独占权的文件副本；

（三）申请人所在国有关主管部门颁发的准许制造或者销售该药品的文件副本；

（四）申请人与按照中国有关法律、法规取得药品制造或者销售许可的中国企业法人（包括外资企业、中外合资经营企业和中外合作经营企业）正式签订的在中国境内制造或者销售该药品的合同副本。

第九条　外国药品独占权人在申请药品行政保护之前或者之后，应当依照《中华人民共和国药品管理法》的规定，向国务院卫生行政部门申请办理该药品在中国境内制造或者销售许可的手续。

第三章　行政保护的审查和批准

第十条　国务院药品生产经营行政主管部门自收到行政保护申请文件之日起 15 日内，进行初步审查，并分别情况作出以下处理：

（一）申请文件符合本条例第八条规定的，发给受理通知书，并予以公告；

（二）申请文件不符合本条例第八条规定的，要求申请人限期补正；过期不补正的，视为未申请。

第十一条　国务院药品生产经营行政主管部门应当自收到申请文件之日起，或者依照本条例第十条第（二）项的规定，自收到补正文件之日起，6 个月内审查完毕。因特殊情况不能在 6 个月内审查完毕的，国务院药品生产经营行政主管部门应当及时通知申请人，并告之理由，适当延长审查时间。

经审查，符合本条例规定的，给予行政保护；不符合本条例规定的，不给予行政保护，并告之理由。

第十二条　国务院药品生产经营行政主管部门批准给予药品行政保护的，颁发药品行政保护证书，并予以公告。

第四章　行政保护的期限、终止、撤销和效力

第十三条　药品行政保护期为 7 年零 6 个月，自药品行政保护证书颁发之日起计算。

第十四条　外国药品独占权人应当自药品行政保护证书颁发的当年，开始缴纳年费。

第十五条　有下列情形之一的，行政保护在期限届满前终止：

（一）药品独占权在申请人所在国无效或者失效的；

（二）药品独占权人没有按照规定缴纳行政保护年费的；

（三）药品独占权人以书面形式声明放弃行政保护的；

（四）药品独占权人自药品行政保护证书颁发之日起 1 年内未向国务院卫生行政部门申请办理该药品在中国境内制造或者销售许可手续的。

第十六条　药品行政保护证书颁发后，任何组织或者个人认为给予该药品行政保护不符合本条例规定的，都可以请求国务院药品生产经营行政主管部门撤销对该药品的行政保护；药品独占权人对国务院药品生产经营行政主管部门的撤销决定不服的，可以向人民法院提起诉讼。

第十七条　药品行政保护的终止或者撤销，由国务院药品生产经营行政主管部门予以公告。

第十八条　对获得行政保护的药品，未经药品独占权人许可，国务院卫生行政部门和省、自治区、直辖市的卫生行政部门不得批准他人制造或者销售。

第十九条　未经获得药品行政保护的独占权人的许可，制造或者销售该药品的，药品独占权人可以请求国务院药品生产经营行政主管部门制止侵权行为；药品独占权人要求经济赔偿的，可以向人民法院提起诉讼。

第五章　附　　则

第二十条　国务院药品生产经营行政主管部门对申请人提供的需要保密的资料，应当采取保密措施。

第二十一条　向国务院药品生产经营行政主管部门申请药品行政保护和办理有关手续，应当按照规定缴纳费用。

第二十二条　本条例的实施细则由国务院药品生产经营行政主管部门制定。

第二十三条　本条例由国务院药品生产经营行政主管部门负责解释。

第二十四条　本条例自 1993 年 1 月 1 日起施行。

药品行政保护条例实施细则

（2000 年 4 月 14 日国家药品监督管理局局务会审议通过，并发布。
自发布之日起施行）

第一章　总　　则

第一条　根据《药品行政保护条例》（以下简称条例）第二十二条的规定，制定本细则。

第二条　依照条例履行药品行政保护职能的行政机关是国家药品监督管理局。

第三条　国家药品监督管理局设立药品行政保护办公室，具体承担以下职责：

（一）受理和审查药品行政保护申请、药品行政保护撤销申请、侵权处理申请；

（二）提出授权或驳回的意见；

（三）提出对药品行政保护撤销和侵权处理的意见；

（四）设立登记簿，对药品行政保护的申请、授权、驳回、撤销、终止等事项进行登记；

（五）对药品行政保护的受理、授权、驳回、撤销、终止等有关事宜进行公告；

（六）办理与药品行政保护有关的其他工作。

第四条　条例所称药品独占权人是指对申请行政保护的药品的制造、使用和销售享有完全权利的人。

第五条　条例所称药品是指用于预防、治疗、诊断人的疾病，有目的地调节人的生理机能并规定有适应症、用法和用量的物质。

第二章　行政保护的申请

第六条　条例第五条第（三）项规定的尚未在中国销售是指提出行政保护申请的药品尚未合法地进入中国境内的药品流通市场。

第七条　条例第七条规定的代理机构是指国家药品监督管理局指定的代理机构。

第八条　药品行政保护申请书以及其他行政保护文书的格式，由国家药品监督管理局统一制定。

第九条　条例第八条规定的外文是指申请人所在国的官方语言。

第十条　申请人办理申请药品行政保护事宜时，应当委托中国的代理机构办理，并签订委托书，写明委托权限。

代理机构递交条例第八条和本细则规定的申请文件时，应当同时递交申请人的委托书。

第十一条　一项药品行政保护申请只限于一种药品。

第十二条　条例第八条第（一）项规定的药品行政保护申请书，应当载明下列事项：

（一）申请人名称、地址；

（二）申请人的国籍；

（三）申请人是企业或者其他组织的，其总部所在的国家或者地区；

（四）申请行政保护的药品的名称（通用名、商品名、化学名）、化学结构式、配方、剂型、适应症、用法、用量、工艺制备方法简介；

（五）申请人和代理机构的签名（印章）；

（六）申请文件的清单；

（七）其他需要注明的事项。

第十三条　申请文件应当整齐清晰，附图应当标准规范，不得涂改。

申请文件中涉及的科技术语应当采用中国统一的规范用语。

第十四条　申请人递交条例第八条所规定的第（二）、（三）项文件，应在其所在国办理相应的公证、认证或证明手续。

申请人递交条例第八条所规定的第（四）项文件，应在中国的公证机构进行公证。

第十五条　申请人递交的条例第八条所规定的第（四）项文件是制造药品合同书的，与其签订合同的中国企业法人必须持有《药品生产企业许可证》和《企业法人营业执照》；申请人递交的是销售药品合同书的，与其签订合同的中国企业法人必须持有《药品经营企业许可证》和《企业法人营业执照》。

申请人递交制造或者销售合同书时必须附有中国企业法人的上述证、照复印件。

第十六条　申请人提出药品行政保护申请，应当提交有关文件，有下列情形之一的，国家药品监督管理局不予接受：

（一）未使用规定的格式或者填写不符合规定的；

（二）未按照规定提交有关文件的。

第十七条　在获得药品行政保护证书之前，申请人要求撤回药品行政保护申请的，应当向国家药品监督管理局提出书面申请，写明申请人的名称和药品名称。

第三章　行政保护的期限、终止、撤销和效力

第十八条　条例第十三条所称药品行政保护证书颁发之日，是指药品行政保护证书上写明的日期。

第十九条　条例和本细则规定的公告事项，由国家药品监督管理局发布公告。

第二十条　在药品行政保护期内，药品独占权人应及时向国家药品监督管理局递交其药品独占权持续有效的证明文件。

第二十一条　依照条例第十五条的规定，请求撤销药品行政保护的，应当向国家药品监督管理局递交《撤销药品行政保护请求书》和有关证明文件一式两份。

《撤销药品行政保护请求书》应当写明下列事项：

（一）请求人的名称、地址及国籍；

（二）被请求人的名称及地址；

（三）被请求撤销的药品的名称及授权号；

（四）请求撤销的理由及证据。

一项撤销药品行政保护申请只限于一种受行政保护的药品。

第二十二条　国家药品监督管理局收到《撤销药品行政保护请求书》后，应当进行审查。《撤销药品行政保护请求书》中未写明撤销药品行政保护所依据的事实和理由或者提出的理由不符合条例规定的，不予受理，并书面告知申请人；《撤销药品行政保护请求书》符合条件的，应当受理并发给受理通知书。

国家药品监督管理局应当将受理的撤销药品行政保护请求书的副本和有关证明文件的副本送交药品独占权人，要求其在指定的期限内陈述意见。被请求人没有如期陈述意见的，不影响国家药品监督管理局审查。

第二十三条　国家药品监督管理局对撤销药品行政保护的请求审查终结后，应当根据情况分别作出撤销药品行政保护或者驳回撤销请求维持药品行政保护的决定，送达有关当事人，并予以公告。

第二十四条　在药品行政保护申请日前获准进行临床研究，且在药品行政保护授权日前经国家药品监督管理局批准生产的同一药品，在药品行政保护授权之后，可以在批准范围内继续生产、销售，但不得向第三方转让。

第四章　侵权处理

第二十五条　获得药品行政保护的独占权人请求国家药品监督管理局制止侵权行为的时效为二年，自该独占权人知道或者应该知道其受行政保护的药品被侵权之日起计算。

第二十六条　药品独占权人申请制止侵权行为，应当提交《制止药品行政保护侵权行为申请书》。

《制止药品行政保护侵权行为申请书》应当写明下列事项：

（一）申请人名称、地址及国籍；

（二）被申请人名称、地址；

（三）被侵权的药品的名称及行政保护授权号；

（四）请求处理事项；

（五）侵权的事实及证据。

《制止药品行政保护侵权行为申请书》应当按照被申请人的数量备具副本。

一项制止药品行政保护侵权行为申请只限于一种药品。

第二十七条　国家药品监督管理局对符合条件的制止侵权申请，应当受理，并将《制止药品行政保护侵权申请书》副本发送被申请人，要求其在指定期限内作出答辩。

第二十八条　国家药品监督管理局根据需要，可以召开由制止侵权行为的申请人和被申请人参加的听证会，对侵权问题进行举证、质证和辩论。

第二十九条　国家药品监督管理局应当就被申请人的行为是否构成侵权作出认定。

被申请人的行为不构成侵权的，国家药品监督管理局应当驳回申请人的申请。

被申请人的行为构成侵权的，国家药品监督管理局应当依法制止其侵权行为。

第三十条　因药品行政保护侵权引起的经济赔偿问题，药品独占权人可以在国家药品监督管理局作出侵权认定后，向人民法院提起赔偿诉讼。

第三十一条　在药品行政保护侵权处理过程中，被申请人或者第三人对该项药品行政保护提出撤销申请的，国家药品监督管理局中止侵权处理程序，待撤销程序终结后，再根据情况恢复或者终止侵权处理程序。

第五章 费 用

第三十二条 申请药品行政保护或办理其他有关事项，应当分别缴纳下列费用：

（一）申请费；

（二）审查费；

（三）年费；

（四）公告费；

（五）证书费；

（六）请求撤销费；

（七）侵权处理费。

上述各种费用缴纳标准，由国家药品监督管理局另行公布。

第三十三条 申请人应当在递交药品行政保护申请书的同时缴纳申请费；在收到受理通知书之日起一个月内缴纳公告费和审查费；无正当理由逾期不缴纳或者缴纳不足的，其申请被视为撤回。

第三十四条 获得药品行政保护的药品独占权人应当在药品行政保护证书颁发之日起一个月内缴纳证书费、公告费和当年的年费；在药品行政保护有效期内，应当于每年度最初的两个月内缴纳当年的年费。无正当理由逾期不缴纳或者缴纳不足的，视为自动放弃行政保护。

第三十五条 请求撤销药品行政保护的，应当在递交《撤销药品行政保护请求书》的同时缴纳请求撤销费。

第三十六条 申请制止侵权行为的独占权人应当在递交《制止药品行政保护侵权行为申请书》的同时缴纳侵权处理费。

第三十七条 本细则第三十三条规定的各种费用由代理机构代收。

第六章 附 则

第三十八条 条例和本细则规定的各种期限除另有规定外，第一日不计算在内。

期限以年或月计算的，以其最后一月的相应日为期限届满日；该月无相应日的，以该月最后一日为届满日。

期限届满日是法定节假日的，以节假日后的第一个工作日为期限届满日。

第三十九条 本细则由国家药品监督管理局负责解释。

第四十条 本细则自发布之日起施行。1992 年 12 月 30 日原国家医药管理局发布的《药品行政保护条例实施细则》同时废止。本细则实施前所公布的有关规定与本细则不一致的，以本细则的规定为准。

中华人民共和国药品管理法实施条例

（中华人民共和国国务院令第360号，2002年8月15日发布，
自2002年9月15日起施行）

第一章　总　　则

第一条　根据《中华人民共和国药品管理法》（以下简称《药品管理法》），制定本条例。

第二条　国务院药品监督管理部门设置国家药品检验机构。省、自治区、直辖市人民政府药品监督管理部门可以在本行政区域内设置药品检验机构。地方药品检验机构的设置规划由省、自治区、直辖市人民政府药品监督管理部门提出，报省、自治区、直辖市人民政府批准。国务院和省、自治区、直辖市人民政府的药品监督管理部门可以根据需要，确定符合药品检验条件的检验机构承担药品检验工作。

第二章　药品生产企业管理

第三条　开办药品生产企业，应当按照下列规定办理《药品生产许可证》：

（一）申办人应当向拟办企业所在地省、自治区、直辖市人民政府药品监督管理部门提出申请。省、自治区、直辖市人民政府药品监督管理部门应当自收到申请之日起30个工作日内，按照国家发布的药品行业发展规划和产业政策进行审查，并作出是否同意筹建的决定。

（二）申办人完成拟办企业筹建后，应当向原审批部门申请验收。原审批部门应当自收到申请之日起30个工作日内，依据《药品管理法》第八条规定的开办条件组织验收；验收合格的，发给《药品生产许可证》。申办人凭《药品生产许可证》到工商行政管理部门依法办理登记注册。

第四条　药品生产企业变更《药品生产许可证》许可事项的，应当在许可事项发生变更30日前，向原发证机关申请《药品生产许可证》变更登记；未经批准，不得变更许可事项。原发证机关应当自收到申请之日起15个工作日内作出决定。申请人凭变更后的《药品生产许可证》到工商行政管理部门依法办理变更登记手续。

第五条　省级以上人民政府药品监督管理部门应当按照《药品生产质量管理规范》和国务院药品监督管理部门规定的实施办法和实施步骤，组织对药品生产企业的认证工作；符合《药品生产质量管理规范》的，发给认证证书。其中，生产注射剂、放射性药品和国务院药品监督管理部门规定的生物制品的药品生产企业的认证工作，由国务院药品监督管理部门负责。

《药品生产质量管理规范》认证证书的格式由国务院药品监督管理部门统一规定。

第六条　新开办药品生产企业、药品生产企业新建药品生产车间或者新增生产剂型的，应当自

取得药品生产证明文件或者经批准正式生产之日起30日内，按照规定向药品监督管理部门申请《药品生产质量管理规范》认证。受理申请的药品监督管理部门应当自收到企业申请之日起6个月内，组织对申请企业是否符合《药品生产质量管理规范》进行认证；认证合格的，发给认证证书。

第七条 国务院药品监督管理部门应当设立《药品生产质量管理规范》认证检查员库。《药品生产质量管理规范》认证检查员必须符合国务院药品监督管理部门规定的条件。进行《药品生产质量管理规范》认证，必须按照国务院药品监督管理部门的规定，从《药品生产质量管理规范》认证检查员库中随机抽取认证检查员组成认证检查组进行认证检查。

第八条 《药品生产许可证》有效期为5年。有效期届满，需要继续生产药品的，持证企业应当在许可证有效期届满前6个月，按照国务院药品监督管理部门的规定申请换发《药品生产许可证》。药品生产企业终止生产药品或者关闭的，《药品生产许可证》由原发证部门缴销。

第九条 药品生产企业生产药品所使用的原料药，必须具有国务院药品监督管理部门核发的药品批准文号或者进口药品注册证书、医药产品注册证书；但是，未实施批准文号管理的中药材、中药饮片除外。

第十条 依据《药品管理法》第十三条规定，接受委托生产药品的，受托方必须是持有与其受托生产的药品相适应的《药品生产质量管理规范》认证证书的药品生产企业。疫苗、血液制品和国务院药品监督管理部门规定的其他药品，不得委托生产。

第三章 药品经营企业管理

第十一条 开办药品批发企业，申办人应当向拟办企业所在地省、自治区、直辖市人民政府药品监督管理部门提出申请。省、自治区、直辖市人民政府药品监督管理部门应当自收到申请之日起30个工作日内，依据国务院药品监督管理部门规定的设置标准作出是否同意筹建的决定。申办人完成拟办企业筹建后，应当向原审批部门申请验收。原审批部门应当自收到申请之日起30个工作日内，依据《药品管理法》第十五条规定的开办条件组织验收；符合条件的，发给《药品经营许可证》。申办人凭《药品经营许可证》到工商行政管理部门依法办理登记注册。

第十二条 开办药品零售企业，申办人应当向拟办企业所在地设区的市级药品监督管理机构或者省、自治区、直辖市人民政府药品监督管理部门直接设置的县级药品监督管理机构提出申请。受理申请的药品监督管理机构应当自收到申请之日起30个工作日内，依据国务院药品监督管理部门的规定，结合当地常住人口数量、地域、交通状况和实际需要进行审查，作出是否同意筹建的决定。申办人完成拟办企业筹建后，应当向原审批机构申请验收。原审批机构应当自收到申请之日起15个工作日内，依据《药品管理法》第十五条规定的开办条件组织验收；符合条件的，发给《药品经营许可证》。申办人凭《药品经营许可证》到工商行政管理部门依法办理登记注册。

第十三条 省、自治区、直辖市人民政府药品监督管理部门负责组织药品经营企业的认证工作。药品经营企业应当按照国务院药品监督管理部门规定的实施办法和实施步骤，通过省、自治区、直辖市人民政府药品监督管理部门组织的《药品经营质量管理规范》的认证，取得认证证书。《药品经营质量管理规范》认证证书的格式由国务院药品监督管理部门统一规定。

新开办药品批发企业和药品零售企业，应当自取得《药品经营许可证》之日起30日内，向发给其《药品经营许可证》的药品监督管理部门或者药品监督管理机构申请《药品经营质量管理规范》认证。受理药品零售企业认证申请的药品监督管理机构应当自收到申请之日起7个工作日内，将申请移送负责组织药品经营企业认证工作的省、自治区、直辖市人民政府药品监督管理部门。省、自治区、直辖市人民政府药品监督管理部门应当自收到认证申请之日起3个月内，按照国务院药品监督管理部门的规定，组织对申请认证的药品批发企业或者药品零售企业是否符合《药品经营质量管理规范》进行认证；认证合格的，发给认证证书。

第十四条　省、自治区、直辖市人民政府药品监督管理部门应当设立《药品经营质量管理规范》认证检查员库。《药品经营质量管理规范》认证检查员必须符合国务院药品监督管理部门规定的条件。进行《药品经营质量管理规范》认证，必须按照国务院药品监督管理部门的规定，从《药品经营质量管理规范》认证检查员库中随机抽取认证检查员组成认证检查组进行认证检查。

第十五条　国家实行处方药和非处方药分类管理制度。国家根据非处方药品的安全性，将非处方药分为甲类非处方药和乙类非处方药。

经营处方药、甲类非处方药的药品零售企业，应当配备执业药师或者其他依法经资格认定的药学技术人员。经营乙类非处方药的药品零售企业，应当配备经设区的市级药品监督管理机构或者省、自治区、直辖市人民政府药品监督管理部门直接设置的县级药品监督管理机构组织考核合格的业务人员。

第十六条　药品经营企业变更《药品经营许可证》许可事项的，应当在许可事项发生变更30日前，向原发证机关申请《药品经营许可证》变更登记；未经批准，不得变更许可事项。原发证机关应当自收到企业申请之日起15个工作日内作出决定。申请人凭变更后的《药品经营许可证》到工商行政管理部门依法办理变更登记手续。

第十七条　《药品经营许可证》有效期为5年。有效期届满，需要继续经营药品的，持证企业应当在许可证有效期届满前6个月，按照国务院药品监督管理部门的规定申请换发《药品经营许可证》。

药品经营企业终止经营药品或者关闭的，《药品经营许可证》由原发证机关缴销。

第十八条　交通不便的边远地区城乡集市贸易市场没有药品零售企业的，当地药品零售企业经所在地县（市）药品监督管理机构批准并到工商行政管理部门办理登记注册后，可以在该城乡集市贸易市场内设点并在批准经营的药品范围内销售非处方药品。

第十九条　通过互联网进行药品交易的药品生产企业、药品经营企业、医疗机构及其交易的药品，必须符合《药品管理法》和本条例的规定。互联网药品交易服务的管理办法，由国务院药品监督管理部门会同国务院有关部门制定。

第四章　医疗机构的药剂管理

第二十条　医疗机构设立制剂室，应当向所在地省、自治区、直辖市人民政府卫生行政部门提出申请，经审核同意后，报同级人民政府药品监督管理部门审批；省、自治区、直辖市人民政府药品监督管理部门验收合格的，予以批准，发给《医疗机构制剂许可证》。

省、自治区、直辖市人民政府卫生行政部门和药品监督管理部门应当在各自收到申请之日起30个工作日内，作出是否同意或者批准的决定。

第二十一条　医疗机构变更《医疗机构制剂许可证》许可事项的，应当在许可事项发生变更30日前，依照本条例第二十条的规定向原审核、批准机关申请《医疗机构制剂许可证》变更登记；未经批准，不得变更许可事项。原审核、批准机关应当在各自收到申请之日起15个工作日内作出决定。

医疗机构新增配制剂型或者改变配制场所的，应当经所在地省、自治区、直辖市人民政府药品监督管理部门验收合格后，依照前款规定办理《医疗机构制剂许可证》变更登记。

第二十二条　《医疗机构制剂许可证》有效期为5年。有效期届满，需要继续配制制剂的，医疗机构应当在许可证有效期届满前6个月，按照国务院药品监督管理部门的规定申请换发《医疗机构制剂许可证》。医疗机构终止配制制剂或者关闭的，《医疗机构制剂许可证》由原发证机关缴销。

第二十三条　医疗机构配制制剂，必须按照国务院药品监督管理部门的规定报送有关资料和样品，经所在地省、自治区、直辖市人民政府药品监督管理部门批准，并发给制剂批准文号后，方可配制。

第二十四条　医疗机构配制的制剂不得在市场上销售或者变相销售，不得发布医疗机构制剂广告。

发生灾情、疫情、突发事件或者临床急需而市场没有供应时，经国务院或者省、自治区、直辖市人民政府的药品监督管理部门批准，在规定期限内，医疗机构配制的制剂可以在指定的医疗机构之间调剂使用。

国务院药品监督管理部门规定的特殊制剂的调剂使用以及省、自治区、直辖市之间医疗机构制剂的调剂使用，必须经国务院药品监督管理部门批准。

第二十五条　医疗机构审核和调配处方的药剂人员必须是依法经资格认定的药学技术人员。

第二十六条　医疗机构购进药品，必须有真实、完整的药品购进记录。药品购进记录必须注明药品的通用名称、剂型、规格、批号、有效期、生产厂商、供货单位、购货数量、购进价格、购货日期以及国务院药品监督管理部门规定的其他内容。

第二十七条　医疗机构向患者提供的药品应当与诊疗范围相适应，并凭执业医师或者执业助理医师的处方调配。

计划生育技术服务机构采购和向患者提供药品，其范围应当与经批准的服务范围相一致，并凭执业医师或者执业助理医师的处方调配。

个人设置的门诊部、诊所等医疗机构不得配备常用药品和急救药品以外的其他药品。常用药品和急救药品的范围和品种，由所在地的省、自治区、直辖市人民政府卫生行政部门会同同级人民政府药品监督管理部门规定。

第五章　药品管理

第二十八条　药物非临床安全性评价研究机构必须执行《药物非临床研究质量管理规范》，药物临床试验机构必须执行《药物临床试验质量管理规范》。《药物非临床研究质量管理规范》、《药物临床试验质量管理规范》由国务院药品监督管理部门分别商国务院科学技术行政部门和国务院卫生行政部门制定。

第二十九条　药物临床试验、生产药品和进口药品，应当符合《药品管理法》及本条例的规定，经国务院药品监督管理部门审查批准；国务院药品监督管理部门可以委托省、自治区、直辖市人民政府药品监督管理部门对申报药物的研制情况及条件进行审查，对申报资料进行形式审查，并对试制的样品进行检验。具体办法由国务院药品监督管理部门制定。

第三十条　研制新药，需要进行临床试验的，应当依照《药品管理法》第二十九条的规定，经国务院药品监督管理部门批准。

药物临床试验申请经国务院药品监督管理部门批准后，申报人应当在经依法认定的具有药物临床试验资格的机构中选择承担药物临床试验的机构，并将该临床试验机构报国务院药品监督管理部门和国务院卫生行政部门备案。

药物临床试验机构进行药物临床试验，应当事先告知受试者或者其监护人真实情况，并取得其书面同意。

第三十一条　生产已有国家标准的药品，应当按照国务院药品监督管理部门的规定，向省、自治区、直辖市人民政府药品监督管理部门或者国务院药品监督管理部门提出申请，报送有关技术资料并提供相关证明文件。省、自治区、直辖市人民政府药品监督管理部门应当自受理申请之日起 30 个工作日内进行审查，提出意见后报送国务院药品监督管理部门审核，并同时将审查意见通知申报方。国务院药品监督管理部门经审核符合规定的，发给药品批准文号。

第三十二条　生产有试行期标准的药品，应当按照国务院药品监督管理部门的规定，在试行期满前 3 个月，提出转正申请；国务院药品监督管理部门应当自试行期满之日起 12 个月内对该试行期标准进行审查，对符合国务院药品监督管理部门规定的转正要求的，转为正式标准；对试行标准期满未按照规定提出转正申请或者原试行标准不符合转正要求的，国务院药品监督管理部门应当撤销该试行标准和依据该试行标准生产药品的批准文号。

第三十三条　变更研制新药、生产药品和进口药品已获批准证明文件及其附件中载明事项的，应当向国务院药品监督管理部门提出补充申请；国务院药品监督管理部门经审核符合规定的，应当予以批准。

第三十四条　国务院药品监督管理部门根据保护公众健康的要求，可以对药品生产企业生产的新药品种设立不超过 5 年的监测期；在监测期内，不得批准其他企业生产和进口。

第三十五条　国家对获得生产或者销售含有新型化学成份药品许可的生产者或者销售者提交的自行取得且未披露的试验数据和其他数据实施保护，任何人不得对该未披露的试验数据和其他数据进行不正当的商业利用。

自药品生产者或者销售者获得生产、销售新型化学成份药品的许可证明文件之日起 6 年内，对其他申请人未经已获得许可的申请人同意，使用前款数据申请生产、销售新型化学成份药品许可的，药品监督管理部门不予许可；但是，其他申请人提交自行取得数据的除外。

除下列情形外，药品监督管理部门不得披露本条第一款规定的数据：

（一）公共利益需要；

（二）已采取措施确保该类数据不会被不正当地进行商业利用。

第三十六条　申请进口的药品，应当是在生产国家或者地区获得上市许可的药品；未在生产国家或者地区获得上市许可的，经国务院药品监督管理部门确认该药品品种安全、有效而且临床需要的，可以依照《药品管理法》及本条例的规定批准进口。

进口药品，应当按照国务院药品监督管理部门的规定申请注册。国外企业生产的药品取得《进口药品注册证》，中国香港、澳门和台湾地区企业生产的药品取得《医药产品注册证》后，方可进口。

第三十七条　医疗机构因临床急需进口少量药品的，应当持《医疗机构执业许可证》向国务院药品监督管理部门提出申请；经批准后，方可进口。进口的药品应当在指定医疗机构内用于特定医疗目的。

第三十八条　进口药品到岸后，进口单位应当持《进口药品注册证》或者《医药产品注册证》以及产地证明原件、购货合同副本、装箱单、运单、货运发票、出厂检验报告书、说明书等材料，向口岸所在地药品监督管理部门备案。口岸所在地药品监督管理部门经审查，提交的材料符合要求的，发给《进口药品通关单》。进口单位凭《进口药品通关单》向海关办理报关验放手续。口岸所在地药品监督管理部门应当通知药品检验机构对进口药品逐批进行抽查检验；但是，有《药品管理法》第四十一条规定情形的除外。

第三十九条　疫苗类制品、血液制品、用于血源筛查的体外诊断试剂以及国务院药品监督管理部门规定的其他生物制品在销售前或者进口时，应当按照国务院药品监督管理部门的规定进行检验或者审核批准；检验不合格或者未获批准的，不得销售或者进口。

第四十条　国家鼓励培育中药材。对集中规模化栽培养殖、质量可以控制并符合国务院药品监督管理部门规定条件的中药材品种，实行批准文号管理。

第四十一条　国务院药品监督管理部门对已批准生产、销售的药品进行再评价，根据药品再评价结果，可以采取责令修改药品说明书，暂停生产、销售和使用的措施；对不良反应大或者其他原因危害人体健康的药品，应当撤销该药品批准证明文件。

第四十二条　国务院药品监督管理部门核发的药品批准文号、《进口药品注册证》、《医药产品注册证》的有效期为5年。有效期届满，需要继续生产或者进口的，应当在有效期届满前6个月申请再注册。药品再注册时，应当按照国务院药品监督管理部门的规定报送相关资料。有效期届满，未申请再注册或者经审查不符合国务院药品监督管理部门关于再注册的规定的，注销其药品批准文号、《进口药品注册证》或者《医药产品注册证》。

第四十三条　非药品不得在其包装、标签、说明书及有关宣传资料上进行含有预防、治疗、诊断人体疾病等有关内容的宣传；但是，法律、行政法规另有规定的除外。

第六章　药品包装的管理

第四十四条　药品生产企业使用的直接接触药品的包装材料和容器，必须符合药用要求和保障人体健康、安全的标准，并经国务院药品监督管理部门批准注册。

直接接触药品的包装材料和容器的管理办法、产品目录和药用要求与标准，由国务院药品监督管理部门组织制定并公布。

第四十五条　生产中药饮片，应当选用与药品性质相适应的包装材料和容器；包装不符合规定的中药饮片，不得销售。中药饮片包装必须印有或者贴有标签。

中药饮片的标签必须注明品名、规格、产地、生产企业、产品批号、生产日期，实施批准文号管理的中药饮片还必须注明药品批准文号。

第四十六条　药品包装、标签、说明书必须依照《药品管理法》第五十四条和国务院药品监督管理部门的规定印制。

药品商品名称应当符合国务院药品监督管理部门的规定。

第四十七条　医疗机构配制制剂所使用的直接接触药品的包装材料和容器、制剂的标签和说明书应当符合《药品管理法》第六章和本条例的有关规定，并经省、自治区、直辖市人民政府药品监督管理部门批准。

第七章　药品价格和广告的管理

第四十八条　国家对药品价格实行政府定价、政府指导价或者市场调节价。

列入国家基本医疗保险药品目录的药品以及国家基本医疗保险药品目录以外具有垄断性生产、经营的药品，实行政府定价或者政府指导价；对其他药品，实行市场调节价。

第四十九条　依法实行政府定价、政府指导价的药品，由政府价格主管部门依照《药品管理法》第五十五条规定的原则，制定和调整价格；其中，制定和调整药品销售价格时，应当体现对药品社会平均销售费用率、销售利润率和流通差率的控制。具体定价办法由国务院价格主管部门依照《中华人民共和国价格法》（以下简称《价格法》）的有关规定制定。

第五十条　依法实行政府定价和政府指导价的药品价格制定后，由政府价格主管部门依照《价格法》第二十四条的规定，在指定的刊物上公布并明确该价格施行的日期。

第五十一条 实行政府定价和政府指导价的药品价格，政府价格主管部门制定和调整药品价格时，应当组织药学、医学、经济学等方面专家进行评审和论证；必要时，应当听取药品生产企业、药品经营企业、医疗机构、公民以及其他有关单位及人员的意见。

第五十二条 政府价格主管部门依照《价格法》第二十八条的规定实行药品价格监测时，为掌握、分析药品价格变动和趋势，可以指定部分药品生产企业、药品经营企业和医疗机构作为价格监测定点单位；定点单位应当给予配合、支持，如实提供有关信息资料。

第五十三条 发布药品广告，应当向药品生产企业所在地省、自治区、直辖市人民政府药品监督管理部门报送有关材料。省、自治区、直辖市人民政府药品监督管理部门应当自收到有关材料之日起 10 个工作日内作出是否核发药品广告批准文号的决定；核发药品广告批准文号的，应当同时报国务院药品监督管理部门备案。具体办法由国务院药品监督管理部门制定。

发布进口药品广告，应当依照前款规定向进口药品代理机构所在地省、自治区、直辖市人民政府药品监督管理部门申请药品广告批准文号。

在药品生产企业所在地和进口药品代理机构所在地以外的省、自治区、直辖市发布药品广告的，发布广告的企业应当在发布前向发布地省、自治区、直辖市人民政府药品监督管理部门备案。接受备案的省、自治区、直辖市人民政府药品监督管理部门发现药品广告批准内容不符合药品广告管理规定的，应当交由原核发部门处理。

第五十四条 经国务院或者省、自治区、直辖市人民政府的药品监督管理部门决定，责令暂停生产、销售和使用的药品，在暂停期间不得发布该品种药品广告；已经发布广告的，必须立即停止。

第五十五条 未经省、自治区、直辖市人民政府药品监督管理部门批准的药品广告，使用伪造、冒用、失效的药品广告批准文号的广告，或者因其他广告违法活动被撤销药品广告批准文号的广告，发布广告的企业、广告经营者、广告发布者必须立即停止该药品广告的发布。

对违法发布药品广告，情节严重的，省、自治区、直辖市人民政府药品监督管理部门可以予以公告。

第八章　药品监督

第五十六条 药品监督管理部门（含省级人民政府药品监督管理部门依法设立的药品监督管理机构，下同）依法对药品的研制、生产、经营、使用实施监督检查。

第五十七条 药品抽样必须由两名以上药品监督检查人员实施，并按照国务院药品监督管理部门的规定进行抽样；被抽检方应当提供抽检样品，不得拒绝。

药品被抽检单位没有正当理由，拒绝抽查检验的，国务院药品监督管理部门和被抽检单位所在地省、自治区、直辖市人民政府药品监督管理部门可以宣布停止该单位拒绝抽检的药品上市销售和使用。

第五十八条 对有掺杂、掺假嫌疑的药品，在国家药品标准规定的检验方法和检验项目不能检验时，药品检验机构可以补充检验方法和检验项目进行药品检验；经国务院药品监督管理部门批准后，使用补充检验方法和检验项目所得出的检验结果，可以作为药品监督管理部门认定药品质量的依据。

第五十九条 国务院和省、自治区、直辖市人民政府的药品监督管理部门应当根据药品质量抽查检验结果，定期发布药品质量公告。药品质量公告应当包括抽验药品的品名、检品来源、生产企业、生产批号、药品规格、检验机构、检验依据、检验结果、不合格项目等内容。药品质量公告不当的，发布部门应当自确认公告不当之日起 5 日内，在原公告范围内予以更正。

当事人对药品检验机构的检验结果有异议，申请复验的，应当向负责复验的药品检验机构提交书面申请、原药品检验报告书。复验的样品从原药品检验机构留样中抽取。

第六十条　药品监督管理部门依法对有证据证明可能危害人体健康的药品及其有关证据材料采取查封、扣押的行政强制措施的，应当自采取行政强制措施之日起 7 日内作出是否立案的决定；需要检验的，应当自检验报告书发出之日起 15 日内作出是否立案的决定；不符合立案条件的，应当解除行政强制措施；需要暂停销售和使用的，应当由国务院或者省、自治区、直辖市人民政府的药品监督管理部门作出决定。

第六十一条　药品抽查检验，不得收取任何费用。

当事人对药品检验结果有异议，申请复验的，应当按照国务院有关部门或者省、自治区、直辖市人民政府有关部门的规定，向复验机构预先支付药品检验费用。复验结论与原检验结论不一致的，复验检验费用由原药品检验机构承担。

第六十二条　依据《药品管理法》和本条例的规定核发证书、进行药品注册、药品认证和实施药品审批检验及其强制性检验，可以收取费用。具体收费标准由国务院财政部门、国务院价格主管部门制定。

第九章　法律责任

第六十三条　药品生产企业、药品经营企业有下列情形之一的，由药品监督管理部门依照《药品管理法》第七十九条的规定给予处罚：

（一）开办药品生产企业、药品生产企业新建药品生产车间、新增生产剂型，在国务院药品监督管理部门规定的时间内未通过《药品生产质量管理规范》认证，仍进行药品生产的；

（二）开办药品经营企业，在国务院药品监督管理部门规定的时间内未通过《药品经营质量管理规范》认证，仍进行药品经营的。

第六十四条　违反《药品管理法》第十三条的规定，擅自委托或者接受委托生产药品的，对委托方和受托方均依照《药品管理法》第七十四条的规定给予处罚。

第六十五条　未经批准，擅自在城乡集市贸易市场设点销售药品或者在城乡集市贸易市场设点销售的药品超出批准经营的药品范围的，依照《药品管理法》第七十三条的规定给予处罚。

第六十六条　未经批准，医疗机构擅自使用其他医疗机构配制的制剂的，依照《药品管理法》第八十条的规定给予处罚。

第六十七条　个人设置的门诊部、诊所等医疗机构向患者提供的药品超出规定的范围和品种的，依照《药品管理法》第七十三条的规定给予处罚。

第六十八条　医疗机构使用假药、劣药的，依照《药品管理法》第七十四条、第七十五条的规定给予处罚。

第六十九条　违反《药品管理法》第二十九条的规定，擅自进行临床试验的，对承担药物临床试验的机构，依照《药品管理法》第七十九条的规定给予处罚。

第七十条　药品申报者在申报临床试验时，报送虚假研制方法、质量标准、药理及毒理试验结果等有关资料和样品的，国务院药品监督管理部门对该申报药品的临床试验不予批准，对药品申报者给予警告；情节严重的，3 年内不受理该药品申报者申报该品种的临床试验申请。

第七十一条　生产没有国家药品标准的中药饮片，不符合省、自治区、直辖市人民政府药品监督管理部门制定的炮制规范的；医疗机构不按照省、自治区、直辖市人民政府药品监督管理部门批准的标准配制制剂的，依照《药品管理法》第七十五条的规定给予处罚。

第七十二条 药品监督管理部门及其工作人员违反规定，泄露生产者、销售者为获得生产、销售含有新型化学成份药品许可而提交的未披露试验数据或者其他数据，造成申请人损失的，由药品监督管理部门依法承担赔偿责任；药品监督管理部门赔偿损失后，应当责令故意或者有重大过失的工作人员承担部分或者全部赔偿费用，并对直接责任人员依法给予行政处分。

第七十三条 药品生产企业、药品经营企业生产、经营的药品及医疗机构配制的制剂，其包装、标签、说明书违反《药品管理法》及本条例规定的，依照《药品管理法》第八十六条的规定给予处罚。

第七十四条 药品生产企业、药品经营企业和医疗机构变更药品生产经营许可事项，应当办理变更登记手续而未办理的，由原发证部门给予警告，责令限期补办变更登记手续；逾期不补办的，宣布其《药品生产许可证》、《药品经营许可证》和《医疗机构制剂许可证》无效；仍从事药品生产经营活动的，依照《药品管理法》第七十三条的规定给予处罚。

第七十五条 违反本条例第四十八条、第四十九条、第五十条、第五十一条、第五十二条关于药品价格管理的规定的，依照《价格法》的有关规定给予处罚。

第七十六条 篡改经批准的药品广告内容的，由药品监督管理部门责令广告主立即停止该药品广告的发布，并由原审批的药品监督管理部门依照《药品管理法》第九十二条的规定给予处罚。

药品监督管理部门撤销药品广告批准文号后，应当自作出行政处理决定之日起 5 个工作日内通知广告监督管理机关。广告监督管理机关应当自收到药品监督管理部门通知之日起 15 个工作日内，依照《中华人民共和国广告法》的有关规定作出行政处理决定。

第七十七条 发布药品广告的企业在药品生产企业所在地或者进口药品代理机构所在地以外的省、自治区、直辖市发布药品广告，未按照规定向发布地省、自治区、直辖市人民政府药品监督管理部门备案的，由发布地的药品监督管理部门责令限期改正；逾期不改正的，停止该药品品种在发布地的广告发布活动。

第七十八条 未经省、自治区、直辖市人民政府药品监督管理部门批准，擅自发布药品广告的，药品监督管理部门发现后，应当通知广告监督管理部门依法查处。

第七十九条 违反《药品管理法》和本条例的规定，有下列行为之一的，由药品监督管理部门在《药品管理法》和本条例规定的处罚幅度内从重处罚：

（一）以麻醉药品、精神药品、医疗用毒性药品、放射性药品冒充其他药品，或者以其他药品冒充上述药品的；

（二）生产、销售以孕产妇、婴幼儿及儿童为主要使用对象的假药、劣药的；

（三）生产、销售的生物制品、血液制品属于假药、劣药的；

（四）生产、销售、使用假药、劣药，造成人员伤害后果的；

（五）生产、销售、使用假药、劣药，经处理后重犯的；

（六）拒绝、逃避监督检查，或者伪造、销毁、隐匿有关证据材料的，或者擅自动用查封、扣押物品的。

第八十条 药品监督管理部门设置的派出机构，有权作出《药品管理法》和本条例规定的警告、罚款、没收违法生产、销售的药品和违法所得的行政处罚。

第八十一条 药品经营企业、医疗机构未违反《药品管理法》和本条例的有关规定，并有充分证据证明其不知道所销售或者使用的药品是假药、劣药的，应当没收其销售或者使用的假药、劣药和违法所得；但是，可以免除其他行政处罚。

第八十二条　依照《药品管理法》和本条例的规定没收的物品，由药品监督管理部门按照规定监督处理。

第十章　附　　则

第八十三条　本条例下列用语的含义：

药品合格证明和其他标识，是指药品生产批准证明文件、药品检验报告书、药品的包装、标签和说明书。

新药，是指未曾在中国境内上市销售的药品。

处方药，是指凭执业医师和执业助理医师处方方可购买、调配和使用的药品。

非处方药，是指由国务院药品监督管理部门公布的，不需要凭执业医师和执业助理医师处方，消费者可以自行判断、购买和使用的药品。

医疗机构制剂，是指医疗机构根据本单位临床需要经批准而配制、自用的固定处方制剂。

药品认证，是指药品监督管理部门对药品研制、生产、经营、使用单位实施相应质量管理规范进行检查、评价并决定是否发给相应认证证书的过程。

药品经营方式，是指药品批发和药品零售。

药品经营范围，是指经药品监督管理部门核准经营药品的品种类别。

药品批发企业，是指将购进的药品销售给药品生产企业、药品经营企业、医疗机构的药品经营企业。

药品零售企业，是指将购进的药品直接销售给消费者的药品经营企业。

第八十四条　《药品管理法》第四十一条中“首次在中国销售的药品”，是指国内或者国外药品生产企业第一次在中国销售的药品，包括不同药品生产企业生产的相同品种。

第八十五条　《药品管理法》第五十九条第二款“禁止药品的生产企业、经营企业或者其代理人以任何名义给予使用其药品的医疗机构的负责人、药品采购人员、医师等有关人员以财物或者其他利益”中的“财物或者其他利益”，是指药品的生产企业、经营企业或者其代理人向医疗机构的负责人、药品采购人员、医师等有关人员提供的目的在于影响其药品采购或者药品处方行为的不正当利益。

第八十六条　本条例自2002年9月15日起施行。

中华人民共和国中医药条例

（2003 年 4 月 2 日国务院第 3 次常务会议通过，2003 年 4 月 7 日公布，
自 2003 年 10 月 1 日起施行）

第一章　总　　则

第一条　为了继承和发展中医药学，保障和促进中医药事业的发展，保护人体健康，制定本条例。

第二条　在中华人民共和国境内从事中医医疗、预防、保健、康复服务和中医药教育、科研、对外交流以及中医药事业管理活动的单位或者个人，应当遵守本条例。

中药的研制、生产、经营、使用和监督管理依照《中华人民共和国药品管理法》执行。

第三条　国家保护、扶持、发展中医药事业，实行中西医并重的方针，鼓励中西医相互学习、相互补充、共同提高，推动中医、西医两种医学体系的有机结合，全面发展我国中医药事业。

第四条　发展中医药事业应当遵循继承与创新相结合的原则，保持和发扬中医药特色和优势，积极利用现代科学技术，促进中医药理论和实践的发展，推进中医药现代化。

第五条　县级以上各级人民政府应当将中医药事业纳入国民经济和社会发展计划，使中医药事业与经济、社会协调发展。

县级以上地方人民政府在制定区域卫生规划时，应当根据本地区社会、经济发展状况和居民医疗需求，统筹安排中医医疗机构的设置和布局，完善城乡中医服务网络。

第六条　国务院中医药管理部门负责全国中医药管理工作。国务院有关部门在各自的职责范围内负责与中医药有关的工作。

县级以上地方人民政府负责中医药管理的部门负责本行政区域内的中医药管理工作。县级以上地方人民政府有关部门在各自的职责范围内负责与中医药有关的工作。

第七条　对在继承和发展中医药事业中做出显著贡献和在边远地区从事中医药工作做出突出成绩的单位和个人，县级以上各级人民政府应当给予奖励。

第二章　中医医疗机构与从业人员

第八条　开办中医医疗机构，应当符合国务院卫生行政部门制定的中医医疗机构设置标准和当地区域卫生规划，并按照《医疗机构管理条例》的规定办理审批手续，取得医疗机构执业许可证后，方可从事中医医疗活动。

第九条　中医医疗机构从事医疗服务活动，应当充分发挥中医药特色和优势，遵循中医药自身

发展规律，运用传统理论和方法，结合现代科学技术手段，发挥中医药在防治疾病、保健、康复中的作用，为群众提供价格合理、质量优良的中医药服务。

第十条 依法设立的社区卫生服务中心（站）、乡镇卫生院等城乡基层卫生服务机构，应当能够提供中医医疗服务。

第十一条 中医从业人员，应当依照有关卫生管理的法律、行政法规、部门规章的规定通过资格考试，并经注册取得执业证书后，方可从事中医服务活动。

以师承方式学习中医学的人员以及确有专长的人员，应当按照国务院卫生行政部门的规定，通过执业医师或者执业助理医师资格考核考试，并经注册取得医师执业证书后，方可从事中医医疗活动。

第十二条 中医从业人员应当遵守相应的中医诊断治疗原则、医疗技术标准和技术操作规范。

全科医师和乡村医生应当具备中医药基本知识以及运用中医诊疗知识、技术，处理常见病和多发病的基本技能。

第十三条 发布中医医疗广告，医疗机构应当按照规定向所在地省、自治区、直辖市人民政府负责中医药管理的部门申请并报送有关材料。省、自治区、直辖市人民政府负责中医药管理的部门应当自收到有关材料之日起10个工作日内进行审查，并作出是否核发中医医疗广告批准文号的决定。对符合规定要求的，发给中医医疗广告批准文号。未取得中医医疗广告批准文号的，不得发布中医医疗广告。

发布的中医医疗广告，其内容应当与审查批准发布的内容一致。

第三章 中医药教育与科研

第十四条 国家采取措施发展中医药教育事业。

各类中医药教育机构应当加强中医药基础理论教学，重视中医药基础理论与中医药临床实践相结合，推进素质教育。

第十五条 设立各类中医药教育机构，应当符合国家规定的设置标准，并建立符合国家规定标准的临床教学基地。

中医药教育机构的设置标准，由国务院卫生行政部门会同国务院教育行政部门制定；中医药教育机构临床教学基地标准，由国务院卫生行政部门制定。

第十六条 国家鼓励开展中医药专家学术经验和技术专长继承工作，培养高层次的中医临床人才和中药技术人才。

第十七条 承担中医药专家学术经验和技术专长继承工作的指导老师应当具备下列条件：

（一）具有较高学术水平和丰富的实践经验、技术专长和良好的职业品德；

（二）从事中医药专业工作30年以上并担任高级专业技术职务10年以上。

第十八条 中医药专家学术经验和技术专长继承工作的继承人应当具备下列条件：

（一）具有大学本科以上学历和良好的职业品德；

（二）受聘于医疗卫生机构或者医学教育、科研机构从事中医药工作，并担任中级以上专业技术职务。

第十九条 中医药专家学术经验和技术专长继承工作的指导老师以及继承人的管理办法，由国务院中医药管理部门会同有关部门制定。

第二十条 省、自治区、直辖市人民政府负责中医药管理的部门应当依据国家有关规定，完善本地区中医药人员继续教育制度，制定中医药人员培训规划。

县级以上地方人民政府负责中医药管理的部门应当按照中医药人员培训规划的要求，对城乡基层卫生服务人员进行中医药基本知识和基本技能的培训。

医疗机构应当为中医药技术人员接受继续教育创造条件。

第二十一条 国家发展中医药科学技术，将其纳入科学技术发展规划，加强重点中医药科研机构建设。

县级以上地方人民政府应当充分利用中医药资源，重视中医药科学研究和技术开发，采取措施开发、推广、应用中医药技术成果，促进中医药科学技术发展。

第二十二条 中医药科学研究应当注重运用传统方法和现代方法开展中医药基础理论研究和临床研究，运用中医药理论和现代科学技术开展对常见病、多发病和疑难病的防治研究。

中医药科研机构、高等院校、医疗机构应当加强中医药科研的协作攻关和中医药科技成果的推广应用，培养中医药学科带头人和中青年技术骨干。

第二十三条 捐献对中医药科学技术发展有重大意义的中医诊疗方法和中医药文献、秘方、验方的，参照《国家科学技术奖励条例》的规定给予奖励。

第二十四条 国家支持中医药的对外交流与合作，推进中医药的国际传播。

重大中医药科研成果的推广、转让、对外交流，中外合作研究中医药技术，应当经省级以上人民政府负责中医药管理的部门批准，防止重大中医药资源流失。

属于国家科学技术秘密的中医药科研成果，确需转让、对外交流的，应当符合有关保守国家秘密的法律、行政法规和部门规章的规定。

第四章 保障措施

第二十五条 县级以上地方人民政府应当根据中医药事业发展的需要以及本地区国民经济和社会发展状况，逐步增加对中医药事业的投入，扶持中医药事业的发展。

任何单位和个人不得将中医药事业经费挪作他用。

国家鼓励境内外组织和个人通过捐资、投资等方式扶持中医药事业发展。

第二十六条 非营利性中医医疗机构，依照国家有关规定享受财政补贴、税收减免等优惠政策。

第二十七条 县级以上地方人民政府劳动保障行政部门确定的城镇职工基本医疗保险定点医疗机构，应当包括符合条件的中医医疗机构。

获得定点资格的中医医疗机构，应当按照规定向参保人员提供基本医疗服务。

第二十八条 县级以上各级人民政府应当采取措施加强对中医药文献的收集、整理、研究和保护工作。

有关单位和中医医疗机构应当加强重要中医药文献资料的管理、保护和利用。

第二十九条 国家保护野生中药材资源，扶持濒危动植物中药材人工代用品的研究和开发利用。

县级以上地方人民政府应当加强中药材的合理开发和利用，鼓励建立中药材种植、培育基地，促进短缺中药材的开发、生产。

第三十条 与中医药有关的评审或者鉴定活动，应当体现中医药特色，遵循中医药自身的发展规律。

中医药专业技术职务任职资格的评审，中医医疗、教育、科研机构的评审、评估，中医药科研课题的立项和成果鉴定，应当成立专门的中医药评审、鉴定组织或者由中医药专家参加评审、鉴定。

第五章　法律责任

第三十一条　负责中医药管理的部门的工作人员在中医药管理工作中违反本条例的规定，利用职务上的便利收受他人财物或者获取其他利益，滥用职权，玩忽职守，或者发现违法行为不予查处，造成严重后果，构成犯罪的，依法追究刑事责任；尚不够刑事处罚的，依法给予降级或者撤职的行政处分。

第三十二条　中医医疗机构违反本条例的规定，有下列情形之一的，由县级以上地方人民政府负责中医药管理的部门责令限期改正；逾期不改正的，责令停业整顿，直至由原审批机关吊销其医疗机构执业许可证、取消其城镇职工基本医疗保险定点医疗机构资格，并对负有责任的主管人员和其他直接责任人员依法给予纪律处分：

（一）不符合中医医疗机构设置标准的；

（二）获得城镇职工基本医疗保险定点医疗机构资格，未按照规定向参保人员提供基本医疗服务的。

第三十三条　未经批准擅自开办中医医疗机构或者未按照规定通过执业医师或者执业助理医师资格考试取得执业许可，从事中医医疗活动的，依照《中华人民共和国执业医师法》和《医疗机构管理条例》的有关规定给予处罚。

第三十四条　中医药教育机构违反本条例的规定，有下列情形之一的，由县级以上地方人民政府负责中医药管理的部门责令限期改正；逾期不改正的，由原审批机关予以撤销：

（一）不符合规定的设置标准的；

（二）没有建立符合规定标准的临床教学基地的。

第三十五条　违反本条例规定，造成重大中医药资源流失和国家科学技术秘密泄露，情节严重，构成犯罪的，依法追究刑事责任；尚不够刑事处罚的，由县级以上地方人民政府负责中医药管理的部门责令改正，对负有责任的主管人员和其他直接责任人员依法给予纪律处分。

第三十六条　违反本条例规定，损毁或者破坏中医药文献的，由县级以上地方人民政府负责中医药管理的部门责令改正，对负有责任的主管人员和其他直接责任人员依法给予纪律处分；损毁或者破坏属于国家保护文物的中医药文献，情节严重，构成犯罪的，依法追究刑事责任。

第三十七条　篡改经批准的中医医疗广告内容的，由原审批部门撤销广告批准文号，1 年内不受理该中医医疗机构的广告审批申请。

负责中医药管理的部门撤销中医医疗广告批准文号后，应当自作出行政处理决定之日起 5 个工作日内通知广告监督管理机关。广告监督管理机关应当自收到负责中医药管理的部门通知之日起 15 个工作日内，依照《中华人民共和国广告法》的有关规定查处。

第六章　附　　则

第三十八条　本条例所称中医医疗机构，是指依法取得医疗机构执业许可证的中医、中西医结合的医院、门诊部和诊所。

民族医药的管理参照本条例执行。

第三十九条　本条例自 2003 年 10 月 1 日起施行。

互联网药品信息服务管理办法

（2004 年 5 月 28 日国家食品药品监督管理局局务会议审议通过，
2004 年 7 月 8 日公布，自公布之日起施行）

第一条 为加强药品监督管理，规范互联网药品信息服务活动，保证互联网药品信息的真实、准确，根据《中华人民共和国药品管理法》、《互联网信息服务管理办法》，制定本办法。

第二条 在中华人民共和国境内提供互联网药品信息服务活动，适用本办法。

本办法所称互联网药品信息服务，是指通过互联网向上网用户提供药品（含医疗器械）信息的服务活动。

第三条 互联网药品信息服务分为经营性和非经营性两类。

经营性互联网药品信息服务是指通过互联网向上网用户有偿提供药品信息等服务的活动。

非经营性互联网药品信息服务是指通过互联网向上网用户无偿提供公开的、共享性药品信息等服务的活动。

第四条 国家食品药品监督管理局对全国提供互联网药品信息服务活动的网站实施监督管理。

省、自治区、直辖市（食品）药品监督管理局对本行政区域内提供互联网药品信息服务活动的网站实施监督管理。

第五条 拟提供互联网药品信息服务的网站，应当在向国务院信息产业主管部门或者省级电信管理机构申请办理经营许可证或者办理备案手续之前，按照属地监督管理的原则，向该网站主办单位所在地省、自治区、直辖市（食品）药品监督管理部门提出申请，经审核同意后取得提供互联网药品信息服务的资格。

第六条 各省、自治区、直辖市（食品）药品监督管理局对本辖区内申请提供互联网药品信息服务的互联网站进行审核，符合条件的核发《互联网药品信息服务资格证书》。

第七条 《互联网药品信息服务资格证书》的格式由国家食品药品监督管理局统一制定。

第八条 提供互联网药品信息服务的网站，应当在其网站主页显著位置标注《互联网药品信息服务资格证书》的证书编号。

第九条 提供互联网药品信息服务网站所登载的药品信息必须科学、准确，必须符合国家的法律、法规和国家有关药品、医疗器械管理的相关规定。

提供互联网药品信息服务的网站不得发布麻醉药品、精神药品、医疗用毒性药品、放射性药品、戒毒药品和医疗机构制剂的产品信息。

第十条 提供互联网药品信息服务的网站发布的药品（含医疗器械）广告，必须经过（食品）药品监督管理部门审查批准。

提供互联网药品信息服务的网站发布的药品（含医疗器械）广告要注明广告审查批准文号。

第十一条 申请提供互联网药品信息服务，除应当符合《互联网信息服务管理办法》规定的要求外，还应当具备下列条件：

（一）互联网药品信息服务的提供者应当为依法设立的企事业单位或者其他组织；

（二）具有与开展互联网药品信息服务活动相适应的专业人员、设施及相关制度；

（三）有两名以上熟悉药品、医疗器械管理法律、法规和药品、医疗器械专业知识，或者依法经资格认定的药学、医疗器械技术人员。

第十二条　提供互联网药品信息服务的申请应当以一个网站为基本单元。

第十三条　申请提供互联网药品信息服务，应当填写国家食品药品监督管理局统一制发的《互联网药品信息服务申请表》，向网站主办单位所在地省、自治区、直辖市（食品）药品监督管理部门提出申请，同时提交以下材料。

（一）企业营业执照复印件（新办企业提供工商行政管理部门出具的名称预核准通知书及相关材料）。

（二）网站域名注册的相关证书或者证明文件。从事互联网药品信息服务网站的中文名称，除与主办单位名称相同的以外，不得以“中国”、“中华”、“全国”等冠名；除取得药品招标代理机构资格证书的单位开办的互联网站外，其他提供互联网药品信息服务的网站名称中不得出现“电子商务”、“药品招商”、“药品招标”等内容。

（三）网站栏目设置说明（申请经营性互联网药品信息服务的网站需提供收费栏目及收费方式的说明）。

（四）网站对历史发布信息进行备份和查阅的相关管理制度及执行情况说明。

（五）（食品）药品监督管理部门在线浏览网站上所有栏目、内容的方法及操作说明。

（六）药品及医疗器械相关专业技术人员学历证明或者其专业技术资格证书复印件、网站负责人身份证复印件及简历。

（七）健全的网络与信息安全保障措施，包括网站安全保障措施、信息安全保密管理制度、用户信息安全管理制度。

（八）保证药品信息来源合法、真实、安全的管理措施、情况说明及相关证明。

第十四条　省、自治区、直辖市（食品）药品监督管理部门在收到申请材料之日起5日内做出受理与否的决定，受理的，发给受理通知书；不受理的，书面通知申请人并说明理由，同时告知申请人享有依法申请行政复议或者提起行政诉讼的权利。

第十五条　对于申请材料不规范、不完整的，省、自治区、直辖市（食品）药品监督管理部门自申请之日起5日内一次告知申请人需要补正的全部内容；逾期不告知的，自收到材料之日起即为受理。

第十六条　省、自治区、直辖市（食品）药品监督管理部门自受理之日起20日内对申请提供互联网药品信息服务的材料进行审核，并作出同意或者不同意的决定。同意的，由省、自治区、直辖市（食品）药品监督管理部门核发《互联网药品信息服务资格证书》，同时报国家食品药品监督管理局备案并发布公告；不同意的，应当书面通知申请人并说明理由，同时告知申请人享有依法申请行政复议或者提起行政诉讼的权利。

国家食品药品监督管理局对各省、自治区、直辖市（食品）药品监督管理部门的审核工作进行监督。

第十七条　《互联网药品信息服务资格证书》有效期为5年。有效期届满，需要继续提供互联网药品信息服务的，持证单位应当在有效期届满前6个月内，向原发证机关申请换发《互联网药品信息服务资格证书》。原发证机关进行审核后，认为符合条件的，予以换发新证；认为不符合条件的，发给不予换发新证的通知并说明理由，原《互联网药品信息服务资格证书》由原发证机关收回并公告注销。

省、自治区、直辖市（食品）药品监督管理部门根据申请人的申请，应当在《互联网药品信息服务资格证书》有效期届满前作出是否准予其换证的决定。逾期未作出决定的，视为准予换证。

第十八条　《互联网药品信息服务资格证书》可以根据互联网药品信息服务提供者的书面申请，由原发证机关收回，原发证机关应当报国家食品药品监督管理局备案并发布公告。被收回《互联网药品信息服务资格证书》的网站不得继续从事互联网药品信息服务。

第十九条　互联网药品信息服务提供者变更下列事项之一的，应当向原发证机关申请办理变更手续，填写《互联网药品信息服务项目变更申请表》，同时提供下列相关证明文件：

（一）《互联网药品信息服务资格证书》中审核批准的项目（互联网药品信息服务提供者单位名称、网站名称、IP 地址等）；

（二）互联网药品信息服务提供者的基本项目（地址、法定代表人、企业负责人等）；

（三）网站提供互联网药品信息服务的基本情况（服务方式、服务项目等）。

第二十条　省、自治区、直辖市（食品）药品监督管理部门自受理变更申请之日起 20 个工作日内作出是否同意变更的审核决定。同意变更的，将变更结果予以公告并报国家食品药品监督管理局备案；不同意变更的，以书面形式通知申请人并说明理由。

第二十一条　省、自治区、直辖市（食品）药品监督管理部门对申请人的申请进行审查时，应当公示审批过程和审批结果。申请人和利害关系人可以对直接关系其重大利益的事项提交书面意见进行陈述和申辩。依法应当听证的，按照法定程序举行听证。

第二十二条　未取得或者超出有效期使用《互联网药品信息服务资格证书》从事互联网药品信息服务的，由国家食品药品监督管理局或者省、自治区、直辖市（食品）药品监督管理部门给予警告，并责令其停止从事互联网药品信息服务；情节严重的，移送相关部门，依照有关法律、法规给予处罚。

第二十三条　提供互联网药品信息服务的网站不在其网站主页的显著位置标注《互联网药品信息服务资格证书》的证书编号的，国家食品药品监督管理局或者省、自治区、直辖市（食品）药品监督管理部门给予警告，责令限期改正；在限定期限内拒不改正的，对提供非经营性互联网药品信息服务的网站处以 500 元以下罚款，对提供经营性互联网药品信息服务的网站处以 5000 元以上 1 万元以下罚款。

第二十四条　互联网药品信息服务提供者违反本办法，有下列情形之一的，由国家食品药品监督管理局或者省、自治区、直辖市（食品）药品监督管理部门给予警告，责令限期改正；情节严重的，对提供非经营性互联网药品信息服务的网站处以 1000 元以下罚款，对提供经营性互联网药品信息服务的网站处以 1 万元以上 3 万元以下罚款；构成犯罪的，移送司法部门追究刑事责任：

（一）已经获得《互联网药品信息服务资格证书》，但提供的药品信息直接撮合药品网上交易的；

（二）已经获得《互联网药品信息服务资格证书》，但超出审核同意的范围提供互联网药品信息服务的；

（三）提供不真实互联网药品信息服务并造成不良社会影响的；

（四）擅自变更互联网药品信息服务项目的。

第二十五条　互联网药品信息服务提供者在其业务活动中，违法使用《互联网药品信息服务资格证书》的，由国家食品药品监督管理局或者省、自治区、直辖市（食品）药品监督管理部门依照有关法律、法规的规定处罚。

第二十六条　省、自治区、直辖市（食品）药品监督管理部门违法对互联网药品信息服务申请作出审核批准的，原发证机关应当撤销原批准的《互联网药品信息服务资格证书》，由此给申请人的合法权益造成损害的，由原发证机关依照国家赔偿法的规定给予赔偿；对直接负责的主管人员和其他直接责任人员，由其所在单位或者上级机关依法给予行政处分。

第二十七条　省、自治区、直辖市（食品）药品监督管理部门应当对提供互联网药品信息服务的网站进行监督检查，并将检查情况向社会公告。

第二十八条　本办法由国家食品药品监督管理局负责解释。

第二十九条　本办法自公布之日起施行。国家药品监督管理局令第26号《互联网药品信息服务管理暂行规定》同时废止。

中华人民共和国国民经济和社会发展第十二个五年规划纲要（节选）

（2010年10月18日中国共产党第十七届中央委员会第五次全体会议通过）

第十章　培育发展战略性新兴产业

以重大技术突破和重大发展需求为基础，促进新兴科技与新兴产业深度融合，在继续做强做大高技术产业基础上，把战略性新兴产业培育发展成为先导性、支柱性产业。

第一节　推动重点领域跨越发展

大力发展节能环保、新一代信息技术、生物、高端装备制造、新能源、新材料、新能源汽车等战略性新兴产业。节能环保产业重点发展高效节能、先进环保、资源循环利用关键技术装备、产品和服务。新一代信息技术产业重点发展新一代移动通信、下一代互联网、三网融合、物联网、云计算、集成电路、新型显示、高端软件、高端服务器和信息服务。生物产业重点发展生物医药、生物医学工程产品、生物农业、生物制造。高端装备制造产业重点发展航空装备、卫星及应用、轨道交通装备、智能制造装备。新能源产业重点发展新一代核能、太阳能热利用和光伏光热发电、风电技术装备、智能电网、生物质能。新材料产业重点发展新型功能材料、先进结构材料、高性能纤维及其复合材料、共性基础材料。新能源汽车产业重点发展插电式混合动力汽车、纯电动汽车和燃料电池汽车技术。战略性新兴产业增加值占国内生产总值比重达到8%左右。

第二节　实施产业创新发展工程

以掌握产业核心关键技术、加速产业规模化发展为目标，发挥国家重大科技专项引领支撑作用，依托优势企业、产业集聚区和重大项目，统筹技术开发、工程化、标准制定、应用示范等环节，支持商业模式创新和市场拓展，组织实施若干重大产业创新发展工程，培育一批战略性新兴产业骨干企业和示范基地。

第三节　加强政策支持和引导

设立战略性新兴产业发展专项资金和产业投资基金，扩大政府新兴产业创业投资规模，发挥多层次资本市场融资功能，带动社会资金投向处于创业早中期阶段的创新型企业。综合运用风险补偿等财政优惠政策，鼓励金融机构加大信贷支持力度。完善鼓励创新、引导投资和消费的税收支持政策。加快建立有利于战略性新兴产业发展的行业标准和重要产品技术标准体系。支持新产品应用的配套基础设施建设，为培育和拓展市场需求创造良好环境。

专栏5 战略性新兴产业创新发展工程

01	节能环保产业 实施节能环保重大示范工程，推进高效节能、先进环保和资源循环利用产业化。
02	新一代信息技术产业 建设新一代移动通信网、下一代互联网和数字广播电视网，建设物联网应用示范工程，实施网络产品产业化专项，建设集成电路、平板显示、软件和信息服务等产业基地。
03	生物产业 建设医药、重要动植物、工业微生物菌种等基因资源信息库，建设生物药物和生物医学工程产品研发与产业化基地，建设生物育种研发、试验、检测及良种繁育基地，建设生物制造应用示范平台。
04	高端装备制造产业 建设新型国产干支线飞机、通用飞机、直升机产业化平台，建设导航、遥感、通信等卫星组成的空间基础设施框架，发展智能控制系统、高档数控机床、高速列车及城市轨道交通装备等。
05	新能源产业 建设新一代核电装备、大型风力发电机组及零部件、高效太阳能发电和热利用新组件、生物质能转换利用技术和智能电网装备等产业基地，实施海上风电、太阳能发电和生物质能规模化应用示范工程。
06	新材料产业 推进航空航天、能源资源、交通运输、重大装备等领域急需的碳纤维、半导体材料、高温合金材料、超导材料、高性能稀土材料、纳米材料等研发及产业化。
07	新能源汽车产业 开展插电式混合动力汽车、纯电动汽车研发及大规模商业化示范工程，推进产业化应用。

第二十七章　增强科技创新能力

坚持自主创新、重点跨越、支撑发展、引领未来的方针，加快建设国家创新体系，着力提高企业创新能力，促进科技成果向现实生产力转化，推动经济发展更多依靠科技创新驱动。

第一节　推进重大科学技术突破

把握科技发展趋势，超前部署基础研究和前沿技术研究，推动重大科学发现和新学科产生，在物质科学、生命科学、空间科学、地球科学、纳米科技等领域抢占未来科技竞争制高点。促进科技进步与产业升级、民生改善紧密结合，面向经济社会发展重大需求，在现代农业、装备制造、生态环保、能源资源、信息网络、新型材料、公共安全和健康等领域取得新突破。加快实施国家重大科技专项，增强共性、核心技术突破能力。

第二节　加快建立以企业为主体的技术创新体系

深化科技体制改革，促进全社会科技资源高效配置和综合集成。重点引导和支持创新要素向企业集聚，加大政府科技资源对企业的支持力度，加快建立以企业为主体、市场为导向、产学研相结合的技术创新体系，使企业真正成为研究开发投入、技术创新活动、创新成果应用的主体。增强科研院所和高校创新动力，鼓励大型企业加大研发投入，激发中小企业创新活力，推动建立企业、科研院所和高校共同参与的创新战略联盟，发挥企业家和科技领军人才在科技创新中的重要作用。加强军民科技资源集成融合，鼓励发展科技中介服务，提高服务企业能力。发挥国家创新型城市、自主创新示范区、高新区的集聚辐射带动作用，加快形成若干区域创新中心，把北京中关村逐步建设成为具有全球影响力的科技创新中心。

第三节　加强科技基础设施建设

围绕增强原始创新、集成创新和引进消化吸收再创新能力，强化基础性、前沿性技术和共性技术研究平台建设，建设和完善国家重大科技基础设施，加强相互配套、开放共享和高效利用。在重点学科和战略高技术领域新建若干国家科学中心、国家（重点）实验室，构建国家科技基础条件平台。在关键产业技术领域建设一批国家工程实验室，优化国家工程中心建设布局。加强企业技术中心建设，支持面向企业的技术开发平台和技术创新服务平台建设。深入实施全民科学素质行动计划，加强科普基础设施建设，强化面向公众的科学普及。

第四节　强化科技创新支持政策

强化支持企业创新和科研成果产业化的财税金融政策。保持财政科技经费投入稳定增长，加大政府对基础研究投入，深化科研经费管理制度改革。全面落实企业研发费用加计扣除等促进技术进步的税收激励政策。实施知识产权质押等鼓励创新的金融政策。建立健全技术产权交易市场。实施知识产权战略，完善知识产权法律制度，加强知识产权的创造、运用、保护和管理，加大知识产权执法力度。鼓励采用和推广具有自主知识产权的技术标准。完善科技成果评价奖励制度，加强科研诚信建设。

专栏 14　科技创新能力建设重点

01	重大科技专项 继续实施核心电子器件、高端通用芯片及基础软件，极大规模集成电路制造技术及成套工艺，新一代宽带无线移动通信，高档数控机床与基础制造技术，大型油气田及煤层气开发，大型先进压水堆及高温气冷堆核电站，水体污染控制与治理，转基因生物新品种培育，重大新药创制，艾滋病和病毒性肝炎等重大传染病防治，大型飞机，高分辨率对地观测系统，载人航天与探月工程等。
02	重点科技计划 实施重点基础研究发展计划（“973”计划）、高技术研究发展计划（“863”计划）、科技支撑计划和国家自然科学基金，实施蛋白质、量子调控、纳米、发育与生殖研究等重大科学研究计划。
03	科学研究设施 建设自由电子激光、散裂中子源等国家重大科技基础设施。
04	知识创新工程 建设凝聚态物理、数学与复杂系统、地球与环境、空间及海洋等科学中心，建设清洁能源、绿色智能制造、小卫星及空间感知、大陆及海洋深部勘探技术等研发基地。
05	技术创新工程 建设新能源汽车、碳纤维复合材料、数字家庭网络等国家工程中心和工程实验室，强化企业技术中心、创新型企业和产业技术创新战略联盟，培育自主创新百强企业。

第三十章　提升基本公共服务水平

坚持以人为本、服务为先，履行政府公共服务职责，提高政府保障能力，逐步缩小城乡区域间基本公共服务差距。

第一节　建立健全基本公共服务体系

明确基本公共服务范围和标准，加快完善公共财政体制，保障基本公共服务支出，强化基本公共服务绩效考核和行政问责。合理划分中央与地方管理权限，健全地方政府为主、统一与分级相结合的公共服务管理体制。

第二节　创新公共服务供给方式

改革基本公共服务提供方式，引入竞争机制，扩大购买服务，实现提供主体和提供方式多元化。推进非基本公共服务市场化改革，放宽市场准入，鼓励社会资本以多种方式参与，增强多层次供给能力，满足群众多样化需求。

专栏 17 “十二五”时期基本公共服务范围和重点

01	公共教育 ①九年义务教育免费，农村义务教育阶段寄宿制学校免住宿费，并为经济困难家庭寄宿生提供生活补助；②对农村学生、城镇经济困难家庭学生和涉农专业学生实行中等职业教育免费；③为经济困难家庭儿童、孤儿和残疾儿童接受学前教育提供补助。
02	就业服务 ①为城乡劳动者免费提供就业信息、就业咨询、职业介绍和劳动调解仲裁；②为失业人员、农民工、残疾人、新成长劳动力免费提供基本职业技能培训；③为就业困难人员和零就业家庭提供就业援助。
03	社会保障 ①城镇职工和居民享有基本养老保险，农村居民享有新型农村社会养老保险；②城镇职工和居民享有基本医疗保险，农村居民享有新型农村合作医疗；③城镇职工享有失业保险、工伤保险、生育保险；④为城乡困难群体提供最低生活保障、医疗救助、殡葬救助等服务；⑤为孤儿、残疾人、五保户、高龄老人等特殊群体提供福利服务。
04	医疗卫生 ①免费提供居民健康档案、预防接种、传染病防治、儿童保健、孕产妇保健、老年人保健、健康教育、高血压等慢性病管理、重性精神疾病管理等基本公共卫生服务；②实施艾滋病防治、肺结核防治、农村妇女孕前和孕早期补服叶酸、农村妇女住院分娩补助、农村妇女宫颈癌乳腺癌检查、贫困人群白内障复明等重大公共卫生服务专项；③实施国家基本药物制度，基本药物均纳入基本医疗保障药物报销目录。
05	人口计生 ①提供免费避孕药具、孕前优生健康检查、生殖健康技术和宣传教育等计划生育服务；②免费为符合条件的育龄群众提供再生育技术服务。
06	住房保障 ①为城镇低收入住房困难家庭提供廉租住房；②为城镇中等偏下收入住房困难家庭提供公共租赁住房。
07	公共文化 ①基层公共文化、体育设施免费开放；②农村广播电视全覆盖，为农村免费提供电影放映、送书送报送戏等公益性文化服务。
08	基础设施 ①行政村通公路和客运班车，城市建成区公共交通全覆盖；②行政村通电，无电地区人口全部用上电；③邮政服务做到乡乡设所、村村通邮。
09	环境保护 ①县县具备污水、垃圾无害化处理能力和环境监测评估能力；②保障城乡饮用水水源地安全。

第三十四章　完善基本医疗卫生制度

按照保基本、强基层、建机制的要求，增加财政投入，深化医药卫生体制改革，建立健全基本医疗卫生制度，加快医疗卫生事业发展，优先满足群众基本医疗卫生需求。

第一节　加强公共卫生服务体系建设

完善重大疾病防控等专业公共卫生服务网络。逐步提高人均基本公共卫生服务经费标准，扩大国家基本公共卫生服务项目，实施重大公共卫生服务专项，积极预防重大传染病、慢性病、职业病、地方病和精神疾病，提高重大突发公共卫生事件处置能力。逐步建立农村医疗急救网络。普及健康教育，实施国民健康行动计划。全面推行公共场所禁烟。70% 以上的城乡居民建立电子健康档案。孕产妇死亡率降到 22/10 万，婴儿死亡率降到 12‰。

第二节　加强城乡医疗服务体系建设

加强以县医院为龙头、乡镇卫生院和村卫生室为基础的农村三级医疗卫生服务网络建设，完善以社区卫生服务为基础的新型城市医疗卫生服务体系，新增医疗卫生资源重点向农村和城市社区倾斜。大力推进基层医疗卫生机构综合改革，建立多渠道补偿机制，形成新的运行机制。加强以全科医生为重点的基层医疗卫生队伍建设，完善鼓励全科医生长期在基层服务政策，每万人口全科医师数达到 2 人。加快推行分级诊疗、双向转诊制度，形成各类城市医院和基层医疗机构分工协作格局。完善区域卫生规划，鼓励和引导社会资本举办医疗机构，放宽社会资本和外资举办医疗机构的准入范围，形成多元办医格局。

第三节　健全医疗保障体系

健全覆盖城乡居民的基本医疗保障体系，进一步完善城镇职工基本医疗保险、城镇居民基本医疗保险、新型农村合作医疗和城乡医疗救助制度。逐步提高城镇居民医保和新农合人均筹资标准及保障水平并缩小差距。提高城镇职工医保、城镇居民医保、新农合最高支付限额和住院费用支付比例，全面推进门诊统筹。做好各项制度间的衔接，整合经办资源，逐步提高统筹层次，加快实现医保关系转移接续和医疗费用异地就医结算。全面推进基本医疗费用即时结算，改革付费方式。积极发展商业健康保险，完善补充医疗保险制度。

第四节　完善药品供应保障体系

建立和完善以国家基本药物制度为基础的药品供应保障体系。基层医疗卫生机构全面实施国家基本药物制度，其他医疗卫生机构逐步实现全面配备、优先使用基本药物。建立基本药物目录动态调整机制，完善价格形成机制和动态调整机制。提高基本药物实际报销水平。加强药品生产管理，整顿药品流通秩序，规范药品集中采购和医疗机构合理用药。

第五节　积极稳妥推进公立医院改革

坚持公立医院的公益性质，积极探索政事分开、管办分开、医药分开、营利性和非营利性分开的有效形式。推进现代医院管理制度，建立科学合理的用人机制和分配制度。改革公立医院补偿机制，积极推进支付方式改革。以病人为中心大力改进公立医院内部管理，优化服务流程，规范诊疗行为，改善医患关系，方便群众就医。推进注册医师多点执业，建立住院医师规范化培训制度。注重调动医务人员积极性。

第六节　支持中医药事业发展

坚持中西医并重，发展中医医疗和预防保健服务，推进中医药继承与创新，重视民族医药发展。发展中医药教育，加强中医医疗机构和中医药人才队伍建设。加强中药资源保护、研究开发和合理利用，推进质量认证和标准建设。医疗保障政策和基本药物政策要鼓励中医药服务的提供和使用。

专栏 18　医疗卫生重点工程

01	基本医疗保障体系 提高城乡三项基本医疗保险参保率，提高筹资和保障能力，实现全民享有基本医疗保障。
02	公共卫生服务体系 改善卫生监督、精神卫生、农村应急救治等专业卫生服务机构基础设施条件。
03	医疗服务体系 推进基层医疗卫生机构标准化建设，提高县级医院（含中医院）服务能力，加强省级妇儿专科医院、边远地区地市级综合医院、县级中医医院建设。
04	全科医生培养基地 建成一批标准化的全科医生培养基地，通过转岗和规范化培训途径培养 15 万名全科医生。
05	医药卫生信息化 推进基层医疗卫生信息化建设。建设三级医院与县级医院远程医疗系统，加强公立医院信息化建设。

第四十一章　加强公共安全体系建设

适应公共安全形势变化的新特点，推动建立主动防控与应急处置相结合、传统方法与现代手段相结合的公共安全体系。

第一节　保障食品药品安全

制定和完善食品药品安全标准。建立食品药品质量追溯制度，形成来源可追溯、去向可查证、责任可追究的安全责任链。健全食品药品安全应急体系，强化快速通报和快速反应机制。加强食品药品安全风险监测评估预警和监管执法，提高监管的有效性和公信力。继续实施食品药品监管基础设施建设工程。加强检验检测、认证检查和不良反应监测等食品药品安全技术支撑能力建设。加强基层快速检测能力建设，整合社会检测资源，构建社会公共检测服务平台。强化基本药物监管，确保用药安全。

国务院办公厅关于转发发展改革委等部门疫苗供应体系建设规划的通知

（国办发〔2011〕62号，2011年12月22日发布）

各省、自治区、直辖市人民政府，国务院各部委、各直属机构：

发展改革委、科技部、工业和信息化部、财政部、农业部、卫生部、食品药品监管局《疫苗供应体系建设规划》已经国务院同意，现转发给你们，请认真贯彻执行。

国务院办公厅

2011年12月22日

疫苗供应体系建设规划

发展改革委　科技部　工业和信息化部

财政部　农业部　卫生部　食品药品监管局

疫苗是将病原微生物及其代谢产物，经过人工减毒、灭活或利用基因工程等方法制成的主要用于防控传染病的自动免疫制剂，是生物制药的一个重要分支。接种疫苗可以阻断并灭绝传染病的滋生和传播，是防控传染病发生和流行最经济、最有效的措施之一。本规划所称疫苗供应体系，是指通过接种疫苗防控传染病、应对突发公共卫生事件所涉及的完整系统，包括疫情监测预警和疫苗研发、生产、流通、接种、储备、监管等环节。健全疫苗供应体系并保持高效运作，及时研发生产和接种疫苗，是有效防控疫情的关键，对保障人民群众生命健康、维护经济社会稳定具有重要意义。

在2009年应对甲型H1N1流感过程中，我国率先生产并接种疫苗，为全面有效防控疫情提供了关键手段。近年来抗击非典型肺炎、防控高致病性禽流感、应对儿童手足口病疫情，以及汶川、玉树地震灾后防疫等实践表明，及时防控各种重大和新发传染病，必须立足国内，按照构建完整、系统的免疫屏障的目标，统筹规划我国疫苗供应体系能力建设。

针对我国防控传染病的疫苗需求，根据《中华人民共和国传染病防治法》、《中华人民共和国动物防疫法》、《中华人民共和国突发事件应对法》、《疫苗流通和预防接种管理条例》、《突发公共卫生事件应急条例》等法律法规，在总结近年国内重大突发公共卫生事件处置经验，借鉴国外疫苗供应体系建设和应对突发公共卫生事件经验、教训的基础上，结合相关规划要求，制定本规划，规划期为2011～2015年，兼顾2020年前的发展需要。本规划以人用疫苗为重点，并按全面防控疫情需要，提出了对人兽共患传染病兽用疫苗的相关要求。动物传染病疫苗不在本规划范围内。

一、我国疫苗供应体系现状

（一）基本情况。

1. 我国疫苗分类及需求。按照疫苗接种费用支付主体的不同，我国人用疫苗分为两类。第一类疫苗是指政府免费向公民提供，公民应当依照政府规定受种的疫苗，包括国家免疫规划疫苗等，由政府制定使用计划并集中采购。第二类疫苗是指由公民自费并且自愿受种的其他疫苗，供需主要依靠市场调节。

2. 我国疫苗行业现状。管理方面，目前已形成各级卫生行政部门、疾病预防控制中心组织接种单位接种，生物制品企业根据政府计划或市场需求组织生产，药品监督管理部门实施质量监管，兽医行政主管部门归口负责人兽共患病等兽用疫苗的格局。研发方面，初步形成了以科研机构和高校为主进行基础研究，有关企业、工程研究（技术）中心进行应用研究和工程化、产业化开发的体系。生产方面，我国是为数不多的自主供应疫苗的国家之一，随着疫苗生产品种、规模不断扩大，已成为全球最大疫苗生产国。

3. 接种疫苗的效果。我国国家免疫规划疫苗已由 1978 年的“4 苗防 6 病”发展到现在的“14 苗防 15 病”。通过广泛接种，传染病发病率和死亡率大为降低，2008 年法定报告传染病发病率及死亡率分别比 1985 年降低 69% 和 50%，已彻底消灭天花，自 1994 年起连续 16 年未发生本土脊髓灰质炎病例，麻疹、百日咳、白喉、流行性乙型脑炎、流行性脑脊髓膜炎等发病率大幅下降。

此外，我国针对包括高致病性禽流感、狂犬病在内的 9 种人兽共患病，广泛进行动物免疫。

（二）存在的主要问题。

我国现有疫苗可基本满足常规防疫需求，但随着人民群众对生命健康、卫生防疫的要求越来越高，加之非典型肺炎、甲型 H1N1 流感等重大和新发传染病不断出现，疫苗供应体系各环节均暴露出一些突出问题：

1. 传染病监测预警水平低。传染病病例多由医生根据临床症状诊断，细菌、病毒、真菌等病原体诊断试剂产品偏少、应用水平较低。

2. 研发能力相对落后。我国疫苗基础研究薄弱，疫苗质量及效果评价支撑体系不完善。缺少创新型和高端研发人才。

3. 规模化生产能力弱。先进大规模生产工艺欠缺。

4. 疫苗管理有待加强。疫苗供应管理涉及多个部门，目前缺乏总体协调。疫苗流通管理较为薄弱。疫苗接种异常反应补偿机制尚未建立。

5. 应急保障能力不足。疫苗技术储备和生产能力储备不足，难以做到快速研发和紧急大量扩产。国家储备品种、数量偏少，应对疫情大规模暴发和生产意外波动的手段薄弱。尚未形成从疫情监测、紧急接种到不良反应处理全过程的应急反应机制。

6. 价格形成机制有待完善。受多种因素制约，国家免疫规划疫苗政府定价总体水平偏低，利润空间较小，在一定程度上影响了企业提高产品质量和进行产品升级换代的积极性。第二类疫苗为市场调节价格产品，流通环节较多，市场价格偏高。

7. 免疫规划疫苗实际接种率仍需提高。一些地方实施免疫规划过程中，存在乡、村级预防接种经费不落实、冷链建设不配套和基层接种人员不足等问题，导致免疫规划工作进展不平衡，影响疫苗实际接种率的提高。

8. 人兽共患病兽用疫苗整体水平不高。人兽共患病的监测预警能力薄弱。研发创新能力不强，疫苗品种少，生产工艺落后，基层疫苗储存运输冷链系统不完善。兽用疫苗储备和接种效果评价体系尚未建立，不良反应监测和风险评估开展较少。

（三）面临的形势和挑战。

1. 传染病发病率相对偏高。与发达国家相比，我国人均医疗资源占有水平较低，且地区发展不均衡，需通过加强卫生防疫弥补医疗资源的不足。在控制传染病发病率方面，我国仍存在一些明显差距。世界卫生组织2010年数据显示，我国麻疹病例占全球报告病例的13%、腮腺炎病例占50%、风疹病例占62%、新生儿破伤风病例占22%。

2. 防疫需求不断增加。近年来，国际国内重大、新发传染病不断出现，其中75%是人兽共患病。随着经济全球化程度不断加深，各国和地区间经贸往来日益增多，人员跨国流动更加频繁，传染病传播速度明显加快，不利影响更难控制。

3. 疫苗供应国际竞争加剧。当前，各国政府越来越重视发挥疫苗的作用，发达国家纷纷采取各种措施，鼓励支持本国疫苗产业发展和企业做大做强。欧美五家主要跨国公司的疫苗销售额占全球市场85%以上，现已开始进入我国市场。

总体来看，我国疫苗供应体系初步形成，在防控传染病工作中发挥了重要作用，但与实际需求相比，整体保障水平还存在一定差距，供应能力大而不强。随着经济实力和综合国力的增强，我国有必要也有条件统筹规划建设疫苗供应体系，整合资源，加大投入，系统提升疫苗供应能力和产品质量，满足常规和应急接种需要，保障人民群众生命健康和经济社会平稳发展。

二、指导思想、基本原则与发展目标

（一）指导思想。

全面贯彻党的十七大精神，以邓小平理论和“三个代表”重要思想为指导，深入贯彻落实科学发展观，从广大人民群众的根本利益出发，坚持以人为本的理念，以保障人民群众生命健康、社会稳定和国家安全为宗旨，建立健全与我国国情相适应的疫苗供应体系。以完善全流程监督管理为主线，以提升综合研发能力为核心，全面增强疫苗供应能力，为有效防控传染病和应对突发公共卫生事件奠定坚实基础。

（二）基本原则。

1. 统筹布局、系统提升。针对疫苗供应体系存在的薄弱环节，统筹安排体系建设任务，合理布局重点项目建设，从整体上提升疫苗供应体系常态和非常态下的保障能力。

2. 自主生产、强化创新。坚持国家免疫规划疫苗、常规疫苗和应急疫苗立足国内生产的原则，以疫苗相关领域关键技术研发创新能力建设为主要途径，积极支持新型疫苗的研发和产业化，应用国内外先进技术，加快实现品种升级换代。

3. 标本兼治、远近结合。强化疫苗研发和生产现有基础，重点突破新型疫苗研发及大规模生产技术等制约长远发展的瓶颈，切实提高核心竞争力，努力缩小与国际先进水平差距。

4. 保障供给、有效应急。抓紧提高部分疫苗在产能及质量等方面的装备能力，完善现用疫苗的实物、生产能力和技术等储备，建立疫苗应急供给快速响应联动机制。

5. 强化监管、健康发展。完善疫苗监管法规，加大执法力度，推进监管工作标准化建设，加大政策和投入支持力度，加快人才培养，全面推进疫苗供应体系健康发展。

（三）发展目标。

到2015年，初步建成满足我国经济社会发展需要的疫苗供应体系，通过对薄弱环节的重点建设，实现常态必保，应急能力大幅提升。形成较为完善的包括新发传染病在内的疫情监测预警体系，逐步提高传染病疫情及突发公共卫生事件网络直报率；通过综合性研发机构、研发技术及应用技术平台的能力建设，实现基础研究、应用基础研究和产业化开发的紧密衔接，缩小与国际先进技术的差距；加快急需疫苗新产品的研发和产业化进程，提升部分现用疫苗最大产能，确保常态和应急时各种疫苗充足供应并进一步提高质量；以乡（镇）为单位的国家免疫规划疫苗接种率达到并维持在 90% 以上；完善疫苗储备体系，布局建设生产能力储备，增列疫苗实物储备品种；完善疫苗质量监管和接种效果评价体系；人兽共患病兽用疫苗质量显著提高，增强外来病兽用疫苗技术储备。

到 2020 年，我国疫苗供应体系进一步健全完善，具备与发达国家同步应对突发和重大疫情的实力。疫苗研发生产技术基本达到或接近国际先进水平，品种进一步增加，安全性、有效性和产品质量进一步提高，储备品种和规模合理，接种服务更加便利。

三、主要任务

针对现有疫苗供应体系的薄弱环节，着力加强能力建设，重点提升研发实力，实现疫情监控及疫苗研发、生产、流通、接种、储备、监管各环节的协调发展。

（一）加强监测预警。

整合现有疫情监测预警资源，拓展传染病疫情及突发公共卫生事件网络直报系统功能，加强系统建设和运行维护，县级以上医疗卫生机构疫情网络直报率达到 100%，乡镇医疗卫生机构达到 90% 以上。完善传染病监测体系，加强呼吸道类、脑炎类、出血热类等突发急性传染病症状监测点的建设，建立健全突发急性传染病实验室监测网络，开发相关快速诊断或检测试剂，发展不明原因疾病和新发传染病的实验室检测鉴定技术。加强流行病学调查，重视国际合作与信息交流，做好疫病流行现状监测及趋势分析，有效引导疫苗研发生产和接种使用。

（二）增强研发实力。

通过产业技术创新战略联盟等形式，加快推进产学研协同创新的疫苗研发体系建设，强化实验室研究、新产品试制、产业化开发之间的有效衔接。加强病原学和免疫学应用基础技术研究，加快疫苗相关实验室生物安全能力建设。整合利用现有科技资源，推进疫苗研发基地建设，充分发挥技术平台支撑作用，通过填平补齐消除薄弱环节，提升疫苗研发能力。加大联合攻关力度，突破急需的关键技术，努力实现疫苗研发工程化、产业化。推进研发成果的产业化，加快实现部分现有疫苗品种的升级换代。加强重大、新发传染病疫苗的研发及其评价支撑体系建设。强化菌种、毒种的研究和资源共享。

（三）提高产能和质量。

支持相关企业增加产能、提高标准、建设生产线。着力解决第一类疫苗产能不足、生产线单一及产品更新换代问题；引导鼓励第二类疫苗生产企业适度扩建新型疫苗及现有疫苗产能；支持疫苗企业获取世界卫生组织预认证并进入国际市场，有效维持应对流感等疫情暴发的峰值产能。加强疫苗生产重大装备的开发应用，积极推动关键技术的引进消化再创新，重点突破大规模培养和纯化等技术及装备瓶颈。加大对优势企业扶持力度，支持其兼并重组，推进规模化、集约化生产。

（四）科学安全接种。

开展防疫免疫策略和传染病疾病负担研究，科学合理扩大疫苗免疫规划品种和覆盖人群。采取针对性措施，重点提高西部地区农村及东部地区流动人口中儿童的国家免疫规划疫苗接种率。积极研究疫苗应用发展政策，加大疫苗相关知识宣传力度，促进公众自愿接种第二类疫苗。完善接种统计和异常反应报告制度，积极开展疫苗接种效果和安全性评价，健全疫苗不良反应监测体系。建立完善预防接种异常反应补偿机制。

（五）规范储运管理。

组织疫苗生产、储存、运输和接种单位，合作开展疫苗储存运输管理研究，制定疫苗储存运输的操作规范，明确相关设施、设备条件要求及冷藏（冻）设备、车载冷藏设备、运输工具等装备的配置标准。建立健全疫苗冷链配送管理体系，加强冷链运输过程的规范化管理，提高疫苗运输质量保障水平。

（六）健全储备体系。

加强疫苗储备管理，完善储备制度，采取差别化储备措施，统筹技术储备、能力储备与实物储备，确保应急状态下迅速有效供应。定期评估各类传染病暴发可能性及防疫需求，确定技术储备清单。按照政府管理、企业承担储备任务的原则，组织能力储备和实物储备。统筹确定现用疫苗最低产能保有量，对流感疫苗等峰值需求较大的品种储备必要产能。综合考虑疫情变化态势、生产中断风险等因素，制定实物储备计划。加强疫苗承储企业仓储能力建设。

（七）增强应急保障能力。

建立健全疫苗应急研发、审批、生产、流通、储备调用、接种等快速响应联动机制。加强疫苗应急供应、调运、接种配套能力建设，制定针对高风险传染病的疫苗应急扩产预案，完善疫苗生产能力、社会库存产品的应急征用和补偿制度，明确在校学生等重点人群应急接种策略，制定疫苗应急接种预案。

（八）完善监管体系。

加强疫苗监管机构能力建设，制定疫苗监管体系建设与发展目标，改善基础设施，创新监管手段，提高监管效能。完善疫苗注册审批方式。建立规范、系统的疫苗质量评价体系，强化质量控制标准，完善疫苗生产企业产品质量责任制。加强疫苗生产、流通、预防接种全过程监管，统一规划和建设电子监管码系统，对疫苗生产批发企业、疾控机构实施电子监管码管理，并逐步扩大到预防接种单位。严格执行疫苗批签发管理制度，加大日常监督检查和市场抽验力度，严厉查处违法违规行为。加强疫苗企业生产特别是搬迁过程中的菌毒种安全监管。

（九）提升国际竞争力。

加大自主创新支持力度，鼓励研发具有自主知识产权的疫苗新品种、新工艺、新技术。扩大国际合作与交流，跟踪国外疫苗研发、生产技术动态。适时引进我国急需的技术、装备和材料，组织消化吸收、再开发。在疫苗研发、生产企业的兼并重组、停业、破产等过程中，注意采取有效措施保护关键技术和生产能力，保障产业安全。

（十）提高人兽共患病防控能力。

加强人兽共患病的动物接种免疫，提高疫苗质量和供应能力。建立医疗卫生、兽医和出入境检疫系统的信息资源共享机制，形成人兽共患病快速诊断的实验室网络，增强疫病监测预警和快速反应能力，严防外来病传入。立足我国实际、结合国际疫病流行现状及趋势，提前做好重大人兽共患病防控及实验室生物安全保障所需的各种技术储备和必要实物储备。

为加快实现建设任务目标，本规划在统筹考虑必要性与可行性的基础上，提出五类重点建设项目。一是培育重要急需新产品。尽快完成手足口病疫苗等6种新疫苗的研制及产业化，加快研制和研发一批新的疫苗品种。二是建设关键研发设施，重点支持新型疫苗国家研究中心等能力建设。三是扩增急需产能和实物储备。四是提高疫苗行业装备水平。五是建立疫苗质量检验体系。重点项目安排投资规模约94亿元。

四、保障措施

（一）加强法规和标准体系建设。

推动完善疫苗供应体系相关法律法规，健全疫苗应急供应的相关规定。科学评估并改进有关管理措施、制度、规范和标准，提高疫苗供应体系的整体运转效率。

（二）加大财政等政策支持力度。

中央财政对扩大国家免疫规划所需的第一类疫苗和注射器购置费用给予支持。地方财政安排经费确保国家免疫规划范围内第一类疫苗接种工作的开展。进一步完善和落实适用于疫苗研发、生产、储运等疫苗供应企业的支持政策。完善疫苗价格管理，合理调整国家免疫规划疫苗价格，规范第二类疫苗市场价格。

（三）加大科研经费投入。

通过科技重大专项、国家科技计划、产业化专项和鼓励民间投资等途径，加大对疫苗基础科学、试验研究、关键技术攻关、产业化以及重要研究基础设施、平台能力建设等投入力度。提高科技成果转化率和研发资金使用效率。

（四）加强人才培养。

依托大专院校和科研院所，按照国家有关政策扶优扶强，形成疫苗专业人才培养基地，积极培养疫苗研发生产所需专业技术和管理人才。努力创造促进疫苗研发人才成长的良好环境，建立健全激励机制，积极引进疫苗研发高端人才。健全疾病预防控制人员和医务人员岗位培训制度，提高基层疫苗管理和接种人员的业务素质。加大向公众特别是在校学生宣传普及卫生防疫知识、疫苗接种常识的力度。

（五）加强疫苗供应体系建设的协调。

疫苗供应体系建设规划任务和项目的具体实施，常态下由相关部门按职责分工各负其责，抓好落实；发生重大疫情时按国务院部署实施应急协调，统筹多方力量共同应对，及时解决具有共性、影响全局的重大问题。完善政府有关部门、研发机构、生产储备企业之间的常态联系机制和应急状态下快速动员机制，提高疫苗供应应急保障协调能力。

（＊此件有删改＊）

医药工业“十二五”发展规划

（2012年3月9日发布）

前　言

医药工业是关系国计民生的重要产业，是培育发展战略性新兴产业的重点领域，主要包括化学药、中药、生物技术药物、医疗器械、药用辅料和包装材料、制药设备等。“十一五”期间，我国医药工业快速发展，在保护和增进人民健康、应对自然灾害和公共卫生事件、促进经济社会发展等方面发挥了重要作用。为更好地满足人民群众日益增长的健康需要，落实深化医药卫生体制改革任务，加快结构调整和转型升级，促进医药工业由大变强，根据《国民经济和社会发展第十二个五年规划纲要》、《中共中央国务院关于深化医药卫生体制改革的意见》、《国务院关于加快培育和发展战略性新兴产业的决定》和《工业转型升级规划（2011～2015年）》，编制本规划。规划期为2011～2015年。

一、“十一五”发展回顾

“十一五”是我国医药工业取得显著成绩的五年。随着国民经济快速增长，人民生活水平逐步提高，国家加大医疗保障和医药创新投入，医药工业克服国际金融危机影响，继续保持良好发展态势。

（一）规模效益快速增长

2010年，医药工业完成总产值12427亿元，比2005年增加8005亿元，年均增长23%，比“十五”提高3.8个百分点。完成工业增加值4688亿元，年均增长15.4%，快于GDP增速和全国工业平均增速。实现利润总额1407亿元，年均增长31.9%，比“十五”提高12.1个百分点，效益增长快于产值增长。

（二）技术创新成果显著

国家通过“重大新药创制”等专项，投入近200亿元，带动了大量社会资金投入医药创新领域，通过产学研联盟等方式新建了以企业为主导的50多个国家级技术中心，技术创新能力不断加强。盐酸安妥沙星、重组幽门螺旋杆菌疫苗等创新药物获得批准，重组人Ⅱ型肿瘤坏死因子受体—抗体融合蛋白等单抗药物实现产业化，复方丹参滴丸进入美国三期临床试验，超声诊断、监护仪等产品竞争力显著增强，大规模细胞培养、生物催化等技术应用取得突破，阿莫西林、维生素E等一批大品种生产技术水平提高，新产品、新技术开发成效明显。

（三）企业实力进一步增强

在市场增长、技术进步、投资加大、兼并重组等力量的推动下，涌现出一批综合实力较强的大型企业集团。销售收入超过 100 亿元的工业企业由 2005 年的 1 家增加到 2010 年的 10 家，超过 50 亿元的企业由 2005 年的 3 家达到 2010 年的 17 家。扬子江药业、哈药集团、石药集团、北京同仁堂、广药集团、山东威高等大型企业集团规模不断壮大，江苏恒瑞、浙江海正、天士力、神威药业、深圳迈瑞等一批创新型企业快速发展，特别是中国医药集团、上海医药集团、华润医药集团等骨干企业集团通过并购重组迅速扩大规模，实现了产业链整合，提升了市场竞争力。医药大企业成为国家基本药物供应的主力军，有效保障了基本药物供应。

（四）区域发展特色突出

东部沿海地区发挥资金、技术、人才和信息优势，加强产业基地和工业园区建设，促进集聚发展，大力发展生物医药和高端医疗设备，“长三角”、“珠三角”和“环渤海”三大医药工业集聚区的优势地位更加突出，辐射能力不断增强。2010 年，山东、江苏、广东、浙江、上海、北京的医药工业总产值总和占全行业的 50% 以上；销售收入前 100 位工业企业中，约三分之二集中在三大区域。中西部地区依托资源优势，积极承接产业转移，大力发展特色医药经济，吉林、江西、四川、贵州等省中药总产值进入全国前 5 位。

（五）对外开放水平稳步提升

医药出口持续快速增长，2010 年，出口总额达到 397 亿美元，“十一五”年均增长 23.5%。我国作为世界最大化学原料药出口国的地位得到进一步巩固，抗生素、维生素、解热镇痛药物等传统优势品种市场份额进一步扩大，他汀类、普利类、沙坦类等特色原料药已成为新的出口优势产品，具有国际市场主导权的品种日益增多。监护仪、超声诊断设备、一次性医疗用品等医疗器械出口额稳步增长。制剂面向发达国家出口取得突破，“十一五”期间通过欧美质量体系认证的制剂企业从 4 个增加到 24 个。境外投资开始起步，一批国内企业在境外投资设立了研发中心或生产基地。利用外资质量进一步提高，“十一五”期间大型跨国医药公司在华新增投资约 200 亿元，其中研发投资近 70 亿元，有十余家企业在我国设立了全球或区域研发中心。

（六）应急保障能力不断提高

中央与地方两级医药储备得到加强，增加了实物储备的品种和数量，新增了特种药品和疫苗的生产能力储备，在应对突发事件和保障重大活动安全等方面发挥了重要作用。在应对甲型 H1N1 流感疫情的过程中，提前完成了 2600 万人份抗病毒药物和 1.55 亿剂疫苗的应急研发、改造扩能、生产和储备调运任务，满足了疫情防控需要。在应对汶川、玉树地震灾害中，调运了 200 多个品规的总值近 3 亿元的医药产品，为抗震救灾作出了积极贡献。在北京奥运会、国庆 60 周年、上海世博会和广州亚运会期间，建立了中央与地方两级储备联动机制，有效保障了重大活动的顺利举办。我国医药工业在快速发展的同时，仍然存在一些突出矛盾和问题，主要是：技术创新能力弱，企业研发投入低，高素质人才不足，创新体系有待完善；产品结构亟待升级，一些重大、多发性疾病药物和高端诊疗设备依赖进口，生物技术药物规模小，药物制剂发展水平低，药用辅料和包装材料新产品新技术开发应用不足；产业集中度低，企业多、小、散的问题依然突出，低水平重复建设严重，造成过度竞争、资源浪费和环境污染；药品质量安全保障水平有待提高，企业质量责任意识亟待加强。

二、“十二五”面临的形势

“十二五”时期，我国医药工业面临的国际国内环境总体有利，是调整结构转型升级的关键时期，但影响发展的不确定因素增多，机遇和挑战并存。

（一）国际方面

1. 全球医药市场继续保持增长

今后5年，预计全球药品销售将保持3%～6%的增速，到2015年达到约11000亿美元。美欧日等发达国家市场仍居全球药品消费主导地位，但市场增速将放缓至1%～4%。以巴西、俄罗斯和印度为代表的十几个新兴医药市场受经济快速发展、居民收入增加、医保体系健全等因素驱动，预计将以14%～17%的速度增长，成为拉动全球药品消费增长的主要力量。

2. 生物技术药物进入大规模产业化阶段

随着化学新药创制难度增大，生物技术药物逐步成为创新药物的重要来源。全球已有100多个生物技术药物上市销售，另有400多个品种可能完成临床研究投放市场。生物技术药物销售收入已连续多年保持了15%以上的增速，是全部药品销售收入增速的两倍以上。2010年世界前20位畅销药中有7个生物技术药物，预计到2020年，生物技术药物占全部药品销售收入的比重将超过三分之一。

3. 通用名药面临重大发展机遇

今后5年，全球将有130多个专利药物陆续专利到期，总销售额在1000亿美元以上，其中一些品种的临床应用短期内很难有新品种替代，这将为通用名药释放很大的市场空间。发达国家为减轻财政负担，控制医药费用支出，纷纷出台政策鼓励通用名药的开发和使用，控制高价专利药的使用，将极大地促进通用名药销售的增长。

4. 产业整合呈现新趋势

合同研发和合同生产发展迅速，包括我国在内的一些临床资源丰富、研发和制造业基础好、综合成本低的发展中国家正在成为全球合同研发和合同生产的重要基地。并购重组活跃，大规模的并购交易不断涌现，专利药公司通过并购和联盟等方式大力发展通用名药成为新趋势。新兴医药市场愈发得到重视，跨国医药企业不断加大投入，加强生产基地和研发中心建设，积极推动新药全球同步研发和上市。

总体上，我国医药工业发展面临有利的国际环境，有助于稳步提高医药出口和加快国际化进程，通用名药和生物技术药物迅猛发展，为我国医药工业缩小与世界先进水平的差距提供了机遇。另外，跨国医药企业规模不断扩大，实力越来越强，在主导专利药市场的同时，大举进入通用名药物领域，市场竞争更趋激烈，我国医药工业将面临严峻挑战。

（二）国内方面

1. 医药需求快速增长

由于人口增长，老龄化进程加快，医保体系不断健全，居民支付能力增强，人民群众日益提升的健康需求逐步得到释放，我国已成为全球药品消费增速最快的地区之一，有望在2020年以前成为仅次于美国的全球第二大药品市场。

2. 医药卫生体制改革不断深化

深化医药卫生体制改革要求逐步建立覆盖城乡居民的公共卫生服务体系、医疗服务体系、医疗保障体系和药品供应保障体系，形成四位一体的基本医疗卫生制度，为群众提供安全、有效、方便、价廉的医疗卫生服务，这将进一步扩大消费需求和提高用药水平，为我国医药工业发展带来机遇。

3. 生物医药成为战略性新兴产业的发展重点

国务院《关于加快培育发展战略性新兴产业的决定》将培育发展战略性新兴产业作为当前推进产业结构升级和加快经济发展方式转变的重大举措，生物医药被列为重点发展领域之一。国家通过实施重大产业创新发展工程、重大应用示范工程、加大财税金融政策扶持等方式推动战略性新兴产业的快速发展，将为医药工业实现产业升级提供强有力的支持。

4. 资本市场快速发展

随着我国资本市场改革和发展，创业板股票市场开设，风险投资、私募股权投资规模不断扩大，医药成为受益最大的行业之一。越来越多的医药企业通过资本市场募集资金，为技术创新、开拓市场、兼并重组和中小企业发展创造了条件。同时，风险投资分散了新药开发的风险，有力支持了医药技术创新活动。

5. 药品质量安全要求提高

“国家药品标准提高行动计划”有序推进，新版《中国药典》药品安全性检测标准明显提高，药品注册申报程序进一步规范，不良反应监测和药品再评价工作得到加强，新版《药品生产质量管理规范》（GMP）正式实施，药品电子监管体系逐步建立，均对药品生产质量提出了更高的要求，有利于提高药品质量安全水平，促进行业有序竞争和优胜劣汰。

6. 环境和资源约束更趋强化

制药工业水污染物排放新标准全面实施，化学原料药生产面临更大的环保压力；能源成本上升，节能要求提高，水资源短缺，水价上涨，中药材供不应求，资源约束加剧，对医药工业转变发展方式形成了“倒逼机制”。

总体上，我国医药工业发展面临有利的国内环境，市场需求快速增长，国家对医药工业的扶持力度加大，质量标准体系和管理规范不断健全，社会资本比较充裕，都有利于医药工业平稳较快发展。另外，由于环境和资源约束加强，企业生产成本不断上升，药品价格趋于下降，新产品开发难度加大，医药工业发展仍存在不少困难和制约因素。

三、指导思想、基本原则和发展目标

（一）指导思想

以邓小平理论和“三个代表”重要思想为指导，深入贯彻落实科学发展观，以转变发展方式为主线，以结构调整和转型升级为主攻方向，加强自主创新，大力发展生物医药，改造提升传统医药，增强产业核心竞争力和可持续发展能力，深化医药卫生体制改革，加快建立以国家基本药物制度为基础的药品供应保障体系，不断满足人民群众日益增长的健康需求，促进我国医药工业由大到强的转变。

（二）基本原则

（1）坚持发挥市场机制作用与加强政策引导相结合。发挥市场配置资源的基础作用，规范市场秩序，促进公平竞争和优胜劣汰。加强和创新医药行业管理，发挥行业规划、产业政策、招标采购、质量监管以及价格等政策的引导和调控作用。

（2）坚持技术创新与技术改造相结合。把技术创新作为医药工业结构调整的关键环节，切实提高企业创新能力，大力推动新产品研发和产业化。鼓励企业采用新技术、新工艺、新装备进行技术改造，不断提升医药工业生产技术水平。

（3）坚持立足国内市场与国际化发展相结合。把握国内疾病防治形势，大力发展适应临床需求的医药产品，为人民群众生命健康提供保障。加快医药生产与国际接轨，推动有条件的企业“走出去”，带动医药产业转型升级。

(4）坚持保障生产供应与强化质量安全相结合。增加基本药物生产，保障供应，推进基本药物与非基本药物协调发展。加强质量管理，强化生产企业是药品质量第一责任人的理念，完善标准和规范，提高药品安全保障水平。

（5）坚持加快产业发展与保护生态环境相结合。抓住培育和发展战略性新兴产业的机遇，不断扩大产业规模，提高医药工业在国民经济中的比重。发展循环经济，大力推动清洁生产，加强资源节约和综合利用，促进医药工业向绿色低碳方向发展。

（三）"十二五"主要发展目标

（1）产业规模平稳较快增长。工业总产值年均增长20%，工业增加值年均增长16%。

（2）确保基本药物供应。基本药物生产规模不断扩大，集约化水平明显提高，有效满足临床需求。基本药物生产向优势企业集中，主要品种销售前20位企业占80%以上市场份额。

（3）技术创新能力增强。建立健全以企业为主体的技术创新体系，重点骨干企业研发投入达到销售收入的5%以上，创新能力明显提高。获得新药证书的原创药物达到30个以上，开发30个以上通用名药物新品种，完成200个以上医药大品种的改造升级，开发50个以上掌握核心技术的医疗器械品种。

（4）质量安全上水平。全国药品生产100%符合新版GMP要求，药品质量管理水平显著提高。加快国际认证步伐，200个以上化学原料药品种通过美国FDA检查或获得欧盟COS证书，80家以上制剂企业通过欧美日等发达国家或WHO的GMP认证。

（5）产业集中度提高。到2015年，销售收入超过500亿元的企业达到5个以上，超过100亿元的企业达到100个以上，前100位企业的销售收入占全行业的50%以上。

（6）国际竞争力提升。医药出口额年均增长20%以上。改善出口结构，有国际竞争优势的品种显著增多，制剂出口比重达到10%以上，200个以上通用名药物制剂在欧美日等发达国家注册和销售。"走出去"迈出实质步伐，50家以上企业在境外建立研发中心或生产基地。

（7）节能减排取得成效。单位工业增加值能耗较"十一五"末降低21%，单位工业增加值用水量降低30%，清洁生产水平明显提升。

四、主要任务

（一）增强新药创制能力

提升生物医药产业水平，持续推动创新药物研发。坚持原始创新、集成创新和引进消化吸收再创新相结合，在恶性肿瘤、心脑血管疾病、神经退行性疾病、糖尿病、感染性疾病等重大疾病领域，呼吸系统、消化系统等多发性疾病领域，罕见病和儿童用药领域，加快推进创新药物开发和产业化，着力提高创新药物的科技内涵和质量水平。支持企业在国外开展创新药物临床研究和注册。实现一批临床用量大的专利到期药物的开发生产，填补国内空白。

加强医药创新体系建设。进一步发挥企业在技术创新体系中的主体作用，支持骨干企业技术中心建设，提高企业承担国家科技项目的比重，增强新药创制和科研成果转化能力。引导和扶持创新活跃、技术特色鲜明的中小企业发展，培育成为医药创新的重要力量。继续推动企业和科研院所合作，构建高水平的综合性创新药物研发平台和单元技术研究平台。完善医药创新支撑服务体系，加强药物安全评价、新药临床评价、新药研发公共资源平台建设。

鼓励发展合同研发服务。推动相关企业在药物设计、新药筛选、安全评价、临床试验及工艺研究等方面开展与国际标准接轨的研发外包服务，创新医药研发模式，提升专业化和国际化水平。

（二）提升药品质量安全水平

全面实施新版GMP。推动企业完善质量管理体系，健全管理机构，规范生产文件管理，提高生产环境标准，建立和落实质量风险管理、供应商审计、持续稳定性考察等质量管理制度，完善药品安全溯源体系。强化企业质量主体责任，树立质量诚信意识，认真实施质量受权人制度，加强员工培训，提高员工素质，实现全员、全过程、全方位参与质量管理，严格执行 GMP，显著提升我国药品质量管理整体水平。鼓励有条件的企业开展发达国家或 WHO 的 GMP 认证，带动我国药品质量管理与国际接轨。

不断提高质量标准。健全以《中国药典》为核心的国家药品标准体系，继续推进药品标准提高行动计划，重点提高基本药物、中药、民族药、高风险品种、药用辅料和包装材料的质量标准。加强医疗器械标准体系建设，实施国家医疗器械标准提高行动计划，重点提高基础性和通用性标准，以及高风险产品、自主知识产权产品和量大面广产品的标准。强化标准科学性、合理性及可操作性研究，提高标准的权威性和严肃性。

按照国际先进标准开展通用名药物大品种的二次开发和再创新。鼓励企业增加质量研发投入，改进产品设计，优化工艺路线，研究开发和应用先进的质量控制技术，重点提高药物晶型、溶剂残留和杂质控制水平，加强药品生物利用度和等效性研究，重点提高固体口服制剂溶出度等质量指标，在临床疗效和安全性方面做到与国际先进水平一致。进一步完善质量评价体系，加快建立药品杂质标准品库、质量评价方法和检测平台。加强品牌建设，形成一批市场认知度较高的知名品牌。

（三）提高基本药物生产供应保障能力

完善基本药物生产供应保障模式。对用量大、生产厂家多的品种，促进生产能力向优势企业集中，提高规模化和集约化水平。对用量小、企业生产不经济的品种，研究采用定点生产方式集中生产，保障供应。对用量不确定、企业不常生产的品种，加快建立常态化基本药物储备。完善招标采购、药品价格等政策，调动企业生产基本药物的积极性。

提高基本药物生产技术水平。支持基本药物生产企业不断改进生产工艺，推广应用新技术和新装备，加快实施新版 GMP 改造，稳步提高产品质量，有效降低生产成本。

加强基本药物生产供应监测。完善基本药物生产统计制度，及时掌握生产动态。加强产需衔接，定期发布重点品种供求信息。重点监测紧缺原料药和中药材供应情况，协调解决生产原料的供应不足问题。

（四）加强企业技术改造

利用现代生物技术改造传统医药产业。依托优势企业，结合新版 GMP 实施，支持一批符合结构调整方向、对转型升级有引领带动作用的技术改造项目。瞄准国际先进水平，加强清洁生产、节能降耗、新型制剂、生产过程质量控制等方面的新技术、新工艺、新装备的开发与应用，重点推进基因工程菌种、生物催化等生物制造技术对传统工艺技术的优化与替代，积极采用生物发酵方法生产药用植物活性成分，提升医药大品种的生产技术水平。

加快新产品产业化。围绕生物技术药物、化学药、现代中药、先进医疗器械等重点领域，立足现有产业基础，加大技术改造投入，强化技术改造与技术引进、技术创新的结合，着力解决中试放大、检验检测等制约新产品产业化的突出问题，加快形成一批先进的规模化生产能力。

（五）调整优化组织结构

鼓励优势企业实施兼并重组。支持研发和生产、制造和流通、原料药和制剂、中药材和中成药企业之间的上下游整合，完善产业链，提高资源配置效率。支持同类产品企业强强联合、优势企业重组困难落后企业，促进资源向优势企业集中，实现规模化、集约化经营，提高产业集中度。加快发展具有自主知识产权和知名品牌的骨干企业，培育形成一批具有国际竞争力和对行业发展有较强带动作用的大型企业集团。

深化体制机制改革和管理创新。鼓励兼并重组企业建立健全规范的法人治理结构，转换企业经营机制，创新管理模式。引导企业加强资金、技术、人才等生产要素的有效整合和业务流程的再造，实现优势互补。支持企业加强和改善生产经营管理，促进自主创新和技术进步，落实淘汰落后生产工艺装备和产品指导目录，淘汰落后产能，提高市场竞争力。

促进大中小企业协调发展。坚持统筹协调，分类指导，鼓励大型骨干企业加强新药研发、市场营销和品牌建设，支持中小企业发展技术精、质量高的医药中间体、辅料、包材等产品，提高为大企业配套的能力。鼓励中小企业发挥贴近市场、决策迅速、机制灵活的特点，培育一批专业化水平高、竞争力强、专精特新的中小企业，促进形成大中小企业分工协作、协调发展的格局。

（六）优化产业区域布局

发挥东部地区引领医药产业升级的主导作用。充分利用“长三角”、“珠三角”和“环渤海”地区在资金、技术、人才和信息上的优势，重点发展附加值高、资源消耗低、具有国际先进水平的医药产品，建设与国际接轨的研发和生产基地。积极引导受资源约束、不再具有比较优势的产业合理有序转移。

鼓励中西部地区发展特色医药产业。发挥中西部地区能源、原材料丰富和比较成本低的优势，加强中药、民族药资源保护和开发利用，依托医药骨干企业，建设特色医药产品生产基地。鼓励中西部地区因地制宜，积极承接东部地区产业转移。严格限制在环境敏感和承载能力弱的地区发展高污染品种，防止低水平重复建设，形成东、中、西部优势互补和协调发展的格局。

鼓励产业集聚发展。引导和鼓励医药企业向符合规划要求的工业园区集聚，创建一批管理规范、环境友好、特色突出、产业关联度高、专业配套齐全的国家新型工业化产业示范基地。选择具备一定基础、环境适宜的地区，重点改造和提升一批符合国际 EHS（环境、职业健康、安全）标准、实施清洁生产的化学原料药生产基地，实现污染集中治理和资源综合利用。

（七）加快国际化步伐

优化对外贸易结构。统筹开发新兴医药市场和发达国家市场，加快转变出口增长方式。进一步巩固大宗原料药的国际竞争优势，提高特色原料药出口比重。依托化学原料药优势积极承接境外制剂外包业务，扩大制剂出口。不断增加生物技术药物和疫苗出口，努力扩大中成药和天然药物的国际市场销售，提高医疗器械出口产品附加值。逐步减少高耗能、高污染产品的出口。

进一步提高对外开放水平。积极开展药品国际注册和生产质量管理体系国际认证，推动 EHS 管理体系及其他各项标准与国际接轨，为开拓国际市场创造条件。支持有条件的企业“走出去”，鼓励拥有自主知识产权药物的企业在国外同步开展临床研究，支持企业在境外投资设厂和建立研发中心。

改善投资环境，提高利用外资质量，鼓励跨国公司在国内建设高水平的医药研发中心和生产基地，提升我国医药产业的国际地位。

（八）推进医药工业绿色发展

提高清洁生产和污染治理水平。以发酵类大宗原料药污染防治为重点，鼓励企业开发应用生物转化、高产低耗菌种、高效提取纯化等清洁生产技术，加快高毒害、高污染原材料的替代，从源头控制污染。开发生产过程副产物循环利用和发酵菌渣无害化处理及综合利用技术，提高废水、废气、废渣等污染物治理水平。

大力推进节能节水。实施能量系统优化工程，推动节能技术和设备的应用，对空压机、制冷机等高能耗设备进行节能改造，提高能源利用效率，降低综合能耗。加快节水技术和设备的推广，提高水循环利用率，降低水耗。严格执行制药工业节能节水标准，淘汰能耗高、运行效率低的落后工艺设备。

（九）提高医药工业信息化水平

加强信息技术在新产品开发中的应用。建立基于信息技术的新药研发平台，利用计算机技术辅助进行药物靶标筛选、药物分子设计、药物筛选、药效早期评价，加快新药研发进程。提升医疗器械的数字化、智能化、高精准化水平，开发基于网络和信息技术的医疗器械品种，统一技术标准，支持远程医疗和医疗资源共享。

提高生产过程信息化水平。加强计算机控制在生产过程中的应用，推动药品生产线和质量检测设施的数字化改造，实现全流程自动化数据采集控制。推广应用生产执行管理系统，提高生产效率和生产过程可控性，降低生产成本，稳定产品质量，实现产品质量的可追溯性。

提高企业管理信息化水平。鼓励企业集成应用企业资源计划、供应链管理、客户关系管理、电子商务等信息系统，推动研发、生产、经营管理各环节信息集成和业务协同，提高企业各个环节的管理效率和效能。建设医药行业运行监测和医药行业统计信息系统，完善“中国医药统计网”，为加强行业管理提供有力支撑。

（十）加强医药储备和应急体系建设

完善两级医药储备制度。统筹整合中央、地方医药储备资源，实现两级储备的互补和联动，提高国家医药储备应急反应能力，提高财政资金的使用效率。建立全国联网的医药储备信息平台，加强动态监测，保障在公共事件发生时医药物资的足量供应。

建立应急特需药品研发生产平台。加强灾情疫情预测，联合军地科研力量，有计划地对应急特需药品、试剂开展提前研究，形成技术储备；加强应急特需药品的需求预测，组织生产企业实施扩能改造，形成生产能力储备，保障在应急状态下能快速生产出所需药品，提高应急体系的前瞻性、针对性和有效性。

健全应急响应工作机制。完善相关法规政策，制定完善分级应急预案，全面提升突发事件应对能力。在重大疫情灾情发生时，统一指挥和综合协调应急处置工作，加强中央地方之间、政府部门之间、军队地方之间联动，确保应急研发、审批、生产、收储、调运和接收等环节运转高效，信息传递及时通畅，物资调配合理，完成应急特需药品供应保障任务。

五、重点领域

抓住国内外医药需求快速增长和全球市场结构调整的重大机遇，落实培育和发展战略性新兴产业的总体要求，大力发展生物技术药物、化学药新品种、现代中药、先进医疗器械、新型药用辅料包装材料和制药设备，加快推进各领域新技术的开发和应用，促进医药工业转型升级和快速发展。

（一）生物技术药物

紧跟世界生物技术发展前沿，结合国内疾病防治需要，加快发展人源化/人源单克隆抗体药物、疫苗、基因工程蛋白质及多肽药物，积极开展核酸药物、基因治疗药物、干细胞等细胞治疗产品的研究，突破生物技术药物产业化的技术瓶颈，开发自主知识产权产品，抢占世界生物技术药物制高点。

专栏1：生物技术药物产品和技术发展重点

一、产品

人源化/人源单克隆抗体药物：重点开发治疗恶性肿瘤、自身免疫性疾病、神经系统疾病等难治疾病以及用于紧急预防和治疗感染性疾病的抗体药物，积极扶持已经完成临床研究的抗体药物的产业化。

疫苗：针对流感、肝炎、疟疾、结核、艾滋病等重大或新发传染病，加快基因工程疫苗、核酸疫苗等新型疫苗的开发；积极开展成人用疫苗、人畜共患病疫苗以及针对肿瘤、自身免疫性疾病和慢性感染性疾病的治疗性疫苗的研究；推进百白破（无细胞）、水痘、麻疹、甲肝、脊髓灰质炎等传统疫苗升级换代和联合疫苗的研制与生产。

基因工程蛋白质及多肽药物：重点开发免疫原性低、稳定性好、靶向性强、长效、生物利用度高的基因工程蛋白质及多肽药物。

核酸药物及基因治疗药物：重点研发反义核酸药物、RNA干扰药物、适配子药物和基因治疗药物。

干细胞等细胞治疗产品：重点研发针对恶性肿瘤、自身免疫性疾病等重大疾病的干细胞和免疫细胞等细胞治疗产品。

血液制品：重点开发国内市场紧缺的凝血因子Ⅷ、抗巨细胞病毒免疫球蛋白等产品。

二、技术

动物细胞大规模高效培养关键技术：开发工业化生产所需工程细胞株的代谢工程改造技术、表达量提高及质量优化技术、高密度流加和连续灌注培养等技术。

无血清无蛋白培养基的开发：重点开发适合于抗体药物、重组蛋白质、疫苗及细胞治疗产品生产所需的化学成分确定的系列化无血清无蛋白培养基。

纯化介质及纯化技术：重点研制新型高效分离纯化介质及核酸、蛋白质大规模纯化工艺。

生产过程质量控制技术：提高生产过程在线监测和质量控制水平，建立对目标产品表达量、细胞生长状态、杂质的定性定量分析等关键指标的监测和控制方法。

生物制剂技术：重点开发生物技术药物的长效、缓释、控释等制剂技术，新型药物递送系统，疫苗的新型载体、佐剂、稳定剂和保护剂等。

血浆综合利用技术：加强血浆的综合利用，提高血浆分离纯化技术水平，增加产品种类，提高血液制品的安全性，高效利用血浆资源。

（二）化学药新品种

在严重危害人民群众生命健康的重大疾病和多发性疾病领域，加强具有自主知识产权的化学新药开发。抓住一批临床用量大的产品专利到期的机遇，加快通用名药新产品开发。加强新工艺、新装备的开发与应用，提高制剂生产水平，培育新的具有国际竞争优势的特色原料药品种。

专栏2：化学药产品和技术发展重点

一、产品

抗感染药物：重点开发抗病毒（如肝炎、流感、艾滋病等）、抗多药耐药菌、抗深部和多重真菌、抗耐药结核杆菌、抗其他微生物（如衣原体、支原体、疟疾、寄生虫等）的新型抗感染药物。

抗肿瘤药物：重点开发治疗肺癌、肝癌、乳腺癌、胃癌、结肠癌等我国高发性肿瘤疾病的毒副作用小、临床疗效高的靶向、高选择性抗肿瘤药及辅助用药。

心脑血管疾病药物：重点开发防治高血压、脑卒中、心力衰竭、心肌梗死、肺动脉高压、高血脂和血栓形成等疾病的作用机制新颖、长效速效、用药便捷的新型单、复方药物。

内分泌及代谢疾病药物：重点开发治疗糖尿病、骨质疏松及其他营养代谢综合征的作用机制新颖、长效高效、用药便捷的新型单、复方药物。

精神神经疾病药物：重点针对抑郁、焦虑、失眠、精神分裂等精神性疾病，阿尔茨海默氏病、帕金森氏病等神经退行性疾病，慢性神经性疼痛等，开发解除症状的速效药物和缓解病情的长效药物。

免疫系统疾病药物：重点开发治疗类风湿性关节炎、系统性红斑狼疮、银屑病、痛风、免疫低下等高发性疾病以及移植排异反应的新型免疫调节剂。

此外，针对我国存在用药空白、短缺或产品落后的其他高发多发性疾病，严重危害生命健康的罕见病，技术落后的儿童用药，开展相应的新产品研发及生产。

二、技术

1. 原料药

微生物大规模发酵及分离纯化技术：利用系统生物学和基因工程技术改良优选工业生产菌种；应用代谢流分析及全局调控方法开发发酵过程优化放大技术；针对不同产品特点，开发符合规模化生产要求的分离纯化新技术。

手性合成和拆分技术：针对手性合成反应中催化剂类型和成本限制、产物光学纯度、催化剂中毒等技术瓶颈，开展催化剂、催化工艺等关键技术的研究和产业化应用；针对手性拆分中的效率、成本、环保等问题，开展新型拆分剂、新型拆分方法的研究和产业化应用。

生物催化合成技术：针对化学合成中高污染、高成本、高能耗和低收率环节，开展生物催化技术的研究和产业化应用，积极开展合成生物技术研究。

晶型制备技术：针对有晶型控制要求的药物，开展结晶技术及晶型在线控制技术的研究和产业化应用。

2. 制剂

缓释、控释、长效制剂技术：针对心血管疾病、糖尿病、神经精神类疾病等慢性病的治疗需求，开展口服缓控制剂、长效制剂、相关辅料、过程控制研究，推动相关释药技术的产业化应用。

速释制剂技术：针对心肌梗死、哮喘、癫痫等疾病迅速缓解病情的治疗需求，开展喷雾剂、吸入剂、速崩剂等药物速释技术研究和产业化应用。

靶向释药技术：针对肿瘤等病灶明确的疾病，开展靶向释药技术和相关辅料、过程控制等方面研究，推动相关释药技术的产业化应用。

透皮和黏膜给药制剂技术：结合临床需求，开展透皮贴剂、凝胶剂和喷雾剂等透皮释药技术的开发应用；围绕速释、局部治疗、多肽给药等临床需求，开展口腔、鼻腔、直肠等黏膜给药技术的开发应用。

（三）现代中药

坚持继承和创新并重，针对中医药具有治疗优势的病种，发展适合中医治疗特色的新品种，重视中成药名优产品的二次开发。加快现代科技在中药研发和生产中的应用，提高和完善中药全产业链的技术标准和规范，培育疗效确切、安全性高、剂型先进、质量稳定可控的现代中药。

专栏3：中药产品和技术发展重点

一、产品

中药新药：围绕重大疾病及中医药治疗优势病种（如慢性病、疑难病等），重点开展经典名方和确有临床疗效的中药新品种的开发生产；加强现代中药的研发与产业化，开发一批疗效确切、安全性高、有效成分明确、作用机理清楚的组分组方中药制剂。

民族药：结合对藏药、维药、蒙药等民族药的系统整理，重点开展具有民族医药理论特点、资源特色和治疗优势的民族药新药的研发和生产，提升民族药生产技术和质量控制水平，促进民族药发展。

天然药物：针对重大疾病，利用我国特色天然药物资源，开发一批有效成分明确、作用机理清楚、剂型先进的有效成分或有效部位新药，加快相关产品产业化。

中成药大品种的二次开发：重点针对疗效确切和市场用量大的中成药品种，运用现代科学技术，明确其药效物质基础，开展技术改造、质量标准提升、作用机制和临床再评价，发展现代中药大品种。

中药饮片：加强中药饮片生产规范化和饮片标准的完善和提升；加强工业生产用饮片的研究与应用，提高中药生产效率。

中药材：加强中药材的人工种植和野生抚育，鼓励企业建立中药材原料基地，按照《中药材生产质量管理规范》（GAP）的要求，加快推进中药材产业化；推广应用先进技术，实现规模化种植养殖，保证中药材的质量和供应。

二、技术中药提取纯化技术

开展符合中药生产所需的工艺技术研究，重点加强多级动态罐组提取、微波提取、大孔树脂吸附、超临界流体萃取、膜分离、微波干燥等新技术在中药生产中的应用，提高效率和降低能耗，促进生产技术的升级。

中药制剂技术：加强适合中药特点的制剂技术的研究和应用，重点解决中药注射剂、经皮和黏膜给药制剂、缓控释制剂生产中存在的关键技术问题，改造中药传统制剂生产技术，提升中药制剂生产水平。

生产过程控制技术：针对中药成分复杂、质量控制困难等现状，重点加强中药生产过程自动化控制、在线监测和质量控制技术的推广应用，提高制药工程技术水平和产品质量。

（四）先进医疗器械

针对需求量大、应用面广的医学影像设备、体外诊断仪器、急救及外科手术设备、专科医疗设备等，大力推进核心部件、关键技术的开发，提高设备的国产化水平。发展基层医疗卫生机构及家庭用普及型医疗器械，提高产品的可靠性、安全性和数字化、信息化水平。大力发展人工器官、组织工程产品以及体内植入物和治疗用医用材料，提高生物医学材料发展水平。

专栏4：医疗器械产品和技术发展重点

一、产品

医学影像设备：重点开发数字化X射线机、多层螺旋CT机、超导磁共振成像系统、核医学影像设备、超声成像设备、医学影像后处理与分析系统等。体外诊断仪器及试剂：重点开发用于血细胞、生化、免疫、基因、蛋白质、药敏等分析的自动化临床检测系统及配套试剂。急救及外科手术设备：重点开发普外及专科手术室成套设备和高性能麻醉工作站、无创呼吸机、除颤器、起搏器、高分辨率的软硬内窥镜系统、手术显微系统、电外科手术设备、外科动力系统等。专科用医疗设备：重点开发介入治疗、放疗、心脑血管治疗、口腔治疗、眼科治疗、血液净化、超声治疗等设备。基层医疗卫生机构及家庭用普及型医疗器械：重点开发安全性和可靠性高，应用数字化和信息化技术的普及型医疗器械。康复医疗器械：重点开发人工耳蜗、助听器、智能康复辅具、智能康复训练系统等。人工器官和组织工程产品：重点开发人工心脏辅助系统、氧合器、透析器、血浆分离器、人工骨、眼科植入物、组织工程皮肤和软骨等。体内植入物和治疗用医用材料：重点开发心血管系统植入物、诊断治疗用导管和医用粘接剂等。

二、技术

重点开发医学影像设备所需的数字化探测器、高频 X 线发生器、超声探头、超导磁体、X 线球管等关键技术部件，医用影像的数据采集、后处理和分析技术，微系统和医用传感器，体外诊断仪器所需的光谱分析、流式细胞分析等技术，植入、介入、人工器官和组织工程产品制备技术、表面改性技术以及相应的生物医学材料等。

（五）新型药用辅料、包装材料及制药设备

加强新型药用辅料、包装材料的开发和应用，提高药品质量，改善药品性能，保障用药安全。提高制药设备生产水平，鼓励符合 GMP 要求的新型制药设备的开发与生产，为提高药品生产水平提供支持。

专栏 5：药用辅料、包装材料及制药设备的发展重点

一、药用辅料根据药物制剂发展的需要，开发和应用能够改善药品性能、提供特殊功能、保证药品安全性和药效的系列化、功能化新型药用辅料，促进新制剂或释药系统的研发，提高药品的安全性、有效性、质量可控性和顺应性。重点开发高效崩解剂、共加工辅料、安全性高的包衣材料和注射剂用辅料（中药注射剂关键辅料、新型脂质体材料、生物制品冻干保护剂）等。完善相应的质量标准体系和管理规范。

二、药用包装材料

重点开发和应用新型、环保、使用便捷的药用包装材料和容器，包括预灌封注射器、多室袋输液包装等自带给药装置的包装形式，I 级耐水药用玻璃制品，PVC 替代产品，具有温度记忆功能的药用包装材料，儿童用药安全包装，方便老人及残障人使用的包装形式和材料，适合中药材及饮片质量要求的包装形式等。积极开发药用包装材料专用原辅料、添加剂、配件，包括具有高洁净、高加工性能等特性的原辅料，注射剂“吹瓶—灌装—封口”工艺专用塑料树脂，洁净无菌包装膜等。鼓励开发技术先进、符合 GMP 要求、具有自主知识产权的药用包装材料生产设备。开展药用包装材料和药品的相容性研究及安全性评价，建立药用包装材料的评价程序和方法，保证药用包装材料的安全和有效。

三、制药设备

重点开发和生产符合 GMP 要求的无菌原料药干燥、后处理及包装设备，缓控释等新型制剂生产设备，注射剂“吹瓶 - 灌装 - 封口”三位一体设备，用于抗体、基因工程蛋白质和疫苗工业化生产所需的大规模生物反应器及附属系统，注射剂高速灌装联动线，高速、全自动压片机和胶囊充填机，高效、节能的中药提取浓缩设备，新型消毒灭菌设备等。提高制药设备的自动化和信息化水平，加强在线控制、在线检测、无菌对接、在位清洗、在位消毒和灭菌、隔离装置等技术的开发应用。

六、保障措施

（一）加强产业政策引导

进一步落实《加快医药行业结构调整的指导意见》，研究完善医药产业政策，加强产业政策与其他经济政策的协调配合，形成政策合力，推动结构调整取得实质性进展。加强和改善医药行业管理，制定重点产品的行业准入条件，综合运用经济法律手段，抑制低水平重复建设。研究制定符合行业特征的政策措施，加快推进医药企业兼并重组。加强对医药领域专利、商标、技术秘密等知识产权的保护，依法打击窃取技术秘密的行为。加强生产质量监管和环保监督检查力度，查处违规生产行为，规范市场竞争秩序。

（二）加大财税金融支持力度

发挥“重大新药创制”科技重大专项等国家科技计划的作用，提高医药技术创新能力。加大战略性新兴产业专项资金投入，支持生物医药产业发展。扩大中药材生产扶持资金规模，支持中药材资源保护和发展。进一步加大资金投入，支持基本药物生产和新版 GMP 改造。研究完善鼓励创新的税收支持政策，落实研发费用加计扣除和高新技术企业所得税优惠等政策。拓宽融资渠道，鼓励社会资本设立医药产业投资基金，投资创新型医药企业，支持符合条件的医药企业发行债券和境内外资本市场上市融资，落实和完善出口信贷及出口信用保险政策。

（三）完善价格招标医保政策

完善药品价格政策，利用价格杠杆鼓励企业自主创新，提升产品质量，抑制低水平重复建设。对基本药物的价格进行动态管理，推动建立统一定价机制，发挥价格引导作用，确保基本药物生产供应。完善药品集中采购机制和办法，探索建立综合评价指标体系，切实落实“质量优先、价格合理”的原则，加强对供货主体、采购主体和采购全过程的监督，实现公平竞争和优胜劣汰。完善基本医疗保障费用支付方式，促进合理用药，支持临床必需、疗效确切、安全性高、价格合理的创新药物优先进入医保目录。

（四）发挥药品监管调控作用

加强药品和医疗器械监管法律法规体系建设。提高药品审评审批技术门槛，严格控制新开办制药企业数量。完善药品、医疗器械注册审评审批机制和标准，加强技术支撑体系建设，提高审批效率，促进创新和发展。加强上市药品再评价工作，完善药品退出市场机制。完善企业集团内转移药品生产批件的政策，支持企业兼并重组后的资源整合。研究建立“药品上市许可人制度”，为加快结构调整创造有利条件。通过推进药品标准提高行动计划、实施新版 GMP 和制定实施《医疗器械生产质量管理规范》，鼓励先进，淘汰落后。

（五）加强人才队伍建设

重视对医药领域急需的科技创新、质量管理、国际化运作等方面人才的培养和引进。支持引导企业与高等院校、科研院所合作，联合培养高层次人才。依托重大项目、重点实验室和国家工程技术研究中心等平台，发挥“千人计划”的作用，引进国外优秀人才来华创业。鼓励社会力量开展多种形式的医药领域专业化培训，培养大批面向生产一线的专业技术人才和高技能人才，为医药工业转型升级提供人才保障。

(六)发挥行业协会作用

发挥行业协会在企业和政府之间的桥梁纽带作用，鼓励各行业协会加强沟通与合作，在制定规划、政策、标准、价格、医保目录等方面充分发挥作用。支持行业协会承担行业统计、信息服务等行业管理基础性工作，完善医药行业运行监测网络和指标体系，强化行业信息统计和信息发布。引导行业协会加强调查研究，反映行业情况和企业诉求，帮助企业解决实际困难。鼓励行业协会推进诚信体系建设，培育企业质量信用意识，加强行业自律。积极开展行业培训，促进企业交流与合作。

七、规划组织实施

工业和信息化部统筹负责本规划的组织实施。建立跨部门分工协作、共同推进的工作机制，加强对规划实施的统一领导和精心组织，制定规划实施细则，确保各项任务和措施落到实处。建立规划实施动态评估机制，做好行业运行监测，及时做好发展形势的分析和信息发布，引导产业健康发展。

各地工业和信息化主管部门要按照职责分工，抓紧制定与本规划相衔接的实施方案，落实地方配套政策。相关行业协会要积极参与相关工作，协同推进本规划的贯彻落实。

(＊此件有删改＊)

全国药品流通行业发展规划纲要（2011～2015年）

（2012年3月10日发布）

药品是关系人民生命健康的特殊商品，药品流通行业是关系国计民生的重要行业。党中央、国务院高度重视人民群众生命健康和医药卫生事业的发展，提出了关于深化医药卫生体制改革的意见，并对药品流通行业改革和发展提出要求。为适应医药卫生事业改革发展的新形势，促进药品流通行业科学发展，保障人民群众用药安全合理方便，根据有关法律法规和《中华人民共和国国民经济和社会发展第十二个五年规划纲要》，制定本规划纲要，规划期为2011～2015年。

一、现状与形势

（一）发展现状

改革开放以来，我国药品流通从计划分配体制转向市场化经营体制，行业获得了长足发展，药品流通领域的法律框架和监管体制基本建立，药品供应保障能力明显提升，多种所有制并存、多种经营方式互补、覆盖城乡的药品流通体系初步形成。

市场规模持续扩大。截至2009年底，全国共有药品批发企业1.3万多家；药品零售连锁企业2149家，下辖门店13.5万多家，零售单体药店25.3万多家，零售药店门店总数达38.8万多家。2009年，全国药品批发企业销售总额达到5684亿元，2000～2009年，年均增长15%；零售企业销售总额1487亿元，年均增长20%；城市社区和农村基层药品市场规模明显扩大。

发展水平逐步提升。药品流通企业兼并重组步伐加快，行业集中度开始提高。2009年，药品百强批发企业销售额占全国药品批发销售总额的70%。连锁经营发展较快，连锁企业门店数已占零售门店总数的1/3，百强连锁企业销售额占零售企业销售总额的39%；现代医药物流、网上药店以及第三方医药物流等新型药品流通方式逐步发展，扁平化、少环节、可追踪、高效率的现代流通模式比重开始提高。

社会作用不断增强。2009年，全国药品流通行业从业人员约400万人，占城乡商业服务业就业人数的5%；各类药店提供销售及服务约130亿人次，较2005年增长33%，在方便群众购药、平抑药品价格等方面发挥了重要作用。药品流通骨干企业成为药品储备和应急配送主体，不仅确保了2008年北京奥运会和2010年上海世博会等重大活动的药品需求，而且有效保证了“非典”、“禽流感”等重大疫情和“5·12”汶川特大地震等自然灾害中的药品供应。药品流通行业对相关产业发展的带动性增强，在国民经济中的地位日益显现，为维护国家安全、社会稳定和人民群众利益作出了重大贡献。

但是，由于长期实行的以药补医体制等体制性弊端，以及药品定价、采购和医保支付机制不完善等问题，加上准入门槛较低、行业规划管理欠缺、市场竞争不充分、执法监督工作不到位等因素，导致药品流通行业存在以下突出问题：一是流通组织化现代化水平较低。药品流通行业集中度低，发展水平不高，跨区域扩展缓慢。现代医药物流发展相对滞后，管理水平、流通效率和物流成本与发达国家存在很大差距。二是行业发展布局不够合理。药品流通城乡发展不够平衡，发达地区和城市药品流通企业过度集中，农村和“老、少、边、岛、渔、牧”等偏远地区药品配送网络未能全面有效覆盖，药品可及性有待提高。三是流通秩序有待规范。药品购销领域各类违规经营现象比较突出。部分零售药店出售假劣、过期等不合格药品。部分中药材市场存在药材交易混乱、质量缺乏保障、市场管理缺位等问题。

（二）面临形势

医药卫生体制改革对行业提出新要求。2011～2015 年，是实现深化医药卫生体制改革目标的关键时期，也是药品流通行业结构调整和转变发展方式的关键时期。中央提出加快建立药品供应保障体系，发展药品现代物流和连锁经营，规范药品生产流通秩序，建立便民惠民的农村药品供应网等任务，迫切要求行业必须加快结构调整，转变发展方式，实现科学发展。

加快发展面临较好机遇。未来 5 年，全球药品市场将维持快速扩张态势，市场规模预计将从 2009 年的 7730 亿美元，增加到 2015 年的 1.2 万亿美元以上，年均增长 8% 左右，全球药品流通行业集中度和流通效率将继续提高。在药品市场增长空间方面，中国将是潜力最大的市场。随着我国开始向中高收入国家迈进以及人口老龄化的加快，人民生活需求和消费结构将发生重大变化，对医疗卫生服务和自我保健的需求将大幅度增加，药品市场增长潜力巨大。中央提出“政事分开、管办分开、医药分开、营利性和非营利性分开”的医改方向，以及“保基本、强基层、建机制”的医药卫生体制改革任务，要求建设覆盖城乡的公共卫生服务体系、医疗服务体系、医疗保障体系和药品供应保障体系，必将在推动医药卫生事业发展的同时，带动药品市场规模的增加，为药品流通行业带来新的机遇。

抓住机遇仍需面对诸多挑战。药品流通行业改革发展与国家医药卫生体制改革相辅相成，与用药制度设计密切相关，而医药卫生体制改革是一个复杂和渐进的过程。从外部环境看，改革与药品流通有关的体制机制，涉及行业管理体制的完善和重大利益格局调整，其进展状况在本规划期内存在一定程度的不确定性，全国统一市场的形成仍需克服地方保护等多种因素的影响。从内部看，药品流通行业基础薄弱，总体发展程度较低，管理水平、设备设施相对落后，人才匮乏，行业结构调整和实现转型发展仍有一定难度。

二、指导思想与总体目标

（一）指导思想

按照国民经济和社会发展“十二五”规划的总体要求，以科学发展观为指导，坚持以人为本，贯彻落实中央医药卫生体制改革精神，以加强政府政策引导、发挥市场机制基础性作用、强化现代科学技术和新型管理方式应用为基本原则，以深化体制机制改革、加快转变发展方式、形成全国统一市场为主线，充分发挥药品流通行业在服务医疗卫生事业发展、维护人民群众健康权益和促进经济社会和谐发展等方面的作用。

（二）总体目标

到 2015 年，全国药品流通行业的发展适应经济社会发展的总体目标和人民群众不断增长的健康需求，形成网络布局合理，组织化程度显著提升，流通效率不断提高，营销模式不断创新，骨干企业竞争力增强，市场秩序明显好转，城乡居民用药安全便利，以及满足公共卫生需要的药品流通体系。

具体发展目标：形成 1 ~3 家年销售额过千亿元的全国性大型医药商业集团，20 家年销售额过百亿元的区域性药品流通企业；药品批发百强企业年销售额占药品批发总额 85% 以上，药品零售连锁百强企业年销售额占药品零售企业销售总额 60% 以上；连锁药店占全部零售门店的比重提高到 2/3 以上。县以下基层流通网络更加健全。骨干企业综合实力接近国际分销企业先进水平。

三、主要任务

（一）加强行业布局规划，健全准入退出制度

制定行业布局规划。各地商务主管部门要会同相关部门，结合本地经济社会发展水平、医药卫生事业发展和体制改革进展、城乡建设规划、人口增长与密度和年龄结构变化、药品供应能力等实际，制订药品批发零售网点合理设置和布局的具体规划，保证药品供应。

完善准入退出机制。提高行业准入标准，将是否符合行业规划作为行业准入的重要依据，严格控制药品经营企业数量。加强日常监管和考核，建立退出制度，对违法违规和不遵守各项管理制度的企业要限期整改，严重的取消经营资格。

（二）调整行业结构，完善药品流通体系

提高行业集中度。鼓励药品流通企业通过收购、合并、托管、参股和控股等多种方式做强做大，实现规模化、集约化和国际化经营。推动实力强、管理规范、信誉度高的药品流通企业跨区域发展，形成以全国性、区域性骨干企业为主体的遍及城乡的药品流通体系。整合现有药品流通资源，引导一般中小药品流通企业通过市场化途径并入大型药品流通企业。在兼并重组过程中要做好人员安置等工作，保证平稳过渡。

发展特色经营。支持老字号药店在保持传统优势的基础上创新发展，发挥品牌效应，拓展特色服务，增强核心竞争力。支持专业化和有特色的中小药品流通企业做精做专，满足多层次市场需求。引导中小药品流通企业采用联购分销、共同配送等方式，降低经营成本，提高组织化程度。

完善药品流通网络。配合医药卫生体制改革和基本药物制度实施，积极参加药品招标采购，做好药品配送。健全药品供应保障体系，鼓励建设一批全国性和区域性的药品物流园区和配送中心，加快形成若干具有较强辐射带动作用的药品流通枢纽。实施“放心药”服务体系建设工程，鼓励大中型骨干药品流通企业向居民社区和村镇延伸销售与配送网络，实现药品流通对基层的有效覆盖，提高农村和偏远地区药品供应的安全性、便利性。建立西药、中成药、中药材重点品种的市场运行信息监测、预警体系；鼓励市场中介组织开展药品销售渠道、消费结构和区域分布情况等信息服务，发挥政府信息和市场机制在完善流通网络中的引导作用。

保障药品应急供应。建立中药材重点品种储备制度。按照国家应急和战略储备的统一规划和部署，做好流通环节实物和资金的储备。根据各类突发事件的特点，建立相应的应急保障机制。

（三）发展现代医药物流，提高药品流通效率

以信息化带动现代医药物流发展。广泛使用先进信息技术，运用企业资源计划管理系统（ERP）、供应链管理等新型管理方法，优化业务流程，提高管理水平。发展基于信息化的新型电子支付和电子结算方式，降低交易成本。构建全国药品市场数据、电子监管等信息平台，引导产业发展，实现药品从生产、流通到使用全过程的信息共享和反馈追溯机制。

用现代科技手段改造传统的医药物流方式。鼓励积极探索使用无线射频（RFID）、全球卫星定位（GPS）、无线通讯、温度传感等物联网技术，不断提高流通效率，降低流通成本。促进使用自动分拣、冷链物流等先进设备，加快传统仓储、配送设施改造升级。完善医疗用毒性药品、麻醉药品、精神药品、放射性药品和生物制品等特殊药品物流技术保障措施，确保质量安全。

推动医药物流服务专业化发展。鼓励药品流通企业的物流功能社会化，实施医药物流服务延伸示范工程，引导有实力的企业向医疗机构和生产企业延伸现代医药物流服务。在满足医药物流标准的前提下，有效利用邮政、仓储等社会物流资源，发展第三方医药物流。

（四）促进连锁经营发展，创新药品营销方式

加快发展药品连锁经营。鼓励药品连锁企业采用统一采购、统一配送、统一质量管理、统一服务规范、统一联网信息系统管理、统一品牌标识等方式，发展规范化连锁，树立品牌形象，拓展跨区域和全国性连锁网络，发挥规模效益。随着医药卫生体制改革深入和医药分开的逐步实施，鼓励连锁药店积极承接医疗机构药房服务和其他专业服务。

创新药品经营模式。鼓励批零一体化经营。鼓励药品零售企业开展药妆、保健品、医疗器械销售和健康服务等多元化经营，满足群众自我药疗等多方面需求。支持连锁经营、物流配送与电子商务相结合，提高药品流通领域的电子商务应用水平。鼓励经营规范的零售连锁企业发展网上药店。

（五）健全行业管理制度，规范药品流通秩序

制定完善与流通秩序有关的行业规范。会同有关部门研究制定药品批发企业营销人员、药品生产企业和代理企业医药代表的资质管理办法和行为规范，实行持证上岗和公示制度，保证依法依规销售药品和推广新药。完善药品购销管理制度，依法索取税票，保证经合法渠道经营药品。逐步实施药品流通企业分类分级管理制度，根据不同类别和等级，采取不同的管理措施，激励企业在规范经营的基础上改善服务设施，提升管理和服务水平。

打击违法违规行为。配合有关部门严厉打击经营假劣药品、商业贿赂、倒买倒卖税票、挂靠经营、非法经营网上药店、发布虚假药品和保健品广告等违法违规行为；整顿规范中药材市场，加强有害物质残留和质量检验。充分发挥 12312 商务行政执法投诉举报热线的作用，完善投诉举报的受理、处理、移送和反馈机制。发动各方面力量，加强对药品流通行业的社会监督。

（六）加强行业信用建设，推动企业诚信自律

推进全行业信用建设。加强全行业诚信和职业道德教育，广泛开展“诚信经营示范创建”活动，树立一批遵纪守法、诚实守信、管理规范、服务到位，能够积极履行社会责任，自觉接受监督的诚信经营典型。建立违法违规企业信息披露制度，在“商务领域信用信息系统”中归集企业信用信息，建立信用档案。推动部门间监管信息的公开和共享，实行信用分类监管。

建立行业自律机制。指导和鼓励行业协会制定和执行行规行约；维护正常价格秩序，防止垄断行为；探索建立对职业经理人、执业药师等人员从业行为信息的采集、记录、公开、共享等制度，对有违规失信行为的个人实行行业禁入；加强信用知识培训，帮助企业建立信用风险管理制度，开展行业信用评价，提高行业自律和信用水平。

（七）统筹内外两个市场，形成开放竞争的市场格局

搭建多功能服务平台。发挥政府部门和行业协会作用，建立药品交易、投融资合作、信息交流、政策发布等多层次、多功能平台，服务企业发展。发展医药会展经济，促进内外贸、中西药、产供销协调发展，加快国内外市场融合。

提高利用外资的质量和水平。优化投资结构，吸引境外药品流通企业按照有关政策扩大在境内投资，参与药品流通企业兼并重组，拓展分销业务；引导外资到中西部地区和中小城市发展。保护投资者的合法权益。学习借鉴国外先进管理经验和营销方式。

鼓励药品流通企业“走出去”。鼓励有条件的药品流通企业“走出去”，通过新建、收购、境外上市等多种方式，到境外开展业务，参与国际药品采购和营销网络建设，参与国际竞争。

（八）加强行业基础建设，提升行业服务能力

建立行业标准体系。结合行业特点和市场需求，借鉴国际先进经验，建立药品流通业态分类分级、药品统一编码及现代流通设施与信息化、中药材商品等级、职业经理人与从业人员资质和岗位规范、企业经营服务、信用建设和社会责任等相关标准体系。

建立行业统计制度。合理确定行业统计指标，建立直报企业和行业主管部门及有关方面共同参与的全国药品流通行业统计制度与网上报送平台，及时掌握行业运行和发展的全面信息，辅助政府决策，引导行业发展。

完善法人治理结构，建立现代企业制度，健全管理运作机制。加强企业内部管理。药品流通企业是药品流通过程中质量安全的第一责任人，要完善法人治理结构，建立现代企业制度；健全药品购销索证索票、出入库及运输安全管理责任制；加强税票管理，积极与税务管理机关联网；落实各项财务会计管理规范和员工“三险一金”等各项规定和政策，保障员工教育经费。

提升经营服务水平。药品批发企业要提升药品品种保障能力，建立对客户需求的快速反应机制，保证药品及时、安全、足额供应。零售企业要按规定配备执业药师或相关药学技术人员，提高药品质量管理和药学服务水平，零售药店应当提供24小时服务；建立以消费者为中心的服务理念，指导消费者正确、安全、有效、合理用药。对药品流通企业设备设施、营业场所环境、售后服务等经营服务内容，以及各类从业人员专业能力、岗位责任、仪容仪表等，进行全面规范。

四、保障措施

（一）完善法律法规和政策体系

推动修改完善与药品流通有关的法律法规和部门规章，清理、废止阻碍药品流通行业改革发展和妨碍公平竞争的政策规定，健全市场机制。研究制订鼓励性政策措施，支持企业技术改造、科技创新，完善相关基础设施。在搞活流通，扩大消费的各项政策中，积极支持药品流通行业结构调整和药品供应保障体系建设。改善融资环境，鼓励企业利用产业基金、融资担保、信用保险、上市融资、应收账款和仓单质押等金融工具，多渠道筹集资金，加快改革发展步伐。有条件的地方应争取财政、土地、金融、专项资金等优惠政策，支持药品流通行业发展。避免重复建设大型药品物流设施。

（二）改善药品流通行业发展环境

会同相关部门积极推动改革以药补医体制，完善药品定价、采购和医保支付机制，破除地方保护、地区封锁。保障药品批发企业平等参与招标采购及配送业务，促进医疗机构依合同规定按期向流通企业支付货款。在公立医院改革和基本药物制度实施等医改措施中，积极探索实现医药分开的具体途径，在已实施基本药物制度、取消以药补医的基层医疗机构，特别是周边药品零售配套设施比较完善的城市社区医疗服务机构，可率先探索医生负责门诊诊断，患者凭处方到零售药店购药的模式。加快赋予所有符合条件的药店处方药销售资格。支持零售连锁企业和其他具备条件的零售药店申请医保定点资格，扩大基本医疗保险定点药店覆盖范围，逐步提高社会零售药店在药品终端市场上的销售比重。密切跟踪医药卫生体制改革各项政策实施对行业的影响，研究提出解决对策和措施。

（三）加强药品流通理论研究和人才队伍建设

鼓励大专院校、研究院所、大型药品流通企业集团加强现代药品流通理论研究与创新。建立国内药品流通人才培训机制，支持和鼓励药品流通职业培训和继续教育，形成层次多元、市场需要、企业欢迎的人才培养与职业教育体系；建立全国药品流通职业经理人和其他从业人员的资格认证制度；建立药品流通领域人才激励与约束机制。实施从业人员培训工程，“十二五”期间培训高级职业经理人 2000 人，中级职业经理人 5000 人，执业药师继续教育 5000 人，药学技术服务人员 10000 人，其他重点岗位 20000 人。

（四）形成促进药品流通行业健康发展的合力

将药品流通行业管理切实纳入商贸流通工作体系进行统筹规划，与深化医药卫生体制改革领导小组其他成员单位进行工作对接，建立沟通协调和合作机制。大力支持药品流通行业协会等中介组织的发展，加强协会的组织建设，增强服务意识，提高为企业服务的能力。充分发挥协会在行业统计、行业培训、行业自律、国际交流合作、维护企业合法权益等方面的作用。

（五）建立规划纲要的实施机制

各地商务主管部门应根据本规划纲要制订 2011 ~ 2015 年本地药品流通行业发展的具体规划。建立年度跟踪监督、中期评估和终期检查制度，加强对规划实施的监督检查，确保年度工作计划与规划协调一致。各项扶持政策的实施应符合规划确定的发展目标和重点领域。

关于印发2011～2015年药品电子监管工作规划的通知

（国食药监办〔2012〕64号，2012年2月27日发布）

各省、自治区、直辖市食品药品监督管理局（药品监督管理局）：

《2011～2015年药品电子监管工作规划》已经国家食品药品监督管理局信息化工作领导小组审议通过，现印发你们，请认真贯彻执行。

国家食品药品监督管理局

2012年2月27日

2011～2015年药品电子监管工作规划

为进一步加强药品电子监管工作，不断提高公众用药安全水平，促进社会和谐稳定，实现药品全品种全过程监管，现依据党中央、国务院有关方针政策和《国家药品安全"十二五"规划》，制定本规划。

一、药品电子监管现状

国家局从2006年开始实施药品电子监管工作，至2012年2月底，已分三期将麻醉药品、精神药品、血液制品、中药注射剂、疫苗、基本药物全品种纳入电子监管。第一期，将麻醉药品、第一类精神药品制剂和小包装原料药自2007年11月1日起全部纳入电子监管，涉及药品生产企业19家，药品批准文号72个，全国性批发企业3家，区域性批发企业599家。第二期，将第二类精神药品、中药注射剂、血液制品、疫苗自2008年11月1日起全部纳入电子监管，涉及药品生产企业568家，药品批准文号2471个；药品批发企业（含非法人）1.3万家。第三期，将国家基本药物全品种于2012年2月底前全部纳入电子监管，涉及药品生产企业2800多家，药品批准文号约5.4万个。同时已于2011年12月31日前将含麻黄碱类复方制剂、含可待因复方口服溶液、含地芬诺酯复方制剂三类药品纳入电子监管，涉及药品生产企业近600家，药品批准文号近2000个。截至2012年2月底，已纳入电子监管药品涉及批准文号5.6万个。按照国家局《关于实施药品电子监管工作有关问题的通知》（国食药监办〔2008〕165号）中"逐步将已批准注册的药品和医疗器械的生产、经营纳入电子监管"的工作要求，剩余尚未纳入电子监管的药品制剂批准文号共计11.9万个，已入网药品制剂占全部药品制剂的32%；药品制剂生产企业约4600家，其中已入网生产企业2900多家，占生产企业总数的 63%；药品批发企业已全部入网。

二、指导思想

以邓小平理论和“三个代表”重要思想为指导，认真落实科学发展观，全面履行政府社会管理和公共服务的职责，加强药品监管基础设施建设，完善技术标准体系，大力提高监管技术水平，创新监管机制，规范监管行为，提升监管能力和水平，保障公众用药安全，为全面建设小康社会和构建社会主义和谐社会做出贡献。

三、工作目标

总体目标：2015 年年底前实现药品全品种全过程电子监管，保障药品在生产、流通、使用各环节的安全，最有力地打击假劣药品行为、最快捷地实现问题药品的追溯和召回、最大化地保护企业的合法利益，确保人民群众用药安全。

具体目标包括：

1. 在当前已实施的麻醉药品、精神药品、血液制品、中药注射剂、疫苗、基本药物全品种电子监管的基础上，逐步推广到其他药品制剂，实现药品电子监管的全品种覆盖；适时启动高风险医疗器械电子监管试点工作，并探索原料药实施电子监管。

2. 在当前已实现的药品生产、批发环节电子监管基础上，推广到药品零售和使用环节，从而实现覆盖生产企业、批发企业、零售药店、医疗机构的药品生产、流通和使用全过程可追溯。

按照卫生部的总体部署，开展医疗机构药品电子监管工作。

3. 拓展药品电子监管系统的深度应用，充分利用药品电子监管数据，为各级政府和监管部门提供决策支持服务，为广大社会公众提供药品信息检索、监管码查询、真伪鉴别等服务，探索电子监管系统与医保卡系统互联互通的可行性。

四、主要任务

（一）制定推进药品电子监管工作的法规文件

落实《国家药品安全“十二五”规划》，在《药品管理法》等相关法律法规的修订中进一步明确药品电子监管的必要性。总结药品电子监管实施工作中出现的问题，配合整体工作部署，制定配套的政策法规文件，明确政策要求和管理规范，及时组织宣贯和培训，确保每项具体工作内容和任务推进落实。

（二）制定标准规范体系

标准规范体系是使药品电子监管工作各参与方在统一的管理和技术框架下开展工作的重要保障。进一步制定和完善统一的药品电子监管相关的标准规范体系，包括业务规范、数据标准规范、信息安全标准规范等，以保障药品电子监管工作的顺利进行，确保合理开发和利用药品监管信息资源，确保药品电子监管信息系统与其他信息系统互联、互通和共享。

1. 业务规范。包括基于统一的身份认证与授权服务的业务系统访问、数据采集和上报操作、数据利用规范等。

2. 数据标准规范。包括数据编码规范、数据接口标准、数据交换格式标准、信息分类与代码标准、元数据标准等。

3. 信息安全标准规范。主要包括信息系统安全等级保护规范、安全管理规范、网络安全规范、应用安全规范、数据安全规范和物理安全规范等。

（三）完善药品电子监管的基础设施

进一步完善药品电子监管的基础设施，提高系统的可靠性、实用性、易用性、可扩展性和管理性，完成国家发展改革委批复的国家药品监管信息系统一期工程中有关药品电子监管信息平台的建设。主要内容包括：

1. 对药品电子监管信息平台进行完善和优化，构建高性能、分布式、集约化的药品电子监管信息平台，提供安全、受控、基于身份认证的访问和服务。

2. 充分利用国家电子政务内外网资源，进一步完善药品电子监管网络环境，实现各级各类政府部门、企业和社会公众依照安全等级和权限划分，按需从互联网和专网接入药品电子监管系统，共享药品电子监管信息资源。

3. 进一步强化信息安全保障体系建设，依据国家关于加强信息系统安全保护的要求，根据药品电子监管工作实际需要，建设涵盖药品电子监管工作物理环境、网络、系统、应用和管理等各方面的信息安全体系，为药品电子监管工作提供统一、稳定、高效的安全保障体系。

（四）建设药品电子监管信息资源数据中心

以药品电子监管数据库为基础，按照统一的数据标准，建设由网络、存储、数据库、数据仓库等构成的药品电子监管信息资源数据中心，实现信息资源的整合，实现信息资源充分共享和合理利用。

主要建设内容包括：覆盖药品生产企业、经营企业、医疗机构等相关单位和消费者的药品流通数据中心，药品召回和应急调配数据中心，支撑药品电子监管数据统计分析与决策支持的数据分析中心，数据交换和共享中心。

（五）建设药品电子监管数据备份中心

药品电子监管系统和数据是药品电子监管工作正常运作的核心，为保证药品电子监管业务的可靠性、可用性和连续性，逐步建立中央级同城和异地灾备中心；同时依托地方局实现药品电子监管数据的二级备份，建设各省、自治区、直辖市行政区域内的药品电子监管数据备份，对突发事件和灾难及时应急响应和恢复。

（六）建设电子监管服务体系

纳入电子监管的企业和机构数量日益庞大，为保证药品电子监管平台的服务质量，建设以呼叫中心、短信平台和即时通讯平台等为核心的配套服务体系，及时响应各级监管部门、生产企业、经营企业、医疗机构以及社会公众在使用药品电子监管系统过程中的日常咨询和问题投诉，收集和处理相关建议和反馈。

（七）完善电子监管应用系统功能

随着药品电子监管工作向纵深发展，需要进一步拓展药品电子监管应用系统的监督、服务和辅助决策功能，以应对日益复杂的药品监管形势。主要建设内容包括：

1. 进一步完善药品流通监管系统，以支持对药品全品种全过程的监管，完整保存药品流通痕迹，保证非法药品无法进入合法流通渠道。

2. 建设数据共享和交换系统，实现药品电子监管数据的有效共享，方便各级食品药品监管部门延伸监管。

3. 扩建移动执法系统，为执法人员现场稽查提供及时的信息支持，提高执法的便捷性，增加执法力度。

4. 以药品流通监管系统为基础，建设社会应急系统。进一步完善药品召回功能，一旦发生药品安全事件，能尽快召回问题药品，控制事态发展，最大限度地减少药品安全事件给人民生命健康带来的损失。进一步实现药品调配功能，一旦发生突发性灾难，可快速进行药品库存定位和统一调配。

5. 建设辅助决策支持系统，能够对药品电子监管工作状态和运作情况进行统计分析，为完善药品监管政策提供辅助决策支持。

6. 建设药品电子监管公众服务平台，为社会公众提供药品信息检索、监管码查询、真伪鉴别等服务，确保公众用药安全。

五、工作安排

（一）2012 年完成国家药品电子监管平台建设

根据国家发展改革委关于国家药品监管信息系统一期工程的批复，进行药品电子监管平台的建设，利用信息技术，辅助解决在药品生产、流通、使用各环节中存在的安全问题，确保人民群众用药安全有效。

1. 2012 年上半年完成药品电子监管平台建设相关软硬件系统的招标工作；

2. 2012 年年底前完成信息资源数据中心和异地及同城备份中心的建设；

3. 2012 年年底前完成药品电子监管平台的建设，完善药品电子监管的基础设施，进一步建设和完善药品电子监管应用系统的功能。

（二）2012 ~2015 年实现药品制剂（含进口药品）全品种电子监管

1. 2012 年 2 月 29 日前完成基本药物全品种电子监管实施工作；

2. 2013 年 2 月 28 日前完成地方增补基本药物电子监管实施工作，并启动药品制剂全品种电子监管；

3. 2015 年年底前完成药品制剂全品种电子监管。

（三）2015 年年底前实现全过程电子监管

在生产企业和批发企业已实现电子监管的基础上，向零售药店、医疗机构等末端流通使用环节延伸。

1. 批发企业药品电子监管工作安排。

2012 年年底前，所有批发企业按规定开展药品电子监管实施工作，对所有赋码药品进行核注核销，做到“见码必扫”。

2. 零售药店电子监管工作安排。

（1）2012 年上半年完成西部 12 省部分零售药店（共 47595 家）药品电子监管软硬件设备的统一招标和配备工作；

（2）2012 年年底前完成西部 12 省部分零售药店的电子监管实施工作；

（3）2013 年年底前在总结零售药店试点工作的基础上，扩大零售药店试点范围；

（4）2015 年年底前完成全国所有零售药店电子监管的实施工作。

3. 医疗机构电子监管工作安排。

按照卫生部的总体部署，开展医疗机构电子监管工作。

（四）适时启动高风险医疗器械电子监管试点工作，并探索原料药实施电子监管

六、保障措施

（一）组织机构保障

在国家局信息化工作领导小组的领导下，信息办负责电子监管部署、规划、检查等工作；系统运营单位具体负责药品电子监管网的建设、运行维护和日常工作；相关司局按照职能负责药品电子监管网的管理和使用，加强药品电子监管与药品日常监管工作融合，提出电子监管网的应用需求；各级食品药品监管部门根据国家局的总体部署和工作安排，做好行政区域内药品电子监管的实施、管理、应用和扩展。为保障药品电子监管工作的科学性，成立专家咨询组，由国内知名业务专家、技术专家组成，主要任务是研究提出实施药品电子监管工作的意见和建议，论证评议有关重要政策和重要事项。

（二）资金保障

药品电子监管工作需要足够的资金，保障药品电子监管网的建设、运营、推广培训以及日常工作的开展。建设资金用于药品电子监管工作相关的建设工程、软硬件设备购置、系统集成等项目。运营资金用于药品电子监管网的技术运维、呼叫中心客服支持以及为入网机构配备数字证书（密钥）。推广培训资金用于药品电子监管推广工作中所需开展的相关培训。日常工作经费用于国家局和各省局开展电子监管相关工作。

以上各项资金由国家局结合各地区的不同情况，与各地相关部门协调，采用多种方式解决。在药品电子监管工作推进过程中，将根据“专款专用，审计督查”的原则，接受审计部门和纪检部门对资金使用情况的监督。

（三）技术保障

药品电子监管网的规划、分析、设计、实施、运营、维护、培训均需要提供全面的技术保障措施。国家局统筹规划，组织专家进行总体规划、需求分析、系统可行性研究和系统设计；地方局需指派专人配合相关技术保障措施在行政区域内的执行；国家局委托有资历的专业化公司负责系统的实施、运营和维护等技术保障服务，并提供专业培训。

“十二五”生物技术发展规划

（2012 年 7 月 10 日 发布）

生物技术是当今国际科技发展的主要推动力，生物产业已成为国际竞争的焦点，对解决人类面临的人口、健康、粮食、能源、环境等主要问题具有重大战略意义。《国家中长期科学和技术发展规划纲要（2006～2020 年）》（以下简称《纲要》）已将生物技术作为科技发展的五个战略重点之一。2010 年 9 月通过的《国务院关于加快培育和发展战略性新兴产业的决定》（以下简称《决定》）也将生物产业列入战略性新兴产业。为贯彻落实《决定》和《纲要》的部署，配合《国民经济和社会发展第十二个五年规划（2011～2015 年）》实施，全面推进我国生物技术与产业的快速发展，特编制《“十二五”生物技术发展规划》。

一、形势与需求

（一）生物技术是 21 世纪科技发展的制高点

生物技术是当今世界高技术发展最快的领域之一。过去 10 年，生命科学、生物技术及相关领域的论文总数已占全球自然科学论文的 50% 以上；近 10 年来，《Science》评选的年度 10 项科技进展中，生命科学和生物技术领域占 50% 以上；2008 年评出的 SCI 影响因子前 20 名期刊有 16 种属于生命科学类。基因组学、蛋白质组学及干细胞等前沿生物技术的发展使人类对生命世界的认识水平发生质的飞跃；医药生物技术将大幅提高人类健康水平，提高生活的质量；农业生物技术将大幅度提高农产品产量与质量，降低农业生产成本；工业生物技术将加速“绿色制造业”发展，大幅度减少污染物排放，降低生产成本；发展生物质能将有效缓解能源短缺压力；环境生物技术将在治理环境污染、改善生态环境方面发挥巨大作用；生物技术还将在保障国家安全、防御生物恐怖威胁中发挥不可替代的作用。生命科学和生物技术相关研究已经占据了科学研究的主导地位。

（二）生物技术成为世界各国竞争的战略重点

为抢占生物技术的制高点，世界各国纷纷制订国家战略规划，发布专项政策，大幅度增加资金投入。2009 年美国国家研究理事会发布了《21 世纪的“新生物学”：如何确保美国引领即将到来的生物学革命》的报告，建议采取国家行动以加快发展“新生物学”，重点加强生命科学和生物技术在粮食、能源、环境和健康 4 个领域的应用。2010 年英国生物技术与生物科学研究理事会（BBSRC）发布了发展生物技术的 5 年规划《生物科学时代：2010～2015 战略计划》，将尖端生物科学与技术作为首要优先支持领域。日本将生物技术产业上升到国家战略高度，将“生物技术产业立国”战略作为日本新的国家目标，通过强大的财政支持，发展生物技术产业。韩国科技部在公布了长期科技发展规划《2025 年构想》后，又制定了国家规划《Bio－Vision 2016（2006－2016）》，指导和推动韩国生物科技的发展。2007 年，印度发布了生物技术发展战略，在 5 年内，把生物技术投资翻4倍。我国《纲要》把生物技术作为科技发展的五个战略重点之一。《国民经济和社会发展第十二个五年规划纲要》提出，把生物等战略性新兴产业培育发展成为我国先导性、支柱性产业。

（三）生物技术引领的生物产业将成为21世纪经济发展新的增长点

当前，生物技术正在进入大规模产业化阶段，生物医药、生物农业日趋成熟，生物制造、生物能源、生物环保快速兴起。全球生物产业的销售额每5年翻一番，年增长率高达30%，是世界经济增长率的10倍，生物产业已成为增长最快的经济领域。根据2009年美国的一份研究报告显示，2008年全球制药、生物技术和生命科学产业的收入达到9170亿美元，其中制药占74.61%，达6842亿美元，生物技术产业占21.27%，达1951亿美元。据安永会计师事务所（Ernst & Young）2011年6月14日发布的生物技术行业年报显示，2010年生物技术行业产值稳步增长，是继2009年全球生物技术产业首次实现全行业盈利之后的第二个盈利年。截至2010年底，全球（主要是美国、加拿大、欧洲和澳大利亚）约有生物技术企业4700家，其中上市生物技术公司622家。上市生物技术公司总收入846亿美元，研发投入228亿美元，净盈利47亿美元，比2009年增长30%。我国2009年生物产业产值达1.4万亿元人民币左右，其中医药产业产值为10381亿元，生物农业约1200亿元，生物制造约1800亿元，生物能源约280亿元。2010年我国生物产业产值超过1.5万亿元。

（四）生物技术将成为解决人类重大问题的突破点

进入21世纪，人类社会发展面临的健康、粮食、能源、环境等问题日益严重。现代生命科学与生物技术研究为应对这些重大挑战提供了科学可行的解决思路与方案。在农业方面，生物技术是提高我国农业科技水平，促进农业产业结构升级，保障国家粮食安全的重要途径，生物育种技术将大大提高农产品的产量，丰富农产品的种类。在医疗保健方面，随着经济的发展和社会的进步，“预测性、预防性、个体化、参与性”（Preventive、Predictive、Personalized、Participatory）的“4P”医学将替代传统以治为主的诊疗方式，高通量筛选、组学技术、生物信息等技术的发展为预防医学、个体化治疗提供可能。体细胞重编程技术解决了生物伦理学面临的难题，以干细胞和组织工程技术为核心的再生医学显现出巨大应用前景，有望成为继药物、手术之后的新治疗模式。生物基材料为材料领域带来了重大变革，以人工合成细胞与生物催化剂为核心的生物制造技术和以生物质为原料的生物燃料技术将逐步减少经济对石油的依赖，大大降低二氧化碳（CO_2）排放量，改善环境质量，实现经济的可持续发展，带领人类进入低碳生活。生物技术的进步和产业发展将为我们的生活和社会经济发展方式带来巨大变革。

（五）生物技术将成为生物安全的支撑点

随着全球化进程不断加快和生物技术的飞速发展，生物安全形势日益严峻，逐渐成为一个涉及政治、军事、经济、科技、文化和社会等诸多领域的世界性安全与发展的基本问题。以美国为代表的发达国家，在生物安全领域投入巨资巩固并扩大其优势地位，生物安全综合实力发展迅速。据专家估算，我国仅11种危害较大的农业入侵生物所造成的年经济损失就超过574亿元。2003年以来，严重急性呼吸综合征（SARS）、高致病性禽流感、甲型H1N1流感的肆虐，警醒我们更加关注新发传染病带来的安全问题。我国是世界上生物资源最丰富的国家之一，同时也是发达国家掠夺生物资源的重要目标地区。据估计，我国生物遗传资源引进和输出比例大约为1:10，流失情况相当严重。我国防御生物恐怖的能力亟待加强。由于天然森林破坏，致使野生动物栖息和分布区日益缩小，加上人为乱砍滥猎，导致生物多样性锐减。在我国动、植物种类中，已有15%～20%的物种受威胁。保护我国的生物多样性及生态系统安全迫在眉睫。解决生物安全问题的关键在于加快医药、农业、环境等生物技术的研究开发，以确保国家利益和生物安全。

二、总体思路与指导原则

(一) 总体思路

“十二五”期间，我国生物技术发展必须高举中国特色社会主义伟大旗帜，以邓小平理论和“三个代表”重要思想为指导，深入贯彻落实科学发展观，全面贯彻落实《纲要》，坚持自主创新、重点跨越、支撑发展、引领未来的指导方针，紧紧围绕我国经济社会发展的重大战略需求，抢占前沿技术的制高点，培育战略性新兴产业的增长点，选准自主创新的突破点，夯实科学发展的支撑点。

(二) 指导原则

1. 整体部署、分步实施

紧跟国际生物技术发展前沿，瞄准国家重大战略需求，根据国家各大科技计划的侧重点，兼顾现实和中长期发展，整合覆盖医药、农业、制造、能源、环保等各领域的资源，集成各部门和地方的力量，整体规划，分步实施。体现基础研究、应用研究和产业化的衔接。

2. 突出创新、支撑产业

充分吸纳前沿生物技术的最新成果，原始创新与集成创新、引进吸收消化再创新相结合，加强协同创新，形成自主核心技术，培育原始创新成果，形成可持续发展能力。对重点关键技术和产品进行涵盖上、中、下游的多学科、多单位联合攻关，改造提升现有产业结构，支撑战略性新兴产业发展。

3. 点面结合、跨越发展

重点开展以新一代测序技术为代表的前沿核心关键技术点、重大技术体系和重大产品的研究开发，构建具有行业带动性的重大技术体系，建立国家级生物技术孵化器和集成示范基地，集成官产学研资等各方力量，以点带面，促进生物技术产业跨越发展。

三、发展目标

“十二五”期间，我国生物技术发展的目标是：生物技术自主创新能力显著提升，生物技术整体水平进入世界先进行列，部分领域达到世界领先水平。生物医药、生物农业、生物制造、生物能源、生物环保等产业快速崛起，生物产业整体布局基本形成，推动生物产业成为国民经济支柱产业之一，使我国成为生物技术强国和生物产业大国。其中，发表 SCI 论文总数达到世界前 3 位；申请和授权发明专利数总数进入世界前 3 位；生物技术研发人员达到 30 万人以上，生物技术人力资源总量位居世界第一；生物产业年均增长率保持在 15% 以上。

四、重点任务

重点任务涵盖基础研究、应用研究和产业化层面和环节。通过国家科技重大专项、国家重点基础研究发展计划（“973”计划）、国家高技术研究发展计划（“863”计划）、国家科技支撑计划等科技计划进行落实。其中，对于生命科学和生物技术发展中重大科学问题的基础研究主要由“973”计划来实施；生物技术和产业发展中的核心前沿技术和共性关键技术主要由“863”计划重点支持；生物技术成果转化应用和产业化开发示范主要由国家科技支撑计划支持；对于生物技术发展中涉及全局性、跨行业、跨地区的重大技术问题和集成技术示范主要由国家科技重大专项支持，并通过市场机制，调动社会各方面的力量，共同推动；有关创新能力建设由科技部和发展改革委对应计划联合支持。

本规划重点任务的实施，按年度、分步骤、有计划地在对应的国家各科技计划中组织实施，并按照各计划的组织实施管理模式执行，做好各科技计划间的衔接与配合。建立和健全涉及生物技术及生物产业发展相关部门的部际协调机制，定期召开部门协调会，协调统筹国家有关科技、经济和社会发展规划，集成国家各类科技计划的资金与力量，加强衔接与配合，科学、合理、有效地配置资源，全力促进生物技术研究开发、产业化、企业创新能力建设等工作，形成强大合力，推进我国生物技术及产业快速发展。

（一）加强前瞻性基础研究

面对我国经济社会发展方式的转变和新一轮科技革命带来的挑战，选择关键瓶颈问题，加强前瞻性基础研究，不断提升我国生物技术领域的基础研究水平和解决重大科学问题的能力，带动基础研究和技术科学的结合，引领未来高新技术发展。

发展重点：

1. 农业科学

围绕农业动植物育种、科学养殖和栽培、资源高效利用、病虫害有效防治以及生态环境改善中的重大科学问题，开展农田资源高效利用、有害生物控制、生物安全及农产品安全等农业高产、优质、抗病、高效研究，构建可持续发展的农林草生态和综合农业系统。

2. 人口与健康科学

结合生命科学发展前沿，围绕疾病发病机理及其防治中的重大科学问题，开展非传染病慢性复杂性疾病、衰老和衰老相关疾病、计划生育与生殖健康、灾害医学、感染与免疫等疾病机理及其防治的基础研究；针对传染性疾病的重大需求，研究主要病原体致病与重要传染病的发病机制、重要疫苗创制中的科学问题、重要传染病诊断治疗和预警新技术；围绕我国特色的中医科学，开展中医基本理论科学内涵诠释，创新发展中医基本理论，中药及方剂应用，针灸辨证论证相关的基础研究。

3. 工业生物科学

研究新功能人造生命器件及集成，基因组学的网络分析，基因组的精细合成原理和技术，重大生物基产品的合成新理论、新途径、新方法等。

（二）突破一批核心关键技术

选择具有中国特色和优势核心关键技术，集中优势资源，实现重点突破，力争在国际生物前沿科学领域占据一席之地，抢占一批国际生物技术研究开发制高点。

发展重点：

1. “组学”技术

以开发新一代测序技术为我国生物技术实现跨越发展的突破口，带动基因组技术、转录组技术、蛋白质组技术、代谢组技术、表观遗传组技术、结构基因组技术等各类组学研究技术的快速发展，研发高通量生物医学数据分析与文本挖掘技术，高通量样品分析技术、微量样品提取和放大技术、海量数据分析技术等，加快组学技术与生物信息技术在疾病防控、临床诊治和生物制造、品种创制、新药开发等领域的应用。

2. 合成生物学技术

发展高通量、低成本 DNA 合成技术和基因片段高效组装技术，蛋白质结构功能的分析、定向设计与合成技术，标准化生物元件与功能模块的构建技术，建立合成生物学在药物前体和中间体、生物能源、生物基化学品等的应用技术，逐步探索合成生物学在医药和能源领域的应用。

3. 生物信息技术

突破生物调控元件的计算、设计、组装与应用等关键技术，研究开发个体基因组、群体基因组、个体化信息搜索引擎和各类新的生物学数据分析技术，研究基于个体组学数据的疾病风险分析、疾病诊治模型和系统研究；研究农业生物逆境胁迫相关数据挖掘与分析技术；建立国家生命科学、医药技术领域数据汇交、管理和共享技术平台。

4. 干细胞与再生医学技术

研究胚胎干细胞、成体干细胞、诱导多能干细胞（iPS 细胞）等分化、发育、与体内微环境相互作用的机制，细胞重编程、遗传分化与干细胞诱导分化技术，干细胞分离鉴定、扩增及识别技术，干细胞的免疫排斥、安全植入以及活体精确观测示踪等关键技术，复杂器官三维构建、组织工程医疗产品保存技术等核心关键技术。

5. 基因治疗与细胞治疗技术

针对恶性肿瘤、心脑血管疾病、遗传性疾病、自身免疫性疾病等严重威胁人类健康的重大疾病，开展一批靶向基因治疗、细胞治疗、免疫治疗等前瞻性的生物治疗关键技术研究，以关键技术的突破来带动重点产品的研发，加快生物治疗技术应用于临床治疗的速度。

6. 分子分型与个体化诊疗技术

开展重大疾病及常见疾病的分子分型分期与疾病早期诊断关键技术研究；建立标准化、规范化、数字化的可共享的临床资料、标本数据库及信息系统；研究重大疾病的全基因组关联分析技术，重大疾病分子分型的生物标志物的发现、确证及临床评价，重大疾病个体化的临床诊疗方案。

7. 生物芯片与生物影像技术

研发拥有自主知识产权且具有市场前景的临床检测及卫生防疫用基因芯片、蛋白芯片及芯片实验室产品。研究生物分子结构、三维形态与快速变化的超分辨成像，大尺度、跨层次的高分辨生物成像；研究单分子分辨/多分子网络调控的快速、无损、并行高通量成像监测，细胞、模式小动物及人体整体水平的活体三维无损结构成像监测，神经系统高分辨结构与功能三维无损成像监测；研究基于多层次多参数影像信息的整合建模方法，结合临床重大疾病诊疗的成像信息监测与表征。

8. 生物过程工程技术

研究和开发生物过程宏观代谢信息和细胞生长环境信息的在线检测技术、生物过程优化和控制技术；生物大分子和生物小分子的分离、提取和精制技术；发酵过程与分离耦合技术；新型高效动植物细胞生物反应器、光生物反应器的设计、放大和制造技术。

9. 生物催化工程技术

开展酶的定向改造、高效表达、固定化、辅酶再生、多酶耦合、酶与化学耦合、酶与发酵耦合以及不对称及对映选择性生物转化技术、非水相生物催化反应过程优化及放大技术等关键技术研究，建立具有自主知识产权、成本低、可工业化生产的生物催化工程技术，提高我国工业酶开发和应用水平。

10. 药靶发现与药物分子设计技术

研究基于系统生物学的药物靶标网络分析技术，靶标蛋白功能及生物活性构象模拟技术，基于新功能基因及其信号通路的高通量筛选模型，基于结构、针对多个靶标的药物设计技术，计算机辅助组合化合物库设计、合成和筛选等关键技术，药物先导化合物的设计方法，化合物成药性评价药物虚拟设计技术，网络药理学设计技术，药物代谢工程模拟等技术。

11. 动植物品种设计技术

以主要植物（水稻、小麦、玉米、大豆、棉花、油菜、蔬菜、林草等）、动物（猪、牛、羊、鸡等）为研究对象，重点研究重要动植物品种性状的分子构成解析、优异性状多基因聚合；动植物品种分子设计的信息系统、品种分子设计工程、品种分子设计的技术体系与验证。

12. 生物安全关键技术

开展生物安全监控预警关键技术研究及公共卫生应急药物与装备的研制；研究病原体跨种传播机制，建立生物威胁相关病原体溯源技术；开展生物入侵防护关键技术研究。

（三）研究开发一批重大产品和技术系统

围绕当前我国转变经济发展方式和发展战略性新兴产业的迫切需求，加强生物技术集成创新，重点突破一批共性关键技术，研发具有自主知识产权、市场竞争能力的重大产品，着力推进生物医药、生物农业、生物制造、生物能源和生物环保产业的发展，实现我国生物技术研究与开发由技术积累向产业化开发的战略转变。

发展重点：

1. 生物医药技术及产品

针对满足人民群众基本用药需求和培育发展医药产业的需求，突破一批药物创制关键技术和生产工艺，研制创新药物，改造药物大品种，完善新药创制与中药现代化技术平台，建设一批医药产业技术创新战略联盟，基本形成具有中国特色的国家药物创新体系。

围绕艾滋病、病毒性肝炎、结核病等重大传染病，突破临床诊断、预测预警、疫苗研发和临床救治等关键技术，研制新型诊断试剂和新型疫苗，有效降低艾滋病、病毒性肝炎、结核病的新发感染率和病死率。

建立疫苗和抗体的大规模和快速反应生产新技术，系统的疫苗效果及质量评价技术体系，人源化抗体构建及优化技术；对传统疫苗进行改造增效，针对新发、再发重大传染病和多发感染性疾病研制新疫苗和抗体药物；针对恶性肿瘤、心脑血管疾病、代谢性疾病、自身免疫性疾病等重大非感染性疾病，研制治疗性疫苗和抗体药物。

突破一批体外诊断仪器设备与试剂的重大关键技术，研制出一批具有自主知识产权的创新产品，在一体化化学发光免疫诊断系统等高端产品方面实现重点突破，加速体外诊断产业的结构调整和优化升级，大幅提升我国体外诊断产业的市场竞争力。

突破一批生物医用材料前沿高端产品，开展一批主要依赖进口的高值替代产品研发，创制一批量大面广的生物医用材料，突破生物医用材料制品个体化设计、生物医用材料表面改性、生物材料产品生物力学、耐久性及安全性检测等共性关键技术。

2. 生物农业技术及产品

围绕主要农作物和家畜生产，突破基因克隆与功能验证、规模化转基因、生物安全等关键技术，完善转基因生物培育和安全性评价体系，获得一批具有重要应用价值和自主知识产权的功能基因，培育一批抗病虫、抗逆、优质、高产、高效的重大转基因新品种，实现新型转基因棉花、优质玉米等新品种产业化，整体提升我国生物育种水平，增强农业科技自主创新能力，促进农业增效农民增收。

以实现规模化发展为目标，加快绿色农用生物产品及林木危险性有害生物防治技术的研究开发与产业化；开展生物农药、生物兽药、动物疫苗、生物肥料、绿色植物生长调节剂等绿色农用产品应用的示范试点和普及，推进全降解农膜的研究开发和产业化；研究开发生物农药、生物肥料、新型动物疫苗和诊断试剂、动物用生物技术药物和兽药、生物饲料添加剂等。

针对特种生物资源，重点开展冬虫夏草、灵芝等重要珍稀药用真菌资源化工程技术的研究，开发高附加值系列产品；发掘和筛选在特殊环境生长、具有重要应用价值的生物资源，开展人工培育技术研究，建立种苗繁育基地，开发深加工系列产品。

研究开发海洋渔业新品种选育繁育和标准化、规模化、生态健康养殖关键技术，开发水产养殖重大病害监测预报和免疫防治技术，建立水产品质量检测体系。

3. 生物制造技术及产品

重点研究化工产品生物合成途径构建与优化、原料综合利用与生物炼制、工业生物催化与转化、生物－化学组合合成等关键技术，突破生物基平台化合物、手性化工中间体、生物基材料等重大化工产品生物制造的产业化瓶颈。形成有机酸、化工醇、生物基材料等产品制造的平台技术体系，形成手性醇、手性酸、甾体等高附加值手性中间体生产的创新生物制造路线。

研究开展生物技术在纺织、造纸、制革等工业中的应用，开发生物纺织、生物脱胶、生物制革、生物造纸等新技术工艺和装备，促进纺织、造纸、皮革等企业应用生物技术工艺，推动行业的清洁生产。

选择酒类、酱油、醋等传统酿造产品，应用现代生物技术和工程技术手段对菌种进行改良，对酿造过程进行优化控制，提高产品质量，降低资源消耗，减少环境污染，提高行业的整体竞争力。

4. 生物能源技术及产品

研究开发非粮生物乙醇、生物柴油、生物燃气、生物制氢等生物能源产品制造过程的共性关键技术和专用设备，以工业和城市生活废弃物为原料，建立生物能源产品的规模化生产技术示范。

研究开发微藻生物固碳核心关键技术，建立年固定二氧化碳总量超过万吨的工业化示范系统，率先在国际上首次实现微藻固碳的产业化，同时开发高附加值的系列微藻产品，为微藻大规模固定二氧化碳及微藻能源的发展提供技术、经济及环境评价指标，为微藻生物固碳技术的大规模推广应用提供示范。

5. 生物环保技术及产品

大力开发环保生物新技术、新工艺、新设备；重点发展高性能的水处理絮凝剂、混凝剂等生物技术产品，发展废气废水生物净化技术，开发新型好氧、厌氧和复合的高效反应器、高效生物脱氮除磷新工艺；开发污染物降解生物新品种，发展石油炼制、医药化工行业有机污染物生物降解技术，促进石油、重金属、农药等污染物的生物降解和修复。

针对煤炭、工业废气和烟道气，开展微生物脱硫技术研究，重点开展高效功能菌的选育技术、微生物对硫代谢途径的控制技术以及复合微生物脱硫技术的研究，发展多菌群、单/多相反应器的研究，以及生化/物化法的复合技术推进微生物脱硫技术的工业化应用。

（四）加强生物技术创新能力建设

根据生物技术自身发展的需要，系统加强生物技术创新能力建设，优化生命科学和生物技术研究领域的科技资源配置，打造布局合理、科学高效并具有国际一流水平的国家重点实验室、国家工程技术研究中心、研究共享平台和产业化示范基地，促进生物技术资源的整合和开发共享，为生物技术研究和成果产业化提供有效支撑。

1. 建设若干国家重点实验室和国家工程技术研究中心

在干细胞与再生医学、生物信息技术、合成生物学、计算生物学、系统生物学等前沿生物技术领域分年度建立若干国家重点实验室；在生物催化、生物炼制、生物资源利用、海洋生物技术、环境生物技术等领域分年度新建若干国家工程技术研究中心；完善和升级若干现有技术平台，通过高水平研究基地积聚高层次人才，大幅度提高我国生物技术领域的整体创新能力。

2. 建设若干生物技术产业化基地

建立国家级生物技术孵化器、国家级生物技术转移中心等中介服务机构；在国家和省级生物技术园区建立产学研合作的高效率技术成果转化平台，将技术成果快速实现转化和商业化；在大专院校和科研机构建设综合性生物技术研究开发中心，为原创性、重大突破性研究提供基础设施支持与服务；建立若干生物技术推广中心，推广普及生物高技术，服务经济增长；建立若干为企业提供技术服务的地区性公共技术服务平台；重点建设生物技术中试和生产服务基地，为生物技术各领域中小企业研发生物技术产品提供公共的中试和生产基础设施服务；建立区域生物技术大型仪器设备和分析测试共享服务平台，提高仪器设备使用效率。

3. 建设若干资源共享的重大科技基础设施

建设国家生物信息科技基础设施——国家生物信息中心，包括国家生物技术管理信息库，基因组、蛋白质组、代谢组等生物信息库，大型生物样本、标本、病例资源和人类遗传资源库以及共享服务体系；建设若干实验动物和模式生物基础设施和生物医学资源基础设施。

五、保障措施

（一）深化体制改革创新，完善国家生物技术和产业发展协调机制

深化体制改革创新，修订和完善生物技术和生物产业国家发展战略和相关政策，加强全国资源和力量的统筹，充分发挥国家各部门、军队，以及地方的积极性，集成国家各类科技计划的资金与力量，加强衔接与配合，科学、合理、有效地配置资源，推进我国生物技术及产业快速发展。

（二）建立多渠道投入机制，加大财税金融等政策扶持力度

设立战略性新兴产业发展专项资金，建立稳定的财政投入增长机制，增加中央财政投入，创新支持方式。整合政府科技计划（基金）和科研基础条件建设等资金，加大财政对生物技术及产业的支持力度。制定完善促进战略性新兴产业发展的税收支持政策。鼓励金融机构加大信贷支持，引导金融机构建立适应生物等战略性新兴产业特点的信贷管理制度，促进金融机构加大对战略性新兴产业发展的支持力度。发挥多层次资本市场的融资功能，大力发展债券市场，大力发展创业投资和股权投资基金，鼓励有关部门和地方政府设立创业投资引导基金，引导社会资本进入生物技术领域创业投资。

（三）鼓励产学研结合，促进生物技术企业创新能力建设

通过组建产学研战略联盟和校企联合研发中心（基地、孵化器）等方式，建立企业牵头组织、高等院校和科研院所共同参与的创新体系。通过财税、金融、投资等政策，引导企业增加研究开发投入，推动企业特别是大企业建立研究开发机构，增强企业创新能力。鼓励企业与高等院校、科研院所联合开展生物技术成果转化，改造或新建若干企业国家工程实验室、国家工程技术研究中心，提高科研成果的工程化与系统集成能力。鼓励和支持国外机构在华设立研发中心。

（四）完善知识产权制度，建立良好的激励制度

要进一步完善生物领域知识产权制度，促进全社会知识产权意识，加大知识产权保护力度，尽快完善我国生物资源和生物技术知识产权保护的法律法规，优化审查程序，尽可能缩短审批时限，鼓励和扶持生物技术知识产权中介机构发展，落实对知识产权创造者的奖励政策。鼓励和支持企业对作出突出贡献的人才实行激励制度，允许以知识、技术、成果、专利等要素入股，充分调动劳动创造性和工作积极性。

（五）创新人才的引进和培养模式，加强高素质生物技术人才队伍建设

改革创新人才使用和评价政策机制，紧扣《国家中长期人才发展规划纲要》，推进高素质生物技术及产业人才队伍建设。结合“千人计划”、“创新人才推进计划”、“青年英才开发计划”等人才计划工程，重点培养一批战略科学家、生物技术原始性创新人才、工程化开发人才。采取团队引进、核心人才引进等方式，吸引和支持留学人员、海外华人华侨回国和来华创办生物企业、从事教学和研究。加强生物技术人才的国际培训合作和国际学术交流。

（六）扩大国际与地区合作，充分利用国外优势技术人才资源

推进国际互认实验室的建设，参与并主导国际生物相关大科学工程计划的研究与开发，加强与国外政府间、民间的合作与交流；积极推进与大型跨国企业建立战略伙伴关系，合作开发新产品，共同开拓国际市场；充分重视利用海外资源，特别是人才资源，选择一些重大技术领域向国际优秀人才开放；积极引导和支持有条件的科研机构和企业到国外建立研究开发机构，加强对引进技术的消化、吸收和再创新，充分利用国外优势资源。

名词解释：

转化医学：Translational Medicine，转化医学是一门综合性学科，它通过利用包括现代分子生物技术在内的方法将实验室研究成果转化为临床应用的产品与技术，同时通过临床的观察与分析帮助实验室更好的认识人体与疾病、进行更优化的实验设计来促进基础研究，从而最终实现整体医疗水平的提高、帮助患者解决健康问题。

再生医学：Regeneration Medicine，通过研究机体的正常组织特征与功能、创伤修复与再生机制及干细胞分化机理，寻找有效的生物治疗方法，促进机体自我修复与再生，或构建新的组织与器官，以改善或恢复损伤组织和器官的功能的科学。

诱导多能干细胞：Induced Pleuripotent Stem Cells（简称iPS细胞），即诱导多能干细胞，是由动物体细胞经四种或者多种诱导因子感染，在一定条件下转化为与胚胎干细胞（Embryo Stem，ES）形态、功能类似的细胞。

基因组学：Genomics，研究生物体基因组的组成、结构、功能及表达产物的学科。

蛋白质组学：Proteomics，阐明生物体各种生物基因组在细胞中表达的全部蛋白质的表达模式及功能模式的学科；包括鉴定蛋白质的表达、存在方式（修饰形式）、结构、功能和相互作用等。

体外诊断：In Vitro Diagnostic Products（简称IVD），是指将样本（血液、体液、组织等）从人体中取出后进行检测进而进行诊断，是相对于体内诊断而言。

个体化诊疗：Personalized Therapy，指基于以人为本、因人制宜的思想，充分注重人的个体差异性，进行个体医疗设计，采取优化的、有针对性的治疗干预措施的新型治疗方法。

生物制造：Bio－manufacturing，是指利用“生物的机能（功能与原料）”生产燃料、材料和化学品的加工方式，具有高效、清洁、可再生等特点。

第二编　药品生产及医疗机构制剂政策法规

中药材生产质量管理规范（试行）

（2002年3月18日国家药品监督管理局局务会审议通过，
2002年4月17日发布，自2002年6月1日起施行）

第一章　总　　则

第一条　为规范中药材生产，保证中药材质量，促进中药标准化、现代化，制订本规范。

第二条　本规范是中药材生产和质量管理的基本准则，适用于中药材生产企业（以下简称生产企业）生产中药材（含植物、动物药）的全过程。

第三条　生产企业应运用规范化管理和质量监控手段，保护野生药材资源和生态环境，坚持“最大持续产量”原则，实现资源的可持续利用。

第二章　产地生态环境

第四条　生产企业应按中药材产地适宜性优化原则，因地制宜，合理布局。

第五条　中药材产地的环境应符合国家相应标准：

空气应符合大气环境质量二级标准；土壤应符合土壤质量二级标准；灌溉水应符合农田灌溉水质量标准；药用动物饮用水应符合生活饮用水质量标准。

第六条　药用动物养殖企业应满足动物种群对生态因子的需求及与生活、繁殖等相适应的条件。

第三章　种质和繁殖材料

第七条　对养殖、栽培或野生采集的药用动植物，应准确鉴定其物种，包括亚种、变种或品种，记录其中文名及学名。

第八条　种子、菌种和繁殖材料在生产、储运过程中应实行检验和检疫制度以保证质量和防止病虫害及杂草的传播；防止伪劣种子、菌种和繁殖材料的交易与传播。

第九条　应按动物习性进行药用动物的引种及驯化。捕捉和运输时应避免动物机体和精神损伤。引种动物必须严格检疫，并进行一定时间的隔离、观察。

第十条　加强中药材良种选育、配种工作，建立良种繁育基地，保护药用动植物种质资源。

第四章　栽培与养殖管理

第一节　药用植物栽培管理

第十一条　根据药用植物生长发育要求，确定栽培适宜区域，并制定相应的种植规程。

第十二条　根据药用植物的营养特点及土壤的供肥能力，确定施肥种类、时间和数量，施用肥料的种类以有机肥为主，根据不同药用植物物种生长发育的需要有限度地使用化学肥料。

第十三条　允许施用经充分腐熟达到无害化卫生标准的农家肥。禁止施用城市生活垃圾、工业垃圾及医院垃圾和粪便。

第十四条　根据药用植物不同生长发育时期的需水规律及气候条件、土壤水分状况，适时、合理灌溉和排水，保持土壤的良好通气条件。

第十五条　根据药用植物生长发育特性和不同的药用部位，加强田间管理，及时采取打顶、摘蕾、整枝修剪、覆盖遮荫等栽培措施，调控植株生长发育，提高药材产量，保持质量稳定。

第十六条　药用植物病虫害的防治应采取综合防治策略。如必须施用农药时，应按照《中华人民共和国农药管理条例》的规定，采用最小有效剂量并选用高效、低毒、低残留农药，以降低农药残留和重金属污染，保护生态环境。

第二节　药用动物养殖管理

第十七条　根据药用动物生存环境、食性、行为特点及对环境的适应能力等，确定相应的养殖方式和方法，制定相应的养殖规程和管理制度。

第十八条　根据药用动物的季节活动、昼夜活动规律及不同生长周期和生理特点，科学配制饲料，定时定量投喂。适时适量地补充精料、维生素、矿物质及其他必要的添加剂，不得添加激素、类激素等添加剂。饲料及添加剂应无污染。

第十九条　药用动物养殖应视季节、气温、通气等情况，确定给水的时间及次数。草食动物应尽可能通过多食青绿多汁的饲料补充水分。

第二十条　根据药用动物栖息、行为等特性，建造具有一定空间的固定场所及必要的安全设施。

第二十一条　养殖环境应保持清洁卫生，建立消毒制度，并选用适当消毒剂对动物的生活场所、设备等进行定期消毒。加强对进入养殖场所人员的管理。

第二十二条　药用动物的疫病防治，应以预防为主，定期接种疫苗。

第二十三条　合理划分养殖区，对群饲药用动物要有适当密度。发现患病动物，应及时隔离。传染病患动物应处死，火化或深埋。

第二十四条　根据养殖计划和育种需要，确定动物群的组成与结构，适时周转。

第二十五条　禁止将中毒、感染疫病的药用动物加工成中药材。

第五章　采收与初加工

第二十六条　野生或半野生药用动植物的采集应坚持“最大持续产量”原则，应有计划地进行野生抚育、轮采与封育，以利生物的繁衍与资源的更新。

第二十七条　根据产品质量及植物单位面积产量或动物养殖数量，并参考传统采收经验等因素确定适宜的采收时间（包括采收期、采收年限）和方法。

第二十八条 采收机械、器具应保持清洁、无污染，存放在无虫鼠害和禽畜的干燥场所。

第二十九条 采收及初加工过程中应尽可能排除非药用部分及异物，特别是杂草及有毒物质，剔除破损、腐烂变质的部分。

第三十条 药用部分采收后，经过拣选、清洗、切制或修整等适宜的加工，需干燥的应采用适宜的方法和技术迅速干燥，并控制温度和湿度，使中药材不受污染，有效成分不被破坏。

第三十一条 鲜用药材可采用冷藏、砂藏、罐贮、生物保鲜等适宜的保鲜方法，尽可能不使用保鲜剂和防腐剂。如必须使用时，应符合国家对食品添加剂的有关规定。

第三十二条 加工场地应清洁、通风，具有遮阳、防雨和防鼠、虫及禽畜的设施。

第三十三条 地道药材应按传统方法进行加工。如有改动，应提供充分试验数据，不得影响药材质量。

第六章 包装、运输与贮藏

第三十四条 包装前应检查并清除劣质品及异物。包装应按标准操作规程操作，并有批包装记录，其内容应包括品名、规格、产地、批号、重量、包装工号、包装日期等。

第三十五条 所使用的包装材料应是清洁、干燥、无污染、无破损，并符合药材质量要求。

第三十六条 在每件药材包装上，应注明品名、规格、产地、批号、包装日期、生产单位，并附有质量合格的标志。

第三十七条 易破碎的药材应使用坚固的箱盒包装；毒性、麻醉性、贵细药材应使用特殊包装，并应贴上相应的标记。

第三十八条 药材批量运输时，不应与其他有毒、有害、易串味物质混装。运载容器应具有较好的通气性，以保持干燥，并应有防潮措施。

第三十九条 药材仓库应通风、干燥、避光，必要时安装空调及除湿设备，并具有防鼠、虫、禽畜的措施。地面应整洁、无缝隙、易清洁。

药材应存放在货架上，与墙壁保持足够距离，防止虫蛀、霉变、腐烂、泛油等现象发生，并定期检查。

在应用传统贮藏方法的同时，应注意选用现代贮藏保管新技术、新设备。

第七章 质量管理

第四十条 生产企业应设质量管理部门，负责中药材生产全过程的监督管理和质量监控，并应配备与药材生产规模、品种检验要求相适应的人员、场所、仪器和设备。

第四十一条 质量管理部门的主要职责：

（一）负责环境监测、卫生管理；

（二）负责生产资料、包装材料及药材的检验，并出具检验报告；

（三）负责制订培训计划，并监督实施；

（四）负责制订和管理质量文件，并对生产、包装、检验等各种原始记录进行管理。

第四十二条 药材包装前，质量检验部门应对每批药材，按中药材国家标准或经审核批准的中药材标准进行检验。检验项目应至少包括药材性状与鉴别、杂质、水分、灰分与酸不溶性灰分、浸出物、指标性成分或有效成分含量。农药残留量、重金属及微生物限度均应符合国家标准和有关规定。

第四十三条 检验报告应由检验人员、质量检验部门负责人签章。检验报告应存档。

第四十四条 不合格的中药材不得出场和销售。

第八章 人员和设备

第四十五条 生产企业的技术负责人应有药学或农学、畜牧学等相关专业的大专以上学历，并有药材生产实践经验。

第四十六条 质量管理部门负责人应有大专以上学历，并有药材质量管理经验。

第四十七条 从事中药材生产的人员均应具有基本的中药学、农学或畜牧学常识，并经生产技术、安全及卫生学知识培训。从事田间工作的人员应熟悉栽培技术，特别是农药的施用及防护技术；从事养殖的人员应熟悉养殖技术。

第四十八条 从事加工、包装、检验人员应定期进行健康检查，患有传染病、皮肤病或外伤性疾病等不得从事直接接触药材的工作。生产企业应配备专人负责环境卫生及个人卫生检查。

第四十九条 对从事中药材生产的有关人员应定期培训与考核。

第五十条 中药材产地应设厕所或盥洗室，排出物不应对环境及产品造成污染。

第五十一条 生产企业生产和检验用的仪器、仪表、量具、衡器等其适用范围和精密度应符合生产和检验的要求，有明显的状态标志，并定期校验。

第九章 文件管理

第五十二条 生产企业应有生产管理、质量管理等标准操作规程。

第五十三条 每种中药材的生产全过程均应详细记录，必要时可附照片或图像。记录应包括：

（一）种子、菌种和繁殖材料的来源；

（二）生产技术与过程：

1. 药用植物播种的时间、数量及面积；育苗、移栽以及肥料的种类、施用时间、施用量、施用方法；农药中包括杀虫剂、杀菌剂及除莠剂的种类、施用量、施用时间和方法等。

2. 药用动物养殖日志、周转计划、选配种记录、产仔或产卵记录、病例病志、死亡报告书、死亡登记表、检免疫统计表、饲料配合表、饲料消耗记录、谱系登记表、后裔鉴定表等。

3. 药用部分的采收时间、采收量、鲜重和加工、干燥、干燥减重、运输、贮藏等。

4. 气象资料及小气候的记录等。

5. 药材的质量评价：药材性状及各项检测的记录。

第五十四条 所有原始记录、生产计划及执行情况、合同及协议书等均应存档，至少保存 5 年。档案资料应有专人保管。

第十章 附　　则

第五十五条 本规范所用术语：

（一）中药材　指药用植物、动物的药用部分采收后经产地初加工形成的原料药材。

（二）中药材生产企业　指具有一定规模、按一定程序进行药用植物栽培或动物养殖、药材初加工、包装、储存等生产过程的单位。

（三）最大持续产量　即不危害生态环境，可持续生产（采收）的最大产量。

（四）地道药材　传统中药材中具有特定的种质、特定的产区或特定的生产技术和加工方法所生产的中药材。

（五）种子、菌种和繁殖材料　植物（含菌物）可供繁殖用的器官、组织、细胞等，菌物的菌丝、子实体等；动物的种物、仔、卵等。

（六）病虫害综合防治　从生物与环境整体观点出发，本着预防为主的指导思想和安全、有效、经济、简便的原则，因地制宜，合理运用生物的、农业的、化学的方法及其他有效生态手段，把病虫的危害控制在经济阈值以下，以达到提高经济效益和生态效益之目的。

（七）半野生药用动植物　指野生或逸为野生的药用动植物辅以适当人工抚育和中耕、除草、施肥或喂料等管理的动植物种群。

第五十六条　本规范由国家药品监督管理局负责解释。

第五十七条　本规范自2002年6月1日起施行。

医疗机构制剂配制质量管理规范（试行）

（2000 年 12 月 5 日国家药品监督管理局局务会议通过，
2001 年 3 月 13 日发布，自发布之日起施行）

第一章　总　　则

第一条　根据《中华人民共和国药品管理法》的规定，参照《药品生产质量管理规范》的基本原则，制定本规范。

第二条　医疗机构制剂是指医疗机构根据本单位临床需要而常规配制、自用的固定处方制剂。

第三条　医疗机构配制制剂应取得省、自治区、直辖市药品监督管理局颁发的《医疗机构制剂许可证》。

第四条　国家药品监督管理局和省、自治区、直辖市药品监督管理局负责对医疗机构制剂进行质量监督，并发布质量公告。

第五条　本规范是医疗机构制剂配制和质量管理的基本准则，适用于制剂配制的全过程。

第二章　机构与人员

第六条　医疗机构制剂配制应在药剂部门设制剂室、药检室和质量管理组织。机构与岗位人员的职责应明确，并配备具有相应素质及相应数量的专业技术人员。

第七条　医疗机构负责人对本规范的实施及制剂质量负责。

第八条　制剂室和药检室的负责人应具有大专以上药学或相关专业学历，具有相应管理的实践经验，有对工作中出现的问题作出正确判断和处理的能力。

制剂室和药检室的负责人不得互相兼任。

第九条　从事制剂配制操作及药检人员，应经专业技术培训，具有基础理论知识和实际操作技能。

凡有特殊要求的制剂配制操作和药检人员还应经相应的专业技术培训。

第十条　凡从事制剂配制工作的所有人员均应熟悉本规范，并应通过本规范的培训与考核。

第三章　房屋与设施

第十一条　为保证制剂质量，制剂室要远离各种污染源。周围的地面、路面、植被等不应对制剂配制过程造成污染。

第十二条　制剂室应有防止污染、昆虫和其他动物进入的有效设施。

第十三条　制剂室的房屋和面积必须与所配制的制剂剂型和规模相适应。应设工作人员更衣室。

第十四条　各工作间应按制剂工序和空气洁净度级别要求合理布局。一般区和洁净区分开；配制、分装与贴签、包装分开；内服制剂与外用制剂分开；无菌制剂与其他制剂分开。

第十五条　各种制剂应根据剂型的需要，工序合理衔接，设置不同的操作间，按工序划分操作岗位。

第十六条　制剂室应具有与所配制剂相适应的物料、成品等库房，并有通风、防潮等设施。

第十七条　中药材的前处理、提取、浓缩等必须与其后续工序严格分开，并应有有效的除尘、排风设施。

第十八条　制剂室在设计和施工时，应考虑使用时便于进行清洁工作。洁净室的内表面应平整光滑，无裂缝、接口严密，无颗粒物脱落并能耐受清洗和消毒。墙壁与地面等交界处宜呈弧形或采取其他措施，以减少积尘和便于清洁。

第十九条　洁净室内各种管道、灯具、风口以及其他公用设施在设计和安装时应避免出现不易清洁的部位。

第二十条　根据制剂工艺要求，划分空气洁净度级别（见附件表Ⅰ、表Ⅱ）。洁净室（区）内空气的微生物数和尘粒数应符合规定，应定期检测并记录。

第二十一条　洁净室（区）应有足够照度，主要工作间的照度宜为300勒克斯。

第二十二条　洁净室的窗户、技术夹层及进入室内的管道、风口、灯具与墙壁或顶棚的连接部位均应密封。

第二十三条　洁净室（区）应维持一定的正压，并送入一定比例的新风。

第二十四条　洁净室（区）内安装的水池、地漏的位置应适宜，不得对制剂造成污染。100级洁净区内不得设地漏。

第二十五条　实验动物房应远离制剂室。

第四章　设　　备

第二十六条　设备的选型、安装应符合制剂配制要求，易于清洗、消毒或灭菌，便于操作、维修和保养，并能防止差错和减少污染。

第二十七条　纯化水、注射用水的制备、储存和分配应能防止微生物的滋生和污染。储罐和输送管道所用材料应无毒、耐腐蚀，管道的设计和安装应避免死角、盲管。

第二十八条　与药品直接接触的设备表面应光洁、平整、易清洗或消毒、耐腐蚀；不与药品发生化学变化和吸附药品。设备所用的润滑剂、冷却剂等不得对药品和容器造成污染。

第二十九条　制剂配制和检验应有与所配制制剂品种相适应的设备、设施与仪器。

第三十条　用于制剂配制和检验的仪器、仪表、量具、衡器等其适用范围和精密度应符合制剂配制和检验的要求，应定期校验，并有合格标志。校验记录应至少保存一年。

第三十一条　建立设备管理的各项规章制度，制定标准操作规程。设备应由专人管理，定期维修、保养，并作好记录。

第五章　物　　料

第三十二条　制剂配制所用物料的购入、储存、发放与使用等应制定管理制度。

第三十三条　制剂配制所用的物料应符合药用要求，不得对制剂质量产生不良影响。

第三十四条　制剂配制所用的中药材应按质量标准购入，合理储存与保管。

第三十五条　各种物料要严格管理。合格物料、待验物料及不合格物料应分别存放，并有易于识别的明显标志。不合格的物料，应及时处理。

第三十六条　各种物料应按其性能与用途合理存放。对温度、湿度等有特殊要求的物料，应按规定条件储存。挥发性物料的存放，应注意避免污染其他物料。各种物料不得露天存放。

第三十七条　物料应按规定的使用期限储存，储存期内如有特殊情况应及时检验。

第三十八条　制剂的标签、使用说明书必须与药品监督管理部门批准的内容、式样、文字相一致，不得随意更改；应专柜存放，专人保管，不得流失。

第六章　卫　　生

第三十九条　制剂室应有防止污染的卫生措施和卫生管理制度，并由专人负责。

第四十条　配制间不得存放与配制无关的物品。配制中的废弃物应及时处理。

第四十一条　更衣室、浴室及厕所的设置不得对洁净室（区）产生不良影响。

第四十二条　配制间和制剂设备、容器等应有清洁规程，内容包括：清洁方法、程序、间隔时间、使用清洁剂或消毒剂、清洁工具的清洁方法和存放地点等。

第四十三条　洁净室（区）应定期消毒。使用的消毒剂不得对设备、物料和成品产生污染。消毒剂品种应定期更换，防止产生耐药菌株。

第四十四条　工作服的选材、式样及穿戴方式应与配制操作和洁净度级别要求相适应。

洁净室工作服的质地应光滑、不产生静电、不脱落纤维和颗粒性物质。无菌工作服必须包盖全部头发、胡须及脚部，并能阻留人体脱落物并不得混穿。

不同洁净度级别房间使用的工作服应分别定期清洗、整理，必要时应消毒或灭菌。洗涤时不应带入附加的颗粒物质。

第四十五条　洁净室（区）仅限于在该室的配制人员和经批准的人员进入。

第四十六条　进入洁净室（区）的人员不得化妆和佩带饰物，不得裸手直接接触药品。

第四十七条　配制人员应有健康档案，并每年至少体检一次。传染病、皮肤病患者和体表有伤口者不得从事制剂配制工作。

第七章　文　　件

第四十八条　制剂室应有下列文件：

（一）《医疗机构制剂许可证》及申报文件、验收、整改记录；

（二）制剂品种申报及批准文件；

（三）制剂室年检、抽验及监督检查文件及记录。

第四十九条　医疗机构制剂室应有配制管理、质量管理的各项制度和记录。

（一）制剂室操作间、设施和设备的使用、维护、保养等制度和记录；

（二）物料的验收、配制操作、检验、发放、成品分发和使用部门及患者的反馈、投诉等制度和记录；

（三）配制返工、不合格品管理、物料退库、报损、特殊情况处理等制度和记录；

（四）留样观察制度和记录；

（五）制剂室内外环境、设备、人员等卫生管理制度和记录；

（六）本规范和专业技术培训的制度和记录。

第五十条　制剂配制管理文件主要有：

（一）配制规程和标准操作规程

配制规程包括：制剂名称、剂型、处方、配制工艺的操作要求，原料、中间产品、成品的质量标准和技术参数及储存注意事项，成品容器、包装材料的要求等。

标准操作规程：配制过程中涉及的单元操作（如加热、搅拌、振摇、混合等）具体规定和应达到的要求。

（二）配制记录

配制记录（制剂单）应包括：编号、制剂名称、配制日期、制剂批号、有关设备名称与操作记录、原料用量、成品和半成品数量、配制过程的控制记录及特殊情况处理记录和各工序的操作者、复核者、清场者的签名等。

第五十一条　配制制剂的质量管理文件主要有：

（一）物料、半成品、成品的质量标准和检验操作规程；

（二）制剂质量稳定性考察记录；

（三）检验记录。

第五十二条　制剂配制管理文件和质量管理文件的要求：

（一）制订文件应符合《药品管理法》和相关法律、法规、规章的要求；

（二）应建立文件的管理制度。使用的文件应为批准的现行文本，已撤销和过时的文件除留档备查外，不得在工作现场出现。

（三）文件的制订、审查和批准的责任应明确，并有责任人签名；

（四）有关配制记录和质量检验记录应完整归档，至少保存2年备查。

第八章　配制管理

第五十三条　配制规程和标准操作规程不得任意修改。如需修改时必须按制定时的程序办理修订、审批手续。

第五十四条　在同一配制周期中制备出来的一定数量常规配制的制剂为一批，一批制剂在规定限度内具有同一性质和质量。每批制剂均应编制制剂批号。

第五十五条　每批制剂均应按投入和产出的物料平衡进行检查，如有显著差异，必须查明原因，在得出合理解释，确认无潜在质量事故后，方可按正常程序处理。

第五十六条　为防止制剂被污染和混淆，配制操作应采取下述措施：

（一）每次配制后应清场，并填写清场记录。每次配制前应确认无上次遗留物；

（二）不同制剂（包括同一制剂的不同规格）的配制操作不得在同一操作间同时进行。

如确实无法避免时，必须在不同的操作台配制，并应采取防止污染和混淆的措施；

（三）在配制过程中应防止称量、过筛、粉碎等可能造成粉末飞散而引起的交叉污染；

（四）在配制过程中使用的容器须有标明物料名称、批号、状态及数量等的标志。

第五十七条 根据制剂配制规程选用工艺用水。工艺用水应符合质量标准并定期检验。根据验证结果，规定检验周期。

第五十八条 每批制剂均应有一份能反映配制各个环节的完整记录。操作人员应及时填写记录，填写字迹清晰、内容真实、数据完整，并由操作人、复核人及清场人签字。记录应保持整洁，不得撕毁和任意涂改。需要更改时，更改人应在更改处签字，并需使被更改部分可以辨认。

第五十九条 新制剂的配制工艺及主要设备应按验证方案进行验证。当影响制剂质量的主要因素，如配制工艺或质量控制方法、主要原辅料、主要配制设备等发生改变时，以及配制一定周期后，应进行再验证。所有验证记录应归档保存。

第九章　质量管理与自检

第六十条 质量管理组织负责制剂配制全过程的质量管理。其主要职责：

（一）制定质量管理组织任务、职责；

（二）决定物料和中间品能否使用；

（三）研究处理制剂重大质量问题；

（四）制剂经检验合格后，由质量管理组织负责人审查配制全过程记录并决定是否发放使用；

（五）审核不合格品的处理程序及监督实施。

第六十一条 药检室负责制剂配制全过程的检验。其主要职责：

（一）制定和修订物料、中间品和成品的内控标准和检验操作规程，制定取样和留样制度；

（二）制定检验用设备、仪器、试剂、试液、标准品（或参考品）、滴定液与培养基及实验动物等管理办法；

（三）对物料、中间品和成品进行取样、检验、留样，并出具检验报告；

（四）监测洁净室（区）的微生物数和尘粒数；

（五）评价原料、中间品及成品的质量稳定性，为确定物料储存期和制剂有效期提供数据；

（六）制定药检室人员的职责。

第六十二条 医疗机构制剂质量管理组织应定期组织自检。自检应按预定的程序，按规定内容进行检查，以证实与本规范的一致性。

自检应有记录并写出自检报告，包括评价及改进措施等。

第十章　使用管理

第六十三条 医疗机构制剂应按药品监督管理部门制定的原则并结合剂型特点、原料药的稳定性和制剂稳定性试验结果规定使用期限。

第六十四条 制剂配发必须有完整的记录或凭据。内容包括：领用部门、制剂名称、批号、规格、数量等。制剂在使用过程中出现质量问题时，制剂质量管理组织应及时进行处理，出现质量问题的制剂应立即收回，并填写收回记录。收回记录应包括：制剂名称、批号、规格、数量、收回部门、收回原因、处理意见及日期等。

第六十五条 制剂使用过程中发现的不良反应，应按《药品不良反应监测管理办法》的规定予以记录，填表上报。保留病历和有关检验、检查报告单等原始记录至少一年备查。

第十一章　附　　则

第六十六条　本规范所使用的术语：

标准操作规程：经批准用以指示操作的通用性文件或管理办法。

配制规程：为各个制剂制定，为配制该制剂的标准操作，包括投料、配制工艺、成品包装等内容。

物料：原料、辅料、包装材料等。

验证：证明任何程序、配制过程、设备、物料、活动或系统确实能达到预期结果的有文件证明的一系列行动。

洁净室（区）：需要对尘粒及微生物数量进行控制的房间（区域）。其建筑结构、装备及其使用均具有减少该区域内污染源的介入、产生和滞留的功能。

一般区：是指洁净区之外，未规定有空气洁净度级别要求的区域，应符合卫生要求。

工艺用水：制剂配制工艺中使用的水，包括：饮用水、纯化水、注射用水。

纯化水：为蒸馏法、离子交换法、反渗透法或其他适宜的方法制得供药用的水，不含任何附加剂。

质量管理组织：是指医疗机构为加强制剂质量管理而由药剂部门及制剂室、药检室负责人组成的小组。

第六十七条　本规范由国家药品监督管理局负责解释。

第六十八条　本规范自发布之日起施行。

药品生产监督管理办法

（2004 年 5 月 28 日国家食品药品监督管理局局务会审议通过，
2004 年 8 月 5 日公布，自公布之日起施行）

第一章　总　　则

第一条　为加强药品生产的监督管理，根据《中华人民共和国药品管理法》、《中华人民共和国药品管理法实施条例》（以下简称《药品管理法》、《药品管理法实施条例》），制定本办法。

第二条　药品生产监督管理是指（食品）药品监督管理部门依法对药品生产条件和生产过程进行审查、许可、监督检查等管理活动。

第三条　国家食品药品监督管理局主管全国药品生产监督管理工作；省、自治区、直辖市（食品）药品监督管理部门负责本行政区域内的药品生产监督管理工作。

第二章　开办药品生产企业的申请与审批

第四条　开办药品生产企业，除应当符合国家制定的药品行业发展规划和产业政策外，还应当符合以下条件：

（一）具有依法经过资格认定的药学技术人员、工程技术人员及相应的技术工人，企业法定代表人或者企业负责人、质量负责人无《药品管理法》第七十六条规定的情形；

（二）具有与其药品生产相适应的厂房、设施和卫生环境；

（三）具有能对所生产药品进行质量管理和质量检验的机构、人员以及必要的仪器设备；

（四）具有保证药品质量的规章制度。

国家有关法律、法规对生产麻醉药品、精神药品、医疗用毒性药品、放射性药品、药品类易制毒化学品等另有规定的，依照其规定。

第五条　开办药品生产企业的申请人，应当向拟办企业所在地省、自治区、直辖市（食品）药品监督管理部门提出申请，并提交以下材料：

（一）申请人的基本情况及其相关证明文件；

（二）拟办企业的基本情况，包括拟办企业名称、生产品种、剂型、设备、工艺及生产能力；拟办企业的场地、周边环境、基础设施等条件说明以及投资规模等情况说明；

（三）工商行政管理部门出具的拟办企业名称预先核准通知书，生产地址及注册地址、企业类型、法定代表人或者企业负责人；

（四）拟办企业的组织机构图（注明各部门的职责及相互关系、部门负责人）；

（五）拟办企业的法定代表人、企业负责人、部门负责人简历，学历和职称证书；依法经过资格认定的药学及相关专业技术人员、工程技术人员、技术工人登记表，并标明所在部门及岗位；高级、中级、初级技术人员的比例情况表；

（六）拟办企业的周边环境图、总平面布置图、仓储平面布置图、质量检验场所平面布置图；

（七）拟办企业生产工艺布局平面图（包括更衣室、盥洗间、人流和物流通道、气闸等，并标明人、物流向和空气洁净度等级），空气净化系统的送风、回风、排风平面布置图，工艺设备平面布置图；

（八）拟生产的范围、剂型、品种、质量标准及依据；

（九）拟生产剂型及品种的工艺流程图，并注明主要质量控制点与项目；

（十）空气净化系统、制水系统、主要设备验证概况；生产、检验仪器、仪表、衡器校验情况；

（十一）主要生产设备及检验仪器目录；

（十二）拟办企业生产管理、质量管理文件目录。

申请人应当对其申请材料全部内容的真实性负责。

第六条　药品生产企业将部分生产车间分立，形成独立药品生产企业的，按照本办法第四条、第五条的规定办理《药品生产许可证》。

第七条　省、自治区、直辖市（食品）药品监督管理部门收到申请后，应当根据下列情况分别作出处理：

（一）申请事项依法不属于本部门职权范围的，应当即时作出不予受理的决定，并告知申请人向有关行政机关申请；

（二）申请材料存在可以当场更正的错误的，应当允许申请人当场更正；

（三）申请材料不齐全或者不符合形式审查要求的，应当当场或者在5个工作日内发给申请人《补正材料通知书》，一次性告知申请人需要补正的全部内容，逾期不告知的，自收到申请材料之日起即为受理；

（四）申请材料齐全、符合形式审查要求，或者申请人按照要求提交全部补正材料的，予以受理。

省、自治区、直辖市（食品）药品监督管理部门受理或者不予受理药品生产企业开办申请的，应当出具加盖本部门受理专用印章并注明日期的《受理通知书》或者《不予受理通知书》。

第八条　省、自治区、直辖市（食品）药品监督管理部门应当自收到申请之日起30个工作日内，作出决定。

经审查符合规定的，予以批准，并自书面批准决定作出之日起10个工作日内核发《药品生产许可证》；不符合规定的，作出不予批准的书面决定，并说明理由，同时告知申请人享有依法申请行政复议或者提起行政诉讼的权利。

第九条　新开办药品生产企业、药品生产企业新建药品生产车间或者新增生产剂型的，应当自取得药品生产证明文件或者经批准正式生产之日起30日内，按照国家食品药品监督管理局的规定向相应的（食品）药品监督管理部门申请《药品生产质量管理规范》认证。

第十条　省、自治区、直辖市（食品）药品监督管理部门应当在行政机关的网站和办公场所公示申请《药品生产许可证》所需要的条件、程序、期限、需要提交的全部材料的目录和申请书示范文本等。

省、自治区、直辖市（食品）药品监督管理部门颁发《药品生产许可证》的有关信息，应当予以公开，公众有权查阅。

第十一条　省、自治区、直辖市（食品）药品监督管理部门对药品生产企业开办申请进行审查时，应当公示审批过程和审批结果。申请人和利害关系人可以对直接关系其重大利益的事项提交书面意见进行陈述和申辩。

第十二条 药品生产企业开办申请直接涉及申请人与他人之间重大利益关系的，省、自治区、直辖市（食品）药品监督管理部门应当告知申请人、利害关系人可以依照法律、法规以及国家食品药品监督管理局的其他规定享有申请听证的权利；在对药品生产企业开办申请进行审查时，省、自治区、直辖市（食品）药品监督管理部门认为涉及公共利益的重大许可事项，应当向社会公告，并举行听证。

第三章 《药品生产许可证》管理

第十三条 《药品生产许可证》分正本和副本，正本、副本具有同等法律效力，有效期为5年。

《药品生产许可证》由国家食品药品监督管理局统一印制。

第十四条 《药品生产许可证》应当载明许可证编号、企业名称、法定代表人、企业负责人、企业类型、注册地址、生产地址、生产范围、发证机关、发证日期、有效期限等项目。其中由（食品）药品监督管理部门核准的许可事项为：企业负责人、生产范围、生产地址。

企业名称、法定代表人、注册地址、企业类型等项目应当与工商行政管理部门核发的营业执照中载明的相关内容一致。

企业名称应当符合药品生产企业分类管理的原则；生产地址按照药品实际生产地址填写；许可证编号和生产范围按照国家食品药品监督管理局规定的方法和类别填写。

第十五条 《药品生产许可证》变更分为许可事项变更和登记事项变更。

许可事项变更是指企业负责人、生产范围、生产地址的变更。

登记事项变更是指本办法第十四条第二款所列事项的变更。

第十六条 药品生产企业变更《药品生产许可证》许可事项的，应当在原许可事项发生变更30日前，向原发证机关提出《药品生产许可证》变更申请。未经批准，不得擅自变更许可事项。

原发证机关应当自收到企业变更申请之日起15个工作日内作出是否准予变更的决定。不予变更的，应当书面说明理由，并告知申请人享有依法申请行政复议或者提起行政诉讼的权利。

变更生产范围或者生产地址的，药品生产企业应当按照本办法第五条的规定提交涉及变更内容的有关材料，并报经所在地省、自治区、直辖市（食品）药品监督管理部门审查决定。

药品生产企业依法办理《药品生产许可证》许可事项的变更手续后，应当及时向工商行政管理部门办理企业注册登记的变更手续。

第十七条 药品生产企业变更《药品生产许可证》登记事项的，应当在工商行政管理部门核准变更后30日内，向原发证机关申请《药品生产许可证》变更登记。原发证机关应当自收到企业变更申请之日起15个工作日内办理变更手续。

第十八条 《药品生产许可证》变更后，原发证机关应当在《药品生产许可证》副本上记录变更的内容和时间，并按照变更后的内容重新核发《药品生产许可证》正本，收回原《药品生产许可证》正本，变更后的《药品生产许可证》有效期不变。

第十九条 《药品生产许可证》有效期届满，需要继续生产药品的，药品生产企业应当在有效期届满前6个月，向原发证机关申请换发《药品生产许可证》。

原发证机关结合企业遵守法律法规、《药品生产质量管理规范》和质量体系运行情况，按照本办法关于药品生产企业开办的程序和要求进行审查，在《药品生产许可证》有效期届满前作出是否准予其换证的决定。符合规定准予换证的，收回原证，换发新证；不符合规定的，作出不予换证的书面决定，并说明理由，同时告知申请人享有依法申请行政复议或者提起行政诉讼的权利；逾期未作出决定的，视为同意换证，并予补办相应手续。

第二十条　药品生产企业终止生产药品或者关闭的，由原发证机关缴销《药品生产许可证》，并通知工商行政管理部门。

第二十一条　《药品生产许可证》遗失的，药品生产企业应当立即向原发证机关申请补发，并在原发证机关指定的媒体上登载遗失声明。原发证机关在企业登载遗失声明之日起满1个月后，按照原核准事项在10个工作日内补发《药品生产许可证》。

第二十二条　任何单位或者个人不得伪造、变造、买卖、出租、出借《药品生产许可证》。

第二十三条　省、自治区、直辖市（食品）药品监督管理部门应当将《药品生产许可证》核发、换发、变更、补发、吊销、撤销、缴销、注销等办理情况，在办理工作完成后20个工作日内报国家食品药品监督管理局备案。对依法收回、作废的《药品生产许可证》，发证机关应当建档保存5年。

第四章　药品委托生产的管理

第二十四条　药品委托生产的委托方应当是取得该药品批准文号的药品生产企业。

第二十五条　药品委托生产的受托方应当是持有与生产该药品的生产条件相适应的《药品生产质量管理规范》认证证书的药品生产企业。

第二十六条　委托方负责委托生产药品的质量和销售。委托方应当对受托方的生产条件、生产技术水平和质量管理状况进行详细考查，应当向受托方提供委托生产药品的技术和质量文件，对生产全过程进行指导和监督。

受托方应当按照《药品生产质量管理规范》进行生产，并按照规定保存所有受托生产文件和记录。

第二十七条　委托生产药品的双方应当签署合同，内容应当包括双方的权利与义务，并具体规定双方在药品委托生产技术、质量控制等方面的权利与义务，且应当符合国家有关药品管理的法律法规。

第二十八条　注射剂、生物制品（不含疫苗制品、血液制品）和跨省、自治区、直辖市的药品委托生产申请，由国家食品药品监督管理局负责受理和审批。

疫苗制品、血液制品以及国家食品药品监督管理局规定的其他药品不得委托生产。

麻醉药品、精神药品、医疗用毒性药品、放射性药品、药品类易制毒化学品的委托生产按照有关法律法规规定办理。

第二十九条　本办法第二十八条规定之外的其他药品委托生产申请，由委托生产双方所在地省、自治区、直辖市（食品）药品监督管理部门负责受理和审批。

第三十条　药品委托生产的，由委托方向国家食品药品监督管理局或者省、自治区、直辖市（食品）药品监督管理部门提出申请，并提交本办法第三十四条规定的申请材料。（食品）药品监督管理部门参照本办法第七条的规定进行受理。

第三十一条　受理申请的（食品）药品监督管理部门应当自受理之日起20个工作日内，按照本章规定的条件对药品委托生产的申请进行审查，并作出决定；20个工作日内不能作出决定的，经本部门负责人批准，可以延长10个工作日，并应当将延长期限的理由告知委托方。

经审查符合规定的，予以批准，并自书面批准决定作出之日起10个工作日内向委托方发放

《药品委托生产批件》；不符合规定的，书面通知委托方并说明理由，同时告知其享有依法申请行政复议或者提起行政诉讼的权利。

第三十二条　《药品委托生产批件》有效期不得超过2年，且不得超过该药品批准证明文件规定的有效期限。

第三十三条　《药品委托生产批件》有效期届满需要继续委托生产的，委托方应当在有效期届满30日前，按照本办法第三十四条的规定提交有关材料，办理延期手续。

委托生产合同终止的，委托方应当及时办理《药品委托生产批件》的注销手续。

第三十四条　药品委托生产申请材料项目：

（一）委托方和受托方的《药品生产许可证》、营业执照复印件；

（二）受托方《药品生产质量管理规范》认证证书复印件；

（三）委托方对受托方生产和质量保证条件的考核情况；

（四）委托方拟委托生产药品的批准证明文件复印件并附质量标准、生产工艺，包装、标签和使用说明书实样；

（五）委托生产药品拟采用的包装、标签和使用说明书式样及色标；

（六）委托生产合同；

（七）受托方所在地省级药品检验所出具的连续三批产品检验报告书。委托生产生物制品的，其三批样品由受托方所在地省级药品检验所抽取、封存，由中国药品生物制品检定所负责检验并出具检验报告书；

（八）受托方所在地省、自治区、直辖市（食品）药品监督管理部门组织对企业技术人员，厂房、设施、设备等生产条件和能力，以及质检机构、检测设备等质量保证体系考核的意见。

药品委托生产延期申请所需要的申请材料项目：

（一）委托方和受托方的《药品生产许可证》、营业执照复印件；

（二）受托方《药品生产质量管理规范》认证证书复印件；

（三）前次批准的《药品委托生产批件》复印件；

（四）前次委托生产期间，生产、质量情况的总结；

（五）与前次《药品委托生产批件》发生变化的证明文件。

第三十五条　委托生产药品的质量标准应当执行国家药品质量标准，其处方、生产工艺、包装规格、标签、使用说明书、批准文号等应当与原批准的内容相同。在委托生产的药品包装、标签和说明书上，应当标明委托方企业名称和注册地址、受托方企业名称和生产地址。

第三十六条　（食品）药品监督管理部门对药品委托生产申请进行审查时，应当参照执行本办法第二章第十条至第十二条的有关规定。

第三十七条　药品生产企业接受境外制药厂商的委托在中国境内加工药品的，应当在签署委托生产合同后30日内向所在地省、自治区、直辖市（食品）药品监督管理部门备案。所加工的药品不得以任何形式在中国境内销售、使用。

第三十八条　省、自治区、直辖市（食品）药品监督管理部门应当将药品委托生产的批准、备案情况报国家食品药品监督管理局。

第五章　监督检查

第三十九条　省、自治区、直辖市（食品）药品监督管理部门负责本行政区域内药品生产企业的监督检查工作，应当建立实施监督检查的运行机制和管理制度，明确设区的市级（食品）药品监督管理机构和县级（食品）药品监督管理机构的监督检查职责。

国家食品药品监督管理局可以直接对药品生产企业进行监督检查，并对省、自治区、直辖市（食品）药品监督管理部门的监督检查工作及其认证通过的生产企业《药品生产质量管理规范》的实施及认证情况进行监督和抽查。

第四十条 监督检查的主要内容是药品生产企业执行有关法律、法规及实施《药品生产质量管理规范》的情况，监督检查包括《药品生产许可证》换发的现场检查、《药品生产质量管理规范》跟踪检查、日常监督检查等。

第四十一条 各级（食品）药品监督管理部门组织监督检查时，应当制订检查方案，明确检查标准，如实记录现场检查情况，检查结果应当以书面形式告知被检查单位。需要整改的应当提出整改内容及整改期限，并实施跟踪检查。

在进行监督检查时，（食品）药品监督管理部门应当指派两名以上检查人员实施监督检查，检查人员应当向被检查单位出示执法证明文件。（食品）药品监督管理部门工作人员对知悉的企业技术秘密和业务秘密应当保密。

第四十二条 监督检查时，药品生产企业应当提供有关情况和以下材料：

（一）企业生产情况和质量管理情况自查报告；

（二）《药品生产许可证》副本和营业执照复印件，《药品生产许可证》事项变动及审批情况；

（三）企业组织机构、生产和质量主要管理人员以及生产、检验条件的变动及审批情况；

（四）药品生产企业接受监督检查及整改落实情况；

（五）不合格药品被质量公报通告后的整改情况；

（六）检查机关需要审查的其他必要材料。

监督检查完成后，（食品）药品监督管理部门在《药品生产许可证》副本上载明检查情况。主要记载以下内容：

（一）检查结论；

（二）生产的药品是否发生重大质量事故，是否有不合格药品受到药品质量公报通告；

（三）药品生产企业是否有违法生产行为，及其查处情况。

第四十三条 县级以上地方（食品）药品监督管理部门应当在法律、法规、规章赋予的权限内，建立本行政区域内药品生产企业的监管档案。监管档案包括药品生产许可、生产监督检查、产品质量监督抽查、不良行为记录和投诉举报等内容。

第四十四条 （食品）药品监督管理部门实施监督检查，不得妨碍药品生产企业的正常生产活动，不得索取或者收受药品生产企业的财物，不得谋取其他利益。

第四十五条 个人和组织发现药品生产企业进行违法生产的活动，有权向（食品）药品监督管理部门举报，（食品）药品监督管理部门应当及时核实、处理。

第四十六条 药品生产企业质量负责人、生产负责人发生变更的，应当在变更后15日内将变更人员简历及学历证明等有关情况报所在地省、自治区、直辖市（食品）药品监督管理部门备案。

第四十七条 药品生产企业的关键生产设施等条件与现状发生变化的，应当自发生变化30日内报所在地省、自治区、直辖市（食品）药品监督管理部门备案，省、自治区、直辖市（食品）药品监督管理部门根据需要进行检查。

第四十八条 药品生产企业发生重大药品质量事故的，必须立即报告所在地省、自治区、直辖市（食品）药品监督管理部门和有关部门，省、自治区、直辖市（食品）药品监督管理部门应当在24小时内报告国家食品药品监督管理局。

第四十九条 有《中华人民共和国行政许可法》（以下简称《行政许可法》）第七十条情形之

一的，原发证机关应当依法注销《药品生产许可证》，并自注销之日起 5 个工作日内通知有关工商行政管理部门，同时向社会公布。

第六章　法律责任

第五十条　有《行政许可法》第六十九条情形之一的，国家食品药品监督管理局或者省、自治区、直辖市（食品）药品监督管理部门根据利害关系人的请求或者依据职权，可以撤销《药品生产许可证》。

第五十一条　申请人隐瞒有关情况或者提供虚假材料申请《药品生产许可证》的，省、自治区、直辖市（食品）药品监督管理部门不予受理或者不予批准，并给予警告，且在 1 年内不受理其申请。

申请人提供虚假材料或者采取其他欺骗手段取得《药品生产许可证》的，省、自治区、直辖市（食品）药品监督管理部门予以吊销《药品生产许可证》，且在 5 年内不受理其申请，并处 1 万元以上 3 万元以下的罚款。

第五十二条　未取得《药品生产许可证》生产药品的，依照《药品管理法》第七十三条的规定给予处罚。

第五十三条　未经批准擅自委托或者接受委托生产药品的，对委托方和受托方均依照《药品管理法》第七十四条的规定给予处罚。

第五十四条　药品生产企业有下列情形之一的，（食品）药品监督管理部门依照《药品管理法》第七十九条的规定给予处罚：

（一）药品生产企业未按照规定实施《药品生产质量管理规范》的；

（二）开办药品生产企业、药品生产企业新建药品生产车间、新增生产剂型，在《药品管理法实施条例》第六条规定的时间内未通过《药品生产质量管理规范》认证，仍进行生产的。

第五十五条　经监督检查（包括跟踪检查、监督抽查），认定药品生产企业达不到《药品生产质量管理规范》评定标准的，原认证机关应当根据检查结果作出收回其《药品生产质量管理规范》认证证书的处理决定。

第五十六条　药品生产企业有下列情形之一的，由所在地省、自治区、直辖市（食品）药品监督管理部门给予警告，责令限期改正；逾期不改正的，可以处 5000 元以上 1 万元以下的罚款：

（一）未按照规定办理《药品生产许可证》登记事项变更的；

（二）接受境外制药厂商委托在中国境内加工药品，未按照规定进行备案的；

（三）企业质量负责人、生产负责人发生变更，未按照规定报告的；

（四）企业的关键生产设施等条件与现状发生变化，未按照规定进行备案的；

（五）发生重大药品质量事故未按照规定报告的；

（六）监督检查时，隐瞒有关情况、提供虚假材料或者拒不提供相关材料的。

第五十七条　（食品）药品监督管理部门违反规定，对不符合《药品生产质量管理规范》的发给《药品生产质量管理规范》认证证书或者对取得认证证书的企业未按照规定履行跟踪检查的职责，对不符合认证条件的企业未依法责令其改正，对不符合法定条件的单位发给《药品生产许可证》的，按照《药品管理法》第九十四条的规定处理。

第五十八条　在实施本办法规定的行政许可中违反相关法律、法规的，按照有关法律、法规处理。

第七章　附　　则

第五十九条　本办法由国家食品药品监督管理局负责解释。

第六十条　本办法自公布之日起施行。国家药品监督管理局于 2002 年 12 月 11 日发布的《药品生产监督管理办法》（试行）同时废止。

医疗机构制剂配制监督管理办法（试行）

（国家食品药品监督管理局令第 18 号）

《医疗机构制剂配制监督管理办法》（试行）于 2005 年 3 月 22 日经国家食品药品监督管理局局务会审议通过，现予公布，自 2005 年 6 月 1 日起施行。

2005 年 4 月 14 日

第一章　总　　则

第一条　为加强医疗机构制剂配制的监督管理，根据《中华人民共和国药品管理法》（以下简称《药品管理法》）、《中华人民共和国药品管理法实施条例》（以下简称《药品管理法实施条例》）的规定，制定本办法。

第二条　医疗机构制剂的配制及其监督管理适用本办法。

第三条　医疗机构制剂配制监督管理是指（食品）药品监督管理部门依法对医疗机构制剂配制条件和配制过程等进行审查、许可、检查的监督管理活动。

第四条　国家食品药品监督管理局负责全国医疗机构制剂配制的监督管理工作。

省、自治区、直辖市（食品）药品监督管理部门负责本辖区医疗机构制剂配制的监督管理工作。

第五条　医疗机构配制制剂应当遵守《医疗机构制剂配制质量管理规范》。

第二章　医疗机构设立制剂室的许可

第六条　医疗机构配制制剂，必须具有能够保证制剂质量的人员、设施、检验仪器、卫生条件和管理制度。

第七条　医疗机构设立制剂室，应当向所在地省、自治区、直辖市（食品）药品监督管理部门提交以下材料：

（一）《医疗机构制剂许可证申请表》（见附件 1）；

（二）实施《医疗机构制剂配制质量管理规范》自查报告；

（三）医疗机构的基本情况及《医疗机构执业许可证》副本复印件；

（四）所在地省、自治区、直辖市卫生行政部门的审核同意意见；

（五）拟办制剂室的基本情况，包括制剂室的投资规模、占地面积、周围环境、基础设施等条件说明，并提供医疗机构总平面布局图、制剂室总平面布局图（标明空气洁净度等级）；

制剂室负责人、药检室负责人、制剂质量管理组织负责人简历（包括姓名、年龄、性别、学历、所学专业、职务、职称、原从事药学工作年限等）及专业技术人员占制剂室工作人员的比例；

制剂室负责人、药检室负责人、制剂质量管理组织负责人应当为本单位在职专业人员，且制剂室负责人和药检室负责人不得互相兼任；

（六）拟配制剂型、配制能力、品种、规格；

（七）配制剂型的工艺流程图、质量标准（或草案）；

（八）主要配制设备、检测仪器目录；

（九）制剂配制管理、质量管理文件目录。

第八条　申请人应当对其申请材料的真实性负责。

第九条　省、自治区、直辖市（食品）药品监督管理部门收到申请后，应当根据下列情况分别作出处理：

（一）申请事项依法不属于本部门职权范围的，应当即时作出不予受理的决定，并告知申请人向有关行政机关申请；

（二）申请材料存在可以当场更正的错误的，应当允许申请人当场更正；

（三）申请材料不齐全或者不符合形式审查要求的，应当当场或者在5个工作日内发给申请人《补正材料通知书》，一次性告知申请人需要补正的全部内容，逾期不告知的，自收到申请材料之日起即为受理；

（四）申请材料齐全、符合形式审查要求，或者申请人按照要求提交全部补正材料的，予以受理。

省、自治区、直辖市（食品）药品监督管理部门受理或者不受理《医疗机构制剂许可证》申请的，应当出具加盖本部门受理专用印章并注明日期的《受理通知书》或者《不予受理通知书》。

第十条　省、自治区、直辖市（食品）药品监督管理部门应当自收到申请之日起30个工作日内，按照国家食品药品监督管理局制定的《医疗机构制剂许可证验收标准》组织验收。验收合格的，予以批准，并自批准决定作出之日起10个工作日内向申请人核发《医疗机构制剂许可证》；验收不合格的，作出不予批准的决定，书面通知申请人并说明理由，同时告知申请人享有依法申请行政复议或者提起行政诉讼的权利。

省、自治区、直辖市（食品）药品监督管理部门验收合格后，应当自颁发《医疗机构制剂许可证》之日起20个工作日内，将有关情况报国家食品药品监督管理局备案。

第十一条　省、自治区、直辖市（食品）药品监督管理部门应当在办公场所公示申请《医疗机构制剂许可证》所需的事项、依据、条件、期限、需要提交的全部材料的目录和申请书示范文本等。

省、自治区、直辖市（食品）药品监督管理部门颁发《医疗机构制剂许可证》的有关决定，应当予以公开，公众有权查阅。

第十二条　省、自治区、直辖市（食品）药品监督管理部门在对医疗机构制剂室开办申请进行审查时，应当公示审批过程和审批结果。申请人和利害关系人可以对直接关系其重大利益的事项提交书面意见进行陈述和申辩。

第十三条　医疗机构设立制剂室的申请，直接涉及申请人与他人之间重大利益关系的，省、自治区、直辖市（食品）药品监督管理部门应当告知申请人、利害关系人享有申请听证的权利。

在核发《医疗机构制剂许可证》的过程中，省、自治区、直辖市（食品）药品监督管理部门认为涉及公共利益的重大许可事项，应当向社会公告，并举行听证。

第十四条　医疗机构不得与其他单位共用配制场所、配制设备及检验设施等。

第三章　《医疗机构制剂许可证》的管理

第十五条　《医疗机构制剂许可证》分正本和副本。正、副本具有同等法律效力，有效期为5年。

《医疗机构制剂许可证》格式由国家食品药品监督管理局统一规定。

第十六条　《医疗机构制剂许可证》是医疗机构配制制剂的法定凭证，应当载明证号、医疗机构名称、医疗机构类别、法定代表人、制剂室负责人、配制范围、注册地址、配制地址、发证机关、发证日期、有效期限等项目。其中由（食品）药品监督管理部门核准的许可事项为：制剂室负责人、配制地址、配制范围、有效期限。证号和配制范围按国家食品药品监督管理局规定的编号方法和制剂类别填写（见附件2、3）。

第十七条　《医疗机构制剂许可证》变更分为许可事项变更和登记事项变更。

许可事项变更是指制剂室负责人、配制地址、配制范围的变更。

登记事项变更是指医疗机构名称、医疗机构类别、法定代表人、注册地址等事项的变更。

第十八条　医疗机构变更《医疗机构制剂许可证》许可事项的，在许可事项发生变更前30日，向原审核、批准机关申请变更登记。原发证机关应当自收到变更申请之日起15个工作日内作出准予变更或者不予变更的决定。

医疗机构增加配制范围或者改变配制地址的，应当按本办法第七条的规定提交材料，经省、自治区、直辖市（食品）药品监督管理部门验收合格后，依照前款办理《医疗机构制剂许可证》变更登记。

第十九条　医疗机构变更登记事项的，应当在有关部门核准变更后30日内，向原发证机关申请《医疗机构制剂许可证》变更登记，原发证机关应当在收到变更申请之日起15个工作日内办理变更手续。

第二十条　《医疗机构制剂许可证》变更后，原发证机关应当在《医疗机构制剂许可证》副本上记录变更的内容和时间，并按变更后的内容重新核发《医疗机构制剂许可证》正本，收回原《医疗机构制剂许可证》正本。

第二十一条　《医疗机构制剂许可证》有效期届满需要继续配制制剂的，医疗机构应当在有效期届满前6个月，向原发证机关申请换发《医疗机构制剂许可证》。

原发证机关结合医疗机构遵守法律法规、《医疗机构制剂配制质量管理规范》和质量体系运行情况，按照本办法关于设立医疗机构制剂室的条件和程序进行审查，在《医疗机构制剂许可证》有效期届满前作出是否准予换证的决定。符合规定准予换证的，收回原证，换发新证；不符合规定的，作出不予换证的书面决定，并说明理由，同时告知申请人享有依法申请行政复议或者提起行政诉讼的权利；逾期未作出决定的，视为同意换证，并办理相应手续。

第二十二条　医疗机构终止配制制剂或者关闭的，由原发证机关缴销《医疗机构制剂许可证》，同时报国家食品药品监督管理局备案。

第二十三条　遗失《医疗机构制剂许可证》的，持证单位应当在原发证机关指定的媒体上登载遗失声明并同时向原发证机关申请补发。遗失声明登载满1个月后原发证机关在10个工作日内补发《医疗机构制剂许可证》。

第二十四条　医疗机构制剂室的药检室负责人及质量管理组织负责人发生变更的，应当在变更之日起30日内将变更人员简历及学历证明等有关情况报所在地省、自治区、直辖市（食品）药品监督管理部门备案。

第二十五条　医疗机构制剂室的关键配制设施等条件发生变化的，应当自发生变化之日起30日内报所在地省、自治区、直辖市（食品）药品监督管理部门备案，省、自治区、直辖市（食品）药品监督管理部门根据需要进行检查。

第二十六条　省、自治区、直辖市（食品）药品监督管理部门应当将上年度《医疗机构制剂许可证》核发、变更、换发、缴销、补办等办理情况，在每年3月底前汇总报国家食品药品监督管理局。

第二十七条　任何单位和个人不得伪造、变造、买卖、出租、出借《医疗机构制剂许可证》。

第四章　“医院”类别医疗机构中药制剂委托配制的管理

第二十八条　经省、自治区、直辖市（食品）药品监督管理部门批准，具有《医疗机构制剂许可证》且取得制剂批准文号，并属于“医院”类别的医疗机构的中药制剂，可以委托本省、自治区、直辖市内取得《医疗机构制剂许可证》的医疗机构或者取得《药品生产质量管理规范》认证证书的药品生产企业配制制剂。委托配制的制剂剂型应当与受托方持有的《医疗机构制剂许可证》或者《药品生产质量管理规范》认证证书所载明的范围一致。

未取得《医疗机构制剂许可证》的“医院”类别的医疗机构，在申请中药制剂批准文号时申请委托配制的，应当按照《医疗机构制剂注册管理办法》的相关规定办理。

第二十九条　委托方按照本办法第三十三条的规定向所在地省、自治区、直辖市（食品）药品监督管理部门提交中药制剂委托配制的申请材料；省、自治区、直辖市（食品）药品监督管理部门参照本办法第九条的规定进行受理。

第三十条　省、自治区、直辖市（食品）药品监督管理部门应当自申请受理之日起20个工作日内，按照本章规定的条件对申请进行审查，并作出决定。

经审查符合规定的，予以批准，并自书面批准决定作出之日起10个工作日内向委托方发放《医疗机构中药制剂委托配制批件》；不符合规定的，书面通知委托方并说明理由，同时告知其享有依法申请行政复议或者提起行政诉讼的权利。

第三十一条　《医疗机构中药制剂委托配制批件》有效期不得超过该制剂批准证明文件载明的有效期限。在《医疗机构中药制剂委托配制批件》有效期内，委托方不得再行委托其他单位配制该制剂。

第三十二条　《医疗机构中药制剂委托配制批件》有效期届满，需要继续委托配制的，委托方应当在有效期届满30日前办理委托配制的续展手续。

委托配制合同终止的，《医疗机构中药制剂委托配制批件》自动废止。

第三十三条　申请制剂委托配制应当提供以下资料：

（一）《医疗机构中药制剂委托配制申请表》（见附件4）；

（二）委托方的《医疗机构制剂许可证》、制剂批准证明文件复印件；

（三）受托方的《药品生产许可证》、《药品生产质量管理规范》认证证书或者《医疗机构制剂许可证》复印件；

（四）委托配制的制剂质量标准、配制工艺；

（五）委托配制的制剂原最小包装、标签和使用说明书实样；

（六）委托配制的制剂拟采用的包装、标签和说明书式样及色标；

（七）委托配制合同；

（八）受托方所在地设区的市级（食品）药品监督管理机构组织对受托方技术人员，厂房（制剂室)、设施、设备等生产条件和能力，以及质检机构、检测设备等质量保证体系考核的意见。

委托配制申请续展应当提供以下资料：

（一）委托方的《医疗机构制剂许可证》、制剂批准证明文件复印件；

（二）受托方的《药品生产许可证》、《药品生产质量管理规范》认证证书或者《医疗机构制剂许可证》复印件；

（三）前次批准的《医疗机构中药制剂委托配制批件》；

（四）前次委托配制期间，配制及制剂质量情况的总结；

（五）与前次《医疗机构中药制剂委托配制批件》发生变化的证明文件。

第三十四条　委托配制制剂的质量标准应当执行原批准的质量标准，其处方、工艺、包装规格、标签及使用说明书等应当与原批准的内容相同。在委托配制的制剂包装、标签和说明书上，应当标明委托单位和受托单位名称、受托单位生产地址。

委托单位取得《医疗机构中药制剂委托配制批件》后，应当向所在地的设区的市级以上药品检验所报送委托配制的前三批制剂，经检验合格后方可投入使用。

第三十五条　委托方对委托配制制剂的质量负责；受托方应当具备与配制该制剂相适应的配制与质量保证条件，按《药品生产质量管理规范》或者《医疗机构制剂配制质量管理规范》进行配制，向委托方出具批检验报告书，并按规定保存所有受托配制的文件和记录。

第三十六条　省、自治区、直辖市（食品）药品监督管理部门对制剂委托配制申请进行审查时，应当参照执行本办法第十一条至第十三条的有关规定。

第三十七条　省、自治区、直辖市（食品）药品监督管理部门应当将制剂委托配制的批准情况报国家食品药品监督管理局。

第五章　监督检查

第三十八条　本办法规定的监督检查的主要内容是医疗机构执行《医疗机构制剂配制质量管理规范》的情况、《医疗机构制剂许可证》换发的现场检查以及日常的监督检查。

第三十九条　省、自治区、直辖市（食品）药品监督管理部门负责本辖区内医疗机构制剂配制的监督检查工作，应当建立实施监督检查的运行机制和管理制度，确定设区的市级（食品）药品监督管理机构和县级（食品）药品监督管理机构的监督检查职责。

国家食品药品监督管理局可以根据需要组织对医疗机构制剂配制进行监督检查，同时对省、自治区、直辖市（食品）药品监督管理部门的监督检查工作情况进行监督和抽查。

第四十条　各级（食品）药品监督管理部门组织监督检查时，应当制订检查方案，明确检查标准，如实记录现场检查情况，提出整改内容及整改期限，检查结果以书面形式告知被检查单位，并实施追踪检查。

第四十一条　监督检查时，医疗机构应当提供有关情况和材料：

（一）实施《医疗机构制剂配制质量管理规范》自查情况；

（二）《医疗机构执业许可证》、《医疗机构制剂许可证》；

（三）药检室和制剂质量管理组织负责人以及主要配制条件、配制设备的变更情况；

（四）制剂室接受监督检查及整改落实情况；

（五）不合格制剂被质量公报通告后的整改情况；

（六）需要审查的其他材料。

第四十二条　监督检查完成后，（食品）药品监督管理部门在《医疗机构制剂许可证》副本上载明检查情况，并记载以下内容：

（一）检查结论；

（二）配制的制剂是否发生重大质量事故，是否有不合格制剂受到药品质量公报通告；

（三）制剂室是否有违法配制行为及查处情况；

（四）制剂室当年是否无配制制剂行为。

第四十三条　医疗机构制剂配制发生重大质量事故，必须立即报所在地省、自治区、直辖市（食品）药品监督管理部门和有关部门，省、自治区、直辖市（食品）药品监督管理局部门应当在24小时内报国家食品药品监督管理局。

第四十四条　（食品）药品监督管理部门实施监督检查，不得妨碍医疗机构的正常配制活动，不得索取或者收受医疗机构的财物，不得谋取其他利益。

第四十五条　任何单位和个人发现医疗机构进行违法配制的活动，有权向（食品）药品监督管理部门举报，接受举报的（食品）药品监督管理部门应当及时核实、处理。

第四十六条　有《中华人民共和国行政许可法》（以下简称《行政许可法》）第七十条情形之一的，原发证机关应当依法注销《医疗机构制剂许可证》。

省、自治区、直辖市（食品）药品监督管理部门注销《医疗机构制剂许可证》的，应当自注销之日起5个工作日内通知有关部门，并报国家食品药品监督管理局备案。

第六章　法律责任

第四十七条　有《行政许可法》第六十九条规定情形的，国家食品药品监督管理局或者省、自治区、直辖市（食品）药品监督管理部门根据利害关系人的请求或者依据职权，可以撤销《医疗机构制剂许可证》。

第四十八条　申请人隐瞒有关情况或者提供虚假材料申请《医疗机构制剂许可证》的，省、自治区、直辖市（食品）药品监督管理部门不予受理或者不予批准，并给予警告，申请人在1年内不得再申请。

申请人提供虚假材料取得《医疗机构制剂许可证》的，省、自治区、直辖市（食品）药品监督管理部门应当吊销其《医疗机构制剂许可证》，并处1万元以上3万元以下的罚款，申请人在5年内不得再申请。

第四十九条　未取得《医疗机构制剂许可证》配制制剂的，按《药品管理法》第七十三条的规定给予处罚。

第五十条　（食品）药品监督管理部门对不符合法定条件的单位发给《医疗机构制剂许可证》的，按《药品管理法》第九十四条规定给予处罚。

第五十一条　未经批准擅自委托或者接受委托配制制剂的，对委托方和受托方均依照《药品管理法》第七十四条的规定给予处罚。

第五十二条　医疗机构违反本办法第十九条、第二十四条规定的，由所在地省、自治区、直辖市（食品）药品监督管理部门责令改正。

医疗机构违反本办法第二十五条规定的，由所在地省、自治区、直辖市（食品）药品监督管理部门给予警告，责令限期改正；逾期不改正的，可以处5000元以上1万元以下的罚款。

第五十三条　在实施本办法规定的行政许可中违反相关法律、法规的，按有关法律、法规处理。

第七章　附　　则

第五十四条　本办法由国家食品药品监督管理局负责解释。

第五十五条　本办法自 2005 年 6 月 1 日起施行。

医疗机构制剂注册管理办法（试行）

（2005 年 3 月 22 日国家食品药品监督管理局局务会审议通过，
2005 年 6 月 22 日公布，自 2005 年 8 月 1 日起施行）

第一章　总　　则

第一条　为加强医疗机构制剂的管理，规范医疗机构制剂的申报与审批，根据《中华人民共和国药品管理法》（以下简称《药品管理法》）及《中华人民共和国药品管理法实施条例》（以下简称《药品管理法实施条例》），制定本办法。

第二条　在中华人民共和国境内申请医疗机构制剂的配制、调剂使用，以及进行相关的审批、检验和监督管理，适用本办法。

第三条　医疗机构制剂，是指医疗机构根据本单位临床需要经批准而配制、自用的固定处方制剂。

医疗机构配制的制剂，应当是市场上没有供应的品种。

第四条　国家食品药品监督管理局负责全国医疗机构制剂的监督管理工作。

省、自治区、直辖市（食品）药品监督管理部门负责本辖区医疗机构制剂的审批和监督管理工作。

第五条　医疗机构制剂的申请人，应当是持有《医疗机构执业许可证》并取得《医疗机构制剂许可证》的医疗机构。

未取得《医疗机构制剂许可证》或者《医疗机构制剂许可证》无相应制剂剂型的“医院”类别的医疗机构可以申请医疗机构中药制剂，但是必须同时提出委托配制制剂的申请。接受委托配制的单位应当是取得《医疗机构制剂许可证》的医疗机构或者取得《药品生产质量管理规范》认证证书的药品生产企业。委托配制的制剂剂型应当与受托方持有的《医疗机构制剂许可证》或者《药品生产质量管理规范》认证证书所载明的范围一致。

第六条　医疗机构制剂只能在本医疗机构内凭执业医师或者执业助理医师的处方使用，并与《医疗机构执业许可证》所载明的诊疗范围一致。

第二章　申报与审批

第七条　申请医疗机构制剂，应当进行相应的临床前研究，包括处方筛选、配制工艺、质量指标、药理、毒理学研究等。

第八条　申请医疗机构制剂注册所报送的资料应当真实、完整、规范。

第九条　申请制剂所用的化学原料药及实施批准文号管理的中药材、中药饮片必须具有药品批准文号，并符合法定的药品标准。

第十条　申请人应当对其申请注册的制剂或者使用的处方、工艺、用途等，提供申请人或者他人在中国的专利及其权属状态说明；他人在中国存在专利的，申请人应当提交对他人的专利不构成侵权的声明。

第十一条　医疗机构制剂的名称，应当按照国家食品药品监督管理局颁布的药品命名原则命名，不得使用商品名称。

第十二条　医疗机构配制制剂使用的辅料和直接接触制剂的包装材料、容器等，应当符合国家食品药品监督管理局有关辅料、直接接触药品的包装材料和容器的管理规定。

第十三条　医疗机构制剂的说明书和包装标签由省、自治区、直辖市（食品）药品监督管理部门根据申请人申报的资料，在批准制剂申请时一并予以核准。

医疗机构制剂的说明书和包装标签应当按照国家食品药品监督管理局有关药品说明书和包装标签的管理规定印制，其文字、图案不得超出核准的内容，并需标注“本制剂仅限本医疗机构使用”字样。

第十四条　有下列情形之一的，不得作为医疗机构制剂申报：

（一）市场上已有供应的品种；

（二）含有未经国家食品药品监督管理局批准的活性成份的品种；

（三）除变态反应原外的生物制品；

（四）中药注射剂；

（五）中药、化学药组成的复方制剂；

（六）麻醉药品、精神药品、医疗用毒性药品、放射性药品；

（七）其他不符合国家有关规定的制剂。

第十五条　申请配制医疗机构制剂，申请人应当填写《医疗机构制剂注册申请表》，向所在地省、自治区、直辖市（食品）药品监督管理部门或者其委托的设区的市级（食品）药品监督管理机构提出申请，报送有关资料和制剂实样。

第十六条　收到申请的省、自治区、直辖市（食品）药品监督管理部门或者其委托的设区的市级（食品）药品监督管理机构对申报资料进行形式审查，符合要求的予以受理；不符合要求的，应当自收到申请材料之日起 5 日内书面通知申请人并说明理由，逾期未通知的自收到材料之日起即为受理。

第十七条　省、自治区、直辖市（食品）药品监督管理部门或者其委托的设区的市级（食品）药品监督管理机构应当在申请受理后 10 日内组织现场考察，抽取连续 3 批检验用样品，通知指定的药品检验所进行样品检验和质量标准技术复核。受委托的设区的市级（食品）药品监督管理机构应当在完成上述工作后将审查意见、考察报告及申报资料报送省、自治区、直辖市（食品）药品监督管理部门，并通知申请人。

第十八条　接到检验通知的药品检验所应当在 40 日内完成样品检验和质量标准技术复核，出具检验报告书及标准复核意见，报送省、自治区、直辖市（食品）药品监督管理部门并抄送通知其检验的（食品）药品监督管理机构和申请人。

第十九条　省、自治区、直辖市（食品）药品监督管理部门应当在收到全部资料后 40 日内组织完成技术审评，符合规定的，发给《医疗机构制剂临床研究批件》。

申请配制的化学制剂已有同品种获得制剂批准文号的，可以免于进行临床研究。

第二十条　临床研究用的制剂，应当按照《医疗机构制剂配制质量管理规范》或者《药品生产质量管理规范》的要求配制，配制的制剂应当符合经省、自治区、直辖市（食品）药品监督管理部门审定的质量标准。

第二十一条 医疗机构制剂的临床研究，应当在获得《医疗机构制剂临床研究批件》后，取得受试者知情同意书以及伦理委员会的同意，按照《药物临床试验质量管理规范》的要求实施。

第二十二条 医疗机构制剂的临床研究，应当在本医疗机构按照临床研究方案进行，受试例数不得少于60例。

第二十三条 完成临床研究后，申请人向所在地省、自治区、直辖市（食品）药品监督管理部门或者其委托的设区的市级（食品）药品监督管理机构报送临床研究总结资料。

第二十四条 省、自治区、直辖市（食品）药品监督管理部门收到全部申报资料后40日内组织完成技术审评，做出是否准予许可的决定。符合规定的，应当自做出准予许可决定之日起10日内向申请人核发《医疗机构制剂注册批件》及制剂批准文号，同时报国家食品药品监督管理局备案；不符合规定的，应当书面通知申请人并说明理由，同时告知申请人享有依法申请行政复议或者提起行政诉讼的权利。

第二十五条 医疗机构制剂批准文号的格式为：

X药制字H（Z） +4位年号+4位流水号。

X—省、自治区、直辖市简称，H—化学制剂，Z—中药制剂。

第三章 调剂使用

第二十六条 医疗机构制剂一般不得调剂使用。发生灾情、疫情、突发事件或者临床急需而市场没有供应时，需要调剂使用的，属省级辖区内医疗机构制剂调剂的，必须经所在地省、自治区、直辖市（食品）药品监督管理部门批准；属国家食品药品监督管理局规定的特殊制剂以及省、自治区、直辖市之间医疗机构制剂调剂的，必须经国家食品药品监督管理局批准。

第二十七条 省级辖区内申请医疗机构制剂调剂使用的，应当由使用单位向所在地省、自治区、直辖市（食品）药品监督管理部门提出申请，说明使用理由、期限、数量和范围，并报送有关资料。

省、自治区、直辖市之间医疗机构制剂的调剂使用以及国家食品药品监督管理局规定的特殊制剂的调剂使用，应当由取得制剂批准文号的医疗机构向所在地省、自治区、直辖市（食品）药品监督管理部门提出申请，说明使用理由、期限、数量和范围，经所在地省、自治区、直辖市（食品）药品监督管理部门审查同意后，由使用单位将审查意见和相关资料一并报送使用单位所在地省、自治区、直辖市（食品）药品监督管理部门审核同意后，报国家食品药品监督管理局审批。

第二十八条 取得制剂批准文号的医疗机构应当对调剂使用的医疗机构制剂的质量负责。接受调剂的医疗机构应当严格按照制剂的说明书使用制剂，并对超范围使用或者使用不当造成的不良后果承担责任。

第二十九条 医疗机构制剂的调剂使用，不得超出规定的期限、数量和范围。

第四章 补充申请与再注册

第三十条 医疗机构配制制剂，应当严格执行经批准的质量标准，并不得擅自变更工艺、处方、配制地点和委托配制单位。需要变更的，申请人应当提出补充申请，报送相关资料，经批准后方可执行。

第三十一条　医疗机构制剂批准文号的有效期为 3 年。有效期届满需要继续配制的，申请人应当在有效期届满前 3 个月按照原申请配制程序提出再注册申请，报送有关资料。

第三十二条　省、自治区、直辖市（食品）药品监督管理部门应当在受理再注册申请后 30 日内，作出是否批准再注册的决定。准予再注册的，应当自决定做出之日起 10 日内通知申请人，予以换发《医疗机构制剂注册批件》，并报国家食品药品监督管理局备案。

决定不予再注册的，应当书面通知申请人并说明理由，同时告知申请人享有依法申请行政复议或者提起行政诉讼的权利。

第三十三条　有下列情形之一的，省、自治区、直辖市（食品）药品监督管理部门不予批准再注册，并注销制剂批准文号：

（一）市场上已有供应的品种；

（二）按照本办法应予撤销批准文号的：

（三）未在规定时间内提出再注册申请的；

（四）其他不符合规定的。

第三十四条　已被注销批准文号的医疗机构制剂，不得配制和使用；已经配制的，由当地（食品）药品监督管理部门监督销毁或者处理。

第五章　监督管理

第三十五条　配制和使用制剂的医疗机构应当注意观察制剂不良反应，并按照国家食品药品监督管理局的有关规定报告和处理。

第三十六条　省、自治区、直辖市（食品）药品监督管理部门对质量不稳定、疗效不确切、不良反应大或者其他原因危害人体健康的医疗机构制剂，应当责令医疗机构停止配制，并撤销其批准文号。

已被撤销批准文号的医疗机构制剂，不得配制和使用；已经配制的，由当地（食品）药品监督管理部门监督销毁或者处理。

第三十七条　医疗机构制剂的抽查检验，按照国家食品药品监督管理局药品抽查检验的有关规定执行。

第三十八条　医疗机构不再具有配制制剂的资格或者条件时，其取得的相应制剂批准文号自行废止，并由省、自治区、直辖市（食品）药品监督管理部门予以注销，但允许委托配制的中药制剂批准文号除外。允许委托配制的中药制剂如需继续配制，可参照本办法第三十条变更委托配制单位的规定提出委托配制的补充申请。

第三十九条　未经批准，医疗机构擅自使用其他医疗机构配制的制剂的，依照《药品管理法》第八十条的规定给予处罚。

第四十条　医疗机构配制制剂，违反《药品管理法》第四十八条、第四十九条规定的，分别依照《药品管理法》第七十四条、第七十五条的规定给予处罚。

未按省、自治区、直辖市（食品）药品监督管理部门批准的标准配制制剂的，属于《药品管理法》第四十九条第三款第（六）项其他不符合药品标准规定的情形，依照《药品管理法》第七十五条的规定给予处罚。

第四十一条　提供虚假的证明文件、申报资料、样品或者采取其他欺骗手段申请批准证明文件的，省、自治区、直辖市（食品）药品监督管理部门对该申请不予受理，对申请人给予警告，一年内不受理其申请；已取得批准证明文件的，撤销其批准证明文件，五年内不受理其申请，并处一万元以上三万元以下罚款。

第四十二条　医疗机构配制的制剂不得在市场上销售或者变相销售，不得发布医疗机构制剂广告。

医疗机构将其配制的制剂在市场上销售或者变相销售的，依照《药品管理法》第八十四条的规定给予处罚。

第四十三条　省、自治区、直辖市（食品）药品监督管理部门违反本办法的行政行为，国家食品药品监督管理局应当责令其限期改正；逾期不改正的，由国家食品药品监督管理局予以改变或者撤销。

第六章　附　　则

第四十四条　本办法规定的行政机关实施行政许可的期限以工作日计算，不含法定节假日。

第四十五条　本办法中“固定处方制剂”，是指制剂处方固定不变，配制工艺成熟，并且可在临床上长期使用于某一病症的制剂。

第四十六条　省、自治区、直辖市（食品）药品监督管理部门可以根据本办法，结合本地实际制定实施细则。

第四十七条　本办法自2005年8月1日起施行。

附件目录　1. 医疗机构制剂注册申报资料要求

2. 医疗机构制剂调剂使用申报资料项目

3. 医疗机构制剂再注册申报资料项目

4. 医疗机构制剂有关的申请表格及批件格式（略）

附件 1：

医疗机构制剂注册申报资料要求

一、申报资料项目

1. 制剂名称及命名依据。
2. 立题目的以及该品种的市场供应情况。
3. 证明性文件。
4. 标签及说明书设计样稿。
5. 处方组成、来源、理论依据以及使用背景情况。
6. 配制工艺的研究资料及文献资料。
7. 质量研究的试验资料及文献资料。
8. 制剂的质量标准草案及起草说明。
9. 制剂的稳定性试验资料。
10. 样品的自检报告书。
11. 辅料的来源及质量标准。
12. 直接接触制剂的包装材料和容器的选择依据及质量标准。
13. 主要药效学试验资料及文献资料。
14. 急性毒性试验资料及文献资料。
15. 长期毒性试验资料及文献资料。
16. 临床研究方案。
17. 临床研究总结。

二、说明

1. 资料项目 3 证明性文件包括：

（1）《医疗机构执业许可证》复印件、《医疗机构制剂许可证》复印件；

（2）医疗机构制剂或者使用的处方、工艺等的专利情况及其权属状态说明，以及对他人的专利不构成侵权的保证书；

（3）提供化学原料药的合法来源证明文件，包括：原料药的批准证明性文件、销售发票、检验报告书、药品标准等资料复印件；

（4）直接接触制剂的包装材料和容器的注册证书复印件；

（5）《医疗机构制剂临床研究批件》复印件。

（6）未取得《医疗机构制剂许可证》或《医疗机构制剂许可证》无相应制剂剂型的“医院”类别的医疗机构申请医疗机构中药制剂，还应当提供以下资料：委托配制中药制剂双方签订的委托配制合同、制剂配制单位《医疗机构制剂许可证》或《药品生产质量管理规范》认证证书复印件。

2. 中药制剂的功能主治的表述必须使用中医术语、中医病名。

3. 中药制剂应当与国家药品标准收载的品种进行比较，内容包括：

（1）处方组成；

（2）理法特色；

（3）功能主治。

4. 资料项目10样品的自检报告书，是指由医疗机构对制剂进行检验并出具的检验报告书。报送临床研究前资料时应提供连续3批样品的自检报告。未取得《医疗机构制剂许可证》或《医疗机构制剂许可证》无相应制剂剂型的“医院”类别的医疗机构申请医疗机构中药制剂者，应当提供受委托配制单位出具的连续3批制剂样品的自检报告。

5. 根据中医药理论组方，利用传统工艺配制（即制剂配制过程没有使原组方中治疗疾病的物质基础发生变化的），且该处方在本医疗机构具有5年以上（含5年）使用历史的中药制剂，可免报资料项目13～17。但是，如果有下列情况之一者需报送资料项目14、15：

（1）处方组成含有法定标准中标识有毒性及现代毒理学证明有毒性的药材；

（2）处方组成含有十八反、十九畏配伍禁忌；

（3）处方中的药味用量超过药品标准规定的。

6. 申请配制的化学制剂属已有同品种获得制剂批准文号的，可以免报资料项目13～17。

7. 临床前申报资料项目为1～16项。

8. 报送临床研究总结资料，应同时报送按复核后的质量标准所作的连续3批自检报告书。

9. 申报资料须打印，A4纸张，一式三份。

附件 2：

医疗机构制剂调剂使用申报资料项目

1. 制剂调出和调入双方的《医疗机构执业许可证》复印件、调出方《医疗机构制剂许可证》复印件。经批准委托配制的医疗机构中药制剂应当提供制剂配制单位的《医疗机构制剂许可证》或《药品生产质量管理规范》认证证书复印件；

2. 拟调出制剂的《医疗机构制剂注册批件》复印件；

3. 调剂双方签署的合同；

4. 拟调出制剂的理由、期限、数量和范围；

5. 拟调出制剂的质量标准、说明书和标签；

6. 调出方出具的拟调出制剂样品的自检报告；

7. 调剂双方分属不同省份的，由调入方省级药品监督管理部门负责审核上报，同时须附调出方省级药品监督管理部门意见。

附件 3：

医疗机构制剂再注册申报资料项目

1. 证明性文件。

（1）制剂批准证明文件及（食品）药品监督管理部门批准变更的文件；

（2）《医疗机构制剂许可证》复印件。经批准委托配制的医疗机构中药制剂应当提供制剂配制单位的《医疗机构制剂许可证》或《药品生产质量管理规范》认证证书复印件；

2. 3 年内制剂临床使用情况及不良反应情况总结；

3. 提供制剂处方、工艺、标准；

4. 制剂所用原料药的来源。

药品生产质量管理规范

（中华人民共和国卫生部第79号，
2010年10月19日卫生部部务会议审议通过，
2011年1月17日发布，自2011年3月1日起施行）

第一章　总　　则

第一条　为规范药品生产质量管理，根据《中华人民共和国药品管理法》、《中华人民共和国药品管理法实施条例》，制定本规范。

第二条　企业应当建立药品质量管理体系。该体系应当涵盖影响药品质量的所有因素，包括确保药品质量符合预定用途的有组织、有计划的全部活动。

第三条　本规范作为质量管理体系的一部分，是药品生产管理和质量控制的基本要求，旨在最大限度地降低药品生产过程中污染、交叉污染以及混淆、差错等风险，确保持续稳定地生产出符合预定用途和注册要求的药品。

第四条　企业应当严格执行本规范，坚持诚实守信，禁止任何虚假、欺骗行为。

第二章　质量管理

第一节　原 则

第五条　企业应当建立符合药品质量管理要求的质量目标，将药品注册的有关安全、有效和质量可控的所有要求，系统地贯彻到药品生产、控制及产品放行、贮存、发运的全过程中，确保所生产的药品符合预定用途和注册要求。

第六条　企业高层管理人员应当确保实现既定的质量目标，不同层次的人员以及供应商、经销商应当共同参与并承担各自的责任。

第七条　企业应当配备足够的、符合要求的人员、厂房、设施和设备，为实现质量目标提供必要的条件。

第二节　质量保证

第八条　质量保证是质量管理体系的一部分。企业必须建立质量保证系统，同时建立完整的文件体系，以保证系统有效运行。

第九条　质量保证系统应当确保：

（一）药品的设计与研发体现本规范的要求；

（二）生产管理和质量控制活动符合本规范的要求；

（三）管理职责明确；

（四）采购和使用的原辅料和包装材料正确无误；

（五）中间产品得到有效控制；

（六）确认、验证的实施；

（七）严格按照规程进行生产、检查、检验和复核；

（八）每批产品经质量受权人批准后方可放行；

（九）在贮存、发运和随后的各种操作过程中有保证药品质量的适当措施；

（十）按照自检操作规程，定期检查评估质量保证系统的有效性和适用性。

第十条　药品生产质量管理的基本要求：

（一）制定生产工艺，系统地回顾并证明其可持续稳定地生产出符合要求的产品；

（二）生产工艺及其重大变更均经过验证；

（三）配备所需的资源，至少包括：1. 具有适当的资质并经培训合格的人员；2. 足够的厂房和空间；3. 适用的设备和维修保障；4. 正确的原辅料、包装材料和标签；5. 经批准的工艺规程和操作规程；6. 适当的贮运条件。

（四）应当使用准确、易懂的语言制定操作规程；

（五）操作人员经过培训，能够按照操作规程正确操作；

（六）生产全过程应当有记录，偏差均经过调查并记录；

（七）批记录和发运记录应当能够追溯批产品的完整历史，并妥善保存、便于查阅；

（八）降低药品发运过程中的质量风险；

（九）建立药品召回系统，确保能够召回任何一批已发运销售的产品；

（十）调查导致药品投诉和质量缺陷的原因，并采取措施，防止类似质量缺陷再次发生。

第三节　质量控制

第十一条　质量控制包括相应的组织机构、文件系统以及取样、检验等，确保物料或产品在放行前完成必要的检验，确认其质量符合要求。

第十二条　质量控制的基本要求：

（一）应当配备适当的设施、设备、仪器和经过培训的人员，有效、可靠地完成所有质量控制的相关活动；

（二）应当有批准的操作规程，用于原辅料、包装材料、中间产品、待包装产品和成品的取样、检查、检验以及产品的稳定性考察，必要时进行环境监测，以确保符合本规范的要求；

（三）由经授权的人员按照规定的方法对原辅料、包装材料、中间产品、待包装产品和成品取样；

（四）检验方法应当经过验证或确认；

（五）取样、检查、检验应当有记录，偏差应当经过调查并记录；

（六）物料、中间产品、待包装产品和成品必须按照质量标准进行检查和检验，并有记录；

（七）物料和最终包装的成品应当有足够的留样，以备必要的检查或检验；除最终包装容器过大的成品外，成品的留样包装应当与最终包装相同。

第四节　质量风险管理

第十三条　质量风险管理是在整个产品生命周期中采用前瞻或回顾的方式，对质量风险进行评估、控制、沟通、审核的系统过程。

第十四条 应当根据科学知识及经验对质量风险进行评估，以保证产品质量。

第十五条 质量风险管理过程所采用的方法、措施、形式及形成的文件应当与存在风险的级别相适应。

第三章 机构与人员

第一节 原 则

第十六条 企业应当建立与药品生产相适应的管理机构，并有组织机构图。

企业应当设立独立的质量管理部门，履行质量保证和质量控制的职责。质量管理部门可以分别设立质量保证部门和质量控制部门。

第十七条 质量管理部门应当参与所有与质量有关的活动，负责审核所有与本规范有关的文件。质量管理部门人员不得将职责委托给其他部门的人员。

第十八条 企业应当配备足够数量并具有适当资质（含学历、培训和实践经验）的管理和操作人员，应当明确规定每个部门和每个岗位的职责。岗位职责不得遗漏，交叉的职责应当有明确规定。每个人所承担的职责不应当过多。

所有人员应当明确并理解自己的职责，熟悉与其职责相关的要求，并接受必要的培训，包括上岗前培训和继续培训。

第十九条 职责通常不得委托给他人。确需委托的，其职责可委托给具有相当资质的指定人员。

第二节 关键人员

第二十条 关键人员应当为企业的全职人员，至少应当包括企业负责人、生产管理负责人、质量管理负责人和质量受权人。

质量管理负责人和生产管理负责人不得互相兼任。质量管理负责人和质量受权人可以兼任。应当制定操作规程确保质量受权人独立履行职责，不受企业负责人和其他人员的干扰。

第二十一条 企业负责人

企业负责人是药品质量的主要责任人，全面负责企业日常管理。为确保企业实现质量目标并按照本规范要求生产药品，企业负责人应当负责提供必要的资源，合理计划、组织和协调，保证质量管理部门独立履行其职责。

第二十二条 生产管理负责人

（一）资质：生产管理负责人应当至少具有药学或相关专业本科学历（或中级专业技术职称或执业药师资格），具有至少三年从事药品生产和质量管理的实践经验，其中至少有一年的药品生产管理经验，接受过与所生产产品相关的专业知识培训。

（二）主要职责：1. 确保药品按照批准的工艺规程生产、贮存，以保证药品质量；2. 确保严格执行与生产操作相关的各种操作规程；3. 确保批生产记录和批包装记录经过指定人员审核并送交质量管理部门；4. 确保厂房和设备的维护保养，以保持其良好的运行状态；5. 确保完成各种必要的验证工作；6. 确保生产相关人员经过必要的上岗前培训和继续培训，并根据实际需要调整培训内容。

第二十三条 质量管理负责人

（一）资质：质量管理负责人应当至少具有药学或相关专业本科学历（或中级专业技术职称或执业药师资格），具有至少五年从事药品生产和质量管理的实践经验，其中至少一年的药品质量管理经验，接受过与所生产产品相关的专业知识培训。

（二）主要职责：1. 确保原辅料、包装材料、中间产品、待包装产品和成品符合经注册批准的要求和质量标准；2. 确保在产品放行前完成对批记录的审核；3. 确保完成所有必要的检验；4. 批准质量标准、取样方法、检验方法和其他质量管理的操作规程；5. 审核和批准所有与质量有关的变更；6. 确保所有重大偏差和检验结果超标已经过调查并得到及时处理；7. 批准并监督委托检验；8. 监督厂房和设备的维护，以保持其良好的运行状态；9. 确保完成各种必要的确认或验证工作，审核和批准确认或验证方案和报告；10. 确保完成自检；11. 评估和批准物料供应商；12. 确保所有与产品质量有关的投诉已经过调查，并得到及时、正确的处理；13. 确保完成产品的持续稳定性考察计划，提供稳定性考察的数据；14. 确保完成产品质量回顾分析；15. 确保质量控制和质量保证人员都已经过必要的上岗前培训和继续培训，并根据实际需要调整培训内容。

第二十四条　生产管理负责人和质量管理负责人通常有下列共同的职责：

（一）审核和批准产品的工艺规程、操作规程等文件；

（二）监督厂区卫生状况；

（三）确保关键设备经过确认；

（四）确保完成生产工艺验证；

（五）确保企业所有相关人员都已经过必要的上岗前培训和继续培训，并根据实际需要调整培训内容；

（六）批准并监督委托生产；

（七）确定和监控物料和产品的贮存条件；

（八）保存记录；

（九）监督本规范执行状况；

（十）监控影响产品质量的因素。

第二十五条　质量受权人

（一）资质：质量受权人应当至少具有药学或相关专业本科学历（或中级专业技术职称或执业药师资格），具有至少五年从事药品生产和质量管理的实践经验，从事过药品生产过程控制和质量检验工作。质量受权人应当具有必要的专业理论知识，并经过与产品放行有关的培训，方能独立履行其职责。

（二）主要职责：1. 参与企业质量体系建立、内部自检、外部质量审计、验证以及药品不良反应报告、产品召回等质量管理活动；2. 承担产品放行的职责，确保每批已放行产品的生产、检验均符合相关法规、药品注册要求和质量标准；3. 在产品放行前，质量受权人必须按照上述第2项的要求出具产品放行审核记录，并纳入批记录。

第三节　培　　训

第二十六条　企业应当指定部门或专人负责培训管理工作，应当有经生产管理负责人或质量管理负责人审核或批准的培训方案或计划，培训记录应当予以保存。

第二十七条　与药品生产、质量有关的所有人员都应当经过培训，培训的内容应当与岗位的要求相适应。除进行本规范理论和实践的培训外，还应当有相关法规、相应岗位的职责、技能的培训，并定期评估培训的实际效果。

第二十八条　高风险操作区（如：高活性、高毒性、传染性、高致敏性物料的生产区）的工作人员应当接受专门的培训。

第四节　人员卫生

第二十九条　所有人员都应当接受卫生要求的培训，企业应当建立人员卫生操作规程，最大限度地降低人员对药品生产造成污染的风险。

第三十条　人员卫生操作规程应当包括与健康、卫生习惯及人员着装相关的内容。生产区和质量控制区的人员应当正确理解相关的人员卫生操作规程。企业应当采取措施确保人员卫生操作规程的执行。

第三十一条　企业应当对人员健康进行管理，并建立健康档案。直接接触药品的生产人员上岗前应当接受健康检查，以后每年至少进行一次健康检查。

第三十二条　企业应当采取适当措施，避免体表有伤口、患有传染病或其他可能污染药品疾病的人员从事直接接触药品的生产。

第三十三条　参观人员和未经培训的人员不得进入生产区和质量控制区，特殊情况确需进入的，应当事先对个人卫生、更衣等事项进行指导。

第三十四条　任何进入生产区的人员均应当按照规定更衣。工作服的选材、式样及穿戴方式应当与所从事的工作和空气洁净度级别要求相适应。

第三十五条　进入洁净生产区的人员不得化妆和佩带饰物。

第三十六条　生产区、仓储区应当禁止吸烟和饮食，禁止存放食品、饮料、香烟和个人用药品等非生产用物品。

第三十七条　操作人员应当避免裸手直接接触药品、与药品直接接触的包装材料和设备表面。

第四章　厂房与设施

第一节　原　　则

第三十八条　厂房的选址、设计、布局、建造、改造和维护必须符合药品生产要求，应当能够最大限度地避免污染、交叉污染、混淆和差错，便于清洁、操作和维护。

第三十九条　应当根据厂房及生产防护措施综合考虑选址，厂房所处的环境应当能够最大限度地降低物料或产品遭受污染的风险。

第四十条　企业应当有整洁的生产环境；厂区的地面、路面及运输等不应当对药品的生产造成污染；生产、行政、生活和辅助区的总体布局应当合理，不得互相妨碍；厂区和厂房内的人、物流走向应当合理。

第四十一条　应当对厂房进行适当维护，并确保维修活动不影响药品的质量。应当按照详细的书面操作规程对厂房进行清洁或必要的消毒。

第四十二条　厂房应当有适当的照明、温度、湿度和通风，确保生产和贮存的产品质量以及相关设备性能不会直接或间接地受到影响。

第四十三条　厂房、设施的设计和安装应当能够有效防止昆虫或其他动物进入。应当采取必要的措施，避免所使用的灭鼠药、杀虫剂、烟熏剂等对设备、物料、产品造成污染。

第四十四条　应当采取适当措施，防止未经批准人员的进入。生产、贮存和质量控制区不应当作为非本区工作人员的直接通道。

第四十五条　应当保存厂房、公用设施、固定管道建造或改造后的竣工图纸。

第二节　生产区

第四十六条　为降低污染和交叉污染的风险，厂房、生产设施和设备应当根据所生产药品的特性、工艺流程及相应洁净度级别要求合理设计、布局和使用，并符合下列要求：

（一）应当综合考虑药品的特性、工艺和预定用途等因素，确定厂房、生产设施和设备多产品共用的可行性，并有相应评估报告；

（二）生产特殊性质的药品，如高致敏性药品（如青霉素类）或生物制品（如卡介苗或其他用活性微生物制备而成的药品），必须采用专用和独立的厂房、生产设施和设备。青霉素类药品产尘量大的操作区域应当保持相对负压，排至室外的废气应当经过净化处理并符合要求，排风口应当远离其他空气净化系统的进风口；

（三）生产β－内酰胺结构类药品、性激素类避孕药品必须使用专用设施（如独立的空气净化系统）和设备，并与其他药品生产区严格分开；

（四）生产某些激素类、细胞毒性类、高活性化学药品应当使用专用设施（如独立的空气净化系统）和设备；特殊情况下，如采取特别防护措施并经过必要的验证，上述药品制剂则可通过阶段性生产方式共用同一生产设施和设备；

（五）用于上述第（二）、（三）、（四）项的空气净化系统，其排风应当经过净化处理；

（六）药品生产厂房不得用于生产对药品质量有不利影响的非药用产品。

第四十七条　生产区和贮存区应当有足够的空间，确保有序地存放设备、物料、中间产品、待包装产品和成品，避免不同产品或物料的混淆、交叉污染，避免生产或质量控制操作发生遗漏或差错。

第四十八条　应当根据药品品种、生产操作要求及外部环境状况等配置空调净化系统，使生产区有效通风，并有温度、湿度控制和空气净化过滤，保证药品的生产环境符合要求。洁净区与非洁净区之间、不同级别洁净区之间的压差应当不低于10帕斯卡。必要时，相同洁净度级别的不同功能区域（操作间）之间也应当保持适当的压差梯度。口服液体和固体制剂、腔道用药（含直肠用药）、表皮外用药品等非无菌制剂生产的暴露工序区域及其直接接触药品的包装材料最终处理的暴露工序区域，应当参照“无菌药品”附录中D级洁净区的要求设置，企业可根据产品的标准和特性对该区域采取适当的微生物监控措施。

第四十九条　洁净区的内表面（墙壁、地面、天棚）应当平整光滑、无裂缝、接口严密、无颗粒物脱落，避免积尘，便于有效清洁，必要时应当进行消毒。

第五十条　各种管道、照明设施、风口和其他公用设施的设计和安装应当避免出现不易清洁的部位，应当尽可能在生产区外部对其进行维护。

第五十一条　排水设施应当大小适宜，并安装防止倒灌的装置。应当尽可能避免明沟排水；不可避免时，明沟宜浅，以方便清洁和消毒。

第五十二条　制剂的原辅料称量通常应当在专门设计的称量室内进行。

第五十三条　产尘操作间（如干燥物料或产品的取样、称量、混合、包装等操作间）应当保持相对负压或采取专门的措施，防止粉尘扩散、避免交叉污染并便于清洁。

第五十四条　用于药品包装的厂房或区域应当合理设计和布局，以避免混淆或交叉污染。如同一区域内有数条包装线，应当有隔离措施。

第五十五条　生产区应当有适度的照明，目视操作区域的照明应当满足操作要求。

第五十六条　生产区内可设中间控制区域，但中间控制操作不得给药品带来质量风险。

第三节　仓储区

第五十七条　仓储区应当有足够的空间，确保有序存放待验、合格、不合格、退货或召回的原辅料、包装材料、中间产品、待包装产品和成品等各类物料和产品。

第五十八条　仓储区的设计和建造应当确保良好的仓储条件，并有通风和照明设施。仓储区应当能够满足物料或产品的贮存条件（如温湿度、避光）和安全贮存的要求，并进行检查和监控。

第五十九条　高活性的物料或产品以及印刷包装材料应当贮存于安全的区域。

第六十条　接收、发放和发运区域应当能够保护物料、产品免受外界天气（如雨、雪）的影响。接收区的布局和设施应当能够确保到货物料在进入仓储区前可对外包装进行必要的清洁。

第六十一条　如采用单独的隔离区域贮存待验物料，待验区应当有醒目的标识，且只限于经批准的人员出入。

不合格、退货或召回的物料或产品应当隔离存放。

如果采用其他方法替代物理隔离，则该方法应当具有同等的安全性。

第六十二条　通常应当有单独的物料取样区。取样区的空气洁净度级别应当与生产要求一致。如在其他区域或采用其他方式取样，应当能够防止污染或交叉污染。

第四节　质量控制区

第六十三条　质量控制实验室通常应当与生产区分开。生物检定、微生物和放射性同位素的实验室还应当彼此分开。

第六十四条　实验室的设计应当确保其适用于预定的用途，并能够避免混淆和交叉污染，应当有足够的区域用于样品处置、留样和稳定性考察样品的存放以及记录的保存。

第六十五条　必要时，应当设置专门的仪器室，使灵敏度高的仪器免受静电、震动、潮湿或其他外界因素的干扰。

第六十六条　处理生物样品或放射性样品等特殊物品的实验室应当符合国家的有关要求。

第六十七条　实验动物房应当与其他区域严格分开，其设计、建造应当符合国家有关规定，并设有独立的空气处理设施以及动物的专用通道。

第五节　辅助区

第六十八条　休息室的设置不应当对生产区、仓储区和质量控制区造成不良影响。

第六十九条　更衣室和盥洗室应当方便人员进出，并与使用人数相适应。盥洗室不得与生产区和仓储区直接相通。

第七十条　维修间应当尽可能远离生产区。存放在洁净区内的维修用备件和工具，应当放置在专门的房间或工具柜中。

第五章　设　　备

第一节　原　　则

第七十一条　设备的设计、选型、安装、改造和维护必须符合预定用途，应当尽可能降低产生污染、交叉污染、混淆和差错的风险，便于操作、清洁、维护，以及必要时进行的消毒或灭菌。

第七十二条　应当建立设备使用、清洁、维护和维修的操作规程，并保存相应的操作记录。

第七十三条　应当建立并保存设备采购、安装、确认的文件和记录。

第二节　设计和安装

第七十四条　生产设备不得对药品质量产生任何不利影响。与药品直接接触的生产设备表面应当平整、光洁、易清洗或消毒、耐腐蚀，不得与药品发生化学反应、吸附药品或向药品中释放物质。

第七十五条　应当配备有适当量程和精度的衡器、量具、仪器和仪表。

第七十六条　应当选择适当的清洗、清洁设备，并防止这类设备成为污染源。

第七十七条　设备所用的润滑剂、冷却剂等不得对药品或容器造成污染，应当尽可能使用食用级或级别相当的润滑剂。

第七十八条　生产用模具的采购、验收、保管、维护、发放及报废应当制定相应操作规程，设专人专柜保管，并有相应记录。

第三节　维护和维修

第七十九条　设备的维护和维修不得影响产品质量。

第八十条　应当制定设备的预防性维护计划和操作规程，设备的维护和维修应当有相应的记录。

第八十一条　经改造或重大维修的设备应当进行再确认，符合要求后方可用于生产。

第四节　使用和清洁

第八十二条　主要生产和检验设备都应当有明确的操作规程。

第八十三条　生产设备应当在确认的参数范围内使用。

第八十四条　应当按照详细规定的操作规程清洁生产设备。

生产设备清洁的操作规程应当规定具体而完整的清洁方法、清洁用设备或工具、清洁剂的名称和配制方法、去除前一批次标识的方法、保护已清洁设备在使用前免受污染的方法、已清洁设备最长的保存时限、使用前检查设备清洁状况的方法，使操作者能以可重现的、有效的方式对各类设备进行清洁。

如需拆装设备，还应当规定设备拆装的顺序和方法；如需对设备消毒或灭菌，还应当规定消毒或灭菌的具体方法、消毒剂的名称和配制方法。必要时，还应当规定设备生产结束至清洁前所允许的最长间隔时限。

第八十五条　已清洁的生产设备应当在清洁、干燥的条件下存放。

第八十六条　用于药品生产或检验的设备和仪器，应当有使用日志，记录内容包括使用、清洁、维护和维修情况以及日期、时间、所生产及检验的药品名称、规格和批号等。

第八十七条　生产设备应当有明显的状态标识，标明设备编号和内容物（如名称、规格、批号）；没有内容物的应当标明清洁状态。

第八十八条　不合格的设备如有可能应当搬出生产和质量控制区，未搬出前，应当有醒目的状态标识。

第八十九条　主要固定管道应当标明内容物名称和流向。

第五节　校　　准

第九十条　应当按照操作规程和校准计划定期对生产和检验用衡器、量具、仪表、记录和控制设备以及仪器进行校准和检查，并保存相关记录。校准的量程范围应当涵盖实际生产和检验的使用范围。

第九十一条 应当确保生产和检验使用的关键衡器、量具、仪表、记录和控制设备以及仪器经过校准，所得出的数据准确、可靠。

第九十二条 应当使用计量标准器具进行校准，且所用计量标准器具应当符合国家有关规定。校准记录应当标明所用计量标准器具的名称、编号、校准有效期和计量合格证明编号，确保记录的可追溯性。

第九十三条 衡器、量具、仪表、用于记录和控制的设备以及仪器应当有明显的标识，标明其校准有效期。

第九十四条 不得使用未经校准、超过校准有效期、失准的衡器、量具、仪表以及用于记录和控制的设备、仪器。

第九十五条 在生产、包装、仓储过程中使用自动或电子设备的，应当按照操作规程定期进行校准和检查，确保其操作功能正常。校准和检查应当有相应的记录。

第六节 制药用水

第九十六条 制药用水应当适合其用途，并符合《中华人民共和国药典》的质量标准及相关要求。制药用水至少应当采用饮用水。

第九十七条 水处理设备及其输送系统的设计、安装、运行和维护应当确保制药用水达到设定的质量标准。水处理设备的运行不得超出其设计能力。

第九十八条 纯化水、注射用水储罐和输送管道所用材料应当无毒、耐腐蚀；储罐的通气口应当安装不脱落纤维的疏水性除菌滤器；管道的设计和安装应当避免死角、盲管。

第九十九条 纯化水、注射用水的制备、贮存和分配应当能够防止微生物的滋生。纯化水可采用循环，注射用水可采用 70℃以上保温循环。

第一百条 应当对制药用水及原水的水质进行定期监测，并有相应的记录。

第一百零一条 应当按照操作规程对纯化水、注射用水管道进行清洗消毒，并有相关记录。发现制药用水微生物污染达到警戒限度、纠偏限度时应当按照操作规程处理。

第六章 物料与产品

第一节 原 则

第一百零二条 药品生产所用的原辅料、与药品直接接触的包装材料应当符合相应的质量标准。药品上直接印字所用油墨应当符合食用标准要求。

进口原辅料应当符合国家相关的进口管理规定。

第一百零三条 应当建立物料和产品的操作规程，确保物料和产品的正确接收、贮存、发放、使用和发运，防止污染、交叉污染、混淆和差错。

物料和产品的处理应当按照操作规程或工艺规程执行，并有记录。

第一百零四条 物料供应商的确定及变更应当进行质量评估，并经质量管理部门批准后方可采购。

第一百零五条 物料和产品的运输应当能够满足其保证质量的要求，对运输有特殊要求的，其运输条件应当予以确认。

第一百零六条　原辅料、与药品直接接触的包装材料和印刷包装材料的接收应当有操作规程，所有到货物料均应当检查，以确保与订单一致，并确认供应商已经质量管理部门批准。

物料的外包装应当有标签，并注明规定的信息。必要时，还应当进行清洁，发现外包装损坏或其他可能影响物料质量的问题，应当向质量管理部门报告并进行调查和记录。

每次接收均应当有记录，内容包括：

（一）交货单和包装容器上所注物料的名称；

（二）企业内部所用物料名称和（或）代码；

（三）接收日期；

（四）供应商和生产商（如不同）的名称；

（五）供应商和生产商（如不同）标识的批号；

（六）接收总量和包装容器数量；

（七）接收后企业指定的批号或流水号；

（八）有关说明（如包装状况）。

第一百零七条　物料接收和成品生产后应当及时按照待验管理，直至放行。

第一百零八条　物料和产品应当根据其性质有序分批贮存和周转，发放及发运应当符合先进先出和近效期先出的原则。

第一百零九条　使用计算机化仓储管理的，应当有相应的操作规程，防止因系统故障、停机等特殊情况而造成物料和产品的混淆和差错。

使用完全计算机化仓储管理系统进行识别的，物料、产品等相关信息可不必以书面可读的方式标出。

第二节　原辅料

第一百一十条　应当制定相应的操作规程，采取核对或检验等适当措施，确认每一包装内的原辅料正确无误。

第一百一十一条　一次接收数个批次的物料，应当按批取样、检验、放行。

第一百一十二条　仓储区内的原辅料应当有适当的标识，并至少标明下述内容：

（一）指定的物料名称和企业内部的物料代码；

（二）企业接收时设定的批号；

（三）物料质量状态（如待验、合格、不合格、已取样）；

（四）有效期或复验期。

第一百一十三条　只有经质量管理部门批准放行并在有效期或复验期内的原辅料方可使用。

第一百一十四条　原辅料应当按照有效期或复验期贮存。贮存期内，如发现对质量有不良影响的特殊情况，应当进行复验。

第一百一十五条　应当由指定人员按照操作规程进行配料，核对物料后，精确称量或计量，并作好标识。

第一百一十六条　配制的每一物料及其重量或体积应当由他人独立进行复核，并有复核记录。

第一百一十七条　用于同一批药品生产的所有配料应当集中存放，并作好标识。

第三节　中间产品和待包装产品

第一百一十八条　中间产品和待包装产品应当在适当的条件下贮存。

第一百一十九条　中间产品和待包装产品应当有明确的标识，并至少标明下述内容：

（一）产品名称和企业内部的产品代码；

（二）产品批号；

（三）数量或重量（如毛重、净重等）；

（四）生产工序（必要时）；

（五）产品质量状态（必要时，如待验、合格、不合格、已取样）。

第四节　包装材料

第一百二十条　与药品直接接触的包装材料和印刷包装材料的管理和控制要求与原辅料相同。

第一百二十一条　包装材料应当由专人按照操作规程发放，并采取措施避免混淆和差错，确保用于药品生产的包装材料正确无误。

第一百二十二条　应当建立印刷包装材料设计、审核、批准的操作规程，确保印刷包装材料印制的内容与药品监督管理部门核准的一致，并建立专门的文档，保存经签名批准的印刷包装材料原版实样。

第一百二十三条　印刷包装材料的版本变更时，应当采取措施，确保产品所用印刷包装材料的版本正确无误。宜收回作废的旧版印刷模版并予以销毁。

第一百二十四条　印刷包装材料应当设置专门区域妥善存放，未经批准人员不得进入。切割式标签或其他散装印刷包装材料应当分别置于密闭容器内储运，以防混淆。

第一百二十五条　印刷包装材料应当由专人保管，并按照操作规程和需求量发放。

第一百二十六条　每批或每次发放的与药品直接接触的包装材料或印刷包装材料，均应当有识别标志，标明所用产品的名称和批号。

第一百二十七条　过期或废弃的印刷包装材料应当予以销毁并记录。

第五节　成　　品

第一百二十八条　成品放行前应当待验贮存。

第一百二十九条　成品的贮存条件应当符合药品注册批准的要求。

第六节　特殊管理的物料和产品

第一百三十条　麻醉药品、精神药品、医疗用毒性药品（包括药材）、放射性药品、药品类易制毒化学品及易燃、易爆和其他危险品的验收、贮存、管理应当执行国家有关的规定。

第七节　其　　他

第一百三十一条　不合格的物料、中间产品、待包装产品和成品的每个包装容器上均应当有清晰醒目的标志，并在隔离区内妥善保存。

第一百三十二条　不合格的物料、中间产品、待包装产品和成品的处理应当经质量管理负责人批准，并有记录。

第一百三十三条　产品回收需经预先批准，并对相关的质量风险进行充分评估，根据评估结论决定是否回收。回收应当按照预定的操作规程进行，并有相应记录。回收处理后的产品应当按照回收处理中最早批次产品的生产日期确定有效期。

第一百三十四条　制剂产品不得进行重新加工。不合格的制剂中间产品、待包装产品和成品一般不得进行返工。只有不影响产品质量、符合相应质量标准，且根据预定、经批准的操作规程以及对相关风险充分评估后，才允许返工处理。返工应当有相应记录。

第一百三十五条　对返工或重新加工或回收合并后生产的成品，质量管理部门应当考虑需要进行额外相关项目的检验和稳定性考察。

第一百三十六条　企业应当建立药品退货的操作规程，并有相应的记录，内容至少应当包括：产品名称、批号、规格、数量、退货单位及地址、退货原因及日期、最终处理意见。

同一产品同一批号不同渠道的退货应当分别记录、存放和处理。

第一百三十七条　只有经检查、检验和调查，有证据证明退货质量未受影响，且经质量管理部门根据操作规程评价后，方可考虑将退货重新包装、重新发运销售。评价考虑的因素至少应当包括药品的性质、所需的贮存条件、药品的现状、历史，以及发运与退货之间的间隔时间等因素。不符合贮存和运输要求的退货，应当在质量管理部门监督下予以销毁。对退货质量存有怀疑时，不得重新发运。

对退货进行回收处理的，回收后的产品应当符合预定的质量标准和第一百三十三条的要求。

退货处理的过程和结果应当有相应记录。

第七章　确认与验证

第一百三十八条　企业应当确定需要进行的确认或验证工作，以证明有关操作的关键要素能够得到有效控制。确认或验证的范围和程度应当经过风险评估来确定。

第一百三十九条　企业的厂房、设施、设备和检验仪器应当经过确认，应当采用经过验证的生产工艺、操作规程和检验方法进行生产、操作和检验，并保持持续的验证状态。

第一百四十条　应当建立确认与验证的文件和记录，并能以文件和记录证明达到以下预定的目标：

（一）设计确认应当证明厂房、设施、设备的设计符合预定用途和本规范要求；

（二）安装确认应当证明厂房、设施、设备的建造和安装符合设计标准；

（三）运行确认应当证明厂房、设施、设备的运行符合设计标准；

（四）性能确认应当证明厂房、设施、设备在正常操作方法和工艺条件下能够持续符合标准；

（五）工艺验证应当证明一个生产工艺按照规定的工艺参数能够持续生产出符合预定用途和注册要求的产品。

第一百四十一条　采用新的生产处方或生产工艺前，应当验证其常规生产的适用性。生产工艺在使用规定的原辅料和设备条件下，应当能够始终生产出符合预定用途和注册要求的产品。

第一百四十二条　当影响产品质量的主要因素，如原辅料、与药品直接接触的包装材料、生产设备、生产环境（或厂房）、生产工艺、检验方法等发生变更时，应当进行确认或验证。必要时，还应当经药品监督管理部门批准。

第一百四十三条　清洁方法应当经过验证，证实其清洁的效果，以有效防止污染和交叉污染。清洁验证应当综合考虑设备使用情况、所使用的清洁剂和消毒剂、取样方法和位置以及相应的取样回收率、残留物的性质和限度、残留物检验方法的灵敏度等因素。

第一百四十四条　确认和验证不是一次性的行为。首次确认或验证后，应当根据产品质量回顾分析情况进行再确认或再验证。关键的生产工艺和操作规程应当定期进行再验证，确保其能够达到预期结果。

第一百四十五条　企业应当制定验证总计划，以文件形式说明确认与验证工作的关键信息。

第一百四十六条　验证总计划或其他相关文件中应当作出规定，确保厂房、设施、设备、检验仪器、生产工艺、操作规程和检验方法等能够保持持续稳定。

第一百四十七条 应当根据确认或验证的对象制定确认或验证方案，并经审核、批准。确认或验证方案应当明确职责。

第一百四十八条 确认或验证应当按照预先确定和批准的方案实施，并有记录。确认或验证工作完成后，应当写出报告，并经审核、批准。确认或验证的结果和结论（包括评价和建议）应当有记录并存档。

第一百四十九条 应当根据验证的结果确认工艺规程和操作规程。

第八章　文件管理

第一节　原　　则

第一百五十条 文件是质量保证系统的基本要素。企业必须有内容正确的书面质量标准、生产处方和工艺规程、操作规程以及记录等文件。

第一百五十一条 企业应当建立文件管理的操作规程，系统地设计、制定、审核、批准和发放文件。与本规范有关的文件应当经质量管理部门的审核。

第一百五十二条 文件的内容应当与药品生产许可、药品注册等相关要求一致，并有助于追溯每批产品的历史情况。

第一百五十三条 文件的起草、修订、审核、批准、替换或撤销、复制、保管和销毁等应当按照操作规程管理，并有相应的文件分发、撤销、复制、销毁记录。

第一百五十四条 文件的起草、修订、审核、批准均应当由适当的人员签名并注明日期。

第一百五十五条 文件应当标明题目、种类、目的以及文件编号和版本号。文字应当确切、清晰、易懂，不能模棱两可。

第一百五十六条 文件应当分类存放、条理分明，便于查阅。

第一百五十七条 原版文件复制时，不得产生任何差错；复制的文件应当清晰可辨。

第一百五十八条 文件应当定期审核、修订；文件修订后，应当按照规定管理，防止旧版文件的误用。分发、使用的文件应当为批准的现行文本，已撤销的或旧版文件除留档备查外，不得在工作现场出现。

第一百五十九条 与本规范有关的每项活动均应当有记录，以保证产品生产、质量控制和质量保证等活动可以追溯。记录应当留有填写数据的足够空格。记录应当及时填写，内容真实，字迹清晰、易读，不易擦除。

第一百六十条 应当尽可能采用生产和检验设备自动打印的记录、图谱和曲线图等，并标明产品或样品的名称、批号和记录设备的信息，操作人应当签注姓名和日期。

第一百六十一条 记录应当保持清洁，不得撕毁和任意涂改。记录填写的任何更改都应当签注姓名和日期，并使原有信息仍清晰可辨，必要时，应当说明更改的理由。记录如需重新誊写，则原有记录不得销毁，应当作为重新誊写记录的附件保存。

第一百六十二条 每批药品应当有批记录，包括批生产记录、批包装记录、批检验记录和药品放行审核记录等与本批产品有关的记录。批记录应当由质量管理部门负责管理，至少保存至药品有效期后一年。

质量标准、工艺规程、操作规程、稳定性考察、确认、验证、变更等其他重要文件应当长期保存。

第一百六十三条 如使用电子数据处理系统、照相技术或其他可靠方式记录数据资料，应当有所用系统的操作规程；记录的准确性应当经过核对。

使用电子数据处理系统的，只有经授权的人员方可输入或更改数据，更改和删除情况应当有记录；应当使用密码或其他方式来控制系统的登录；关键数据输入后，应当由他人独立进行复核。

用电子方法保存的批记录，应当采用磁带、缩微胶卷、纸质副本或其他方法进行备份，以确保记录的安全，且数据资料在保存期内便于查阅。

第二节　质量标准

第一百六十四条　物料和成品应当有经批准的现行质量标准；必要时，中间产品或待包装产品也应当有质量标准。

第一百六十五条　物料的质量标准一般应当包括：

（一）物料的基本信息：

1. 企业统一指定的物料名称和内部使用的物料代码；

2. 质量标准的依据；

3. 经批准的供应商；

4. 印刷包装材料的实样或样稿。

（二）取样、检验方法或相关操作规程编号；

（三）定性和定量的限度要求；

（四）贮存条件和注意事项；

（五）有效期或复验期。

第一百六十六条　外购或外销的中间产品和待包装产品应当有质量标准；如果中间产品的检验结果用于成品的质量评价，则应当制定与成品质量标准相对应的中间产品质量标准。

第一百六十七条　成品的质量标准应当包括：

（一）产品名称以及产品代码；

（二）对应的产品处方编号（如有）；

（三）产品规格和包装形式；

（四）取样、检验方法或相关操作规程编号；

（五）定性和定量的限度要求；

（六）贮存条件和注意事项；

（七）有效期。

第三节　工艺规程

第一百六十八条　每种药品的每个生产批量均应当有经企业批准的工艺规程，不同药品规格的每种包装形式均应当有各自的包装操作要求。工艺规程的制定应当以注册批准的工艺为依据。

第一百六十九条　工艺规程不得任意更改。如需更改，应当按照相关的操作规程修订、审核、批准。

第一百七十条　制剂的工艺规程的内容至少应当包括：

（一）生产处方：

1. 产品名称和产品代码；

2. 产品剂型、规格和批量；

3. 所用原辅料清单（包括生产过程中使用，但不在成品中出现的物料），阐明每一物料的指定名称、代码和用量；如原辅料的用量需要折算时，还应当说明计算方法。

（二）生产操作要求：

1. 对生产场所和所用设备的说明（如操作间的位置和编号、洁净度级别、必要的温湿度要求、设备型号和编号等）；

2. 关键设备的准备（如清洗、组装、校准、灭菌等）所采用的方法或相应操作规程编号；

3. 详细的生产步骤和工艺参数说明（如物料的核对、预处理、加入物料的顺序、混合时间、温度等）；

4. 所有中间控制方法及标准；

5. 预期的最终产量限度，必要时，还应当说明中间产品的产量限度，以及物料平衡的计算方法和限度；

6. 待包装产品的贮存要求，包括容器、标签及特殊贮存条件；

7. 需要说明的注意事项。

（三）包装操作要求：

1. 以最终包装容器中产品的数量、重量或体积表示的包装形式；

2. 所需全部包装材料的完整清单，包括包装材料的名称、数量、规格、类型以及与质量标准有关的每一包装材料的代码；

3. 印刷包装材料的实样或复制品，并标明产品批号、有效期打印位置；

4. 需要说明的注意事项，包括对生产区和设备进行的检查，在包装操作开始前，确认包装生产线的清场已经完成等；

5. 包装操作步骤的说明，包括重要的辅助性操作和所用设备的注意事项、包装材料使用前的核对；

6. 中间控制的详细操作，包括取样方法及标准；

7. 待包装产品、印刷包装材料的物料平衡计算方法和限度。

第四节　批生产记录

第一百七十一条　每批产品均应当有相应的批生产记录，可追溯该批产品的生产历史以及与质量有关的情况。

第一百七十二条　批生产记录应当依据现行批准的工艺规程的相关内容制定。记录的设计应当避免填写差错。批生产记录的每一页应当标注产品的名称、规格和批号。

第一百七十三条　原版空白的批生产记录应当经生产管理负责人和质量管理负责人审核和批准。批生产记录的复制和发放均应当按照操作规程进行控制并有记录，每批产品的生产只能发放一份原版空白批生产记录的复制件。

第一百七十四条　在生产过程中，进行每项操作时应当及时记录，操作结束后，应当由生产操作人员确认并签注姓名和日期。

第一百七十五条　批生产记录的内容应当包括：

（一）产品名称、规格、批号；

（二）生产以及中间工序开始、结束的日期和时间；

（三）每一生产工序的负责人签名；

（四）生产步骤操作人员的签名；必要时，还应当有操作（如称量）复核人员的签名；

（五）每一原辅料的批号以及实际称量的数量（包括投入的回收或返工处理产品的批号及数量）；

（六）相关生产操作或活动、工艺参数及控制范围，以及所用主要生产设备的编号；

（七）中间控制结果的记录以及操作人员的签名；

（八）不同生产工序所得产量及必要时的物料平衡计算；

（九）对特殊问题或异常事件的记录，包括对偏离工艺规程的偏差情况的详细说明或调查报告，并经签字批准。

第五节　批包装记录

第一百七十六条　每批产品或每批中部分产品的包装，都应当有批包装记录，以便追溯该批产品包装操作以及与质量有关的情况。

第一百七十七条　批包装记录应当依据工艺规程中与包装相关的内容制定。记录的设计应当注意避免填写差错。批包装记录的每一页均应当标注所包装产品的名称、规格、包装形式和批号。

第一百七十八条　批包装记录应当有待包装产品的批号、数量以及成品的批号和计划数量。原版空白的批包装记录的审核、批准、复制和发放的要求与原版空白的批生产记录相同。

第一百七十九条　在包装过程中，进行每项操作时应当及时记录，操作结束后，应当由包装操作人员确认并签注姓名和日期。

第一百八十条　批包装记录的内容包括：

（一）产品名称、规格、包装形式、批号、生产日期和有效期；

（二）包装操作日期和时间；

（三）包装操作负责人签名；

（四）包装工序的操作人员签名；

（五）每一包装材料的名称、批号和实际使用的数量；

（六）根据工艺规程所进行的检查记录，包括中间控制结果；

（七）包装操作的详细情况，包括所用设备及包装生产线的编号；

（八）所用印刷包装材料的实样，并印有批号、有效期及其他打印内容；不易随批包装记录归档的印刷包装材料可采用印有上述内容的复制品；

（九）对特殊问题或异常事件的记录，包括对偏离工艺规程的偏差情况的详细说明或调查报告，并经签字批准；

（十）所有印刷包装材料和待包装产品的名称、代码，以及发放、使用、销毁或退库的数量、实际产量以及物料平衡检查。

第六节　操作规程和记录

第一百八十一条　操作规程的内容应当包括：题目、编号、版本号、颁发部门、生效日期、分发部门以及制定人、审核人、批准人的签名并注明日期，标题、正文及变更历史。

第一百八十二条　厂房、设备、物料、文件和记录应当有编号（或代码），并制定编制编号（或代码）的操作规程，确保编号（或代码）的唯一性。

第一百八十三条　下述活动也应当有相应的操作规程，其过程和结果应当有记录：

（一）确认和验证；

（二）设备的装配和校准；

（三）厂房和设备的维护、清洁和消毒；

（四）培训、更衣及卫生等与人员相关的事宜；

（五）环境监测；

（六）虫害控制；

（七）变更控制；

（八）偏差处理；

（九）投诉；

（十）药品召回；

（十一）退货。

第九章　生产管理

第一节　原　　则

第一百八十四条　所有药品的生产和包装均应当按照批准的工艺规程和操作规程进行操作并有相关记录，以确保药品达到规定的质量标准，并符合药品生产许可和注册批准的要求。

第一百八十五条　应当建立划分产品生产批次的操作规程，生产批次的划分应当能够确保同一批次产品质量和特性的均一性。

第一百八十六条　应当建立编制药品批号和确定生产日期的操作规程。每批药品均应当编制唯一的批号。除另有法定要求外，生产日期不得迟于产品成型或灌装（封）前经最后混合的操作开始日期，不得以产品包装日期作为生产日期。

第一百八十七条　每批产品应当检查产量和物料平衡，确保物料平衡符合设定的限度。如有差异，必须查明原因，确认无潜在质量风险后，方可按照正常产品处理。

第一百八十八条　不得在同一生产操作间同时进行不同品种和规格药品的生产操作，除非没有发生混淆或交叉污染的可能。

第一百八十九条　在生产的每一阶段，应当保护产品和物料免受微生物和其他污染。

第一百九十条　在干燥物料或产品，尤其是高活性、高毒性或高致敏性物料或产品的生产过程中，应当采取特殊措施，防止粉尘的产生和扩散。

第一百九十一条　生产期间使用的所有物料、中间产品或待包装产品的容器及主要设备、必要的操作室应当贴签标识或以其他方式标明生产中的产品或物料名称、规格和批号，如有必要，还应当标明生产工序。

第一百九十二条　容器、设备或设施所用标识应当清晰明了，标识的格式应当经企业相关部门批准。除在标识上使用文字说明外，还可采用不同的颜色区分被标识物的状态（如待验、合格、不合格或已清洁等）。

第一百九十三条　应当检查产品从一个区域输送至另一个区域的管道和其他设备连接，确保连接正确无误。

第一百九十四条　每次生产结束后应当进行清场，确保设备和工作场所没有遗留与本次生产有关的物料、产品和文件。下次生产开始前，应当对前次清场情况进行确认。

第一百九十五条　应当尽可能避免出现任何偏离工艺规程或操作规程的偏差。一旦出现偏差，应当按照偏差处理操作规程执行。

第一百九十六条　生产厂房应当仅限于经批准的人员出入。

第二节　防止生产过程中的污染和交叉污染

第一百九十七条　生产过程中应当尽可能采取措施，防止污染和交叉污染，如：

（一）在分隔的区域内生产不同品种的药品；

（二）采用阶段性生产方式；

（三）设置必要的气锁间和排风；空气洁净度级别不同的区域应当有压差控制；

（四）应当降低未经处理或未经充分处理的空气再次进入生产区导致污染的风险；

（五）在易产生交叉污染的生产区内，操作人员应当穿戴该区域专用的防护服；

（六）采用经过验证或已知有效的清洁和去污染操作规程进行设备清洁；必要时，应当对与物料直接接触的设备表面的残留物进行检测；

（七）采用密闭系统生产；

（八）干燥设备的进风应当有空气过滤器，排风应当有防止空气倒流装置；

（九）生产和清洁过程中应当避免使用易碎、易脱屑、易发霉器具；使用筛网时，应当有防止因筛网断裂而造成污染的措施；

（十）液体制剂的配制、过滤、灌封、灭菌等工序应当在规定时间内完成；

（十一）软膏剂、乳膏剂、凝胶剂等半固体制剂以及栓剂的中间产品应当规定贮存期和贮存条件。

第一百九十八条　应当定期检查防止污染和交叉污染的措施并评估其适用性和有效性。

第三节　生产操作

第一百九十九条　生产开始前应当进行检查，确保设备和工作场所没有上批遗留的产品、文件或与本批产品生产无关的物料，设备处于已清洁及待用状态。检查结果应当有记录。

生产操作前，还应当核对物料或中间产品的名称、代码、批号和标识，确保生产所用物料或中间产品正确且符合要求。

第二百条　应当进行中间控制和必要的环境监测，并予以记录。

第二百零一条　每批药品的每一生产阶段完成后必须由生产操作人员清场，并填写清场记录。清场记录内容包括：操作间编号、产品名称、批号、生产工序、清场日期、检查项目及结果、清场负责人及复核人签名。清场记录应当纳入批生产记录。

第四节　包装操作

第二百零二条　包装操作规程应当规定降低污染和交叉污染、混淆或差错风险的措施。

第二百零三条　包装开始前应当进行检查，确保工作场所、包装生产线、印刷机及其他设备已处于清洁或待用状态，无上批遗留的产品、文件或与本批产品包装无关的物料。检查结果应当有记录。

第二百零四条　包装操作前，还应当检查所领用的包装材料正确无误，核对待包装产品和所用包装材料的名称、规格、数量、质量状态，且与工艺规程相符。

第二百零五条　每一包装操作场所或包装生产线，应当有标识标明包装中的产品名称、规格、批号和批量的生产状态。

第二百零六条　有数条包装线同时进行包装时，应当采取隔离或其他有效防止污染、交叉污染或混淆的措施。

第二百零七条　待用分装容器在分装前应当保持清洁，避免容器中有玻璃碎屑、金属颗粒等污染物。

第二百零八条　产品分装、封口后应当及时贴签。未能及时贴签时，应当按照相关的操作规程操作，避免发生混淆或贴错标签等差错。

第二百零九条　单独打印或包装过程中在线打印的信息（如产品批号或有效期）均应当进行检

查，确保其正确无误，并予以记录。如手工打印，应当增加检查频次。

第二百一十条　使用切割式标签或在包装线以外单独打印标签，应当采取专门措施，防止混淆。

第二百一十一条　应当对电子读码机、标签计数器或其他类似装置的功能进行检查，确保其准确运行。检查应当有记录。

第二百一十二条　包装材料上印刷或模压的内容应当清晰，不易褪色和擦除。

第二百一十三条　包装期间，产品的中间控制检查应当至少包括下述内容：

（一）包装外观；

（二）包装是否完整；

（三）产品和包装材料是否正确；

（四）打印信息是否正确；

（五）在线监控装置的功能是否正常。

样品从包装生产线取走后不应当再返还，以防止产品混淆或污染。

第二百一十四条　因包装过程产生异常情况而需要重新包装产品的，必须经专门检查、调查并由指定人员批准。重新包装应当有详细记录。

第二百一十五条　在物料平衡检查中，发现待包装产品、印刷包装材料以及成品数量有显著差异时，应当进行调查，未得出结论前，成品不得放行。

第二百一十六条　包装结束时，已打印批号的剩余包装材料应当由专人负责全部计数销毁，并有记录。如将未打印批号的印刷包装材料退库，应当按照操作规程执行。

第十章　质量控制与质量保证

第一节　质量控制实验室管理

第二百一十七条　质量控制实验室的人员、设施、设备应当与产品性质和生产规模相适应。

企业通常不得进行委托检验，确需委托检验的，应当按照第十一章中委托检验部分的规定，委托外部实验室进行检验，但应当在检验报告中予以说明。

第二百一十八条　质量控制负责人应当具有足够的管理实验室的资质和经验，可以管理同一企业的一个或多个实验室。

第二百一十九条　质量控制实验室的检验人员至少应当具有相关专业中专或高中以上学历，并经过与所从事的检验操作相关的实践培训且通过考核。

第二百二十条　质量控制实验室应当配备药典、标准图谱等必要的工具书，以及标准品或对照品等相关的标准物质。

第二百二十一条　质量控制实验室的文件应当符合第八章的原则，并符合下列要求：

（一）质量控制实验室应当至少有下列详细文件：

1. 质量标准；

2. 取样操作规程和记录；

3. 检验操作规程和记录（包括检验记录或实验室工作记事簿）；

4. 检验报告或证书；

5. 必要的环境监测操作规程、记录和报告；

6. 必要的检验方法验证报告和记录；

7. 仪器校准和设备使用、清洁、维护的操作规程及记录。

（二）每批药品的检验记录应当包括中间产品、待包装产品和成品的质量检验记录，可追溯该批药品所有相关的质量检验情况；

（三）宜采用便于趋势分析的方法保存某些数据（如检验数据、环境监测数据、制药用水的微生物监测数据）；

（四）除与批记录相关的资料信息外，还应当保存其他原始资料或记录，以方便查阅。

第二百二十二条　取样应当至少符合以下要求：

（一）质量管理部门的人员有权进入生产区和仓储区进行取样及调查；

（二）应当按照经批准的操作规程取样，操作规程应当详细规定：

1. 经授权的取样人；

2. 取样方法；

3. 所用器具；

4. 样品量；

5. 分样的方法；

6. 存放样品容器的类型和状态；

7. 取样后剩余部分及样品的处置和标识；

8. 取样注意事项，包括为降低取样过程产生的各种风险所采取的预防措施，尤其是无菌或有害物料的取样以及防止取样过程中污染和交叉污染的注意事项；

9. 贮存条件；

10. 取样器具的清洁方法和贮存要求。

（三）取样方法应当科学、合理，以保证样品的代表性；

（四）留样应当能够代表被取样批次的产品或物料，也可抽取其他样品来监控生产过程中最重要的环节（如生产的开始或结束）；

（五）样品的容器应当贴有标签，注明样品名称、批号、取样日期、取自哪一包装容器、取样人等信息；

（六）样品应当按照规定的贮存要求保存。

第二百二十三条　物料和不同生产阶段产品的检验应当至少符合以下要求：

（一）企业应当确保药品按照注册批准的方法进行全项检验；

（二）符合下列情形之一的，应当对检验方法进行验证：

1. 采用新的检验方法；

2. 检验方法需变更的；

3. 采用《中华人民共和国药典》及其他法定标准未收载的检验方法；

4. 法规规定的其他需要验证的检验方法。

（三）对不需要进行验证的检验方法，企业应当对检验方法进行确认，以确保检验数据准确、可靠；

（四）检验应当有书面操作规程，规定所用方法、仪器和设备，检验操作规程的内容应当与经确认或验证的检验方法一致；

（五）检验应当有可追溯的记录并应当复核，确保结果与记录一致。所有计算均应当严格核对；

（六）检验记录应当至少包括以下内容：

1. 产品或物料的名称、剂型、规格、批号或供货批号，必要时注明供应商和生产商（如不同）的名称或来源；

2. 依据的质量标准和检验操作规程;

3. 检验所用的仪器或设备的型号和编号;

4. 检验所用的试液和培养基的配制批号、对照品或标准品的来源和批号;

5. 检验所用动物的相关信息;

6. 检验过程,包括对照品溶液的配制、各项具体的检验操作、必要的环境温湿度;

7. 检验结果,包括观察情况、计算和图谱或曲线图,以及依据的检验报告编号;

8. 检验日期;

9. 检验人员的签名和日期;

10. 检验、计算复核人员的签名和日期。

(七)所有中间控制(包括生产人员所进行的中间控制),均应当按照经质量管理部门批准的方法进行,检验应当有记录;

(八)应当对实验室容量分析用玻璃仪器、试剂、试液、对照品以及培养基进行质量检查;

(九)必要时应当将检验用实验动物在使用前进行检验或隔离检疫。饲养和管理应当符合相关的实验动物管理规定。动物应当有标识,并应当保存使用的历史记录。

第二百二十四条 质量控制实验室应当建立检验结果超标调查的操作规程。任何检验结果超标都必须按照操作规程进行完整的调查,并有相应的记录。

第二百二十五条 企业按规定保存的、用于药品质量追溯或调查的物料、产品样品为留样。用于产品稳定性考察的样品不属于留样。

留样应当至少符合以下要求:

(一)应当按照操作规程对留样进行管理;

(二)留样应当能够代表被取样批次的物料或产品;

(三)成品的留样:

1. 每批药品均应当有留样;如果一批药品分成数次进行包装,则每次包装至少应当保留一件最小市售包装的成品;

2. 留样的包装形式应当与药品市售包装形式相同,原料药的留样如无法采用市售包装形式的,可采用模拟包装;

3. 每批药品的留样数量一般至少应当能够确保按照注册批准的质量标准完成两次全检(无菌检查和热原检查等除外);

4. 如果不影响留样的包装完整性,保存期间内至少应当每年对留样进行一次目检观察,如有异常,应当进行彻底调查并采取相应的处理措施;

5. 留样观察应当有记录;

6. 留样应当按照注册批准的贮存条件至少保存至药品有效期后一年;

7. 如企业终止药品生产或关闭的,应当将留样转交受权单位保存,并告知当地药品监督管理部门,以便在必要时可随时取得留样。

(四)物料的留样:

1. 制剂生产用每批原辅料和与药品直接接触的包装材料均应当有留样。与药品直接接触的包装材料(如输液瓶),如成品已有留样,可不必单独留样;

2. 物料的留样量应当至少满足鉴别的需要;

3. 除稳定性较差的原辅料外,用于制剂生产的原辅料(不包括生产过程中使用的溶剂、气体或制药用水)和与药品直接接触的包装材料的留样应当至少保存至产品放行后二年。如果物料的有效期较短,则留样时间可相应缩短;

4. 物料的留样应当按照规定的条件贮存，必要时还应当适当包装密封。

第二百二十六条　试剂、试液、培养基和检定菌的管理应当至少符合以下要求：

（一）试剂和培养基应当从可靠的供应商处采购，必要时应当对供应商进行评估；

（二）应当有接收试剂、试液、培养基的记录，必要时，应当在试剂、试液、培养基的容器上标注接收日期；

（三）应当按照相关规定或使用说明配制、贮存和使用试剂、试液和培养基。特殊情况下，在接收或使用前，还应当对试剂进行鉴别或其他检验；

（四）试液和已配制的培养基应当标注配制批号、配制日期和配制人员姓名，并有配制（包括灭菌）记录。不稳定的试剂、试液和培养基应当标注有效期及特殊贮存条件。标准液、滴定液还应当标注最后一次标化的日期和校正因子，并有标化记录；

（五）配制的培养基应当进行适用性检查，并有相关记录。应当有培养基使用记录；

（六）应当有检验所需的各种检定菌，并建立检定菌保存、传代、使用、销毁的操作规程和相应记录；

（七）检定菌应当有适当的标识，内容至少包括菌种名称、编号、代次、传代日期、传代操作人；

（八）检定菌应当按照规定的条件贮存，贮存的方式和时间不应当对检定菌的生长特性有不利影响。

第二百二十七条　标准品或对照品的管理应当至少符合以下要求：

（一）标准品或对照品应当按照规定贮存和使用；

（二）标准品或对照品应当有适当的标识，内容至少包括名称、批号、制备日期（如有）、有效期（如有）、首次开启日期、含量或效价、贮存条件；

（三）企业如需自制工作标准品或对照品，应当建立工作标准品或对照品的质量标准以及制备、鉴别、检验、批准和贮存的操作规程，每批工作标准品或对照品应当用法定标准品或对照品进行标化，并确定有效期，还应当通过定期标化证明工作标准品或对照品的效价或含量在有效期内保持稳定。标化的过程和结果应当有相应的记录。

第二节　物料和产品放行

第二百二十八条　应当分别建立物料和产品批准放行的操作规程，明确批准放行的标准、职责，并有相应的记录。

第二百二十九条　物料的放行应当至少符合以下要求：

（一）物料的质量评价内容应当至少包括生产商的检验报告、物料包装完整性和密封性的检查情况和检验结果；

（二）物料的质量评价应当有明确的结论，如批准放行、不合格或其他决定；

（三）物料应当由指定人员签名批准放行。

第二百三十条　产品的放行应当至少符合以下要求：

（一）在批准放行前，应当对每批药品进行质量评价，保证药品及其生产应当符合注册和本规范要求，并确认以下各项内容：

1. 主要生产工艺和检验方法经过验证；

2. 已完成所有必需的检查、检验，并综合考虑实际生产条件和生产记录；

3. 所有必需的生产和质量控制均已完成并经相关主管人员签名；

4. 变更已按照相关规程处理完毕，需要经药品监督管理部门批准的变更已得到批准；

5. 对变更或偏差已完成所有必要的取样、检查、检验和审核；

6. 所有与该批产品有关的偏差均已有明确的解释或说明，或者已经过彻底调查和适当处理；如偏差还涉及其他批次产品，应当一并处理。

（二）药品的质量评价应当有明确的结论，如批准放行、不合格或其他决定；

（三）每批药品均应当由质量受权人签名批准放行；

（四）疫苗类制品、血液制品、用于血源筛查的体外诊断试剂以及国家食品药品监督管理局规定的其他生物制品放行前还应当取得批签发合格证明。

第三节　持续稳定性考察

第二百三十一条　持续稳定性考察的目的是在有效期内监控已上市药品的质量，以发现药品与生产相关的稳定性问题（如杂质含量或溶出度特性的变化），并确定药品能够在标示的贮存条件下，符合质量标准的各项要求。

第二百三十二条　持续稳定性考察主要针对市售包装药品，但也需兼顾待包装产品。例如，当待包装产品在完成包装前，或从生产厂运输到包装厂，还需要长期贮存时，应当在相应的环境条件下，评估其对包装后产品稳定性的影响。此外，还应当考虑对贮存时间较长的中间产品进行考察。

第二百三十三条　持续稳定性考察应当有考察方案，结果应当有报告。用于持续稳定性考察的设备（尤其是稳定性试验设备或设施）应当按照第七章和第五章的要求进行确认和维护。

第二百三十四条　持续稳定性考察的时间应当涵盖药品有效期，考察方案应当至少包括以下内容：

（一）每种规格、每个生产批量药品的考察批次数；

（二）相关的物理、化学、微生物和生物学检验方法，可考虑采用稳定性考察专属的检验方法；

（三）检验方法依据；

（四）合格标准；

（五）容器密封系统的描述；

（六）试验间隔时间（测试时间点）；

（七）贮存条件（应当采用与药品标示贮存条件相对应的《中华人民共和国药典》规定的长期稳定性试验标准条件）；

（八）检验项目，如检验项目少于成品质量标准所包含的项目，应当说明理由。

第二百三十五条　考察批次数和检验频次应当能够获得足够的数据，以供趋势分析。通常情况下，每种规格、每种内包装形式的药品，至少每年应当考察一个批次，除非当年没有生产。

第二百三十六条　某些情况下，持续稳定性考察中应当额外增加批次数，如重大变更或生产和包装有重大偏差的药品应当列入稳定性考察。此外，重新加工、返工或回收的批次，也应当考虑列入考察，除非已经过验证和稳定性考察。

第二百三十七条　关键人员，尤其是质量受权人，应当了解持续稳定性考察的结果。当持续稳定性考察不在待包装产品和成品的生产企业进行时，则相关各方之间应当有书面协议，且均应当保存持续稳定性考察的结果以供药品监督管理部门审查。

第二百三十八条　应当对不符合质量标准的结果或重要的异常趋势进行调查。对任何已确认的不符合质量标准的结果或重大不良趋势，企业都应当考虑是否可能对已上市药品造成影响，必要时应当实施召回，调查结果以及采取的措施应当报告当地药品监督管理部门。

第二百三十九条　应当根据所获得的全部数据资料，包括考察的阶段性结论，撰写总结报告并保存。应当定期审核总结报告。

第四节 变更控制

第二百四十条 企业应当建立变更控制系统，对所有影响产品质量的变更进行评估和管理。需要经药品监督管理部门批准的变更应当在得到批准后方可实施。

第二百四十一条 应当建立操作规程，规定原辅料、包装材料、质量标准、检验方法、操作规程、厂房、设施、设备、仪器、生产工艺和计算机软件变更的申请、评估、审核、批准和实施。质量管理部门应当指定专人负责变更控制。

第二百四十二条 变更都应当评估其对产品质量的潜在影响。企业可以根据变更的性质、范围、对产品质量潜在影响的程度将变更分类（如主要、次要变更）。判断变更所需的验证、额外的检验以及稳定性考察应当有科学依据。

第二百四十三条 与产品质量有关的变更由申请部门提出后，应当经评估、制定实施计划并明确实施职责，最终由质量管理部门审核批准。变更实施应当有相应的完整记录。

第二百四十四条 改变原辅料、与药品直接接触的包装材料、生产工艺、主要生产设备以及其他影响药品质量的主要因素时，还应当对变更实施后最初至少三个批次的药品质量进行评估。如果变更可能影响药品的有效期，则质量评估还应当包括对变更实施后生产的药品进行稳定性考察。

第二百四十五条 变更实施时，应当确保与变更相关的文件均已修订。

第二百四十六条 质量管理部门应当保存所有变更的文件和记录。

第五节 偏差处理

第二百四十七条 各部门负责人应当确保所有人员正确执行生产工艺、质量标准、检验方法和操作规程，防止偏差的产生。

第二百四十八条 企业应当建立偏差处理的操作规程，规定偏差的报告、记录、调查、处理以及所采取的纠正措施，并有相应的记录。

第二百四十九条 任何偏差都应当评估其对产品质量的潜在影响。企业可以根据偏差的性质、范围、对产品质量潜在影响的程度将偏差分类（如重大、次要偏差），对重大偏差的评估还应当考虑是否需要对产品进行额外的检验以及对产品有效期的影响，必要时，应当对涉及重大偏差的产品进行稳定性考察。

第二百五十条 任何偏离生产工艺、物料平衡限度、质量标准、检验方法、操作规程等的情况均应当有记录，并立即报告主管人员及质量管理部门，应当有清楚的说明，重大偏差应当由质量管理部门会同其他部门进行彻底调查，并有调查报告。偏差调查报告应当由质量管理部门的指定人员审核并签字。

企业还应当采取预防措施有效防止类似偏差的再次发生。

第二百五十一条 质量管理部门应当负责偏差的分类，保存偏差调查、处理的文件和记录。

第六节 纠正措施和预防措施

第二百五十二条 企业应当建立纠正措施和预防措施系统，对投诉、召回、偏差、自检或外部检查结果、工艺性能和质量监测趋势等进行调查并采取纠正和预防措施。调查的深度和形式应当与风险的级别相适应。纠正措施和预防措施系统应当能够增进对产品和工艺的理解，改进产品和工艺。

第二百五十三条 企业应当建立实施纠正和预防措施的操作规程，内容至少包括：

（一）对投诉、召回、偏差、自检或外部检查结果、工艺性能和质量监测趋势以及其他来源的质量数据进行分析，确定已有和潜在的质量问题。必要时，应当采用适当的统计学方法；

（二）调查与产品、工艺和质量保证系统有关的原因；

（三）确定所需采取的纠正和预防措施，防止问题的再次发生；

（四）评估纠正和预防措施的合理性、有效性和充分性；

（五）对实施纠正和预防措施过程中所有发生的变更应当予以记录；

（六）确保相关信息已传递到质量受权人和预防问题再次发生的直接负责人；

（七）确保相关信息及其纠正和预防措施已通过高层管理人员的评审。

第二百五十四条　实施纠正和预防措施应当有文件记录，并由质量管理部门保存。

第七节　供应商的评估和批准

第二百五十五条　质量管理部门应当对所有生产用物料的供应商进行质量评估，会同有关部门对主要物料供应商（尤其是生产商）的质量体系进行现场质量审计，并对质量评估不符合要求的供应商行使否决权。

主要物料的确定应当综合考虑企业所生产的药品质量风险、物料用量以及物料对药品质量的影响程度等因素。

企业法定代表人、企业负责人及其他部门的人员不得干扰或妨碍质量管理部门对物料供应商独立作出质量评估。

第二百五十六条　应当建立物料供应商评估和批准的操作规程，明确供应商的资质、选择的原则、质量评估方式、评估标准、物料供应商批准的程序。

如质量评估需采用现场质量审计方式的，还应当明确审计内容、周期、审计人员的组成及资质。需采用样品小批量试生产的，还应当明确生产批量、生产工艺、产品质量标准、稳定性考察方案。

第二百五十七条　质量管理部门应当指定专人负责物料供应商质量评估和现场质量审计，分发经批准的合格供应商名单。被指定的人员应当具有相关的法规和专业知识，具有足够的质量评估和现场质量审计的实践经验。

第二百五十八条　现场质量审计应当核实供应商资质证明文件和检验报告的真实性，核实是否具备检验条件。应当对其人员机构、厂房设施和设备、物料管理、生产工艺流程和生产管理、质量控制实验室的设备、仪器、文件管理等进行检查，以全面评估其质量保证系统。现场质量审计应当有报告。

第二百五十九条　必要时，应当对主要物料供应商提供的样品进行小批量试生产，并对试生产的药品进行稳定性考察。

第二百六十条　质量管理部门对物料供应商的评估至少应当包括：供应商的资质证明文件、质量标准、检验报告、企业对物料样品的检验数据和报告。如进行现场质量审计和样品小批量试生产的，还应当包括现场质量审计报告，以及小试产品的质量检验报告和稳定性考察报告。

第二百六十一条　改变物料供应商，应当对新的供应商进行质量评估；改变主要物料供应商的，还需要对产品进行相关的验证及稳定性考察。

第二百六十二条　质量管理部门应当向物料管理部门分发经批准的合格供应商名单，该名单内容至少包括物料名称、规格、质量标准、生产商名称和地址、经销商（如有）名称等，并及时更新。

第二百六十三条　质量管理部门应当与主要物料供应商签订质量协议，在协议中应当明确双方所承担的质量责任。

第二百六十四条　质量管理部门应当定期对物料供应商进行评估或现场质量审计，回顾分析物料质量检验结果、质量投诉和不合格处理记录。如物料出现质量问题或生产条件、工艺、质量标准和检验方法等可能影响质量的关键因素发生重大改变时，还应当尽快进行相关的现场质量审计。

第二百六十五条　企业应当对每家物料供应商建立质量档案，档案内容应当包括供应商的资质证明文件、质量协议、质量标准、样品检验数据和报告、供应商的检验报告、现场质量审计报告、产品稳定性考察报告、定期的质量回顾分析报告等。

第八节　产品质量回顾分析

第二百六十六条　应当按照操作规程，每年对所有生产的药品按品种进行产品质量回顾分析，以确认工艺稳定可靠，以及原辅料、成品现行质量标准的适用性，及时发现不良趋势，确定产品及工艺改进的方向。应当考虑以往回顾分析的历史数据，还应当对产品质量回顾分析的有效性进行自检。

当有合理的科学依据时，可按照产品的剂型分类进行质量回顾，如固体制剂、液体制剂和无菌制剂等。

回顾分析应当有报告。

企业至少应当对下列情形进行回顾分析：

（一）产品所用原辅料的所有变更，尤其是来自新供应商的原辅料；

（二）关键中间控制点及成品的检验结果；

（三）所有不符合质量标准的批次及其调查；

（四）所有重大偏差及相关的调查、所采取的整改措施和预防措施的有效性；

（五）生产工艺或检验方法等的所有变更；

（六）已批准或备案的药品注册所有变更；

（七）稳定性考察的结果及任何不良趋势；

（八）所有因质量原因造成的退货、投诉、召回及调查；

（九）与产品工艺或设备相关的纠正措施的执行情况和效果；

（十）新获批准和有变更的药品，按照注册要求上市后应当完成的工作情况；

（十一）相关设备和设施，如空调净化系统、水系统、压缩空气等的确认状态；

（十二）委托生产或检验的技术合同履行情况。

第二百六十七条　应当对回顾分析的结果进行评估，提出是否需要采取纠正和预防措施或进行再确认或再验证的评估意见及理由，并及时、有效地完成整改。

第二百六十八条　药品委托生产时，委托方和受托方之间应当有书面的技术协议，规定产品质量回顾分析中各方的责任，确保产品质量回顾分析按时进行并符合要求。

第九节　投诉与不良反应报告

第二百六十九条　应当建立药品不良反应报告和监测管理制度，设立专门机构并配备专职人员负责管理。

第二百七十条　应当主动收集药品不良反应，对不良反应应当详细记录、评价、调查和处理，及时采取措施控制可能存在的风险，并按照要求向药品监督管理部门报告。

第二百七十一条　应当建立操作规程，规定投诉登记、评价、调查和处理的程序，并规定因可能的产品缺陷发生投诉时所采取的措施，包括考虑是否有必要从市场召回药品。

第二百七十二条　应当有专人及足够的辅助人员负责进行质量投诉的调查和处理，所有投诉、调查的信息应当向质量受权人通报。

第二百七十三条　所有投诉都应当登记与审核，与产品质量缺陷有关的投诉，应当详细记录投诉的各个细节，并进行调查。

第二百七十四条　发现或怀疑某批药品存在缺陷，应当考虑检查其他批次的药品，查明其是否受到影响。

第二百七十五条　投诉调查和处理应当有记录，并注明所查相关批次产品的信息。

第二百七十六条　应当定期回顾分析投诉记录，以便发现需要警觉、重复出现以及可能需要从市场召回药品的问题，并采取相应措施。

第二百七十七条　企业出现生产失误、药品变质或其他重大质量问题，应当及时采取相应措施，必要时还应当向当地药品监督管理部门报告。

第十一章　委托生产与委托检验

第一节　原　　则

第二百七十八条　为确保委托生产产品的质量和委托检验的准确性和可靠性，委托方和受托方必须签订书面合同，明确规定各方责任、委托生产或委托检验的内容及相关的技术事项。

第二百七十九条　委托生产或委托检验的所有活动，包括在技术或其他方面拟采取的任何变更，均应当符合药品生产许可和注册的有关要求。

第二节　委托方

第二百八十条　委托方应当对受托方进行评估，对受托方的条件、技术水平、质量管理情况进行现场考核，确认其具有完成受托工作的能力，并能保证符合本规范的要求。

第二百八十一条　委托方应当向受托方提供所有必要的资料，以使受托方能够按照药品注册和其他法定要求正确实施所委托的操作。

委托方应当使受托方充分了解与产品或操作相关的各种问题，包括产品或操作对受托方的环境、厂房、设备、人员及其他物料或产品可能造成的危害。

第二百八十二条　委托方应当对受托生产或检验的全过程进行监督。

第二百八十三条　委托方应当确保物料和产品符合相应的质量标准。

第三节　受托方

第二百八十四条　受托方必须具备足够的厂房、设备、知识和经验以及人员，满足委托方所委托的生产或检验工作的要求。

第二百八十五条　受托方应当确保所收到委托方提供的物料、中间产品和待包装产品适用于预定用途。

第二百八十六条　受托方不得从事对委托生产或检验的产品质量有不利影响的活动。

第四节　合　　同

第二百八十七条　委托方与受托方之间签订的合同应当详细规定各自的产品生产和控制职责，其中的技术性条款应当由具有制药技术、检验专业知识和熟悉本规范的主管人员拟订。委托生产及检验的各项工作必须符合药品生产许可和药品注册的有关要求并经双方同意。

第二百八十八条　合同应当详细规定质量受权人批准放行每批药品的程序，确保每批产品都已按照药品注册的要求完成生产和检验。

第二百八十九条　合同应当规定何方负责物料的采购、检验、放行、生产和质量控制（包括中间控制），还应当规定何方负责取样和检验。

在委托检验的情况下，合同应当规定受托方是否在委托方的厂房内取样。

第二百九十条　合同应当规定由受托方保存的生产、检验和发运记录及样品，委托方应当能够随时调阅或检查；出现投诉、怀疑产品有质量缺陷或召回时，委托方应当能够方便地查阅所有与评价产品质量相关的记录。

第二百九十一条　合同应当明确规定委托方可以对受托方进行检查或现场质量审计。

第二百九十二条　委托检验合同应当明确受托方有义务接受药品监督管理部门检查。

第十二章　产品发运与召回

第一节　原　　则

第二百九十三条　企业应当建立产品召回系统，必要时可迅速、有效地从市场召回任何一批存在安全隐患的产品。

第二百九十四条　因质量原因退货和召回的产品，均应当按照规定监督销毁，有证据证明退货产品质量未受影响的除外。

第二节　发　　运

第二百九十五条　每批产品均应当有发运记录。根据发运记录，应当能够追查每批产品的销售情况，必要时应当能够及时全部追回，发运记录内容应当包括：产品名称、规格、批号、数量、收货单位和地址、联系方式、发货日期、运输方式等。

第二百九十六条　药品发运的零头包装只限两个批号为一个合箱，合箱外应当标明全部批号，并建立合箱记录。

第二百九十七条　发运记录应当至少保存至药品有效期后一年。

第三节　召　　回

第二百九十八条　应当制定召回操作规程，确保召回工作的有效性。

第二百九十九条　应当指定专人负责组织协调召回工作，并配备足够数量的人员。产品召回负责人应当独立于销售和市场部门；如产品召回负责人不是质量受权人，则应当向质量受权人通报召回处理情况。

第三百条　召回应当能够随时启动，并迅速实施。

第三百零一条　因产品存在安全隐患决定从市场召回的，应当立即向当地药品监督管理部门报告。

第三百零二条　产品召回负责人应当能够迅速查阅到药品发运记录。

第三百零三条　已召回的产品应当有标识，并单独、妥善贮存，等待最终处理决定。

第三百零四条　召回的进展过程应当有记录，并有最终报告。产品发运数量、已召回数量以及数量平衡情况应当在报告中予以说明。

第三百零五条　应当定期对产品召回系统的有效性进行评估。

第十三章 自 检

第一节 原 则

第三百零六条 质量管理部门应当定期组织对企业进行自检，监控本规范的实施情况，评估企业是否符合本规范要求，并提出必要的纠正和预防措施。

第二节 自 检

第三百零七条 自检应当有计划，对机构与人员、厂房与设施、设备、物料与产品、确认与验证、文件管理、生产管理、质量控制与质量保证、委托生产与委托检验、产品发运与召回等项目定期进行检查。

第三百零八条 应当由企业指定人员进行独立、系统、全面的自检，也可由外部人员或专家进行独立的质量审计。

第三百零九条 自检应当有记录。自检完成后应当有自检报告，内容至少包括自检过程中观察到的所有情况、评价的结论以及提出纠正和预防措施的建议。自检情况应当报告企业高层管理人员。

第十四章 附 则

第三百一十条 本规范为药品生产质量管理的基本要求。对无菌药品、生物制品、血液制品等药品或生产质量管理活动的特殊要求，由国家食品药品监督管理局以附录方式另行制定。

第三百一十一条 企业可以采用经过验证的替代方法，达到本规范的要求。

第三百一十二条 本规范下列术语（按汉语拼音排序）的含义是：

（一）包装

待包装产品变成成品所需的所有操作步骤，包括分装、贴签等。但无菌生产工艺中产品的无菌灌装，以及最终灭菌产品的灌装等不视为包装。

（二）包装材料

药品包装所用的材料，包括与药品直接接触的包装材料和容器、印刷包装材料，但不包括发运用的外包装材料。

（三）操作规程

经批准用来指导设备操作、维护与清洁、验证、环境控制、取样和检验等药品生产活动的通用性文件，也称标准操作规程。

（四）产品

包括药品的中间产品、待包装产品和成品。

（五）产品生命周期

产品从最初的研发、上市直至退市的所有阶段。

（六）成品

已完成所有生产操作步骤和最终包装的产品。

（七）重新加工

将某一生产工序生产的不符合质量标准的一批中间产品或待包装产品的一部分或全部，采用不同的生产工艺进行再加工，以符合预定的质量标准。

（八）待包装产品

尚未进行包装但已完成所有其他加工工序的产品。

（九）待验

指原辅料、包装材料、中间产品、待包装产品或成品，采用物理手段或其他有效方式将其隔离或区分，在允许用于投料生产或上市销售之前贮存、等待作出放行决定的状态。

（十）发放

指生产过程中物料、中间产品、待包装产品、文件、生产用模具等在企业内部流转的一系列操作。

（十一）复验期

原辅料、包装材料贮存一定时间后，为确保其仍适用于预定用途，由企业确定的需重新检验的日期。

（十二）发运

指企业将产品发送到经销商或用户的一系列操作，包括配货、运输等。

（十三）返工

将某一生产工序生产的不符合质量标准的一批中间产品或待包装产品、成品的一部分或全部返回到之前的工序，采用相同的生产工艺进行再加工，以符合预定的质量标准。

（十四）放行

对一批物料或产品进行质量评价，作出批准使用或投放市场或其他决定的操作。

（十五）高层管理人员

在企业内部最高层指挥和控制企业、具有调动资源的权力和职责的人员。

（十六）工艺规程

为生产特定数量的成品而制定的一个或一套文件，包括生产处方、生产操作要求和包装操作要求，规定原辅料和包装材料的数量、工艺参数和条件、加工说明（包括中间控制）、注意事项等内容。

（十七）供应商

指物料、设备、仪器、试剂、服务等的提供方，如生产商、经销商等。

（十八）回收

在某一特定的生产阶段，将以前生产的一批或数批符合相应质量要求的产品的一部分或全部，加入到另一批次中的操作。

（十九）计算机化系统

用于报告或自动控制的集成系统，包括数据输入、电子处理和信息输出。

（二十）交叉污染

不同原料、辅料及产品之间发生的相互污染。

（二十一）校准

在规定条件下，确定测量、记录、控制仪器或系统的示值（尤指称量）或实物量具所代表的量值，与对应的参照标准量值之间关系的一系列活动。

（二十二）阶段性生产方式

指在共用生产区内，在一段时间内集中生产某一产品，再对相应的共用生产区、设施、设备、工器具等进行彻底清洁，更换生产另一种产品的方式。

（二十三）洁净区

需要对环境中尘粒及微生物数量进行控制的房间（区域），其建筑结构、装备及其使用应当能够减少该区域内污染物的引入、产生和滞留。

（二十四）警戒限度

系统的关键参数超出正常范围，但未达到纠偏限度，需要引起警觉，可能需要采取纠正措施的限度标准。

（二十五）纠偏限度

系统的关键参数超出可接受标准，需要进行调查并采取纠正措施的限度标准。

（二十六）检验结果超标

检验结果超出法定标准及企业制定标准的所有情形。

（二十七）批

经一个或若干加工过程生产的、具有预期均一质量和特性的一定数量的原辅料、包装材料或成品。为完成某些生产操作步骤，可能有必要将一批产品分成若干亚批，最终合并成为一个均一的批。在连续生产情况下，批必须与生产中具有预期均一特性的确定数量的产品相对应，批量可以是固定数量或固定时间段内生产的产品量。

例如：口服或外用的固体、半固体制剂在成型或分装前使用同一台混合设备一次混合所生产的均质产品为一批；口服或外用的液体制剂以灌装（封）前经最后混合的药液所生产的均质产品为一批。

（二十八）批号

用于识别一个特定批的具有唯一性的数字和（或）字母的组合。

（二十九）批记录

用于记述每批药品生产、质量检验和放行审核的所有文件和记录，可追溯所有与成品质量有关的历史信息。

（三十）气锁间

设置于两个或数个房间之间（如不同洁净度级别的房间之间）的具有两扇或多扇门的隔离空间。设置气锁间的目的是在人员或物料出入时，对气流进行控制。气锁间有人员气锁间和物料气锁间。

（三十一）企业

在本规范中如无特别说明，企业特指药品生产企业。

（三十二）确认

证明厂房、设施、设备能正确运行并可达到预期结果的一系列活动。

（三十三）退货

将药品退还给企业的活动。

（三十四）文件

本规范所指的文件包括质量标准、工艺规程、操作规程、记录、报告等。

（三十五）物料

指原料、辅料和包装材料等。

例如：化学药品制剂的原料是指原料药；生物制品的原料是指原材料；中药制剂的原料是指中药材、中药饮片和外购中药提取物；原料药的原料是指用于原料药生产的除包装材料以外的其他物料。

（三十六）物料平衡

产品或物料实际产量或实际用量及收集到的损耗之和与理论产量或理论用量之间的比较，并考虑可允许的偏差范围。

（三十七）污染

在生产、取样、包装或重新包装、贮存或运输等操作过程中，原辅料、中间产品、待包装产品、成品受到具有化学或微生物特性的杂质或异物的不利影响。

（三十八）验证

证明任何操作规程（或方法）、生产工艺或系统能够达到预期结果的一系列活动。

（三十九）印刷包装材料

指具有特定式样和印刷内容的包装材料，如印字铝箔、标签、说明书、纸盒等。

（四十）原辅料

除包装材料之外，药品生产中使用的任何物料。

（四十一）中间产品

指完成部分加工步骤的产品，尚需进一步加工方可成为待包装产品。

（四十二）中间控制

也称过程控制，指为确保产品符合有关标准，生产中对工艺过程加以监控，以便在必要时进行调节而做的各项检查。可将对环境或设备控制视作中间控制的一部分。

第三百一十三条　本规范自2011年3月1日起施行。按照《中华人民共和国药品管理法》第九条规定，具体实施办法和实施步骤由国家食品药品监督管理局规定。

医疗机构制备正电子类放射性药品管理规定

（国食药监安〔2006〕4号）

第一条 根据《中华人民共和国药品管理法》、《大型医疗设备配置与使用管理办法》、《放射性药品管理办法》的有关规定，结合制备、使用正电子类放射性药品医疗机构的情况，制定本规定。

第二条 医疗机构配置 PET－CT 或 PET 设备，应当持有卫生行政主管部门的配置与使用许可证明文件。

医疗机构使用正电子类放射性药品应当持有第 II 类以上（含第 II 类）《放射性药品使用许可证》。

医疗机构制备正电子类放射性药品应当持有第 III 类以上（含第 III 类）《放射性药品使用许可证》。

第三条 医疗机构制备正电子类放射性药品（附件 1），应当持有卫生行政主管部门的 PET－CT 或 PET 设备配置与使用许可证明文件，并须填写《医疗机构制备正电子类放射性药品申请表》（附件 2），经所在地省、自治区、直辖市卫生行政主管部门审核同意，向省、自治区、直辖市药品监督管理部门提出制备正电子类放射性药品申请并报送有关资料（附件 3）。

第四条 省、自治区、直辖市卫生行政主管部门收到申请人报送的制备正电子类放射性药品申请后应当在 5 个工作日内提出审核意见。

第五条 省、自治区、直辖市药品监督管理部门在收到申请人报送的制备正电子类放射性药品申请后，对于申报资料不齐全的应当在 5 个工作日内一次告知申请人需要补正的全部内容，逾期未告知的，自收到申报资料之日起即为受理。

申报资料齐全或申请人按照要求提交全部补正资料的，自收到申报资料之日起即为受理。

第六条 省、自治区、直辖市药品监督管理部门在申请受理后，应组织有关专家在 30 日内完成技术审核，审核合格，在 20 日内发给《正电子类放射性药品备案批件》（附件 4），不符合备案规定的应当书面说明理由。

第七条 医疗机构应当按照国家食品药品监督管理局发布的《医疗机构制备正电子类放射性药品质量管理规范》（附件 5）制备正电子类放射性药品，按照《正电子类放射性药品质量控制指导原则》（附件 6）进行质量检验，检验合格的方可在临床使用。

第八条 医疗机构制备的正电子类放射性药品不得上市销售。

第九条 医疗机构制备的正电子类放射性药品如需向其他医疗机构调剂，应当向医疗机构所在地省、自治区、直辖市药品监督管理部门提出医疗机构制备正电子类放射性药品 GMP 认证申请，填写认证申请表（附件 7），并报送有关资料（附件 8）。

第十条 省、自治区、直辖市药品监督管理部门在收到申请人报送的制备正电子类放射性药品

GMP 认证申请后，对申请资料不齐全或者不符合形式审查要求的应当在5 日内发给申请人《补正资料通知书》，一次性告知申请人需要补正的全部内容。逾期不告知的，自收到申请资料之日起即为受理。受理或者不予受理，都应当出具加盖本部门受理专用印章并注明日期的《受理通知书》（附件9）或者《不予受理通知书》（附件10）。

第十一条　省、自治区、直辖市药品监督管理部门自受理之日起20 日内完成医疗机构正电子类放射性药品 GMP 认证初审工作。初审合格后，省、自治区、直辖市药品监督管理部门将申请人所报资料连同初审意见报国家食品药品监督管理局。

第十二条　国家食品药品监督管理局在收到报送的医疗机构正电子类放射性药品 GMP 认证资料后，对于申报资料不齐全者或不符合要求的，应当在5 日内一次告知需要补正的全部内容，逾期未告知的，自收到申报资料之日起即为受理。

第十三条　国家食品药品监督管理局在申请受理后60 日内完成认证，认证合格发给医疗机构“正电子类放射性药品 GMP”批件。不合格应当书面说明理由。

第十四条　持有“正电子类放射性药品 GMP 批件”的医疗机构，其制备的正电子类放射性药品可以在符合本规定的医疗机构之间调剂使用。

第十五条　医疗机构之间调剂正电子类放射性药品时，发送机构必须采用配有固定放射性药品设施的封闭车辆运送正电子类放射性药品。

第十六条　持有第 IV 类《放射性药品使用许可证》的医疗机构研制的正电子类放射性新制剂（附件 1 所列品种之外的正电子类放射性药品），应向国家食品药品监督管理局提出备案申请，填写《医疗机构研制正电子类放射性新制剂申请表》（附件 11），并报送有关资料（附件 12）。

第十七条　国家食品药品监督管理局在收到资料后，对资料不齐全者应在5 日内一次告知申请人需要补正的全部内容，逾期未告知的，自收到申请资料之日即为受理。

国家食品药品监督管理局受理医疗机构研制的正电子类放射性新制剂申请后，应组织核医药学有关专家在60 日内完成技术审核工作，同意备案的发给《正电子类放射性药品新制剂备案批件》（附件 13）。不同意备案应当书面说明理由。

第十八条　中国药品生物制品检定所负责全国医疗机构制备正电子类放射性药品质量标准复核及技术检验工作；国家食品药品监督管理局授权的药品检验所承担辖区内医疗机构制备正电子类放射性药品的技术检验工作。

国家食品药品监督管理局负责全国医疗机构制备正电子类放射性药品监督管理工作；省、自治区、直辖市药品监督管理部门负责辖区内医疗机构制备正电子类放射性药品监督管理工作。省、自治区、直辖市卫生行政主管部门负责辖区内医疗机构正电子类放射性药品使用管理工作。

第十九条　本规定自2006 年3 月1 日起施行。国家食品药品监督管理局、卫生行政主管部门于2000 年10 月19 日发布的《医疗机构制备正电子类放射性药品管理暂行规定》（国药监安〔2000〕496 号）同时废止。

医疗机构制备正电子类放射性药品质量管理规范

（2006年1月5日由国家食品药品监督管理局、卫生部发布，
国食药监安〔2006〕4号）

第一章　总　　则

第一条　根据《中华人民共和国药品管理法》和《放射性药品管理办法》等规定，参照《药品生产质量管理规范》的基本原则，制定本规范。

第二条　医疗机构正电子类放射性药品系指由医疗机构利用本单位的医用回旋加速器生产的正电子类放射性核素制备的放射性药品。

第三条　本规范适用于具有Ⅲ类以上（含Ⅲ类）《放射性药品使用许可证》的医疗机构。

第四条　国家食品药品监督管理局和省、自治区、直辖市食品药品监督管理局（药品监督管理局）负责对医疗机构正电子类放射性药品进行质量监督。

第五条　本规范是医疗机构正电子类放射性药品制备和质量管理的基本准则，适用于正电子类放射性药品制备的全过程。

第二章　机构与人员

第六条　医疗机构应具有从事正电子类放射性药品制备和质量管理的专职人员，人员职责明确。应配备专门从事加速器、自动合成模块操作的专业人员。应有放射性药品质量控制与检测人员。

第七条　放射性药品制备和质量管理负责人应具有核医学专业知识、具有化学或药学相关专业大学学历，有能力对放射性药品制备过程和质量控制中的实际问题作出正确的判断和处理，对本规范的实施和产品质量负责。

第八条　医疗机构制备正电子类放射性药品时应有各自独立的制备和质量控制人员，不得由同一人兼任。

第九条　从事正电子类放射性药品制备操作人员应具有基础理论知识和实际操作技能，经专业技术及辐射防护知识培训，并取得岗位操作证书。

第十条　从事正电子类放射性质量检验的人员应经中国药品生物制品检定所或国家食品药品监督管理局授权的药品检验机构专业技术培训，并取得培训合格证书。

第十一条　医疗机构制备正电子类放射性药品时应指定辐射防护负责人员，负责本单位开展相关辐射防护工作。

第三章　房屋与设施

第十二条　医疗机构制备正电子类放射性药品应当有整洁的制备环境，制备区域的设计应当符合国家关于辐射防护的有关规定，并经当地环境保护部门认可。

存放易燃、易爆危险品的场所应有防爆和消防设施。

第十三条　制备区域应按制备工艺流程及所要求的空气洁净级别进行合理布局。放射性操作区应保持负压，与非放射性工作区应隔开。制备区出入口应设置去污、更衣设备，出口处应设置放射性沾污检测仪。

第十四条　制备区域应有防止昆虫和其他动物进入的设施。

第十五条　在设计和建设时，应考虑制备区内的保洁需求。洁净室（区）的内表面应平整光滑、无裂缝、接口严密、无颗粒物脱落，地面应使用便于去污的材料。墙壁与房顶、地面的交界处应呈弧形或采取其他措施，以减少灰尘积聚和便于清洁。

第十六条　洁净室（区）的窗户、天棚及进入室内的管道、风口、灯具与墙壁或天棚的连接部位均应密封。在设计和安装上述设施时，应考虑避免出现不易清洁的部位。

第十七条　洁净室（区）应根据制备要求提供足够的照明。主要工作室的照度宜为300勒克斯；对照度有特殊要求的制备部位可设置局部照明。制备区内应有应急照明设施。

第十八条　进入洁净室（区）的空气应当净化。正电子类放射性药品为无菌药品，制备环境应在不低于10，000级条件下，最终产品的局部暴露环境为100级。洁净室（区）内空气的微生物数和尘粒数应定期监测，监测结果应记录存档。

第十九条　制备区内空气不得循环应用。洁净级别不同的相邻房间之间的静压差应大于5帕，洁净室（区）与室外大气的静压差应大于10帕，并应有指示压差的装置。

第二十条　洁净室（区）的温度和相对湿度应与药品制备工艺要求相适应。

第二十一条　洁净室（区）内安装的水池、地漏不得对药品产生污染。

第二十二条　不同空气洁净度级别的洁净室（区）之间的人员及物料出入口应有防止交叉污染的措施。

第二十三条　与药品直接接触的干燥用空气、压缩空气和惰性气体应经净化处理。

第二十四条　放置自动化合成模块的防护箱其技术指标应符合国家有关规定。防护箱应有独立的通风系统，废气排放前应有相应的净化措施，排放标准应符合国家有关规定。进入合成室的放射性物料传输管道和气体管道应有密封和防止交叉污染的措施。

第二十五条　不同核素的放射性药品应在不同的防护箱内制备。药品质量控制与制备不得在同一工作室内进行。

第四章　设　　备

第二十六条　医疗机构应当具备与所制备的放射性药品相关的化学自动合成模块、放射性活度计和放射化学纯度检测仪。化学自动合成模块应易于清洗、消毒或灭菌，便于制备操作和维修、保养，并能防止差错。设备所用的润滑剂、冷却剂等不得对药品造成污染。

第二十七条　与化学自动合成模块连接的主要固定管道应有明确外标志，标明管内物料名称、流向。

第二十八条　用于制备和检验的自动化合成模块、活度计、放射化学纯度检测仪等，其适用范围和精密度应符合制备和检验要求，有明显的合格标志，并定期校验。

第二十九条　为保证自动化合成工艺的稳定，对计算机和相关自动化设备应予以控制，不得擅自改变参数。如确需改变，应当经授权人员按规定进行。每次修改应予以记录，并按规定进行验证。

第三十条　应定期对操作规程和控制工艺流程的计算机软件进行产品验证，一年至少验证一次。如变更操作规程或计算机软件，应进行重新验证，并对至少连续制备的三批成品进行检验，结果符合质量标准规定时，方可用于正电子类放射性药品的制备。

第三十一条　制备区内设备应有明显的状态标志，并定期维修、保养和验证。设备安装、维修、保养的操作不得影响产品的质量。不合格的设备如有可能应搬出制备区，未搬出前应有明显标志。

第三十二条　制备、检验设备均应有使用、维修、保养记录，并由专人保管。

第五章　物　　料

第三十三条　制备正电子类放射性药品所用原料（包括靶材料）、试剂、除菌过滤器、产品容器、塞盖、注射器等应合法进货渠道及规格标准，并有详细的进料和使用记录。

第三十四条　对温度、湿度或其他条件有特殊要求的合成前体和化学试剂，应按规定的保存条件储存。

第三十五条　原料（包括靶材料）、试剂、除菌过滤器、产品容器应按规定的使用期限储存，定期更新。无规定使用期限的，其储存一般不超过三年。

第六章　卫　　生

第三十六条　医疗机构制备正电子类放射性药品应有防止污染的卫生措施，制定各项卫生管理制度，并由专人负责。

第三十七条　正电子类放射性药品制备室应按洁净度级别的要求制定热室、设备等的清洁规程，内容应包括：使用的清洁剂、各部位的清洁方法、程序、间隔时间，清洁工具的清洁方法和存放地点。

第三十八条　洁净区内不得存放非制备物品和杂物。制备中的废弃物应及时处理。

第三十九条　更衣室、浴室及厕所的设置不得对洁净室（区）产生不良影响。

第四十条　工作服的选材、式样及穿戴方式应与制备操作和空气洁净度级别要求相适应，不得与一般工作服装混用。洁净工作服的质地应光滑、不产生静电、不脱落纤维和颗粒性物质。无菌工作服应当包盖全部头发、面部及脚部，并能阻留人体脱落物。工作服应制定清洗周期。

第四十一条　洁净室（区）仅限于该区域操作人员和经批准的人员进入。进入洁净室（区）的人员不得化妆和佩带饰物。

第四十二条　洁净室（区）应定期消毒。使用的消毒剂不得对设备、物料和产品产生污染。消毒剂应定期更换。

第四十三条　参与正电子类放射药品制备和检验的人员应佩带个人剂量仪，建立剂量、健康档案。直接接触药品的制备人员每年至少体检一次。传染病、皮肤病患者和体表有伤口者不得从事直接接触药品的制备。

第七章　验　　证

第四十四条　正电子类放射性药品制备验证应包括制备场地、设施及设备安装确认、运行确认、性能确认和产品验证。

第四十五条　产品的制备工艺及关键设施、设备应按验证方案进行验证。当影响产品质量的主要因素，如工艺、质量检验方法、主要原辅料、主要制备设备等发生改变时，以及运行一定周期后，应进行再验证。

第四十六条　应根据验证对象提出验证项目、制定验证方案，并组织实施。验证工作完成后应写出验证报告，由验证工作负责人审核、批准。

第四十七条　验证过程中的数据和分析内容应以文件形式归档保存。验证文件应包括验证方案、验证报告、评价和建议、批准人等。

第八章　文　　件

第四十八条　医疗机构应有正电子类药品制备管理、质量管理的各项制度和记录。至少应包括：

1. 制备场所、设施和设备的使用、保养、检修等制度和记录；
2. 制备场所、设备、人员等卫生管理制度和记录；
3. 本规范和专业技术培训等制度和记录。

第四十九条　产品制备管理文件应包括：

1. 制备工艺规程和标准操作规程。
2. 制备记录，内容包括：产品名称、制备日期、操作者的签名，相关制备阶段的原料数量、批号、产品数量及特殊问题记录。

第五十条　产品质量管理文件应包括：

1. 正电子放射性药品的制备申请和审批文件；
2. 成品质量标准及其质量控制操作规程；
3. 检验记录。

第五十一条　医疗机构应建立文件的起草、修订、审查、批准及保管的制度。

第九章　制备管理

第五十二条　制备管理包括正电子类放射性药品制备的全过程、靶材料和前体等影响成品质量的关键因素。制备工艺规程、岗位操作和标准操作规程不得任意更改。

第五十三条　每次产品应按产量和数量的物料平衡进行检查。

第五十四条　制备记录应字迹清晰、内容真实、数据完整，并由操作人签名。记录应保持整洁，不得撕毁和任意涂改；更改时，在更改处签名，并使原数据仍可辨认。制备记录应按批号归档，保存期为三年。

第五十五条　为防止药品被污染和混淆，制备操作应采取以下措施：

1. 制备前应确认无前次制备的遗留物品；
2. 对制备过程中产生的放射性废气和气溶胶，应有有效的吸附和排除措施，以防止污染。

第十章　质量管理

第五十六条　医疗机构应设专人负责药品制备全过程的质量管理和检验，并有与质量控制要求相适应的场所、仪器、设备。

第五十七条　质量管理和检验人员的主要职责：

1. 制定和修订产品的检验操作规程；
2. 对产品进行取样、检验，并填写产品质检报告；
3. 监测洁净室（区）的微生物和尘粒数；
4. 负责对原料（包括靶材料）、试剂、除菌过滤器产品容器、塞盖等供货商资格审定；
5. 制定质量管理和检验人员的职责。

第十一章　产品的调剂

第五十八条　符合本规定要求的医疗机构制备的正电子类放射性药品可进行调剂。调剂仅限于医疗机构之间。国家食品药品监督管理局根据需要定期发布调剂的品种。

第五十九条　正电子类放射性药品每次调剂应有调剂记录。调剂记录内容应包括：品名、批号、放射性活度、体积、标定时间、发货日期、收货单位。调剂记录应保存三年。

第十二章　辐射防护

第六十条　医疗机构应指定辐射防护和安全运行的负责人员，负责本单位正电子类放射性药品制备的相关辐射防护工作。

第六十一条　正电子类放射性药品制备区域应有规范的放射性标识。

第六十二条　医疗机构应当具备与所制备的正电子类放射性药品相关的防止环境污染的设施、工作场所剂量监测设备、表面放射性沾污检测仪、个人剂量仪等。

第六十三条　医疗机构应当建立防止放射性污染、泄漏、意外照射的相关制度，建立个人剂量监测的档案。

第六十四条　医疗机构的放射性废物处理应按有关规定执行。

第六十五条　医疗机构制备正电子类放射性药品应制定防止意外事故应急处理预案。一旦发生意外，应按预案处理，并逐级上报。

第六十六条　医疗机构应定期对本单位安全及辐射防护进行自检，作出结论。对存在问题及时整改。

第十三章　自　　检

第六十七条　制备正电子类放射药品的医疗机构应定期组织自检。自检应按预定的程序，对人员、场所、设备、文件、制备、质量控制、药品调剂等项目定期进行检查。

第六十八条　自检应有记录。自检完成后应形成自检报告，内容包括自检的结果、评价的结论以及改进措施和建议。

预防用生物制品生产供应管理办法

（1994 年 9 月 2 日，中华人民共和国卫生部）

第一条 为保障国家实行有计划的预防接种制度，保护人体健康。根据《中华人民共和国药品管理法》及其《实施细则》、《中华人民共和国传染病防治法》及其《实施办法》的有关规定，制定本办法。

第二条 本办法规定管理的预防用生物制品是指《中华人民共和国传染病防治法》规定管理的甲类、乙类和丙类传染病的菌苗、疫苗、类毒素等人用生物制品。

卫生部根据需要可以增加或解除预防用生物制品管理的品种。

第三条 预防用生物制品实行计划生产、计划供应的管理体制。

第四条 卫生部负责全国预防用生物制品的统一监督管理。

县级以上卫生行政部门负责对所辖区域预防用生物制品的统一监督管理。

中国生物制品总公司根据卫生部委托，协助管理全国预防用生物制品的生产供应。

经卫生部指定或批准的部门主管机构负责对本系统预防用生物制品实施统一管理，并接受国务院卫生行政部门的监督。

第五条 各级卫生防疫站负责本办法规定管理的预防用生物制品逐级订购、分发和周转储存。

第六条 各级各类医疗保健、卫生防疫机构和人员，必须使用由卫生防疫机构逐级分发或供应的预防用生物制品。

预防用生物制品必须在卫生防疫机构监督指导下使用。

第七条 各级卫生行政部门对在预防用生物制品的研究、生产、质量控制、现场考核、推广使用、监督管理等方面做出显著成绩和贡献的单位及个人，给予奖励。

第八条 全国预防用生物制品的年度生产计划由中国生物制品总公司编制，报卫生部审批后执行。

各预防用生物制品生产单位应当按照下达的年度生产计划组织生产，不得任意减少或增加计划产量。

第九条 生产单位遇特殊情况不能按时按量完成预防用生物制品生产任务时，应及时报告卫生部。卫生部可委托中国生物制品总公司在预防用生物制品生产单位之间进行应急调整。

第十条 各生产单位按照国家有关规定应对预防用生物制品留有储备，储备计划和种类由卫生部根据需要和储备金的情况下达，中国生物制品总公司负责安排执行。

第十一条 预防用生物制品的进出口，按照《中华人民共和国药品管理法》及有关法律、法规、规章的规定办理。

第十二条 乙型肝炎、甲型肝炎、流行性出血热、流行性脑脊髓膜炎、乙型脑炎、狂犬病疫苗和儿童计划免疫制品（百白破、卡介苗、麻疹疫苗、脊髓灰质炎疫苗）及卫生部指定的其他预防用生物制品由各省、自治区、直辖市、计划单列市卫生防疫站和经卫生部指定或批准的部门统一拟定所辖区和系统的订购计划，向中国生物制品总公司签定合同计划并向当地政府卫生行政部门备案。

除上述规定的品种外，省、自治区、直辖市卫生厅（局）根据本地区疫情需要，对所辖区域内需要统一管理的预防用生物制品品种，亦可按照上款规定办理订货，并报卫生部备案。

其他预防用生物制品，各卫生防疫站可以直接与中国生物制品总公司及其所属单位和指定单位签定订购合同。

其他单位和个人不得订购预防用生物制品。

第十三条　中国生物制品总公司通过组织预防用生物制品供销计划平衡会的形式，与各省、自治区、直辖市、计划单列市卫生防疫站和经卫生部指定或批准的部门签定供货合同。

第十四条　除本办法第四条、第五条规定的单位和部门外，任何企业、事业单位，行政部门以及所属的各类公司和个人均不得从事预防用生物制品的经营活动。

卫生部指定或批准的部门使用的预防用生物制品不得向地方销售。

第十五条　省、自治区、直辖市、计划单列市所辖区域内各级卫生防疫站之间相互调剂预防用生物制品，需经当地县级以上政府卫生行政部门认可。

跨省区域间相互调剂预防用生物制品，需经调剂各方所在地省级政府卫生行政部门共同认可，必要时可由中国生物制品总公司统一调配。

第十六条　生产单位自用和科研、试点等特殊需要的预防用生物制品，需经卫生部批准，纳入计划由生产单位直接供应，并应在包装上标明特殊标志。

第十七条　预防用生物制品在试生产阶段的供应管理依照本办法第十二条办理。

第十八条　预防用生物制品价格由中国生物制品总公司提出方案，以卫生部会同国家物价部门统一制定，任何生产单位及个人不得擅自提价或降价。

第十九条　预防用生物制品的质量控制，由中国药品生物制品检定所负责，各生产单位生产的预防用生物制品必须按照国家有关规定经检验质量合格方可出厂。

第二十条　各级各类医疗保健、卫生防疫机构对预防用生物制品在使用前或分发前必须核查制品的包装质量、生产单位、生产批准文号、生产批号、出厂日期、有效日期，进货渠道和制品的专用或防伪标志，并应书面登记以便备查。

第二十一条　被接种人或被接种人家属有权了解实施接种工作的单位或个人实施免疫接种的预防用生物制品进货渠道，并可以拒绝接种本办法规定以外非正常渠道获得的预防用生物制品。

第二十二条　预防用生物制品的储藏、运输和周转过程，必须按照不同制品的要求纳入规定的冷链条件管理。

第二十三条　各级各类医疗保健、卫生防疫机构对使用制品过程中发现的质量或其他可疑问题，应及时向生物制品检定部门或当地政府卫生行政部门报告，接到报告的部门应当给予答复。

第二十四条　生产单位以及各省、自治区、直辖市、计划单列市卫生防疫站，在生产、供应、使用预防用生物制品中出现严重问题时，必须及时书面报告卫生部并抄送中国生物制品总公司。

第二十五条　生产单位必须按规定，将生产报表和供应报表报中国生物制品总公司，汇总后报卫生部。

第二十六条　各级政府卫生行政部门聘任药品监督员、传染病管理监督员和检查员，根据有关法律、法规负责对本办法实施监督和检查管理。

第二十七条　违反本办法有关规定的单位和个人，由县级以上政府卫生行政部门责令限期改正并可处以罚款，没收非法所得。

第二十八条　单位和个人参与、中介或直接从事假劣预防用生物制品经营活动的，县级以上政府卫生行政部门可以依照《中华人民共和国药品管理法》及其《实施办法》的有关规定处以罚款；对主管人员和直接责任者由所在单位或上级主管机关根据情节，可以给予行政处分；情节严重，构成犯罪的，依照国家有关法律追究刑事责任。

第二十九条　县级以上政府卫生行政部门对非法经营、出售预防用生物制品的单位和个人，可依照《中华人民共和国传染病防治法》及其《实施办法》的有关规定处以罚款，并通报批评；对主管人员和直接责任者由所在单位或者上级机关根据情节，可给予行政处分。

第三十条　县级以上政府卫生行政部门对所辖区域查获的假劣预防用生物制品，可以根据《中华人民共和国药品管理法》有关规定作出处罚决定。

第三十一条　当事人对处罚决定不服的，可在自收到处罚决定通知书之日起 15 日内，向上一级政府卫生行政部门申请复议；对复议决定仍然不服的，可以自收到复议决定通知书之日起 15 日内向法院提起诉讼。逾期不申请复议或者不提起诉讼又不履行的。做出处罚决定的政府卫生行政部门可以申请法院强制执行。

第三十二条　本办法由卫生部负责解释。

第三十三条　本办法自发布之日起施行。本办法发布前与本办法相抵触的有关规章即行废止。

关于印发《药品生产质量管理规范认证管理办法》的通知

（国食药监安〔2011〕365 号）

各省、自治区、直辖市食品药品监督管理局（药品监督管理局）：

为加强药品生产质量管理规范检查认证工作的管理，进一步规范检查认证行为，推动《药品生产质量管理规范（2010 年修订）》的实施，国家食品药品监督管理局组织对《药品生产质量管理规范认证管理办法》进行了修订，现予印发，自发布之日起施行。国家食品药品监督管理局2005 年9 月 7 日《关于印发〈药品生产质量管理规范认证管理办法〉的通知》（国食药监安〔2005〕437 号）同时废止。

国家食品药品监督管理局

2011 年 8 月 2 日

药品生产质量管理规范认证管理办法

第一章　总　　则

第一条　为加强《药品生产质量管理规范》（以下简称药品 GMP）认证工作的管理，根据《中华人民共和国药品管理法》、《中华人民共和国药品管理法实施条例》（以下分别简称《药品管理法》、《药品管理法实施条例》）及其他相关规定，制定本办法。

第二条　药品 GMP 认证是药品监督管理部门依法对药品生产企业药品生产质量管理进行监督检查的一种手段，是对药品生产企业实施药品 GMP 情况的检查、评价并决定是否发给认证证书的监督管理过程。

第三条　国家食品药品监督管理局主管全国药品 GMP 认证管理工作。负责注射剂、放射性药品、生物制品等药品 GMP 认证和跟踪检查工作；负责进口药品 GMP 境外检查和国家或地区间药品 GMP 检查的协调工作。

第四条　省级药品监督管理部门负责本辖区内除注射剂、放射性药品、生物制品以外其他药品 GMP 认证和跟踪检查工作以及国家食品药品监督管理局委托开展的药品 GMP 检查工作。

第五条　省级以上药品监督管理部门设立的药品认证检查机构承担药品 GMP 认证申请的技术审查、现场检查、结果评定等工作。

第六条　负责药品 GMP 认证工作的药品认证检查机构应建立和完善质量管理体系，确保药品 GMP 认证工作质量。

国家食品药品监督管理局负责对药品认证检查机构质量管理体系进行评估。

第二章　申请、受理与审查

第七条　新开办药品生产企业或药品生产企业新增生产范围、新建车间的，应当按照《药品管理法实施条例》的规定申请药品 GMP 认证。

第八条　已取得《药品 GMP 证书》的药品生产企业应在证书有效期届满前 6 个月，重新申请药品 GMP 认证。

药品生产企业改建、扩建车间或生产线的，应按本办法重新申请药品 GMP 认证。

第九条　申请药品 GMP 认证的生产企业，应按规定填写《药品 GMP 认证申请书》（见附件 1），并报送相关资料。属于本办法第三条规定的，企业经省、自治区、直辖市药品监督管理部门出具日常监督管理情况的审核意见后，将申请资料报国家食品药品监督管理局。属于本办法第四条规定的，企业将申请资料报省、自治区、直辖市药品监督管理部门。

第十条　省级以上药品监督管理部门对药品 GMP 申请书及相关资料进行形式审查，申请材料齐全、符合法定形式的予以受理；未按规定提交申请资料的，以及申请资料不齐全或者不符合法定形式的，当场或者在 5 日内一次性书面告知申请人需要补正的内容。

第十一条 药品认证检查机构对申请资料进行技术审查，需要补充资料的，应当书面通知申请企业。申请企业应按通知要求，在规定时限内完成补充资料，逾期未报的，其认证申请予以终止。

技术审查工作时限为自受理之日起 20 个工作日。需补充资料的，工作时限按实际顺延。

第三章 现场检查

第十二条 药品认证检查机构完成申报资料技术审查后，应当制定现场检查工作方案，并组织实施现场检查。制定工作方案及实施现场检查工作时限为 40 个工作日。

第十三条 现场检查实行组长负责制，检查组一般由不少于 3 名药品 GMP 检查员组成，从药品 GMP 检查员库中随机选取，并应遵循回避原则。检查员应熟悉和了解相应专业知识，必要时可聘请有关专家参加现场检查。

第十四条 药品认证检查机构应在现场检查前通知申请企业。现场检查时间一般为 3 ~5 天，可根据具体情况适当调整。

第十五条 申请企业所在地省级药品监督管理部门应选派一名药品监督管理工作人员作为观察员参与现场检查，并负责协调和联络与药品 GMP 现场检查有关的工作。

第十六条 现场检查开始时，检查组应向申请企业出示药品 GMP 检查员证或其他证明文件，确认检查范围，告知检查纪律、注意事项以及企业权利，确定企业陪同人员。

申请企业在检查过程中应及时提供检查所需的相关资料。

第十七条 检查组应严格按照现场检查方案实施检查，检查员应如实做好检查记录。检查方案如需变更的，应报经派出检查组的药品认证检查机构批准。

第十八条 现场检查结束后，检查组应对现场检查情况进行分析汇总，并客观、公平、公正地对检查中发现的缺陷进行风险评定。

分析汇总期间，企业陪同人员应回避。

第十九条 检查缺陷的风险评定应综合考虑产品类别、缺陷的性质和出现的次数。缺陷分为严重缺陷、主要缺陷和一般缺陷，其风险等级依次降低。具体如下：

（一）严重缺陷指与药品 GMP 要求有严重偏离，产品可能对使用者造成危害的；

（二）主要缺陷指与药品 GMP 要求有较大偏离的；

（三）一般缺陷指偏离药品 GMP 要求，但尚未达到严重缺陷和主要缺陷程度的。

第二十条 检查组向申请企业通报现场检查情况，对检查中发现的缺陷内容，经检查组成员和申请企业负责人签字，双方各执一份。

申请企业对检查中发现的缺陷无异议的，应对缺陷进行整改，并将整改情况及时报告派出检查的药品认证检查机构。如有异议，可做适当说明。如不能形成共识，检查组应做好记录并经检查组成员和申请企业负责人签字后，双方各执一份。

第二十一条 现场检查工作完成后，检查组应根据现场检查情况，结合风险评估原则提出评定建议。现场检查报告应附检查员记录及相关资料，并由检查组成员签字。

检查组应在检查工作结束后 10 个工作日内，将现场检查报告、检查员记录及相关资料报送药品认证检查机构。

第二十二条 现场检查如发现申请企业涉嫌违反《药品管理法》等相关规定，检查组应及时将证据通过观察员移交企业所在地药品监督管理部门，并将有关情况上报派出检查组的药品认证检查机构，派出机构根据情况决定是否中止现场检查活动。检查组应将情况在检查报告中详细记录。

中止现场检查的，药品认证检查机构应根据企业所在地药品监督管理部门调查处理结果，决定是否恢复认证检查。

第四章　审批与发证

第二十三条　药品认证检查机构可结合企业整改情况对现场检查报告进行综合评定。必要时，可对企业整改情况进行现场核查。综合评定应在收到整改报告后40个工作日内完成，如进行现场核查，评定时限顺延。

第二十四条　综合评定应采用风险评估的原则，综合考虑缺陷的性质、严重程度以及所评估产品的类别对检查结果进行评定。

现场检查综合评定时，低一级缺陷累计可以上升一级或二级缺陷，已经整改完成的缺陷可以降级，严重缺陷整改的完成情况应进行现场核查。

（一）只有一般缺陷，或者所有主要和一般缺陷的整改情况证明企业能够采取有效措施进行改正的，评定结果为“符合”；

（二）有严重缺陷或有多项主要缺陷，表明企业未能对产品生产全过程进行有效控制的，或者主要和一般缺陷的整改情况或计划不能证明企业能够采取有效措施进行改正的，评定结果为“不符合”。

第二十五条　药品认证检查机构完成综合评定后，应将评定结果予以公示，公示期为10个工作日。对公示内容有异议的，药品认证检查机构或报同级药品监督管理部门及时组织调查核实。调查期间，认证工作暂停。

对公示内容无异议或对异议已有调查结果的，药品认证检查机构应将检查结果报同级药品监督管理部门，由药品监督管理部门进行审批。

第二十六条　经药品监督管理部门审批，符合药品GMP要求的，向申请企业发放《药品GMP证书》；不符合药品GMP要求的，认证检查不予通过，药品监督管理部门以《药品GMP认证审批意见》方式通知申请企业。行政审批工作时限为20个工作日。

第二十七条　药品监督管理部门应将审批结果予以公告。省级药品监督管理部门应将公告上传国家食品药品监督管理局网站。

第五章　跟踪检查

第二十八条　药品监督管理部门应对持有《药品GMP证书》的药品生产企业组织进行跟踪检查。《药品GMP证书》有效期内至少进行一次跟踪检查。

第二十九条　药品监督管理部门负责组织药品GMP跟踪检查工作；药品认证检查机构负责制订检查计划和方案，确定跟踪检查的内容及方式，并对检查结果进行评定。检查组的选派按照本办法第十三条规定。

国家食品药品监督管理局药品认证检查机构负责组织或委托省级药品监督管理部门药品认证检查机构对注射剂、放射性药品、生物制品等进行跟踪检查。

第三十条　跟踪检查的结果按照本办法第十九条、第二十四条的规定办理。

第六章 《药品 GMP 证书》管理

第三十一条 《药品 GMP 证书》载明的内容应与企业药品生产许可证明文件所载明相关内容相一致。

企业名称、生产地址名称变更但未发生实质性变化的，可以药品生产许可证明文件为凭证，企业无需申请《药品 GMP 证书》的变更。

第三十二条 《药品 GMP 证书》有效期内，与质量管理体系相关的组织结构、关键人员等如发生变化的，企业应自发生变化之日起 30 日内，按照有关规定向原发证机关进行备案。其变更后的组织结构和关键人员等应能够保证质量管理体系有效运行并符合要求。

原发证机关应对企业备案情况进行审查，必要时应进行现场核查。如经审查不符合要求的，原发证机关应要求企业限期改正。

第三十三条 有下列情况之一的，由药品监督管理部门收回《药品 GMP 证书》:

（一）企业（车间）不符合药品 GMP 要求的；

（二）企业因违反药品管理法规被责令停产整顿的；

（三）其他需要收回的。

第三十四条 药品监督管理部门收回企业《药品 GMP 证书》时，应要求企业改正。企业完成改正后，应将改正情况向药品监督管理部门报告，经药品监督管理部门现场检查，对符合药品 GMP 要求的，发回原《药品 GMP 证书》。

第三十五条 有下列情况之一的，由原发证机关注销《药品 GMP 证书》:

（一）企业《药品生产许可证》依法被撤销、撤回，或者依法被吊销的；

（二）企业被依法撤销、注销生产许可范围的；

（三）企业《药品 GMP 证书》有效期届满未延续的；

（四）其他应注销《药品 GMP 证书》的。

第三十六条 应注销的《药品 GMP 证书》上同时注有其他药品认证范围的，药品监督管理部门可根据企业的申请，重新核发未被注销认证范围的《药品 GMP 证书》。核发的《药品 GMP 证书》重新编号，其有效期截止日与原《药品 GMP 证书》相同。

第三十七条 药品生产企业《药品 GMP 证书》遗失或损毁的，应在相关媒体上登载声明，并可向原发证机关申请补发。原发证机关受理补发《药品 GMP 证书》申请后，应在 10 个工作日内按照原核准事项补发，补发的《药品 GMP 证书》编号、有效期截止日与原《药品 GMP 证书》相同。

第三十八条 《药品 GMP 证书》的收（发）回、补发、注销等管理情况，由原发证机关在其网站上发布相关信息。省级药品监督管理部门应将信息上传至国家食品药品监督管理局网站。

第七章 附 则

第三十九条 《药品 GMP 证书》由国家食品药品监督管理局统一印制。

第四十条 本办法由国家食品药品监督管理局负责解释。

附件：1. 药品 GMP 认证申请书（略）

2. 药品 GMP 认证申请资料要求（略）

关于开展用量小临床必需的基本药物品种定点生产试点的通知

（2012 年 11 月 7 日发布）

各省、自治区、直辖市和新疆生产建设兵团工业和信息化主管部门、卫生厅（局）、发展改革委、物价局、食品药品监管局：

为贯彻落实《“十二五”期间深化医药卫生体制改革规划暨实施方案》和《深化医药卫生体制改革 2012 年主要工作安排》，更好地保障基本药物供应，经研究，决定对临床必需的基本药物中用量小的个别品种实行定点生产试点（具体实施方案见附件）。

国家有关部门将根据实施方案按计划开展工作，拟于 2012 年 11 月公示初选品种，2013 年一季度公布定点生产品种、采购价格、定点生产企业招标标准和规则，并正式启动定点生产企业招标程序。

请做好相关准备工作。

附件：关于对用量小临床必需的基本药物品种实行定点生产试点的实施方案

工业和信息化部　卫生部

国家发展和改革委员会 国家食品药品监督管理局

2012 年 11 月 7 日

关于对用量小临床必需的基本药物品种实行定点生产试点的实施方案

为贯彻落实《"十二五"期间深化医药卫生体制改革规划暨实施方案》中提出的"对用量小、临床必需的基本药物可通过招标采取定点生产等方式确保供应"有关精神，更好地保障基本药物供应，工业和信息化部、卫生部、国家发展和改革委员会、国家食品药品监督管理局共同研究制定如下方案。

一、建立部门协调机制

（一）建立由工业和信息化部、卫生部、国家发展和改革委员会、国家食品药品监督管理局组成的"基本药物定点生产试点协调机制"（以下简称"协调机制"），负责确定基本药物定点生产试点实施方案，确定定点生产品种，确定招标选择定点生产企业的标准和规则，协调解决试点工作中出现的问题。

（二）工业和信息化部负责基本药物定点生产试点的牵头组织工作，与卫生部、国家食品药品监督管理局共同制订招标选择定点生产企业的标准和规则，经"协调机制"确定后，组织具体的招标工作；负责对定点生产品种的生产供应情况进行监测，促进定点生产企业提高生产技术水平和供应保障能力。

（三）卫生部负责制订定点生产品种清单，汇总各地定点生产品种的需求数量，参与制订招标选择定点生产企业的标准和规则，参与定点生产企业招标工作，组织和监督地方基本药物采购机构与定点生产企业签订采购合同并采购药品，并负责采购过程的协调管理。

（四）国家发展和改革委员会负责制定定点生产品种的统一采购价格。

（五）国家食品药品监督管理局参与制订招标选择定点生产企业的标准和规则，参与定点生产企业招标工作，中标生产企业所在地省级药品监管部门负责加强对定点生产企业的日常质量监管。

（六）国务院医改办公室负责对试点政策研究协调，统筹与医改其他政策之间的衔接。

二、试点工作基本原则

（一）先期选择 5 ~ 10 个用量小、临床必需的化学药品种开展试点，目标是解决市场供应不足或供应不稳定的问题，对定点生产品种各地不再单独进行基本药物招标。

（二）定点生产企业应具有综合实力强、生产技术和质量管理水平高、既往生产销售情况好、原料药配套能力强等条件，能够保障品种稳定供应。

（三）每个试点品种的定点生产企业原则上为 2 家，定点生产企业招标每 2 年 1 次。

（四）试点品种价格采取政府定价管理，应保证生产企业合理盈利，有助于调动生产企业的积极性。

（五）部分基本药物定点生产不影响基本药物招标采购的整体安排，定点生产中标不作为企业参与其他药品招标采购的优先条件。

三、定点生产工作程序

（一）卫生部根据基本药物市场需求和供应情况制订定点生产品种建议清单，经“协调机制”研究并公开征求意见后予以确定，汇总各地定点生产品种的年度需求量。

（二）工业和信息化部、卫生部、国家食品药品监督管理局共同制订招标选择定点生产企业的标准和规则，报“协调机制”研究确定。

（三）国家发展和改革委员会研究制定相关品种的统一采购价格。

（四）“协调机制”各部门联合发布文件公布定点生产品种、采购价格、预计采购数量、定点生产企业招标标准和规则。

（五）工业和信息化部、卫生部、国家食品药品监督管理局组织对投标企业进行评估，必要时进行现场考察，确定中标企业并进行公示，原则上每个品种的中标企业为2家；结合市场需求量合理划分每个生产企业的供货区域；招标过程请纪检监察部门参与，全程监督。

（六）工业和信息化部、卫生部、国家食品药品监督管理局联合发文公布定点生产中标企业信息、供货品种和供货区域，各地基本药物采购机构在新一轮招标采购开始时，不再将定点生产品种纳入招标范围，按照国家发展和改革委员会制定的统一价格与定点生产企业签署带量或承诺单一货源的采购合同，严格按照合同约定采购并及时付款。

（七）各地公立医院采购定点生产范围内的基本药物品种时，优先按照国家发展和改革委员会确定的统一价格采购定点生产企业生产的品种。

关于加强胶囊剂药品及相关产品质量管理工作的通知

（国食药监电〔2012〕18 号）

各省、自治区、直辖市食品药品监督管理局（药品监督管理局）：

近期铬超标药用胶囊问题反映出部分药品生产企业质量管理薄弱，尤其体现在原辅料及成品检验方面，一些企业不能按照有关规定进行逐批全项检验，导致不合格原辅料投入使用，不合格产品流入市场，危害公众利益。为确保药品、保健食品质量安全，切实加强药用明胶、药用胶囊、胶囊剂药品和保健食品生产企业的质量管理和检验工作，现就有关事项通知如下：

一、健全生产企业质量管理体系有关要求

药用明胶、药用胶囊、胶囊剂药品和保健食品生产企业应当健全企业质量管理体系，确保质量管理部门有效履行质量保证和质量控制职责。企业负责人及其他部门的人员不得干扰或妨碍质量管理部门履行职责。物料供应商的确定及变更应当进行质量评估或审计，并经企业质量管理部门批准。

药用明胶、药用胶囊和胶囊剂药品每批产品出厂销售前要进行全项检验并应符合国家有关标准。胶囊剂保健食品每批产品出厂销售前要按照产品质量安全要求进行检验并应符合国家有关标准。产品放行前，所有生产文件和记录，包括检验数据均应经质量管理部门审查并符合要求。不合格产品不得放行出厂。

二、加强药用明胶生产质量管理和检验有关要求

药用明胶生产企业应当制定生产所用物料购入、储存、使用等管理制度；应当制定原料（皮、骨、腱）质量标准，并向省级食品药品监管部门备案。企业应按质量标准对原料进行检验，以确保原料满足药用明胶生产的质量要求。检验合格的原料方可投料使用。

企业应当规范药用明胶的批号编制，针对本企业生产实际，制定批号编制的管理规定。每批产品必须是质量和特性符合规定限度的均质产品。为确保同一批次产品质量和特性的均一性，明胶生产批次的划分，一般应以一个混胶罐一次调胶所得产品为一个批号。

企业应当对每批药用明胶按《中国药典》（2010 年版）标准进行全项检验，合格后方可入库、销售。

三、加强药用胶囊生产质量管理和检验的有关要求

药用胶囊生产企业必须从具有药用明胶生产资质的企业采购药用明胶。严禁购买非药用明胶用于生产。企业应当对购进的每批药用明胶按《中国药典》（2010 年版）标准进行全项检验，合格后方可入库、投料。

企业应当规范药用胶囊的批号编制，针对本企业生产实际，制定批号编制的管理规定。每批产品必须是质量和特性符合规定限度的均质产品。为确保同一批次产品质量和特性的均一性，药用胶囊生产批次的划分，一般应以同一原料批号、同一配方、同一规格、同一工艺的日产或班产量为一个批号。

企业应当对每批药用胶囊按《中国药典》（2010 年版）标准进行全项检验，合格后方可入库、销售。

四、加强胶囊剂生产质量管理和检验的有关要求

胶囊剂药品、保健食品生产企业必须从具有药用胶囊批准文号的企业采购产品。企业应当对购进的每批药用胶囊按《中国药典》（2010 年版）标准进行全项检验，合格后方可入库、使用。

企业应当对每批胶囊剂药品按国家药品标准进行全项检验，合格后方可入库、销售。

五、规范委托检验有关要求

药用明胶、药用胶囊和胶囊剂药品生产企业必须配备与所生产产品相适应的检验仪器设备和检验人员。2012 年 9 月 30 日前，个别检验项目可以采取委托检验方式。委托方和受托方必须签订书面合同，明确规定各方责任、委托检验的内容及相关技术事项。委托方应当对受托方进行评估，对受托方的条件、技术水平、质量管理情况进行现场考核，确认其具有完成检验任务的能力。食品药品监管部门有权对受托方进行监督检查。采取委托检验方式的生产企业必须尽快具备对所生产产品进行全项检验的能力，自 2012 年 10 月 1 日起，不得进行委托检验。

以上要求自 2012 年 5 月 1 日起执行。凡达不到上述要求的企业，一律停止相关产品的生产，直至符合要求后方可恢复生产。各级食品药品监管部门要加大对药用明胶、药用胶囊、胶囊剂药品和保健食品生产企业的监督检查和抽验工作力度，凡发现企业违规生产的，坚决依法查处。

国家食品药品监督管理局

2012 年 4 月 28 日

关于加快实施新修订药品生产质量管理规范促进医药产业升级有关问题的通知

（国食药监安〔2012〕376号，2012年12月21日发布）

各省、自治区、直辖市及新疆生产建设兵团食品药品监督管理局（药品监督管理局）、发展改革委、工业和信息化主管部门、卫生厅（局）：

按照国务院发布的《国家药品安全“十二五”规划》、《“十二五”期间深化医药卫生体制改革规划暨实施方案》以及《工业转型升级规划（2011～2015年）》确定的总体目标，“十二五”末药品生产秩序要得到进一步规范，药品安全保障能力整体接近国际先进水平，药品安全水平和人民群众用药安全满意度显著提升。为此，药品生产企业要在2015年底前全面实施新修订《药品生产质量管理规范》（以下简称新修订药品GMP），切实提高药品生产质量管理水平，促进医药产业持续健康发展。现就加快实施新修订药品GMP、促进医药产业升级有关问题通知如下：

一、切实抓紧实施新修订药品GMP工作

自2011年3月新修订药品GMP实施以来，各地区、各部门密切配合，加大宣传实施力度，部分药品生产企业已经率先通过认证，发挥了良好的示范带头作用。截至2012年10月，已有535家企业全部或部分车间通过了新修订药品GMP认证。但总体来看，距离实现预期目标仍有较大差距，有的地方推进较慢，少数企业存在等待观望心理，实施进展不平衡的问题仍很突出，特别是无菌制剂生产要在2013年底实现预期目标，任务尤为紧迫。

各地区、各部门及药品生产企业要充分认识实施新修订药品GMP对于维护公众健康，促进社会和谐，保证医疗卫生体制改革顺利推进，促进医药产业结构调整和升级，提升企业管理水平和国际竞争力的重要意义，将其作为当前和今后一段时间的重点工作来抓。要进一步统一思想，提高认识，正确处理好局部与整体、进度与质量、软件与硬件、当前与长远、企业责任与政府监管的关系，紧紧抓住这一有利契机，通过技术改造和兼并重组等措施，淘汰落后产能，提高产业集中度。要坚持标准不降低、时间不放宽的要求，确保新修订药品GMP实施工作达到预期目标。

二、鼓励和引导药品生产企业尽快达到新修订药品GMP

（一）鼓励药品生产向优势企业集中。支持研发和生产、制造和流通、原料药和制剂、中药材和中成药等企业之间的上下游整合，支持企业开展兼并重组、资源整合，实现规模化、集约化经营，提高产业集中度。

对企业兼并重组或企业集团内部优化资源配置而发生的药品技术转让注册等申请，进一步提高

审评审批速度，由省级药品监督管理部门在《关于印发药品技术转让注册管理规定的通知》（国食药监注〔2009〕518 号）的基础上，进行技术审评、生产现场检查以及质量保证体系审核。符合要求的，报国家药品监督管理部门审批（具体办法另行通知）。

药品生产企业主动放弃全厂或部分剂型生产改造的，可按照上述要求，将其现有药品技术在规定期限内转让给已通过新修订药品 GMP 认证的企业。但一个剂型的药品技术仅限于一次性转让给一家企业。

注射剂等无菌药品生产企业应在 2014 年 12 月 31 日前、其他类别药品生产企业应在 2016 年 12 月 31 日前按上述要求提出药品技术转让注册等申请，同时申请注销相应药品生产许可和药品批准文号。逾期药品监督管理部门不予受理。

（二）鼓励优势企业尽快通过认证。对已经通过世界卫生组织或药品检查国际公约组织（PIC/S）成员单位药品 GMP 认证检查的企业或其他基础较好、质量保证体系完善、既往药品 GMP 认证检查中未发现严重缺陷项目的企业，通过优先安排检查等措施，鼓励其全部生产线一次性通过认证。对已经通过世界卫生组织或药品检查国际公约组织（PIC/S）成员单位药品 GMP 认证检查的生产线，药品监督管理部门对其检查工作复核认为符合我国新修订药品 GMP 要求后，可予直接通过认证。

（三）限制未按期通过认证企业的药品注册。药品生产企业未在规定期限内通过新修订药品 GMP 认证的，药品监督管理部门将暂停其相应剂型的药品注册审评审批。注射剂等无菌药品生产企业自 2014 年 1 月 1 日起、其他类别药品生产企业自 2016 年 1 月 1 日起，如不能提交相应剂型的新修订药品 GMP 认证证书，不受理其新申报生产的注册申请，已经受理的此类申请暂停审评审批。待上述企业提交相应剂型新修订药品 GMP 认证证书后，方可受理或重新启动审评审批程序。新建药品生产企业（车间）除外。

（四）严格药品委托生产资质审查和审批。注射剂等无菌药品自 2013 年 7 月 1 日起、其他类别药品自 2015 年 1 月 1 日起，受托方未取得相应剂型新修订药品 GMP 认证证书的，药品监督管理部门一律不批准其药品委托生产申请。对已经批准的委托生产，受托方相应类别药品如在 2013 年底前或 2015 年底前未通过新修订药品 GMP 认证，逾期应停止受托生产。对于确已开展新修订药品 GMP 改造但尚未在规定期限内通过认证的企业，在停产改造期间可委托已通过新修订药品 GMP 认证的企业生产，注射剂等无菌药品可委托生产至 2014 年 12 月 31 日，其他类别药品可委托生产至 2016 年 12 月 31 日。生物制品和中药注射剂不得委托生产。

（五）充分发挥价格杠杆作用。价格主管部门制定和调整药品价格时，要充分考虑实施新修订药品 GMP 对企业生产成本的影响。对通过新修订药品 GMP 认证的产品，经国家药品监督管理部门认定，达到国际水平的，实行合理的价格倾斜政策。

（六）实行药品集中采购优惠政策。在药品集中采购中坚持质量优先、价格合理。进一步完善药品质量评价体系，将生产企业相应品种或剂型通过新修订药品 GMP 认证作为质量评估标准的重要指标。在基本药物集中采购中，如果有通过新修订药品 GMP 认证生产企业的产品参与投标，其他未通过新修订药品 GMP 认证企业的同种产品，不再进入商务标评审阶段；在非基本药物集中采购中，要积极研究探索设立单独的产品类别，并进一步加大药品 GMP 认证的评分权重。对于执行统一定价的药品，优先从相应品种或剂型通过新修订药品 GMP 认证的企业采购。

（七）支持企业药品 GMP 改造项目。通过产业振兴和技术改造专项等方式，对企业新修订药品 GMP 改造项目给予支持，调动企业实施改造的积极性。支持有条件的企业建设符合国际标准的制剂生产线，组织实施生产质量体系国际认证，带动我国药品生产质量保证水平与国际接轨。

三、加强对实施新修订药品 GMP 的指导和服务

（一）充分发挥实施新修订药品 GMP 对促进产业升级的积极作用。抓住医药行业实施新修订药品 GMP 的重要机遇，在全面提升药品质量保证水平的同时，进一步落实工业和信息化部、卫生部、国家食品药品监督管理局《关于加快医药行业结构调整的指导意见》中各项任务。通过加强各项政策的协调配合，形成政策合力，有效发挥实施新修订药品 GMP 在鼓励先进、淘汰落后、促进兼并重组和资源整合、提高行业准入门槛和抑制低水平重复建设、提高医药生产规模化、集约化、国际化发展水平等方面的作用，提升我国医药产业的可持续发展能力，促进医药行业结构调整取得实质性进展。

（二）注重质量保证体系建设。实施新修订药品 GMP 核心在于质量保证体系建设。在实施过程中要把着力点放到加强软件建设上来。尤其要注意加大全员培训力度，提高员工的质量意识和风险意识。要着重在验证、变更控制、偏差处理、纠正措施和预防措施、供应商审计、产品质量回顾分析等方面完善制度，强化制度的日常执行和落实，以完善的质量保证体系，确保产品质量安全。监管部门开展认证检查，也要把重点放到软件方面来。

四、加强对实施新修订药品 GMP 的组织领导

各级药品监管、发展改革、工业和信息化、卫生行政部门要加强沟通与合作，建立跨部门的领导小组或协调会议机制，制定工作规划，协调本辖区实施新修订药品 GMP 的政策，保证各项工作顺利进行。要加强行业管理和运行监测，在保证顺利实施新修订药品 GMP 的同时，研究预判和及时解决可能影响药品正常供应的问题，保障临床用药需求。要将实施情况及时向地方政府报告，落实有关政策，在当地政府统一领导下切实做好新修订药品 GMP 实施各项工作。对于因实施新修订药品 GMP 而停产关闭的药品生产企业，要提前预判，制定预案，妥善处置，切实维护社会稳定。

国家食品药品监督管理局　国家发展改革委
工业和信息化部　卫生部
2012 年 12 月 21 日

关于对通过新修订药品 GMP 认证企业生产能力进行调查分析的通知

（食药监安便函〔2013〕8 号）

各省、自治区、直辖市食品药品监督管理局（药品监督管理局）：

为及时掌握新修订药品 GMP 认证情况对药品可及性的影响，引导药品生产企业有计划地开展新修订药品 GMP 改造和认证申请，国家局决定对通过新修订药品 GMP 认证企业生产能力情况进行调查分析。有关事项通知如下：

一、自本通知下发之日起，凡提出新修订药品 GMP 认证申请的企业，在上报申请材料时请增报一份《新修订药品 GMP 认证前后生产能力变化情况表》（具体内容见附件 1，可从国家局网站"新修订药品 GMP 专栏"下载），上报给相应 GMP 认证申请的受理部门。

二、对于本通知下发之日前已提出新修订药品 GMP 认证申请的无菌药品生产企业，请各省局通知本辖区相关企业补填一份《新修订药品 GMP 认证前后生产能力变化情况表》，并于 2013 年 1 月 22 日前由企业加盖公章后直接传真给国家局药品安全监管司生产监管处（电子版本请一并发送）。

三、对于已取得新修订药品 GMP 认证证书的非无菌药品生产企业，请各省局负责统计汇总，并于 2013 年 1 月 25 日前填写《非无菌药品生产企业新修订药品 GMP 认证前后生产能力变化情况汇总表》（具体内容见附件 2，可从国家局网站"新修订药品 GMP 专栏"下载），加盖公章后传真给国家局药品安全监管司生产监管处（电子版本请一并发送）。

2013 年 1 月 25 日以后新取得新修订药品 GMP 认证证书的非无菌药品生产企业，请各省局负责统计汇总，并于每月 25 日前将本月新增加企业的相关情况填写《非无菌药品生产企业新修订药品 GMP 认证前后生产能力变化情况汇总表》，加盖公章后传真给国家局药品安全监管司生产监管处（电子邮件请一并发送）。

请各省局及时将上述信息通知本辖区内药品生产企业，并组织人员做好统计数据的汇总上报工作。

联 系 人：安监司生产监管处　叶家辉　张　静
电　　话：010－88330812，88330852
传　　真：010－88330810
电子信箱：ajsgmp@163. com

附件：1.《新修订药品 GMP 认证前后生产能力变化情况表》

2.《非无菌药品生产企业新修订药品 GMP 认证前后生产能力变化情况汇总表》

国家食品药品监督管理局安监司

2013 年 1 月 11 日

附件 1：

《新修订药品 GMP 认证前后生产能力变化情况表》填表说明

①通知下发之日前已提出新修订药品 GMP 申请，已完成 GMP 认证过程但未通过的企业不必填写本表；原料药、医用氧、中药饮片、体外诊断试剂等生产企业不必填写本表。

②本通知下发之日后新提出新修订药品 GMP 认证申请的企业，以及本通知下发之日前已提出新修订药品 GMP 认证但尚未完成认证过程的企业，不必填写此栏。

③无菌剂型按小容量注射剂、大容量注射剂、粉针剂、冻干粉针剂、眼用制剂等填写；属于按品种认证的，“剂型”栏不必填写。非无菌剂型按《中国药典》（2010 年版）附录片剂、胶囊剂、丸剂、颗粒剂等填写。

④本栏以品种名称为统计单位，如某药品有不同的规格，按一个品种名称计算。

⑤药品类别：按化药、中药、生物制品分类填写。

⑥此栏数据是指该品种该企业的 2011 年实际产量，如某企业小容量注射剂有 3 条生产线，其中 1 条生产线目前通过认证，2 条尚未通过，则此栏填写该企业小容量注射剂 3 条生产线的 2011 年实际产量。产量的单位：小容量注射剂按“万支”，大容量注射剂按“万瓶/万袋”，冻干粉针剂按“万瓶”，粉针剂按“万支/万瓶”，血液制品和疫苗按“万瓶/万支/万人份”，片剂按“万片”，胶囊剂按“万粒”，丸剂按“万瓶”，颗粒剂按“万袋/万瓶”，口服液“万瓶/万支”等。

⑦此栏数据是指 GMP 改造前的实际产量。如某企业 2011 年 6 月改造，则此处填 2010 年产量；如某企业 2012 年 6 月改造，则填 2011 年产量，此时本栏目数据与本表第 6 列数据相同。

⑧此栏数据是指企业本张 GMP 证书上注明的生产线，在统筹考虑原料供应、价格等各方面因素后所期望的年产量。如该生产线 2011 年已取得新修订 GMP 证书，则此栏可填 2012 年实际产量。

⑨此栏数据是指企业本张 GMP 证书上注明的生产线，在全负荷运转情况下的最大年产量。如该剂型存在多种产品，按其中一个品种产量测算最大年产量。

新修订药品 GMP 认证前后生产能力变化情况表①（企业填报）

药品生产企业名称（公章）： 填写日期： 填表人姓名： 联系电话： 手机：

序号	新修订 GMP 证书编号②	剂型③	品种名称④	药品类别⑤	2011 年该品种的全厂年产量⑥	获得本张证书前该品种的正常全厂年产量⑦	本张证书生产线上生产该品种的预计年产量⑧	本张证书生产线上生产该剂型的预计最大年产量⑨
1								

续表

序号	新修订 GMP 证书编号②	剂型③	品种名称④	药品类别⑤	2011 年该品种的全厂年产量⑥	获得本张证书前该品种的正常全厂年产量⑦	本张证书生产线上生产该品种的预计年产量⑧	本张证书生产线上生产该剂型的预计最大年产量⑨
2								

注：填写要求详见另页填表说明。

附件 2：

非无菌药品生产企业新修订药品 GMP 认证前后生产能力变化汇总表[①]（省局汇总上报）

________省（自治区、直辖市）（公章） 填报日期： 填表人姓名： 联系电话： 手机：

序号	品种名称[②]	剂型[③]	药品类别[④]	2011 年该品种的全厂年产量[⑤]	获得本张证书前该品种的正常全厂年产量[⑥]	本张证书生产线上生产该品种的预计年产量[⑦]	本张证书生产线上生产该剂型的预计最大年产量[⑧]
1							
2							
3							
4							
5							
6							
7							
8							
9							
10							
11							
12							
13							
14							
15							
16							

填表说明：

①原料药、医用氧、中药饮片、体外诊断试剂等品种不必统计在内。

②本表以品种名称为统计单位，如某药品有不同的规格，按一个品种名称计算。不同企业的相同品种合并在一起统计。

③剂型按《中国药典》(2010 年版）附录片剂、胶囊剂、丸剂、颗粒剂、口服溶液剂等。

④药品类别：化药、中药、生物制品等。

⑤～⑧为各企业同一品种累加值。

关于做好实施新修订药品生产质量管理规范过程中药品技术转让有关事项的通知

（国食药监注〔2013〕38 号）

各省、自治区、直辖市及新疆生产建设兵团食品药品监督管理局（药品监督管理局）：

为贯彻落实国家食品药品监督管理局、国家发展改革委、工业和信息化部和卫生部《关于加快实施新修订药品生产质量管理规范促进医药产业升级有关问题的通知》（国食药监安〔2012〕376 号）中药品技术转让的有关规定，现就实施新修订药品生产质量管理规范（药品 GMP）过程中药品生产企业整体搬迁、兼并等情形涉及的药品技术转让有关事项通知如下：

一、符合下列情形的，可申请药品技术转让：

（一）药品生产企业整体搬迁或被兼并后整体搬迁的，原址药品生产企业的药品生产技术可转让至新址药品生产企业。

（二）兼并重组中药品生产企业一方持有另一方 50% 以上股权或股份的，或者双方均为同一企业控股 50% 以上股权或股份的药品生产企业，双方可进行药品技术转让。

（三）放弃全厂或部分剂型生产改造的药品生产企业，可将相应品种生产技术转让给已通过新修订药品 GMP 认证的企业，但同一剂型所有品种生产技术仅限于一次性转让给一家药品生产企业。放弃原料药 GMP 改造的，相应药品品种可进行技术转让，转入方接受转让后再进行新修订药品 GMP 认证。

注射剂等无菌药品生产企业应在 2014 年 12 月 31 日前、其他类别药品生产企业应在 2016 年 12 月 31 日前按上述要求提出药品技术转让注册申请，逾期药品监督管理部门不予受理。

二、程序和要求：

符合上述情形的药品技术转让，应按品规逐一提出药品技术转让申请，申请药品技术转让的品种经受理、审评并获得批准后方可上市销售。

（一）药品技术转让申请的受理。药品技术转让应当经转出方药品生产企业所在地省级药品监督管理部门核准，由转入方药品生产企业向所在地省级药品监督管理部门提出药品技术转让的补充申请，药品监督管理部门审核同意后，发给受理通知书。

（二）药品技术转让申请的审评审批。药品技术转让申请受理后，转入方药品生产企业应按品规逐一完成相关技术研究工作，并向所在地省级药品监督管理部门提出开展后续技术审评工作。省级药品监督管理部门按照《药品技术转让注册管理规定》的要求，结合原药品批准证明文件相关要求的完成情况，组织开展技术审评，生产现场检查和样品检验，符合要求的，提出批准生产上市的意见并报国家食品药品监督管理局。国家食品药品监督管理局发给补充申请批件，核发药品批准文号，同时注销原药品批准文号。

涉及药品生产许可证范围变化的，省级药品监督管理部门核减相应生产范围或注销原药品生产许可证。

三、属于下列情形的，不得进行药品技术转让：

（一）转出方或转入方相关合法登记失效，不能独立承担民事责任的；

（二）未获得新药证书所有持有者同意转出的；

（三）转出方和转入方不能提供有效批准证明文件的；

（四）麻醉药品、第一类精神药品、第二类精神药品原料药和药品类易制毒化学品的品种；

（五）国家食品药品监督管理局认为不予受理或者不予批准的其他情形。

四、生物制品应按照《药品技术转让注册管理规定》的程序和要求进行技术转让。

五、各省级药品监督管理部门要建立相应技术审评机构和工作机制，配备专门人员和技术力量，达到上述条件的向国家食品药品监督管理局提出开展上述药品技术转让审评相关工作的申请，获批准后方可实施。各省级药品监督管理部门要强化责任，严格按照通知要求开展技术审评工作，认真审查工艺验证、质量对比等研究资料，不符合要求的，坚决不予审批，确保技术转让过程标准不降低，确保技术转让品种质量的一致性。

国家食品药品监督管理局将对各省级药品监督管理部门药品技术转让审评审批工作开展监督检查，对违反规定、降低技术要求的情况予以纠正，并追究责任。

六、药品技术转让是当前的一项重要工作，是鼓励企业药品技术有序流动，推动新修订药品 GMP 顺利实施，促进企业资源优化配置、企业做大做强、促进产业集中度提高和医药产业升级的重要举措。各级药品监督管理部门应站在全局高度，加强引导、排除干扰、防止地方保护、不得以任何理由设置障碍，依法支持企业开展技术转让，促进医药产业健康发展。

国家食品药品监督管理局

2013 年 2 月 22 日

关于严格中药饮片炮制规范及中药配方颗粒试点研究管理等有关事宜的通知

各省、自治区、直辖市食品药品监督管理局（药品监督管理局），新疆生产建设兵团食品药品监督管理局：

根据《中华人民共和国药品管理法》的规定，各省级食品药品监督管理部门相继对省级中药饮片炮制规范进行了制定或修订，对规范中药饮片炮制，提高中药饮片质量发挥了积极作用。但也出现了将尚处在科研阶段的科研产品或按制剂管理的产品列入炮制规范等问题，有的还比较突出。为严格管理，现就有关事项通知如下：

一、严格中药饮片炮制规范

（一）在制定或修订本辖区中药饮片炮制规范时，应严格按照《中华人民共和国药品管理法》及其实施条例的相关规定，其收载范围仅限于确有地方炮制特色和中医用药特点的炮制方法及中药饮片。

（二）不得将尚处于科学研究阶段、未获得公认的安全性、有效性方面数据的科研产品，以及片剂、颗粒剂等常规按制剂管理的产品作为中药饮片管理，并不得为其制定中药饮片炮制规范。

二、严格中药配方颗粒试点研究管理

中药配方颗粒仍处于科研试点研究，国家食品药品监督管理总局将会同相关部门推进中药配方颗粒试点研究工作，发现问题，总结经验，适时出台相关规定。此前，各省级食品药品监督管理部门不得以任何名义自行批准中药配方颗粒生产。

三、严格药品注册审评审批

应严格按照《药品注册管理办法》等规章或文件规定的程序和要求，依法办理食品药品监督管理部门负责的药品注册审批或备案事项。依法行政、严格标准、严格审批，对已发生的不当审批行为须立即纠正、妥善处理。国家食品药品监督管理总局将开展监督检查，一旦发现问题将依法依规严肃查处，并追究相关责任者责任。

国家食品药品监督管理总局办公厅

2013 年 6 月 26 日

第三编 药品经营政策法规

关于加强中药注册管理有关事宜的通知

（国药管注〔2000〕157 号）

各省、自治区、直辖市药品监督管理局或卫生厅（局）：

根据《药品管理法》、《新药审批办法》及《仿制药品审批办法》等有关规定，为进一步规范中药注册管理的有关工作，保证人民用药安全有效，现就有关事宜通知如下：

一、针对已批准生产中药注射剂不良反应发生较多、原因复杂的情况，为加强中药注射剂的质量管理，决定：

（一）暂停中药注射剂的仿制审批。

（二）新药中药注射剂应固定药材产地，建立药材和制剂的指纹图谱标准，具体要求另行发布。

（三）已批准生产中药注射剂的企业，应参照中药新药注射剂有关要求，提高质量标准，经省、自治区、直辖市药品监督管理局审核后，报送我局。此项工作在 2004 年底完成。否则，将撤销其生产批准文号。

二、为提高中药质量标准水平，逐步改变中成药低水平重复的情况，自本通知下发之日起，对仿制需提高质量标准的被仿制中成药品种实行试行标准管理制度。仿制药品获准生产后，仿制药品实行试行标准，试行期二年。标准试行 6 个月内该品种不受理仿制申请；标准试行期满转为国家标准，该品种的原国家标准同时废止。具体规定见附件 1。

三、已批准进口的天然药物申请国内生产批准文号，按下述处理；持《进口药品注册证》企业申报的品种，按中药新药四类的程序和要求办理。持《医药产品注册证》企业申报的品种，参照仿制药品的程序和要求办理，批准生产后，发给生产批准文号，同时注销原《医药产品注册证》，仿制标准为批准进口的注册标准。

四、为加强药用滑石粉、雄黄的管理，保证其质量，决定对药用滑石粉、雄黄实行生产批准文号管理，申请药用滑石粉，雄黄生产批准文号的企业，应取得《药品生产企业许可证》。在 2000 年内，药用滑石粉、雄黄生产企业应按我局有关要求办理申报手续（具体要求见附件 2）。自 2002 年 5 月 1 日起，未取得生产批准文号的药用滑石粉、雄黄不得销售、使用。违者按销售、使用假药处理。

以上请遵照执行。

附件：1. 中药仿制药品试行标准管理规定

2. 申请药用滑石粉、雄黄生产批准文号有关要求

国家药品监督管理局

2000 年 4 月 14 日

附件 1：

中药仿制药品试行标准管理规定

一、为加强中药仿制药品管理，提高中成药质量，针对现行国家药品标准中某些中成药品种质量标准尚不完善，缺乏内在质量控制指标和没有严格工艺条件的情况，根据《药品管理法》及《仿制药品审批办法》有关规定，特制定本规定。

二、本规定适用于需提高质量标准的被仿制中成药品种范围。

三、中药仿制药品申报单位应参照《中药新药研究的技术要求》核查被仿制药品质量标准的工艺、检测标准等项目，在《拟申请仿制药品申报表》中设附页说明是否需提高、改进并述及原因，若认为质量标准中功能主治描述不当的可一并提出。

四、拟仿制申请被批准后，凡被仿制药品质量标准的工艺、检测标准项目需提高和改进的，中药仿制药品申报单位应参照《中药新药研究的技术要求》起草中药仿制药品试行标准并附起草说明。

五、在起草试行标准的过程中，对需严格工艺条件的，一般不应有质的改变，若发现有用溶媒、辅料不合理情况可提出修改建议。

六、为了保证中药仿制药品试行标准的科学性及可行性，国家药品监督管理局药品审评中心可组织有关单位和专家对新起草的试行标准进行技术审评，对仍需深入研究的项目和工艺改进较大情况的，可请已批准生产企业共同参加。

七、拟仿制申请被批准后，应在一年内申报仿制药品生产，如因实验原因不能按时完成有关申报内容，应及时向国家药品监督管理局说明原因，经批准后方可延期申报。

八、中药仿制药品试行标准试行期为 2 年，试行期满前 3 个月，申报单位应提出转正申请，所需申报资料项目见附件，经省级药品监督管理部门审查同意，报国家药品监督管理局审核批准。

九、试行标准在试行期内，申报单位应积累有关数据，为标准转正奠定基础，如需修订试行标准应进行补充申请。

十、对于按原法定标准生产同品种的企业应按试行标准积累不少于三批检测数据，同时向当地省药检所报送该三批样品，由当地省药检所按试行标准复核并连同对试行标准修改意见汇总后报国家药典委员会。

十一、中药仿制药品试行标准转正技术审查工作由国家药典委员会负责。技术复核工作由中国药品生物制品检定所负责。

十二、中药仿制药品试行标准转为国家正式标准后，同品种原标准即停止使用。已生产出的产品仍可按原标准检验。

十三、在试行标准颁布后，半年内暂停受理同品种的仿制申请，不予受理该品种的中药品种保护。

附件 2：

申请药用滑石粉、雄黄生产批准文号有关要求

一、申报资料项目

1. 矿产资源情况（主要指矿藏量，矿质情况分析，企业与矿关系）。
2. 生产基地环境。
3. 环保情况（包括污水和粉尘处理）。
4. 炮制工艺规程。
5. 内控质量标准及与此相适应的检验条件。
6. 包装材料，规格。
7. 稳定性实验资料。
8. 急性毒性实验资料。
9. 三批样品及该三批样品的检验报告书。

二、申请办理程序

1. 申请办理药用滑石粉、雄黄生产批准文号，应按《仿制药品审批办法》的规定，报送上述有关资料。

2. 省级药品监督管理部门在考核生产现场前，应通知我局药品注册司，我局药品注册司将组织部分专家一同参与考核。

药品经营许可证管理办法

（2004 年 1 月 2 日国家食品药品监督管理局局务会审议通过，
2004 年 2 月 4 日发布，自 2004 年 4 月 1 日起施行）

第一章　总　　则

第一条　为加强药品经营许可工作的监督管理，根据《中华人民共和国药品管理法》、《中华人民共和国药品管理法实施条例》（以下简称《药品管理法》、《药品管理法实施条例》）的有关规定，制定本办法。

第二条　《药品经营许可证》发证、换证、变更及监督管理适用本办法。

第三条　国家食品药品监督管理局主管全国药品经营许可的监督管理工作。

省、自治区、直辖市（食品）药品监督管理部门负责本辖区内药品批发企业《药品经营许可证》发证、换证、变更和日常监督管理工作，并指导和监督下级（食品）药品监督管理机构开展《药品经营许可证》的监督管理工作。

设区的市级（食品）药品监督管理机构或省、自治区、直辖市（食品）药品监督管理部门直接设置的县级（食品）药品监督管理机构负责本辖区内药品零售企业《药品经营许可证》发证、换证、变更和日常监督管理等工作。

第二章　申领《药品经营许可证》的条件

第四条　按照《药品管理法》第 14 条规定，开办药品批发企业，应符合省、自治区、直辖市药品批发企业合理布局的要求，并符合以下设置标准：

（一）具有保证所经营药品质量的规章制度。

（二）企业、企业法定代表人或企业负责人、质量管理负责人无《药品管理法》第 76 条、第 83 条规定的情形。

（三）具有与经营规模相适应的一定数量的执业药师。质量管理负责人具有大学以上学历，且必须是执业药师。

（四）具有能够保证药品储存质量要求的、与其经营品种和规模相适应的常温库、阴凉库、冷库。仓库中具有适合药品储存的专用货架和实现药品入库、传送、分检、上架、出库现代物流系统的装置和设备。

（五）具有独立的计算机管理信息系统，能覆盖企业内药品的购进、储存、销售以及经营和质量控制的全过程；能全面记录企业经营管理及实施《药品经营质量管理规范》方面的信息；符合

《药品经营质量管理规范》对药品经营各环节的要求，并具有可以实现接受当地（食品）药品监管部门（机构）监管的条件。

（六）具有符合《药品经营质量管理规范》对药品营业场所及辅助、办公用房以及仓库管理、仓库内药品质量安全保障和进出库、在库储存与养护方面的条件。

国家对经营麻醉药品、精神药品、医疗用毒性药品、预防性生物制品另有规定的，从其规定。

第五条　开办药品零售企业，应符合当地常住人口数量、地域、交通状况和实际需要的要求，符合方便群众购药的原则，并符合以下设置规定：

（一）具有保证所经营药品质量的规章制度。

（二）具有依法经过资格认定的药学技术人员。

经营处方药、甲类非处方药的药品零售企业，必须配有执业药师或者其他依法经过资格认定的药学技术人员。质量负责人应有一年以上（含一年）药品经营质量管理工作经验。

经营乙类非处方药的药品零售企业以及农村乡镇以下地区设立药品零售企业的，应当按照《药品管理法实施条例》第 15 条的规定配备业务人员，有条件的应当配备执业药师。企业营业时间，以上人员应当在岗。

（三）企业、企业法定代表人、企业负责人、质量负责人无《药品管理法》第 76 条、第 83 条规定情形的。

（四）具有与所经营药品相适应的营业场所、设备、仓储设施以及卫生环境。在超市等其他商业企业内设立零售药店的，必须具有独立的区域。

（五）具有能够配备满足当地消费者所需药品的能力，并能保证 24 小时供应。药品零售企业应备有的国家基本药物品种数量由各省、自治区、直辖市（食品）药品监督管理部门结合当地具体情况确定。

国家对经营麻醉药品、精神药品、医疗用毒性药品、预防性生物制品另有规定的，从其规定。

第六条　开办药品批发企业验收实施标准由国家食品药品监督管理局制定。开办药品零售企业验收实施标准，由各省、自治区、直辖市（食品）药品监督管理部门依据本办法和《药品经营质量管理规范》的有关内容组织制定，并报国家食品药品监督管理局备案。

第七条　药品经营企业经营范围的核定。

药品经营企业经营范围：麻醉药品、精神药品、医疗用毒性药品；生物制品；中药材、中药饮片、中成药、化学原料药及其制剂、抗生素原料药及其制剂、生化药品。

从事药品零售的，应先核定经营类别，确定申办人经营处方药或非处方药、乙类非处方药的资格，并在经营范围中予以明确，再核定具体经营范围。

医疗用毒性药品、麻醉药品、精神药品、放射性药品和预防性生物制品的核定按照国家特殊药品管理和预防性生物制品管理的有关规定执行。

第三章　申领《药品经营许可证》的程序

第八条　开办药品批发企业按照以下程序办理《药品经营许可证》：

（一）申办人向拟办企业所在地的省、自治区、直辖市（食品）药品监督管理部门提出筹建申请，并提交以下材料：

1. 拟办企业法定代表人、企业负责人、质量负责人学历证明原件、复印件及个人简历；
2. 执业药师执业证书原件、复印件；
3. 拟经营药品的范围；

4. 拟设营业场所、设备、仓储设施及周边卫生环境等情况。

（二）（食品）药品监督管理部门对申办人提出的申请，应当根据下列情况分别作出处理：

1. 申请事项不属于本部门职权范围的，应当即时作出不予受理的决定，发给《不予受理通知书》，并告知申办人向有关（食品）药品监督管理部门申请。

2. 申请材料存在可以当场更正错误的，应当允许申办人当场更正。

3. 申请材料不齐或者不符合法定形式的，应当当场或者在 5 日内发给申办人《补正材料通知书》，一次性告知需要补正的全部内容。逾期不告知的，自收到申请材料之日起即为受理。

4. 申请事项属于本部门职权范围，材料齐全、符合法定形式，或者申办人按要求提交全部补正材料的，发给申办人《受理通知书》。《受理通知书》中注明的日期为受理日期。

（三）（食品）药品监督管理部门自受理申请之日起 30 个工作日内，依据本办法第四条规定对申报材料进行审查，作出是否同意筹建的决定，并书面通知申办人。不同意筹建的，应当说明理由，并告知申办人享有依法申请行政复议或者提起行政诉讼的权利。

（四）申办人完成筹建后，向受理申请的（食品）药品监督管理部门提出验收申请，并提交以下材料：

1. 药品经营许可证申请表；

2. 工商行政管理部门出具的拟办企业核准证明文件；

3. 拟办企业组织机构情况；

4. 营业场所、仓库平面布置图及房屋产权或使用权证明；

5. 依法经过资格认定的药学专业技术人员资格证书及聘书；

6. 拟办企业质量管理文件及仓储设施、设备目录。

（五）受理申请的（食品）药品监督管理部门在收到验收申请之日起 30 个工作日内，依据开办药品批发企业验收实施标准组织验收，作出是否发给《药品经营许可证》的决定。符合条件的，发给《药品经营许可证》；不符合条件的，应当书面通知申办人并说明理由，同时告知申办人享有依法申请行政复议或提起行政诉讼的权利。

第九条　开办药品零售企业按照以下程序办理《药品经营许可证》：

（一）申办人向拟办企业所在地设区的市级（食品）药品监督管理机构或省、自治区、直辖市（食品）药品监督管理部门直接设置的县级（食品）药品监督管理机构提出筹建申请，并提交以下材料：

1. 拟办企业法定代表人、企业负责人、质量负责人的学历、执业资格或职称证明原件、复印件及个人简历及专业技术人员资格证书、聘书；

2. 拟经营药品的范围；

3. 拟设营业场所、仓储设施、设备情况。

（二）（食品）药品监督管理机构对申办人提出的申请，应当根据下列情况分别作出处理：

1. 申请事项不属于本部门职权范围的，应当即时作出不予受理的决定，发给《不予受理通知书》，并告知申办人向有关（食品）药品监督管理部门申请；

2. 申请材料存在可以当场更正的错误的，应当允许申办人当场更正；

3. 申请材料不齐或者不符合法定形式的，应当当场或者在 5 日内发给申办人《补正材料通知书》，一次性告知需要补正的全部内容。逾期不告知的，自收到申请材料之日起即为受理；

4. 申请事项属于本部门职权范围，材料齐全、符合法定形式，或者申办人按要求提交全部补正材料的，发给申办人《受理通知书》。《受理通知书》中注明的日期为受理日期。

（三）（食品）药品监督管理机构自受理申请之日起 30 个工作日内，依据本办法第五条规定对申报材料进行审查，作出是否同意筹建的决定，并书面通知申办人。不同意筹建的，应当说明理由，并告知申办人依法享有申请行政复议或者提起行政诉讼的权利。

（四）申办人完成筹建后，向受理申请的（食品）药品监督管理机构提出验收申请，并提交以下材料：

1. 药品经营许可证申请表；

2. 工商行政管理部门出具的拟办企业核准证明文件；

3. 营业场所、仓库平面布置图及房屋产权或使用权证明；

4. 依法经过资格认定的药学专业技术人员资格证书及聘书；

5. 拟办企业质量管理文件及主要设施、设备目录。

（五）受理申请的（食品）药品监督管理机构在收到验收申请之日起15个工作日内，依据开办药品零售企业验收实施标准组织验收，作出是否发给《药品经营许可证》的决定。不符合条件的，应当书面通知申办人并说明理由，同时，告知申办人享有依法申请行政复议或提起行政诉讼的权利。

第十条　（食品）药品监督管理部门（机构）对申办人的申请进行审查时，发现行政许可事项直接关系到他人重大利益的，应当告知该利害关系人。受理部门应当听取申办人、利害关系人的陈述和申辩。依法应当听证的，按照法律规定举行听证。

第十一条　（食品）药品监督管理部门（机构）应当将已经颁发的《药品经营许可证》的有关信息予以公开，公众有权进行查阅。

对公开信息后发现企业在申领《药品经营许可证》过程中，有提供虚假文件、数据或其他欺骗行为的，应依法予以处理。

第十二条　《药品经营许可证》是企业从事药品经营活动的法定凭证，任何单位和个人不得伪造、变造、买卖、出租和出借。

第四章　《药品经营许可证》的变更与换发

第十三条　《药品经营许可证》变更分为许可事项变更和登记事项变更。

许可事项变更是指经营方式、经营范围、注册地址、仓库地址（包括增减仓库）、企业法定代表人或负责人以及质量负责人的变更。

登记事项变更是指上述事项以外的其他事项的变更。

第十四条　药品经营企业变更《药品经营许可证》许可事项的，应当在原许可事项发生变更30日前，向原发证机关申请《药品经营许可证》变更登记。未经批准，不得变更许可事项。

原发证机关应当自收到企业变更申请和变更申请资料之日起15个工作日内作出准予变更或不予变更的决定。

申请许可事项变更的，由原发证部门按照本办法规定的条件验收合格后，方可办理变更手续。

药品经营企业依法变更《药品经营许可证》的许可事项后，应依法向工商行政管理部门办理企业注册登记的有关变更手续。

企业分立、合并、改变经营方式、跨原管辖地迁移，按照本办法的规定重新办理《药品经营许可证》。

第十五条　企业法人的非法人分支机构变更《药品经营许可证》许可事项的，必须出具上级法人签署意见的变更申请书。

第十六条　企业因违法经营已被（食品）药品监督管理部门（机构）立案调查，尚未结案的；

或已经作出行政处罚决定，尚未履行处罚的，发证机关应暂停受理其《药品经营许可证》的变更申请。

第十七条　药品经营企业变更《药品经营许可证》的登记事项的，应在工商行政管理部门核准变更后 30 日内，向原发证机关申请《药品经营许可证》变更登记。原发证机关应当自收到企业变更申请和变更申请资料之日起 15 个工作日内为其办理变更手续。

第十八条　《药品经营许可证》登记事项变更后，应由原发证机关在《药品经营许可证》副本上记录变更的内容和时间，并按变更后的内容重新核发《药品经营许可证》正本，收回原《药品经营许可证》正本。变更后的《药品经营许可证》有效期不变。

第十九条　《药品经营许可证》有效期为 5 年。有效期届满，需要继续经营药品的，持证企业应在有效期届满前 6 个月内，向原发证机关申请换发《药品经营许可证》。原发证机关按本办法规定的申办条件进行审查，符合条件的，收回原证，换发新证。不符合条件的，可限期 3 个月进行整改，整改后仍不符合条件的，注销原《药品经营许可证》。

（食品）药品监督管理部门（机构）根据药品经营企业的申请，应当在《药品经营许可证》有效期届满前作出是否准予其换证的决定。逾期未作出决定的，视为准予换证。

第五章　监督检查

第二十条　（食品）药品监督管理部门（机构）应加强对《药品经营许可证》持证企业的监督检查，持证企业应当按本办法规定接受监督检查。

第二十一条　监督检查的内容主要包括：

（一）企业名称、经营地址、仓库地址、企业法定代表人（企业负责人）、质量负责人、经营方式、经营范围、分支机构等重要事项的执行和变动情况；

（二）企业经营设施设备及仓储条件变动情况；

（三）企业实施《药品经营质量管理规范》情况；

（四）发证机关需要审查的其他有关事项。

第二十二条　监督检查可以采取书面检查、现场检查或者书面与现场检查相结合的方式。

（一）发证机关可以要求持证企业报送《药品经营许可证》相关材料，通过核查有关材料，履行监督职责；

（二）发证机关可以对持证企业进行现场检查。

有下列情况之一的企业，必须进行现场检查：

1. 上一年度新开办的企业；

2. 上一年度检查中存在问题的企业；

3. 因违反有关法律、法规，受到行政处罚的企业；

4. 发证机关认为需要进行现场检查的企业。

《药品经营许可证》换证工作当年，监督检查和换证审查工作可一并进行。

第二十三条　《药品经营许可证》现场检查标准，由发证机关按照开办药品批发企业验收实施标准、开办药品零售企业验收实施标准和《药品经营质量管理规范》认证检查标准及其现场检查项目制定，并报上一级（食品）药品监督管理部门（机构）备案。

第二十四条　对监督检查中发现有违反《药品经营质量管理规范》要求的经营企业，由发证机关责令限期进行整改。对违反《药品管理法》第 16 条规定，整改后仍不符合要求从事药品经营活动的，按《药品管理法》第 79 条规定处理。

第二十五条 发证机关依法对药品经营企业进行监督检查时，应当将监督检查的情况和处理结果予以记录，由监督检查人员签字后归档。公众有权查阅有关监督检查记录。现场检查的结果，发证机关应当在《药品经营许可证》副本上记录并予以公告。

第二十六条 有下列情形之一的，《药品经营许可证》由原发证机关注销：

（一）《药品经营许可证》有效期届满未换证的；

（二）药品经营企业终止经营药品或者关闭的；

（三）《药品经营许可证》被依法撤销、撤回、吊销、收回、缴销或者宣布无效的；

（四）不可抗力导致《药品经营许可证》的许可事项无法实施的；

（五）法律、法规规定的应当注销行政许可的其他情形。

（食品）药品监督管理部门（机构）注销《药品经营许可证》的，应当自注销之日起5个工作日内通知有关工商行政管理部门。

第二十七条 《药品经营许可证》包括正本和副本。正本、副本具有同等法律效力。

第二十八条 发证机关应建立《药品经营许可证》发证、换证、监督检查、变更等方面的工作档案，并在每季度上旬将《药品经营许可证》的发证、变更等情况报上一级（食品）药品监督管理部门（机构）。对因变更、换证、吊销、缴销等原因收回、作废的《药品经营许可证》，应建档保存5年。

第二十九条 企业遗失《药品经营许可证》，应立即向发证机关报告，并在发证机关指定的媒体上登载遗失声明。发证机关在企业登载遗失声明之日起满1个月后，按原核准事项补发《药品经营许可证》。

第三十条 企业终止经营药品或者关闭的，《药品经营许可证》由原发证机关缴销。

发证机关吊销或者注销、缴销《药品经营许可证》的，应当及时通知工商行政管理部门，并向社会公布。

第三十一条 《药品经营许可证》的正本应置于企业经营场所的醒目位置。

第六章 附 则

第三十二条 《药品经营许可证》应当载明企业名称、法定代表人或企业负责人姓名、经营方式、经营范围、注册地址、仓库地址、《药品经营许可证》证号、流水号、发证机关、发证日期、有效期限等项目。

《药品经营许可证》正本、副本式样、编号方法，由国家食品药品监督管理局统一制定。

第三十三条 《药品经营许可证》由国家食品药品监督管理局统一印制。

第三十四条 本办法自2004年4月1日起施行。

药品注册管理办法

（2007 年 6 月 18 日国家食品药品监督管理局局务会审议通过，
2007 年 7 月 10 日公布，自 2007 年 10 月 1 日起施行）

第一章　总　　则

第一条　为保证药品的安全、有效和质量可控，规范药品注册行为，根据《中华人民共和国药品管理法》（以下简称《药品管理法》）、《中华人民共和国行政许可法》（以下简称《行政许可法》）、《中华人民共和国药品管理法实施条例》（以下简称《药品管理法实施条例》），制定本办法。

第二条　在中华人民共和国境内申请药物临床试验、药品生产和药品进口以及进行药品审批、注册检验和监督管理，适用本办法。

第三条　药品注册，是指国家食品药品监督管理局根据药品注册申请人的申请，依照法定程序，对拟上市销售药品的安全性、有效性、质量可控性等进行审查，并决定是否同意其申请的审批过程。

第四条　国家鼓励研究创制新药，对创制的新药、治疗疑难危重疾病的新药实行特殊审批。

第五条　国家食品药品监督管理局主管全国药品注册工作，负责对药物临床试验、药品生产和进口进行审批。

第六条　药品注册工作应当遵循公开、公平、公正的原则。

国家食品药品监督管理局对药品注册实行主审集体负责制、相关人员公示制和回避制、责任追究制，受理、检验、审评、审批、送达等环节接受社会监督。

第七条　在药品注册过程中，药品监督管理部门认为涉及公共利益的重大许可事项，应当向社会公告，并举行听证。

行政许可直接涉及申请人与他人之间重大利益关系的，药品监督管理部门在作出行政许可决定前，应当告知申请人、利害关系人享有要求听证、陈述和申辩的权利。

第八条　药品监督管理部门应当向申请人提供可查询的药品注册受理、检查、检验、审评、审批的进度和结论等信息。

药品监督管理部门应当在行政机关网站或者注册申请受理场所公开下列信息：

（一）药品注册申请事项、程序、收费标准和依据、时限，需要提交的全部材料目录和申请书示范文本；

（二）药品注册受理、检查、检验、审评、审批各环节人员名单和相关信息；

（三）已批准的药品目录等综合信息。

第九条　药品监督管理部门、相关单位以及参与药品注册工作的人员，对申请人提交的技术秘密和实验数据负有保密的义务。

第二章　基本要求

第十条　药品注册申请人（以下简称申请人），是指提出药品注册申请并承担相应法律责任的机构。

境内申请人应当是在中国境内合法登记并能独立承担民事责任的机构，境外申请人应当是境外合法制药厂商。境外申请人办理进口药品注册，应当由其驻中国境内的办事机构或者由其委托的中国境内代理机构办理。

办理药品注册申请事务的人员应当具有相应的专业知识，熟悉药品注册的法律、法规及技术要求。

第十一条　药品注册申请包括新药申请、仿制药申请、进口药品申请及其补充申请和再注册申请。

境内申请人申请药品注册按照新药申请、仿制药申请的程序和要求办理，境外申请人申请进口药品注册按照进口药品申请的程序和要求办理。

第十二条　新药申请，是指未曾在中国境内上市销售的药品的注册申请。

对已上市药品改变剂型、改变给药途径、增加新适应症的药品注册按照新药申请的程序申报。

仿制药申请，是指生产国家食品药品监督管理局已批准上市的已有国家标准的药品的注册申请；但是生物制品按照新药申请的程序申报。

进口药品申请，是指境外生产的药品在中国境内上市销售的注册申请。

补充申请，是指新药申请、仿制药申请或者进口药品申请经批准后，改变、增加或者取消原批准事项或者内容的注册申请。

再注册申请，是指药品批准证明文件有效期满后申请人拟继续生产或者进口该药品的注册申请。

第十三条　申请人应当提供充分可靠的研究数据，证明药品的安全性、有效性和质量可控性，并对全部资料的真实性负责。

第十四条　药品注册所报送的资料引用文献应当注明著作名称、刊物名称及卷、期、页等；未公开发表的文献资料应当提供资料所有者许可使用的证明文件。外文资料应当按照要求提供中文译本。

第十五条　国家食品药品监督管理局应当执行国家制定的药品行业发展规划和产业政策，可以组织对药品的上市价值进行评估。

第十六条　药品注册过程中，药品监督管理部门应当对非临床研究、临床试验进行现场核查、有因核查以及批准上市前的生产现场检查，以确认申报资料的真实性、准确性和完整性。

第十七条　两个以上单位共同作为申请人的，应当向其中药品生产企业所在地省、自治区、直辖市药品监督管理部门提出申请；申请人均为药品生产企业的，应当向申请生产制剂的药品生产企业所在地省、自治区、直辖市药品监督管理部门提出申请；申请人均不是药品生产企业的，应当向样品试制现场所在地省、自治区、直辖市药品监督管理部门提出申请。

第十八条　申请人应当对其申请注册的药物或者使用的处方、工艺、用途等，提供申请人或者他人在中国的专利及其权属状态的说明；他人在中国存在专利的，申请人应当提交对他人的专利不构成侵权的声明。对申请人提交的说明或者声明，药品监督管理部门应当在行政机关网站予以公示。

药品注册过程中发生专利权纠纷的，按照有关专利的法律法规解决。

第十九条 对他人已获得中国专利权的药品，申请人可以在该药品专利期届满前 2 年内提出注册申请。国家食品药品监督管理局按照本办法予以审查，符合规定的，在专利期满后核发药品批准文号、《进口药品注册证》或者《医药产品注册证》。

第二十条 按照《药品管理法实施条例》第三十五条的规定，对获得生产或者销售含有新型化学成份药品许可的生产者或者销售者提交的自行取得且未披露的试验数据和其他数据，国家食品药品监督管理局自批准该许可之日起 6 年内，对未经已获得许可的申请人同意，使用其未披露数据的申请不予批准；但是申请人提交自行取得数据的除外。

第二十一条 为申请药品注册而进行的药物临床前研究，包括药物的合成工艺、提取方法、理化性质及纯度、剂型选择、处方筛选、制备工艺、检验方法、质量指标、稳定性、药理、毒理、动物药代动力学研究等。中药制剂还包括原药材的来源、加工及炮制等的研究；生物制品还包括菌毒种、细胞株、生物组织等起始原材料的来源、质量标准、保存条件、生物学特征、遗传稳定性及免疫学的研究等。

第二十二条 药物临床前研究应当执行有关管理规定，其中安全性评价研究必须执行《药物非临床研究质量管理规范》。

第二十三条 药物研究机构应当具有与试验研究项目相适应的人员、场地、设备、仪器和管理制度，并保证所有试验数据和资料的真实性；所用实验动物、试剂和原材料应当符合国家有关规定和要求。

第二十四条 申请人委托其他机构进行药物研究或者进行单项试验、检测、样品的试制等的，应当与被委托方签订合同，并在申请注册时予以说明。申请人对申报资料中的药物研究数据的真实性负责。

第二十五条 单独申请注册药物制剂的，研究用原料药必须具有药品批准文号、《进口药品注册证》或者《医药产品注册证》，且必须通过合法的途径获得。研究用原料药不具有药品批准文号、《进口药品注册证》或者《医药产品注册证》的，必须经国家食品药品监督管理局批准。

第二十六条 药品注册申报资料中有境外药物研究机构提供的药物试验研究资料的，必须附有境外药物研究机构出具的其所提供资料的项目、页码的情况说明和证明该机构已在境外合法登记的经公证的证明文件。国家食品药品监督管理局根据审查需要组织进行现场核查。

第二十七条 药品监督管理部门可以要求申请人或者承担试验的药物研究机构按照其申报资料的项目、方法和数据进行重复试验，也可以委托药品检验所或者其他药物研究机构进行重复试验或方法学验证。

第二十八条 药物研究参照国家食品药品监督管理局发布的有关技术指导原则进行，申请人采用其他评价方法和技术的，应当提交证明其科学性的资料。

第二十九条 申请人获得药品批准文号后，应当按照国家食品药品监督管理局批准的生产工艺生产。

药品监督管理部门根据批准的生产工艺和质量标准对申请人的生产情况进行监督检查。

第三章 药物的临床试验

第三十条 药物的临床试验（包括生物等效性试验），必须经过国家食品药品监督管理局批准，且必须执行《药物临床试验质量管理规范》。

药品监督管理部门应当对批准的临床试验进行监督检查。

第三十一条　申请新药注册，应当进行临床试验。仿制药申请和补充申请，根据本办法附件规定进行临床试验。

临床试验分为 I、II、III、IV 期。

I 期临床试验：初步的临床药理学及人体安全性评价试验。观察人体对于新药的耐受程度和药代动力学，为制定给药方案提供依据。

II 期临床试验：治疗作用初步评价阶段。其目的是初步评价药物对目标适应症患者的治疗作用和安全性，也包括为 III 期临床试验研究设计和给药剂量方案的确定提供依据。此阶段的研究设计可以根据具体的研究目的，采用多种形式，包括随机盲法对照临床试验。

III 期临床试验：治疗作用确证阶段。其目的是进一步验证药物对目标适应症患者的治疗作用和安全性，评价利益与风险关系，最终为药物注册申请的审查提供充分的依据。试验一般应为具有足够样本量的随机盲法对照试验。

IV 期临床试验：新药上市后应用研究阶段。其目的是考察在广泛使用条件下的药物的疗效和不良反应，评价在普通或者特殊人群中使用的利益与风险关系以及改进给药剂量等。

生物等效性试验，是指用生物利用度研究的方法，以药代动力学参数为指标，比较同一种药物的相同或者不同剂型的制剂，在相同的试验条件下，其活性成份吸收程度和速度有无统计学差异的人体试验。

第三十二条　药物临床试验的受试例数应当符合临床试验的目的和相关统计学的要求，并且不得少于本办法附件规定的最低临床试验病例数。罕见病、特殊病种等情况，要求减少临床试验病例数或者免做临床试验的，应当在申请临床试验时提出，并经国家食品药品监督管理局审查批准。

第三十三条　在菌毒种选种阶段制备的疫苗或者其他特殊药物，确无合适的动物模型且实验室无法评价其疗效的，在保证受试者安全的前提下，可以向国家食品药品监督管理局申请进行临床试验。

第三十四条　药物临床试验批准后，申请人应当从具有药物临床试验资格的机构中选择承担药物临床试验的机构。

第三十五条　临床试验用药物应当在符合《药品生产质量管理规范》的车间制备。制备过程应当严格执行《药品生产质量管理规范》的要求。

申请人对临床试验用药物的质量负责。

第三十六条　申请人可以按照其拟定的临床试验用样品标准自行检验临床试验用药物，也可以委托本办法确定的药品检验所进行检验；疫苗类制品、血液制品、国家食品药品监督管理局规定的其他生物制品，应当由国家食品药品监督管理局指定的药品检验所进行检验。

临床试验用药物检验合格后方可用于临床试验。

药品监督管理部门可以对临床试验用药物抽查检验。

第三十七条　申请人在药物临床试验实施前，应当将已确定的临床试验方案和临床试验负责单位的主要研究者姓名、参加研究单位及其研究者名单、伦理委员会审核同意书、知情同意书样本等报送国家食品药品监督管理局备案，并抄送临床试验单位所在地和受理该申请的省、自治区、直辖市药品监督管理部门。

第三十八条　申请人发现药物临床试验机构违反有关规定或者未按照临床试验方案执行的，应当督促其改正；情节严重的，可以要求暂停或者终止临床试验，并将情况报告国家食品药品监督管理局和有关省、自治区、直辖市药品监督管理部门。

第三十九条　申请人完成临床试验后，应当向国家食品药品监督管理局提交临床试验总结报告、统计分析报告以及数据库。

第四十条　药物临床试验应当在批准后 3 年内实施。逾期未实施的，原批准证明文件自行废止；仍需进行临床试验的，应当重新申请。

第四十一条　临床试验过程中发生严重不良事件的，研究者应当在 24 小时内报告有关省、自治区、直辖市药品监督管理部门和国家食品药品监督管理局，通知申请人，并及时向伦理委员会报告。

第四十二条　临床试验有下列情形之一的，国家食品药品监督管理局可以责令申请人修改试验方案、暂停或者终止临床试验：

（一）伦理委员会未履行职责的；

（二）不能有效保证受试者安全的；

（三）未按照规定时限报告严重不良事件的；

（四）有证据证明临床试验用药物无效的；

（五）临床试验用药物出现质量问题的；

（六）临床试验中弄虚作假的；

（七）其他违反《药物临床试验质量管理规范》的情形。

第四十三条　临床试验中出现大范围、非预期的不良反应或者严重不良事件，或者有证据证明临床试验用药物存在严重质量问题时，国家食品药品监督管理局或者省、自治区、直辖市药品监督管理部门可以采取紧急控制措施，责令暂停或者终止临床试验，申请人和临床试验单位必须立即停止临床试验。

第四十四条　境外申请人在中国进行国际多中心药物临床试验的，应当按照本办法向国家食品药品监督管理局提出申请，并按下列要求办理：

（一）临床试验用药物应当是已在境外注册的药品或者已进入 II 期或者 III 期临床试验的药物；国家食品药品监督管理局不受理境外申请人提出的尚未在境外注册的预防用疫苗类药物的国际多中心药物临床试验申请；

（二）国家食品药品监督管理局在批准进行国际多中心药物临床试验的同时，可以要求申请人在中国首先进行 I 期临床试验；

（三）在中国进行国际多中心药物临床试验时，在任何国家发现与该药物有关的严重不良反应和非预期不良反应，申请人应当按照有关规定及时报告国家食品药品监督管理局；

（四）临床试验结束后，申请人应当将完整的临床试验报告报送国家食品药品监督管理局；

（五）国际多中心药物临床试验取得的数据用于在中国进行药品注册申请的，应当符合本办法有关临床试验的规定并提交国际多中心临床试验的全部研究资料。

第四章　新药申请的申报与审批

第四十五条　国家食品药品监督管理局对下列申请可以实行特殊审批：

（一）未在国内上市销售的从植物、动物、矿物等物质中提取的有效成份及其制剂，新发现的药材及其制剂；

（二）未在国内外获准上市的化学原料药及其制剂、生物制品；

（三）治疗艾滋病、恶性肿瘤、罕见病等疾病且具有明显临床治疗优势的新药；

（四）治疗尚无有效治疗手段的疾病的新药。

符合前款规定的药品，申请人在药品注册过程中可以提出特殊审批的申请，由国家食品药品监督管理局药品审评中心组织专家会议讨论确定是否实行特殊审批。

特殊审批的具体办法另行制定。

第四十六条　多个单位联合研制的新药，应当由其中的一个单位申请注册，其他单位不得重复申请；需要联合申请的，应当共同署名作为该新药的申请人。新药申请获得批准后每个品种，包括同一品种的不同规格，只能由一个单位生产。

第四十七条　对已上市药品改变剂型但不改变给药途径的注册申请，应当采用新技术以提高药品的质量和安全性，且与原剂型比较有明显的临床应用优势。

改变剂型但不改变给药途径以及增加新适应症的注册申请，应当由具备生产条件的企业提出；靶向制剂、缓释、控释制剂等特殊剂型除外。

第四十八条　在新药审批期间，新药的注册分类和技术要求不因相同活性成份的制剂在国外获准上市而发生变化。

在新药审批期间，其注册分类和技术要求不因国内药品生产企业申报的相同活性成份的制剂在我国获准上市而发生变化。

第四十九条　药品注册申报资料应当一次性提交，药品注册申请受理后不得自行补充新的技术资料；进入特殊审批程序的注册申请或者涉及药品安全性的新发现以及按要求补充资料的除外。申请人认为必须补充新的技术资料的，应当撤回其药品注册申请。申请人重新申报的，应当符合本办法有关规定且尚无同品种进入新药监测期。

第一节　新药临床试验

第五十条　申请人完成临床前研究后，应当填写《药品注册申请表》，向所在地省、自治区、直辖市药品监督管理部门如实报送有关资料。

第五十一条　省、自治区、直辖市药品监督管理部门应当对申报资料进行形式审查，符合要求的，出具药品注册申请受理通知书；不符合要求的，出具药品注册申请不予受理通知书，并说明理由。

第五十二条　省、自治区、直辖市药品监督管理部门应当自受理申请之日起 5 日内组织对药物研制情况及原始资料进行现场核查，对申报资料进行初步审查，提出审查意见。申请注册的药品属于生物制品的，还需抽取 3 个生产批号的检验用样品，并向药品检验所发出注册检验通知。

第五十三条　省、自治区、直辖市药品监督管理部门应当在规定的时限内将审查意见、核查报告以及申报资料送交国家食品药品监督管理局药品审评中心，并通知申请人。

第五十四条　接到注册检验通知的药品检验所应当按申请人申报的药品标准对样品进行检验，对申报的药品标准进行复核，并在规定的时间内将药品注册检验报告送交国家食品药品监督管理局药品审评中心，并抄送申请人。

第五十五条　国家食品药品监督管理局药品审评中心收到申报资料后，应在规定的时间内组织药学、医学及其他技术人员对申报资料进行技术审评，必要时可以要求申请人补充资料，并说明理由。完成技术审评后，提出技术审评意见，连同有关资料报送国家食品药品监督管理局。

国家食品药品监督管理局依据技术审评意见作出审批决定。符合规定的，发给《药物临床试验批件》；不符合规定的，发给《审批意见通知件》，并说明理由。

第二节　新药生产

第五十六条　申请人完成药物临床试验后，应当填写《药品注册申请表》，向所在地省、自治区、直辖市药品监督管理部门报送申请生产的申报资料，并同时向中国药品生物制品检定所报送制备标准品的原材料及有关标准物质的研究资料。

第五十七条　省、自治区、直辖市药品监督管理部门应当对申报资料进行形式审查，符合要求的，出具药品注册申请受理通知书；不符合要求的，出具药品注册申请不予受理通知书，并说明理由。

第五十八条　省、自治区、直辖市药品监督管理部门应当自受理申请之日起 5 日内组织对临床试验情况及有关原始资料进行现场核查，对申报资料进行初步审查，提出审查意见。除生物制品外的其他药品，还需抽取 3 批样品，向药品检验所发出标准复核的通知。

省、自治区、直辖市药品监督管理部门应当在规定的时限内将审查意见、核查报告及申报资料送交国家食品药品监督管理局药品审评中心，并通知申请人。

第五十九条　药品检验所应对申报的药品标准进行复核，并在规定的时间内将复核意见送交国家食品药品监督管理局药品审评中心，同时抄送通知其复核的省、自治区、直辖市药品监督管理部门和申请人。

第六十条　国家食品药品监督管理局药品审评中心收到申报资料后，应当在规定的时间内组织药学、医学及其他技术人员对申报资料进行审评，必要时可以要求申请人补充资料，并说明理由。

经审评符合规定的，国家食品药品监督管理局药品审评中心通知申请人申请生产现场检查，并告知国家食品药品监督管理局药品认证管理中心；经审评不符合规定的，国家食品药品监督管理局药品审评中心将审评意见和有关资料报送国家食品药品监督管理局，国家食品药品监督管理局依据技术审评意见，作出不予批准的决定，发给《审批意见通知件》，并说明理由。

第六十一条　申请人应当自收到生产现场检查通知之日起 6 个月内向国家食品药品监督管理局药品认证管理中心提出现场检查的申请。

第六十二条　国家食品药品监督管理局药品认证管理中心在收到生产现场检查的申请后，应当在 30 日内组织对样品批量生产过程等进行现场检查，确认核定的生产工艺的可行性，同时抽取 1 批样品（生物制品抽取 3 批样品），送到进行该药品标准复核的药品检验所检验，并在完成现场检查后 10 日内将生产现场检查报告送交国家食品药品监督管理局药品审评中心。

第六十三条　样品应当在取得《药品生产质量管理规范》认证证书的车间生产；新开办药品生产企业、药品生产企业新建药品生产车间或者新增生产剂型的，其样品生产过程应当符合《药品生产质量管理规范》的要求。

第六十四条　药品检验所应当依据核定的药品标准对抽取的样品进行检验，并在规定的时间内将药品注册检验报告送交国家食品药品监督管理局药品审评中心，同时抄送相关省、自治区、直辖市药品监督管理部门和申请人。

第六十五条　国家食品药品监督管理局药品审评中心依据技术审评意见、样品生产现场检查报告和样品检验结果，形成综合意见，连同有关资料报送国家食品药品监督管理局。国家食品药品监督管理局依据综合意见，作出审批决定。符合规定的，发给新药证书，申请人已持有《药品生产许可证》并具备生产条件的，同时发给药品批准文号；不符合规定的，发给《审批意见通知件》，并说明理由。

改变剂型但不改变给药途径以及增加新适应症的注册申请获得批准后不发给新药证书；靶向制剂、缓释、控释制剂等特殊剂型除外。

第三节　新药监测期

第六十六条　国家食品药品监督管理局根据保护公众健康的要求，可以对批准生产的新药品种设立监测期。监测期自新药批准生产之日起计算，最长不得超过 5 年。

监测期内的新药，国家食品药品监督管理局不批准其他企业生产、改变剂型和进口。

第六十七条　药品生产企业应当考察处于监测期内的新药的生产工艺、质量、稳定性、疗效及不良反应等情况，并每年向所在地省、自治区、直辖市药品监督管理部门报告。药品生产企业未履行监测期责任的，省、自治区、直辖市药品监督管理部门应当责令其改正。

第六十八条　药品生产、经营、使用及检验、监督单位发现新药存在严重质量问题、严重或者非预期的不良反应时，应当及时向省、自治区、直辖市药品监督管理部门报告。省、自治区、直辖市药品监督管理部门收到报告后应当立即组织调查，并报告国家食品药品监督管理局。

第六十九条　药品生产企业对设立监测期的新药从获准生产之日起2年内未组织生产的，国家食品药品监督管理局可以批准其他药品生产企业提出的生产该新药的申请，并重新对该新药进行监测。

第七十条　新药进入监测期之日起，国家食品药品监督管理局已经批准其他申请人进行药物临床试验的，可以按照药品注册申报与审批程序继续办理该申请，符合规定的，国家食品药品监督管理局批准该新药的生产或者进口，并对境内药品生产企业生产的该新药一并进行监测。

第七十一条　新药进入监测期之日起，不再受理其他申请人的同品种注册申请。已经受理但尚未批准进行药物临床试验的其他申请人同品种申请予以退回；新药监测期满后，申请人可以提出仿制药申请或者进口药品申请。

第七十二条　进口药品注册申请首先获得批准后，已经批准境内申请人进行临床试验的，可以按照药品注册申报与审批程序继续办理其申请，符合规定的，国家食品药品监督管理局批准其进行生产；申请人也可以撤回该项申请，重新提出仿制药申请。对已经受理但尚未批准进行药物临床试验的其他同品种申请予以退回，申请人可以提出仿制药申请。

第五章　仿制药的申报与审批

第七十三条　仿制药申请人应当是药品生产企业，其申请的药品应当与《药品生产许可证》载明的生产范围一致。

第七十四条　仿制药应当与被仿制药具有同样的活性成份、给药途径、剂型、规格和相同的治疗作用。已有多家企业生产的品种，应当参照有关技术指导原则选择被仿制药进行对照研究。

第七十五条　申请仿制药注册，应当填写《药品注册申请表》，向所在地省、自治区、直辖市药品监督管理部门报送有关资料和生产现场检查申请。

第七十六条　省、自治区、直辖市药品监督管理部门对申报资料进行形式审查，符合要求的，出具药品注册申请受理通知书；不符合要求的，出具药品注册申请不予受理通知书，并说明理由。

已申请中药品种保护的，自中药品种保护申请受理之日起至作出行政决定期间，暂停受理同品种的仿制药申请。

第七十七条　省、自治区、直辖市药品监督管理部门应当自受理申请之日起5日内组织对研制情况和原始资料进行现场核查，并应当根据申请人提供的生产工艺和质量标准组织进行生产现场检查，现场抽取连续生产的3批样品，送药品检验所检验。

样品的生产应当符合本办法第六十三条的规定。

第七十八条　省、自治区、直辖市药品监督管理部门应当在规定的时限内对申报资料进行审查，提出审查意见。符合规定的，将审查意见、核查报告、生产现场检查报告及申报资料送交国家食品药品监督管理局药品审评中心，同时通知申请人；不符合规定的，发给《审批意见通知件》，并说明理由，同时通知药品检验所停止该药品的注册检验。

第七十九条　药品检验所应当对抽取的样品进行检验，并在规定的时间内将药品注册检验报告送交国家食品药品监督管理局药品审评中心，同时抄送通知其检验的省、自治区、直辖市药品监督管理部门和申请人。

第八十条 国家食品药品监督管理局药品审评中心应当在规定的时间内组织药学、医学及其他技术人员对审查意见和申报资料进行审核，必要时可以要求申请人补充资料，并说明理由。

第八十一条 国家食品药品监督管理局药品审评中心依据技术审评意见、样品生产现场检查报告和样品检验结果，形成综合意见，连同相关资料报送国家食品药品监督管理局，国家食品药品监督管理局依据综合意见，做出审批决定。符合规定的，发给药品批准文号或者《药物临床试验批件》；不符合规定的，发给《审批意见通知件》，并说明理由。

第八十二条 申请人完成临床试验后，应当向国家食品药品监督管理局药品审评中心报送临床试验资料。国家食品药品监督管理局依据技术意见，发给药品批准文号或者《审批意见通知件》。

第八十三条 已确认存在安全性问题的上市药品，国家食品药品监督管理局可以决定暂停受理和审批其仿制药申请。

第六章 进口药品的申报与审批

第一节 进口药品的注册

第八十四条 申请进口的药品，应当获得境外制药厂商所在生产国家或者地区的上市许可；未在生产国家或者地区获得上市许可，但经国家食品药品监督管理局确认该药品安全、有效而且临床需要的，可以批准进口。

申请进口的药品，其生产应当符合所在国家或者地区药品生产质量管理规范及中国《药品生产质量管理规范》的要求。

第八十五条 申请进口药品注册，应当填写《药品注册申请表》，报送有关资料和样品，提供相关证明文件，向国家食品药品监督管理局提出申请。

第八十六条 国家食品药品监督管理局对申报资料进行形式审查，符合要求的，出具药品注册申请受理通知书，并通知中国药品生物制品检定所组织对 3 个生产批号的样品进行注册检验；不符合要求的，出具药品注册申请不予受理通知书，并说明理由。

国家食品药品监督管理局可以组织对其研制和生产情况进行现场检查，并抽取样品。

第八十七条 中国药品生物制品检定所收到资料和样品后，应当在 5 日内组织进行注册检验。

第八十八条 承担进口药品注册检验的药品检验所在收到资料、样品和有关标准物质后，应当在 60 日内完成注册检验并将药品注册检验报告报送中国药品生物制品检定所。

特殊药品和疫苗类制品的样品检验和药品标准复核应当在 90 日内完成。

第八十九条 中国药品生物制品检定所接到药品注册检验报告和已经复核的进口药品标准后，应当在 20 日内组织专家进行技术审查，必要时可以根据审查意见进行再复核。

第九十条 中国药品生物制品检定所完成进口药品注册检验后，应当将复核的药品标准、药品注册检验报告和复核意见送交国家食品药品监督管理局药品审评中心，并抄送申请人。

第九十一条 国家食品药品监督管理局药品审评中心应当在规定的时间内组织药学、医学及其他技术人员对申报资料进行审评，必要时可以要求申请人补充资料，并说明理由。

第九十二条 国家食品药品监督管理局药品审评中心依据技术审评意见和样品检验结果等，形成综合意见，连同相关资料报送国家食品药品监督管理局，国家食品药品监督管理局依据综合意见，做出审批决定。符合规定的，发给《药物临床试验批件》；不符合规定的，发给《审批意见通知件》，并说明理由。

第九十三条　临床试验获得批准后，申请人应当按照本办法第三章及有关要求进行试验。

临床试验结束后，申请人应当填写《药品注册申请表》，按照规定报送临床试验资料及其他变更和补充的资料，并详细说明依据和理由，提供相关证明文件。

第九十四条　国家食品药品监督管理局药品审评中心应当在规定的时间内组织药学、医学及其他技术人员对报送的临床试验等资料进行全面审评，必要时可以要求申请人补充资料，并说明理由。

国家食品药品监督管理局依据综合意见，做出审批决定。符合规定的，发给《进口药品注册证》。中国香港、澳门和台湾地区的制药厂商申请注册的药品，参照进口药品注册申请的程序办理，符合要求的，发给《医药产品注册证》；不符合要求的，发给《审批意见通知件》，并说明理由。

第九十五条　申请进口药品制剂，必须提供直接接触药品的包装材料和容器合法来源的证明文件、用于生产该制剂的原料药和辅料合法来源的证明文件。原料药和辅料尚未取得国家食品药品监督管理局批准的，应当报送有关生产工艺、质量指标和检验方法等规范的研究资料。

第二节　进口药品分包装的注册

第九十六条　进口药品分包装，是指药品已在境外完成最终制剂生产过程，在境内由大包装规格改为小包装规格，或者对已完成内包装的药品进行外包装、放置说明书、粘贴标签等。

第九十七条　申请进口药品分包装，应当符合下列要求：

（一）该药品已经取得《进口药品注册证》或者《医药产品注册证》。

（二）该药品应当是中国境内尚未生产的品种，或者虽有生产但是不能满足临床需要的品种。

（三）同一制药厂商的同一品种应当由一个药品生产企业分包装，分包装的期限不得超过《进口药品注册证》或者《医药产品注册证》的有效期。

（四）除片剂、胶囊外，分包装的其他剂型应当已在境外完成内包装。

（五）接受分包装的药品生产企业，应当持有《药品生产许可证》。进口裸片、胶囊申请在国内分包装的，接受分包装的药品生产企业还应当持有与分包装的剂型相一致的《药品生产质量管理规范》认证证书。

（六）申请进口药品分包装，应当在该药品《进口药品注册证》或者《医药产品注册证》的有效期届满 1 年前提出。

第九十八条　境外制药厂商应当与境内药品生产企业签订进口药品分包装合同，并填写《药品补充申请表》。

第九十九条　申请进口药品分包装的，应当由接受分包装的药品生产企业向所在地省、自治区、直辖市药品监督管理部门提出申请，提交由委托方填写的《药品补充申请表》，报送有关资料和样品。省、自治区、直辖市药品监督管理部门对申报资料进行形式审查后，符合要求的，出具药品注册申请受理通知书；不符合要求的，出具药品注册申请不予受理通知书，并说明理由。

省、自治区、直辖市药品监督管理部门提出审核意见后，将申报资料和审核意见报送国家食品药品监督管理局审批，同时通知申请人。

第一百条　国家食品药品监督管理局对报送的资料进行审查，符合规定的，发给《药品补充申请批件》和药品批准文号；不符合规定的，发给《审批意见通知件》，并说明理由。

第一百零一条　进口分包装的药品应当执行进口药品注册标准。

第一百零二条　进口分包装药品的说明书和标签必须与进口药品的说明书和标签一致，并且应当标注分包装药品的批准文号和分包装药品生产企业的名称。

第一百零三条　境外大包装制剂的进口检验按照国家食品药品监督管理局的有关规定执行。包装后产品的检验与进口检验执行同一药品标准。

第一百零四条　提供药品的境外制药厂商应当对分包装后药品的质量负责。分包装后的药品出现质量问题的，国家食品药品监督管理局可以撤销分包装药品的批准文号，必要时可以依照《药品管理法》第四十二条的规定，撤销该药品的《进口药品注册证》或者《医药产品注册证》。

第七章　非处方药的申报

第一百零五条　申请仿制的药品属于按非处方药管理的，申请人应当在《药品注册申请表》的“附加申请事项”中标注非处方药项。

第一百零六条　申请仿制的药品属于同时按处方药和非处方药管理的，申请人可以选择按照处方药或者非处方药的要求提出申请。

第一百零七条　属于以下情况的，申请人可以在《药品注册申请表》的“附加申请事项”中标注非处方药项，符合非处方药有关规定的，按照非处方药审批和管理；不符合非处方药有关规定的，按照处方药审批和管理。

（一）经国家食品药品监督管理局确定的非处方药改变剂型，但不改变适应症或者功能主治、给药剂量以及给药途径的药品；

（二）使用国家食品药品监督管理局确定的非处方药活性成份组成的新的复方制剂。

第一百零八条　非处方药的注册申请，其药品说明书和包装标签应当符合非处方药的有关规定。

第一百零九条　进口的药品属于非处方药的，适用进口药品的申报和审批程序，其技术要求与境内生产的非处方药相同。

第八章　补充申请的申报与审批

第一百一十条　变更研制新药、生产药品和进口药品已获批准证明文件及其附件中载明事项的，应当提出补充申请。

申请人应当参照相关技术指导原则，评估其变更对药品安全性、有效性和质量可控性的影响，并进行相应的技术研究工作。

第一百一十一条　申请人应当填写《药品补充申请表》，向所在地省、自治区、直辖市药品监督管理部门报送有关资料和说明。省、自治区、直辖市药品监督管理部门对申报资料进行形式审查，符合要求的，出具药品注册申请受理通知书；不符合要求的，出具药品注册申请不予受理通知书，并说明理由。

第一百一十二条　进口药品的补充申请，申请人应当向国家食品药品监督管理局报送有关资料和说明，提交生产国家或者地区药品管理机构批准变更的文件。国家食品药品监督管理局对申报资料进行形式审查，符合要求的，出具药品注册申请受理通知书；不符合要求的，出具药品注册申请不予受理通知书，并说明理由。

第一百一十三条　修改药品注册标准、变更药品处方中已有药用要求的辅料、改变影响药品质量的生产工艺等的补充申请，由省、自治区、直辖市药品监督管理部门提出审核意见后，报送国家食品药品监督管理局审批，同时通知申请人。

修改药品注册标准的补充申请，必要时由药品检验所进行标准复核。

第一百一十四条 改变国内药品生产企业名称、改变国内生产药品的有效期、国内药品生产企业内部改变药品生产场地等的补充申请，由省、自治区、直辖市药品监督管理部门受理并审批，符合规定的，发给《药品补充申请批件》，并报送国家食品药品监督管理局备案；不符合规定的，发给《审批意见通知件》，并说明理由。

第一百一十五条 按规定变更药品包装标签、根据国家食品药品监督管理局的要求修改说明书等的补充申请，报省、自治区、直辖市药品监督管理部门备案。

第一百一十六条 进口药品的补充申请，由国家食品药品监督管理局审批。其中改变进口药品制剂所用原料药的产地、变更进口药品外观但不改变药品标准、根据国家药品标准或国家食品药品监督管理局的要求修改进口药说明书、补充完善进口药说明书的安全性内容、按规定变更进口药品包装标签、改变注册代理机构的补充申请，由国家食品药品监督管理局备案。

第一百一十七条 对药品生产技术转让、变更处方和生产工艺可能影响产品质量等的补充申请，省、自治区、直辖市药品监督管理部门应当根据其《药品注册批件》附件或者核定的生产工艺，组织进行生产现场检查，药品检验所应当对抽取的3批样品进行检验。

第一百一十八条 国家食品药品监督管理局对药品补充申请进行审查，必要时可以要求申请人补充资料，并说明理由。符合规定的，发给《药品补充申请批件》；不符合规定的，发给《审批意见通知件》，并说明理由。

第一百一十九条 补充申请获得批准后，换发药品批准证明文件的，原药品批准证明文件由国家食品药品监督管理局予以注销；增发药品批准证明文件的，原批准证明文件继续有效。

第九章 药品再注册

第一百二十条 国家食品药品监督管理局核发的药品批准文号、《进口药品注册证》或者《医药产品注册证》的有效期为5年。有效期届满，需要继续生产或者进口的，申请人应当在有效期届满前6个月申请再注册。

第一百二十一条 在药品批准文号、《进口药品注册证》或者《医药产品注册证》有效期内，申请人应当对药品的安全性、有效性和质量控制情况，如监测期内的相关研究结果、不良反应的监测、生产控制和产品质量的均一性等进行系统评价。

第一百二十二条 药品再注册申请由药品批准文号的持有者向省、自治区、直辖市药品监督管理部门提出，按照规定填写《药品再注册申请表》，并提供有关申报资料。

进口药品的再注册申请由申请人向国家食品药品监督管理局提出。

第一百二十三条 省、自治区、直辖市药品监督管理部门对申报资料进行审查，符合要求的，出具药品再注册申请受理通知书；不符合要求的，出具药品再注册申请不予受理通知书，并说明理由。

第一百二十四条 省、自治区、直辖市药品监督管理部门应当自受理申请之日起6个月内对药品再注册申请进行审查，符合规定的，予以再注册；不符合规定的，报国家食品药品监督管理局。

第一百二十五条 进口药品的再注册申请由国家食品药品监督管理局受理，并在6个月内完成审查，符合规定的，予以再注册；不符合规定的，发出不予再注册的通知，并说明理由。

第一百二十六条 有下列情形之一的药品不予再注册：

（一）有效期届满前未提出再注册申请的；

（二）未达到国家食品药品监督管理局批准上市时提出的有关要求的；

（三）未按照要求完成IV期临床试验的；

（四）未按照规定进行药品不良反应监测的；

（五）经国家食品药品监督管理局再评价属于疗效不确、不良反应大或者其他原因危害人体健康的；

（六）按照《药品管理法》的规定应当撤销药品批准证明文件的；

（七）不具备《药品管理法》规定的生产条件的；

（八）未按规定履行监测期责任的；

（九）其他不符合有关规定的情形。

第一百二十七条　国家食品药品监督管理局收到省、自治区、直辖市药品监督管理部门意见后，经审查不符合药品再注册规定的，发出不予再注册的通知，并说明理由。

对不予再注册的品种，除因法定事由被撤销药品批准证明文件的外，在有效期届满时，注销其药品批准文号、《进口药品注册证》或者《医药产品注册证》。

第十章　药品注册检验

第一百二十八条　药品注册检验，包括样品检验和药品标准复核。

样品检验，是指药品检验所按照申请人申报或者国家食品药品监督管理局核定的药品标准对样品进行的检验。

药品标准复核，是指药品检验所对申报的药品标准中检验方法的可行性、科学性、设定的项目和指标能否控制药品质量等进行的实验室检验和审核工作。

第一百二十九条　药品注册检验由中国药品生物制品检定所或者省、自治区、直辖市药品检验所承担。进口药品的注册检验由中国药品生物制品检定所组织实施。

第一百三十条　下列药品的注册检验由中国药品生物制品检定所或者国家食品药品监督管理局指定的药品检验所承担：

（一）本办法第四十五条第（一）、第（二）项规定的药品；

（二）生物制品、放射性药品；

（三）国家食品药品监督管理局规定的其他药品。

第一百三十一条　获准进入特殊审批程序的药品，药品检验所应当优先安排样品检验和药品标准复核。

第一百三十二条　从事药品注册检验的药品检验所，应当按照药品检验所实验室质量管理规范和国家计量认证的要求，配备与药品注册检验任务相适应的人员和设备，符合药品注册检验的质量保证体系和技术要求。

第一百三十三条　申请人应当提供药品注册检验所需要的有关资料、报送样品或者配合抽取检验用样品、提供检验用标准物质。报送或者抽取的样品量应当为检验用量的 3 倍；生物制品的注册检验还应当提供相应批次的制造检定记录。

第一百三十四条　药品检验所进行新药标准复核时，除进行样品检验外，还应当根据药物的研究数据、国内外同类产品的药品标准和国家有关要求，对药物的药品标准、检验项目等提出复核意见。

第一百三十五条　要求申请人重新制订药品标准的，申请人不得委托提出原复核意见的药品检验所进行该项药品标准的研究工作；该药品检验所不得接受此项委托。

第十一章 药品注册标准和说明书

第一节 药品注册标准

第一百三十六条 国家药品标准，是指国家食品药品监督管理局颁布的《中华人民共和国药典》、药品注册标准和其他药品标准，其内容包括质量指标、检验方法以及生产工艺等技术要求。

药品注册标准，是指国家食品药品监督管理局批准给申请人特定药品的标准，生产该药品的药品生产企业必须执行该注册标准。

药品注册标准不得低于中国药典的规定。

第一百三十七条 药品注册标准的项目及其检验方法的设定，应当符合中国药典的基本要求、国家食品药品监督管理局发布的技术指导原则及国家药品标准编写原则。

第一百三十八条 申请人应当选取有代表性的样品进行标准的研究工作。

第二节 药品标准物质

第一百三十九条 药品标准物质，是指供药品标准中物理和化学测试及生物方法试验用，具有确定特性量值，用于校准设备、评价测量方法或者给供试药品赋值的物质，包括标准品、对照品、对照药材、参考品。

第一百四十条 中国药品生物制品检定所负责标定国家药品标准物质。

中国药品生物制品检定所可以组织有关的省、自治区、直辖市药品检验所、药品研究机构或者药品生产企业协作标定国家药品标准物质。

第一百四十一条 中国药品生物制品检定所负责对标定的标准物质从原材料选择、制备方法、标定方法、标定结果、定值准确性、量值溯源、稳定性及分装与包装条件等资料进行全面技术审核，并作出可否作为国家药品标准物质的结论。

第三节 药品名称、说明书和标签

第一百四十二条 申请注册药品的名称、说明书和标签应当符合国家食品药品监督管理局的规定。

第一百四十三条 药品说明书和标签由申请人提出，国家食品药品监督管理局药品审评中心根据申报资料对其中除企业信息外的内容进行审核，在批准药品生产时由国家食品药品监督管理局予以核准。

申请人应当对药品说明书和标签的科学性、规范性与准确性负责。

第一百四十四条 申请人应当跟踪药品上市后的安全性和有效性情况，及时提出修改药品说明书的补充申请。

第一百四十五条 申请人应当按照国家食品药品监督管理局规定的格式和要求、根据核准的内容印制说明书和标签。

第十二章 时 限

第一百四十六条 药品监督管理部门应当遵守《药品管理法》、《行政许可法》及《药品管理法实施条例》规定的药品注册时限要求。本办法所称药品注册时限，是药品注册的受理、审查、审批等工作的最长时间，根据法律法规的规定中止审批或者申请人补充资料等所用时间不计算在内。

药品注册检验、审评工作时间应当按照本办法的规定执行。有特殊原因需要延长时间的，应当说明理由，报国家食品药品监督管理局批准并告知申请人。

第一百四十七条 药品监督管理部门收到申请后进行形式审查，并根据下列情况分别作出处理：

（一）申请事项依法不需要取得行政许可的，应当即时告知申请人不受理；

（二）申请事项依法不属于本部门职权范围的，应当即时作出不予受理的决定，并告知申请人向有关行政机关申请；

（三）申报资料存在可以当场更正的错误的，应当允许申请人当场更正；

（四）申报资料不齐全或者不符合法定形式的，应当当场或者在 5 日内一次告知申请人需要补正的全部内容，逾期不告知的，自收到申报资料之日起即为受理；

（五）申请事项属于本部门职权范围，申报资料齐全、符合法定形式，或者申请人按照要求提交全部补正资料的，应当受理药品注册申请。

药品监督管理部门受理或者不予受理药品注册申请，应当出具加盖药品注册专用印章和注明日期的书面凭证。

第一百四十八条 省、自治区、直辖市药品监督管理部门应当在受理申请后 30 日内完成对研制情况及原始资料的核查、对申报资料的审查、抽取样品、通知药品检验所进行注册检验、将审查意见和核查报告连同申请人的申报资料一并报送国家食品药品监督管理局等工作，同时将审查意见通知申请人。

第一百四十九条 药品注册检验的时间按照以下规定执行：

（一）样品检验：30 日；同时进行样品检验和标准复核：60 日。

（二）特殊药品和疫苗类制品的样品检验：60 日；同时进行样品检验和标准复核：90 日。

按照本办法第三十六条的规定由药品检验所进行临床试验用样品检验的，应当按照前款样品检验的时间完成。

第一百五十条 技术审评工作时间按照下列规定执行：

（一）新药临床试验：90 日；获准进入特殊审批程序的品种：80 日。

（二）新药生产：150 日；获准进入特殊审批程序的品种：120 日。

（三）对已上市药品改变剂型和仿制药的申请：160 日。

（四）需要进行技术审评的补充申请：40 日。

进口药品注册申请的技术审评时间参照前款执行。

第一百五十一条 在技术审评过程中需要申请人补充资料的，应当一次性发出补充资料通知，申请人对补充资料通知内容提出异议的，可以当面听取申请人的陈述意见。申请人应当在 4 个月内按照通知要求一次性完成补充资料，进入特殊审批程序的，按照特殊审批程序的要求办理。

收到补充资料后，技术审评时间应当不超过原规定时间的 1/3；进入特殊审批程序的，不得超过原规定时间的 1/4。

药品注册过程中申请人自行提出撤回申请的，其审批程序自行终止。

第一百五十二条 国家食品药品监督管理局应当在 20 日内作出审批决定；20 日内不能作出决定的，经主管局领导批准，可以延长 10 日，并应当将延长时限的理由告知申请人。

第一百五十三条 国家食品药品监督管理局应当自作出药品注册审批决定之日起 10 日内颁发、送达有关行政许可证件。

第十三章　复　审

第一百五十四条　有下列情形之一的，国家食品药品监督管理局不予批准：

（一）不同申请人提交的研究资料、数据相同或者雷同，且无正当理由的；

（二）在注册过程中发现申报资料不真实，申请人不能证明其申报资料真实的；

（三）研究项目设计和实施不能支持对其申请药品的安全性、有效性、质量可控性进行评价的；

（四）申报资料显示其申请药品安全性、有效性、质量可控性等存在较大缺陷的；

（五）未能在规定的时限内补充资料的；

（六）原料药来源不符合规定的；

（七）生产现场检查或者样品检验结果不符合规定的；

（八）法律法规规定的不应当批准的其他情形。

第一百五十五条　药品监督管理部门依法作出不予受理或者不予批准的书面决定，应当说明理由，并告知申请人享有依法提请行政复议或者提起行政诉讼的权利。

第一百五十六条　申请人对国家食品药品监督管理局作出的不予批准决定有异议的，可以在收到不予批准的通知之日起60日内填写《药品注册复审申请表》，向国家食品药品监督管理局提出复审申请并说明复审理由。

复审的内容仅限于原申请事项及原申报资料。

第一百五十七条　国家食品药品监督管理局接到复审申请后，应当在50日内作出复审决定，并通知申请人。维持原决定的，国家食品药品监督管理局不再受理再次的复审申请。

第一百五十八条　复审需要进行技术审查的，国家食品药品监督管理局应当组织有关专业技术人员按照原申请时限进行。

第十四章　法律责任

第一百五十九条　有《行政许可法》第六十九条规定情形的，国家食品药品监督管理局根据利害关系人的请求或者依据职权，可以撤销有关的药品批准证明文件。

第一百六十条　药品监督管理部门及其工作人员违反本法的规定，有下列情形之一的，由其上级行政机关或者监察机关责令改正；情节严重的，对直接负责的主管人员和其他直接责任人员依法给予行政处分：

（一）对符合法定条件的药品注册申请不予受理的；

（二）不在受理场所公示依法应当公示的材料的；

（三）在受理、审评、审批过程中，未向申请人、利害关系人履行法定告知义务的；

（四）申请人提交的申报资料不齐全、不符合法定形式，不一次告知申请人必须补正的全部内容的；

（五）未依法说明不受理或者不批准药品注册申请理由的；

（六）依法应当举行听证而不举行听证的。

第一百六十一条　药品监督管理部门及其工作人员在药品注册过程中索取或者收受他人财物或者谋取其他利益，构成犯罪的，依法追究刑事责任；尚不构成犯罪的，依法给予行政处分。

第一百六十二条　药品监督管理部门在药品注册过程中有下列情形之一的，由其上级行政机关或者监察机关责令改正，对直接负责的主管人员和其他直接责任人员依法给予行政处分；构成犯罪的，依法追究刑事责任：

（一）对不符合法定条件的申请作出准予注册决定或者超越法定职权作出准予注册决定的；

（二）对符合法定条件的申请作出不予注册决定或者不在法定期限内作出准予注册决定的；

（三）违反本办法第九条的规定未履行保密义务的。

第一百六十三条　药品检验所在承担药品审批所需要的检验工作时，出具虚假检验报告的，依照《药品管理法》第八十七条的规定处罚。

第一百六十四条　药品监督管理部门擅自收费或者不按照法定项目和标准收费的，由其上级行政机关或者监察机关责令退还非法收取的费用；对直接负责的主管人员和其他直接责任人员依法给予行政处分。

第一百六十五条　在药品注册中未按照规定实施《药物非临床研究质量管理规范》或者《药物临床试验质量管理规范》的，依照《药品管理法》第七十九条的规定处罚。

第一百六十六条　申请人在申报临床试验时，报送虚假药品注册申报资料和样品的，药品监督管理部门不予受理或者对该申报药品的临床试验不予批准，对申请人给予警告，1 年内不受理该申请人提出的该药物临床试验申请；已批准进行临床试验的，撤销批准该药物临床试验的批件，并处 1 万元以上 3 万元以下罚款，3 年内不受理该申请人提出的该药物临床试验申请。

药品监督管理部门对报送虚假资料和样品的申请人建立不良行为记录，并予以公布。

第一百六十七条　申请药品生产或者进口时，申请人报送虚假药品注册申报资料和样品的，国家食品药品监督管理局对该申请不予受理或者不予批准，对申请人给予警告，1 年内不受理其申请；已批准生产或者进口的，撤销药品批准证明文件，5 年内不受理其申请，并处 1 万元以上 3 万元以下罚款。

第一百六十八条　根据本办法第二十七条的规定，需要进行药物重复试验，申请人拒绝的，国家食品药品监督管理局对其予以警告并责令改正，申请人拒不改正的，不予批准其申请。

第一百六十九条　具有下列情形之一的，由国家食品药品监督管理局注销药品批准文号，并予以公布：

（一）批准证明文件的有效期未满，申请人自行提出注销药品批准文号的；

（二）按照本办法第一百二十六条的规定不予再注册的；

（三）《药品生产许可证》被依法吊销或者缴销的；

（四）按照《药品管理法》第四十二条和《药品管理法实施条例》第四十一条的规定，对不良反应大或者其他原因危害人体健康的药品，撤销批准证明文件的；

（五）依法作出撤销药品批准证明文件的行政处罚决定的；

（六）其他依法应当撤销或者撤回药品批准证明文件的情形。

第十五章　附　　则

第一百七十条　中药和天然药物、化学药品、生物制品、补充申请、再注册的申报资料和要求分别见本办法附件 1、附件 2、附件 3、附件 4、附件 5，监测期的规定见附件 6。

第一百七十一条　药品批准文号的格式为：国药准字 H（Z、S、J）+4 位年号 +4 位顺序号，其中 H 代表化学药品，Z 代表中药，S 代表生物制品，J 代表进口药品分包装。

《进口药品注册证》证号的格式为：H（Z、S）+4 位年号 +4 位顺序号；《医药产品注册证》证号的格式为：H（Z、S）C +4 位年号 +4 位顺序号，其中 H 代表化学药品，Z 代表中药，S 代表生物制品。对于境内分包装用大包装规格的注册证，其证号在原注册证号前加字母 B。

新药证书号的格式为：国药证字 H（Z、S）+4 位年号 +4 位顺序号，其中 H 代表化学药品，Z 代表中药，S 代表生物制品。

第一百七十二条　本办法规定由省、自治区、直辖市药品监督管理部门承担的受理、补充申请的审批、再注册的审批，均属国家食品药品监督管理局委托事项。国家食品药品监督管理局还可以委托省、自治区、直辖市药品监督管理部门承担药品注册事项的其他技术审评或者审批工作。

第一百七十三条　国家食品药品监督管理局对批准上市的药品实行编码管理。药品编码管理的规定另行制定。

第一百七十四条　麻醉药品、精神药品、医疗用毒性药品、放射性药品的注册申请，除按照本办法的规定办理外，还应当符合国家的其他有关规定。

第一百七十五条　实施批准文号管理的中药材、中药饮片以及进口中药材的注册管理规定，由国家食品药品监督管理局另行制定。

第一百七十六条　药品技术转让和委托生产的办法另行制定。

第一百七十七条　本办法自 2007 年 10 月 1 日起施行。国家食品药品监督管理局于 2005 年 2 月 28 日公布的《药品注册管理办法》（国家食品药品监督管理局令第 17 号）同时废止。

中药注册管理补充规定

（2008 年 1 月 9 日发布）

第一条 为体现中医药特色，遵循中医药研究规律，继承传统，鼓励创新，扶持促进中医药和民族医药事业发展，根据《药品注册管理办法》，制定本补充规定。

第二条 中药新药的研制应当符合中医药理论，注重临床实践基础，具有临床应用价值，保证中药的安全有效和质量稳定均一，保障中药材来源的稳定和资源的可持续利用，并应关注对环境保护等因素的影响。涉及濒危野生动植物的应当符合国家有关规定。

第三条 主治病证未在国家批准的中成药【功能主治】中收载的新药，属于《药品注册管理办法》第四十五条第一款第（四）项的范围。

第四条 中药注册申请，应当明确处方组成、药材基原、药材产地与资源状况以及药材前处理（包括炮制）、提取、分离、纯化、制剂等工艺，明确关键工艺参数。

第五条 中药复方制剂应在中医药理论指导下组方，其处方组成包括中药饮片（药材）、提取物、有效部位及有效成分。

如含有无法定标准的中药材，应单独建立质量标准；无法定标准的有效部位和有效成分，应单独建立质量标准，并按照相应的注册分类提供研究资料；中药提取物应建立可控的质量标准，并附于制剂质量标准之后。

第六条 中药复方制剂除提供综述资料、药学研究资料外，应按照本规定第七条、第八条和第九条，对不同类别的要求提供相关的药理毒理和临床试验资料。

第七条 来源于古代经典名方的中药复方制剂，是指目前仍广泛应用、疗效确切、具有明显特色与优势的清代及清代以前医籍所记载的方剂。

（一）该类中药复方制剂的具体目录由国家食品药品监督管理局协助有关部门制定并发布。

（二）符合以下条件的该类中药复方制剂，可仅提供非临床安全性研究资料，并直接申报生产：

1. 处方中不含毒性药材或配伍禁忌；

2. 处方中药味均有法定标准；

3. 生产工艺与传统工艺基本一致；

4. 给药途径与古代医籍记载一致，日用饮片量与古代医籍记载相当；

5. 功能主治与古代医籍记载一致；

6. 适用范围不包括危重症，不涉及孕妇、婴幼儿等特殊用药人群。

（三）该类中药复方制剂的药品说明书中须注明处方及功能主治的具体来源，说明本方剂有长期临床应用基础，并经非临床安全性评价。

（四）该类中药复方制剂不发给新药证书。

第八条 主治为证候的中药复方制剂，是指在中医药理论指导下，用于治疗中医证候的中药复方制剂，包括治疗中医学的病或症状的中药复方制剂。

（一）该类中药复方制剂的处方组成应当符合中医药理论，并具有一定的临床应用基础，功能主治须以中医术语表述。

（二）该类中药复方制剂的处方来源、组方合理性、临床应用情况、功能主治、用法用量等内容由国家食品药品监督管理局药品审评中心组织中医药专家审评。

（三）疗效评价应以中医证候为主。验证证候疗效的临床试验可采取多种设计方法，但应充分说明其科学性，病例数应符合生物统计学要求，临床试验结果应具有生物统计学意义。

（四）具有充分的临床应用资料支持，且生产工艺、用法用量与既往临床应用基本一致的，可仅提供非临床安全性试验资料；临床研究可直接进行Ⅲ期临床试验。

（五）生产工艺、用法用量与既往临床应用不一致的，应提供非临床安全性试验资料和药效学研究资料。药效学研究应采用中医证候的动物模型进行；如缺乏成熟的中医证候动物模型，鼓励进行与药物功能主治相关的主要药效学试验。临床研究应当进行Ⅱ、Ⅲ期临床试验。

（六）该类中药复方制剂的药品说明书【临床试验】项内容重点描述对中医证候的疗效，并可说明对相关疾病的影响。

第九条　主治为病证结合的中药复方制剂中的“病”是指现代医学的疾病，“证”是指中医的证候，其功能用中医专业术语表述、主治以现代医学疾病与中医证候相结合的方式表述。

（一）该类中药复方制剂的处方组成应当符合中医药理论，并具有一定的临床应用基础。

（二）具有充分的临床应用资料支持，且生产工艺、用法用量与既往临床应用基本一致的，可仅提供非临床安全性试验资料；临床研究应当进行Ⅱ、Ⅲ期临床试验。

（三）生产工艺、用法用量与既往临床应用不一致的，应提供非临床安全性试验资料，并根据拟定的功能主治（适应症）进行主要药效学试验。药效学研究一般应采用中医证候的动物模型或疾病模型；如缺乏成熟的中医证候动物模型或疾病模型，可进行与功能（药理作用）相关的主要药效学试验。临床研究应当进行Ⅱ、Ⅲ期临床试验。

第十条　对已上市药品改变剂型但不改变给药途径的注册申请，应提供充分依据说明其科学合理性。应当采用新技术以提高药品的质量和安全性，且与原剂型比较有明显的临床应用优势。

（一）若药材基原、生产工艺（包括药材前处理、提取、分离、纯化等）及工艺参数、制剂处方等有所改变，药用物质基础变化不大，剂型改变对药物的吸收利用影响较小，可根据需要提供药理毒理研究资料，并应进行病例数不少于100对的临床试验，用于多个病证的，每一个主要病证病例数不少于60对。

（二）若药材基原、生产工艺（包括药材前处理、提取、分离、纯化等）及工艺参数、制剂处方等有较大改变，药用物质基础变化较大，或剂型改变对药物的吸收利用影响较大的，应提供相关的药理毒理研究及Ⅱ、Ⅲ期临床试验资料。

（三）缓释、控释制剂应根据普通制剂的人体药代动力学参数及临床实际需要作为其立题依据，临床前研究应当包括缓释、控释制剂与其普通制剂在药学、生物学的对比研究试验资料，临床研究包括人体药代动力学和临床有效性及安全性的对比研究试验资料，以说明此类制剂特殊释放的特点及其优势。

第十一条　仿制药的注册申请，应与被仿制药品的处方组成、药材基原、生产工艺（包括药材前处理、提取、分离、纯化等）及工艺参数、制剂处方保持一致，质量可控性不得低于被仿制药品。如不能确定具体工艺参数、制剂处方等与被仿制药品一致的，应进行对比研究，以保证与被仿制药品质量的一致性，并进行病例数不少于100对的临床试验或人体生物等效性研究。

第十二条　变更药品处方中已有药用要求的辅料的补充申请，如处方中不含毒性药材，辅料的改变对药物的吸收、利用不会产生明显影响，不会引起安全性、有效性的明显改变，则可不提供药理毒理试验资料及临床试验资料；如该辅料的改变对药物的吸收、利用可能产生明显影响，应提供相关的药理毒理试验资料及Ⅱ、Ⅲ期临床试验资料。

第十三条　改变影响药品质量的生产工艺的补充申请，如处方中不含毒性药材，生产工艺的改变不会引起物质基础的改变，对药物的吸收、利用不会产生明显影响，不会引起安全性、有效性的明显改变，则可不提供药理毒理试验资料及临床试验资料；如生产工艺的改变对其物质基础有影响但变化不大，对药物的吸收、利用不会产生明显影响，可不提供药理毒理试验资料，进行病例数不少于 100 对的临床试验，用于多个病证的，每一个主要病证病例数不少于 60 对；如生产工艺的改变会引起物质基础的明显改变，或对药物的吸收、利用可能产生明显影响，应提供相关的药理毒理试验资料及Ⅱ、Ⅲ期临床试验资料。

第十四条　需进行药理研究的改变已上市药品剂型、改变生产工艺以及改变给药途径的注册申请，应以原剂型、原生产工艺或原给药途径为对照进行药效学试验（对照可仅设一个高剂量组）。

第十五条　新的有效部位制剂的注册申请，如已有单味制剂上市且功能主治（适应症）基本一致，应与该单味制剂进行非临床及临床对比研究，以说明其优势与特点。

第十六条　非临床安全性试验所用样品，应采用中试或中试以上规模的样品。临床试验所用样品一般应采用生产规模的样品；对于有效成分或有效部位制成的制剂，可采用中试或中试以上规模的样品。

第十七条　处方中含有毒性药材或无法定标准的原料，或非临床安全性试验结果出现明显毒性反应等有临床安全性担忧的中药注册申请，应当进行Ⅰ期临床试验。

第十八条　新药的注册申请，申请人可根据具体情况申请阶段性（Ⅰ期、Ⅱ期、Ⅲ期）临床试验，并可分阶段提供支持相应临床试验疗程的非临床安全性试验资料。

阶段性临床试验完成后，可以按补充申请的方式申请下一阶段的临床试验。

第十九条　临床试验需根据试验目的、科学合理性、可行性等原则选择对照药物。安慰剂的选择应符合伦理学要求，阳性对照药物的选择应有充分的临床证据。对改变已上市药品剂型、改变生产工艺、在已上市药品基础上进行处方加减化裁而功能主治基本一致的中药制剂，需选择该上市药品作为阳性对照药物。

第二十条　临床试验期间，根据研究情况可以调整制剂工艺和规格，若调整后对有效性、安全性可能有影响的，应以补充申请的形式申报，并提供相关的研究资料。

第二十一条　藏药、维药、蒙药等民族药的注册管理参照本规定执行。民族药的研制应符合民族医药理论，其申请生产的企业应具备相应的民族药专业人员、生产条件和能力，其审评应组织相关的民族药方面的专家进行。

第二十二条　本规定自公布之日起施行。

药品经营质量管理规范

（中华人民共和国卫生部令第90号，2012年11月6日卫生部部务会审议通过，2013年1月22日公布，自2013年6月1日起施行）

第一章　总　　则

第一条　为加强药品经营质量管理，规范药品经营行为，保障人体用药安全、有效，根据《中华人民共和国药品管理法》、《中华人民共和国药品管理法实施条例》，制定本规范。

第二条　本规范是药品经营管理和质量控制的基本准则，企业应当在药品采购、储存、销售、运输等环节采取有效的质量控制措施，确保药品质量。

第三条　药品经营企业应当严格执行本规范。

药品生产企业销售药品、药品流通过程中其他涉及储存与运输药品的，也应当符合本规范相关要求。

第四条　药品经营企业应当坚持诚实守信，依法经营。禁止任何虚假、欺骗行为。

第二章　药品批发的质量管理

第一节　质量管理体系

第五条　企业应当依据有关法律法规及本规范的要求建立质量管理体系，确定质量方针，制定质量管理体系文件，开展质量策划、质量控制、质量保证、质量改进和质量风险管理等活动。

第六条　企业制定的质量方针文件应当明确企业总的质量目标和要求，并贯彻到药品经营活动的全过程。

第七条　企业质量管理体系应当与其经营范围和规模相适应，包括组织机构、人员、设施设备、质量管理体系文件及相应的计算机系统等。

第八条　企业应当定期以及在质量管理体系关键要素发生重大变化时，组织开展内审。

第九条　企业应当对内审的情况进行分析，依据分析结论制定相应的质量管理体系改进措施，不断提高质量控制水平，保证质量管理体系持续有效运行。

第十条　企业应当采用前瞻或者回顾的方式，对药品流通过程中的质量风险进行评估、控制、沟通和审核。

第十一条　企业应当对药品供货单位、购货单位的质量管理体系进行评价，确认其质量保证能力和质量信誉，必要时进行实地考察。

第十二条　企业应当全员参与质量管理。各部门、岗位人员应当正确理解并履行职责，承担相应质量责任。

第二节　组织机构与质量管理职责

第十三条　企业应当设立与其经营活动和质量管理相适应的组织机构或者岗位，明确规定其职责、权限及相互关系。

第十四条　企业负责人是药品质量的主要责任人，全面负责企业日常管理，负责提供必要的条件，保证质量管理部门和质量管理人员有效履行职责，确保企业实现质量目标并按照本规范要求经营药品。

第十五条　企业质量负责人应当由高层管理人员担任，全面负责药品质量管理工作，独立履行职责，在企业内部对药品质量管理具有裁决权。

第十六条　企业应当设立质量管理部门，有效开展质量管理工作。质量管理部门的职责不得由其他部门及人员履行。

第十七条　质量管理部门应当履行以下职责：

（一）督促相关部门和岗位人员执行药品管理的法律法规及本规范；

（二）组织制订质量管理体系文件，并指导、监督文件的执行；

（三）负责对供货单位和购货单位的合法性、购进药品的合法性以及供货单位销售人员、购货单位采购人员的合法资格进行审核，并根据审核内容的变化进行动态管理；

（四）负责质量信息的收集和管理，并建立药品质量档案；

（五）负责药品的验收，指导并监督药品采购、储存、养护、销售、退货、运输等环节的质量管理工作；

（六）负责不合格药品的确认，对不合格药品的处理过程实施监督；

（七）负责药品质量投诉和质量事故的调查、处理及报告；

（八）负责假劣药品的报告；

（九）负责药品质量查询；

（十）负责指导设定计算机系统质量控制功能；

（十一）负责计算机系统操作权限的审核和质量管理基础数据的建立及更新；

（十二）组织验证、校准相关设施设备；

（十三）负责药品召回的管理；

（十四）负责药品不良反应的报告；

（十五）组织质量管理体系的内审和风险评估；

（十六）组织对药品供货单位及购货单位质量管理体系和服务质量的考察和评价；

（十七）组织对被委托运输的承运方运输条件和质量保障能力的审查；

（十八）协助开展质量管理教育和培训；

（十九）其他应当由质量管理部门履行的职责。

第三节　人员与培训

第十八条　企业从事药品经营和质量管理工作的人员，应当符合有关法律法规及本规范规定的资格要求，不得有相关法律法规禁止从业的情形。

第十九条　企业负责人应当具有大学专科以上学历或者中级以上专业技术职称，经过基本的药学专业知识培训，熟悉有关药品管理的法律法规及本规范。

第二十条 企业质量负责人应当具有大学本科以上学历、执业药师资格和3年以上药品经营质量管理工作经历，在质量管理工作中具备正确判断和保障实施的能力。

第二十一条 企业质量管理部门负责人应当具有执业药师资格和3年以上药品经营质量管理工作经历，能独立解决经营过程中的质量问题。

第二十二条 企业应当配备符合以下资格要求的质量管理、验收及养护等岗位人员：

（一）从事质量管理工作的，应当具有药学中专或者医学、生物、化学等相关专业大学专科以上学历或者具有药学初级以上专业技术职称；

（二）从事验收、养护工作的，应当具有药学或者医学、生物、化学等相关专业中专以上学历或者具有药学初级以上专业技术职称；

（三）从事中药材、中药饮片验收工作的，应当具有中药学专业中专以上学历或者具有中药学中级以上专业技术职称；从事中药材、中药饮片养护工作的，应当具有中药学专业中专以上学历或者具有中药学初级以上专业技术职称；直接收购地产中药材的，验收人员应当具有中药学中级以上专业技术职称。

经营疫苗的企业还应当配备2名以上专业技术人员专门负责疫苗质量管理和验收工作，专业技术人员应当具有预防医学、药学、微生物学或者医学等专业本科以上学历及中级以上专业技术职称，并有3年以上从事疫苗管理或者技术工作经历。

第二十三条 从事质量管理、验收工作的人员应当在职在岗，不得兼职其他业务工作。

第二十四条 从事采购工作的人员应当具有药学或者医学、生物、化学等相关专业中专以上学历，从事销售、储存等工作的人员应当具有高中以上文化程度。

第二十五条 企业应当对各岗位人员进行与其职责和工作内容相关的岗前培训和继续培训，以符合本规范要求。

第二十六条 培训内容应当包括相关法律法规、药品专业知识及技能、质量管理制度、职责及岗位操作规程等。

第二十七条 企业应当按照培训管理制度制定年度培训计划并开展培训，使相关人员能正确理解并履行职责。培训工作应当做好记录并建立档案。

第二十八条 从事特殊管理的药品和冷藏冷冻药品的储存、运输等工作的人员，应当接受相关法律法规和专业知识培训并经考核合格后方可上岗。

第二十九条 企业应当制定员工个人卫生管理制度，储存、运输等岗位人员的着装应当符合劳动保护和产品防护的要求。

第三十条 质量管理、验收、养护、储存等直接接触药品岗位的人员应当进行岗前及年度健康检查，并建立健康档案。患有传染病或者其他可能污染药品的疾病的，不得从事直接接触药品的工作。身体条件不符合相应岗位特定要求的，不得从事相关工作。

第四节 质量管理体系文件

第三十一条 企业制定质量管理体系文件应当符合企业实际。文件包括质量管理制度、部门及岗位职责、操作规程、档案、报告、记录和凭证等。

第三十二条 文件的起草、修订、审核、批准、分发、保管，以及修改、撤销、替换、销毁等应当按照文件管理操作规程进行，并保存相关记录。

第三十三条 文件应当标明题目、种类、目的以及文件编号和版本号。文字应当准确、清晰、易懂。

文件应当分类存放，便于查阅。

第三十四条 企业应当定期审核、修订文件，使用的文件应当为现行有效的文本，已废止或者失效的文件除留档备查外，不得在工作现场出现。

第三十五条 企业应当保证各岗位获得与其工作内容相对应的必要文件，并严格按照规定开展工作。

第三十六条 质量管理制度应当包括以下内容：

（一）质量管理体系内审的规定；

（二）质量否决权的规定；

（三）质量管理文件的管理；

（四）质量信息的管理；

（五）供货单位、购货单位、供货单位销售人员及购货单位采购人员等资格审核的规定；

（六）药品采购、收货、验收、储存、养护、销售、出库、运输的管理；

（七）特殊管理的药品的规定；

（八）药品有效期的管理；

（九）不合格药品、药品销毁的管理；

（十）药品退货的管理；

（十一）药品召回的管理；

（十二）质量查询的管理；

（十三）质量事故、质量投诉的管理；

（十四）药品不良反应报告的规定；

（十五）环境卫生、人员健康的规定；

（十六）质量方面的教育、培训及考核的规定；

（十七）设施设备保管和维护的管理；

（十八）设施设备验证和校准的管理；

（十九）记录和凭证的管理；

（二十）计算机系统的管理；

（二十一）执行药品电子监管的规定；

（二十二）其他应当规定的内容。

第三十七条 部门及岗位职责应当包括：

（一）质量管理、采购、储存、销售、运输、财务和信息管理等部门职责；

（二）企业负责人、质量负责人及质量管理、采购、储存、销售、运输、财务和信息管理等部门负责人的岗位职责；

（三）质量管理、采购、收货、验收、储存、养护、销售、出库复核、运输、财务、信息管理等岗位职责；

（四）与药品经营相关的其他岗位职责。

第三十八条 企业应当制定药品采购、收货、验收、储存、养护、销售、出库复核、运输等环节及计算机系统的操作规程。

第三十九条 企业应当建立药品采购、验收、养护、销售、出库复核、销后退回和购进退出、运输、储运温湿度监测、不合格药品处理等相关记录，做到真实、完整、准确、有效和可追溯。

第四十条 通过计算机系统记录数据时，有关人员应当按照操作规程，通过授权及密码登录后方可进行数据的录入或者复核；数据的更改应当经质量管理部门审核并在其监督下进行，更改过程应当留有记录。

第四十一条　书面记录及凭证应当及时填写，并做到字迹清晰，不得随意涂改，不得撕毁。更改记录的，应当注明理由、日期并签名，保持原有信息清晰可辨。

第四十二条　记录及凭证应当至少保存5年。疫苗、特殊管理的药品的记录及凭证按相关规定保存。

第五节　设施与设备

第四十三条　企业应当具有与其药品经营范围、经营规模相适应的经营场所和库房。

第四十四条　库房的选址、设计、布局、建造、改造和维护应当符合药品储存的要求，防止药品的污染、交叉污染、混淆和差错。

第四十五条　药品储存作业区、辅助作业区应当与办公区和生活区分开一定距离或者有隔离措施。

第四十六条　库房的规模及条件应当满足药品的合理、安全储存，并达到以下要求，便于开展储存作业：

（一）库房内外环境整洁，无污染源，库区地面硬化或者绿化；

（二）库房内墙、顶光洁，地面平整，门窗结构严密；

（三）库房有可靠的安全防护措施，能够对无关人员进入实行可控管理，防止药品被盗、替换或者混入假药；

（四）有防止室外装卸、搬运、接收、发运等作业受异常天气影响的措施。

第四十七条　库房应当配备以下设施设备：

（一）药品与地面之间有效隔离的设备；

（二）避光、通风、防潮、防虫、防鼠等设备；

（三）有效调控温湿度及室内外空气交换的设备；

（四）自动监测、记录库房温湿度的设备；

（五）符合储存作业要求的照明设备；

（六）用于零货拣选、拼箱发货操作及复核的作业区域和设备；

（七）包装物料的存放场所；

（八）验收、发货、退货的专用场所；

（九）不合格药品专用存放场所；

（十）经营特殊管理的药品有符合国家规定的储存设施。

第四十八条　经营中药材、中药饮片的，应当有专用的库房和养护工作场所，直接收购地产中药材的应当设置中药样品室（柜）。

第四十九条　经营冷藏、冷冻药品的，应当配备以下设施设备：

（一）与其经营规模和品种相适应的冷库，经营疫苗的应当配备两个以上独立冷库；

（二）用于冷库温度自动监测、显示、记录、调控、报警的设备；

（三）冷库制冷设备的备用发电机组或者双回路供电系统；

（四）对有特殊低温要求的药品，应当配备符合其储存要求的设施设备；

（五）冷藏车及车载冷藏箱或者保温箱等设备。

第五十条　运输药品应当使用封闭式货物运输工具。

第五十一条　运输冷藏、冷冻药品的冷藏车及车载冷藏箱、保温箱应当符合药品运输过程中对温度控制的要求。冷藏车具有自动调控温度、显示温度、存储和读取温度监测数据的功能；冷藏箱及保温箱具有外部显示和采集箱体内温度数据的功能。

第五十二条　储存、运输设施设备的定期检查、清洁和维护应当由专人负责，并建立记录和档案。

第六节　校准与验证

第五十三条　企业应当按照国家有关规定，对计量器具、温湿度监测设备等定期进行校准或者检定。

企业应当对冷库、储运温湿度监测系统以及冷藏运输等设施设备进行使用前验证、定期验证及停用时间超过规定时限的验证。

第五十四条　企业应当根据相关验证管理制度，形成验证控制文件，包括验证方案、报告、评价、偏差处理和预防措施等。

第五十五条　验证应当按照预先确定和批准的方案实施，验证报告应当经过审核和批准，验证文件应当存档。

第五十六条　企业应当根据验证确定的参数及条件，正确、合理使用相关设施设备。

第七节　计算机系统

第五十七条　企业应当建立能够符合经营全过程管理及质量控制要求的计算机系统，实现药品质量可追溯，并满足药品电子监管的实施条件。

第五十八条　企业计算机系统应当符合以下要求：

（一）有支持系统正常运行的服务器和终端机；

（二）有安全、稳定的网络环境，有固定接入互联网的方式和安全可靠的信息平台；

（三）有实现部门之间、岗位之间信息传输和数据共享的局域网；

（四）有药品经营业务票据生成、打印和管理功能；

（五）有符合本规范要求及企业管理实际需要的应用软件和相关数据库。

第五十九条　各类数据的录入、修改、保存等操作应当符合授权范围、操作规程和管理制度的要求，保证数据原始、真实、准确、安全和可追溯。

第六十条　计算机系统运行中涉及企业经营和管理的数据应当采用安全、可靠的方式储存并按日备份，备份数据应当存放在安全场所，记录类数据的保存时限应当符合本规范第四十二条的要求。

第八节　采　　购

第六十一条　企业的采购活动应当符合以下要求：

（一）确定供货单位的合法资格；

（二）确定所购入药品的合法性；

（三）核实供货单位销售人员的合法资格；

（四）与供货单位签订质量保证协议。

采购中涉及的首营企业、首营品种，采购部门应当填写相关申请表格，经过质量管理部门和企业质量负责人的审核批准。必要时应当组织实地考察，对供货单位质量管理体系进行评价。

第六十二条　对首营企业的审核，应当查验加盖其公章原印章的以下资料，确认真实、有效：

（一）《药品生产许可证》或者《药品经营许可证》复印件；

（二）营业执照及其年检证明复印件；

（三）《药品生产质量管理规范》认证证书或者《药品经营质量管理规范》认证证书复印件；

（四）相关印章、随货同行单（票）样式；

（五）开户户名、开户银行及账号；

（六）《税务登记证》和《组织机构代码证》复印件。

第六十三条 采购首营品种应当审核药品的合法性，索取加盖供货单位公章原印章的药品生产或者进口批准证明文件复印件并予以审核，审核无误的方可采购。

以上资料应当归入药品质量档案。

第六十四条 企业应当核实、留存供货单位销售人员以下资料：

（一）加盖供货单位公章原印章的销售人员身份证复印件；

（二）加盖供货单位公章原印章和法定代表人印章或者签名的授权书，授权书应当载明被授权人姓名、身份证号码，以及授权销售的品种、地域、期限；

（三）供货单位及供货品种相关资料。

第六十五条 企业与供货单位签订的质量保证协议至少包括以下内容：

（一）明确双方质量责任；

（二）供货单位应当提供符合规定的资料且对其真实性、有效性负责；

（三）供货单位应当按照国家规定开具发票；

（四）药品质量符合药品标准等有关要求；

（五）药品包装、标签、说明书符合有关规定；

（六）药品运输的质量保证及责任；

（七）质量保证协议的有效期限。

第六十六条 采购药品时，企业应当向供货单位索取发票。发票应当列明药品的通用名称、规格、单位、数量、单价、金额等；不能全部列明的，应当附《销售货物或者提供应税劳务清单》，并加盖供货单位发票专用章原印章、注明税票号码。

第六十七条 发票上的购、销单位名称及金额、品名应当与付款流向及金额、品名一致，并与财务账目内容相对应。发票按有关规定保存。

第六十八条 采购药品应当建立采购记录。采购记录应当有药品的通用名称、剂型、规格、生产厂商、供货单位、数量、价格、购货日期等内容，采购中药材、中药饮片的还应当标明产地。

第六十九条 发生灾情、疫情、突发事件或者临床紧急救治等特殊情况以及其他符合国家有关规定的情形，企业可采用直调方式购销药品，将已采购的药品不入本企业仓库，直接从供货单位发送到购货单位，并建立专门的采购记录，保证有效的质量跟踪和追溯。

第七十条 采购特殊管理的药品，应当严格按照国家有关规定进行。

第七十一条 企业应当定期对药品采购的整体情况进行综合质量评审，建立药品质量评审和供货单位质量档案，并进行动态跟踪管理。

第九节 收货与验收

第七十二条 企业应当按照规定的程序和要求对到货药品逐批进行收货、验收，防止不合格药品入库。

第七十三条 药品到货时，收货人员应当核实运输方式是否符合要求，并对照随货同行单（票）和采购记录核对药品，做到票、账、货相符。

随货同行单（票）应当包括供货单位、生产厂商、药品的通用名称、剂型、规格、批号、数量、收货单位、收货地址、发货日期等内容，并加盖供货单位药品出库专用章原印章。

第七十四条 冷藏、冷冻药品到货时，应当对其运输方式及运输过程的温度记录、运输时间等质量控制状况进行重点检查并记录。不符合温度要求的应当拒收。

第七十五条 收货人员对符合收货要求的药品，应当按品种特性要求放于相应待验区域，或者设置状态标志，通知验收。冷藏、冷冻药品应当在冷库内待验。

第七十六条 验收药品应当按照药品批号查验同批号的检验报告书。供货单位为批发企业的，检验报告书应当加盖其质量管理专用章原印章。检验报告书的传递和保存可以采用电子数据形式，但应当保证其合法性和有效性。

第七十七条 企业应当按照验收规定，对每次到货药品进行逐批抽样验收，抽取的样品应当具有代表性。

（一）同一批号的药品应当至少检查一个最小包装，但生产企业有特殊质量控制要求或者打开最小包装可能影响药品质量的，可不打开最小包装；

（二）破损、污染、渗液、封条损坏等包装异常以及零货、拼箱的，应当开箱检查至最小包装；

（三）外包装及封签完整的原料药、实施批签发管理的生物制品，可不开箱检查。

第七十八条 验收人员应当对抽样药品的外观、包装、标签、说明书以及相关的证明文件等逐一进行检查、核对；验收结束后，应当将抽取的完好样品放回原包装箱，加封并标示。

第七十九条 特殊管理的药品应当按照相关规定在专库或者专区内验收。

第八十条 验收药品应当做好验收记录，包括药品的通用名称、剂型、规格、批准文号、批号、生产日期、有效期、生产厂商、供货单位、到货数量、到货日期、验收合格数量、验收结果等内容。验收人员应当在验收记录上签署姓名和验收日期。

中药材验收记录应当包括品名、产地、供货单位、到货数量、验收合格数量等内容。中药饮片验收记录应当包括品名、规格、批号、产地、生产日期、生产厂商、供货单位、到货数量、验收合格数量等内容，实施批准文号管理的中药饮片还应当记录批准文号。

验收不合格的还应当注明不合格事项及处置措施。

第八十一条 对实施电子监管的药品，企业应当按规定进行药品电子监管码扫码，并及时将数据上传至中国药品电子监管网系统平台。

第八十二条 企业对未按规定加印或者加贴中国药品电子监管码，或者监管码的印刷不符合规定要求的，应当拒收。监管码信息与药品包装信息不符的，应当及时向供货单位查询，未得到确认之前不得入库，必要时向当地药品监督管理部门报告。

第八十三条 企业应当建立库存记录，验收合格的药品应当及时入库登记；验收不合格的，不得入库，并由质量管理部门处理。

第八十四条 企业按本规范第六十九条规定进行药品直调的，可委托购货单位进行药品验收。购货单位应当严格按照本规范的要求验收药品和进行药品电子监管码的扫码与数据上传，并建立专门的直调药品验收记录。验收当日应当将验收记录相关信息传递给直调企业。

第十节 储存与养护

第八十五条 企业应当根据药品的质量特性对药品进行合理储存，并符合以下要求：

（一）按包装标示的温度要求储存药品，包装上没有标示具体温度的，按照《中华人民共和国药典》规定的贮藏要求进行储存；

（二）储存药品相对湿度为35% ~75%；

（三）在人工作业的库房储存药品，按质量状态实行色标管理：合格药品为绿色，不合格药品为红色，待确定药品为黄色；

（四）储存药品应当按照要求采取避光、遮光、通风、防潮、防虫、防鼠等措施；

（五）搬运和堆码药品应当严格按照外包装标示要求规范操作，堆码高度符合包装图示要求，避免损坏药品包装；

（六）药品按批号堆码，不同批号的药品不得混垛，垛间距不小于 5 厘米，与库房内墙、顶、温度调控设备及管道等设施间距不小于 30 厘米，与地面间距不小于 10 厘米；

（七）药品与非药品、外用药与其他药品分开存放，中药材和中药饮片分库存放；

（八）特殊管理的药品应当按照国家有关规定储存；

（九）拆除外包装的零货药品应当集中存放；

（十）储存药品的货架、托盘等设施设备应当保持清洁，无破损和杂物堆放；

（十一）未经批准的人员不得进入储存作业区，储存作业区内的人员不得有影响药品质量和安全的行为；

（十二）药品储存作业区内不得存放与储存管理无关的物品。

第八十六条　养护人员应当根据库房条件、外部环境、药品质量特性等对药品进行养护，主要内容是：

（一）指导和督促储存人员对药品进行合理储存与作业。

（二）检查并改善储存条件、防护措施、卫生环境。

（三）对库房温湿度进行有效监测、调控。

（四）按照养护计划对库存药品的外观、包装等质量状况进行检查，并建立养护记录；对储存条件有特殊要求的或者有效期较短的品种应当进行重点养护。

（五）发现有问题的药品应当及时在计算机系统中锁定和记录，并通知质量管理部门处理。

（六）对中药材和中药饮片应当按其特性采取有效方法进行养护并记录，所采取的养护方法不得对药品造成污染。

（七）定期汇总、分析养护信息。

第八十七条　企业应当采用计算机系统对库存药品的有效期进行自动跟踪和控制，采取近效期预警及超过有效期自动锁定等措施，防止过期药品销售。

第八十八条　药品因破损而导致液体、气体、粉末泄漏时，应当迅速采取安全处理措施，防止对储存环境和其他药品造成污染。

第八十九条　对质量可疑的药品应当立即采取停售措施，并在计算机系统中锁定，同时报告质量管理部门确认。对存在质量问题的药品应当采取以下措施：

（一）存放于标志明显的专用场所，并有效隔离，不得销售；

（二）怀疑为假药的，及时报告药品监督管理部门；

（三）属于特殊管理的药品，按照国家有关规定处理；

（四）不合格药品的处理过程应当有完整的手续和记录；

（五）对不合格药品应当查明并分析原因，及时采取预防措施。

第九十条　企业应当对库存药品定期盘点，做到账、货相符。

第十一节　销售

第九十一条　企业应当将药品销售给合法的购货单位，并对购货单位的证明文件、采购人员及提货人员的身份证明进行核实，保证药品销售流向真实、合法。

第九十二条　企业应当严格审核购货单位的生产范围、经营范围或者诊疗范围，并按照相应的范围销售药品。

第九十三条　企业销售药品，应当如实开具发票，做到票、账、货、款一致。

第九十四条　企业应当做好药品销售记录。销售记录应当包括药品的通用名称、规格、剂型、批号、有效期、生产厂商、购货单位、销售数量、单价、金额、销售日期等内容。按照本规范第六十九条规定进行药品直调的，应当建立专门的销售记录。

中药材销售记录应当包括品名、规格、产地、购货单位、销售数量、单价、金额、销售日期等内容；中药饮片销售记录应当包括品名、规格、批号、产地、生产厂商、购货单位、销售数量、单价、金额、销售日期等内容。

第九十五条　销售特殊管理的药品以及国家有专门管理要求的药品，应当严格按照国家有关规定执行。

第十二节　出库

第九十六条　出库时应当对照销售记录进行复核。发现以下情况不得出库，并报告质量管理部门处理：

（一）药品包装出现破损、污染、封口不牢、衬垫不实、封条损坏等问题；

（二）包装内有异常响动或者液体渗漏；

（三）标签脱落、字迹模糊不清或者标识内容与实物不符；

（四）药品已超过有效期；

（五）其他异常情况的药品。

第九十七条　药品出库复核应当建立记录，包括购货单位、药品的通用名称、剂型、规格、数量、批号、有效期、生产厂商、出库日期、质量状况和复核人员等内容。

第九十八条　特殊管理的药品出库应当按照有关规定进行复核。

第九十九条　药品拼箱发货的代用包装箱应当有醒目的拼箱标志。

第一百条　药品出库时，应当附加盖企业药品出库专用章原印章的随货同行单（票）。

企业按照本规范第六十九条规定直调药品的，直调药品出库时，由供货单位开具两份随货同行单（票），分别发往直调企业和购货单位。随货同行单（票）的内容应当符合本规范第七十三条第二款的要求，还应当标明直调企业名称。

第一百零一条　冷藏、冷冻药品的装箱、装车等项作业，应当由专人负责并符合以下要求：

（一）车载冷藏箱或者保温箱在使用前应当达到相应的温度要求；

（二）应当在冷藏环境下完成冷藏、冷冻药品的装箱、封箱工作；

（三）装车前应当检查冷藏车辆的启动、运行状态，达到规定温度后方可装车；

（四）启运时应当做好运输记录，内容包括运输工具和启运时间等。

第一百零二条　对实施电子监管的药品，应当在出库时进行扫码和数据上传。

第十三节　运输与配送

第一百零三条　企业应当按照质量管理制度的要求，严格执行运输操作规程，并采取有效措施保证运输过程中的药品质量与安全。

第一百零四条　运输药品，应当根据药品的包装、质量特性并针对车况、道路、天气等因素，选用适宜的运输工具，采取相应措施防止出现破损、污染等问题。

第一百零五条　发运药品时，应当检查运输工具，发现运输条件不符合规定的，不得发运。运输药品过程中，运载工具应当保持密闭。

第一百零六条　企业应当严格按照外包装标示的要求搬运、装卸药品。

第一百零七条　企业应当根据药品的温度控制要求，在运输过程中采取必要的保温或者冷藏、冷冻措施。

运输过程中，药品不得直接接触冰袋、冰排等蓄冷剂，防止对药品质量造成影响。

第一百零八条　在冷藏、冷冻药品运输途中，应当实时监测并记录冷藏车、冷藏箱或者保温箱内的温度数据。

第一百零九条　企业应当制定冷藏、冷冻药品运输应急预案，对运输途中可能发生的设备故障、异常天气影响、交通拥堵等突发事件，能够采取相应的应对措施。

第一百一十条　企业委托其他单位运输药品的，应当对承运方运输药品的质量保障能力进行审计，索取运输车辆的相关资料，符合本规范运输设施设备条件和要求的方可委托。

第一百一十一条　企业委托运输药品应当与承运方签订运输协议，明确药品质量责任、遵守运输操作规程和在途时限等内容。

第一百一十二条　企业委托运输药品应当有记录，实现运输过程的质量追溯。记录至少包括发货时间、发货地址、收货单位、收货地址、货单号、药品件数、运输方式、委托经办人、承运单位，采用车辆运输的还应当载明车牌号，并留存驾驶人员的驾驶证复印件。记录应当至少保存5年。

第一百一十三条　已装车的药品应当及时发运并尽快送达。委托运输的，企业应当要求并监督承运方严格履行委托运输协议，防止因在途时间过长影响药品质量。

第一百一十四条　企业应当采取运输安全管理措施，防止在运输过程中发生药品盗抢、遗失、调换等事故。

第一百一十五条　特殊管理的药品的运输应当符合国家有关规定。

第十四节　售后管理

第一百一十六条　企业应当加强对退货的管理，保证退货环节药品的质量和安全，防止混入假冒药品。

第一百一十七条　企业应当按照质量管理制度的要求，制定投诉管理操作规程，内容包括投诉渠道及方式、档案记录、调查与评估、处理措施、反馈和事后跟踪等。

第一百一十八条　企业应当配备专职或者兼职人员负责售后投诉管理，对投诉的质量问题查明原因，采取有效措施及时处理和反馈，并做好记录，必要时应当通知供货单位及药品生产企业。

第一百一十九条　企业应当及时将投诉及处理结果等信息记入档案，以便查询和跟踪。

第一百二十条　企业发现已售出药品有严重质量问题，应当立即通知购货单位停售、追回并做好记录，同时向药品监督管理部门报告。

第一百二十一条　企业应当协助药品生产企业履行召回义务，按照召回计划的要求及时传达、反馈药品召回信息，控制和收回存在安全隐患的药品，并建立药品召回记录。

第一百二十二条　企业质量管理部门应当配备专职或者兼职人员，按照国家有关规定承担药品不良反应监测和报告工作。

第三章　药品零售的质量管理

第一节　质量管理与职责

第一百二十三条　企业应当按照有关法律法规及本规范的要求制定质量管理文件，开展质量管理活动，确保药品质量。

第一百二十四条　企业应当具有与其经营范围和规模相适应的经营条件，包括组织机构、人员、设施设备、质量管理文件，并按照规定设置计算机系统。

第一百二十五条　企业负责人是药品质量的主要责任人，负责企业日常管理，负责提供必要的条件，保证质量管理部门和质量管理人员有效履行职责，确保企业按照本规范要求经营药品。

第一百二十六条　企业应当设置质量管理部门或者配备质量管理人员，履行以下职责：

（一）督促相关部门和岗位人员执行药品管理的法律法规及本规范；

（二）组织制订质量管理文件，并指导、监督文件的执行；

（三）负责对供货单位及其销售人员资格证明的审核；

（四）负责对所采购药品合法性的审核；

（五）负责药品的验收，指导并监督药品采购、储存、陈列、销售等环节的质量管理工作；

（六）负责药品质量查询及质量信息管理；

（七）负责药品质量投诉和质量事故的调查、处理及报告；

（八）负责对不合格药品的确认及处理；

（九）负责假劣药品的报告；

（十）负责药品不良反应的报告；

（十一）开展药品质量管理教育和培训；

（十二）负责计算机系统操作权限的审核、控制及质量管理基础数据的维护；

（十三）负责组织计量器具的校准及检定工作；

（十四）指导并监督药学服务工作；

（十五）其他应当由质量管理部门或者质量管理人员履行的职责。

第二节　人员管理

第一百二十七条　企业从事药品经营和质量管理工作的人员，应当符合有关法律法规及本规范规定的资格要求，不得有相关法律法规禁止从业的情形。

第一百二十八条　企业法定代表人或者企业负责人应当具备执业药师资格。

企业应当按照国家有关规定配备执业药师，负责处方审核，指导合理用药。

第一百二十九条　质量管理、验收、采购人员应当具有药学或者医学、生物、化学等相关专业学历或者具有药学专业技术职称。从事中药饮片质量管理、验收、采购人员应当具有中药学中专以上学历或者具有中药学专业初级以上专业技术职称。

营业员应当具有高中以上文化程度或者符合省级药品监督管理部门规定的条件。中药饮片调剂人员应当具有中药学中专以上学历或者具备中药调剂员资格。

第一百三十条　企业各岗位人员应当接受相关法律法规及药品专业知识与技能的岗前培训和继续培训，以符合本规范要求。

第一百三十一条　企业应当按照培训管理制度制定年度培训计划并开展培训，使相关人员能正确理解并履行职责。培训工作应当做好记录并建立档案。

第一百三十二条　企业应当为销售特殊管理的药品、国家有专门管理要求的药品、冷藏药品的人员接受相应培训提供条件，使其掌握相关法律法规和专业知识。

第一百三十三条　在营业场所内，企业工作人员应当穿着整洁、卫生的工作服。

第一百三十四条　企业应当对直接接触药品岗位的人员进行岗前及年度健康检查，并建立健康档案。患有传染病或者其他可能污染药品的疾病的，不得从事直接接触药品的工作。

第一百三十五条　在药品储存、陈列等区域不得存放与经营活动无关的物品及私人用品，在工作区域内不得有影响药品质量和安全的行为。

第三节 文件

第一百三十六条 企业应当按照有关法律法规及本规范规定，制定符合企业实际的质量管理文件。文件包括质量管理制度、岗位职责、操作规程、档案、记录和凭证等，并对质量管理文件定期审核、及时修订。

第一百三十七条 企业应当采取措施确保各岗位人员正确理解质量管理文件的内容，保证质量管理文件有效执行。

第一百三十八条 药品零售质量管理制度应当包括以下内容：

（一）药品采购、验收、陈列、销售等环节的管理，设置库房的还应当包括储存、养护的管理；

（二）供货单位和采购品种的审核；

（三）处方药销售的管理；

（四）药品拆零的管理；

（五）特殊管理的药品和国家有专门管理要求的药品的管理；

（六）记录和凭证的管理；

（七）收集和查询质量信息的管理；

（八）质量事故、质量投诉的管理；

（九）中药饮片处方审核、调配、核对的管理；

（十）药品有效期的管理；

（十一）不合格药品、药品销毁的管理；

（十二）环境卫生、人员健康的规定；

（十三）提供用药咨询、指导合理用药等药学服务的管理；

（十四）人员培训及考核的规定；

（十五）药品不良反应报告的规定；

（十六）计算机系统的管理；

（十七）执行药品电子监管的规定；

（十八）其他应当规定的内容。

第一百三十九条 企业应当明确企业负责人、质量管理、采购、验收、营业员以及处方审核、调配等岗位的职责，设置库房的还应当包括储存、养护等岗位职责。

第一百四十条 质量管理岗位、处方审核岗位的职责不得由其他岗位人员代为履行。

第一百四十一条 药品零售操作规程应当包括：

（一）药品采购、验收、销售；

（二）处方审核、调配、核对；

（三）中药饮片处方审核、调配、核对；

（四）药品拆零销售；

（五）特殊管理的药品和国家有专门管理要求的药品的销售；

（六）营业场所药品陈列及检查；

（七）营业场所冷藏药品的存放；

（八）计算机系统的操作和管理；

（九）设置库房的还应当包括储存和养护的操作规程。

第一百四十二条 企业应当建立药品采购、验收、销售、陈列检查、温湿度监测、不合格药品处理等相关记录，做到真实、完整、准确、有效和可追溯。

第一百四十三条　记录及相关凭证应当至少保存 5 年。特殊管理的药品的记录及凭证按相关规定保存。

第一百四十四条　通过计算机系统记录数据时，相关岗位人员应当按照操作规程，通过授权及密码登录计算机系统，进行数据的录入，保证数据原始、真实、准确、安全和可追溯。

第一百四十五条　电子记录数据应当以安全、可靠方式定期备份。

第四节　设施与设备

第一百四十六条　企业的营业场所应当与其药品经营范围、经营规模相适应，并与药品储存、办公、生活辅助及其他区域分开。

第一百四十七条　营业场所应当具有相应设施或者采取其他有效措施，避免药品受室外环境的影响，并做到宽敞、明亮、整洁、卫生。

第一百四十八条　营业场所应当有以下营业设备：

（一）货架和柜台；

（二）监测、调控温度的设备；

（三）经营中药饮片的，有存放饮片和处方调配的设备；

（四）经营冷藏药品的，有专用冷藏设备；

（五）经营第二类精神药品、毒性中药品种和罂粟壳的，有符合安全规定的专用存放设备；

（六）药品拆零销售所需的调配工具、包装用品。

第一百四十九条　企业应当建立能够符合经营和质量管理要求的计算机系统，并满足药品电子监管的实施条件。

第一百五十条　企业设置库房的，应当做到库房内墙、顶光洁，地面平整，门窗结构严密；有可靠的安全防护、防盗等措施。

第一百五十一条　仓库应当有以下设施设备：

（一）药品与地面之间有效隔离的设备；

（二）避光、通风、防潮、防虫、防鼠等设备；

（三）有效监测和调控温湿度的设备；

（四）符合储存作业要求的照明设备；

（五）验收专用场所；

（六）不合格药品专用存放场所；

（七）经营冷藏药品的，有与其经营品种及经营规模相适应的专用设备。

第一百五十二条　经营特殊管理的药品应当有符合国家规定的储存设施。

第一百五十三条　储存中药饮片应当设立专用库房。

第一百五十四条　企业应当按照国家有关规定，对计量器具、温湿度监测设备等定期进行校准或者检定。

第五节　采购与验收

第一百五十五条　企业采购药品，应当符合本规范第二章第八节的相关规定。

第一百五十六条　药品到货时，收货人员应当按采购记录，对照供货单位的随货同行单（票）核实药品实物，做到票、账、货相符。

第一百五十七条　企业应当按规定的程序和要求对到货药品逐批进行验收，并按照本规范第八十条规定做好验收记录。

验收抽取的样品应当具有代表性。

第一百五十八条 冷藏药品到货时，应当按照本规范第七十四条规定进行检查。

第一百五十九条 验收药品应当按照本规范第七十六条规定查验药品检验报告书。

第一百六十条 特殊管理的药品应当按照相关规定进行验收。

第一百六十一条 验收合格的药品应当及时入库或者上架，实施电子监管的药品，还应当按照本规范第八十一条、第八十二条的规定进行扫码和数据上传，验收不合格的，不得入库或者上架，并报告质量管理人员处理。

第六节 陈列与储存

第一百六十二条 企业应当对营业场所温度进行监测和调控，以使营业场所的温度符合常温要求。

第一百六十三条 企业应当定期进行卫生检查，保持环境整洁。存放、陈列药品的设备应当保持清洁卫生，不得放置与销售活动无关的物品，并采取防虫、防鼠等措施，防止污染药品。

第一百六十四条 药品的陈列应当符合以下要求：

（一）按剂型、用途以及储存要求分类陈列，并设置醒目标志，类别标签字迹清晰、放置准确。

（二）药品放置于货架（柜），摆放整齐有序，避免阳光直射。

（三）处方药、非处方药分区陈列，并有处方药、非处方药专用标识。

（四）处方药不得采用开架自选的方式陈列和销售。

（五）外用药与其他药品分开摆放。

（六）拆零销售的药品集中存放于拆零专柜或者专区。

（七）第二类精神药品、毒性中药品种和罂粟壳不得陈列。

（八）冷藏药品放置在冷藏设备中，按规定对温度进行监测和记录，并保证存放温度符合要求。

（九）中药饮片柜斗谱的书写应当正名正字；装斗前应当复核，防止错斗、串斗；应当定期清斗，防止饮片生虫、发霉、变质；不同批号的饮片装斗前应当清斗并记录。

（十）经营非药品应当设置专区，与药品区域明显隔离，并有醒目标志。

第一百六十五条 企业应当定期对陈列、存放的药品进行检查，重点检查拆零药品和易变质、近效期、摆放时间较长的药品以及中药饮片。发现有质量疑问的药品应当及时撤柜，停止销售，由质量管理人员确认和处理，并保留相关记录。

第一百六十六条 企业应当对药品的有效期进行跟踪管理，防止近效期药品售出后可能发生的过期使用。

第一百六十七条 企业设置库房的，库房的药品储存与养护管理应当符合本规范第二章第十节的相关规定。

第七节 销售管理

第一百六十八条 企业应当在营业场所的显著位置悬挂《药品经营许可证》、营业执照、执业药师注册证等。

第一百六十九条 营业人员应当佩戴有照片、姓名、岗位等内容的工作牌，是执业药师和药学技术人员的，工作牌还应当标明执业资格或者药学专业技术职称。在岗执业的执业药师应当挂牌明示。

第一百七十条 销售药品应当符合以下要求：

（一）处方经执业药师审核后方可调配；对处方所列药品不得擅自更改或者代用，对有配伍禁忌或者超剂量的处方，应当拒绝调配，但经处方医师更正或者重新签字确认的，可以调配；调配处方后经过核对方可销售。

（二）处方审核、调配、核对人员应当在处方上签字或者盖章，并按照有关规定保存处方或者其复印件。

（三）销售近效期药品应当向顾客告知有效期。

（四）销售中药饮片做到计量准确，并告知煎服方法及注意事项；提供中药饮片代煎服务，应当符合国家有关规定。

第一百七十一条　企业销售药品应当开具销售凭证，内容包括药品名称、生产厂商、数量、价格、批号、规格等，并做好销售记录。

第一百七十二条　药品拆零销售应当符合以下要求：

（一）负责拆零销售的人员经过专门培训；

（二）拆零的工作台及工具保持清洁、卫生，防止交叉污染；

（三）做好拆零销售记录，内容包括拆零起始日期、药品的通用名称、规格、批号、生产厂商、有效期、销售数量、销售日期、分拆及复核人员等；

（四）拆零销售应当使用洁净、卫生的包装，包装上注明药品名称、规格、数量、用法、用量、批号、有效期以及药店名称等内容；

（五）提供药品说明书原件或者复印件；

（六）拆零销售期间，保留原包装和说明书。

第一百七十三条　销售特殊管理的药品和国家有专门管理要求的药品，应当严格执行国家有关规定。

第一百七十四条　药品广告宣传应当严格执行国家有关广告管理的规定。

第一百七十五条　非本企业在职人员不得在营业场所内从事药品销售相关活动。

第一百七十六条　对实施电子监管的药品，在售出时，应当进行扫码和数据上传。

第八节　售后管理

第一百七十七条　除药品质量原因外，药品一经售出，不得退换。

第一百七十八条　企业应当在营业场所公布药品监督管理部门的监督电话，设置顾客意见簿，及时处理顾客对药品质量的投诉。

第一百七十九条　企业应当按照国家有关药品不良反应报告制度的规定，收集、报告药品不良反应信息。

第一百八十条　企业发现已售出药品有严重质量问题，应当及时采取措施追回药品并做好记录，同时向药品监督管理部门报告。

第一百八十一条　企业应当协助药品生产企业履行召回义务，控制和收回存在安全隐患的药品，并建立药品召回记录。

第四章　附　　则

第一百八十二条　药品零售连锁企业总部的管理应当符合本规范药品批发企业相关规定，门店的管理应当符合本规范药品零售企业相关规定。

第一百八十三条　本规范为药品经营质量管理的基本要求。对企业信息化管理、药品储运温湿度自动监测、药品验收管理、药品冷链物流管理、零售连锁管理等具体要求，由国家食品药品监督管理局以附录方式另行制定。

第一百八十四条　本规范下列术语的含义是：

（一）在职：与企业确定劳动关系的在册人员。

（二）在岗：相关岗位人员在工作时间内在规定的岗位履行职责。

（三）首营企业：采购药品时，与本企业首次发生供需关系的药品生产或者经营企业。

（四）首营品种：本企业首次采购的药品。

（五）原印章：企业在购销活动中，为证明企业身份在相关文件或者凭证上加盖的企业公章、发票专用章、质量管理专用章、药品出库专用章的原始印记，不能是印刷、影印、复印等复制后的印记。

（六）待验：对到货、销后退回的药品采用有效的方式进行隔离或者区分，在入库前等待质量验收的状态。

（七）零货：指拆除了用于运输、储藏包装的药品。

（八）拼箱发货：将零货药品集中拼装至同一包装箱内发货的方式。

（九）拆零销售：将最小包装拆分销售的方式。

（十）国家有专门管理要求的药品：国家对蛋白同化制剂、肽类激素、含特殊药品复方制剂等品种实施特殊监管措施的药品。

第一百八十五条　医疗机构药房和计划生育技术服务机构的药品采购、储存、养护等质量管理规范由国家食品药品监督管理局商相关主管部门另行制定。互联网销售药品的质量管理规定由国家食品药品监督管理局另行制定。

第一百八十六条　药品经营企业违反本规范的，由药品监督管理部门按照《中华人民共和国药品管理法》第七十九条的规定给予处罚。

第一百八十七条　本规范自 2013 年 6 月 1 日起施行。依照《中华人民共和国药品管理法》第十六条规定，具体实施办法和实施步骤由国家食品药品监督管理局规定。

医疗机构药品监督管理办法（试行）

（国家食品药品监督管理局，2011 年 10 月 11 日发布）

第一章　总　　则

第一条　为加强医疗机构药品质量监督管理，保障人体用药安全、有效，依据《中华人民共和国药品管理法》（以下简称《药品管理法》）、《中华人民共和国药品管理法实施条例》（以下简称《药品管理法实施条例》）等法律法规，制定本办法。

第二条　本办法适用于中华人民共和国境内医疗机构药品质量的监督管理，医疗机构购进、储存、调配及使用药品均应当遵守本办法。

第三条　国家食品药品监督管理局主管全国医疗机构药品质量监督管理工作，地方各级药品监督管理部门主管本行政区域内医疗机构药品质量监督管理工作。

第四条　医疗机构应当建立健全药品质量管理体系，完善药品购进、验收、储存、养护、调配及使用等环节的质量管理制度，做好质量跟踪工作，并明确各环节中工作人员的岗位责任。

医疗机构应当有专门的部门负责药品质量的日常管理工作；未设专门部门的，应当指定专人负责药品质量管理。

第五条　医疗机构应当向所在地药品监督管理部门提交药品质量管理年度自查报告，自查报告应当包括以下内容：

（一）药品质量管理制度的执行情况；

（二）医疗机构制剂配制的变化情况；

（三）接受药品监督管理部门的监督检查及整改落实情况；

（四）对药品监督管理部门的意见和建议。

自查报告应当在本年度 12 月 31 日前提交。

第二章　药品购进和储存

第六条　医疗机构必须从具有药品生产、经营资格的企业购进药品。

医疗机构使用的药品应当按照规定由专门部门统一采购，禁止医疗机构其他科室和医务人员自行采购。

医疗机构因临床急需进口少量药品的，应当按照《药品管理法》及其实施条例的有关规定办理。

第七条　医疗机构购进药品，应当查验供货单位的《药品生产许可证》或者《药品经营许可证》和《营业执照》、所销售药品的批准证明文件等相关证明文件，并核实销售人员持有的授权书原件和身份证原件。

医疗机构应当妥善保存首次购进药品加盖供货单位原印章的前述证明文件的复印件，保存期不得少于5年。

第八条 医疗机构购进药品时应当索取、留存供货单位的合法票据，并建立购进记录，做到票、账、货相符。合法票据包括税票及详细清单，清单上必须载明供货单位名称、药品名称、生产厂商、批号、数量、价格等内容，票据保存期不得少于3年。

第九条 医疗机构必须建立和执行进货验收制度，购进药品应当逐批验收，并建立真实、完整的药品验收记录。

医疗机构接受捐赠药品、从其他医疗机构调入急救药品也应当遵守前款规定。

第十条 药品验收记录应当包括药品通用名称、生产厂商、规格、剂型、批号、生产日期、有效期、批准文号、供货单位、数量、价格、购进日期、验收日期、验收结论等内容。

验收记录必须保存至超过药品有效期1年，但不得少于3年。

第十一条 医疗机构应当建立健全中药饮片采购制度，按照国家有关规定购进中药饮片。

第十二条 医疗机构应当有专用的场所和设施、设备储存药品。药品的存放应当符合药品说明书标明的条件。

医疗机构需要在急诊室、病区护士站等场所临时存放药品的，应当配备符合药品存放条件的专柜。有特殊存放要求的，应当配备相应设备。

第十三条 医疗机构储存药品，应当按照药品属性和类别分库、分区、分垛存放，并实行色标管理。药品与非药品分开存放；中药饮片、中成药、化学药品分别储存、分类存放；过期、变质、被污染等药品应当放置在不合格库（区）。

第十四条 医疗机构应当制定和执行药品保管、养护管理制度，并采取必要的控温、防潮、避光、通风、防火、防虫、防鼠、防污染等措施，保证药品质量。

第十五条 医疗机构应当配备药品养护人员，定期对储存药品进行检查和养护，监测和记录储存区域的温湿度，维护储存设施设备，并建立相应的养护档案。

第十六条 医疗机构应当建立药品效期管理制度。药品发放应当遵循“近效期先出”的原则。

第十七条 麻醉药品、精神药品、医疗用毒性药品、放射性药品应当严格按照相关行政法规的规定存放，并具有相应的安全保障措施。

第三章 药品调配和使用

第十八条 医疗机构应当配备与药品调配和使用相适应的、依法经资格认定的药学技术人员负责处方的审核、调配工作。

第十九条 医疗机构用于调配药品的工具、设施、包装用品以及调配药品的区域，应当符合卫生要求及相应的调配要求。

第二十条 医疗机构应当建立最小包装药品拆零调配管理制度，保证药品质量可追溯。

第二十一条 医疗机构配制的制剂只能供本单位使用。未经省级以上药品监督管理部门批准，医疗机构不得使用其他医疗机构配制的制剂，也不得向其他医疗机构提供本单位配制的制剂。

第二十二条 医疗机构应当加强对使用药品的质量监测。发现假药、劣药的，应当立即停止使用、就地封存并妥善保管，及时向所在地药品监督管理部门报告。在药品监督管理部门作出决定之前，医疗机构不得擅自处理。

医疗机构发现存在安全隐患的药品，应当立即停止使用，并通知药品生产企业或者供货商，及时向所在地药品监督管理部门报告。需要召回的，医疗机构应当协助药品生产企业履行药品召回义务。

第二十三条 医疗机构不得采用邮售、互联网交易、柜台开架自选等方式直接向公众销售处方药。

第二十四条 医疗机构应当逐步建立覆盖药品购进、储存、调配、使用全过程质量控制的电子管理系统，实现药品来源可追溯、去向可查清，并与国家药品电子监管系统对接。

第二十五条 医疗机构应当每年组织直接接触药品人员进行健康检查，并建立健康档案。患有传染病或者其他可能污染药品的疾病的，不得从事直接接触药品的工作。

第二十六条 医疗机构应当定期组织从事药品购进、保管、养护、验收、调配、使用的人员参加药事法规和药学专业知识的培训，并建立培训档案。

第四章 监督检查

第二十七条 药品监督管理部门应当对医疗机构药品购进、储存、调配和使用质量情况进行监督检查，并建立医疗机构监督检查档案。

监督检查情况和处理结果应当形成书面记录，由监督检查人员签字后反馈被检查单位。对检查中发现的问题需要其他部门处理的，应当及时移送。

第二十八条 医疗机构应当积极配合药品监督管理部门依法对药品购进、储存、调配和使用质量情况进行监督检查，如实提供与被检查事项有关的物品和记录、凭证以及医学文书等资料，不得拒绝和隐瞒。

第二十九条 药品监督管理部门应当加强对医疗机构药品的监督抽验。

国家或者省级药品监督管理部门应当定期发布公告，公布对医疗机构药品质量的抽查检验结果。

对质量抽验结果有异议的，其复验程序按照相关规定执行。

第三十条 药品监督管理部门应当根据实际情况建立医疗机构药品质量管理信用档案，记录日常监督检查结果、违法行为查处等情况。

第三十一条 药品监督管理部门接到有关医疗机构药品质量方面的咨询、投诉、举报，应当及时受理，并进行核实、答复、处理；对不属于本部门职责的，应当书面通知并移交有关部门处理。

第三十二条 药品监督管理部门可以根据医疗机构药品质量管理年度自查报告、日常监督检查情况、不良信用记录以及人民群众的投诉、举报情况，确定若干重点监督检查单位，相应增加对其进行监督检查的频次，加大对其使用药品的质量抽验力度。

第五章 法律责任

第三十三条 违反本办法第六条第一款规定，从无《药品生产许可证》、《药品经营许可证》的企业购进药品的，由药品监督管理部门按照《药品管理法》第八十条规定处罚。

对违反本办法第六条第二款规定，医疗机构其他科室和医务人员自行采购药品的，责令医疗机构给予相应处理；确认为假劣药品的，按照《药品管理法》有关规定予以处罚。

第三十四条 违反本办法第十二条第一款规定，不按要求储存疫苗的，按照《疫苗流通和预防接种管理条例》第六十四条规定处罚。

第三十五条 违反本办法第二十一条规定，擅自使用其他医疗机构配制的制剂的，按照《药品管理法》第八十条规定处罚；未经批准向其他医疗机构提供本单位配制的制剂的，按照《药品管理法》第八十四条规定处罚。

第三十六条 违反本办法第二十二条规定，擅自处理假劣药品或者存在安全隐患的药品的，由药品监督管理部门责令限期追回；情节严重的，向社会公布。

第三十七条 违反本办法第二十三条规定，采用邮售、互联网交易、柜台开架自选等方式直接向公众销售处方药的，按照《药品流通监督管理办法》第四十二条规定处罚。

第三十八条 违反本办法有关规定，且隐瞒事实，不如实提供与被检查事项有关的物品和记录、凭证以及医学文书等资料，阻碍或者拒绝接受监督检查的，依照《药品管理法实施条例》第七十九条规定从重处罚。

第三十九条 医疗机构有下列情形之一的，由药品监督管理部门要求其限期整改，逾期不改的，记入医疗机构药品质量管理信用档案，并定期向社会公布：

（一）未按照本办法第四条第一款规定建立质量管理制度的；

（二）未按照本办法第五条规定提交药品质量管理年度自查报告的；

（三）未按照本办法第七条第一款、第八条规定索证、索票查验的；

（四）未按照本办法第九条、第十条规定对购进的药品进行验收，做好验收记录的；

（五）未按照本办法第十一条规定建立中药饮片采购制度，违反国家有关规定购进中药饮片的；

（六）未按照本办法第十二条、第十三条规定储存药品的；

（七）未按照本办法第十四条、第十五条规定养护药品的；

（八）未按照本办法第十六条规定建立和执行药品效期管理制度的；

（九）未按照本办法第十八条规定配备人员的；

（十）未按照本办法第十九条规定执行的；

（十一）未按照本办法第二十条规定建立最小包装药品拆零调配管理制度并执行的。

第四十条 药品监督管理部门应当加强对本部门工作人员的教育、培训和管理，督促其正确履职。凡不履行本办法规定的职责或者滥用职权、玩忽职守、徇私舞弊的，均应当依法对直接负责的主管人员和其他直接责任人员给予相应行政处分；涉嫌犯罪的，移送司法机关处理。

第六章 附 则

第四十一条 省、自治区、直辖市药品监督管理部门可以结合本地实际情况，根据本办法的规定制定实施细则。

第四十二条 本办法自发布之日起施行。

关于印发《建立和规范政府办基层医疗卫生机构基本药物采购机制指导意见》的通知

各省、自治区、直辖市人民政府，国务院各部委、各直属机构：

《建立和规范政府办基层医疗卫生机构基本药物采购机制的指导意见》已经国务院同意，现印发给你们，请结合实际认真贯彻执行。

国务院办公厅

2010 年 11 月 19 日

建立和规范政府办基层医疗卫生机构基本药物采购机制的指导意见

（2010 年 11 月 19 日，国务院办公厅）

建立国家基本药物制度是惠及民生的重大制度创新，是近期医药卫生体制改革的重点和难点。该项制度启动实施以来，取得了明显进展和初步效果，但也出现了一些新情况、新问题，突出表现在基本药物招标采购不够规范，采购价格没有有效合理降低，一些地区部分药品供应配送不及时，影响了基本药物制度实施效果和群众受益程度。为确保基本药物制度顺利实施，现就建立和规范政府办基层医疗卫生机构基本药物采购机制提出以下指导意见：

一、建立和规范基本药物采购机制的总体思路

对实施基本药物制度的政府办基层医疗卫生机构使用的基本药物（包括各省区市增补品种，下同）实行以省（区、市）为单位集中采购、统一配送；坚持政府主导与市场机制相结合，发挥集中批量采购优势，招标和采购结合，签订购销合同，一次完成采购全过程，最大限度地降低采购成本，促进基本药物生产和供应。通过建立和规范基本药物采购机制，实现基本药物安全有效、品质良好、价格合理、供应及时，逐步建立起比较完善的基层用基本药物供应保障体系，使群众真正得到实惠。

二、建立和规范基本药物采购机制的主要措施

（一）明确基本药物采购的相关责任主体。政府举办的基层医疗卫生机构使用的基本药物在政府组织和调控下，通过市场竞争进行采购。省级卫生行政部门是本省（区、市）基本药物集中采购的主管部门，负责搭建省级集中采购平台，确定具备独立法人及采购资格的采购机构开展基本药物采购工作，并对基本药物集中采购过程中采购机构和基层医疗卫生机构进行管理和监督，协调解决采购中出现的问题。各省（区、市）应充分利用现有药品集中采购平台和药品集中采购机构开展基本药物采购工作。市（地）及以下不设采购平台，不指定采购机构。

基本药物集中采购平台为政府建立的非营利性网上采购系统，面向基层医疗卫生机构、药品生产和经营企业提供药品采购、配送、结算服务。省级卫生行政部门确定的采购机构利用基本药物集中采购平台开展基本药物采购工作，负责平台的使用、管理和维护。基层医疗卫生机构与采购机构签订授权或委托协议。采购机构作为采购的责任主体，负责定期汇总本省（区、市）基本药物采购需求，编制基本药物采购计划，实施基本药物采购，并与药品供应企业签订购销合同，负责合同执行。采购机构在提供服务过程中不得向企业和基层医疗卫生机构收取费用，采购机构必要的工作经

费列入政府预算。卫生、监察等相关部门要切实加强对采购机构的监管。

基层医疗卫生机构按照协议定期向采购机构提出基本药物用药需求，并按协议约定及时付款。

（二）合理编制基本药物采购计划。采购机构定期汇总基层医疗卫生机构基本药物需求，编制基本药物集中采购计划，按照临床必需和基层实际确定基本药物采购的具体剂型、规格、质量要求，明确采购数量。要兼顾成人和儿童用药需要。各省（区、市）卫生行政部门要加强指导和协调。

暂无法确定采购数量的省（区、市）可以通过单一货源承诺方式进行采购，即对每种基本药物（具体到剂型和规格）只选择一家企业采购，使该企业获得供货区域内该药品全部市场份额，该供货区域内的所有政府办基层医疗卫生机构使用的基本药物（具体到剂型和规格）只由这一家企业供应。

（三）加强基本药物市场价格调查。各省（区、市）卫生行政和价格主管等相关部门要对基本药物近三年市场实际购销价格进行全面调查，包括社会零售药店零售价格以及基本药物制度实施前基层医疗卫生机构的实际进货价格。市场实际购销价格应作为基本药物采购的重要依据，原则上集中采购价格不得高于市场实际购销价格。卫生部和国家发展改革委要收集汇总各地市场价格调查情况，建立基本药物价格信息库。

采购机构通过集中采购确定的采购价格（包括配送费用）即为基层医疗卫生机构实际销售价格。

（四）明确基本药物供货主体。原则上用量大（具体标准由各省区市自行确定）的基本药物直接向生产企业采购，由生产企业自行委托经营企业进行配送或直接配送；用量小的基本药物可以集中打包向药品批发企业采购（含配送）。也可以向代理生产企业销售药品的批发企业采购。无论采取哪种方式，供货主体都要对药品的质量和供应一并负责。

（五）区别情况分类采购。区分基本药物的不同情况，采取不同的采购方式：

——对独家生产的基本药物，采取与生产或批发企业进行单独议价的方式进行采购。

——对基层必需但用量小的特殊用药、急救用药，采用邀请招标、询价采购或定点生产的方式采购。

——对临床常用且价格低廉（建议为日平均使用费用在 3 元以下的基本药物，具体标准由各省区市自行确定），或者经多次采购价格已基本稳定的基本药物，采取邀请招标或询价采购的方式采购。

——对基本药物中的麻醉药品、精神药品、免费治疗的传染病和寄生虫病用药、免疫规划用疫苗、计划生育药品及中药饮片，仍按国家现有规定采购。

——其他基本药物均应进行公开招标采购。招标中如出现企业投标价格均高于市场实际购销价格，采购机构应与投标企业依次进行单独议价，均不能达成一致的，即宣布废标。

——对通过以上方式均未能采购到的基本药物，经省级卫生行政部门同意，采购机构可以寻找替代剂型、规格重新采购，或者委托有资质的企业定点生产，并及时上报卫生部和国务院深化医药卫生体制改革领导小组办公室（以下简称国务院医改办公室）备案。鼓励各地探索省际联合采购等多种方式，进一步降低基本药物价格、保障供应。

（六）坚持质量优先、价格合理。基本药物采购要遵循质量优先、价格合理的原则。鼓励各地采用“双信封”的招标制度，即在编制标书时分别编制经济技术标书和商务标书，企业同时投两份标书。经济技术标书主要对企业生产规模、配送能力、销售额、行业排名、市场信誉，以及 GMP（GSP）资质认证、药品质量抽验抽查历史情况、电子监管能力等指标进行评审，保证基本药物质量。只有经济技术标书评审合格的企业才能进入商务标书评审，商务标书评审由价格最低者中标。

各地也可以通过设立资质条件的方式，对投标企业进行筛选；还可以根据基本药物质量和价格等要素设计评分指标体系，对投标企业进行综合评分。由省级卫生行政部门会同采购机构根据供货主体和实际情况，合理设计本省（区、市）的具体招标办法。

采购机构确定供货企业后，供货企业要将拟供货的药品样品送省级食品药品监管部门备案。省级食品药品监管部门要加强对基本药物质量的抽验，必要时将抽检样品与备案样品进行比对，对质量出现问题的按照有关规定惩处，并及时向社会公布。

（七）充分听取基层医疗卫生机构意见。要发挥基层医疗卫生机构管理者和医务工作者在基本药物采购中的积极作用。在采购计划制定、评标、谈判等重要环节，要有相当比例的基层医疗卫生机构管理者和医务人员代表参与，具体由各省级卫生行政部门会同采购机构根据实际情况确定。

（八）签订基本药物购销合同。采购机构代表基层医疗卫生机构与供货企业签订购销合同，明确品种、剂型、规格、数量、价格、供货时间和地点、付款时间、履约方式、违约责任等，并负责合同的执行。如合同约定的采购数量不能满足临床用药需要，基层医疗卫生机构可以提出申请，由采购机构与供货企业签订追加合同，各供货企业原则上不得拒绝。卫生部会同相关部门要制定并推行标准合同文本。

（九）严格基本药物采购付款制度。各地要建立完善的基本药物采购付款制度，并在购销合同中明确付款程序和时间。供货企业按照合同要求将药品配送到基层医疗卫生机构后，基层医疗卫生机构进行交货验收并出具签收单，采购机构根据签收单付款，原则上从交货验收合格到付款不得超过 30 日（具体天数要在合同中约定）。未能按时付款的，采购机构要向企业支付违约金。采购机构要设立专用账户，制定具体付款流程和办法，对各基层医疗卫生机构基本药物货款进行统一支付。各地可以设立一定的基本药物采购周转资金，确保基本药物货款及时足额支付。

（十）建立严格的诚信记录和市场清退制度。对采购过程中提供虚假证明文件，蓄意抬高价格或恶意压低价格，中标后拒不签订合同，供应质量不达标的药品，未按合同规定及时配送供货，向采购机构、基层医疗卫生机构和个人进行贿赂或变相贿赂的，一律记录在案并按以下规定进行处罚：一次违规严厉警告，并限期纠正或整改；逾期不改或二次违规的，由省级卫生行政部门将违法违规企业和法人代表名单及违法违规情况向社会公布，全国所有省（区、市）两年内不得允许该企业及其法人代表参与本省（区、市）任何药品的招标采购。违反相关法律法规的，要依法惩处。

卫生等有关部门要对参与以上违法违规行为的采购机构、医疗卫生机构及相关人员按有关规定予以严惩，并公开其不良记录，接受社会监督。

（十一）完善基本药物电子监管和供应的信息系统。国家食品药品监管局要完善全国统一的基本药物信息条形码（电子监管码）和药品电子监管平台，对基本药物进行全品种电子监管。2011 年 4 月 1 日起，各省（区、市）不得采购未入药品电子监管网及未使用基本药物信息条形码统一标识的企业供应的基本药物。

鼓励各省（区、市）进一步拓展基本药物集中采购平台的功能，打通卫生行政部门、基本药物生产及批发企业和基层医疗卫生机构之间的信息通道，建立起基本药物从出厂到使用全过程实时更新的供应信息系统，动态监管和分析药品生产、流通、库存和使用情况。鼓励有条件的地方开展电子交易，节约交易成本，提高交易透明度。

（十二）规范基本药物质量标准和包装规格。国家食品药品监管局要逐步提高基本药物质量标准。卫生部要逐步规范基层医疗卫生机构使用的基本药物剂型和规格，根据基层用药的实际需求，确定基本药物的标准剂型、标准规格和标准包装。在国家未出台规范的基本药物剂型和规格之前，各省（区、市）每种基本药物采购的剂型原则上不超过 3 种，每种剂型对应的规格原则上不超过 2 种。

（十三）建立基本药物采购信息公开制度。各省级卫生行政部门必须在采购结束 3 日内主动向社会公布基层医疗卫生机构基本药物采购价格、采购数量和中标企业，接受社会监督，同时报卫生部备案并抄国务院医改办公室。鼓励新闻媒体等社会各界监督基本药物采购过程，建立有奖举报制度，营造公开、公平、公正的采购环境。

（十四）建立基本药物指导价格动态调整机制。价格主管部门要加强对基本药物成本调查和市场购销价格监测，进一步完善基本药物定价方式，动态调整基本药物指导价格水平，指导各地合理确定集中采购价格。对独家品种以及经多次集中采购价格已基本稳定且供应充足的基本药物，要探索实行国家统一定价。各省（区、市）价格主管部门要加强对基本药物价格执行情况的监督检查，依法查处各种价格违法行为。

（十五）促进基层医务人员合理用药。各地区、各有关部门要利用建立和规范基本药物采购机制的契机，引导和规范基层医务人员用药行为。加强基层医务人员的培训和考核，尽快推进基本药物临床应用指南和处方集在基层普遍使用，鼓励各地利用信息系统对基层医疗卫生机构和医务人员的用药行为进行监管。加大宣传力度，引导群众转变用药习惯，促进临床首选和合理使用基本药物。

三、建立和规范基本药物采购机制的工作要求

（一）狠抓工作落实。建立和规范基本药物采购机制涉及多方利益调整，将会遇到多种困难和阻力，各地区、各有关部门要切实提高认识，坚定信心，精心组织实施。要加强宣传培训，争取药品生产流通行业、基层医疗卫生机构及社会各界的理解和支持。要密切跟踪研究新情况、新问题，妥善处理因基本药物集中采购产生的矛盾，不断完善政策措施。各省（区、市）医改领导小组要按照本意见精神，抓紧研究制定本省（区、市）政府办基层医疗卫生机构基本药物采购的具体办法，原则上应在本指导意见印发后 30 个工作日内出台，并抄报国务院医改办公室和卫生部备案。经省（区、市）医改领导小组批准，计划单列市和副省级省会城市基本药物采购工作可以单独组织实施。各地要力争 2010 年 12 月底前按照本意见规定的采购办法完成一个采购周期的基本药物采购。

（二）落实各方责任。各省（区、市）人民政府对本省（区、市）基本药物采购负总责。采购机构对基本药物采购直接负责，要严格按照有关规定开展采购，保障基本药物的质量和供应，合理有效降低采购价格。卫生行政部门要加强对采购机构以及基层医疗卫生机构的监管和指导，开展定期评估，确保基本药物采购工作顺利实施。发展改革（医改办公室、价格）、财政、社会保障、商务、工业和信息化、监察等有关部门也要各司其职、密切配合，加大支持力度，并加强对采购主体和采购全过程的监督。

（三）鼓励积极探索。各地区、各有关部门要进一步探索降低基本药物采购价格、保障供应和质量的有效措施，确保基层医疗卫生机构按照实际购进价格销售基本药物。鼓励通过发展现代物流等多种手段，进一步降低药品流通成本，实现药品流通公开化、透明化，引导药品生产经营企业兼并重组，加快结构调整，规范基本药物生产流通秩序，促进药品生产流通行业健康发展。各地要坚持全国统一市场，维护公平竞争环境，反对各种形式的地方保护主义。

（四）加强考核评估。国务院医改办公室要会同有关部门把基本药物采购情况作为医改工作评估的核心指标之一，对各地基本药物采购情况进行考核，并与资金补助挂钩。要选择部分省（区、市）进行重点联系指导，及时总结和推广先进经验。各省（区、市）医改领导小组要于 2010 年 12 月底前将贯彻落实本意见情况报国务院医改办公室。

关于进一步加强疫苗质量安全监管工作的通知

（国食药监注〔2010〕498号）

各省、自治区、直辖市食品药品监督管理局（药品监督管理局）：

疫苗作为用于健康人体预防和控制传染性疾病的重要产品，其生产水平及质量安全与维护公众健康密切相关。为认真贯彻十七届五中全会精神，落实《国务院关于加快培育和发展战略性新兴产业的决定》，促进我国生物医药产业健康发展，进一步提高疫苗质量安全保障水平，规范疫苗研制、生产和流通秩序，现就进一步加强疫苗质量安全监管工作的相关要求通知如下：

一、促进产业结构优化，推动标准提高及技术进步

（一）贯彻国务院促进企业兼并重组的精神，支持疫苗生产企业向规模化、集团化、集约化发展，引导产业的区域合理布局及结构优化；着力落实工业和信息化部、卫生部和国家食品药品监督管理局联合印发的《关于加快医药行业结构调整的指导意见》，鼓励生产企业新型疫苗产品的研发和产业化，支持和促进企业积极改进疫苗生产工艺、不断提高质量标准。国家食品药品监督管理局将成立由多部门参加的专家委员会，根据疫苗产品的产业政策和发展规划，以及市场供应、质量标准、企业质量保障体系等情况开展疫苗上市价值的评估，评估结果将用于指导疫苗研发、生产许可和审批工作。

（二）严格控制已有上市疫苗产品新增生产的审批。对现有产品设计生产能力远大于市场需求且品种重复严重的疫苗品种新办生产企业或新建生产车间的申请，应根据企业自行开展的疫苗生产市场评估情况，结合国家生物医药产业发展规划，加强开办条件的审查，严格审批，并应注重加强企业的引导，避免重复建设，降低投资风险。

（三）进一步提升已上市产品质量标准要求。对多家企业生产的同一品种疫苗将按其中严格的质量标准实施，逐步淘汰采用落后的生产方式以及使用存在安全风险的防腐剂、辅料等生产的疫苗品种。对各家生产企业疫苗产品的关键质量指标进行质量趋势分析评估，并适时在业内进行通报，以激励企业不断提升疫苗注册标准。

二、加强疫苗研发及生产环节监管，确保产品质量安全

（一）加强疫苗研制环节的监管，进一步提高研发注册技术审评要求，对疫苗研发用菌、毒种及细胞，企业应提供用于研发生产的证明文件和研究资料；对检定用菌毒种和细胞株应明确其来源、历史、生物学特征、代次，建立详细的档案，确保检验工作的准确性。

（二）申请已有同类产品上市的疫苗品种注册的，其研发的疫苗应采用同类产品中先进的生产

工艺，质量标准中的关键项目应按同类产品中严格的标准进行要求。

（三）进一步加强疫苗生产变更的监督管理，凡疫苗生产工艺、设施、环境以及生产用原、辅料等发生变化的，包括对现有疫苗生产企业进行改建或扩建的，企业应进行充分的研究和验证，分析其对产品质量的影响，并按相关规定及程序提交补充申请或备案。疫苗生产产地发生变更的，企业应对疫苗的生产工艺、质量指标、生产环节实际操作以及企业质量管理体系等与变更前逐一进行比对验证，并按照补充申请方式，经由辖区省级食品药品监督管理部门提出审核意见后，报送国家食品药品监督管理局审批；对产地变更前后发生重大变化的，国家食品药品监督管理局将要求企业开展临床试验和重新进行现场检查。

（四）强化疫苗上市后研究及评价工作。新批准注册的疫苗，生产企业应按照要求开展上市后的Ⅳ期临床试验，并在申请疫苗再注册时一并提交相关试验资料，未按照要求提交相关试验资料的，不予再注册；已获得注册批准的疫苗，生产企业应根据疫苗安全性及有效性的实际情况，自行或根据国家食品药品监督管理局的相关要求，开展疫苗上市后的评价研究。

三、强化体系建设，提升疫苗生产经营环节质量保障能力

（一）疫苗生产企业应按照《药品生产质量管理规范》的要求建立和完善质量管理体系，运用风险管理的方法提升疫苗生产以及质量管理水平，落实企业是疫苗质量第一责任人的责任。

（二）进一步加强疫苗经营许可的管理，严格疫苗经营范围的审批。对不符合《疫苗经营监管意见》（国食药监市〔2005〕278 号）规定要求，以及不能按照规定实施疫苗电子监管的，一律不受理其新开办疫苗经营企业或新增疫苗经营范围的申请。疫苗经营企业应严格按照《疫苗流通和预防接种管理条例》以及《药品经营质量管理规范》的相关规定，建立和完善质量管理体系。

（三）进一步强化疫苗冷链管理。疫苗的储存和运输应符合《疫苗储存和运输管理规范》的要求。疫苗生产、经营环节各相关部门应采取有效和可追溯的温度控制措施，加强疫苗储存运输过程的冷链管理。对未在规定冷藏条件下储存、运输疫苗的单位应依法严肃处罚。

（四）疫苗生产、经营企业应严格执行药品电子监管的相关规定，认真做好企业入网、赋码、核注核销等项工作，确保疫苗源头监控和可追溯性。凡未实施电子监管的疫苗，一律不得销售。

四、加强属地监管，落实监管责任

（一）各省级食品药品监督管理局应承担起疫苗日常监管职责，进一步加强省级药品检验机构基础设施建设，提升疫苗监管和质量检验水平，开展疫苗监督抽验工作；部分省级药品检验机构应按照国家食品药品监督管理局疫苗批签发监管工作指导意见，逐步承担并开展疫苗批签发工作。

（二）进一步强化和规范疫苗注册现场核查工作，应建立相对稳定的核查队伍并实施备案制管理，统一程序、统一标准，提高核查工作质量。

（三）应结合辖区内疫苗生产企业质量管理体系建设情况，对疫苗生产实施质量风险评估检查，系统评价疫苗生产质量安全风险状况，整合监管资源，强化疫苗生产日常监督检查工作。凡监督检查中发现企业疫苗生产存在严重缺陷或疫苗质量存在安全隐患的，应立即责令企业暂停生产，并监督企业召回已上市产品；停产期间，停止对该企业疫苗的批签发工作。

（四）应严格执行国家食品药品监督管理局关于疫苗批签发现场抽样的相关规定，确保疫苗批签发抽验样品的真实性和代表性。应结合疫苗安全监管工作的需要，强化对上市疫苗的抽验工作，特别是逐步加大对村镇疫苗预防接种点的监督抽验力度，并对监督抽验发现的问题依法查处。

各省食品药品监督管理局务必高度重视疫苗质量安全监管工作，切实做到疫苗质量安全监管职责清晰、任务明确、责任到人。应将本通知相关要求及时通知辖区内所有疫苗研发、生产、经营单位，并监督其落实。各省食品药品监督管理局在强化疫苗质量安全监管工作中如发现新的问题，应及时上报。

国家食品药品监督管理局

2010 年 12 月 31 日

关于印发已上市中药变更研究技术指导原则（一）的通知

（国食药监注〔2011〕472号　2011年11月16日发布）

各省、自治区、直辖市食品药品监督管理局（药品监督管理局）：

为科学规范和指导已上市中药变更研究工作，保证研究质量，国家局组织制定了《已上市中药变更研究技术指导原则（一）》，现予印发，请参照执行。

附件：已上市中药变更研究技术指导原则（一）

国家食品药品监督管理局

2011年11月16日

附件：已上市中药变更研究技术指导原则（一）

目　录

已上市中药变更研究技术指导原则（一）

一、概述

本指导原则主要用于指导申请人开展已上市中药制剂在生产、质量控制、使用等方面的变更研究。申请人应当根据其变更对药品安全性、有效性和质量可控性的影响，进行相应的技术研究工作，在完成相关工作后，向药品监督管理部门提出补充申请。需要进行临床试验研究的变更申请，其临床试验研究应经过批准后实施。

本指导原则目前主要涉及以下项目：变更药品规格或包装规格、变更药品处方中已有药用要求的辅料、变更生产工艺、变更药品有效期或贮藏条件、变更药品的包装材料和容器、变更药品生产场地等。对于其他变更，应根据其具体情况，按照本指导原则的基本原则进行相应工作。

本指导原则根据变更对药用物质基础或药物吸收、利用的影响程度，将所述及的变更划分为三类：Ⅰ类变更属于微小变更，其变更不会引起药用物质基础的改变，对药物的吸收、利用不会产生明显影响，不会引起安全性、有效性的明显改变；Ⅱ类变更属于中度变更，其变更对药用物质基础或对药物的吸收、利用有影响，但变化不大；Ⅲ类变更属于重大变更，其变更会引起药用物质基础的明显改变，或对药物的吸收、利用可能产生明显影响。类别划分的目的是帮助申请人便于确定变更研究的内容，有效地开展变更研究，进行评估和申报。但在具体研究中，类别界限可能不是很明显，则需根据具体情况及其研究结果确定类别。

由于变更情况的复杂性，申请人作为变更研究的责任主体，需根据本指导原则的基本要求，以及药品注册管理的相关规定，根据产品的特性开展研究验证工作。本指导原则仅从技术评价角度阐述对已上市中药进行变更时应考虑进行的相关研究验证工作。本指导原则中提及的各项研究工作的具体要求可参见相应的指导原则。申请人可根据品种的具体特点和基础研究情况，采用其他适宜的方法，但应对采用的方法及其可靠性进行说明。

由于中药注射剂的特殊性，已上市中药注射剂的变更研究指导原则另行制定。

二、基本原则及要求

（一）“必要、科学、合理”原则

已上市中药变更应体现变更的必要性、科学性、合理性。变更的提出与研究是基于对拟变更药品的了解，是以既往药品注册阶段以及实际生产过程中的研究和数据积累为基础的。注册阶段及其前期的研究工作越系统、深入，生产过程中积累的数据越充分，对上市后的变更研究越有帮助。因此，变更申请的研究结果应是基于对拟变更产品的了解，并与变更内容相比较而作出的科学合理判断。由于变更研究工作的主体是申请人，申请人对其产品的研发和生产、产品的性质等有着全面和准确的了解，对变更的原因、程度、必要性应当明确，并对变更前后产品质量、稳定性、生物学性质等方面进行全面的研究，对研究结果进行全面的分析，针对变更对药品安全性、有效性及其质量可控性的影响进行全面评估，通过提供的研究资料说明变更的必要性、科学性和合理性。

（二）“安全、有效及质量可控”原则

已上市中药变更应保证其安全、有效及质量可控。申请人需要通过一定的研究工作考察和评估变更对药品安全性、有效性及质量可控性的影响，具体研究工作宜根据变更的具体情况确定。

如果质量标准对于药品质量的可控性低，难以评估变更的影响，应开展质量及质量标准研究工作，提高质量标准对药品质量的可控性。

对已上市中药的变更要充分考虑可能带来的风险，任一环节的疏漏或缺失，均可能对药品的安全、有效及质量控制产生不良影响，应加强系统研究和评估。

（三）研究用样品要求

已上市中药变更的研究验证应采用中试以上规模样品。工艺有重大改变等的变更研究应采用生产规模样品。变更前后药品质量比较研究，一般采用变更前3批生产规模样品和变更后3批样品进行。变更后样品稳定性试验，一般采用3批样品进行3～6个月加速实验和长期稳定性考察，并与变更前3批生产规模样品稳定性数据进行比较。

（四）关联变更的要求

变更申请可能只涉及某一种情况的变更，也可能涉及多种情况的变更。如，药品规格的变更可能伴随辅料的变更，或同时伴随药品包装材料的变更等。为了叙述的方便，本指导原则将一项变更伴随或引发的其他变更称为关联变更。

对于关联变更，研究工作应按照本指导原则中各项变更研究工作的基本思路综合考虑，并进行相关研究。由于这些变更对药品质量、安全性、有效性影响程度可能不同，故总体上需按照技术要求较高的变更类别进行研究。

（五）含毒性药材制剂的要求

对于处方中含有毒性药材制剂的变更，应关注变更对药品安全性的影响，尤其应关注以下几类制剂变更的安全性，开展相关研究。①含大毒（剧毒）药材的制剂；②含有现代研究发现有严重毒性的药材的制剂；③含有分类为有毒药材，且为儿科用药、妊娠期和哺乳期妇女用药的制剂；④含有孕妇禁用或慎用的药材，且功能主治为妊娠期和哺乳期妇女用药的制剂。大毒药材是指国务院《医疗用毒性药品管理办法》（1988年）公布的28种毒性药材和各版《中国药典》、部颁标准、进口药材标准、地方药材标准中标注为大毒（或剧毒）的药材。有毒药材是指各版《中国药典》、部颁标准、进口药材标准、地方药材标准中标注为有毒的药材。各省（区、市）标准中药材的毒性大小分类不一致的，以毒性高的分类标准为依据。

三、变更药品规格或包装规格

规格是指单位制剂中或单一包装容器中药物的重量、体积或浓度等。一般地，对片剂、胶囊剂、栓剂、丸剂等的规格分别以每片、每粒、每丸的重量表示；而对颗粒剂、软膏剂、糖浆剂等的规格以单一包装容器中药物重量或体积表示。变更药品规格除上述不同剂型药品规格变更外，还可能涉及药品包装中多剂量包装、单剂量包装等包装规格的变更。涉及辅料变更的应参照辅料变更的相关要求进行。

变更规格应有科学、合理、必要的依据，应遵循方便临床用药的原则，其规格需根据药品用法用量合理确定，一般应在其临床使用的用法用量范围内。研究工作需关注变更后药品规格与原规格药品处方、工艺、日服/用药量等方面的一致性。

（一）Ⅰ类变更

此类变更不会引起药用物质基础的改变，对药物的吸收、利用不会产生明显影响，主要包括以下情形：只涉及药品包装中最小包装药品装量的改变，如颗粒剂、煎膏剂、糖浆剂、丸剂等包装规格的变更；改变片剂的片重大小，胶囊剂的装量规格等。

研究工作主要依据变更后规格与原规格药品制剂处方、工艺、日服/用药量等的一致性情况进行。宜重点根据剂型特性和药物性质，选择适当的项目对变更规格后药品与原规格药品进行比较性研究。

一般需要提供以下资料：

1. 变更的原因，说明变更的具体情况、变更的必要性和合理性。

2. 如有必要，提供变更前后质量对比试验研究资料，质量研究工作的试验资料及文献资料，质量标准。

3. 变更后连续3批样品的检验报告书。

4. 稳定性研究资料，包括与变更前产品稳定性情况的比较。第一种情形，如不涉及包装材质等的改变，一般可不提供；但如涉及包装容器空间大小等影响药品稳定性的因素，应提供稳定性研究资料。

（二） Ⅲ类变更

此类变更会引起药用物质基础的明显改变，或对药物的吸收、利用可能产生明显影响，对于缓释/控释制剂，应提供药代动力学研究资料，并根据研究情况进行临床试验研究。此类药品规格变更需要进行较全面的研究工作：

1. 变更的原因，说明变更的具体情况、变更的必要性和合理性。

2. 必要时，提供制剂处方研究资料。

3. 变更前后质量对比试验研究资料，质量研究工作的试验资料及文献资料，质量标准。

4. 变更后连续3批样品的检验报告书。

5. 稳定性研究资料，包括与变更前产品稳定性情况的比较。

6. 必要时，提供相关的药理毒理研究资料。

7. Ⅱ、Ⅲ期临床试验或生物等效性研究比较资料。

四、变更药品处方中已有药用要求的辅料

变更药品处方中已有药用要求的辅料一般包括变更辅料种类、用量、来源、型号或级别等。

此类变更应结合变更的具体情况，变更对药品的影响程度，制剂的特性等进行相应的研究工作，重点考察以下方面：第一，辅料的性质。变更涉及的辅料是否会影响制剂药物溶出或释放行为，或为影响制剂体内药物吸收速度和程度的关键性辅料。第二，制剂的特性。对于不同特性制剂，辅料变更可能对药品质量、疗效和安全性造成不同的影响。

对于使用新辅料的，应按新辅料相关要求提供研究资料，并按照Ⅲ类变更要求。

（一） Ⅰ类变更

此类变更不会引起药用物质基础的改变，对药物的吸收、利用不会产生明显影响，不会引起安全性、有效性的明显改变。如变更辅料来源、型号或级别；普通制剂增加或减少辅料的用量，或增加或减少对药物的吸收、利用不产生明显影响的辅料；固体制剂增加胃溶型薄膜包衣材料或增加制剂外观抛光材料；删除、增加或变更着色剂、芳香剂、矫味剂的种类；采用增加挥发性成分稳定性的包合材料，如β-环糊精；或使用同样功能特性的辅料替代另一种辅料，包括用玉米淀粉替代小麦淀粉，也包括用一种型号辅料替代另一种型号的相同辅料，如用微晶纤维素PH200替代微晶纤维素PH101；起局部作用且用于完整皮肤的外用制剂中对药物的吸收、利用不会产生明显影响的辅料种类或用量改变，如蜂蜡替代石蜡。但特性及功能显著不同的辅料替代，不属于此类范畴。

此类变更一般应符合以下要求：不属于缓控释等特殊制剂；变更的辅料为常用辅料，具有法定

标准，符合辅料管理要求，且辅料变更幅度应符合各辅料允许使用范围，应尽量减少辅料用量，筛选最佳辅料用量；变更辅料来源、型号或级别，其质量控制要求不应低于原质量控制要求。

此类变更情况较为复杂，无论何种变更，如果对药物的吸收、利用可能产生明显影响，应按照Ⅱ类或Ⅲ类变更要求。

一般应进行以下研究验证工作或提供相关资料：

1. 变更的原因，说明变更的具体情况、变更的必要性和合理性。

2. 变更前后辅料相关情况及其质量标准。

3. 制剂处方研究资料。

4. 变更所涉及的生产工艺研究与验证资料。

5. 变更前后质量对比试验研究资料，质量研究工作的试验资料及文献资料，质量标准。

6. 变更后连续3批样品的检验报告书。

7. 稳定性研究资料，包括与变更前产品稳定性情况的比较。

（二）Ⅱ类变更

此类变更对药用物质基础或对药物的吸收、利用有影响，但变化不大，如口服制剂中特性及功能显著不同的辅料替代；增加或减少可能影响药物溶解、释放或吸收、利用的辅料种类；起局部作用且用于完整皮肤的外用制剂中渗透促进剂的种类或用量改变；起局部作用且用于破损或溃烂皮肤、起全身作用的外用制剂中对药物的吸收、利用不会产生明显影响的辅料种类或用量改变等。此类变更，除上述Ⅰ类变更相关工作外，应进行以下研究工作：

1. 根据需要，提供药理毒理试验资料。外用制剂需要提供制剂非临床安全性研究资料。

2. 临床试验或生物等效性研究比较资料。其中临床试验研究进行病例数不少于100对的临床试验，用于多个病证的，每一个主要病证病例数不少于60对。

（三）Ⅲ类变更

此类变更对药物的吸收、利用可能产生明显影响，如缓释/控释制剂中缓释材料种类或用量变更；外用制剂中增加或删除对药物吸收利用有明显影响的辅料；起局部作用且用于破损或溃烂皮肤、起全身作用的外用制剂中渗透促进剂种类或用量的改变等。对于缓释/控释制剂，应提供药代动力学研究资料，并根据其结果，进行临床试验研究。这些变更需要进行全面的研究和验证工作，包括通过药学、生物学等系列研究工作证明变更对药品质量不会产生负面影响。除上述Ⅰ类变更相关工作外，一般还应进行以下研究验证工作或提供相关资料：

1. 相关的药理毒理试验研究资料。外用制剂需要提供制剂非临床安全性研究资料。

2. Ⅱ、Ⅲ期临床试验或生物等效性研究比较资料。

五、变更生产工艺

变更生产工艺包括变更生产工艺路线、方法、参数等，及由于变更关键生产设备所引起的以上变更。

生产工艺的变更可能涉及中药生产中前处理、提取、分离纯化、浓缩、干燥或制剂工艺的变更。其变更可能只涉及上述某一环节，也可能涉及多个环节，应注意对相关的变更进行相应研究。

生产工艺发生变更后，应说明具体的变更情况（包括完整的生产工艺及过程控制情况），通过分析产品特性，如处方组成、适应症、临床使用等情况，既往药品注册阶段以及实际生产过程中的研究和积累的数据，全面分析和评估变更对药用物质基础、质量及稳定性等方面的变化，以及此种变化对药物有效性、安全性方面的影响，并按照本指导原则中要求较高的变更类别进行相关工作。

无菌产品生产工艺变更不应降低产品的无菌保证水平。

生产设备的变更，主要通过设备变更前后的比较，评估设备变更是否导致生产工艺路线、方法或参数等的变更，是否会导致药物物质基础的变化或影响药物的吸收、利用。

由于中药成分的复杂性，以及生产过程中影响因素众多，如影响中药材提取过程的因素较多，各因素之间还存在一定的交互影响（这种影响一定条件下还很大），使得变更对药物的影响难以通过分析阐明，难以判断其相关研究工作应按哪类变更进行，从保证药物稳定均一、安全有效出发，在变更提取溶剂用量等工艺参数时，一般应按照Ⅲ类变更进行研究。若提供充分的研究数据证明其变化不大，可按Ⅱ类变更进行。

（一） Ⅰ类变更

此类变更不会引起药用物质基础的改变，对药物的吸收、利用不会产生明显影响，不会引起安全性、有效性的明显改变。如变更不含挥发性成分、热敏性成分药物的粉碎工艺（其粉碎粒度基本相同）、浓缩干燥工艺或制粒工艺（缩短受热时间或降低受热温度）等，但变更为特殊的浓缩干燥方法，如微波干燥等方法，不属于此类变更。

此类变更一般需进行以下研究验证工作或提供相关资料：

1. 变更的原因，说明变更的具体情况、变更的必要性和合理性。

2. 变更所涉及的生产工艺研究与验证资料，包括变更所涉及的生产工序质量控制指标的比较研究资料；拟变更工艺样品（3 批）与原生产工艺样品（10 批）质量标准中质量控制指标的比较研究，以及其他指标成分含量等的比较研究资料。

3. 涉及质量标准改变的，提供变更前后质量标准及其相关研究资料。

4. 变更后连续 3 批样品的检验报告书。

5. 稳定性研究资料，包括与变更前产品稳定性情况的比较。

（二） Ⅱ类变更

此类变更对其药用物质基础或对药物的吸收、利用有影响，但变化不大，包括工艺过程中一些工艺参数及工艺方法的改变，如变更含挥发性成分、热敏性成分药物的涉及受热温度、受热时间的工艺操作，应进行对比研究，如药用物质变化不大，属于Ⅱ类变更。

此类变更可根据变更的具体情况，按照如上所述的基本思路和方法，对变更前后产品进行比较研究，一般应进行以下研究验证工作或提供相关资料：

1. 变更的原因，说明变更的具体情况、变更的必要性和合理性。

2. 变更所涉及的生产工艺研究与验证资料。

3. 变更前后质量对比试验研究资料，质量研究工作的试验资料及文献资料，质量标准。

4. 变更后连续 3 批样品的检验报告书。

5. 稳定性研究资料，包括与变更前产品稳定性情况的比较。

6. 临床试验或生物等效性研究比较资料。其中临床试验研究进行病例数不少于 100 对的临床试验，用于多个病证的，每一个主要病证病例数不少于 60 对。

（三） Ⅲ类变更

此类变更会引起药用物质基础的明显改变，或对药物的吸收、利用可能产生明显影响，如工艺路线改变，包括药材合并提取与分开提取的改变、提取溶媒种类的改变；工艺方法改变，包括纯化方法由醇沉改为澄清剂处理，减压干燥改为微波干燥等特殊干燥方法，对药物吸收利用有明显影响的成型工艺方法改变等；工艺参数改变，包括醇沉工艺中醇沉含醇量的改变，提取次数的改变等。

此类变更一般需进行全面的研究和验证工作，研究工作可按照本要求总体考虑中阐述的基本思路和方法进行，除上述Ⅱ类变更相关工作外，尚需根据需要进行相关的药理毒理试验研究，及Ⅱ、

Ⅲ期临床试验或生物等效性研究。

六、变更药品有效期或贮藏条件

变更药品有效期或贮藏条件可能包含以下几种情况：①延长有效期；②缩短有效期；③严格贮藏条件；④放宽贮藏条件。变更可能只涉及上述某一种情况的变更，也可能涉及上述多种情况的变更。此种情况下，需注意进行各自相应的研究工作。

申报的药品有效期应不超过所进行的长期稳定性试验考察时间。

变更药品有效期或贮藏条件一般属于Ⅰ类变更。如果稳定性试验方案与原产品上市注册时不一致，质量控制项目和实验方法发生改变，或者生产工艺或制剂处方发生变更等，需根据变更情况进行相应的研究工作。

（一）延长药品有效期或放宽贮藏条件

这种变更是指产品生产工艺及生产质控方法、处方、质量标准、直接接触药品的包装材料和容器、贮藏条件等药学方面情况没有发生任何变化，且稳定性试验是按照产品上市注册时批准的稳定性试验方案进行的。对于因产品生产工艺或处方发生变更而延长药品有效期不属于此类变更的范围；对于因质量标准中质量控制项目或方法发生变更，使药品上市注册时批准的稳定性试验方案发生变化的有效期改变也不属于此类变更的范围。

（二）缩短药品有效期或严格产品贮藏条件

这种变更不包括因生产中的意外事件或稳定性试验中出现问题而要求缩短产品有效期或严格产品贮藏条件。一般而言，通过缩短药品有效期和严格药品贮藏条件，可以更好地保证产品质量。

此类变更主要依据稳定性考察结果，一般需进行以下研究验证工作或提供相关资料：

1. 变更的原因，说明变更的具体情况、变更的必要性和合理性。

2. 稳定性研究资料，包括与变更前条件的稳定性情况的比较。

七、变更药品的包装材料和容器

药品的包装材料和容器是药品的组成部分，分为直接接触药品的包装材料和容器，外包装及附属物（如给药器具、药棉、干燥剂等）。变更药品的包装材料和容器一般有以下情况：即变更包装材料和容器的生产厂或供货商；变更直接接触药品的包装材料和容器（包括包材的类型、容器的大小和形状）；变更包装系统中的附属物，变更外包装。此类变更一般属于Ⅰ类变更。

变更药品的包装材料和容器应能对保证药品质量和稳定性起到有益的作用，或至少不降低其保护作用，药物和包装材料与容器之间不得发生不良相互作用。变更药品的包装材料和容器需注意使用符合药用要求，并已获得药品包装材料和容器注册证的材料。

变更药品的包装材料和容器对药品的质量、安全性及有效性的影响一般与下述因素有关：即药品的给药途径、药品包装容器系统的特性，以及包装材料与药品发生相互作用的可能性等。某些情况下，变更药品的包装材料和容器后，药品可能仍符合质量标准的各项要求，但实际上对药品内在质量可能产生了一定的影响，因此，变更药品的包装材料和容器与变更药品处方、生产工艺等所进行的研究验证工作的侧重点不完全一致。

研究工作需根据药品包装材料的适用范围、包装容器系统的特性、剂型的特点、药品的给药途径等综合进行。研究工作中重点关注变更前后产品的稳定性是否受到影响，药物和包装材料、容器之间是否发生相互作用。对于以下（一）～（四）类情形，如果符合其前提条件的限制（如半固体和液体制剂中不得含有机溶剂等)，一般药物和包装材料、容器之间发生相互作用的可能性不大，稳定性研究中可以不再考察药物和包装材料、容器之间的相容性问题。而（五）类情形一般可能对药品产生较显著的影响，稳定性研究中尚需关注药物和包装材料、容器之间的相互作用。

（一）变更非无菌包装容器或包装材料的生产厂或供应商、变更非无菌固体制剂/原料药包装容器的大小或形状

变更非无菌包装容器或包装材料的生产厂或供应商、变更非无菌固体制剂/原料药包装容器的大小或形状，其前提条件是包装材料的类型和质量标准未发生改变或更严格。

此类变更需要说明变更原因，变更的具体情况，说明变更的必要性和合理性。

（二）变更直接接触药品的包装材料和容器

这类变更只涉及非无菌固体制剂（如片剂、胶囊、栓剂等)，非无菌半固体制剂及液体制剂(如软膏、乳膏、洗剂、口服溶液等)。其他制剂变更不属于此类变更的范畴。

此类变更应不降低产品的质量和稳定性，不改变原包装系统的特性（例如原包装系统具有防止儿童误打开的作用)。

此类变更需要根据变更的具体情况，进行相应的研究验证工作，需重点关注变更后包装材料与变更前包装材料相比，是否具有一致或更好的防水/氧气渗透能力，或者具有较好的避光功能。

（三）变更非无菌液体或半固体制剂包装容器的大小或形状

由于此项变更可能引起包装容器上部空间或表面积/体积比例的变化，可能影响产品的稳定性，研究验证工作需注意对变更前后产品稳定性进行比较。

以上三类情形，一般应进行以下研究验证工作或提供相关资料：

1. 变更的原因，说明变更的具体情况、变更的必要性和合理性。

2. 变更前后包装材料的质量标准，以及在已上市的同给药途径、同剂型产品中已有使用的依据。变更前后包装材料相关特性的对比数据，如对水蒸气的渗透能力、包装容器情况等。

3. 变更后连续 3 批样品的检验报告书。

4. 稳定性研究资料，包括与原包装药品稳定性情况的比较。

（四）变更固体制剂包装系统中的干燥剂和惰性填充物

此类变更包括在包装瓶中增加干燥剂，但不是由于原药品包装系统中产品稳定性存在问题所致。需注意所用的干燥剂应和产品可以明显区分，以避免误服用，并在包装标签中明确注明。

此类变更还包括在包装容器中增加或去除药棉等惰性填充物，但需注意变更后产品在运输和贮藏期间，其脆碎度以及其他相关物理性质不受影响。

此类变更需说明变更的原因、变更的具体情况，说明变更的必要性、合理性。说明所用干燥剂的组成。说明产品在贮藏和运输期间，脆碎度及相关物理性质是否发生变化。在包装标签中明确注明产品使用了干燥剂。

（五）对药品可能产生较显著影响的变更

1. 除（二）中提及的直接接触药品的包装材料改变。

2. 对于无菌制剂，任何可能影响到产品无菌性能的改变及其他质控指标的改变，例如：从其他包装系统变更为预填充系统；从单剂量包装变更为多剂量包装；包装容器的大小和形状发生改变。

3. 去除具有遮光、防潮等作用的功能性外包装。

4. 包装系统中附带的给药装置或者给药系统中可能影响到产品给药剂量准确性的装置部分发生变化，例如吸入剂、气雾剂中的阀门系统。

5. 变更后包装材料在已上市的同剂型、同给药途径产品中未曾使用过，如新批准的包装材料，以及外用软膏制剂已批准的聚合物材料，在眼用软膏制剂中未曾使用过等。

对药品可能产生较显著影响的变更需进行较系统的研究验证工作：

1. 变更的原因，说明变更的具体情况、变更的必要性和合理性。对于给药系统装置发生变更，需根据给药装置的特点进行相应的研究工作，证明变更前后给药剂量准确性保持一致。

2. 变更前后包装材料的质量标准，以及该容器或材料在已上市的同给药途径、同剂型产品中的使用情况。

3. 变更后连续 3 批样品的检验报告书。

4. 稳定性研究资料，包括与原包装药品稳定性情况的比较。稳定性研究中，除根据药品特点进行的各项检查外，还需关注药物和包装材料、容器之间是否可能存在相互作用，如包材中是否有成分渗出或迁移至产品内，或者产品是否存在重量减少的情况等，并有针对性地开展相应的研究工作证明这种相互作用对药品质量、安全性的影响。

八、参考文献

1. 《中药注册管理补充规定》，国食药监注〔2008〕3 号。

2. 《关于印发中药工艺相关问题的处理原则等 5 个药品审评技术标准的通知》，国食药监注〔2008〕287 号。

3. 《已上市化学药品变更研究的技术指导原则（一）》，国食药监注〔2008〕242 号。

九、著　者

《已上市中药变更研究技术指导原则》课题研究组。

关于进一步规范原料药混合粉注册管理的通知

（国食药监注〔2011〕510 号）

各省、自治区、直辖市食品药品监督管理局（药品监督管理局），总后卫生部药品监督管理局：

为进一步规范原料药混合粉注册管理，保证产品质量，现就制剂用原料药混合粉注册管理有关要求通知如下：

一、原料药混合粉生产企业必须持有混合粉所需原料药的批准文号并通过 GMP 认证，混合粉生产过程应通过药品 GMP 现场检查。

二、使用混合粉的制剂生产企业对原料药混合粉生产企业进行供应商审计后，按照《药品注册管理办法》的规定，提出“改变影响药品质量的生产工艺”补充申请，并提交混合粉相关研究资料和供应商审计资料，经批准后方可使用。

国家食品药品监督管理局

2011 年 12 月 30 日

关于调整麻醉药品和第一类精神药品区域性批发企业布局的通知

（国食药监安〔2012〕362 号）

各省、自治区、直辖市食品药品监督管理局（药品监督管理局）：

根据《麻醉药品和精神药品管理条例》的有关规定，2006 年，国家局公布了在各省（区、市）行政区域内从事麻醉药品和第一类精神药品批发业务的企业（以下称区域性批发企业）布局。几年来，各省级食品药品监管部门按照国家局规定的布局严格审批区域性批发企业，并切实强化日常监管，麻精药品的经营秩序得到进一步规范，医疗需求得到有效保障。但是，在国家局组织开展的监督检查中也发现，部分区域性批发企业在麻精药品安全管理、履行供药责任等方面存在一定问题，个别地区区域性批发企业数量多，经营过于分散。针对上述问题，结合近年来麻精药品需求总量变化情况，为进一步提高麻精药品经营和安全管理水平，更好地满足医疗需求，国家局对区域性批发企业的布局进行了调整（见附件 1）。请各省级食品药品监管部门按照本通知规定的布局对本行政区域内的区域性批发企业重新实施定点，对不符合布局规定和要求的予以调整。现将有关要求通知如下：

一、各省级食品药品监管部门要高度重视、周密部署，结合本地实际制定具体实施方案，确保区域性批发企业调整工作的顺利进行，并采取有效措施保障调整期间麻醉药品和第一类精神药品安全管理和供应。通过调整，要在进一步提高麻醉药品和第一类精神药品安全管理水平和经营集中度的基础上，在本省（区、市）行政区域内，鼓励逐步打破地区界限，促进适度竞争，改善供药环境，更好地为满足医疗需求服务。

二、各省级食品药品监管部门应当根据布局规定，事先公告，明确受理截止时限，并根据申报企业经营规模、经营质量管理水平、市场占有率和服务范围等指标综合评定，择优确定定点经营企业。具备 5 年以上麻醉药品和第一类精神药品经营经验的企业在同等条件下优先考虑。具体申报条件和验收标准见附件 2 和附件 3。

对符合条件准予定点的企业，应当按照《麻醉药品和精神药品经营管理办法（试行）》的规定，办理定点经营手续。

三、对有下列情形之一的企业，不予定点：

（一）企业及工作人员近 2 年有违反有关禁毒法律法规规定行为的；

（二）企业近 5 年曾因违反有关规定，被食品药品监管部门撤销区域性批发企业资格的；

（三）现有区域性批发企业未保证供药责任区域内麻醉药品和第一类精神药品供应的。

四、取得定点经营资格的企业在保证供药责任区域内医疗机构药品供应的同时，可以向本省（区、市）行政区域内取得麻醉药品和第一类精神药品购用印鉴卡的医疗机构销售麻醉药品和第一类精神药品。

五、区域性批发企业调整工作应当于2013年6月30日前完成。现有区域性批发企业经调整后未取得定点经营资格的，不得再经营麻醉药品和第一类精神药品，库存麻醉药品和第一类精神药品按照有关规定妥善处理。

请各省级食品药品监管部门及时将本行政区域内的区域性批发企业名单报国家局备案并通过政府网站对外公布。

附件：1. 麻醉药品和第一类精神药品区域性批发企业布局
2. 麻醉药品和第一类精神药品区域性批发企业申报条件
3. 麻醉药品和第一类精神药品区域性批发企业验收标准

国家食品药品监督管理局
2012年12月10日

附件1 麻醉药品和第一类精神药品区域性批发企业布局

以设区的市级行政区域为单位，近3年麻醉药品和第一类精神药品年均消费额（以医疗机构购进金额计）在1000万元（含）以上且常住人口在500万（含）以上的，可设立不超过3家区域性批发企业；年均消费额在500万元（含）以上1000万元以下，或年均消费额在1000万元以上但常住人口不足500万的，可设立不超过2家；其他设区的市如需设立的，应不超过1家，对交通便利、本省（区、市）行政区域内其他区域性批发企业能够安全配送并保证供应的，可不设立区域性批发企业。

北京、天津和上海市可设立不超过3家区域性批发企业；重庆市不超过16家，其中市区不超过2家。

对因配送半径长或交通不便等特殊原因，确实难以保障医疗机构用药需求的地区，省级食品药品监管部门可根据实际情况适度增设区域性批发企业。

附件2 麻醉药品和第一类精神药品区域性批发企业申报条件

一、企业依法取得《药品经营许可证》、《企业法人营业执照》和《药品经营质量管理规范认证证书》，并连续经营药品3年以上。

二、企业药品年销售总额、利税总额和资产负债率水平在所在设区的市位居前列。

三、企业有完善的质量管理体系，日常管理规范，服务质量和经营信誉水平领先，有相应的资金开展麻醉药品和第一类精神药品经营活动。

四、企业药品销售医疗机构覆盖面和药品配送能力在所在设区的市位居前列。

附件3　麻醉药品和第一类精神药品区域性批发企业验收标准

一、企业法定代表人是麻精药品经营安全管理第一责任人。

二、设立与麻醉药品和第一类精神药品经营和安全管理相适应的组织机构或岗位，明确规定其职责、权限及相互关系。

三、指定责任心强，业务熟悉，认真负责的专职人员负责麻醉药品和第一类精神药品管理，从事麻醉药品和第一类精神药品管理的人员应当具备医药相关专业大学专科以上学历或中级以上专业技术职称，熟悉特殊药品管理相关法律、法规规定。

四、建立岗位培训制度，对从事麻醉药品和第一类精神药品经营的人员进行培训，培训时间不少于10个课时，并保存相应记录。

五、具备实施药品电子监管的条件，按照规定核注核销。

六、制定麻醉药品和第一类精神药品采购、收货、验收、储存、养护、销售、出库、配送、运输、邮寄、报残损、销毁制度及用户核查、丢失被盗案件报告、24小时值班巡查、监控情况记录等管理制度。

七、制定麻醉药品和第一类精神药品流向跟踪核查制度，能够有效防止骗购、套购等行为发生。

八、设置麻醉药品和第一类精神药品专库。专库应当符合麻精药品储存要求，安装有防火设施、监控设施和报警装置，报警装置与公安机关报警系统联网。制定专库管理制度。

九、具备将麻醉药品和第一类精神药品配送至相应区域内医疗机构的条件，并符合国家有关运输的规定。

十、建立安全评价机制，定期对安全制度执行情况进行考核，对安全设施、设备进行检查、保养、维护和验证。

关于明确药品批准证明文件及附件证明效力的通知

（食药监办注〔2013〕5号）

各省、自治区、直辖市及新疆生产建设兵团食品药品监督管理局（药品监督管理局）：

为了维护国家局核准的药品批准证明文件及其附件的证明效力，保证执法的严肃性，现就有关问题明确如下：

一、2006年4月3日以后，国家局颁发的药品批准证明文件及其附件加盖了骑缝章，2006年4月3日之前的药品批准证明文件及其附件并未全部加盖骑缝章。骑缝章并非药品批准证明文件真实性的唯一标识。

二、经国家局核准的药品说明书是药品批准证明文件的重要组成部分，各种网络形式公布的信息应与上述药品批准证明文件一致。

三、地方食品药品监管部门可以通过省级食品药品监管部门行文向国家局申请取得药品批准证明文件及附件的存档复印件。

四、请各级食品药品监管部门在日常监督执法中按上述界定原则和要求执行，维护药品批准证明文件及附件的证明效力。

国家食品药品监督管理局办公室

2013年1月7日

关于印发天然药物新药研究技术要求的通知

（国食药监注〔2013〕17号）

各省、自治区、直辖市食品药品监督管理局（药品监督管理局）：

为完善注册管理法规体系，规范中药、天然药物的注册管理，鼓励创新，国家食品药品监督管理局组织制定了《天然药物新药研究技术要求》，现予印发，请参照执行。

国家食品药品监督管理局

2013年1月18日

天然药物新药研究技术要求

一、概　　述

本技术要求所指的天然药物是指在现代医药理论指导下使用的天然药用物质及其制剂。其来源包括植物、动物和矿物，一般不包括来源于基因修饰动植物的物质、经微生物发酵或经化学等修饰的物质。

天然药物的研发应关注以下几点：一是以现代医药理论指导临床试验方案设计与评价；二是活性成份的确定应有充分的依据；三是应有充分的试验数据说明处方合理性、非临床和临床的有效性以及安全性；四是保证资源的可持续利用。

天然药物研发和注册应遵循《药品注册管理办法》附件 1 的注册分类和相关要求。

本技术要求围绕天然药物本身的特点进行阐述，研究的具体内容和设计方法可参照相关的中药、天然药物或化学药物研究技术指导原则。

二、一般原则

天然药物的研制应当符合现代医药理论，注重试验研究证据，体现临床应用价值，保证药物的安全有效和质量稳定均一。

为保障资源的可持续利用及保护生态环境，天然药物一般不应以野生动植物为原材料，若确需使用非重点保护野生动植物为原材料的，应提供相关研究资料证明相应品种的生产不会对资源及生态环境产生不利影响，如可使用不影响其生长、繁殖的药用部位为原材料等。

应对天然药物进行系统的化学成份研究，明确所含大类成份的结构类型及主要成份的结构，并应研究确定活性成份。

药理毒理学试验、早期临床试验用样品均应在固定工艺后制备，如不能保证中试样品与生产规模的样品基本一致，应该使用生产规模的样品进行以上研究。Ⅲ期临床试验用样品应采用生产规模的样品。应在申报资料中提供药理毒理试验所用受试物的配制、质量检查和贮存等相关资料。

天然药物复方制剂是由多个提取物组成的制剂，各提取物应为已上市单方制剂的原料药。应采用主要药效学试验或毒理研究证明组方的合理性，必要时应说明处方组成之间的相互作用。

天然药物新药非临床安全性研究应遵循药物非临床研究质量管理规范（GLP），并在通过国家食品药品监督管理局认证的药物非临床安全性评价研究机构进行。

天然药物应进行体内过程的探索研究，以主要活性成份进行体内吸收、分布、代谢和排泄研究，了解其药代动力学基本特点。

天然药物应提供充分的非临床有效性和安全性研究资料，并进行作用机理研究。天然药物临床有效性应当采用现代医学方法和标准进行评价，适应症应采用现代医学术语规范描述。天然药物临床试验应遵循药物临床试验质量管理规范（GCP），并在通过国家药物临床试验机构资格认证的机构进行。临床试验设计及评价标准需参照化学药品临床试验相关技术指导原则。

申请人申请天然药物临床试验时既可一次性申请进行临床试验并提供支持临床试验的药学和非临床试验资料，也可根据具体情况申请阶段性（Ⅰ期、Ⅱ期、Ⅲ期）临床试验，并可分阶段提供支持相应临床试验的非临床安全性试验资料和药学资料。阶段性临床试验完成后，可以按补充申请的方式申请下一阶段的临床试验。

三、药学研究

为保证上市后天然药物质量的稳定均一，应对天然药物的生产进行全过程质量控制。应研究明确天然药物所含活性成份，并建立全面反映天然药物质量的标准。

（一）原材料

本技术要求中的“原材料”是指制备制剂处方中提取物所用的起始原料。

1. 应明确植物性原材料的基原、药用部位、产地、采收期、产地加工等信息。包含多种基原的，应使用其中一种基原。

2. 应说明保证所用原材料质量符合要求的方法。采用栽培植物的药用部位入药的，应参照中药材生产质量管理规范（GAP）有关要求，说明保证原材料质量稳定的方法和条件。采用野生动植物的药用部位入药的，应说明保证资源可持续利用的措施，提供药品生产对药材资源、生态环境等影响的评估报告。

3. 应提供由具资质单位出具的原材料的鉴定证明，及相关研究资料。

4. 应建立原材料的质量标准。质量标准中的质控项目应能反映原材料的质量，并体现其特点。对于可能有掺杂、掺伪的药材应进行研究，并在质量标准中建立相应质控项目。

5. 应明确原材料的包装材料或容器、贮存条件及贮存期。

6. 原材料为源于动物的药用部位或矿物的，可参照上述植物原材料的相关要求。以动物性原材料入药的，应对相关病原微生物进行灭活等研究。

（二）提取物

本技术要求中的“提取物”是指天然药物制剂处方中直接供制备制剂用的原料药。

1. 应明确提取物制备前原材料的前处理方法及条件。应提供提取物中外源性有害物质的研究资料，包括重金属及其他有害元素、农药、真菌毒素等。

2. 应研究确定合理的制备工艺。以活性成份为指标进行生产工艺路线、方法及参数等研究，尽可能多地保留活性成份，减少杂质。研究明确生产全过程质量控制的方法，确定符合规模化生产要求的生产工艺。

3. 应在深入而系统的化学成份研究的基础上，建立天然药物提取物的质量标准。除应建立活性成份的质控项目，并规定合理的含量范围外，多成份天然药物提取物质量标准中还应采用适宜的方法（如指纹图谱等）全面反映所含成份的信息。

4. 应研究确定提取物的包装材料或容器、贮存条件、有效期等。

5. 应建立生产过程中所用材料（如大孔吸附树脂等）的质量标准，明确处理方法及条件等；应明确所用关键设备的工作原理、关键参数等。

（三）制剂

1. 应明确所用辅料的质量标准、来源、质量状况；如需精制，应明确精制的方法、条件及标准。

2. 天然药物制剂应以提取物投料。应明确保证批与批之间制剂质量稳定均一的措施和方法。应根据活性成份理化性质、体外释放特点及药代研究数据，进行制剂处方及成型工艺研究，确定合理的辅料种类、用量及制剂成型工艺。研究明确生产全过程质量控制的方法，确定符合规模化生产要求的生产工艺。

3. 应在充分研究的基础上，研究建立天然药物制剂的质量标准。应建立全面反映制剂质量的检测项目，反映不同批次之间制剂质量的稳定均一。质量标准中除应建立活性成份的质控项目，并规定合理的含量范围外，多成份天然药物制剂质量标准中还应采用适宜的方法（如指纹图谱等）全面反映所含成份的信息。质量标准中相关要求的确定应以Ⅲ期临床试验用样品的质量为主要依据。必要时还应采用能够反映制剂质量的生物学方法。

4. 应研究确定制剂的包装、贮存条件、有效期等。应明确直接接触药品的包装材料或容器的质量标准及选用依据，必要时进行包装材料与药物的相容性研究。

5. 应明确生产过程中所用材料的质量标准、处理方法及条件等；明确所用关键设备的工作原理、关键参数等。

（四）分阶段申请临床试验的药学要求

天然药物新药的研究可根据探索性研究的需要分阶段申请临床试验，并参照以下各阶段的要求完成相应的药学研究。一次性申请全部临床试验的，可参照Ⅲ期临床试验的要求。

1. 申请进行Ⅰ期临床试验：应固定原材料的基原、产地、采收期等；明确提取物的生产工艺路线，固定关键参数；提供剂型选择的依据；完成中试研究；建立原材料、提取物、制剂的质量标准草案。若含毒性成份应建立其质量控制方法。

2. 申请进行Ⅱ期临床试验：应建立初步的全过程质量控制体系，能够基本保证不同批次临床试验用样品质量的稳定均一。除可根据规模化生产的需要对成型工艺等进行调整、为满足临床试验的需要对规格进行研究外，其余工艺应固定。应建立原材料、提取物、制剂的质量标准，以及辅料、生产过程所用材料、直接接触药品的包装材料等的质量标准草案；完成提取物及制剂的初步稳定性考察，有效期满足临床试验的需要。

3. 申请进行Ⅲ期临床试验：应建立全过程质量控制体系。建立较完善的原材料质量控制方法；提取物及制剂的生产工艺稳定，并符合规模化生产的需要，明确详细的提取物及制剂“生产工艺”；建立较完整的质量标准体系，能够采用适当的指标和方法全面反映原材料、提取物及制剂的质量。应保证所用辅料、生产过程所用材料、直接接触药品的包装材料等的质量稳定；制剂的有效期满足临床试验的需要。

（五）上市前的药学要求

1. 应建立完善的全过程质量控制体系，基本保证上市后不同批次药品质量的稳定均一。应建立完善的原材料质量控制方法。保证原材料质量的相对稳定和资源的可持续利用。提取物及制剂的生产工艺成熟、稳定，相关质量控制方法、要求及关键设备等明确。明确详细的提取物及制剂“生产工艺”。

应建立完整的质量标准体系，在原材料、提取物及制剂质量标准中建立活性成份的检测方法，采用适当的指标和方法全面反映原材料、提取物及制剂的质量。应保证所用辅料、生产过程所用材料、直接接触药品的包装材料等的质量稳定。

2. 明确原材料、提取物及制剂的包装材料、贮存条件及有效期（贮存期）。

3. 完成临床试验用样品与拟上市产品之间的质量对比研究和分析，能够保证上市后药品的质量与临床试验用样品一致。

四、药理毒理学研究

天然药物新药的药理毒理申报资料包括主要药效学、毒理学、药代动力学研究资料。此外，还包括活性成份筛选、确认等支持立题依据的药理毒理研究资料。

（一）非临床有效性研究

应重视天然药物活性成份筛选、确认阶段的药效学研究，为天然药物立题提供支持依据。

应关注天然药物非临床有效性研究的剂量探索。药效学试验受试物所采用的剂量应在预试验的基础上确定。对于主要药效学试验的关键指标，应进行量效关系的研究。必要时，还应与阳性对照药进行量效关系的比较研究。

应进行天然药物作用机制和作用特点的研究，为临床试验合理设计提供必要的信息。

（二）非临床安全性研究

非临床安全性评价的项目及内容应符合相关安全性研究技术指导原则的要求。

天然药物的非临床安全性评价主要包括急性毒性、长期毒性、安全药理学、生殖毒性、遗传毒性试验，必要时还需进行致癌性等试验研究；根据天然药物给药途径、制剂特点等，可能需进行相应的制剂安全性试验（过敏性试验、溶血性试验、局部刺激性试验）、依赖性试验等。

对于单一有效成份制成的天然药物，应当提供全套的毒理学研究资料，并在毒理学试验中伴随毒代动力学研究。成份相对明确的多成份制成的天然药物，鼓励进行毒代动力学探索研究。必要时，天然药物还应进行毒性机理的探索研究。

一般情况下，安全药理学、急性毒性、长期毒性和遗传毒性试验资料或文献资料应在申请临床试验时提供。临床试验前应采用两种哺乳动物（其中一种为非啮齿类）进行长期毒性试验。生殖毒性试验资料可根据临床试验的用药人群分别在分阶段申请临床或申请生产时提供。

毒理学试验中动物给药时限的确定应考虑拟申请的适应症、拟定的临床疗程以及上市后的实际用药情况（如长期或反复用药）。一般情况下，给药途径应与临床拟给药途径相一致。若为特殊给药途径，也可考虑采用能更充分暴露毒性的其他给药途径。

（三）非临床药代动力学研究

有效成份制成的天然药物应进行非临床药代动力学研究。可参考《药物非临床药代动力学研究技术指导原则》。同时，应当充分考虑天然药物不同于化学药物的一些药代动力学特点，对天然药物体内过程适宜性评价应当充分结合药物的作用特点，开展活性代谢产物的跟踪研究。鼓励在天然药物研发的早期进行体内过程的评价研究，为给药途径的确定及后续研发提供参考数据。

多成份天然药物，在尽可能多地了解所含成份体内暴露程度的基础上，鼓励选择其中能反映主要药效的主要活性成份进行非临床药代动力学探索性研究。

进行非临床药代动力学研究时，应在不同给药剂量下考察天然药物主要活性成份的机体暴露情况，研究剂量与暴露的相关性，以解释药效学和毒理学试验结果。非临床药代动力学研究的首选动物应尽可能与药效学和/或毒理学试验所用动物一致，并尽可能在清醒状态下试验，最好对同一动物选择合适的采样点多次采样来进行测定。一般情况下，受试动物应采用雌雄各半，若发现动力学特征存在明显性别差异，则应增加动物数量以识别性别差异。

若临床试验中涉及到天然药物拟与其他药物联合应用的试验内容，应当对该天然药物与拟联合用药的已上市药品的相互作用进行研究，包括通过体外和体内药物代谢研究来评价药物间可能存在的相互作用。

（四）复方制剂

天然药物复方制剂除按照上述非临床有效性、安全性研究等内容进行研究之外，还应关注立项阶段的组方合理性研究，提供充分的试验数据，以支持其复方立题的合理性。

一般情况下，天然药物复方制剂应明确处方中已上市各提取物的药理作用特点，说明其在该复方制剂中所起的药效学作用。应开展配伍有效性研究，证明配伍的科学性、合理性；应进行复方配比研究，证明配伍的最佳配比。天然药物复方制剂的配伍配比研究，应以探索并确定其药物特点及临床优势为目标，针对其组方目的（如增效、减毒等），结合拟申请适应症，选择合适的主要药效模型进行研究。必要时，还需提供支持其处方组成的相互作用的药代动力学研究依据。对于以减毒为目的组成的复方制剂，应提供与含毒性成份的提取物比较的长期毒性试验资料，探索减毒的可能机制，或选择其他合适的毒性试验进行比较研究，为其处方合理性提供支持依据。

（五）申请不同阶段临床试验的非临床安全性要求

为降低研发风险，申请人可以申请不同阶段临床试验。对申请进行早期临床试验的品种，其非临床安全性评价资料有不同要求。

长期毒性试验的给药期限通常与拟申请临床试验的期限、临床适应症有关。申请不同临床阶段所需的长期毒性试验给药期限有所不同，具体期限可参照《药物重复给药毒性研究技术指导原则》。需要进行遗传毒性试验的天然药物，一般应在临床试验前完成标准组合的遗传毒性试验。若标准组合试验出现可疑或阳性试验结果，应追加进行其他相关试验，并根据具体情况来确定所需进行试验的内容及完成的时间。

需要进行生殖毒性试验的天然药物，如有效成份制成的天然药物等，一般应在临床试验前完成生育力与早期胚胎发育毒性试验（Ⅰ段生殖毒性试验）、胚胎—胎仔发育毒性试验（Ⅱ段生殖毒性试验）和围产期毒性试验（Ⅲ段生殖毒性试验）。根据具体情况，第二种动物的Ⅱ段生殖毒性试验及Ⅲ段生殖毒性试验也可考虑在不同临床阶段或上市申请前完成。用于某些特殊适应症的天然药物，若临床试验中明确不用于育龄人群、妊娠期或哺乳期等特殊人群，根据具体情况，生殖毒性试验也可在临床试验期间或上市申请前完成。

此外，以下情况的天然药物也应考虑进行生殖毒性试验，如用于育龄人群的生育调节药物（如避孕药、促精子生成药和治疗性功能障碍药等）、保胎药、可能对生殖系统产生影响的药物（如性激素或具有激素样活性的药物）、遗传毒性阳性药物和细胞毒性药物、长毒试验中发现对生殖系统有明显影响的药物，应根据具体情况提供相应的生殖毒性试验资料，此类天然药物应在申请临床试验前完成相应的生殖毒性试验。

需要进行致癌试验的天然药物一般可在临床试验期间或上市前完成。天然药物是否应进行致癌试验及进行致癌试验的时间安排，可参照《药物致癌试验必要性的技术指导原则》。

五、临床研究

（一）一般要求

1. 进行天然药物临床试验的医师及其他相关人员应接受临床研究培训，具备相应的资格和能力。

2. 天然药物临床试验应当科学合理设计，应遵循随机、盲法和对照的设计原则。在符合伦理原则的前提下，应采用安慰剂对照；当安慰剂对照设计不符合伦理原则时，可以采用有确切治疗效果的阳性药对照。对于安慰剂对照，研究者可以有多种设计方法，如使用“加载（add - on）”设计、剂量—效应设计等，必要时，建议在安慰剂对照的同时加入阳性对照（如三臂试验）。

3. 天然药物临床试验的有效性评价，包括受试者选择、主要疗效指标和次要疗效指标设计、给药方案、评价标准和方法等，需参照化学药品临床试验相关技术指导原则。

4. 天然药物临床试验应特别注重安全性评价，安全性指标设计应尽可能完善、合理，对已知的不良反应，包括文献、临床应用经验和毒理研究中的安全性提示，都应在临床试验设计中具体体现。对于慢性病或需要长期反复用药的情况，应在有效性试验结束后继续观察，并提供长期用药的安全性数据。

5. 天然药物的临床试验必须采取适当的措施以保护受试者，在知情同意书中要清楚地说明受试药物的特点。

（二）临床试验分期和要求

天然药物新药上市前应进行Ⅰ、Ⅱ、Ⅲ期临床试验。

Ⅰ期临床试验：初步的临床药理学及人体安全性评价试验。观察人体对于新药的耐受程度和药代动力学，为制定给药方案提供依据。应在动物药代研究的基础上，进行人体药代动力学试验，其所得出的结果为后续临床试验方案的制定提供依据。耐受性试验旨在观察天然药物首次进行人体试验时的反应和剂量耐受关系。

Ⅱ期临床试验：治疗作用初步评价阶段。其目的是初步评价药物对目标适应症患者的治疗作用和安全性。此阶段的研究设计应根据具体研究目的，设计多个临床试验，采用合理的设计方法进行研究。Ⅱ期临床试验中需进行剂量效应研究，并对适用人群、给药方案、疗程、药物相互作用等进行探索性研究，为Ⅲ期临床试验的方案设计和给药剂量方案的确定提供依据，以及为准确撰写说明书提供信息。

Ⅲ期临床试验：治疗作用确证阶段。其目的是进一步验证药物对目标适应症患者的治疗作用和安全性，评价获益与风险关系，最终为药物注册申请的审查提供充分的依据。天然药物Ⅲ期临床试验应为具有足够样本量的随机对照试验。一般应采用两个确证性试验数据来说明其有效性。用于长期治疗不危及生命疾病的药物（如连续治疗6个月或以上，或者间断治疗的累计时间大于6个月），需提供长期给药的安全性数据，包括暴露6个月的受试者300～600例和暴露至少1年的受试者100例的数据。药物延长的暴露试验可以从Ⅲ期临床试验开始。

关于深化药品审评审批改革进一步鼓励药物创新的意见

（国食药监注〔2013〕37号）

各省、自治区、直辖市食品药品监督管理局（药品监督管理局）：

为推进药品审评审批改革，加强药品注册管理，提高审评审批效率，鼓励创新药物和具有临床价值仿制药，满足国内临床用药需要，确保公众用药更加安全有效。现提出如下意见：

一、进一步加快创新药物审评

（一）鼓励以临床价值为导向的药物创新。创新药物研发和审评应以临床价值为导向，既关注物质基础的新颖性和原创性，更应重视临床价值的评判。对重大疾病、罕见病、老年人和儿童疾病具有更好治疗作用、具有自主知识产权和列入国家科技计划重大专项的创新药物注册申请等，给予加快审评。

（二）调整创新药物临床试验申请的审评策略。对创新药物的首次临床试验申请，应首先对申请内容、所申请适应症的现有治疗手段进行概括性评价，重点关注药物的临床价值和临床试验方案，以确定后续安全性评价和药学评价的技术要求；安全性评价应围绕临床试验方案和药物的整体研发计划开展，强化风险管理；调整药学审评方式，基于创新药物研发各个阶段的特点，遵循国际通用技术要求，建立创新药物临床前药学评价模板和研发期间的年度报告制度，实现药学更新或变更的资料滚动提交。由此推动创新药物在保证受试者权益和安全的前提下取得临床验证结果。

（三）优化创新药物审评流程。遵循创新药物研发规律，允许申请人根据其研发进展阶段性增补申报资料。探索进一步发挥社会技术和智力资源的作用，参与创新药物非临床安全性评价工作。配置优质审评资源，加快创新药物非临床研究安全风险评价。对实行加快审评的创新药物注册申请，采取早期介入、分阶段指导等措施，加强指导和沟通交流；试行审评工作联系人制度，全程跟踪，重点指导，及时跟踪审评进展，加强督导检查，鼓励和支持高水平、有临床价值的创新药物研发。

二、实行部分仿制药优先审评

（四）确立仿制药优先审评领域。针对仿制药注册申请，属于临床供应不足、市场竞争不充分、影响公众用药可及性和可负担性的药品，儿童用药、罕见病用药等特殊人群用药，以及其他经上市价值评估确认为临床急需的药品，实行优先审评。

（五）加快优先审评仿制药的审评。对优先审评的仿制药，探索实行生物等效性试验方案备案；

生物等效性试验方案通过备案后，临床试验机构即可以开展试验。优化仿制药优先审评流程，通过单独排序、调整生产现场检查、检验程序等措施，提高优先审评仿制药的审评效率。

（六）进一步明确仿制药的技术审评重点。仿制药审评应严格要求仿制药与被仿制药的一致性。药学审评重点为参比制剂的选择、处方工艺的合理性以及产品的稳定性、均一性和安全性控制；临床疗效重点考察生物等效性试验。

（七）探索建立上市价值评估制度。会同有关部门并组织社会专业性团体、医药学专家，结合医药行业发展规划和产业政策，以药品临床需求为导向，探索开展仿制药上市价值评估。

三、加强药物临床试验质量管理

（八）提高临床试验伦理审查水平。伦理委员会应具备合理的组织结构和专职人员，建立规范的伦理审查规程和制度。加大伦理审查培训力度，不断提高伦理审查水平，确保药物临床试验伦理审查的独立性，确保伦理委员会能够履行保护受试者权益和安全的职责。

（九）落实参与临床试验各方的质量安全责任。进一步明确临床试验相关方，包括申请人、临床试验机构、伦理委员会等的责任和义务。申请人应提供真实有效的申报资料；临床试验机构应严格按要求开展临床试验；伦理委员会应加强过程监控，对不符合要求的，暂停临床试验。

（十）深化药物临床试验信息公开。建立药物临床试验信息管理系统，推进临床试验网上备案工作。公开药物临床试验相关信息，引入社会监督机制。加强药物临床试验的宣传教育，提高公众对药物临床试验的认知度。

（十一）加大药物临床试验监督和处罚力度。加强药物临床试验的日常监督检查，依法严厉查处临床药物试验造假行为。发现有临床数据或资料造假的，不予审评，并取消临床试验机构或相关试验专业的药物临床试验资格。

四、鼓励研制儿童用药

（十二）鼓励研发儿童专用剂型和规格。鼓励企业积极研发儿童专用剂型和规格，对立题依据充分且具有临床试验数据支持的注册申请，给予加快审评。会同有关部门研究在招标、定价、医保等方面鼓励儿童用药研发的综合措施。

（十三）加强儿童用药管理。健全儿童用药管理的相关制度，完善儿童临床用药规范，鼓励企业积极完善说明书中儿童用药信息。加强儿童用药不良反应监测和再评价。加大对儿童用药安全宣传，积极向医师和患儿家长普及儿童用药知识。

五、制定配套措施，注重协调配合

（十四）完善《药品注册管理办法》。广泛听取各方面的修改意见，使《药品注册管理办法》更加具有导向性，更加符合药品研发规律，更加符合国际通行规则，更加适应我国医药创新发展的需要。

（十五）强化药物研究技术指导原则体系建设。继续完善药品研发的技术指导原则体系，重点加强创新药物和仿制药研发相关技术指导原则的制定，提高研发和审评的科学性和规范性，促进药物研发水平的整体提高。

（十六）优化药品审评审批资源配置。加强药物审评审批工作协调，统筹审评、检查、检验和标准管理，保证药品审评审批工作运行顺畅、有序。进一步理顺工作机制，切实发挥省级药品监管部门技术力量的作用。

（十七）鼓励国内企业开展境外注册。支持国内制药企业参与国际竞争，按照国际标准研发产品，开展产品相关的国际认证。对于国内企业在境内外同步开展研发和注册的，接受其提交的境外试验资料。鼓励支持中药境外注册申请。

（十八）提高药品审评审批的透明度。建立网络电子沟通平台，提高注册申请人与技术审评部门的沟通效率。建立预约式交流机制，确保新药研发机构与技术审评部门及时沟通，沟通成果书面记录，并用于指导后续研究和审评工作。加大审批环节的信息公开和沟通力度。

（十九）注重政策协同，形成监管合力。会同相关部门，研究制定在药品定价、招标采购、医保报销等方面鼓励新药创制的政策措施，建立协调联动的工作机制，引导医药产业健康发展。

国家食品药品监督管理局

2013 年 2 月 22 日

第四编　药品管理、监督政策法规

处方药与非处方药分类管理办法

（1999 年 6 月 11 日国家药品监督管理局局务会审议通过，
1999 年 6 月 18 日发布，自 2000 年 1 月 1 日起施行）

第一条 为保障人民用药安全有效、使用方便，根据《中共中央、国务院关于卫生改革与发展的决定》，制定《处方药与非处方药分类管理办法》。

第二条 根据药品品种、规格、适应症、剂量及给药途径不同，对药品分别按处方药与非处方药进行管理。

处方药必须凭执业医师或执业助理医师处方才可调配、购买和使用；非处方药不需要凭执业医师或执业助理医师处方即可自行判断、购买和使用。

第三条 国家药品监督管理局负责处方药与非处方药分类管理办法的制定。各级药品监督管理部门负责辖区内处方药与非处方药分类管理的组织实施和监督管理。

第四条 国家药品监督管理局负责非处方药目录的遴选、审批、发布和调整工作。

第五条 处方药、非处方药生产企业必须具有《药品生产企业许可证》，其生产品种必须取得药品批准文号。

第六条 非处方药标签和说明书除符合规定外，用语应当科学、易懂，便于消费者自行判断、选择和使用。非处方药的标签和说明书必须经国家药品监督管理局批准。

第七条 非处方药的包装必须印有国家指定的非处方药专有标识，必须符合质量要求，方便储存、运输和使用。每个销售基本单元包装必须附有标签和说明书。

第八条 根据药品的安全性，非处方药分为甲、乙两类。

经营处方药、非处方药的批发企业和经营处方药、甲类非处方药的零售企业必须具有《药品经营企业许可证》。

经省级药品监督管理部门或其授权的药品监督管理部门批准的其他商业企业可以零售乙类非处方药。

第九条 零售乙类非处方药的商业企业必须配备专职的具有高中以上文化程度，经专业培训后，由省级药品监督管理部门或其授权的药品监督管理部门考核合格并取得上岗证的人员。

第十条 医疗机构根据医疗需要可以决定或推荐使用非处方药。

第十一条 消费者有权自主选购非处方药，并须按非处方药标签和说明书所示内容使用。

第十二条 处方药只准在专业性医药报刊进行广告宣传，非处方药经审批可以在大众传播媒介进行广告宣传。

第十三条 处方药与非处方药分类管理有关审批、流通、广告等具体办法另行制定。

第十四条 本办法由国家药品监督管理局负责解释。

第十五条 本办法自 2000 年 1 月 1 日起施行。

药物临床试验质量管理规范

（2003 年 6 月 4 日国家食品药品监督管理局局务会审议通过，
2003 年 8 月 6 日发布，自 2003 年 9 月 1 日起施行）

第一章　总　　则

第一条　为保证药物临床试验过程规范，结果科学可靠，保护受试者的权益并保障其安全，根据《中华人民共和国药品管理法》、《中华人民共和国药品管理法实施条例》，参照国际公认原则，制定本规范。

第二条　药物临床试验质量管理规范是临床试验全过程的标准规定，包括方案设计、组织实施、监查、稽查、记录、分析总结和报告。

第三条　凡进行各期临床试验、人体生物利用度或生物等效性试验，均须按本规范执行。

第四条　所有以人为对象的研究必须符合《世界医学大会赫尔辛基宣言》（附录 1），即公正、尊重人格、力求使受试者最大程度受益和尽可能避免伤害。

第二章　临床试验前的准备与必要条件

第五条　进行药物临床试验必须有充分的科学依据。在进行人体试验前，必须周密考虑该试验的目的及要解决的问题，应权衡对受试者和公众健康预期的受益及风险，预期的受益应超过可能出现的损害。选择临床试验方法必须符合科学和伦理要求。

第六条　临床试验用药品由申办者准备和提供。进行临床试验前，申办者必须提供试验药物的临床前研究资料，包括处方组成、制造工艺和质量检验结果。所提供的临床前资料必须符合进行相应各期临床试验的要求，同时还应提供试验药物已完成和其他地区正在进行与临床试验有关的有效性和安全性资料。临床试验药物的制备，应当符合《药品生产质量管理规范》。

第七条　药物临床试验机构的设施与条件应满足安全有效地进行临床试验的需要。所有研究者都应具备承担该项临床试验的专业特长、资格和能力，并经过培训。临床试验开始前，研究者和申办者应就试验方案、试验的监查、稽查和标准操作规程以及试验中的职责分工等达成书面协议。

第三章　受试者的权益保障

第八条　在药物临床试验的过程中，必须对受试者的个人权益给予充分的保障，并确保试验的科学性和可靠性。受试者的权益、安全和健康必须高于对科学和社会利益的考虑。伦理委员会与知情同意书是保障受试者权益的主要措施。

第九条　为确保临床试验中受试者的权益，须成立独立的伦理委员会，并向国家食品药品监督管理局备案。伦理委员会应有从事医药相关专业人员、非医药专业人员、法律专家及来自其他单位的人员，至少五人组成，并有不同性别的委员。伦理委员会的组成和工作不应受任何参与试验者的影响。

第十条　试验方案需经伦理委员会审议同意并签署批准意见后方可实施。在试验进行期间，试验方案的任何修改均应经伦理委员会批准；试验中发生严重不良事件，应及时向伦理委员会报告。

第十一条　伦理委员会对临床试验方案的审查意见应在讨论后以投票方式作出决定，参与该临床试验的委员应当回避。因工作需要可邀请非委员的专家出席会议，但不投票。伦理委员会应建立工作程序，所有会议及其决议均应有书面记录，记录保存至临床试验结束后五年。

第十二条　伦理委员会应从保障受试者权益的角度严格按下列各项审议试验方案：

（一）研究者的资格、经验、是否有充分的时间参加临床试验，人员配备及设备条件等是否符合试验要求；

（二）试验方案是否充分考虑了伦理原则，包括研究目的、受试者及其他人员可能遭受的风险和受益及试验设计的科学性；

（三）受试者入选的方法，向受试者（或其家属、监护人、法定代理人）提供有关本试验的信息资料是否完整易懂，获取知情同意书的方法是否适当；

（四）受试者因参加临床试验而受到损害甚至发生死亡时，给予的治疗和/或保险措施；

（五）对试验方案提出的修正意见是否可接受；

（六）定期审查临床试验进行中受试者的风险程度。

第十三条　伦理委员会接到申请后应及时召开会议，审阅讨论，签发书面意见，并附出席会议的委员名单、专业情况及本人签名。伦理委员会的意见可以是：

（一）同意；

（二）作必要的修正后同意；

（三）不同意；

（四）终止或暂停已批准的试验。

第十四条　研究者或其指定的代表必须向受试者说明有关临床试验的详细情况：

（一）受试者参加试验应是自愿的，而且有权在试验的任何阶段随时退出试验而不会遭到歧视或报复，其医疗待遇与权益不会受到影响。

（二）必须使受试者了解，参加试验及在试验中的个人资料均属保密。必要时，药品监督管理部门、伦理委员会或申办者，按规定可以查阅参加试验的受试者资料。

（三）试验目的、试验的过程与期限、检查操作、受试者预期可能的受益和风险，告知受试者可能被分配到试验的不同组别。

（四）必须给受试者充分的时间以便考虑是否愿意参加试验，对无能力表达同意的受试者，应向其法定代理人提供上述介绍与说明。知情同意过程应采用受试者或法定代理人能理解的语言和文字，试验期间，受试者可随时了解与其有关的信息资料。

（五）如发生与试验相关的损害时，受试者可以获得治疗和相应的补偿。

第十五条　经充分和详细解释试验的情况后获得知情同意书：

（一）由受试者或其法定代理人在知情同意书上签字并注明日期，执行知情同意过程的研究者也需在知情同意书上签署姓名和日期；

（二）对无行为能力的受试者，如果伦理委员会原则上同意、研究者认为受试者参加试验符合其本身利益时，则这些病人也可以进入试验，同时应经其法定监护人同意并签名及注明日期；

（三）儿童作为受试者，必须征得其法定监护人的知情同意并签署知情同意书，当儿童能做出同意参加研究的决定时，还必须征得其本人同意；

（四）在紧急情况下，无法取得本人及其合法代表人的知情同意书，如缺乏已被证实有效的治疗方法，而试验药物有望挽救生命，恢复健康，或减轻病痛，可考虑作为受试者，但需要在试验方案和有关文件中清楚说明接受这些受试者的方法，并事先取得伦理委员会同意；

（五）如发现涉及试验药物的重要新资料则必须将知情同意书作书面修改送伦理委员会批准后，再次取得受试者同意。

第四章　试验方案

第十六条　临床试验开始前应制定试验方案，该方案应由研究者与申办者共同商定并签字，报伦理委员会审批后实施。

第十七条　临床试验方案应包括以下内容：

（一）试验题目；

（二）试验目的，试验背景，临床前研究中有临床意义的发现和与该试验有关的临床试验结果、已知对人体的可能危险与受益，及试验药物存在人种差异的可能；

（三）申办者的名称和地址，进行试验的场所，研究者的姓名、资格和地址；

（四）试验设计的类型，随机化分组方法及设盲的水平；

（五）受试者的入选标准，排除标准和剔除标准，选择受试者的步骤，受试者分配的方法；

（六）根据统计学原理计算要达到试验预期目的所需的病例数；

（七）试验用药品的剂型、剂量、给药途径、给药方法、给药次数、疗程和有关合并用药的规定，以及对包装和标签的说明；

（八）拟进行临床和实验室检查的项目、测定的次数和药代动力学分析等；

（九）试验用药品的登记与使用记录、递送、分发方式及储藏条件；

（十）临床观察、随访和保证受试者依从性的措施；

（十一）中止临床试验的标准，结束临床试验的规定；

（十二）疗效评定标准，包括评定参数的方法、观察时间、记录与分析；

（十三）受试者的编码、随机数字表及病例报告表的保存手续；

（十四）不良事件的记录要求和严重不良事件的报告方法、处理措施、随访的方式、时间和转归；

（十五）试验用药品编码的建立和保存，揭盲方法和紧急情况下破盲的规定；

（十六）统计分析计划，统计分析数据集的定义和选择；

（十七）数据管理和数据可溯源性的规定；

（十八）临床试验的质量控制与质量保证；

（十九）试验相关的伦理学；

（二十）临床试验预期的进度和完成日期；

（二十一）试验结束后的随访和医疗措施；

（二十二）各方承担的职责及其他有关规定；

（二十三）参考文献。

第十八条　临床试验中，若确有需要，可以按规定程序对试验方案作修正。

第五章　研究者的职责

第十九条　负责临床试验的研究者应具备下列条件：

（一）在医疗机构中具有相应专业技术职务任职和行医资格；

（二）具有试验方案中所要求的专业知识和经验；

（三）对临床试验方法具有丰富经验或者能得到本单位有经验的研究者在学术上的指导；

（四）熟悉申办者所提供的与临床试验有关的资料与文献；

（五）有权支配参与该项试验的人员和使用该项试验所需的设备。

第二十条　研究者必须详细阅读和了解试验方案的内容，并严格按照方案执行。

第二十一条　研究者应了解并熟悉试验药物的性质、作用、疗效及安全性（包括该药物临床前研究的有关资料），同时也应掌握临床试验进行期间发现的所有与该药物有关的新信息。

第二十二条　研究者必须在有良好医疗设施、实验室设备、人员配备的医疗机构进行临床试验，该机构应具备处理紧急情况的一切设施，以确保受试者的安全。实验室检查结果应准确可靠。

第二十三条　研究者应获得所在医疗机构或主管单位的同意，保证有充分的时间在方案规定的期限内负责和完成临床试验。研究者须向参加临床试验的所有工作人员说明有关试验的资料、规定和职责，确保有足够数量并符合试验方案的受试者进入临床试验。

第二十四条　研究者应向受试者说明经伦理委员会同意的有关试验的详细情况，并取得知情同意书。

第二十五条　研究者负责作出与临床试验相关的医疗决定，保证受试者在试验期间出现不良事件时得到适当的治疗。

第二十六条　研究者有义务采取必要的措施以保障受试者的安全，并记录在案。在临床试验过程中如发生严重不良事件，研究者应立即对受试者采取适当的治疗措施，同时报告药品监督管理部门、卫生行政部门、申办者和伦理委员会，并在报告上签名及注明日期。

第二十七条　研究者应保证将数据真实、准确、完整、及时、合法地载入病历和病例报告表。

第二十八条　研究者应接受申办者派遣的监查员或稽查员的监查和稽查及药品监督管理部门的稽查和视察，确保临床试验的质量。

第二十九条　研究者应与申办者商定有关临床试验的费用，并在合同中写明。研究者在临床试验过程中，不得向受试者收取试验用药所需的费用。

第三十条　临床试验完成后，研究者必须写出总结报告，签名并注明日期后送申办者。

第三十一条　研究者中止一项临床试验必须通知受试者、申办者、伦理委员会和药品监督管理部门，并阐明理由。

第六章　申办者的职责

第三十二条　申办者负责发起、申请、组织、监查和稽查一项临床试验，并提供试验经费。申办者按国家法律、法规等有关规定，向国家食品药品监督管理局递交临床试验的申请，也可委托合同研究组织执行临床试验中的某些工作和任务。

第三十三条　申办者选择临床试验的机构和研究者，认可其资格及条件以保证试验的完成。

第三十四条　申办者提供研究者手册，其内容包括试验药物的化学、药学、毒理学、药理学和临床的（包括以前的和正在进行的试验）资料和数据。

第三十五条 申办者在获得国家食品药品监督管理局批准并取得伦理委员会批准件后方可按方案组织临床试验。

第三十六条 申办者、研究者共同设计临床试验方案，述明在方案实施、数据管理、统计分析、结果报告、发表论文方式等方面职责及分工。签署双方同意的试验方案及合同。

第三十七条 申办者向研究者提供具有易于识别、正确编码并贴有特殊标签的试验药物、标准品、对照药品或安慰剂，并保证质量合格。试验用药品应按试验方案的需要进行适当包装、保存。申办者应建立试验用药品的管理制度和记录系统。

第三十八条 申办者任命合格的监查员，并为研究者所接受。

第三十九条 申办者应建立对临床试验的质量控制和质量保证系统，可组织对临床试验的稽查以保证质量。

第四十条 申办者应与研究者迅速研究所发生的严重不良事件，采取必要的措施以保证受试者的安全和权益，并及时向药品监督管理部门和卫生行政部门报告，同时向涉及同一药物的临床试验的其他研究者通报。

第四十一条 申办者中止一项临床试验前，须通知研究者、伦理委员会和国家食品药品监督管理局，并述明理由。

第四十二条 申办者负责向国家食品药品监督管理局递交试验的总结报告。

第四十三条 申办者应对参加临床试验的受试者提供保险，对于发生与试验相关的损害或死亡的受试者承担治疗的费用及相应的经济补偿。申办者应向研究者提供法律上与经济上的担保，但由医疗事故所致者除外。

第四十四条 研究者不遵从已批准的方案或有关法规进行临床试验时，申办者应指出以求纠正，如情况严重或坚持不改，则应终止研究者参加临床试验并向药品监督管理部门报告。

第七章 监查员的职责

第四十五条 监查的目的是为了保证临床试验中受试者的权益受到保障，试验记录与报告的数据准确、完整无误，保证试验遵循已批准的方案和有关法规。

第四十六条 监查员是申办者与研究者之间的主要联系人。其人数及访视的次数取决于临床试验的复杂程度和参与试验的医疗机构的数目。监查员应有适当的医学、药学或相关专业学历，并经过必要的训练，熟悉药品管理有关法规，熟悉有关试验药物的临床前和临床方面的信息以及临床试验方案及其相关的文件。

第四十七条 监查员应遵循标准操作规程，督促临床试验的进行，以保证临床试验按方案执行。具体内容包括：

（一）在试验前确认试验承担单位已具有适当的条件，包括人员配备与培训情况，实验室设备齐全、运转良好，具备各种与试验有关的检查条件，估计有足够数量的受试者，参与研究人员熟悉试验方案中的要求。

（二）在试验过程中监查研究者对试验方案的执行情况，确认在试验前取得所有受试者的知情同意书，了解受试者的入选率及试验的进展状况，确认入选的受试者合格。

（三）确认所有数据的记录与报告正确完整，所有病例报告表填写正确，并与原始资料一致。所有错误或遗漏均已改正或注明，经研究者签名并注明日期。每一受试者的剂量改变、治疗变更、合并用药、间发疾病、失访、检查遗漏等均应确认并记录。核实入选受试者的退出与失访已在病例报告表中予以说明。

（四）确认所有不良事件均记录在案，严重不良事件在规定时间内作出报告并记录在案。

（五）核实试验用药品按照有关法规进行供应、储藏、分发、收回，并做相应的记录。

（六）协助研究者进行必要的通知及申请事宜，向申办者报告试验数据和结果。

（七）应清楚如实记录研究者未能做到的随访、未进行的试验、未做的检查，以及是否对错误、遗漏作出纠正。

（八）每次访视后作一书面报告递送申办者，报告应述明监查日期、时间、监查员姓名、监查的发现等。

第八章　记录与报告

第四十八条　病历作为临床试验的原始文件，应完整保存。病例报告表中的数据来自原始文件并与原始文件一致，试验中的任何观察、检查结果均应及时、准确、完整、规范、真实地记录于病历和正确地填写至病例报告表中，不得随意更改，确因填写错误，作任何更正时应保持原记录清晰可辨，由更正者签署姓名和时间。

第四十九条　临床试验中各种实验室数据均应记录或将原始报告复印件粘贴在病例报告表上，在正常范围内的数据也应具体记录。对显著偏离或在临床可接受范围以外的数据须加以核实。检测项目必须注明所采用的计量单位。

第五十条　为保护受试者隐私，病例报告表上不应出现受试者的姓名。研究者应按受试者的代码确认其身份并记录。

第五十一条　临床试验总结报告内容应与试验方案要求一致，包括：

（一）随机进入各组的实际病例数，脱落和剔除的病例及其理由。

（二）不同组间的基线特征比较，以确定可比性。

（三）对所有疗效评价指标进行统计分析和临床意义分析。统计结果的解释应着重考虑其临床意义。

（四）安全性评价应有临床不良事件和实验室指标合理的统计分析，对严重不良事件应详细描述和评价。

（五）多中心试验评价疗效，应考虑中心间存在的差异及其影响。

（六）对试验药物的疗效和安全性以及风险和受益之间的关系作出简要概述和讨论。

第五十二条　临床试验中的资料均须按规定保存（附录 2）及管理。研究者应保存临床试验资料至临床试验终止后五年。申办者应保存临床试验资料至试验药物被批准上市后五年。

第九章　数据管理与统计分析

第五十三条　数据管理的目的在于把试验数据迅速、完整、无误地纳入报告，所有涉及数据管理的各种步骤均需记录在案，以便对数据质量及试验实施进行检查。用适当的程序保证数据库的保密性，应具有计算机数据库的维护和支持程序。

第五十四条　临床试验中受试者分配必须按试验设计确定的随机分配方案进行，每名受试者的处理分组编码应作为盲底由申办者和研究者分别保存。设盲试验应在方案中规定揭盲的条件和执行揭盲的程序，并配有相应处理编码的应急信件。在紧急情况下，允许对个别受试者紧急破盲而了解其所接受的治疗，但必须在病例报告表上述明理由。

第五十五条 临床试验资料的统计分析过程及其结果的表达必须采用规范的统计学方法。临床试验各阶段均需有生物统计学专业人员参与。临床试验方案中需有统计分析计划，并在正式统计分析前加以确认和细化。若需作中期分析，应说明理由及操作规程。对治疗作用的评价应将可信区间与假设检验的结果一并考虑。所选用统计分析数据集需加以说明。对于遗漏、未用或多余的资料须加以说明，临床试验的统计报告必须与临床试验总结报告相符。

第十章 试验用药品的管理

第五十六条 临床试验用药品不得销售。

第五十七条 申办者负责对临床试验用药品作适当的包装与标签，并标明为临床试验专用。在双盲临床试验中，试验药物与对照药品或安慰剂在外形、气味、包装、标签和其他特征上均应一致。

第五十八条 试验用药品的使用记录应包括数量、装运、递送、接受、分配、应用后剩余药物的回收与销毁等方面的信息。

第五十九条 试验用药品的使用由研究者负责，研究者必须保证所有试验用药品仅用于该临床试验的受试者，其剂量与用法应遵照试验方案，剩余的试验用药品退回申办者，上述过程需由专人负责并记录在案，试验用药品须有专人管理。研究者不得把试验用药品转交任何非临床试验参加者。

第六十条 试验用药品的供给、使用、储藏及剩余药物的处理过程应接受相关人员的检查。

第十一章 质量保证

第六十一条 申办者及研究者均应履行各自职责，并严格遵循临床试验方案，采用标准操作规程，以保证临床试验的质量控制和质量保证系统的实施。

第六十二条 临床试验中有关所有观察结果和发现都应加以核实，在数据处理的每一阶段必须进行质量控制，以保证数据完整、准确、真实、可靠。

第六十三条 药品监督管理部门、申办者可委托稽查人员对临床试验相关活动和文件进行系统性检查，以评价试验是否按照试验方案、标准操作规程以及相关法规要求进行，试验数据是否及时、真实、准确、完整地记录。稽查应由不直接涉及该临床试验的人员执行。

第六十四条 药品监督管理部门应对研究者与申办者在实施试验中各自的任务与执行状况进行视察。参加临床试验的医疗机构和实验室的有关资料及文件（包括病历）均应接受药品监督管理部门的视察。

第十二章 多中心试验

第六十五条 多中心试验是由多位研究者按同一试验方案在不同地点和单位同时进行的临床试验。各中心同期开始与结束试验。多中心试验由一位主要研究者总负责，并作为临床试验各中心间的协调研究者。

第六十六条 多中心试验的计划和组织实施要考虑以下各点：

（一）试验方案由各中心的主要研究者与申办者共同讨论认定，伦理委员会批准后执行；

（二）在临床试验开始时及进行的中期应组织研究者会议；

（三）各中心同期进行临床试验；

（四）各中心临床试验样本大小及中心间的分配应符合统计分析的要求；

（五）保证在不同中心以相同程序管理试验用药品，包括分发和储藏；

（六）根据同一试验方案培训参加该试验的研究者；

（七）建立标准化的评价方法，试验中所采用的实验室和临床评价方法均应有统一的质量控制，实验室检查也可由中心实验室进行；

（八）数据资料应集中管理与分析，应建立数据传递、管理、核查与查询程序；

（九）保证各试验中心研究者遵从试验方案，包括在违背方案时终止其参加试验。

第六十七条 多中心试验应当根据参加试验的中心数目和试验的要求，以及对试验用药品的了解程度建立管理系统，协调研究者负责整个试验的实施。

第十三章 附 则

第六十八条 本规范下列用语的含义是：

临床试验（Clinical Trial），指任何在人体（病人或健康志愿者）进行药物的系统性研究，以证实或揭示试验药物的作用、不良反应及/或试验药物的吸收、分布、代谢和排泄，目的是确定试验药物的疗效与安全性。

试验方案（Protocol），叙述试验的背景、理论基础和目的，试验设计、方法和组织，包括统计学考虑、试验执行和完成的条件。方案必须由参加试验的主要研究者、研究机构和申办者签章并注明日期。

研究者手册（Investigator’ s Brochure），是有关试验药物在进行人体研究时已有的临床与非临床研究资料。

知情同意（Informed Consent），指向受试者告知一项试验的各方面情况后，受试者自愿确认其同意参加该项临床试验的过程，须以签名和注明日期的知情同意书作为文件证明。

知情同意书（Informed Consent Form），是每位受试者表示自愿参加某一试验的文件证明。研究者需向受试者说明试验性质、试验目的、可能的受益和风险、可供选用的其他治疗方法以及符合《赫尔辛基宣言》规定的受试者的权利和义务等，使受试者充分了解后表达其同意。

伦理委员会（Ethics Committee），由医学专业人员、法律专家及非医务人员组成的独立组织，其职责为核查临床试验方案及附件是否合乎道德，并为之提供公众保证，确保受试者的安全、健康和权益受到保护。该委员会的组成和一切活动不应受临床试验组织和实施者的干扰或影响。

研究者（Investigator），实施临床试验并对临床试验的质量及受试者安全和权益的负责者。研究者必须经过资格审查，具有临床试验的专业特长、资格和能力。

协调研究者（Coordinating Investigator），在多中心临床试验中负责协调参加各中心研究者工作的一名研究者。

申办者（Sponsor），发起一项临床试验，并对该试验的启动、管理、财务和监查负责的公司、机构或组织。

监查员（Monitor），由申办者任命并对申办者负责的具备相关知识的人员，其任务是监查和报告试验的进行情况和核实数据。

稽查（Audit），指由不直接涉及试验的人员所进行的一种系统性检查，以评价试验的实施、数据的记录和分析是否与试验方案、标准操作规程以及药物临床试验相关法规要求相符。

视察（Inspection），药品监督管理部门对一项临床试验的有关文件、设施、记录和其他方面进行官方审阅，视察可以在试验单位、申办者所在地或合同研究组织所在地进行。

病例报告表（Case Report Form，CRF），指按试验方案所规定设计的一种文件，用以记录每一名受试者在试验过程中的数据。

试验用药品（Investigational Product），用于临床试验中的试验药物、对照药品或安慰剂。

不良事件（Adverse Event），病人或临床试验受试者接受一种药品后出现的不良医学事件，但并不一定与治疗有因果关系。

严重不良事件（Serious Adverse Event），临床试验过程中发生需住院治疗、延长住院时间、伤残、影响工作能力、危及生命或死亡、导致先天畸形等事件。

标准操作规程（Standard Operating Procedure，SOP），为有效地实施和完成某一临床试验中每项工作所拟定的标准和详细的书面规程。

设盲（Blinding/Masking），临床试验中使一方或多方不知道受试者治疗分配的程序。单盲指受试者不知，双盲指受试者、研究者、监查员或数据分析者均不知治疗分配。

合同研究组织（Contract Research Organization，CRO），一种学术性或商业性的科学机构。申办者可委托其执行临床试验中的某些工作和任务，此种委托必须作出书面规定。

第六十九条　本规范由国家食品药品监督管理局负责解释。

第七十条　本规范自 2003 年 9 月 1 日起施行，原国家药品监督管理局 1999 年 9 月 1 日发布的《药品临床试验管理规范》同时废止。

附录 1：世界医学大会赫尔辛基宣言

人体医学研究的伦理准则

通过：第 18 届世界医学大会，赫尔辛基，芬兰，1964 年 6 月
修订：第 29 届世界医学大会，东京，日本，1975 年 10 月
第 35 届世界医学大会，威尼斯，意大利，1983 年 10 月
第 41 届世界医学大会，中国，香港，1989 年 9 月
第 48 届世界医学大会，南非，1996 年 10 月
第 52 届世界医学大会，爱丁堡，苏格兰，2000 年 10 月

一、前　　言

1. 世界医学大会起草的赫尔辛基宣言，是人体医学研究伦理准则的声明，用以指导医生及其他参与者进行人体医学研究。人体医学研究包括对人体本身和相关数据或资料的研究。

2. 促进和保护人类健康是医生的职责。医生的知识和道德正是为了履行这一职责。

3. 世界医学大会的日内瓦宣言用“病人的健康必须是我们首先考虑的事”这样的语言对医生加以约束。医学伦理的国际准则宣告：“只有在符合病人的利益时，医生才可提供可能对病人的生理和心理产生不利影响的医疗措施。”

4. 医学的进步是以研究为基础的，这些研究在一定程度上最终有赖于以人作为受试者的试验。

5. 在人体医学研究中，对受试者健康的考虑应优先于科学和社会的兴趣。

6. 人体医学研究的主要目的是改进预防、诊断和治疗方法，提高对疾病病因学和发病机理的认识。即使是已被证实了的最好的预防、诊断和治疗方法都应不断地通过研究来检验其有效性、效率、可行性和质量。

7. 在目前的医学实践和医学研究中，大多数的预防、诊断和治疗都包含有风险和负担。

8. 医学研究应遵从伦理标准，对所有的人加以尊重并保护他们的健康和权益。有些受试人群是弱势群体需加以特别保护。必须认清经济和医疗上处于不利地位的人的特殊需要。要特别关注那些不能做出知情同意或拒绝知情同意的受试者、可能在胁迫下才做出知情同意的受试者、从研究中本人得不到受益的受试者及同时接受治疗的受试者。

9. 研究者必须知道所在国关于人体研究方面的伦理、法律和法规的要求，并且要符合国际的要求。任何国家的伦理、法律和法规都不允许减少或取消本宣言中对受试者所规定的保护。

二、医学研究的基本原则

10. 在医学研究中，保护受试者的生命和健康，维护他们的隐私和尊严是医生的职责。

11. 人体医学研究必须遵从普遍接受的科学原则，并基于对科学文献和相关资料的全面了解及充分的实验室试验和动物试验（如有必要）。

12. 必须适当谨慎地实施可能影响环境的研究，并要尊重用于研究的实验动物的权利。

13. 每项人体试验的设计和实施均应在试验方案中明确说明，并应将试验方案提交给伦理审批委员会进行审核、评论、指导，适当情况下，进行审核批准。该伦理委员会必须独立于研究者和申办者，并且不受任何其他方面的影响。该伦理委员会应遵从试验所在国的法律和制度。委员会有权监督进行中的试验。研究人员有责任向委员会提交监查资料，尤其是所有的严重不良事件的资料。研究人员还应向委员会提交其他资料以备审批，包括有关资金、申办者、研究机构以及其他对受试者潜在的利益冲突或鼓励的资料。

14. 研究方案必须有关于伦理方面的考虑的说明，并表明该方案符合本宣言中所陈述的原则。

15. 人体医学研究只能由有专业资格的人员并在临床医学专家的指导监督下进行。必须始终是医学上有资格的人员对受试者负责，而决不是由受试者本人负责，即使受试者已经知情同意参加该项研究。

16. 每项人体医学研究开始之前，应首先认真评价受试者或其他人员的预期风险、负担与受益比。这并不排除健康受试者参加医学研究。所有研究设计都应公开可以获得。

17. 医生只有当确信能够充分地预见试验中的风险并能够较好地处理的时候才能进行该项人体研究。如果发现风险超过可能的受益或已经得出阳性的结论和有利的结果时医生应当停止研究。

18. 人体医学研究只有试验目的的重要性超过了受试者本身的风险和负担时才可进行。这对受试者是健康志愿者时尤为重要。

19. 医学研究只有在受试人群能够从研究的结果中受益时才能进行。

20. 受试者必须是自愿参加并且对研究项目有充分的了解。

21. 必须始终尊重受试者保护自身的权利。尽可能采取措施以尊重受试者的隐私、病人资料的保密并将对受试者身体和精神以及人格的影响减至最小。

22. 在任何人体研究中都应向每位受试候选者充分地告知研究的目的、方法、资金来源、可能的利益冲突、研究者所在的研究附属机构、研究的预期的受益和潜在的风险以及可能出现的不适。应告知受试者有权拒绝参加试验或在任何时间退出试验并且不会受到任何报复。当确认受试者理解了这些信息后，医生应获得受试者自愿给出的知情同意，以书面形式为宜。如果不能得到书面的同意书，则必须正规记录非书面同意的获得过程并要有见证。

23. 在取得研究项目的知情同意时，应特别注意受试者与医生是否存在依赖性关系或可能被迫同意参加。在这种情况下，知情同意的获得应由充分了解但不参加此研究与并受试者也完全无依赖关系的医生来进行。

24. 对于在法律上没有资格，身体或精神状况不允许给出知情同意，或未成年人的研究受试者，研究者必须遵照相关法律，从其法定全权代表处获得知情同意。只有该研究对促进他们所代表的群体的健康存在必需的意义，或不能在法律上有资格的人群中进行时，这些人才能被纳入研究。

25. 当无法定资格的受试者，如未成年儿童，实际上能作出参加研究的决定时，研究者除得到法定授权代表人的同意，还必须征得本人的同意。

26. 有些研究不能从受试者处得到同意，包括委托人或先前的同意，只有当受试者身体/精神状况不允许获得知情同意是这个人群的必要特征时，这项研究才可进行。应当在试验方案中阐明致使参加研究的受试者不能作出知情同意的特殊原因，并提交伦理委员会审查和批准。方案中还需说明在继续的研究中应尽快从受试者本人或法定授权代理人处得到知情同意。

27. 作者和出版商都要承担伦理责任。在发表研究结果时，研究者有责任保证结果的准确性。与阳性结果一样，阴性结果也应发表或以其他方式公之于众。出版物中应说明资金来源、研究附属机构和任何可能的利益冲突。与本宣言中公布的原则不符的研究报告不能被接受与发表。

三、医学研究与医疗相结合的附加原则

28. 医生可以将医学研究与医疗措施相结合，但仅限于该研究已被证实具有潜在的预防、诊断和治疗价值的情况下。当医学研究与医疗措施相结合时，病人作为研究的受试者要有附加条例加以保护。

29. 新方法的益处、风险、负担和有效性都应当与现有最佳的预防、诊断和治疗方法作对比。这并不排除在目前没有有效的预防、诊断和治疗方法存在的研究中，使用安慰剂或无治疗作为对照。

30. 在研究结束时，每个入组病人都应当确保得到经该研究证实的最有效的预防、诊断和治疗方法。

31. 医生应当充分告知病人其接受的治疗中的那一部分与研究有关。病人拒绝参加研究绝不应该影响该病人与医生的关系。

32. 在对病人的治疗中，对于没有已被证明的预防、诊断和治疗方法，或在使用无效的情况下，若医生判定一种未经证实或新的预防、诊断和治疗方法有望挽救生命、恢复健康和减轻痛苦，在获得病人的知情同意的前提下，应不受限制地应用这种方法。在可能的情况下，这些方法应被作为研究对象，并有计划地评价其安全性和有效性。记录从所有相关病例中得到的新资料，适当时予以发表。同时要遵循本宣言的其他相关原则。

附录 2：临床试验保存文件

一、临床试验准备阶段

临床试验保存文件		研究者	申办者
1	研究者手册	保存	保存
2	试验方案及其修正案（已签名）	保存原件	保存
3	病例报告表（样表）	保存	保存
4	知情同意书	保存原件	保存
5	财务规定	保存	保存
6	多方协议（已签名）（研究者、申办者、合同研究组织）	保存	保存
7	伦理委员会批件	保存原件	保存
8	伦理委员会成员表	保存原件	保存
9	临床试验申请表		保存原件
10	临床前实验室资料		保存原件
11	国家食品药品监督管理局批件		保存原件
12	研究者履历及相关文件	保存	保存原件
13	临床试验有关的实验室检测正常值范围	保存	保存
14	医学或实验室操作的质控证明	保存原件	保存
15	试验用药品的标签		保存原件
16	试验用药品与试验相关物资的运货单	保存	保存
17	试验药物的药检证明		保存原件
18	设盲试验的破盲规程		保存原件
19	总随机表		保存原件
20	监查报告		保存原件

二、临床试验进行阶段

临床试验保存文件		研究者	申办者
21	研究者手册更新件	保存	保存
22	其他文件（方案、病例报告表、知情同意书、书面情况通知）的更新	保存	保存
23	新研究者的履历	保存	保存原件
24	医学、实验室检查的正常值范围更新	保存	保存

续表

临床试验保存文件		研究者	申办者
25	试验用药品与试验相关物资的运货单	保存	保存
26	新批号试验药物的药检证明		保存原件
27	监查员访视报告		保存原件
28	已签名的知情同意书	保存原件	
29	原始医疗文件	保存原件	
30	病例报告表（已填写，签名，注明日期）	保存副本	保存原件
31	研究者致申办者的严重不良事件报告	保存原件	保存
32	申办者致药品监督管理局、伦理委员会的严重不良事件报告	保存	保存原件
33	中期或年度报告	保存	保存
34	受试者鉴认代码表	保存原件	
35	受试者筛选表与入选表	保存	保存
36	试验用药品登记表	保存	保存
37	研究者签名样张	保存	保存

三、临床试验完成后

临床试验保存文件		研究者	申办者
38	试验药物销毁证明	保存	保存
39	完成试验受试者编码目录	保存	保存
40	稽查证明件		保存原件
41	最终监查报告		保存原件
42	治疗分配与破盲证明		保存原件
43	试验完成报告（致伦理委员会、国家食品药品监督管理局）		保存原件
44	总结报告	保存	保存原件

药物非临床研究质量管理规范

（2003 年 6 月 4 日国家食品药品监督管理局局务会审议通过，
2003 年 8 月 6 日发布，自 2003 年 9 月 1 日起施行）

第一章　总　　则

第一条　为提高药物非临床研究的质量，确保实验资料的真实性、完整性和可靠性，保障人民用药安全，根据《中华人民共和国药品管理法》，制定本规范。

第二条　本规范适用于为申请药品注册而进行的非临床研究。药物非临床安全性评价研究机构必须遵循本规范。

第二章　组织机构和人员

第三条　非临床安全性评价研究机构应建立完善的组织管理体系，配备机构负责人、质量保证部门负责人和相应的工作人员。

第四条　非临床安全性评价研究机构的人员，应符合下列要求：

（一）具备严谨的科学作风和良好的职业道德以及相应的学历，经过专业培训，具备所承担的研究工作需要的知识结构、工作经验和业务能力；

（二）熟悉本规范的基本内容，严格履行各自职责，熟练掌握并严格执行与所承担工作有关的标准操作规程；

（三）及时、准确和清楚地进行试验观察记录，对实验中发生的可能影响实验结果的任何情况应及时向专题负责人书面报告；

（四）根据工作岗位的需要着装，遵守健康检查制度，确保供试品、对照品和实验系统不受污染；

（五）定期进行体检，患有影响研究结果的疾病者，不得参加研究工作；

（六）经过培训、考核，并取得上岗资格。

第五条　非临床安全性评价研究机构负责人应具备医学、药学或其他相关专业本科以上学历及相应的业务素质和工作能力。机构负责人职责为：

（一）全面负责非临床安全性评价研究机构的建设和组织管理；

（二）建立工作人员学历、专业培训及专业工作经历的档案材料；

（三）确保各种设施、设备和实验条件符合要求；

（四）确保有足够数量的工作人员，并按规定履行其职责；

（五）聘任质量保证部门的负责人，并确保其履行职责；
（六）制定主计划表，掌握各项研究工作的进展；
（七）组织制定和修改标准操作规程，并确保工作人员掌握相关的标准操作规程；
（八）每项研究工作开始前，聘任专题负责人，有必要更换时，应记录更换的原因和时间；
（九）审查批准实验方案和总结报告；
（十）及时处理质量保证部门的报告，详细记录采取的措施；
（十一）确保供试品、对照品的质量和稳定性符合要求；
（十二）与协作或委托单位签订书面合同。

第六条　非临床安全性评价研究机构应设立独立的质量保证部门，其人员的数量根据非临床安全性评价研究机构的规模而定。质量保证部门负责人的职责为：

（一）保存非临床研究机构的主计划表、实验方案和总结报告的副本；
（二）审核实验方案、实验记录和总结报告；
（三）对每项研究实施检查，并根据其内容和持续时间制定审查和检查计划，详细记录检查的内容、发现的问题、采取的措施等，并在记录上签名，保存备查；
（四）定期检查动物饲养设施、实验仪器和档案管理；
（五）向机构负责人和/或专题负责人书面报告检查发现的问题及建议；
（六）参与标准操作规程的制定，保存标准操作规程的副本。

第七条　每项研究工作必须聘任专题负责人。专题负责人职责为：

（一）全面负责该项研究工作的运行管理；
（二）制定实验方案，严格执行实验方案，分析研究结果，撰写总结报告；
（三）执行标准操作规程的规定，及时提出修订或补充相应的标准操作规程的建议；
（四）确保参与研究的工作人员明确所承担的工作，并掌握相应的标准操作规程；
（五）掌握研究工作的进展，检查各种实验记录，确保其及时、直接、准确和清楚；
（六）详细记录实验中出现的意外情况和采取的措施；
（七）实验结束后，将实验方案、原始资料、应保存的标本、各种有关记录文件和总结报告等归档保存；
（八）及时处理质量保证部门提出的问题，确保研究工作各环节符合要求。

第三章　实验设施

第八条　根据所从事的非临床研究的需要，建立相应的实验设施。各种实验设施应保持清洁卫生，运转正常；各类设施布局应合理，防止交叉污染；环境条件及其调控应符合不同设施的要求。

第九条　具备设计合理、配置适当的动物饲养设施，并能根据需要调控温度、湿度、空气洁净度、通风和照明等环境条件。实验动物设施条件应与所使用的实验动物级别相符。动物饲养设施主要包括以下几方面：

（一）不同种属动物或不同实验系统的饲养和管理设施；
（二）动物的检疫和患病动物的隔离治疗设施；
（三）收集和处置试验废弃物的设施；
（四）清洗消毒设施；
（五）供试品和对照品含有挥发性、放射性或生物危害性等物质时，应设置相应的饲养设施。

第十条　具备饲料、垫料、笼具及其他动物用品的存放设施。各类设施的配置应合理，防止与实验系统相互污染。易腐败变质的动物用品应有适当的保管措施。

第十一条　具有供试品和对照品的处置设施：

（一）接收和贮藏供试品和对照品的设施；

（二）供试品和对照品的配制和贮存设施。

第十二条　根据工作需要设立相应的实验室；使用有生物危害性的动物、微生物、放射性等材料应设立专门实验室，并应符合国家有关管理规定。

第十三条　具备保管实验方案、各类标本、原始记录、总结报告及有关文件档案的设施。

第十四条　根据工作需要配备相应的环境调控设施。

第四章　仪器设备和实验材料

第十五条　根据研究工作的需要配备相应的仪器设备，放置地点合理，并有专人负责保管，定期进行检查、清洁保养、测试和校正，确保仪器设备的性能稳定可靠。

第十六条　实验室内应备有相应仪器设备保养、校正及使用方法的标准操作规程。对仪器设备的使用、检查、测试、校正及故障修理，应详细记录日期、有关情况及操作人员的姓名等。

第十七条　供试品和对照品的管理应符合下列要求：

（一）实验用的供试品和对照品，应有专人保管，有完善的接收、登记和分发的手续，供试品和对照品的批号、稳定性、含量或浓度、纯度及其他理化性质应有记录，对照品为市售商品时，可用其标签或其他标示内容；

（二）供试品和对照品的贮存保管条件应符合要求，贮存的容器应贴有标签，标明品名、缩写名、代号、批号、有效期和贮存条件；

（三）供试品和对照品在分发过程中应避免污染或变质，分发的供试品和对照品应及时贴上准确的标签，并按批号记录分发、归还的日期和数量；

（四）需要将供试品和对照品与介质混合时，应在给药前测定其混合的均匀性，必要时还应定期测定混合物中供试品和对照品的浓度和稳定性，混合物中任一组分有失效期的，应在容器标签上标明，两种以上组分均有失效日期的，以最早的失效日期为准。

第十八条　实验室的试剂和溶液等均应贴有标签，标明品名、浓度、贮存条件、配制日期及有效期等。试验中不得使用变质或过期的试剂和溶液。

第十九条　动物的饲料和饮水应定期检验，确保其符合营养和卫生标准。影响实验结果的污染因素应低于规定的限度，检验结果应作为原始资料保存。

第二十条　动物饲养室内使用的清洁剂、消毒剂及杀虫剂等，不得影响实验结果，并应详细记录其名称、浓度、使用方法及使用的时间等。

第五章　标准操作规程

第二十一条　制定与实验工作相适应的标准操作规程。需要制定的标准操作规程主要包括以下方面：

（一）标准操作规程的编辑和管理；

（二）质量保证程序；

（三）供试品和对照品的接收、标识、保存、处理、配制、领用及取样分析；

（四）动物房和实验室的准备及环境因素的调控；

（五）实验设施和仪器设备的维护、保养、校正、使用和管理；
（六）计算机系统的操作和管理；
（七）实验动物的运输、检疫、编号及饲养管理；
（八）实验动物的观察记录及实验操作；
（九）各种实验样品的采集、各种指标的检查和测定等操作技术；
（十）濒死或已死亡动物的检查处理；
（十一）动物的尸检、组织病理学检查；
（十二）实验标本的采集、编号和检验；
（十三）各种实验数据的管理和处理；
（十四）工作人员的健康检查制度；
（十五）动物尸体及其他废弃物的处理；
（十六）需要制定标准操作规程的其他工作。

第二十二条　标准操作规程经质量保证部门签字确认和机构负责人批准后生效。失效的标准操作规程除一份存档之外应及时销毁。

第二十三条　标准操作规程的制定、修改、生效日期及分发、销毁情况应记录并归档。

第二十四条　标准操作规程的存放应方便使用。研究过程中任何偏离标准操作规程的操作，都应经专题负责人批准，并加以记录。标准操作规程的改动，应经质量保证部门负责人确认，机构负责人书面批准。

第六章　研究工作的实施

第二十五条　每项研究均应有专题名称或代号，并在有关文件资料及实验记录中统一使用该名称或代号。

第二十六条　实验中所采集的各种标本应标明专题名称或代号、动物编号和收集日期。

第二十七条　专题负责人应制定实验方案，经质量保证部门审查，机构负责人批准后方可执行，批准日期作为实验的起始日期。接受委托的研究，实验方案应经委托单位认可。

第二十八条　实验方案的主要内容如下：
（一）研究专题的名称或代号及研究目的；
（二）非临床安全性评价研究机构和委托单位的名称及地址；
（三）专题负责人和参加实验的工作人员姓名；
（四）供试品和对照品的名称、缩写名、代号、批号、有关理化性质及生物特性；
（五）实验系统及选择理由；
（六）实验动物的种、系、数量、年龄、性别、体重范围、来源和等级；
（七）实验动物的识别方法；
（八）实验动物饲养管理的环境条件；
（九）饲料名称或代号；
（十）实验用的溶媒、乳化剂及其他介质；
（十一）供试品和对照品的给药途径、方法、剂量、频率和用药期限及选择的理由；
（十二）所用毒性研究指导原则的文件及文献；
（十三）各种指标的检测方法和频率；
（十四）数据统计处理方法；

（十五）实验资料的保存地点。

第二十九条　研究过程中需要修改实验方案时，应经质量保证部门审查，机构负责人批准。变更的内容、理由及日期，应记入档案，并与原实验方案一起保存。

第三十条　专题负责人全面负责研究专题的运行管理。参加实验的工作人员，应严格执行实验方案和相应的标准操作规程，发现异常现象时应及时向专题负责人报告。

第三十一条　所有数据的记录应做到及时、直接、准确、清楚和不易消除，并应注明记录日期，记录者签名。记录的数据需要修改时，应保持原记录清楚可辨，并注明修改的理由及修改日期，修改者签名。

第三十二条　动物出现非供试品引起的疾病或出现干扰研究目的的异常情况时，应立即隔离或处死。需要用药物治疗时，应经专题负责人批准，并详细记录治疗的理由、批准手续、检查情况、药物处方、治疗日期和结果等。治疗措施不得干扰研究。

第三十三条　研究工作结束后，专题负责人应及时写出总结报告，签名或盖章后交质量保证部门负责人审查和签署意见，机构负责人批准。批准日期作为实验结束日期。

第三十四条　总结报告主要内容如下：

（一）研究专题的名称或代号及研究目的；

（二）非临床安全性评价研究机构和委托单位的名称和地址；

（三）研究起止日期；

（四）供试品和对照品的名称、缩写名、代号、批号、稳定性、含量、浓度、纯度、组分及其他特性；

（五）实验动物的种、系、数量、年龄、性别、体重范围、来源、动物合格证号及签发单位、接收日期和饲养条件；

（六）供试品和对照品的给药途径、剂量、方法、频率和给药期限；

（七）供试品和对照品的剂量设计依据；

（八）影响研究可靠性和造成研究工作偏离实验方案的异常情况；

（九）各种指标检测方法和频率；

（十）专题负责人与所有参加工作的人员姓名和承担的工作内容；

（十一）分析数据所采用的统计方法；

（十二）实验结果和结论；

（十三）原始资料和标本的保存地点。

第三十五条　总结报告经机构负责人签字后，需要修改或补充时，有关人员应详细说明修改或补充的内容、理由和日期，经专题负责人认可，并经质量保证部门负责人审查和机构负责人批准。

第七章　资料档案

第三十六条　研究工作结束后，专题负责人应将实验方案、标本、原始资料、文字记录和总结报告的原件、与实验有关的各种书面文件、质量保证部门的检查报告等按标准操作规程的要求整理交资料档案室，并按标准操作规程的要求编号归档。

第三十七条　研究项目被取消或中止时，专题负责人应书面说明取消或中止原因，并将上述实验资料整理归档。

第三十八条　资料档案室应有专人负责，按标准操作规程的要求进行管理。

第三十九条　实验方案、标本、原始资料、文字记录、总结报告以及其他资料的保存期，应在药物上市后至少五年。

第四十条 质量容易变化的标本，如组织器官、电镜标本、血液涂片等的保存期，应以能够进行质量评价为时限。

第八章 监督检查

第四十一条 国家食品药品监督管理局负责组织实施对非临床安全性评价研究机构的检查。

第四十二条 凡为在中华人民共和国申请药品注册而进行的非临床研究，都应接受药品监督管理部门的监督检查。

第九章 附 则

第四十三条 本规范所用术语定义如下：

（一）非临床研究，系指为评价药物安全性，在实验室条件下，用实验系统进行的各种毒性试验，包括单次给药的毒性试验、反复给药的毒性试验、生殖毒性试验、遗传毒性试验、致癌试验、局部毒性试验、免疫原性试验、依赖性试验、毒代动力学试验及与评价药物安全性有关的其他试验。

（二）非临床安全性评价研究机构，系指从事药物非临床研究的实验室。

（三）实验系统，系指用于毒性试验的动物、植物、微生物以及器官、组织、细胞、基因等。

（四）质量保证部门，系指非临床安全性评价研究机构内履行有关非临床研究工作质量保证职能的部门。

（五）专题负责人，系指负责组织实施某项研究工作的人员。

（六）供试品，系指供非临床研究的药品或拟开发为药品的物质。

（七）对照品，系指非临床研究中与供试品作比较的物质。

（八）原始资料，系指记载研究工作的原始观察记录和有关文书材料，包括工作记录、各种照片、缩微胶片、缩微复制品、计算机打印资料、磁性载体、自动化仪器记录材料等。

（九）标本，系指采自实验系统用于分析观察和测定的任何材料。

（十）委托单位，系指委托非临床安全性评价研究机构进行非临床研究的单位。

（十一）批号，系指用于识别“批”的一组数字或字母加数字，以保证供试品或对照品的可追溯性。

第四十四条 本规范由国家食品药品监督管理局负责解释。

第四十五条 本规范自 2003 年 9 月 1 日起施行，原国家药品监督管理局 1999 年 10 月 14 日发布的《药品非临床研究质量管理规范（试行)》同时废止。

药品进口管理办法

（国家食品药品监督管理局、中华人民共和国海关总署审议通过，
2003 年 8 月 18 日发布，自 2004 年 1 月 1 日起实施）

第一章　总　　则

第一条　为规范药品进口备案、报关和口岸检验工作，保证进口药品的质量，根据《中华人民共和国药品管理法》、《中华人民共和国海关法》、《中华人民共和国药品管理法实施条例》（以下简称《药品管理法》、《海关法》、《药品管理法实施条例》）及相关法律法规的规定，制定本办法。

第二条　药品的进口备案、报关、口岸检验以及进口，适用本办法。

第三条　药品必须经由国务院批准的允许药品进口的口岸进口。

第四条　本办法所称进口备案，是指进口单位向允许药品进口的口岸所在地药品监督管理部门（以下称口岸药品监督管理局）申请办理《进口药品通关单》的过程。麻醉药品、精神药品进口备案，是指进口单位向口岸药品监督管理局申请办理《进口药品口岸检验通知书》的过程。

本办法所称口岸检验，是指国家食品药品监督管理局确定的药品检验机构（以下称口岸药品检验所）对抵达口岸的进口药品依法实施的检验工作。

第五条　进口药品必须取得国家食品药品监督管理局核发的《进口药品注册证》（或者《医药产品注册证》），或者《进口药品批件》后，方可办理进口备案和口岸检验手续。

进口麻醉药品、精神药品，还必须取得国家食品药品监督管理局核发的麻醉药品、精神药品《进口准许证》。

第六条　进口单位持《进口药品通关单》向海关申报，海关凭口岸药品监督管理局出具的《进口药品通关单》，办理进口药品的报关验放手续。

进口麻醉药品、精神药品，海关凭国家食品药品监督管理局核发的麻醉药品、精神药品《进口准许证》办理报关验放手续。

第七条　国家食品药品监督管理局会同海关总署制定、修订、公布进口药品目录。

第二章　进口备案

第八条　口岸药品监督管理局负责药品的进口备案工作。口岸药品监督管理局承担的进口备案工作受国家食品药品监督管理局的领导，其具体职责包括：

（一）受理进口备案申请，审查进口备案资料；

（二）办理进口备案或者不予进口备案的有关事项；

（三）联系海关办理与进口备案有关的事项；

（四）通知口岸药品检验所对进口药品实施口岸检验；

（五）对进口备案和口岸检验中发现的问题进行监督处理；

（六）国家食品药品监督管理局规定的其他事项。

第九条 报验单位应当是持有《药品经营许可证》的独立法人。药品生产企业进口本企业所需原料药和制剂中间体（包括境内分包装用制剂），应当持有《药品生产许可证》。

第十条 下列情形的进口药品，必须经口岸药品检验所检验符合标准规定后，方可办理进口备案手续。检验不符合标准规定的，口岸药品监督管理局不予进口备案：

（一）国家食品药品监督管理局规定的生物制品；

（二）首次在中国境内销售的药品；

（三）国务院规定的其他药品。

第十一条 进口单位签订购货合同时，货物到岸地应当从允许药品进口的口岸选择。其中本办法第十条规定情形的药品，必须经由国家特别批准的允许药品进口的口岸进口。

第十二条 进口备案，应当向货物到岸地口岸药品监督管理局提出申请，并由负责本口岸药品检验的口岸药品检验所进行检验。

第十三条 办理进口备案，报验单位应当填写《进口药品报验单》，持《进口药品注册证》（或者《医药产品注册证》）（正本或者副本）原件，进口麻醉药品、精神药品还应当持麻醉药品、精神药品《进口准许证》原件，向所在地口岸药品监督管理局报送所进口品种的有关资料一式两份：

（一）《进口药品注册证》（或者《医药产品注册证》）（正本或者副本）复印件；麻醉药品、精神药品的《进口准许证》复印件；

（二）报验单位的《药品经营许可证》和《企业法人营业执照》复印件；

（三）原产地证明复印件；

（四）购货合同复印件；

（五）装箱单、提运单和货运发票复印件；

（六）出厂检验报告书复印件；

（七）药品说明书及包装、标签的式样（原料药和制剂中间体除外）；

（八）国家食品药品监督管理局规定批签发的生物制品，需要提供生产检定记录摘要及生产国或者地区药品管理机构出具的批签发证明原件；

（九）本办法第十条规定情形以外的药品，应当提交最近一次《进口药品检验报告书》和《进口药品通关单》复印件。

药品生产企业自行进口本企业生产所需原料药和制剂中间体的进口备案，第（二）项资料应当提交其《药品生产许可证》和《企业法人营业执照》复印件。

经其他国家或者地区转口的进口药品，需要同时提交从原产地到各转口地的全部购货合同、装箱单、提运单和货运发票等。

上述各类复印件应当加盖进口单位公章。

第十四条 口岸药品监督管理局接到《进口药品报验单》及相关资料后，按照下列程序的要求予以审查：

（一）逐项核查所报资料是否完整、真实；

（二）查验《进口药品注册证》（或者《医药产品注册证》）（正本或者副本）原件，或者麻醉药品、精神药品《进口准许证》原件的真实性；

（三）审查无误后，将《进口药品注册证》（或者《医药产品注册证》）（正本或者副本）原件，或者麻醉药品、精神药品的《进口准许证》原件，交还报验单位，并于当日办结进口备案的相关手续。

第十五条　本办法第十条规定情形的药品，口岸药品监督管理局审查全部资料无误后，应当向负责检验的口岸药品检验所发出《进口药品口岸检验通知书》，附本办法第十三条规定的资料一份，同时向海关发出《进口药品抽样通知书》。有关口岸药品检验进入海关监管场所抽样的管理规定，由国家食品药品监督管理局与海关总署另行制定。

口岸药品检验所按照《进口药品口岸检验通知书》规定的抽样地点，抽取检验样品，进行质量检验，并将检验结果送交所在地口岸药品监督管理局。检验符合标准规定的，准予进口备案，由口岸药品监督管理局发出《进口药品通关单》；不符合标准规定的，不予进口备案，由口岸药品监督管理局发出《药品不予进口备案通知书》。

第十六条　本办法第十条规定情形以外的药品，口岸药品监督管理局审查全部资料无误后，准予进口备案，发出《进口药品通关单》。同时向负责检验的口岸药品检验所发出《进口药品口岸检验通知书》，附本办法第十三条规定的资料一份。

对麻醉药品、精神药品，口岸药品监督管理局审查全部资料无误后，应当只向负责检验的口岸药品检验所发出《进口药品口岸检验通知书》，附本办法第十三条规定的资料一份，无需办理《进口药品通关单》。

口岸药品检验所应当到《进口药品口岸检验通知书》规定的抽样地点抽取样品，进行质量检验，并将检验结果送交所在地口岸药品监督管理局。对检验不符合标准规定的药品，由口岸药品监督管理局依照《药品管理法》及有关规定处理。

第十七条　下列情形之一的进口药品，不予进口备案，由口岸药品监督管理局发出《药品不予进口备案通知书》；对麻醉药品、精神药品，口岸药品监督管理局不予发放《进口药品口岸检验通知书》：

（一）不能提供《进口药品注册证》（或者《医药产品注册证》）（正本或者副本）、《进口药品批件》或者麻醉药品、精神药品的《进口准许证》原件的；

（二）办理进口备案时，《进口药品注册证》（或者《医药产品注册证》），或者麻醉药品、精神药品的《进口准许证》已超过有效期的；

（三）办理进口备案时，药品的有效期限已不满 12 个月的（对于药品本身有效期不足 12 个月的，进口备案时，其有效期限应当不低于 6 个月）；

（四）原产地证明所标示的实际生产地与《进口药品注册证》（或者《医药产品注册证》）规定的产地不符的，或者区域性国际组织出具的原产地证明未标明《进口药品注册证》（或者《医药产品注册证》）规定产地的；

（五）进口单位未取得《药品经营许可证》（生产企业应当取得《药品生产许可证》）和《企业法人营业执照》的；

（六）到岸品种的包装、标签与国家食品药品监督管理局的规定不符的；

（七）药品制剂无中文说明书或者中文说明书与批准的说明书不一致的；

（八）未在国务院批准的允许药品进口的口岸组织进口的，或者货物到岸地不属于所在地口岸药品监督管理局管辖范围的；

（九）国家食品药品监督管理局规定批签发的生物制品未提供有效的生产国或者地区药品管理机构出具的生物制品批签发证明文件的；

（十）伪造、变造有关文件和票据的；

（十一）《进口药品注册证》（或者《医药产品注册证》）已被撤销的；

（十二）本办法第十条规定情形的药品，口岸药品检验所根据本办法第二十五条的规定不予抽样的；

（十三）本办法第十条规定情形的药品，口岸检验不符合标准规定的；

（十四）其他不符合我国药品管理有关规定的。

第十八条　对不予进口备案的进口药品，进口单位应当予以退运。无法退运的，由海关移交口岸药品监督管理局监督处理。

第十九条　进口临床急需药品、捐赠药品、新药研究和药品注册所需样品或者对照药品等，必须经国家食品药品监督管理局批准，并凭国家食品药品监督管理局核发的《进口药品批件》，按照本办法第十六条的规定，办理进口备案手续。

第三章　口岸检验

第二十条　口岸药品检验所由国家食品药品监督管理局根据进口药品口岸检验工作的需要确定。口岸药品检验所的职责包括：

（一）对到岸货物实施现场核验；

（二）核查出厂检验报告书和原产地证明原件；

（三）按照规定进行抽样；

（四）对进口药品实施口岸检验；

（五）对有异议的检验结果进行复验；

（六）国家食品药品监督管理局规定的其他事项。

第二十一条　中国药品生物制品检定所负责进口药品口岸检验工作的指导和协调。口岸检验所需标准品、对照品由中国药品生物制品检定所负责审核、标定。

第二十二条　口岸药品检验所应当按照《进口药品注册证》（或者《医药产品注册证》）载明的注册标准对进口药品进行检验。

第二十三条　口岸药品检验所接到《进口药品口岸检验通知书》后，应当在 2 日内与进口单位联系，到规定的存货地点按照《进口药品抽样规定》进行现场抽样。

进口单位应当在抽样前，提供出厂检验报告书和原产地证明原件。

对需进入海关监管区抽样的，口岸药品检验所应当同时与海关联系抽样事宜，并征得海关同意。抽样时，进口单位和海关的人员应当同时在场。

第二十四条　口岸药品检验所现场抽样时，应当注意核查进口品种的实际到货情况，做好抽样记录并填写《进口药品抽样记录单》。

本办法第十条规定情形以外的药品，抽样完成后，口岸药品检验所应当在进口单位持有的《进口药品通关单》原件上注明“已抽样”的字样，并加盖抽样单位的公章。

对麻醉药品、精神药品，抽样完成后，应当在《进口准许证》原件上注明“已抽样”的字样，并加盖抽样单位的公章。

第二十五条　对有下列情形之一的进口药品，口岸药品检验所不予抽样：

（一）未提供出厂检验报告书和原产地证明原件，或者所提供的原件与申报进口备案时的复印件不符的；

（二）装运唛头与单证不符的；

（三）进口药品批号或者数量与单证不符的；

（四）进口药品包装及标签与单证不符的；

（五）其他不符合国家药品监督管理法律、法规和规章规定的。

对不予抽样的药品，口岸药品检验所应当在 2 日内，将《进口药品抽样记录单》送交所在地口岸药品监督管理局。

第二十六条　口岸药品检验所应当及时对所抽取的样品进行检验，并在抽样后 20 日内，完成检验工作，出具《进口药品检验报告书》。特殊品种或者特殊情况不能按时完成检验时，可以适当延长检验期限，并通知进口单位和口岸药品监督管理局。

《进口药品检验报告书》应当明确标有“符合标准规定”或者“不符合标准规定”的检验结论。

国家食品药品监督管理局规定批签发的生物制品，口岸检验符合标准规定，审核符合要求的，应当同时发放生物制品批签发证明。

第二十七条　对检验符合标准规定的进口药品，口岸药品检验所应当将《进口药品检验报告书》送交所在地口岸药品监督管理局和进口单位。

对检验不符合标准规定的进口药品，口岸药品检验所应当将《进口药品检验报告书》及时发送口岸药品监督管理局和其他口岸药品检验所，同时报送国家食品药品监督管理局和中国药品生物制品检定所。

第二十八条　进口药品的检验样品应当保存至有效期满。不易贮存的留样，可根据实际情况掌握保存时间。索赔或者退货检品的留样应当保存至该案完结时。超过保存期的留样，由口岸药品检验所予以处理并记录备案。

第二十九条　进口单位对检验结果有异议的，可以自收到检验结果之日起 7 日内向原口岸药品检验所申请复验，也可以直接向中国药品生物制品检定所申请复验。生物制品的复验直接向中国药品生物制品检定所申请。

口岸药品检验所在受理复验申请后，应当及时通知口岸药品监督管理局，并自受理复验之日起 10 日内，作出复验结论，通知口岸药品监督管理局、其他口岸药品检验所，报国家食品药品监督管理局和中国药品生物制品检定所。

第四章　监督管理

第三十条　口岸药品检验所根据本办法第二十五条的规定不予抽样但已办结海关验放手续的药品，口岸药品监督管理局应当对已进口的全部药品采取查封、扣押的行政强制措施。

第三十一条　本办法第十条规定情形以外的药品，经口岸药品检验所检验不符合标准规定的，进口单位应当在收到《进口药品检验报告书》后 2 日内，将全部进口药品流通、使用的详细情况，报告所在地口岸药品监督管理局。

所在地口岸药品监督管理局收到《进口药品检验报告书》后，应当及时采取对全部药品予以查封、扣押的行政强制措施，并在 7 日内作出行政处理决定。对申请复验的，必须自检验报告书发出之日起 15 日内作出行政处理决定。有关情况应当及时报告国家食品药品监督管理局，同时通告各省、自治区、直辖市药品监督管理局和其他口岸药品监督管理局。

第三十二条　未在规定时间内提出复验或者经复验仍不符合标准规定的，口岸药品监督管理局应当按照《药品管理法》以及有关规定作出行政处理决定。有关情况应当及时报告国家食品药品监督管理局，同时通告各省、自治区、直辖市药品监督管理局和其他口岸药品监督管理局。

经复验符合标准规定的，口岸药品监督管理局应当解除查封、扣押的行政强制措施，并将处理情况报告国家食品药品监督管理局，同时通告各省、自治区、直辖市药品监督管理局和其他口岸药品监督管理局。

第三十三条　药品进口备案中发现的其他问题，由口岸药品监督管理局按照《药品管理法》以及有关规定予以处理。

第三十四条　国内药品生产企业、经营企业以及医疗机构采购进口药品时，供货单位应当同时提供以下资料：

（一）《进口药品注册证》（或者《医药产品注册证》）复印件、《进口药品批件》复印件；

（二）《进口药品检验报告书》复印件或者注明“已抽样”并加盖公章的《进口药品通关单》复印件。

国家食品药品监督管理局规定批签发的生物制品，需要同时提供口岸药品检验所核发的批签发证明复印件。

进口麻醉药品、精神药品，应当同时提供其《进口药品注册证》（或者《医药产品注册证》）复印件、《进口准许证》复印件和《进口药品检验报告书》复印件。

上述各类复印件均需加盖供货单位公章。

第三十五条　口岸药品监督管理局和口岸药品检验所应当建立严格的进口备案资料和口岸检验资料的管理制度，并对进口单位的呈报资料承担保密责任。

第三十六条　对于违反本办法进口备案和口岸检验有关规定的口岸药品监督管理局和口岸药品检验所，国家食品药品监督管理局将根据情节给予批评、通报批评，情节严重的停止其进口备案和口岸检验资格。

第三十七条　违反本办法涉及海关有关规定的，海关按照《海关法》、《中华人民共和国海关法行政处罚实施细则》的规定处理。

第五章　附　　则

第三十八条　本办法所称进口单位，包括经营单位、收货单位和报验单位。

经营单位，是指对外签订并执行进出口贸易合同的中国境内企业或单位。

收货单位，是指购货合同和货运发票中载明的收货人或者货主。

报验单位，是指该批进口药品的实际货主或者境内经销商，并具体负责办理进口备案和口岸检验手续。

收货单位和报验单位可以为同一单位。

第三十九条　从境外进入保税仓库、保税区、出口加工区的药品，免予办理进口备案和口岸检验等进口手续，海关按有关规定实施监管；从保税仓库、出口监管仓库、保税区、出口加工区出库或出区进入国内的药品，按本办法有关规定办理进口备案和口岸检验等手续。

经批准以加工贸易方式进口的原料药、药材，免予办理进口备案和口岸检验等进口手续，其原料药及制成品禁止转为内销。确因特殊情况无法出口的，移交地方药品监督管理部门按规定处理，海关予以核销。

进出境人员随身携带的个人自用的少量药品，应当以自用、合理数量为限，并接受海关监管。

第四十条　进口暂未列入进口药品目录的原料药，应当遵照本办法的规定，到口岸药品监督管理局办理进口备案手续。

第四十一条　药材进口备案和口岸检验的规定，由国家食品药品监督管理局另行制定。

第四十二条　进口麻醉药品、精神药品凭《进口药品注册证》（或者《医药产品注册证》），按照国务院麻醉药品、精神药品管理的有关法规办理《进口准许证》。

第四十三条　本办法规定的麻醉药品、精神药品是指供临床使用的品种，科研、教学、兽用等麻醉药品、精神药品的进口，按照国务院麻醉药品、精神药品管理的有关法规执行。

第四十四条　本办法由国家食品药品监督管理局和海关总署负责解释。

第四十五条　本办法自2004年1月1日起实施。1999年5月1日实施的《进口药品管理办法》同时废止。

生物制品批签发管理办法

（2004 年 6 月 4 日国家食品药品监督管理局局务会审议通过，
2004 年 7 月 13 日公布，自公布之日起施行）

第一章　总　　则

第一条　为加强生物制品质量管理，保证生物制品安全、有效，根据《中华人民共和国药品管理法》（以下简称《药品管理法》）及《中华人民共和国药品管理法实施条例》，制定本办法。

第二条　生物制品批签发（以下简称批签发），是指国家对疫苗类制品、血液制品、用于血源筛查的体外生物诊断试剂以及国家食品药品监督管理局规定的其他生物制品，每批制品出厂上市或者进口时进行强制性检验、审核的制度。检验不合格或者审核不被批准者，不得上市或者进口。

第三条　国家食品药品监督管理局主管全国生物制品批签发工作；承担生物制品批签发检验或者审核工作的药品检验机构由国家食品药品监督管理局指定。

第四条　生物制品批签发检验或者审核的标准为现行的国家生物制品规程或者国家食品药品监督管理局批准的其他药品标准。

第二章　申　　请

第五条　按批签发管理的生物制品在生产、检验完成后，药品生产企业应当填写《生物制品批签发申请表》，向承担批签发检验或者审核的药品检验机构申请批签发。

第六条　申请批签发的生物制品必须具有下列药品批准证明文件之一：

（一）药品批准文号；

（二）《进口药品注册证》或者《医药产品注册证》；

（三）体外生物诊断试剂批准注册证明。

第七条　申请批签发的技术要求及相关资料的格式，由中国药品生物制品检定所负责组织制定，报国家食品药品监督管理局批准并发布。

第八条　申请批签发时应当提交以下资料及样品：

（一）生物制品批签发申请表；

（二）药品生产企业质量保证部门负责人签字并加盖本部门印章的批制造及检验记录摘要；

（三）检验所需的同批号样品；

（四）与制品质量相关的其他资料；

（五）进口预防用疫苗类生物制品应当同时提交生产国国家药品管理当局出具的批签发证明文

件，并提供中文译本。

第九条　对于有效期短而且检验周期长的按照批签发管理的生物制品，经国家食品药品监督管理局确认，药品生产企业在完成生产后即可向承担批签发检验或者审核的药品检验机构申请批签发。

第十条　按照批签发管理的生物制品进口时，其批签发申请按照《药品进口管理办法》的规定办理。

第十一条　承担批签发检验或者审核的药品检验机构接到生物制品批签发申请后，应当在5日内决定是否受理。不予受理的，予以退审，并说明理由。

申请材料不齐全或者不符合法定形式的，承担批签发检验或者审核的药品检验机构应当在5日内一次性告知申请人需要补正的全部内容，逾期不告知的，自收到申请材料之日起即为受理。

申请材料存在可以当场更正的错误的，应当允许申请人当场更正。

第三章　检验、审核与签发

第十二条　承担批签发的药品检验机构应当配备与其承担的批签发检验或者审核工作相适应的人员和设备，符合生物制品检验或者审核工作的质量保证体系和技术要求。

第十三条　批签发检验或者审核工作可单独采取资料审查的形式，也可采取资料审查和样品检验相结合的方式。样品检验分为全部项目检验和部分项目检验。

具体品种所采用的批签发检验或者审核方式以及检验的项目，由中国药品生物制品检定所负责组织论证后确定，报国家食品药品监督管理局批准，并予公告。

第十四条　承担批签发检验或者审核的药品检验机构负责对申报资料进行审核，审核内容包括：

（一）申报资料是否齐全、制品批制造及检验记录摘要是否加盖质量保证部门印章、是否有负责人签字；

（二）生产用菌种、毒种、细胞等是否与国家食品药品监督管理局批准的一致；

（三）生产工艺是否与国家食品药品监督管理局批准的工艺一致，生产过程的质量控制是否达到国家药品标准的要求；

（四）制品原液、半成品和成品的检验项目、方法和结果是否符合国家药品标准的规定；

（五）制品包装、标签及使用说明书是否符合相关规定。

第十五条　承担批签发检验或者审核的药品检验机构可以根据具体品种审查的需要增加检验项目。增加检验项目的情况及理由应当报国家食品药品监督管理局备案。

第十六条　承担批签发检验或者审核的药品检验机构应当在本办法规定的工作时限内完成批签发检验或者审核工作。

国家食品药品监督管理局根据批签发检验或者审核结果作出批签发的决定，并向申请批签发的药品生产企业发出批签发证明文件。

第十七条　批签发检验或者审核时限的要求：

承担批签发检验或者审核的药品检验机构受理批签发申请后，疫苗类制品应当在55日内完成；血液制品类制品应当在30日完成；血源筛查试剂类制品应当在15日内完成；其他类制品应当根据该制品检验周期确定其具体的检验或者审核时限。

第十八条　承担批签发检验或者审核的药品检验机构在规定的时限内不能作出批签发检验或者审核结论的，应当将延期的理由和时限书面通知批签发申报企业，并报国家食品药品监督管理局备案。

第十九条 承担批签发检验或者审核的药品检验机构对申请资料中的有关数据需要核对的，应当一次性以书面方式通知批签发申报企业。自书面通知发出之日起至申报企业将核对结果及其原始记录回复承担批签发检验或者审核的药品检验机构为止的期间不计入时限。

第二十条 承担批签发检验或者审核的药品检验机构应当根据资料审查的需要，派员到申报企业进行现场核查或者抽样。

第二十一条 生物制品批签发证明文件的签发应当在5日内完成。符合要求的，签发《生物制品批签发合格证》。

第二十二条 凡属下列情形之一的，签发《生物制品批签发不合格通知书》，并注明不合格项目。《生物制品批签发不合格通知书》发送申请批签发的企业，同时抄送该企业所在地省、自治区、直辖市（食品）药品监督管理局：

（一）申报资料经审查不符合要求的；

（二）质量检验不合格的；

（三）申请企业对需要核对的有关数据的回复资料仍不符合要求的。

第二十三条 《生物制品批签发合格证》和《生物制品批签发不合格通知书》由承担批签发检验或者审核的药品检验机构按照顺序编号，其格式为“批签×（进）检××××××××”，其中，前×符号代表承担批签发检验或者审核的药品检验机构所在地省级行政区域或者机构的简称；后8个×符号的前4位为公元年号，后4位为年内顺序号。

第四章 复 审

第二十四条 药品生产企业对生物制品批签发不合格通知书持有异议的，可以自收到通知之日起7日内，向原承担批签发检验或者审核的药品检验机构或者中国药品生物制品检定所提出复审的申请。

第二十五条 承担批签发检验或者审核的药品检验机构或者中国药品生物制品检定所自收到药品生产企业复审申请之日起20日内作出复审决定，复审内容仅限于原申请事项及其原报送资料。按规定需要复核检验的，其样品为原承担批签发的药品检验机构保留的样品，其时限按照本办法第十七条规定执行。复审工作完成后5日内向申请复审的企业发出复审意见。

第二十六条 复审维持原决定的，不再受理申请人再次提出的复审申请；复审改变原决定的，发给《生物制品批签发合格证》，原《生物制品批签发不合格通知书》同时废止。

第五章 监督与处罚

第二十七条 按照批签发管理的生物制品在销售时，必须提供加盖本企业印章的该批生物制品《生物制品批签发合格证》复印件。

第二十八条 批签发不合格的生物制品由药品生产企业按照有关规定予以销毁，销毁记录应当同时报送所在地省、自治区、直辖市（食品）药品监督管理局和实施批签发检验或者审核的药品检验机构备案。

第二十九条 药品生产企业提供虚假资料或者样品的，依照《药品管理法》第八十三条的规定予以处罚。

第三十条 销售未获得《生物制品批签发合格证》的生物制品，依照《药品管理法》第四十八条和第七十四条的规定予以处罚。

第三十一条　伪造《生物制品批签发合格证》的，依照《药品管理法》第八十二条的规定予以处罚。

第三十二条　承担批签发检验或者审核的药品检验机构出具虚假检验报告的，依照《药品管理法》第八十七条的规定予以处罚。

第三十三条　属于本办法第三十条、第三十一条情形的，已上市销售的生物制品，应当责令药品生产企业收回，并按照有关规定在（食品）药品监督管理部门的监督下予以销毁。

第六章　附　　则

第三十四条　生物制品批制造及检验记录摘要，是指每批生物制品从原材料至包装的生产全过程及检验中影响生物制品质量和结果正确性的操作要点及结果，并由企业质量保证部门审核。

第三十五条　因公共卫生健康的需要，为控制疫情或者突发事件而紧急使用的按照批签发管理的生物制品，以及联合国儿童基金会或者其他国际组织捐赠的按照批签发管理的疫苗类制品，经国家食品药品监督管理局批准，可免予批签发。

第三十六条　本办法由国家食品药品监督管理局负责解释。

第三十七条　本办法自公布之日起实施。国家药品监督管理局令第 36 号《生物制品批签发管理办法》（试行）同时废止。

附件：1. 生物制品批签发申请表

2. 生物制品批签发登记表

3. 生物制品批签发合格证

4. 生物制品批签发不合格通知书

附件 1：

生物制品批签发申请表

制品名称：	
商品名：	
申报单位：	
生产企业：	产地：
药品批准文号/进口药品注册证号/医药产品注册证号：	
送审项目：	
记录摘要〔　　〕	全套制检记录〔　　〕
检品及相应制检记录摘要〔　　〕；检品及相应全套制检记录〔　　〕	
批 号：	批量/进口量：
生产日期：	有效期至：
检品量：	检验项目：
规格：	剂型：
包装规格：	企业自检结果：
稀释液情况：	稀释液规格： 批　　号： 有 效 期 至：
报验方式：　　送审（检）〔　　〕邮寄〔　　〕	申请日期：
企业负责人（或授权人）签字：	企业公章：
生产单位地址、邮编：	
电话：	
传真：	
备注：	

注：有选择的项请在“〔　　〕”内画“√”。

（每张申请表只填写一个批号的内容）

附件2：

生物制品批签发登记表

<table>
<tr><td colspan="2">制品名称：</td><td></td></tr>
<tr><td colspan="2">商品名：</td><td></td></tr>
<tr><td colspan="2">申报单位：</td><td></td></tr>
<tr><td colspan="2">生产企业：</td><td>产地：</td></tr>
<tr><td colspan="2">药品批准文号/进口药品注册证号/医药产品注册证号：</td><td></td></tr>
<tr><td colspan="2">收审项目：</td><td></td></tr>
<tr><td colspan="2">记录摘要〔　　〕</td><td>全套制检记录〔　　〕</td></tr>
<tr><td colspan="2">检品及相应制检记录摘要〔　　〕；</td><td>检品及相应全套制检记录〔　　〕</td></tr>
<tr><td colspan="2">批号：</td><td>批量/进口量：</td></tr>
<tr><td colspan="2">生产日期：</td><td>有效期至：</td></tr>
<tr><td colspan="2">检品量：</td><td>检验项目：</td></tr>
<tr><td colspan="2">规格：</td><td>剂型：</td></tr>
<tr><td colspan="2">包装规格：</td><td>企业自检结果：</td></tr>
<tr><td colspan="2">稀释液情况：</td><td>稀释液规格：</td></tr>
<tr><td colspan="2">批号：</td><td></td></tr>
<tr><td colspan="2">有效期至：</td><td></td></tr>
<tr><td colspan="2">报验方式：　　送审（检）〔　　〕　邮寄〔　　〕</td><td>登记日期：</td></tr>
<tr><td>送检人：</td><td>经手人：</td><td>主管科室接收人：</td></tr>
<tr><td colspan="2">申报单位地址：</td><td></td></tr>
<tr><td colspan="2">备注：</td><td></td></tr>
</table>

预留量：

附件 3：

生物制品批签发合格证
Certificate for the Release of Biological Products

证书编号：
Certificate No：

制品名称________________________________
Name of the product
生产企业________________________________
Manufacturer
地　　址________________________________
Address
收检编号________________________________批　　号________________________________
Regis. Code　Lot No.
剂　　型________________________________规　　格________________________________
Dosage Form　Strength
有效期至________________________________批量/进口量________________________________
Valid until　Quantity

经审查，上述制品符合生物制品批签发的有关规定，判定合格。
The product mentioned above complies with the provisions for the release of Biological products and has been approved for release.
本证明系基于对企业申报的制品批制造及检验记录摘要的审查（和实验室检定）而签发。
This certificate is based on examination of summary manufacturing protocol（and Laboratory test（s））

签发人：
Issued by
（公章）
年　月　日
Year Month Day

附件4：

生物制品批签发不合格通知书
Notice of Not Release of Biological Products

编号：
No：

制品名称______________________________
Name of the product
生产企业______________________________
Manufacturer
地　　址______________________________
Address
收检编号______________________________批　　号______________________________
Regis. Code　　　　　　　　　　　　Lot No.
剂　　型______________________________规　　格______________________________
Dosage Form　　　　　　　　　　　Strength
有效期至______________________________批量/进口量______________________________
Valid until　　　　　　　　　　　　Quantity

经审查，上述制品不符合生物制品批签发的有关规定，判定不合格。
The product mentioned above does not comply with the concerned provisions for therelease of biological products and is not approved for release .
不合格项目为______________________________
The item（s）of out of specification is（are） ______________________________

签发人：
Issued by
（公章）
年　月　日
Year Month Day

进口药材管理办法（试行）

（2005 年 10 月 21 日国家食品药品监督管理局局务会审议通过，
2005 年 11 月 24 日公布，自 2006 年 2 月 1 日起施行）

第一章　总　　则

第一条　为加强进口药材监督管理，保证进口药材质量，根据《中华人民共和国药品管理法》、《中华人民共和国药品管理法实施条例》（以下简称《药品管理法》、《实施条例》）及相关法律法规的规定，制定本办法。

第二条　进口药材申请与审批、登记备案、口岸检验及监督管理，适用本办法。

进口药材申请与审批，是指国家食品药品监督管理局根据申请人的申请，依照法定程序和要求，对境外生产拟在中国境内销售使用的药材进行技术审评和行政审查，并作出是否同意其进口的决定。

进口药材申请人，应当是中国境内取得《药品生产许可证》或者《药品经营许可证》的药品生产企业或者药品经营企业。

第三条　国家食品药品监督管理局负责药材进口的审批，并对登记备案、口岸检验等工作进行监督管理。

省、自治区、直辖市（食品）药品监督管理局依法对进口药材进行监督管理。

允许药品进口的口岸或者允许药材进口的边境口岸所在地（食品）药品监督管理局［以下简称口岸或者边境口岸（食品）药品监督管理局］负责进口药材的登记备案，组织口岸检验并进行监督管理。

中国药品生物制品检定所负责首次进口药材的样品检验、质量标准复核等工作。

国家食品药品监督管理局确定的药品检验机构负责进口药材的口岸检验工作。

第四条　药材必须从国务院批准的允许药品进口的口岸或者允许药材进口的边境口岸进口。允许药材进口的边境口岸，只能进口该口岸周边国家或者地区所产药材。

第二章　申请与审批

第一节　一般规定

第五条　国家食品药品监督管理局应当在药材进口申请受理场所公示申报资料的项目和有关申请书示范文本。

第六条　申请人申请药材进口时应当按照规定如实提交规范完整的材料，反映真实情况，并对其申报资料实质内容的真实性负责。

第七条　申请人提交的申报资料存在可以当场更正的错误的，应当允许申请人当场更正。

第八条　申请人申报的资料不齐全、不符合法定形式的，国家食品药品监督管理局应当当场或者在5日内一次告知申请人需要补正的全部内容，逾期不告知的，自收到申报资料之日起即为受理。不予受理的，应当书面说明理由。

第九条　在审查过程中，国家食品药品监督管理局认为需要补充资料的，应当一次性提出。

申请人应当在收到补充资料通知书后4个月内提交符合要求的补充资料，其审查时限在原审查时限的基础上延长20日；未按规定时限提交补充资料的，予以退审。因不可抗力，无法在规定时限内提交补充资料的，必须向国家食品药品监督管理局提出书面申请，并说明理由。

国家食品药品监督管理局应当在20日内提出处理意见。

第十条　药材进口申请经依法审查，认为符合要求的，国家食品药品监督管理局应当在规定时限内作出批准决定，并在10日内向申请人送达进口药材批准证明文件；认为不符合要求的，应当在规定时限内书面告知申请人，说明理由，并告知申请人享有依法申请复审、行政复议或者提起行政诉讼的权利。

第十一条　国家食品药品监督管理局在对药材进口申请的审查过程中发现申请事项直接关系他人重大利益的，应当通知该利害关系人。申请人和利害关系人可以提交书面意见进行陈述和申辩，或者依法要求举行听证。

第十二条　国家食品药品监督管理局应当在其设置的政府网站上公告药材进口申请受理、审查的过程和已批准进口的药材的相关信息。

第二节　药材进口申请与审批

第十三条　药材进口申请包括首次进口药材申请和非首次进口药材申请。首次进口药材申请包括已有法定标准药材首次进口申请和无法定标准药材首次进口申请。

第十四条　申请药材进口，申请人应当按照规定填写《进口药材申请表》，并向国家食品药品监督管理局报送有关资料。

第十五条　国家食品药品监督管理局收到申报资料后，应当在5日内对申报资料的规范性、完整性进行形式审查，并发出受理或者不予受理通知书。

第十六条　首次进口药材申请受理后，申请人应当及时将检验样品和相关资料报送中国药品生物制品检定所。

第十七条　中国药品生物制品检定所在收到检验样品和相关资料后，对已有法定标准药材的首次进口申请，应当在30日内完成样品检验，对无法定标准药材的首次进口申请，应当在60日内完成质量标准复核和样品检验，并将检验报告和复核意见报送国家食品药品监督管理局。

第十八条　国家食品药品监督管理局收到中国药品生物制品检定所检验报告和复核意见后，应当在40日内完成技术审评和行政审查。对符合要求的，颁发《进口药材批件》；对不符合要求的，发给《审查意见通知件》，并说明理由。

第十九条　国家食品药品监督管理局受理非首次进口药材申请后，应当在30日内完成技术审评和行政审查。对符合要求的，颁发《进口药材批件》；对不符合要求的，发给《审查意见通知件》，并说明理由。

第二十条　国家食品药品监督管理局根据需要，可以对进口药材的生产现场进行考察。

第二十一条　《进口药材批件》分一次性有效批件和多次使用批件。一次性有效批件的有效期为1年，多次使用批件的有效期为2年。

《进口药材批件》编号格式为：国药材进字+4位年号+4位顺序号。

第二十二条　国家食品药品监督管理局对濒危物种药材或者首次进口药材的进口申请，颁发一次性有效批件。

第二十三条　变更《进口药材批件》中的申请人名称和到货口岸的，申请人应当向国家食品药品监督管理局提出补充申请，并报送有关资料。

补充申请的申请人应当是原《进口药材批件》的持有者。

第二十四条　国家食品药品监督管理局收到补充申请后，应当在5日内对申请资料的规范性、完整性进行形式审查，并发出受理或者不予受理通知书。

第二十五条　国家食品药品监督管理局应当在补充申请受理后20日内完成行政审查。对符合要求的，颁发《进口药材补充申请批件》；对不符合规定的，发给《审查意见通知件》，并说明理由。

第二十六条　《进口药材补充申请批件》的有效期限与原批件相同。

第二十七条　申请人对国家食品药品监督管理局作出的不予批准的决定有异议的，可以在收到不予批准通知之日起10日内向国家食品药品监督管理局提出书面复审申请并说明复审理由。

复审内容仅限于原申请事项及原申报资料。

第二十八条　国家食品药品监督管理局收到复审申请后，应当按照原申请事项的审查时限和要求进行复审，并作出复审决定。撤销不予批准决定的，向申请人颁发相应的《进口药材批件》或者《进口药材补充申请批件》；维持原决定的，国家食品药品监督管理局不受理再次的复审申请。

第二十九条　复审需要进行样品检验或者质量标准复核的，应当按照原样品检验或者质量标准复核的时限和要求进行。

第三章　登记备案

第三十条　申请人取得《进口药材批件》后，应当从《进口药材批件》注明的到货口岸组织药材进口。

组织药材进口，申请人应当向口岸或者边境口岸（食品）药品监督管理局登记备案，填写《进口药材报验单》，并报送有关资料。

第三十一条　口岸或者边境口岸（食品）药品监督管理局应当对登记备案资料的完整性、规范性和真实性进行审查，并当日作出审查决定。对符合要求的，发出《进口药品通关单》，收回一次性有效批件；同时向国家食品药品监督管理局确定的药品检验机构发出《进口药材口岸检验通知书》，并附登记备案资料一份。对不符合要求的，发给《进口药材不予登记备案通知书》，并说明理由。

第三十二条　对不予办理登记备案的进口药材，申请人应当予以退运。无法退运的，由口岸或者边境口岸（食品）药品监督管理局按照有关规定监督处理。

第四章　口岸检验和监督管理

第三十三条　国家食品药品监督管理局确定的药品检验机构收到《进口药材口岸检验通知书》后，应当在2日内按照《进口药材抽样规定》，到规定的存货地点进行现场抽样。现场抽样时，申请人应当提供药材原产地证明原件。

第三十四条　国家食品药品监督管理局确定的药品检验机构应当根据口岸或者边境口岸（食品）药品监督管理局提供的登记备案资料对药材原产地证明原件和药材实际到货情况进行核查。对符合要求的，予以抽样，填写《进口药材抽样记录单》，在《进口药品通关单》上注明“已抽样”字样，并加盖抽样单位的公章；对不符合要求的，不予抽样，并在2日内将《进口药材不予抽样通知书》报送所在地口岸或者边境口岸（食品）药品监督管理局。

口岸或者边境口岸（食品）药品监督管理局收到《进口药材不予抽样通知书》后，应当对已进口的全部药材采取查封、扣押的行政强制措施，并在7日内作出处理决定。

第三十五条　国家食品药品监督管理局确定的药品检验机构应当在抽样后20日内完成检验工作，出具《进口药材检验报告书》，报送所在地口岸或者边境口岸（食品）药品监督管理局，并通知申请人；无法按规定时限完成检验的，应当向口岸或者边境口岸（食品）药品监督管理局报告，并通知申请人。

第三十六条　对检验不符合标准规定的进口药材，口岸或者边境口岸（食品）药品监督管理局应当在收到检验报告书后立即采取查封、扣押的行政强制措施，并在7日内作出行政处理决定；对申请复验的，必须自复验结论发出之日起15日内作出行政处理决定。同时将有关情况报告所在地省、自治区、直辖市（食品）药品监督管理局。申请人应当在收到检验报告书后2日内向所在地口岸或者边境口岸（食品）药品监督管理局书面说明全部进口药材流通、使用的详细情况。

第三十七条　申请人对检验结果有异议的，可以按《药品管理法》第六十七条规定申请复验。药品检验机构受理复验申请后，应当及时报告口岸或者边境口岸（食品）药品监督管理局，并在复验申请受理后20日内作出复验结论，报告口岸或者边境口岸（食品）药品监督管理局，并通知申请人。

第三十八条　对经复验符合标准规定的进口药材，口岸或者边境口岸（食品）药品监督管理局应当在收到复验结论后，立即解除查封、扣押的行政强制措施，并报告所在地省、自治区、直辖市（食品）药品监督管理局。

第三十九条　对未在规定时间内申请复验或者经复验仍不符合标准规定的进口药材，口岸或者边境口岸（食品）药品监督管理局应当依法作出行政处理决定，采取相应措施，同时报告所在地省、自治区、直辖市（食品）药品监督管理局。

第四十条　首次进口药材在销售使用前，必须经国家食品药品监督管理局确定的药品检验机构抽样检验，检验合格后方可销售使用。

第四十一条　对检验不符合标准规定，但已流通到口岸或者边境口岸所在地省、自治区、直辖市（食品）药品监督管理局管辖区域外的进口药材，口岸或者边境口岸所在地省、自治区、直辖市（食品）药品监督管理局应当将有关情况及时通报药材流入区域的省、自治区、直辖市（食品）药品监督管理局。药材流入区域的省、自治区、直辖市（食品）药品监督管理局应当依法采取相应的措施。

第四十二条　进口药材的包装必须适合进口药材的质量要求，方便储存、运输及进口检验。在每件包装上，必须注明药材中文名称、批件编号、产地、唛头号、申请企业名称、出口商名称、到货口岸、重量及加工包装日期等。

第五章　法律责任

第四十三条　有《行政许可法》第六十九条规定情形之一的，国家食品药品监督管理局根据利害关系人的请求或者依据职权，可以撤销有关进口药材批准证明文件。

第四十四条　在进口药材审批、登记备案和口岸检验过程中，有下列情形之一的，依照《行政许可法》第七十二条、第七十三条、第七十四条和第七十五条规定处理：

（一）对符合法定条件的药材进口申请不予受理的；

（二）不在受理场所公示药材进口申报资料项目的；

（三）在受理、审查过程中，未向申请人履行法定告知义务的；

（四）申请人提交的申报资料不齐全、不符合法定形式，不一次告知申请人必须补正的全部内容的；

（五）未依法说明不受理或者不批准理由的；

（六）对不符合本办法规定的药材进口申请作出批准决定或者超越法定职权作出批准决定的；

（七）对符合本办法规定的药材进口申请作出不予批准决定或者不在本办法规定期限内作出批准决定的；

（八）擅自收费或者不按照法定项目和标准收费的；

（九）索取或者收受他人财物或者谋取其他利益的。

第四十五条　申请人隐瞒有关情况或者提供虚假材料和样品申请药材进口的，国家食品药品监督管理局对该项申请不予受理或者不予批准，对申请人给予警告，一年内不受理该申请人提出的药材进口申请。

第四十六条　申请人提供虚假证明、文件资料、样品或者采取其他欺骗手段取得《进口药材批件》的，国家食品药品监督管理局应当撤销该《进口药材批件》，五年内不受理其药材进口申请，并处一万元以上三万元以下罚款。

申请人以贿赂等不正当手段取得《进口药材批件》的，国家食品药品监督管理局应当撤销该《进口药材批件》，三年内不受理其药材进口申请。

第四十七条　国家食品药品监督管理局确定的药品检验机构在承担口岸检验工作时，出具虚假检验报告或者违法收取检验费用的，依照《药品管理法》第八十七条、第九十六条规定处理。

第六章　附　　则

第四十八条　本办法规定的工作期限均以工作日计算，不含法定节假日。

首次进口药材，是指从境外某产地首次进口的药材。

已有法定标准药材，是指已有国家药品标准或者省、自治区、直辖市药材标准的药材。

无法定标准药材，是指无国家药品标准或者省、自治区、直辖市药材标准，但在我国批准的中成药处方中含有的药材。

第四十九条　本办法自 2006 年 2 月 1 日起实施。

本办法实施前发布的有关进口药材的规定，与本办法不符的，自本办法实施之日起停止执行。

附件1：

药材进口申报资料项目及要求

一、非首次进口药材的申报资料项目及要求

申请人需报送下述资料一式一份。

（一）《进口药材申请表》。

（二）申请人《药品经营许可证》或者《药品生产许可证》、《营业执照》（复印件）。

（三）供货方合法登记证明文件（如《营业执照》等）（复印件）。

（四）购货合同（复印件）。

（五）药材质量标准及其来源。

二、首次进口药材的申报资料项目及要求

申请人需报送下列资料一式两份，分别提交国家食品药品监督管理局和中国药品生物制品检定所。

（一）《进口药材申请表》。

（二）申请人《药品经营许可证》或《药品生产许可证》、《营业执照》（复印件）。

（三）供货方合法登记证明文件（如《营业执照》等）（复印件）。

（四）购货合同（复印件）。

（五）药材质量标准及其来源。

（六）药材基源研究证明资料（研究证明资料应由中国境内具有动、植物基源鉴定资质的机构提供）。

其中，如进口药材的质量标准来源于省、自治区、直辖市药材标准，申请人除报送上述资料外，还应根据具体情况，对该标准作相应的提高工作，并报送有关研究资料；如进口药材无法定标准，申请人除报送上述资料外，还应报送下述资料：

1. 药材生态环境、生长特征、形态描述、栽培或者培植（培育）技术、产地加工等。
2. 药材质量标准起草说明。
3. 药理毒理研究资料综述。
4. 主要药效学试验资料及文献资料。
5. 一般药理研究的试验资料及文献资料。
6. 急性毒性试验资料及文献资料。
7. 我国批准的中成药处方中含有该药材的证明资料。

三、补充申请的申报资料项目及要求

（一）变更申请人名称。

申请人需报送下列资料一式一份。

1. 《进口药材补充申请表》。
2. 《进口药材批件》原件。
3. 申请人原《药品经营许可证》或者《药品生产许可证》、《营业执照》（复印件）。
4. 申请人现《药品经营许可证》或者《药品生产许可证》、《营业执照》（复印件）。
5. 申请人获准变更《药品经营许可证》或者《药品生产许可证》、《营业执照》中企业名称项目的证明文件（复印件）。

（二）变更到货口岸。

申请人需报送下列资料一式一份。

1. 《进口药材补充申请表》。
2. 《进口药材批件》原件。
3. 购货合同（复印件）。

以上所述各类复印件均应加盖申请人公章。

附件 2：

登记备案资料项目及要求

申请人需报送下列资料一式两份。

一、《进口药材批件》复印件（和《进口药材补充申请批件》复印件）。

二、申请人的《药品经营许可证》或者《药品生产许可证》复印件。

三、原产地证明复印件。

四、购货合同复印件。

五、装箱单、提运单和货运发票复印件。

六、经其他国家或者地区转口的进口药材，应当同时提交从原产地到各转口地的全部购货合同、装箱单、提运单和货运发票。

七、涉及濒危物种的药材，应当提供进出口双方国家濒危物种进出口管理机构证明文件复印件。

上述各类复印件应当加盖申请人公章。

进口药品抽样规定

（国食药监注〔2006〕242号）

一、为做好进口药品的抽样管理工作，保证口岸检验抽样的代表性和科学性，保证检验结果的准确性，特制订本规定。

二、进口药品抽样由承担该品种检验的口岸药品检验所负责进行。报验单位应当负责抽样所需工具和场地的准备，以及抽样时的搬移、倒垛、开拆和恢复包装等事项。

三、同一合同，药品名称、生产国家、厂商、包装、批号、剂型、规格、唛头标记以及合同编号均相同者，方可作为同批药品进行抽样；同一合同进口的药品分次到货者，分次抽样。

四、供国内分包装的进口药品制剂的抽样，进口单位应当提供大包装《进口药品注册证》及进口药品分装批件，按分装后的规格及数量，比照相应制剂的抽样规定办理。

五、抽样数量

除特殊规定与要求外，一般为检验用量的三倍。检验后剩余样品除留样备查外，应当退回报验单位。

六、抽样方法

（一）原料药。

1. 药品包装为10公斤以上的：

10件以内，抽样1件；11～50件，每增加10件加抽1件，不足10件者以10件计；51～100件，每增加20件加抽1件，不足20件者以20件计；101件以上，每增加50件加抽1件，不足50件者以50件计；1001件以上，每增加100件加抽1件，不足100件者以100件计。

2. 药品包装为5～10公斤的（含5公斤），每100公斤抽样1件，不足100公斤者以100公斤计。

3. 药品包装为1～5公斤的（含1公斤），每50公斤抽样1件，不足50公斤者以50公斤计。

4. 1公斤以下的，每20公斤抽样1件，不足20公斤者以20公斤计（原装抽样）。

（二）注射剂。

1. 小容量注射剂：

2万支（瓶）以下（含2万支），抽样1件；5万支（瓶）以下（含5万支），抽样2件；10万支（瓶）以下（含10万支），抽样3件；10万支（瓶）以上，每增加10万支（瓶）加抽1件，不足10万支（瓶）以10万支（瓶）计。

2. 大容量注射剂：

100～1000毫升（含1000毫升）的注射液，每1万瓶抽样1件，不足1万瓶的按1万瓶计。1000毫升以上的注射液（含透析液），每5000瓶（袋）抽样1件，不足5000瓶（袋）的按5000瓶计。

（三）其他各类制剂。

每2万盒（瓶），抽样一件，不足2万盒（瓶）的按2万盒（瓶）计。

七、抽样要求

（一）抽样启封前，应当与报验资料核对外包装，唛头号或合同编号，以及品名、数量等。启封后应当核对小包装品名、厂名和批号等，并注意检查包装的完整性和清洁程度以及有无水迹、霉烂或其他物质污染等。如有部分包件变质，应当另行抽样检验。

（二）原料药包装开启后，于不同部位分别取样，使总量达到抽样数量，直接倾入样品瓶内、混匀。

（三）抽样后，应当将开启之包装封固，并在包装上注明抽样数量及日期。

八、抽样注意事项

（一）抽样环境应当清洁卫生，抽样工具必须清洁、干燥，符合被抽药品的要求。

（二）抽样时应当防止药品污染吸潮、风化、氧化而变质。抽取的检验样品应当迅速放入密闭容器中（塑料袋、铁罐或磨口玻璃瓶）。

（三）液体样品需先摇匀后再取样。含有结晶者，在不影响品质的情况下，应当使之溶解后抽取。

（四）有毒性、腐蚀性及爆炸性的药品，在抽样时应当有相应的防护措施，取样时小心搬运、勿振动，且在样品瓶外标以“危险品”标志。

（五）腐蚀性药品避免使用金属制抽样工具取样。

（六）遇光易变质药品，应当避光取样，样品用有色瓶装，必要时要加套黑纸。

（七）需进行无菌、热原试验、微生物限度检查或需抽真空、充氮气的原料药，应当按无菌操作或特殊要求取样。

（八）抽样应当由受过专门培训的专业人员（二人以上）进行，被抽样单位的有关人员必须在场。

（九）根据到货的质量和包装异常情况，需适当变更抽样方法和数量时，口岸药品检验所应当与报验单位共同议定变更方法，以便抽取代表性样品。变更抽样方法的情况，应当在《进口药品抽样记录单》中予以记录。

蛋白同化制剂、肽类激素进出口管理办法(暂行)

（国家食品药品监督管理局、中华人民共和国海关总署、国家体育总局审议通过，2006年7月28日发布，自2006年9月1日起施行）

第一条 为规范蛋白同化制剂、肽类激素的进出口管理，根据《中华人民共和国药品管理法》、《中华人民共和国海关法》、《反兴奋剂条例》等法律、行政法规，制定本办法。

第二条 国家对蛋白同化制剂、肽类激素实行进出口准许证管理。

第三条 进口蛋白同化制剂、肽类激素，进口单位应当向国家食品药品监督管理局提出申请。

第四条 进口供医疗使用的蛋白同化制剂、肽类激素，进口单位应当报送以下资料：

（一）药品进口申请表。

（二）购货合同或者订单复印件。

（三）《进口药品注册证》（或者《医药产品注册证》）（正本或者副本）复印件。

（四）进口单位的《药品经营许可证》、《企业法人营业执照》、《进出口企业资格证书》（或《对外贸易经营者备案登记表》）、《组织代码证书》复印件；药品生产企业进口本企业所需原料药和制剂中间体（包括境内分包装用制剂），应当报送《药品生产许可证》、《企业法人营业执照》、《组织代码证书》复印件。

（五）《进口药品注册证》（或者《医药产品注册证》）持有者如委托其他公司代理出口其药品的，需提供委托出口函。

上述各类复印件应当加盖进口单位公章。

第五条 因教学、科研需要而进口蛋白同化制剂、肽类激素的，进口单位应当报送以下资料：

（一）药品进口申请表；

（二）购货合同或者订单复印件；

（三）国内使用单位合法资质的证明文件、药品使用数量的测算依据以及使用单位出具的合法使用和管理该药品保证函；

（四）相应科研项目的批准文件或相应主管部门的批准文件；

（五）接受使用单位委托代理进口的，还需提供委托代理协议复印件和进口单位的《企业法人营业执照》、《进出口企业资格证书》（或《对外贸易经营者备案登记表》）、《组织代码证书》复印件。

上述各类复印件应当加盖进口单位公章。

第六条 境内企业因接受境外企业委托生产而需要进口蛋白同化制剂、肽类激素的，除需报送本办法第五条第一款第（一）项、第（三）项、第（五）项规定的资料外，还应当提供已向所在地省、自治区、直辖市（食品）药品监督管理部门备案的证明文件。

上述各类复印件应当加盖进口单位公章。

第七条　国家食品药品监督管理局收到进口申请及有关资料后，应当于15个工作日内作出是否同意进口的决定；对同意进口的，发给药品《进口准许证》；对不同意进口的，应当书面说明理由。

第八条　进口单位凭国家食品药品监督管理局核发的药品《进口准许证》向允许药品进口的口岸海关申报，海关凭药品《进口准许证》验放。进口蛋白同化制剂、肽类激素无需办理《进口药品通关单》。

第九条　进口供医疗使用的蛋白同化制剂、肽类激素（包括首次在中国销售的），进口单位应于进口手续完成后，及时填写《进口药品报验单》，持《进口药品注册证》（或者《医药产品注册证》）原件（正本或者副本）、药品《进口准许证》原件，向进口口岸（食品）药品监督管理部门报送下列资料一式两份，申请办理《进口药品口岸检验通知书》：

（一）《进口药品注册证》（或者《医药产品注册证》）（正本或者副本）和药品《进口准许证》复印件；

（二）进口单位的《药品生产许可证》或者《药品经营许可证》复印件，《企业法人营业执照》复印件；

（三）原产地证明复印件；

（四）购货合同复印件；

（五）装箱单、提运单和货运发票复印件；

（六）出厂检验报告书复印件；

（七）药品说明书及包装、标签的式样（原料药和制剂中间体除外）。

上述各类复印件应当加盖进口单位公章。

第十条　口岸（食品）药品监督管理部门接到《进口药品报验单》及相关资料，审查无误后，将《进口药品注册证》（或者《医药产品注册证》）（正本或者副本）原件、药品《进口准许证》原件交还进口单位，并应当于当日向负责检验的口岸药品检验所发出《进口药品口岸检验通知书》，附本办法第九条规定的资料一份。

口岸药品检验所接到《进口药品口岸检验通知书》后，应当在2个工作日内与进口单位联系，到存货地点进行抽样，抽样完成后，应当在药品《进口准许证》原件第一联背面注明“已抽样”字样，并加盖抽样单位的公章。

第十一条　因教学、科研需要而进口的蛋白同化制剂、肽类激素以及境内企业接受境外企业委托生产而需要进口的蛋白同化制剂、肽类激素，予以免检。

第十二条　有下列情形之一的，口岸（食品）药品监督管理部门应当及时将有关情况报告国家食品药品监督管理局：

（一）口岸（食品）药品监督管理部门根据《药品进口管理办法》（国家食品药品监督管理局、海关总署令第4号）第十七条规定，不予发放《进口药品口岸检验通知书》的；

（二）口岸药品检验所根据《药品进口管理办法》第二十五条规定，不予抽样的。

口岸（食品）药品监督管理部门对符合前款规定并已进口的全部药品，应当采取查封、扣押的行政强制措施，并于查封、扣押之日起7日内作出准予退运决定，通知进口单位按照本办法规定的蛋白同化制剂、肽类激素出口程序办理药品《出口准许证》，将进口药品全部退回原出口国。

进口单位收到准予退运决定之日起10日内不答复或者未明确表示退运的，已查封、扣押的药品由口岸（食品）药品监督管理部门监督销毁。

第十三条　进口的蛋白同化制剂、肽类激素经口岸药品检验所检验不符合标准规定的，进口单位应当在收到《进口药品检验报告书》后2日内，将全部进口药品流通、使用的详细情况，报告所在地口岸（食品）药品监督管理部门。

口岸（食品）药品监督管理部门收到《进口药品检验报告书》后，应当及时采取对全部药品予以查封、扣押的行政强制措施，并在7日内作出是否立案的决定。

进口单位未在规定时间内提出复验或者经复验仍不符合标准规定的，口岸（食品）药品监督管理部门应当作出准予退运决定，通知进口单位按照本办法规定的蛋白同化制剂、肽类激素出口程序办理药品《出口准许证》，将进口药品全部退回原出口国。进口单位收到准予退运决定之日起10日内不答复或者未明确表示退运的，由口岸（食品）药品监督管理部门监督销毁。

经复验符合标准规定的，口岸（食品）药品监督管理部门应当解除查封、扣押的行政强制措施。

口岸（食品）药品监督管理部门应当将按照本条第二款、第三款、第四款规定处理的情况及时报告国家食品药品监督管理局，同时通告各省、自治区、直辖市（食品）药品监督管理部门和其他口岸（食品）药品监督管理部门。

第十四条 国内药品生产企业、经营企业以及医疗机构采购进口蛋白同化制剂、肽类激素时，供货单位应当提供《进口药品注册证》（或者《医药产品注册证》）复印件、药品《进口准许证》复印件和《进口药品检验报告书》复印件，并在上述各类复印件上加盖供货单位公章。

第十五条 出口蛋白同化制剂、肽类激素，出口单位应当向所在地省、自治区、直辖市（食品）药品监督管理部门提出申请，报送下列资料：

（一）药品出口申请表。

（二）进口国家或地区的药品管理机构提供的进口准许证正本（或者复印件及公证文本）。如进口国家或地区对蛋白同化制剂、肽类激素进口尚未实行许可证管理制度，需提供进口国家的药品管理机构提供的该类药品进口无需核发进口准许证的证明文件（正本）以及以下文件之一：

1. 进口国家或地区的药品管理机构提供的同意进口该药品的证明文件正本（或者复印件及公证文本）；

2. 进口单位合法资质的证明文件和该药品用途合法的证明文件正本（或者复印件及公证文本）。

（三）购货合同或者订单复印件（自营产品出口的生产企业除外）。

（四）外销合同或者订单复印件。

（五）出口药品如为国内药品生产企业经批准生产的品种，须提供该药品生产企业的《药品生产许可证》、《企业法人营业执照》及药品的批准证明文件复印件。

出口药物如为境内企业接受境外企业委托生产的品种，须提供已向所在地省、自治区、直辖市（食品）药品监督管理部门备案的证明文件复印件。

（六）出口企业的《企业法人营业执照》、《进出口企业资格证书》（或《对外贸易经营者备案登记表》）、《组织代码证书》复印件。

上述各类复印件应当加盖出口单位公章。

第十六条 按照本办法第十二条、第十三条规定退运的，申请药品《出口准许证》时，应当提供下列资料：

（一）出口国原出口单位申请退货的证明材料；

（二）药品《进口准许证》。

第十七条 省、自治区、直辖市（食品）药品监督管理部门收到出口申请及有关资料后，应当于15个工作日内作出是否同意出口的决定；对同意出口的，发给药品《出口准许证》；对不同意出口的，应当书面说明理由。

对根据本办法第十六条规定申请办理药品《出口准许证》的，发证机关应当在药品《出口准许证》上注明“原货退回”字样。

第十八条　出口单位凭省、自治区、直辖市（食品）药品监督管理部门核发的药品《出口准许证》向海关办理报关手续。海关凭药品《出口准许证》验放。

第十九条　进出口单位在办理报关手续时，应多提交一联报关单，并向海关申请签退该联报关单。海关凭药品《进口准许证》、《出口准许证》在该联报关单上加盖“验讫章”后退进出口单位。海关按照出证的相关规定收取工本费。

进出口完成后 1 个月内，进出口单位应当将药品《进口准许证》、《出口准许证》的第一联、海关签章的报关单退回发证机关。

取得药品进出口准许证后未进行相关进出口贸易的，进出口单位应当于准许证有效期满后 1 个月内将原准许证退回发证机关。

第二十条　药品《进口准许证》有效期 1 年。药品《出口准许证》有效期不超过 3 个月（有效期时限不跨年度）。

药品《进口准许证》、《出口准许证》实行“一证一关”，只能在有效期内一次性使用，证面内容不得更改。因故延期进出口的，可以持原进出口准许证办理一次延期换证手续。

第二十一条　药品《进口准许证》、《出口准许证》如有遗失，进出口单位应立即向原发证机关书面报告挂失。原发证机关收到挂失报告后，通知口岸海关。原发证机关经核实无不良后果的，予以重新补发。

第二十二条　药品《进口准许证》、《出口准许证》由国家食品药品监督管理局统一印制。

第二十三条　以加工贸易方式进出口蛋白同化制剂、肽类激素的，海关凭药品《进口准许证》、《出口准许证》办理验放手续并实施监管。确因特殊情况无法出口的，移交货物所在地（食品）药品监督管理部门按规定处理，海关凭有关证明材料办理核销手续。

第二十四条　保税区、出口加工区及其他海关特殊监管区域和保税监管场所与境外进出及海关特殊监管区域、保税监管场所之间进出的蛋白同化制剂、肽类激素，免予办理药品《进口准许证》、《出口准许证》，由海关实施监管。

从保税区、出口加工区及其他海关特殊监管区域和保税监管场所进入境内区外的蛋白同化制剂、肽类激素，应当办理药品《进口准许证》。

从境内区外进入保税区、出口加工区及其他海关特殊监管区域和保税监管场所的蛋白同化制剂、肽类激素，应当办理药品《出口准许证》。

第二十五条　个人因医疗需要携带或邮寄进出境自用合理数量范围内的蛋白同化制剂、肽类激素的，海关按照卫生主管部门有关处方的管理规定凭医疗机构处方予以验放。

第二十六条　除本办法另有规定外，供医疗使用的蛋白同化制剂、肽类激素的进口、口岸检验、监督管理等方面，参照《药品进口管理办法》有关药品进口的规定执行。

第二十七条　本办法所称进口供医疗使用的蛋白同化制剂、肽类激素，是指进口的蛋白同化制剂、肽类激素拟用于生产制剂或者拟在中国境内上市销售。

进口单位：是指依照本办法取得的药品《进口准许证》上载明的进口单位。

出口单位：是指依照本办法取得的药品《出口准许证》上载明的出口单位。

第二十八条　本办法自 2006 年 9 月 1 日起施行。国家食品药品监督管理局 2004 年 9 月 30 日发布的《关于蛋白同化制剂和肽类激素进出口管理的通知》（国食药监安〔2004〕474 号）同时废止。

处方管理办法

（2006 年 11 月 27 日卫生部部务会议讨论通过，2006 年 2 月 14 日发布，
自 2007 年 5 月 1 日起施行）

第一章　总　　则

第一条　为规范处方管理，提高处方质量，促进合理用药，保障医疗安全，根据《执业医师法》、《药品管理法》、《医疗机构管理条例》、《麻醉药品和精神药品管理条例》等有关法律、法规，制定本办法。

第二条　本办法所称处方，是指由注册的执业医师和执业助理医师（以下简称医师）在诊疗活动中为患者开具的、由取得药学专业技术职务任职资格的药学专业技术人员（以下简称药师）审核、调配、核对，并作为患者用药凭证的医疗文书。处方包括医疗机构病区用药医嘱单。

本办法适用于与处方开具、调剂、保管相关的医疗机构及其人员。

第三条　卫生部负责全国处方开具、调剂、保管相关工作的监督管理。

县级以上地方卫生行政部门负责本行政区域内处方开具、调剂、保管相关工作的监督管理。

第四条　医师开具处方和药师调剂处方应当遵循安全、有效、经济的原则。

处方药应当凭医师处方销售、调剂和使用。

第二章　处方管理的一般规定

第五条　处方标准（附件 1）由卫生部统一规定，处方格式由省、自治区、直辖市卫生行政部门（以下简称省级卫生行政部门）统一制定，处方由医疗机构按照规定的标准和格式印制。

第六条　处方书写应当符合下列规则：

（一）患者一般情况、临床诊断填写清晰、完整，并与病历记载相一致。

（二）每张处方限于一名患者的用药。

（三）字迹清楚，不得涂改；如需修改，应当在修改处签名并注明修改日期。

（四）药品名称应当使用规范的中文名称书写，没有中文名称的可以使用规范的英文名称书写；医疗机构或者医师、药师不得自行编制药品缩写名称或者使用代号；书写药品名称、剂量、规格、用法、用量要准确规范，药品用法可用规范的中文、英文、拉丁文或者缩写体书写，但不得使用“遵医嘱”、“自用”等含糊不清的字句。

（五）患者年龄应当填写实足年龄，新生儿、婴幼儿写日、月龄，必要时要注明体重。

（六）西药和中成药可以分别开具处方，也可以开具一张处方，中药饮片应当单独开具处方。

（七）开具西药、中成药处方，每一种药品应当另起一行，每张处方不得超过5种药品。

（八）中药饮片处方的书写，一般应当按照“君、臣、佐、使”的顺序排列；调剂、煎煮的特殊要求注明在药品右上方，并加括号，如布包、先煎、后下等；对饮片的产地、炮制有特殊要求的，应当在药品名称之前写明。

（九）药品用法用量应当按照药品说明书规定的常规用法用量使用，特殊情况需要超剂量使用时，应当注明原因并再次签名。

（十）除特殊情况外，应当注明临床诊断。

（十一）开具处方后的空白处画一斜线以示处方完毕。

（十二）处方医师的签名式样和专用签章应当与院内药学部门留样备查的式样相一致，不得任意改动，否则应当重新登记留样备案。

第七条 药品剂量与数量用阿拉伯数字书写。剂量应当使用法定剂量单位：重量以克（g）、毫克（mg）、微克（μg）、纳克（ng）为单位；容量以升（L）、毫升（ml）为单位；国际单位（IU）、单位（U）；中药饮片以克（g）为单位。

片剂、丸剂、胶囊剂、颗粒剂分别以片、丸、粒、袋为单位；溶液剂以支、瓶为单位；软膏及乳膏剂以支、盒为单位；注射剂以支、瓶为单位，应当注明含量；中药饮片以剂为单位。

第三章 处方权的获得

第八条 经注册的执业医师在执业地点取得相应的处方权。

经注册的执业助理医师在医疗机构开具的处方，应当经所在执业地点执业医师签名或加盖专用签章后方有效。

第九条 经注册的执业助理医师在乡、民族乡、镇、村的医疗机构独立从事一般的执业活动，可以在注册的执业地点取得相应的处方权。

第十条 医师应当在注册的医疗机构签名留样或者专用签章备案后，方可开具处方。

第十一条 医疗机构应当按照有关规定，对本机构执业医师和药师进行麻醉药品和精神药品使用知识和规范化管理的培训。执业医师经考核合格后取得麻醉药品和第一类精神药品的处方权，药师经考核合格后取得麻醉药品和第一类精神药品调剂资格。

医师取得麻醉药品和第一类精神药品处方权后，方可在本机构开具麻醉药品和第一类精神药品处方，但不得为自己开具该类药品处方。药师取得麻醉药品和第一类精神药品调剂资格后，方可在本机构调剂麻醉药品和第一类精神药品。

第十二条 试用期人员开具处方，应当经所在医疗机构有处方权的执业医师审核、并签名或加盖专用签章后方有效。

第十三条 进修医师由接收进修的医疗机构对其胜任本专业工作的实际情况进行认定后授予相应的处方权。

第四章 处方的开具

第十四条 医师应当根据医疗、预防、保健需要，按照诊疗规范、药品说明书中的药品适应证、药理作用、用法、用量、禁忌、不良反应和注意事项等开具处方。

开具医疗用毒性药品、放射性药品的处方应当严格遵守有关法律、法规和规章的规定。

第十五条 医疗机构应当根据本机构性质、功能、任务，制定药品处方集。

第十六条 医疗机构应当按照经药品监督管理部门批准并公布的药品通用名称购进药品。同一通用名称药品的品种，注射剂型和口服剂型各不得超过 2 种，处方组成类同的复方制剂 1 ~ 2 种。因特殊诊疗需要使用其他剂型和剂量规格药品的情况除外。

第十七条 医师开具处方应当使用经药品监督管理部门批准并公布的药品通用名称、新活性化合物的专利药品名称和复方制剂药品名称。

医师开具院内制剂处方时应当使用经省级卫生行政部门审核、药品监督管理部门批准的名称。

医师可以使用由卫生部公布的药品习惯名称开具处方。

第十八条 处方开具当日有效。特殊情况下需延长有效期的，由开具处方的医师注明有效期限，但有效期最长不得超过 3 天。

第十九条 处方一般不得超过 7 日用量；急诊处方一般不得超过 3 日用量；对于某些慢性病、老年病或特殊情况，处方用量可适当延长，但医师应当注明理由。

医疗用毒性药品、放射性药品的处方用量应当严格按照国家有关规定执行。

第二十条 医师应当按照卫生部制定的麻醉药品和精神药品临床应用指导原则，开具麻醉药品、第一类精神药品处方。

第二十一条 门（急）诊癌症疼痛患者和中、重度慢性疼痛患者需长期使用麻醉药品和第一类精神药品的，首诊医师应当亲自诊查患者，建立相应的病历，要求其签署《知情同意书》。

病历中应当留存下列材料复印件：

（一）二级以上医院开具的诊断证明；

（二）患者户籍簿、身份证或者其他相关有效身份证明文件；

（三）为患者代办人员身份证明文件。

第二十二条 除需长期使用麻醉药品和第一类精神药品的门（急）诊癌症疼痛患者和中、重度慢性疼痛患者外，麻醉药品注射剂仅限于医疗机构内使用。

第二十三条 为门（急）诊患者开具的麻醉药品注射剂，每张处方为一次常用量；控缓释制剂，每张处方不得超过 7 日常用量；其他剂型，每张处方不得超过 3 日常用量。

第一类精神药品注射剂，每张处方为一次常用量；控缓释制剂，每张处方不得超过 7 日常用量；其他剂型，每张处方不得超过 3 日常用量。哌醋甲酯用于治疗儿童多动症时，每张处方不得超过 15 日常用量。

第二类精神药品一般每张处方不得超过 7 日常用量；对于慢性病或某些特殊情况的患者，处方用量可以适当延长，医师应当注明理由。

第二十四条 为门（急）诊癌症疼痛患者和中、重度慢性疼痛患者开具的麻醉药品、第一类精神药品注射剂，每张处方不得超过 3 日常用量；控缓释制剂，每张处方不得超过 15 日常用量；其他剂型，每张处方不得超过 7 日常用量。

第二十五条 为住院患者开具的麻醉药品和第一类精神药品处方应当逐日开具，每张处方为 1 日常用量。

第二十六条 对于需要特别加强管制的麻醉药品，盐酸二氢埃托啡处方为一次常用量，仅限于二级以上医院内使用；盐酸哌替啶处方为一次常用量，仅限于医疗机构内使用。

第二十七条 医疗机构应当要求长期使用麻醉药品和第一类精神药品的门（急）诊癌症患者和中、重度慢性疼痛患者，每 3 个月复诊或者随诊一次。

第二十八条 医师利用计算机开具、传递普通处方时，应当同时打印出纸质处方，其格式与手写处方一致；打印的纸质处方经签名或者加盖签章后有效。药师核发药品时，应当核对打印的纸质处方，无误后发给药品，并将打印的纸质处方与计算机传递处方同时收存备查。

第五章　处方的调剂

第二十九条　取得药学专业技术职务任职资格的人员方可从事处方调剂工作。

第三十条　药师在执业的医疗机构取得处方调剂资格。药师签名或者专用签章式样应当在本机构留样备查。

第三十一条　具有药师以上专业技术职务任职资格的人员负责处方审核、评估、核对、发药以及安全用药指导；药士从事处方调配工作。

第三十二条　药师应当凭医师处方调剂处方药品，非经医师处方不得调剂。

第三十三条　药师应当按照操作规程调剂处方药品：认真审核处方，准确调配药品，正确书写药袋或粘贴标签，注明患者姓名和药品名称、用法、用量、包装；向患者交付药品时，按照药品说明书或者处方用法，进行用药交代与指导，包括每种药品的用法、用量、注意事项等。

第三十四条　药师应当认真逐项检查处方前记、正文和后记书写是否清晰、完整，并确认处方的合法性。

第三十五条　药师应当对处方用药适宜性进行审核，审核内容包括：

（一）规定必须做皮试的药品，处方医师是否注明过敏试验及结果的判定；

（二）处方用药与临床诊断的相符性；

（三）剂量、用法的正确性；

（四）选用剂型与给药途径的合理性；

（五）是否有重复给药现象；

（六）是否有潜在临床意义的药物相互作用和配伍禁忌；

（七）其他用药不适宜情况。

第三十六条　药师经处方审核后，认为存在用药不适宜时，应当告知处方医师，请其确认或者重新开具处方。

药师发现严重不合理用药或者用药错误，应当拒绝调剂，及时告知处方医师，并应当记录，按照有关规定报告。

第三十七条　药师调剂处方时必须做到“四查十对”：查处方，对科别、姓名、年龄；查药品，对药名、剂型、规格、数量；查配伍禁忌，对药品性状、用法用量；查用药合理性，对临床诊断。

第三十八条　药师在完成处方调剂后，应当在处方上签名或者加盖专用签章。

第三十九条　药师应当对麻醉药品和第一类精神药品处方，按年月日逐日编制顺序号。

第四十条　药师对于不规范处方或者不能判定其合法性的处方，不得调剂。

第四十一条　医疗机构应当将本机构基本用药供应目录内同类药品相关信息告知患者。

第四十二条　除麻醉药品、精神药品、医疗用毒性药品和儿科处方外，医疗机构不得限制门诊就诊人员持处方到药品零售企业购药。

第六章　监督管理

第四十三条　医疗机构应当加强对本机构处方开具、调剂和保管的管理。

第四十四条　医疗机构应当建立处方点评制度，填写处方评价表（附件 2），对处方实施动态监测及超常预警，登记并通报不合理处方，对不合理用药及时予以干预。

第四十五条　医疗机构应当对出现超常处方 3 次以上且无正当理由的医师提出警告，限制其处方权；限制处方权后，仍连续 2 次以上出现超常处方且无正当理由的，取消其处方权。

第四十六条　医师出现下列情形之一的，处方权由其所在医疗机构予以取消：

（一）被责令暂停执业；

（二）考核不合格离岗培训期间；

（三）被注销、吊销执业证书；

（四）不按照规定开具处方，造成严重后果的；

（五）不按照规定使用药品，造成严重后果的；

（六）因开具处方牟取私利。

第四十七条　未取得处方权的人员及被取消处方权的医师不得开具处方。未取得麻醉药品和第一类精神药品处方资格的医师不得开具麻醉药品和第一类精神药品处方。

第四十八条　除治疗需要外，医师不得开具麻醉药品、精神药品、医疗用毒性药品和放射性药品处方。

第四十九条　未取得药学专业技术职务任职资格的人员不得从事处方调剂工作。

第五十条　处方由调剂处方药品的医疗机构妥善保存。普通处方、急诊处方、儿科处方保存期限为 1 年，医疗用毒性药品、第二类精神药品处方保存期限为 2 年，麻醉药品和第一类精神药品处方保存期限为 3 年。

处方保存期满后，经医疗机构主要负责人批准、登记备案，方可销毁。

第五十一条　医疗机构应当根据麻醉药品和精神药品处方开具情况，按照麻醉药品和精神药品品种、规格对其消耗量进行专册登记，登记内容包括发药日期、患者姓名、用药数量。专册保存期限为 3 年。

第五十二条　县级以上地方卫生行政部门应当定期对本行政区域内医疗机构处方管理情况进行监督检查。

县级以上卫生行政部门在对医疗机构实施监督管理过程中，发现医师出现本办法第四十六条规定情形的，应当责令医疗机构取消医师处方权。

第五十三条　卫生行政部门的工作人员依法对医疗机构处方管理情况进行监督检查时，应当出示证件；被检查的医疗机构应当予以配合，如实反映情况，提供必要的资料，不得拒绝、阻碍、隐瞒。

第七章　法律责任

第五十四条　医疗机构有下列情形之一的，由县级以上卫生行政部门按照《医疗机构管理条例》第四十八条的规定，责令限期改正，并可处以 5000 元以下的罚款；情节严重的，吊销其《医疗机构执业许可证》：

（一）使用未取得处方权的人员、被取消处方权的医师开具处方的；

（二）使用未取得麻醉药品和第一类精神药品处方资格的医师开具麻醉药品和第一类精神药品处方的；

（三）使用未取得药学专业技术职务任职资格的人员从事处方调剂工作的。

第五十五条　医疗机构未按照规定保管麻醉药品和精神药品处方，或者未依照规定进行专册登记的，按照《麻醉药品和精神药品管理条例》第七十二条的规定，由设区的市级卫生行政部门责令限期改正，给予警告；逾期不改正的，处 5000 元以上 1 万元以下的罚款；情节严重的，吊销其印鉴卡；对直接负责的主管人员和其他直接责任人员，依法给予降级、撤职、开除的处分。

第五十六条　医师和药师出现下列情形之一的，由县级以上卫生行政部门按照《麻醉药品和精神药品管理条例》第七十三条的规定予以处罚：

（一）未取得麻醉药品和第一类精神药品处方资格的医师擅自开具麻醉药品和第一类精神药品处方的；

（二）具有麻醉药品和第一类精神药品处方医师未按照规定开具麻醉药品和第一类精神药品处方，或者未按照卫生部制定的麻醉药品和精神药品临床应用指导原则使用麻醉药品和第一类精神药品的；

（三）药师未按照规定调剂麻醉药品、精神药品处方的。

第五十七条　医师出现下列情形之一的，按照《执业医师法》第三十七条的规定，由县级以上卫生行政部门给予警告或者责令暂停六个月以上一年以下执业活动；情节严重的，吊销其执业证书。

（一）未取得处方权或者被取消处方权后开具药品处方的；

（二）未按照本办法规定开具药品处方的；

（三）违反本办法其他规定的。

第五十八条　药师未按照规定调剂处方药品，情节严重的，由县级以上卫生行政部门责令改正、通报批评，给予警告；并由所在医疗机构或者其上级单位给予纪律处分。

第五十九条　县级以上地方卫生行政部门未按照本办法规定履行监管职责的，由上级卫生行政部门责令改正。

第八章　附　　则

第六十条　乡村医生按照《乡村医生从业管理条例》的规定，在省级卫生行政部门制定的乡村医生基本用药目录范围内开具药品处方。

第六十一条　本办法所称药学专业技术人员，是指按照卫生部《卫生技术人员职务试行条例》规定，取得药学专业技术职务任职资格人员，包括主任药师、副主任药师、主管药师、药师、药士。

第六十二条　本办法所称医疗机构，是指按照《医疗机构管理条例》批准登记的从事疾病诊断、治疗活动的医院、社区卫生服务中心（站）、妇幼保健院、卫生院、疗养院、门诊部、诊所、卫生室（所）、急救中心（站）、专科疾病防治院（所、站）以及护理院（站）等医疗机构。

第六十三条　本办法自2007年5月1日起施行。《处方管理办法（试行）》（卫医发〔2004〕269号）和《麻醉药品、精神药品处方管理规定》（卫医法〔2005〕436号）同时废止。

药品召回管理办法

（2007 年 12 月 6 日国家食品药品监督管理局局务会审议通过，
2007 年 12 月 10 日公布，自公布之日起施行）

第一章　总　　则

第一条　为加强药品安全监管，保障公众用药安全，根据《中华人民共和国药品管理法》、《中华人民共和国药品管理法实施条例》、《国务院关于加强食品等产品安全监督管理的特别规定》，制定本办法。

第二条　在中华人民共和国境内销售的药品的召回及其监督管理，适用本办法。

第三条　本办法所称药品召回，是指药品生产企业（包括进口药品的境外制药厂商，下同）按照规定的程序收回已上市销售的存在安全隐患的药品。

第四条　本办法所称安全隐患，是指由于研发、生产等原因可能使药品具有的危及人体健康和生命安全的不合理危险。

第五条　药品生产企业应当按照本办法的规定建立和完善药品召回制度，收集药品安全的相关信息，对可能具有安全隐患的药品进行调查、评估，召回存在安全隐患的药品。

药品经营企业、使用单位应当协助药品生产企业履行召回义务，按照召回计划的要求及时传达、反馈药品召回信息，控制和收回存在安全隐患的药品。

第六条　药品经营企业、使用单位发现其经营、使用的药品存在安全隐患的，应当立即停止销售或者使用该药品，通知药品生产企业或者供货商，并向药品监督管理部门报告。

第七条　药品生产企业、经营企业和使用单位应当建立和保存完整的购销记录，保证销售药品的可溯源性。

第八条　召回药品的生产企业所在地省、自治区、直辖市药品监督管理部门负责药品召回的监督管理工作，其他省、自治区、直辖市药品监督管理部门应当配合、协助做好药品召回的有关工作。

国家食品药品监督管理局监督全国药品召回的管理工作。

第九条　国家食品药品监督管理局和省、自治区、直辖市药品监督管理部门应当建立药品召回信息公开制度，采用有效途径向社会公布存在安全隐患的药品信息和药品召回的情况。

第二章　药品安全隐患的调查与评估

第十条　药品生产企业应当建立健全药品质量保证体系和药品不良反应监测系统，收集、记录药品的质量问题与药品不良反应信息，并按规定及时向药品监督管理部门报告。

第十一条　药品生产企业应当对药品可能存在的安全隐患进行调查。

药品监督管理部门对药品可能存在的安全隐患开展调查时，药品生产企业应当予以协助。

药品经营企业、使用单位应当配合药品生产企业或者药品监督管理部门开展有关药品安全隐患的调查，提供有关资料。

第十二条　药品安全隐患调查的内容应当根据实际情况确定，可以包括：

（一）已发生药品不良事件的种类、范围及原因；

（二）药品使用是否符合药品说明书、标签规定的适应症、用法用量的要求；

（三）药品质量是否符合国家标准，药品生产过程是否符合 GMP 等规定，药品生产与批准的工艺是否一致；

（四）药品储存、运输是否符合要求；

（五）药品主要使用人群的构成及比例；

（六）可能存在安全隐患的药品批次、数量及流通区域和范围；

（七）其他可能影响药品安全的因素。

第十三条　药品安全隐患评估的主要内容包括：

（一）该药品引发危害的可能性，以及是否已经对人体健康造成了危害；

（二）对主要使用人群的危害影响；

（三）对特殊人群，尤其是高危人群的危害影响，如老年、儿童、孕妇、肝肾功能不全者、外科病人等；

（四）危害的严重与紧急程度；

（五）危害导致的后果。

第十四条　根据药品安全隐患的严重程度，药品召回分为：

（一）一级召回：使用该药品可能引起严重健康危害的；

（二）二级召回：使用该药品可能引起暂时的或者可逆的健康危害的；

（三）三级召回：使用该药品一般不会引起健康危害，但由于其他原因需要收回的。

药品生产企业应当根据召回分级与药品销售和使用情况，科学设计药品召回计划并组织实施。

第三章　主动召回

第十五条　药品生产企业应当对收集的信息进行分析，对可能存在安全隐患的药品按照本办法第十二条、第十三条的要求进行调查评估，发现药品存在安全隐患的，应当决定召回。

进口药品的境外制药厂商在境外实施药品召回的，应当及时报告国家食品药品监督管理局；在境内进行召回的，由进口单位按照本办法的规定负责具体实施。

第十六条　药品生产企业在作出药品召回决定后，应当制定召回计划并组织实施，一级召回在 24 小时内，二级召回在 48 小时内，三级召回在 72 小时内，通知到有关药品经营企业、使用单位停止销售和使用，同时向所在地省、自治区、直辖市药品监督管理部门报告。

第十七条　药品生产企业在启动药品召回后，一级召回在 1 日内，二级召回在 3 日内，三级召回在 7 日内，应当将调查评估报告和召回计划提交给所在地省、自治区、直辖市药品监督管理部门备案。省、自治区、直辖市药品监督管理部门应当将收到一级药品召回的调查评估报告和召回计划报告国家食品药品监督管理局。

第十八条　调查评估报告应当包括以下内容：

（一）召回药品的具体情况，包括名称、批次等基本信息；
（二）实施召回的原因；
（三）调查评估结果；
（四）召回分级。
召回计划应当包括以下内容：
（一）药品生产销售情况及拟召回的数量；
（二）召回措施的具体内容，包括实施的组织、范围和时限等；
（三）召回信息的公布途径与范围；
（四）召回的预期效果；
（五）药品召回后的处理措施；
（六）联系人的姓名及联系方式。

第十九条　省、自治区、直辖市药品监督管理部门可以根据实际情况组织专家对药品生产企业提交的召回计划进行评估，认为药品生产企业所采取的措施不能有效消除安全隐患的，可以要求药品生产企业采取扩大召回范围、缩短召回时间等更为有效的措施。

第二十条　药品生产企业对上报的召回计划进行变更的，应当及时报药品监督管理部门备案。

第二十一条　药品生产企业在实施召回的过程中，一级召回每日，二级召回每 3 日，三级召回每 7 日，向所在地省、自治区、直辖市药品监督管理部门报告药品召回进展情况。

第二十二条　药品生产企业对召回药品的处理应当有详细的记录，并向药品生产企业所在地省、自治区、直辖市药品监督管理部门报告。必须销毁的药品，应当在药品监督管理部门监督下销毁。

第二十三条　药品生产企业在召回完成后，应当对召回效果进行评价，向所在地省、自治区、直辖市药品监督管理部门提交药品召回总结报告。

第二十四条　省、自治区、直辖市药品监督管理部门应当自收到总结报告之日起 10 日内对报告进行审查，并对召回效果进行评价，必要时组织专家进行审查和评价。审查和评价结论应当以书面形式通知药品生产企业。

经过审查和评价，认为召回不彻底或者需要采取更为有效的措施的，药品监督管理部门应当要求药品生产企业重新召回或者扩大召回范围。

第四章　责令召回

第二十五条　药品监督管理部门经过调查评估，认为存在本办法第四条所称的安全隐患，药品生产企业应当召回药品而未主动召回的，应当责令药品生产企业召回药品。

必要时，药品监督管理部门可以要求药品生产企业、经营企业和使用单位立即停止销售和使用该药品。

第二十六条　药品监督管理部门作出责令召回决定，应当将责令召回通知书送达药品生产企业，通知书包括以下内容：
（一）召回药品的具体情况，包括名称、批次等基本信息；
（二）实施召回的原因；
（三）调查评估结果；
（四）召回要求，包括范围和时限等。

第二十七条　药品生产企业在收到责令召回通知书后，应当按照本办法第十六条、第十七条的规定通知药品经营企业和使用单位，制定、提交召回计划，并组织实施。

第二十八条　药品生产企业应当按照本办法第二十条、第二十一条、第二十二条、第二十三条的规定向药品监督管理部门报告药品召回的相关情况，进行召回药品的后续处理。

药品监督管理部门应当按照本办法第二十四条的规定对药品生产企业提交的药品召回总结报告进行审查，并对召回效果进行评价。经过审查和评价，认为召回不彻底或者需要采取更为有效的措施的，药品监督管理部门可以要求药品生产企业重新召回或者扩大召回范围。

第五章　法律责任

第二十九条　药品监督管理部门确认药品生产企业因违反法律、法规、规章规定造成上市药品存在安全隐患，依法应当给予行政处罚，但该企业已经采取召回措施主动消除或者减轻危害后果的，依照《行政处罚法》的规定从轻或者减轻处罚；违法行为轻微并及时纠正，没有造成危害后果的，不予处罚。

药品生产企业召回药品的，不免除其依法应当承担的其他法律责任。

第三十条　药品生产企业违反本办法规定，发现药品存在安全隐患而不主动召回药品的，责令召回药品，并处应召回药品货值金额 3 倍的罚款；造成严重后果的，由原发证部门撤销药品批准证明文件，直至吊销《药品生产许可证》。

第三十一条　药品生产企业违反本办法第二十五条规定，拒绝召回药品的，处应召回药品货值金额 3 倍的罚款；造成严重后果的，由原发证部门撤销药品批准证明文件，直至吊销《药品生产许可证》。

第三十二条　药品生产企业违反本办法第十六条规定，未在规定时间内通知药品经营企业、使用单位停止销售和使用需召回药品的，予以警告，责令限期改正，并处 3 万元以下罚款。

第三十三条　药品生产企业违反本办法第十九条、第二十四条第二款、第二十八条第二款规定，未按照药品监督管理部门要求采取改正措施或者召回药品的，予以警告，责令限期改正，并处 3 万元以下罚款。

第三十四条　药品生产企业违反本办法第二十二条规定的，予以警告，责令限期改正，并处 3 万元以下罚款。

第三十五条　药品生产企业有下列情形之一的，予以警告，责令限期改正；逾期未改正的，处 2 万元以下罚款：

（一）未按本办法规定建立药品召回制度、药品质量保证体系与药品不良反应监测系统的；

（二）拒绝协助药品监督管理部门开展调查的；

（三）未按照本办法规定提交药品召回的调查评估报告和召回计划、药品召回进展情况和总结报告的；

（四）变更召回计划，未报药品监督管理部门备案的。

第三十六条　药品经营企业、使用单位违反本办法第六条规定的，责令停止销售和使用，并处 1000 元以上 5 万元以下罚款；造成严重后果的，由原发证部门吊销《药品经营许可证》或者其他许可证。

第三十七条　药品经营企业、使用单位拒绝配合药品生产企业或者药品监督管理部门开展有关药品安全隐患调查、拒绝协助药品生产企业召回药品的，予以警告，责令改正，可以并处 2 万元以下罚款。

第三十八条　药品监督管理部门及其工作人员不履行职责或者滥用职权的，按照有关法律、法规规定予以处理。

第六章　附　　则

第三十九条　本办法由国家食品药品监督管理局负责解释。

第四十条　本办法自公布之日起施行。

药品类易制毒化学品管理办法

（中华人民共和国卫生部令第72号，2010年2月23日卫生部部务会议审议通过，2010年4月7日发布，自2010年5月1日起施行）

第一章 总 则

第一条 为加强药品类易制毒化学品管理，防止流入非法渠道，根据《易制毒化学品管理条例》（以下简称《条例》），制定本办法。

第二条 药品类易制毒化学品是指《条例》中所确定的麦角酸、麻黄素等物质，品种目录见本办法附件1。

国务院批准调整易制毒化学品分类和品种，涉及药品类易制毒化学品的，国家食品药品监督管理局应当及时调整并予公布。

第三条 药品类易制毒化学品的生产、经营、购买以及监督管理，适用本办法。

第四条 国家食品药品监督管理局主管全国药品类易制毒化学品生产、经营、购买等方面的监督管理工作。

县级以上地方食品药品监督管理部门负责本行政区域内的药品类易制毒化学品生产、经营、购买等方面的监督管理工作。

第二章 生产、经营许可

第五条 生产、经营药品类易制毒化学品，应当依照《条例》和本办法的规定取得药品类易制毒化学品生产、经营许可。

生产药品类易制毒化学品中属于药品的品种，还应当依照《药品管理法》和相关规定取得药品批准文号。

第六条 药品生产企业申请生产药品类易制毒化学品，应当符合《条例》第七条规定的条件，向所在地省、自治区、直辖市食品药品监督管理部门提出申请，报送以下资料：

（一）药品类易制毒化学品生产申请表（见附件2）；

（二）《药品生产许可证》、《药品生产质量管理规范》认证证书和企业营业执照复印件；

（三）企业药品类易制毒化学品管理的组织机构图（注明各部门职责及相互关系、部门负责人）；

（四）反映企业现有状况的周边环境图、总平面布置图、仓储平面布置图、质量检验场所平面布置图、药品类易制毒化学品生产场所平面布置图（注明药品类易制毒化学品相应安全管理设施）；

（五）药品类易制毒化学品安全管理制度文件目录；

（六）重点区域设置电视监控设施的说明以及与公安机关联网报警的证明；

（七）企业法定代表人、企业负责人和技术、管理人员具有药品类易制毒化学品有关知识的说明材料；

（八）企业法定代表人及相关工作人员无毒品犯罪记录的证明；

（九）申请生产仅能作为药品中间体使用的药品类易制毒化学品的，还应当提供合法用途说明等其他相应资料。

第七条 省、自治区、直辖市食品药品监督管理部门应当在收到申请之日起 5 日内，对申报资料进行形式审查，决定是否受理。受理的，在 30 日内完成现场检查，将检查结果连同企业申报资料报送国家食品药品监督管理局。国家食品药品监督管理局应当在 30 日内完成实质性审查，对符合规定的，发给《药品类易制毒化学品生产许可批件》（以下简称《生产许可批件》，见附件 3），注明许可生产的药品类易制毒化学品名称；不予许可的，应当书面说明理由。

第八条 药品生产企业收到《生产许可批件》后，应当向所在地省、自治区、直辖市食品药品监督管理部门提出变更《药品生产许可证》生产范围的申请。省、自治区、直辖市食品药品监督管理部门应当根据《生产许可批件》，在《药品生产许可证》正本的生产范围中标注“药品类易制毒化学品”；在副本的生产范围中标注“药品类易制毒化学品”后，括弧内标注药品类易制毒化学品名称。

第九条 药品类易制毒化学品生产企业申请换发《药品生产许可证》的，省、自治区、直辖市食品药品监督管理部门除按照《药品生产监督管理办法》审查外，还应当对企业的药品类易制毒化学品生产条件和安全管理情况进行审查。对符合规定的，在换发的《药品生产许可证》中继续标注药品类易制毒化学品生产范围和品种名称；对不符合规定的，报国家食品药品监督管理局。

国家食品药品监督管理局收到省、自治区、直辖市食品药品监督管理部门报告后，对不符合规定的企业注销其《生产许可批件》，并通知企业所在地省、自治区、直辖市食品药品监督管理部门注销该企业《药品生产许可证》中的药品类易制毒化学品生产范围。

第十条 药品类易制毒化学品生产企业不再生产药品类易制毒化学品的，应当在停止生产经营后 3 个月内办理注销相关许可手续。

药品类易制毒化学品生产企业连续 1 年未生产的，应当书面报告所在地省、自治区、直辖市食品药品监督管理部门；需要恢复生产的，应当经所在地省、自治区、直辖市食品药品监督管理部门对企业的生产条件和安全管理情况进行现场检查。

第十一条 药品类易制毒化学品生产企业变更生产地址、品种范围的，应当重新申办《生产许可批件》。

药品类易制毒化学品生产企业变更企业名称、法定代表人的，由所在地省、自治区、直辖市食品药品监督管理部门办理《药品生产许可证》变更手续，报国家食品药品监督管理局备案。

第十二条 药品类易制毒化学品以及含有药品类易制毒化学品的制剂不得委托生产。

药品生产企业不得接受境外厂商委托加工药品类易制毒化学品以及含有药品类易制毒化学品的产品；特殊情况需要委托加工的，须经国家食品药品监督管理局批准。

第十三条 药品类易制毒化学品的经营许可，国家食品药品监督管理局委托省、自治区、直辖市食品药品监督管理部门办理。

药品类易制毒化学品单方制剂和小包装麻黄素，纳入麻醉药品销售渠道经营，仅能由麻醉药品全国性批发企业和区域性批发企业经销，不得零售。

未实行药品批准文号管理的品种，纳入药品类易制毒化学品原料药渠道经营。

第十四条 药品经营企业申请经营药品类易制毒化学品原料药，应当符合《条例》第九条规定的条件，向所在地省、自治区、直辖市食品药品监督管理部门提出申请，报送以下资料：

（一）药品类易制毒化学品原料药经营申请表（见附件4）；

（二）具有麻醉药品和第一类精神药品定点经营资格或者第二类精神药品定点经营资格的《药品经营许可证》、《药品经营质量管理规范》认证证书和企业营业执照复印件；

（三）企业药品类易制毒化学品管理的组织机构图（注明各部门职责及相互关系、部门负责人）；

（四）反映企业现有状况的周边环境图、总平面布置图、仓储平面布置图（注明药品类易制毒化学品相应安全管理设施）；

（五）药品类易制毒化学品安全管理制度文件目录；

（六）重点区域设置电视监控设施的说明以及与公安机关联网报警的证明；

（七）企业法定代表人、企业负责人和销售、管理人员具有药品类易制毒化学品有关知识的说明材料；

（八）企业法定代表人及相关工作人员无毒品犯罪记录的证明。

第十五条 省、自治区、直辖市食品药品监督管理部门应当在收到申请之日起5日内，对申报资料进行形式审查，决定是否受理。受理的，在30日内完成现场检查和实质性审查，对符合规定的，在《药品经营许可证》经营范围中标注“药品类易制毒化学品”，并报国家食品药品监督管理局备案；不予许可的，应当书面说明理由。

第三章 购买许可

第十六条 国家对药品类易制毒化学品实行购买许可制度。购买药品类易制毒化学品的，应当办理《药品类易制毒化学品购用证明》（以下简称《购用证明》），但本办法第二十一条规定的情形除外。

《购用证明》由国家食品药品监督管理局统一印制（样式见附件5），有效期为3个月。

第十七条 《购用证明》申请范围：

（一）经批准使用药品类易制毒化学品用于药品生产的药品生产企业；

（二）使用药品类易制毒化学品的教学、科研单位；

（三）具有药品类易制毒化学品经营资格的药品经营企业；

（四）取得药品类易制毒化学品出口许可的外贸出口企业；

（五）经农业部会同国家食品药品监督管理局下达兽用盐酸麻黄素注射液生产计划的兽药生产企业。

药品类易制毒化学品生产企业自用药品类易制毒化学品原料药用于药品生产的，也应当按照本办法规定办理《购用证明》。

第十八条 购买药品类易制毒化学品应当符合《条例》第十四条规定，向所在地省、自治区、直辖市食品药品监督管理部门或者省、自治区食品药品监督管理部门确定并公布的设区的市级食品药品监督管理部门提出申请，填报购买药品类易制毒化学品申请表（见附件6），提交相应资料（见附件7）。

第十九条 设区的市级食品药品监督管理部门应当在收到申请之日起5日内，对申报资料进行形式审查，决定是否受理。受理的，必要时组织现场检查，5日内将检查结果连同企业申报资料报送省、自治区食品药品监督管理部门。省、自治区食品药品监督管理部门应当在5日内完成审查，对符合规定的，发给《购用证明》；不予许可的，应当书面说明理由。

省、自治区、直辖市食品药品监督管理部门直接受理的，应当在收到申请之日起 10 日内完成审查和必要的现场检查，对符合规定的，发给《购用证明》；不予许可的，应当书面说明理由。

省、自治区、直辖市食品药品监督管理部门在批准发给《购用证明》之前，应当请公安机关协助核查相关内容；公安机关核查所用的时间不计算在上述期限之内。

第二十条　《购用证明》只能在有效期内一次使用。《购用证明》不得转借、转让。购买药品类易制毒化学品时必须使用《购用证明》原件，不得使用复印件、传真件。

第二十一条　符合以下情形之一的，豁免办理《购用证明》：

（一）医疗机构凭麻醉药品、第一类精神药品购用印鉴卡购买药品类易制毒化学品单方制剂和小包装麻黄素的；

（二）麻醉药品全国性批发企业、区域性批发企业持麻醉药品调拨单购买小包装麻黄素以及单次购买麻黄素片剂 6 万片以下、注射剂 1.5 万支以下的；

（三）按规定购买药品类易制毒化学品标准品、对照品的；

（四）药品类易制毒化学品生产企业凭药品类易制毒化学品出口许可自营出口药品类易制毒化学品的。

第四章　购销管理

第二十二条　药品类易制毒化学品生产企业应当将药品类易制毒化学品原料药销售给取得《购用证明》的药品生产企业、药品经营企业和外贸出口企业。

第二十三条　药品类易制毒化学品经营企业应当将药品类易制毒化学品原料药销售给本省、自治区、直辖市行政区域内取得《购用证明》的单位。药品类易制毒化学品经营企业之间不得购销药品类易制毒化学品原料药。

第二十四条　教学科研单位只能凭《购用证明》从麻醉药品全国性批发企业、区域性批发企业和药品类易制毒化学品经营企业购买药品类易制毒化学品。

第二十五条　药品类易制毒化学品生产企业应当将药品类易制毒化学品单方制剂和小包装麻黄素销售给麻醉药品全国性批发企业。麻醉药品全国性批发企业、区域性批发企业应当按照《麻醉药品和精神药品管理条例》第三章规定的渠道销售药品类易制毒化学品单方制剂和小包装麻黄素。麻醉药品区域性批发企业之间不得购销药品类易制毒化学品单方制剂和小包装麻黄素。

麻醉药品区域性批发企业之间因医疗急需等特殊情况需要调剂药品类易制毒化学品单方制剂的，应当在调剂后 2 日内将调剂情况分别报所在地省、自治区、直辖市食品药品监督管理部门备案。

第二十六条　药品类易制毒化学品禁止使用现金或者实物进行交易。

第二十七条　药品类易制毒化学品生产企业、经营企业销售药品类易制毒化学品，应当逐一建立购买方档案。

购买方为非医疗机构的，档案内容至少包括：

（一）购买方《药品生产许可证》、《药品经营许可证》、企业营业执照等资质证明文件复印件；

（二）购买方企业法定代表人、主管药品类易制毒化学品负责人、采购人员姓名及其联系方式；

（三）法定代表人授权委托书原件及采购人员身份证明文件复印件；

（四）《购用证明》或者麻醉药品调拨单原件；

（五）销售记录及核查情况记录。

购买方为医疗机构的，档案应当包括医疗机构麻醉药品、第一类精神药品购用印鉴卡复印件和销售记录。

第二十八条　药品类易制毒化学品生产企业、经营企业销售药品类易制毒化学品时，应当核查采购人员身份证明和相关购买许可证明，无误后方可销售，并保存核查记录。

发货应当严格执行出库复核制度，认真核对实物与药品销售出库单是否相符，并确保将药品类易制毒化学品送达购买方《药品生产许可证》或者《药品经营许可证》所载明的地址，或者医疗机构的药库。

在核查、发货、送货过程中发现可疑情况的，应当立即停止销售，并向所在地食品药品监督管理部门和公安机关报告。

第二十九条　除药品类易制毒化学品经营企业外，购用单位应当按照《购用证明》载明的用途使用药品类易制毒化学品，不得转售；外贸出口企业购买的药品类易制毒化学品不得内销。

购用单位需要将药品类易制毒化学品退回原供货单位的，应当分别报其所在地和原供货单位所在地省、自治区、直辖市食品药品监督管理部门备案。原供货单位收到退货后，应当分别向其所在地和原购用单位所在地省、自治区、直辖市食品药品监督管理部门报告。

第五章　安全管理

第三十条　药品类易制毒化学品生产企业、经营企业、使用药品类易制毒化学品的药品生产企业和教学科研单位，应当配备保障药品类易制毒化学品安全管理的设施，建立层层落实责任制的药品类易制毒化学品管理制度。

第三十一条　药品类易制毒化学品生产企业、经营企业和使用药品类易制毒化学品的药品生产企业，应当设置专库或者在药品仓库中设立独立的专库（柜）储存药品类易制毒化学品。

麻醉药品全国性批发企业、区域性批发企业可在其麻醉药品和第一类精神药品专库中设专区存放药品类易制毒化学品。

教学科研单位应当设立专柜储存药品类易制毒化学品。

专库应当设有防盗设施，专柜应当使用保险柜；专库和专柜应当实行双人双锁管理。

药品类易制毒化学品生产企业、经营企业和使用药品类易制毒化学品的药品生产企业，其关键生产岗位、储存场所应当设置电视监控设施，安装报警装置并与公安机关联网。

第三十二条　药品类易制毒化学品生产企业、经营企业和使用药品类易制毒化学品的药品生产企业，应当建立药品类易制毒化学品专用账册。专用账册保存期限应当自药品类易制毒化学品有效期期满之日起不少于 2 年。

药品类易制毒化学品生产企业自营出口药品类易制毒化学品的，必须在专用账册中载明，并留存出口许可及相应证明材料备查。

药品类易制毒化学品入库应当双人验收，出库应当双人复核，做到账物相符。

第三十三条　发生药品类易制毒化学品被盗、被抢、丢失或者其他流入非法渠道情形的，案发单位应当立即报告当地公安机关和县级以上地方食品药品监督管理部门。接到报案的食品药品监督管理部门应当逐级上报，并配合公安机关查处。

第六章　监督管理

第三十四条　县级以上地方食品药品监督管理部门负责本行政区域内药品类易制毒化学品生产

企业、经营企业、使用药品类易制毒化学品的药品生产企业和教学科研单位的监督检查。

第三十五条　食品药品监督管理部门应当建立对本行政区域内相关企业的监督检查制度和监督检查档案。监督检查至少应当包括药品类易制毒化学品的安全管理状况、销售流向、使用情况等内容；对企业的监督检查档案应当全面详实，应当有现场检查等情况的记录。每次检查后应当将检查结果以书面形式告知被检查单位；需要整改的应当提出整改内容及整改期限，并实施跟踪检查。

第三十六条　食品药品监督管理部门对药品类易制毒化学品的生产、经营、购买活动进行监督检查时，可以依法查看现场、查阅和复制有关资料、记录有关情况、扣押相关的证据材料和违法物品；必要时，可以临时查封有关场所。

被检查单位及其工作人员应当配合食品药品监督管理部门的监督检查，如实提供有关情况和材料、物品，不得拒绝或者隐匿。

第三十七条　食品药品监督管理部门应当将药品类易制毒化学品许可、依法吊销或者注销许可的情况及时通报有关公安机关和工商行政管理部门。

食品药品监督管理部门收到工商行政管理部门关于药品类易制毒化学品生产企业、经营企业吊销营业执照或者注销登记的情况通报后，应当及时注销相应的药品类易制毒化学品许可。

第三十八条　药品类易制毒化学品生产企业、经营企业应当于每月 10 日前，向所在地县级食品药品监督管理部门、公安机关及中国麻醉药品协会报送上月药品类易制毒化学品生产、经营和库存情况；每年 3 月 31 日前向所在地县级食品药品监督管理部门、公安机关及中国麻醉药品协会报送上年度药品类易制毒化学品生产、经营和库存情况。食品药品监督管理部门应当将汇总情况及时报告上一级食品药品监督管理部门。

药品类易制毒化学品生产企业、经营企业应当按照食品药品监督管理部门制定的药品电子监管实施要求，及时联入药品电子监管网，并通过网络报送药品类易制毒化学品生产、经营和库存情况。

第三十九条　药品类易制毒化学品生产企业、经营企业、使用药品类易制毒化学品的药品生产企业和教学科研单位，对过期、损坏的药品类易制毒化学品应当登记造册，并向所在地县级以上地方食品药品监督管理部门申请销毁。食品药品监督管理部门应当自接到申请之日起 5 日内到现场监督销毁。

第四十条　有《行政许可法》第六十九条第一款、第二款所列情形的，省、自治区、直辖市食品药品监督管理部门或者国家食品药品监督管理局应当撤销根据本办法作出的有关许可。

第七章　法律责任

第四十一条　药品类易制毒化学品生产企业、经营企业、使用药品类易制毒化学品的药品生产企业、教学科研单位，未按规定执行安全管理制度的，由县级以上食品药品监督管理部门按照《条例》第四十条第一款第（一）项的规定给予处罚。

第四十二条　药品类易制毒化学品生产企业自营出口药品类易制毒化学品，未按规定在专用账册中载明或者未按规定留存出口许可、相应证明材料备查的，由县级以上食品药品监督管理部门按照《条例》第四十条第一款第（四）项的规定给予处罚。

第四十三条　有下列情形之一的，由县级以上食品药品监督管理部门给予警告，责令限期改正，可以并处 1 万元以上 3 万元以下的罚款：

（一）药品类易制毒化学品生产企业连续停产 1 年以上未按规定报告的，或者未经所在地省、自治区、直辖市食品药品监督管理部门现场检查即恢复生产的；

（二）药品类易制毒化学品生产企业、经营企业未按规定渠道购销药品类易制毒化学品的；

（三）麻醉药品区域性批发企业因特殊情况调剂药品类易制毒化学品后未按规定备案的；

（四）药品类易制毒化学品发生退货，购用单位、供货单位未按规定备案、报告的。

第四十四条　药品类易制毒化学品生产企业、经营企业、使用药品类易制毒化学品的药品生产企业和教学科研单位，拒不接受食品药品监督管理部门监督检查的，由县级以上食品药品监督管理部门按照《条例》第四十二条规定给予处罚。

第四十五条　对于由公安机关、工商行政管理部门按照《条例》第三十八条作出行政处罚决定的单位，食品药品监督管理部门自该行政处罚决定作出之日起3年内不予受理其药品类易制毒化学品生产、经营、购买许可的申请。

第四十六条　食品药品监督管理部门工作人员在药品类易制毒化学品管理工作中有应当许可而不许可、不应当许可而滥许可，以及其他滥用职权、玩忽职守、徇私舞弊行为的，依法给予行政处分；构成犯罪的，依法追究刑事责任。

第八章　附　　则

第四十七条　申请单位按照本办法的规定申请行政许可事项的，应当对提交资料的真实性负责，提供资料为复印件的，应当加盖申请单位的公章。

第四十八条　本办法所称小包装麻黄素是指国家食品药品监督管理局指定生产的供教学、科研和医疗机构配制制剂使用的特定包装的麻黄素原料药。

第四十九条　对兽药生产企业购用盐酸麻黄素原料药以及兽用盐酸麻黄素注射液生产、经营等监督管理，按照农业部和国家食品药品监督管理局的规定执行。

第五十条　本办法自2010年5月1日起施行。原国家药品监督管理局1999年6月26日发布的《麻黄素管理办法》（试行）同时废止。

附件：1. 药品类易制毒化学品品种目录
2. 药品类易制毒化学品生产申请表
3. 药品类易制毒化学品生产许可批件
4. 药品类易制毒化学品原料药经营申请表
5. 药品类易制毒化学品购用证明
6. 购买药品类易制毒化学品申请表
7. 购买药品类易制毒化学品申报资料要求（略）

附件 1：

药品类易制毒化学品品种目录

1. 麦角酸

2. 麦角胺

3. 麦角新碱

4. 麻黄素、伪麻黄素、消旋麻黄素、去甲麻黄素、甲基麻黄素、麻黄浸膏、麻黄浸膏粉等麻黄素类物质

说明：

一、所列物质包括可能存在的盐类。

二、药品类易制毒化学品包括原料药及其单方制剂。

附件 2：

药品类易制毒化学品生产申请表

申请企业名称				
注册地址			邮编	
生产地址			邮编	
企业法定代表人			电话	
联系人			电话	
药品生产 许可证编号		GMP 证书编号		
品名				
类别	原料药　□ 单方制剂　□ 小包装麻黄素□ 其他　□	剂型		

申请理由：

续表

食品药品监督管理部门现场检查情况：

检查人签字：

年　　月　　日

审查意见：

省、自治区、直辖市食品药品监督管理部门盖章

年　　月　　日

附件3：

药品类易制毒化学品生产许可批件

受理号：　　　　　　　　　　　　　　　　　　　　　　批件号：

品名			
类别	原料药 □　单方制剂 □ 小包装麻黄素 □　其他 □	剂型	
生产企业名称			
生产地址			
审批结论			
主送单位			
抄送单位			
说明			

国家食品药品监督管理局盖章

年　月　日

附件 4：

药品类易制毒化学品原料药经营申请表

申请企业名称			
注册地址		邮编	
仓库地址		邮编	
企业法定代表人		电话	
联系人		电话	
药品经营 许可证编号		GSP 证书编号	
品名			

申请理由：

续表

食品药品监督管理部门现场检查情况：   检查人签字： 年　月　日
审查意见：   省、自治区、直辖市食品药品监督管理部门盖章 年　　月　　日

附件 5：

药品类易制毒化学品购用证明

编号：

购用单位名称			
供货单位名称			
购用品名			
类别	原料药□　单方制剂□　小包装麻黄素□　其他□		
规格		剂型	
用途			
购用数量			
有效期	自　　年　　月　　日至　　年　　月　　日		

省、自治区、直辖市食品药品监督管理部门盖章

年　　月　　日

注：1. 由省、自治区、直辖市食品药品监督管理部门填写五份，存档一份，交供货单位所在地省、自治区、直辖市食品药品监督管理部门一份。购用单位交供货单位一份，交购用单位当地公安机关一份，留存一份。

2. 在填写购用品名时要注明盐类，数量一并用大小写注明。

3. 购用单位、供货单位留存购用证明 3 年备查。

附件6：

购买药品类易制毒化学品申请表

申购单位 名称	（盖章）		
地址		邮编	
法定代表人		电话	
身份证号码			
经办人		电话	
身份证号码			
申购品名		规格	
类别	原料药 □　单方制剂 □ 小包装麻黄素 □　其他 □	剂型	
申购数量			
拟定供货单位		电话	

续表

用途及数量计算依据的详细说明：
受理申请的食品药品监督管理部门审查意见： 盖　章 年　月　日

药品不良反应报告和监测管理办法

（中华人民共和国卫生部令第81号，2010年12月13日卫生部部务会议审议通过，2011年5月4日发布，自2011年7月1日起施行）

第一章　总　　则

第一条　为加强药品的上市后监管，规范药品不良反应报告和监测，及时、有效控制药品风险，保障公众用药安全，依据《中华人民共和国药品管理法》等有关法律法规，制定本办法。

第二条　在中华人民共和国境内开展药品不良反应报告、监测以及监督管理，适用本办法。

第三条　国家实行药品不良反应报告制度。药品生产企业（包括进口药品的境外制药厂商）、药品经营企业、医疗机构应当按照规定报告所发现的药品不良反应。

第四条　国家食品药品监督管理局主管全国药品不良反应报告和监测工作，地方各级药品监督管理部门主管本行政区域内的药品不良反应报告和监测工作。各级卫生行政部门负责本行政区域内医疗机构与实施药品不良反应报告制度有关的管理工作。

地方各级药品监督管理部门应当建立健全药品不良反应监测机构，负责本行政区域内药品不良反应报告和监测的技术工作。

第五条　国家鼓励公民、法人和其他组织报告药品不良反应。

第二章　职　　责

第六条　国家食品药品监督管理局负责全国药品不良反应报告和监测的管理工作，并履行以下主要职责：

（一）与卫生部共同制定药品不良反应报告和监测的管理规定和政策，并监督实施；

（二）与卫生部联合组织开展全国范围内影响较大并造成严重后果的药品群体不良事件的调查和处理，并发布相关信息；

（三）对已确认发生严重药品不良反应或者药品群体不良事件的药品依法采取紧急控制措施，作出行政处理决定，并向社会公布；

（四）通报全国药品不良反应报告和监测情况；

（五）组织检查药品生产、经营企业的药品不良反应报告和监测工作的开展情况，并与卫生部联合组织检查医疗机构的药品不良反应报告和监测工作的开展情况。

第七条　省、自治区、直辖市药品监督管理部门负责本行政区域内药品不良反应报告和监测的管理工作，并履行以下主要职责：

（一）根据本办法与同级卫生行政部门共同制定本行政区域内药品不良反应报告和监测的管理规定，并监督实施；

（二）与同级卫生行政部门联合组织开展本行政区域内发生的影响较大的药品群体不良事件的调查和处理，并发布相关信息；

（三）对已确认发生严重药品不良反应或者药品群体不良事件的药品依法采取紧急控制措施，作出行政处理决定，并向社会公布；

（四）通报本行政区域内药品不良反应报告和监测情况；

（五）组织检查本行政区域内药品生产、经营企业的药品不良反应报告和监测工作的开展情况，并与同级卫生行政部门联合组织检查本行政区域内医疗机构的药品不良反应报告和监测工作的开展情况；

（六）组织开展本行政区域内药品不良反应报告和监测的宣传、培训工作。

第八条　设区的市级、县级药品监督管理部门负责本行政区域内药品不良反应报告和监测的管理工作；与同级卫生行政部门联合组织开展本行政区域内发生的药品群体不良事件的调查，并采取必要控制措施；组织开展本行政区域内药品不良反应报告和监测的宣传、培训工作。

第九条　县级以上卫生行政部门应当加强对医疗机构临床用药的监督管理，在职责范围内依法对已确认的严重药品不良反应或者药品群体不良事件采取相关的紧急控制措施。

第十条　国家药品不良反应监测中心负责全国药品不良反应报告和监测的技术工作，并履行以下主要职责：

（一）承担国家药品不良反应报告和监测资料的收集、评价、反馈和上报，以及全国药品不良反应监测信息网络的建设和维护；

（二）制定药品不良反应报告和监测的技术标准和规范，对地方各级药品不良反应监测机构进行技术指导；

（三）组织开展严重药品不良反应的调查和评价，协助有关部门开展药品群体不良事件的调查；

（四）发布药品不良反应警示信息；

（五）承担药品不良反应报告和监测的宣传、培训、研究和国际交流工作。

第十一条　省级药品不良反应监测机构负责本行政区域内的药品不良反应报告和监测的技术工作，并履行以下主要职责：

（一）承担本行政区域内药品不良反应报告和监测资料的收集、评价、反馈和上报，以及药品不良反应监测信息网络的维护和管理；

（二）对设区的市级、县级药品不良反应监测机构进行技术指导；

（三）组织开展本行政区域内严重药品不良反应的调查和评价，协助有关部门开展药品群体不良事件的调查；

（四）组织开展本行政区域内药品不良反应报告和监测的宣传、培训工作。

第十二条　设区的市级、县级药品不良反应监测机构负责本行政区域内药品不良反应报告和监测资料的收集、核实、评价、反馈和上报；开展本行政区域内严重药品不良反应的调查和评价；协助有关部门开展药品群体不良事件的调查；承担药品不良反应报告和监测的宣传、培训等工作。

第十三条　药品生产、经营企业和医疗机构应当建立药品不良反应报告和监测管理制度。药品生产企业应当设立专门机构并配备专职人员，药品经营企业和医疗机构应当设立或者指定机构并配备专（兼）职人员，承担本单位的药品不良反应报告和监测工作。

第十四条　从事药品不良反应报告和监测的工作人员应当具有医学、药学、流行病学或者统计学等相关专业知识，具备科学分析评价药品不良反应的能力。

第三章　报告与处置

第一节　基本要求

第十五条　药品生产、经营企业和医疗机构获知或者发现可能与用药有关的不良反应，应当通过国家药品不良反应监测信息网络报告；不具备在线报告条件的，应当通过纸质报表报所在地药品不良反应监测机构，由所在地药品不良反应监测机构代为在线报告。

报告内容应当真实、完整、准确。

第十六条　各级药品不良反应监测机构应当对本行政区域内的药品不良反应报告和监测资料进行评价和管理。

第十七条　药品生产、经营企业和医疗机构应当配合药品监督管理部门、卫生行政部门和药品不良反应监测机构对药品不良反应或者群体不良事件的调查，并提供调查所需的资料。

第十八条　药品生产、经营企业和医疗机构应当建立并保存药品不良反应报告和监测档案。

第二节　个例药品不良反应

第十九条　药品生产、经营企业和医疗机构应当主动收集药品不良反应，获知或者发现药品不良反应后应当详细记录、分析和处理，填写《药品不良反应/事件报告表》（见附表1）并报告。

第二十条　新药监测期内的国产药品应当报告该药品的所有不良反应；其他国产药品，报告新的和严重的不良反应。

进口药品自首次获准进口之日起5年内，报告该进口药品的所有不良反应；满5年的，报告新的和严重的不良反应。

第二十一条　药品生产、经营企业和医疗机构发现或者获知新的、严重的药品不良反应应当在15日内报告，其中死亡病例须立即报告；其他药品不良反应应当在30日内报告。有随访信息的，应当及时报告。

第二十二条　药品生产企业应当对获知的死亡病例进行调查，详细了解死亡病例的基本信息、药品使用情况、不良反应发生及诊治情况等，并在15日内完成调查报告，报药品生产企业所在地的省级药品不良反应监测机构。

第二十三条　个人发现新的或者严重的药品不良反应，可以向经治医师报告，也可以向药品生产、经营企业或者当地的药品不良反应监测机构报告，必要时提供相关的病历资料。

第二十四条　设区的市级、县级药品不良反应监测机构应当对收到的药品不良反应报告的真实性、完整性和准确性进行审核。严重药品不良反应报告的审核和评价应当自收到报告之日起3个工作日内完成，其他报告的审核和评价应当在15个工作日内完成。

设区的市级、县级药品不良反应监测机构应当对死亡病例进行调查，详细了解死亡病例的基本信息、药品使用情况、不良反应发生及诊治情况等，自收到报告之日起15个工作日内完成调查报告，报同级药品监督管理部门和卫生行政部门，以及上一级药品不良反应监测机构。

第二十五条　省级药品不良反应监测机构应当在收到下一级药品不良反应监测机构提交的严重药品不良反应评价意见之日起7个工作日内完成评价工作。

对死亡病例，事件发生地和药品生产企业所在地的省级药品不良反应监测机构均应当及时根据调查报告进行分析、评价，必要时进行现场调查，并将评价结果报省级药品监督管理部门和卫生行政部门，以及国家药品不良反应监测中心。

第二十六条　国家药品不良反应监测中心应当及时对死亡病例进行分析、评价，并将评价结果报国家食品药品监督管理局和卫生部。

第三节　药品群体不良事件

第二十七条　药品生产、经营企业和医疗机构获知或者发现药品群体不良事件后，应当立即通过电话或者传真等方式报所在地的县级药品监督管理部门、卫生行政部门和药品不良反应监测机构，必要时可以越级报告；同时填写《药品群体不良事件基本信息表》（见附表2），对每一病例还应当及时填写《药品不良反应/事件报告表》，通过国家药品不良反应监测信息网络报告。

第二十八条　设区的市级、县级药品监督管理部门获知药品群体不良事件后，应当立即与同级卫生行政部门联合组织开展现场调查，并及时将调查结果逐级报至省级药品监督管理部门和卫生行政部门。

省级药品监督管理部门与同级卫生行政部门联合对设区的市级、县级的调查进行督促、指导，对药品群体不良事件进行分析、评价，对本行政区域内发生的影响较大的药品群体不良事件，还应当组织现场调查，评价和调查结果应当及时报国家食品药品监督管理局和卫生部。

对全国范围内影响较大并造成严重后果的药品群体不良事件，国家食品药品监督管理局应当与卫生部联合开展相关调查工作。

第二十九条　药品生产企业获知药品群体不良事件后应当立即开展调查，详细了解药品群体不良事件的发生、药品使用、患者诊治以及药品生产、储存、流通、既往类似不良事件等情况，在7日内完成调查报告，报所在地省级药品监督管理部门和药品不良反应监测机构；同时迅速开展自查，分析事件发生的原因，必要时应当暂停生产、销售、使用和召回相关药品，并报所在地省级药品监督管理部门。

第三十条　药品经营企业发现药品群体不良事件应当立即告知药品生产企业，同时迅速开展自查，必要时应当暂停药品的销售，并协助药品生产企业采取相关控制措施。

第三十一条　医疗机构发现药品群体不良事件后应当积极救治患者，迅速开展临床调查，分析事件发生的原因，必要时可采取暂停药品的使用等紧急措施。

第三十二条　药品监督管理部门可以采取暂停生产、销售、使用或者召回药品等控制措施。卫生行政部门应当采取措施积极组织救治患者。

第四节　境外发生的严重药品不良反应

第三十三条　进口药品和国产药品在境外发生的严重药品不良反应（包括自发报告系统收集的、上市后临床研究发现的、文献报道的），药品生产企业应当填写《境外发生的药品不良反应/事件报告表》（见附表3），自获知之日起30日内报送国家药品不良反应监测中心。国家药品不良反应监测中心要求提供原始报表及相关信息的，药品生产企业应当在5日内提交。

第三十四条　国家药品不良反应监测中心应当对收到的药品不良反应报告进行分析、评价，每半年向国家食品药品监督管理局和卫生部报告，发现提示药品可能存在安全隐患的信息应当及时报告。

第三十五条　进口药品和国产药品在境外因药品不良反应被暂停销售、使用或者撤市的，药品生产企业应当在获知后24小时内书面报国家食品药品监督管理局和国家药品不良反应监测中心。

第五节　定期安全性更新报告

第三十六条　药品生产企业应当对本企业生产药品的不良反应报告和监测资料进行定期汇总分

析，汇总国内外安全性信息，进行风险和效益评估，撰写定期安全性更新报告。定期安全性更新报告的撰写规范由国家药品不良反应监测中心负责制定。

第三十七条　设立新药监测期的国产药品，应当自取得批准证明文件之日起每满 1 年提交一次定期安全性更新报告，直至首次再注册，之后每 5 年报告一次；其他国产药品，每 5 年报告一次。

首次进口的药品，自取得进口药品批准证明文件之日起每满一年提交一次定期安全性更新报告，直至首次再注册，之后每 5 年报告一次。

定期安全性更新报告的汇总时间以取得药品批准证明文件的日期为起点计，上报日期应当在汇总数据截止日期后 60 日内。

第三十八条　国产药品的定期安全性更新报告向药品生产企业所在地省级药品不良反应监测机构提交。进口药品（包括进口分包装药品）的定期安全性更新报告向国家药品不良反应监测中心提交。

第三十九条　省级药品不良反应监测机构应当对收到的定期安全性更新报告进行汇总、分析和评价，于每年 4 月 1 日前将上一年度定期安全性更新报告统计情况和分析评价结果报省级药品监督管理部门和国家药品不良反应监测中心。

第四十条　国家药品不良反应监测中心应当对收到的定期安全性更新报告进行汇总、分析和评价，于每年 7 月 1 日前将上一年度国产药品和进口药品的定期安全性更新报告统计情况和分析评价结果报国家食品药品监督管理局和卫生部。

第四章　药品重点监测

第四十一条　药品生产企业应当经常考察本企业生产药品的安全性，对新药监测期内的药品和首次进口 5 年内的药品，应当开展重点监测，并按要求对监测数据进行汇总、分析、评价和报告；对本企业生产的其他药品，应当根据安全性情况主动开展重点监测。

第四十二条　省级以上药品监督管理部门根据药品临床使用和不良反应监测情况，可以要求药品生产企业对特定药品进行重点监测；必要时，也可以直接组织药品不良反应监测机构、医疗机构和科研单位开展药品重点监测。

第四十三条　省级以上药品不良反应监测机构负责对药品生产企业开展的重点监测进行监督、检查，并对监测报告进行技术评价。

第四十四条　省级以上药品监督管理部门可以联合同级卫生行政部门指定医疗机构作为监测点，承担药品重点监测工作。

第五章　评价与控制

第四十五条　药品生产企业应当对收集到的药品不良反应报告和监测资料进行分析、评价，并主动开展药品安全性研究。

药品生产企业对已确认发生严重不良反应的药品，应当通过各种有效途径将药品不良反应、合理用药信息及时告知医务人员、患者和公众；采取修改标签和说明书，暂停生产、销售、使用和召回等措施，减少和防止药品不良反应的重复发生。对不良反应大的药品，应当主动申请注销其批准证明文件。

药品生产企业应当将药品安全性信息及采取的措施报所在地省级药品监督管理部门和国家食品药品监督管理局。

第四十六条　药品经营企业和医疗机构应当对收集到的药品不良反应报告和监测资料进行分析和评价，并采取有效措施减少和防止药品不良反应的重复发生。

第四十七条　省级药品不良反应监测机构应当每季度对收到的药品不良反应报告进行综合分析，提取需要关注的安全性信息，并进行评价，提出风险管理建议，及时报省级药品监督管理部门、卫生行政部门和国家药品不良反应监测中心。

省级药品监督管理部门根据分析评价结果，可以采取暂停生产、销售、使用和召回药品等措施，并监督检查，同时将采取的措施通报同级卫生行政部门。

第四十八条　国家药品不良反应监测中心应当每季度对收到的严重药品不良反应报告进行综合分析，提取需要关注的安全性信息，并进行评价，提出风险管理建议，及时报国家食品药品监督管理局和卫生部。

第四十九条　国家食品药品监督管理局根据药品分析评价结果，可以要求企业开展药品安全性、有效性相关研究。必要时，应当采取责令修改药品说明书，暂停生产、销售、使用和召回药品等措施，对不良反应大的药品，应当撤销药品批准证明文件，并将有关措施及时通报卫生部。

第五十条　省级以上药品不良反应监测机构根据分析评价工作需要，可以要求药品生产、经营企业和医疗机构提供相关资料，相关单位应当积极配合。

第六章　信息管理

第五十一条　各级药品不良反应监测机构应当对收到的药品不良反应报告和监测资料进行统计和分析，并以适当形式反馈。

第五十二条　国家药品不良反应监测中心应当根据对药品不良反应报告和监测资料的综合分析和评价结果，及时发布药品不良反应警示信息。

第五十三条　省级以上药品监督管理部门应当定期发布药品不良反应报告和监测情况。

第五十四条　下列信息由国家食品药品监督管理局和卫生部统一发布：

（一）影响较大并造成严重后果的药品群体不良事件；

（二）其他重要的药品不良反应信息和认为需要统一发布的信息。前款规定统一发布的信息，国家食品药品监督管理局和卫生部也可以授权省级药品监督管理部门和卫生行政部门发布。

第五十五条　在药品不良反应报告和监测过程中获取的商业秘密、个人隐私、患者和报告者信息应当予以保密。

第五十六条　鼓励医疗机构、药品生产企业、药品经营企业之间共享药品不良反应信息。

第五十七条　药品不良反应报告的内容和统计资料是加强药品监督管理、指导合理用药的依据。

第七章　法律责任

第五十八条　药品生产企业有下列情形之一的，由所在地药品监督管理部门给予警告，责令限期改正，可以并处五千元以上三万元以下的罚款：

（一）未按照规定建立药品不良反应报告和监测管理制度，或者无专门机构、专职人员负责本单位药品不良反应报告和监测工作的；

（二）未建立和保存药品不良反应监测档案的；

（三）未按照要求开展药品不良反应或者群体不良事件报告、调查、评价和处理的；

（四）未按照要求提交定期安全性更新报告的；

（五）未按照要求开展重点监测的；

（六）不配合严重药品不良反应或者群体不良事件相关调查工作的；

（七）其他违反本办法规定的。药品生产企业有前款规定第（四）项、第（五）项情形之一的，按照《药品注册管理办法》的规定对相应药品不予再注册。

第五十九条　药品经营企业有下列情形之一的，由所在地药品监督管理部门给予警告，责令限期改正；逾期不改的，处三万元以下的罚款：

（一）无专职或者兼职人员负责本单位药品不良反应监测工作的；

（二）未按照要求开展药品不良反应或者群体不良事件报告、调查、评价和处理的；

（三）不配合严重药品不良反应或者群体不良事件相关调查工作的。

第六十条　医疗机构有下列情形之一的，由所在地卫生行政部门给予警告，责令限期改正；逾期不改的，处三万元以下的罚款。情节严重并造成严重后果的，由所在地卫生行政部门对相关责任人给予行政处分：

（一）无专职或者兼职人员负责本单位药品不良反应监测工作的；

（二）未按照要求开展药品不良反应或者群体不良事件报告、调查、评价和处理的；

（三）不配合严重药品不良反应和群体不良事件相关调查工作的。药品监督管理部门发现医疗机构有前款规定行为之一的，应当移交同级卫生行政部门处理。卫生行政部门对医疗机构作出行政处罚决定的，应当及时通报同级药品监督管理部门。

第六十一条　各级药品监督管理部门、卫生行政部门和药品不良反应监测机构及其有关工作人员在药品不良反应报告和监测管理工作中违反本办法，造成严重后果的，依照有关规定给予行政处分。

第六十二条　药品生产、经营企业和医疗机构违反相关规定，给药品使用者造成损害的，依法承担赔偿责任。

第八章　附　　则

第六十三条　本办法下列用语的含义：

（一）药品不良反应，是指合格药品在正常用法用量下出现的与用药目的无关的有害反应。

（二）药品不良反应报告和监测，是指药品不良反应的发现、报告、评价和控制的过程。

（三）严重药品不良反应，是指因使用药品引起以下损害情形之一的反应：①导致死亡；②危及生命；③致癌、致畸、致出生缺陷；④导致显著的或者永久的人体伤残或者器官功能的损伤；⑤导致住院或者住院时间延长；⑥导致其他重要医学事件，如不进行治疗可能出现上述所列情况的。

（四）新的药品不良反应，是指药品说明书中未载明的不良反应。说明书中已有描述，但不良反应发生的性质、程度、后果或者频率与说明书描述不一致或者更严重的，按照新的药品不良反应处理。

（五）药品群体不良事件，是指同一药品在使用过程中，在相对集中的时间、区域内，对一定数量人群的身体健康或者生命安全造成损害或者威胁，需要予以紧急处置的事件。同一药品：指同一生产企业生产的同一药品名称、同一剂型、同一规格的药品。

（六）药品重点监测，是指为进一步了解药品的临床使用和不良反应发生情况，研究不良反应的发生特征、严重程度、发生率等，开展的药品安全性监测活动。

第六十四条　进口药品的境外制药厂商可以委托其驻中国境内的办事机构或者中国境内代理机构，按照本办法对药品生产企业的规定，履行药品不良反应报告和监测义务。

第六十五条　卫生部和国家食品药品监督管理局对疫苗不良反应报告和监测另有规定的，从其规定。

第六十六条　医疗机构制剂的不良反应报告和监测管理办法由各省、自治区、直辖市药品监督管理部门会同同级卫生行政部门制定。

第六十七条　本办法自 2011 年 7 月 1 日起施行。国家食品药品监督管理局和卫生部于 2004 年 3 月 4 日公布的《药品不良反应报告和监测管理办法》（国家食品药品监督管理局令第 7 号）同时废止。

附表：（略）

1. 药品不良反应/事件报告表
2. 群体不良事件基本信息表
3. 境外发生的药品不良反应/事件报告表

药品监督行政处罚程序规定

（2003 年 4 月 28 日，食品药品监管局第 1 号，根据 2012 年 10 月 17 日卫生部《关于修改〈药品监督行政处罚程序规定〉的决定》，卫生部第 88 号令修正）

第一章　总　　则

第一条　为保证药品监督管理部门正确行使行政处罚职权，保护公民、法人和其他组织的合法权益，根据《中华人民共和国行政处罚法》、《中华人民共和国行政强制法》、《中华人民共和国药品管理法》、《中华人民共和国药品管理法实施条例》、《医疗器械监督管理条例》和国务院有关行政法规的规定，制定本规定。

第二条　药品监督管理部门对违反药品、医疗器械管理法律、法规、规章的单位或者个人实施行政处罚，适用本规定。

第三条　药品监督管理部门实施行政处罚，必须坚持以下原则：

（一）法定依据的原则；

（二）法定程序的原则；

（三）公正、公开的原则；

（四）实施行政处罚、行政强制与教育相结合的原则；

（五）保护公民、法人及其他组织合法权益的原则。

第四条　药品监督管理部门应当建立行政处罚监督制度。上级药品监督管理部门对下级药品监督管理部门实施的行政处罚进行监督。上级药品监督管理部门对下级药品监督管理部门违法作出的行政处罚决定，可责令其限期改正；逾期不改正的，有权予以变更或者撤销。

第二章　管　　辖

第五条　药品、医疗器械监督管理行政处罚由违法行为发生地的药品监督管理部门管辖。

第六条　县级以上药品监督管理部门管辖辖区内的药品、医疗器械行政处罚案件。

省、自治区、直辖市人民政府药品监督管理部门管辖辖区内重大、复杂的药品、医疗器械行政处罚案件。

国务院药品监督管理部门管辖全国范围内有重大影响的药品、医疗器械行政处罚案件。

省、自治区、直辖市人民政府药品监督管理部门可依据药品、医疗器械管理法律、法规、规章和本地区的实际，规定辖区内级别管辖的具体分工。

第七条　两个以上药品监督管理部门对管辖权有争议的，报请共同的上一级药品监督管理部门指定管辖。

第八条 药品监督管理部门发现案件不属于本部门主管或者管辖的，应当填写《案件移送审批表》，经药品监督管理部门主管领导批准后即时填写《案件移送书》（附表 2），并将相关案件材料一并移送有管辖权的药品监督管理部门或者相关行政管理部门处理。受移送的药品监督管理部门应当将案件查处结果及时函告移送案件的药品监督管理部门。

受移送的药品监督管理部门如果认为移送不当，应当报请共同的上一级药品监督管理部门指定管辖，不得再次移送。

上级药品监督管理部门在接到管辖争议或者报请指定管辖的请示后，应当在 10 个工作日内作出指定管辖决定。

第九条 下级药品监督管理部门认为管辖范围内的案件不宜由本部门处理的，可以报请上级药品监督管理部门管辖或指定管辖。上级药品监督管理部门认为下级药品监督管理部门不宜处理其管辖范围内案件的，可以决定自行管辖或指定其他下级药品监督管理部门管辖。

第十条 药品监督管理部门查处案件时，发现有涉及其他药品监督管理部门管辖的违法行为，应当参照本规定第八条填写有关文书，连同有关证据材料一并移送该药品监督管理部门。有管辖权的药品监督管理部门对移送的案件应当及时查处。

对药品、医疗器械违法案件涉嫌犯罪的，药品监督管理部门应当于 2 个工作日内填写《案件移送审批表》（附表 1），经药品监督管理部门主管领导批准后即时填写《涉嫌犯罪案件移送书》（新增附表 1）移送同级公安机关，同时抄送同级人民检察院并抄报上级药品监督管理部门。

对公安机关决定立案的，药品监督管理部门应当于 3 个工作日内将查封、扣押的物品移交给立案的公安机关，同时应当填写《查封（扣押）物品移交通知书》（新增附表 2），并书面告知当事人。

第十一条 依法应当吊销《药品生产许可证》、《药品经营许可证》、《医疗机构制剂许可证》、《医疗器械生产企业许可证》、《医疗器械经营企业许可证》，撤销药品、医疗器械批准证明文件的，由原发证、批准的药品监督管理部门决定。

药品监督管理部门查处的违法案件，对依法应当吊销《药品生产许可证》、《药品经营许可证》、《医疗机构制剂许可证》、《医疗器械生产企业许可证》、《医疗器械经营企业许可证》，撤销药品、医疗器械批准证明文件的，在其权限内依法作出行政处罚的同时，应当将取得的证据及相关材料报送原发证的药品监督管理部门，由原发证的药品监督管理部门依法作出是否吊销许可证或者撤销批准证明文件的行政处罚决定。

需由国务院药品监督管理部门撤销药品、医疗器械批准证明文件的，由省、自治区、直辖市人民政府药品监督管理部门上报国务院药品监督管理部门，国务院药品监督管理部门应当及时作出处理决定。

原发证的药品监督管理部门依法作出吊销许可证和撤销批准证明文件的行政处罚决定，必须依据本规定进行。

药品监督管理部门认为依法应当吊销《医疗机构执业许可证》的，应当建议发证的卫生行政机关吊销。

第十二条 中国人民解放军所属的单位和个人违反药品管理法律、法规、规章的行为，由军队药品监督管理部门依据《中国人民解放军实施〈中华人民共和国药品管理法〉办法》管辖。

第三章 立 案

第十三条 药品监督管理部门对下列涉案举报线索及交办、报送的案件应当及时处理：

（一）在监督检查中发现的；

（二）检验机构检验发现的；

（三）公民、法人及其他组织举报的；

（四）上级交办的、下级报请查处的、有关部门移送的或者其他方式、途径披露的。受理举报应当填写《举报登记表》（附表3）。

第十四条　药品监督管理部门发现违法行为符合下列条件的，应当在7个工作日内立案：

（一）有明确的违法嫌疑人；

（二）有客观的违法事实；

（三）属于药品监督管理行政处罚的范围；

（四）属于本部门管辖。

决定立案的，应当填写《立案申请表》（附表4），报部门主管领导批示，批准立案的应当确定2名以上药品监督执法人员为案件承办人。

第十五条　有下列情形之一的，不能确定为本案承办人：

（一）是本案当事人或者当事人的近亲属；

（二）与本案有直接利害关系；

（三）与本案当事人有其他关系，可能影响案件公正处理的。

第四章　调查取证

第十六条　进行案件调查或者检查时，执法人员不得少于2人，并应当向被调查人或者有关人员出示执法证件。

被调查人或者有关人员应当如实回答询问并协助调查或者检查，不得阻挠。

对涉及国家机密，以及被调查人的业务、技术秘密和个人隐私的，承办人应当保守秘密。

第十七条　药品监督管理部门之间对涉及查处案件的有关情况，负有互相协助调查、提供相关证据的义务。

第十八条　执法人员进行调查时，应当填写《调查笔录》（附表5）。

调查笔录起始部分应当注明执法人员身份、证件名称、证件编号及调查目的。执法人员应当在调查笔录终了处签字。

调查笔录经核对无误后，被调查人应当在笔录上逐页签字或者按指纹，并在笔录终了处注明对笔录真实性的意见。笔录修改处，应当由被调查人签字或者按指纹。

被调查人拒绝签字或者按指纹的，应当由2名以上执法人员在笔录上签字并注明情况。

第十九条　执法人员进行现场检查时，应当当场填写《现场检查笔录》（附表6）。

检查笔录起始部分应当注明执法人员身份、证件名称、证件编号及检查目的。执法人员应当在检查笔录终了处签字。

检查笔录经核对无误后，被检查人应当在笔录上逐页签字或者按指纹。并在笔录终了处注明对笔录真实性的意见。笔录修改处，应当由被检查人签字或者按指纹。

被检查人拒绝签字或者按指纹的，应当由2名以上执法人员在笔录上签字并注明情况。

第二十条　调取的证据应当是原件、原物。调取原件、原物确有困难的，可由提交证据的单位或者个人在复制品上签字或者加盖公章，并注明“与原件（物）相同”字样或者文字说明。

第二十一条　凡能证明案件真实情况的书证、物证、视听材料、证人证言、当事人陈述、检验报告、鉴定结论、调查笔录、现场检查笔录等，为药品监督管理行政处罚证据。

第二十二条　在证据可能灭失，或者以后难以取得的情况下，执法人员应当填写《先行登记保存物品审批表》（附表 7），报药品监督管理部门主管领导批准。先行登记保存物品时，执法人员应当向当事人出具《先行登记保存物品通知书》（附表 8）。

药品监督管理部门对有证据证明可能危害人体健康的药品及有关材料和已经造成医疗器械质量事故或者可能造成医疗器械质量事故的产品及有关资料，可依法采取查封、扣押的行政强制措施。执法人员在查封、扣押物品前应当填写《查封（扣押）审批表》（附表 9），报药品监督管理部门主管领导批准。查封、扣押物品时，执法人员应当向当事人出具《查封（扣押）决定书》（附表 10）。

第二十三条　药品监督管理部门实施先行登记保存或者查封、扣押时，应当通知当事人在场，并在《现场检查笔录》中对采取的相关措施情况予以记载。当事人不到场的，执法人员邀请见证人到场，由见证人和执法人员在现场笔录上签名或者盖章。

查封、扣押的物品，应当使用盖有本部门公章的"×××药品监督管理局封条"（附表 11），就地或者异地封存物品。

对先行登记保存或者查封、扣押的物品应当开列《( ) 物品清单》（附表 12），由执法人员、当事人或者有关人员签字或者加盖公章。

当事人拒绝签字、盖章或者接收的，应当由 2 名以上执法人员在清单上签字并注明情况。

第二十四条　药品监督管理部门对已立案的案件应当填写《立案通知书》（附表 13），交付当事人。

对先行登记保存的物品，应当在 7 日内作出处理决定。对查封、扣押的物品，应当在 7 日内作出是否立案的决定；需要检验的，应当自检验报告书发出之日起 15 日内作出是否立案的决定。

查封、扣押的期限不得超过 30 日；情况复杂的，药品监督管理部门应当填写《查封（扣押）延期审批表》（新增附表 3），经药品监督管理部门主管领导批准，可以延长，但是延长的期限不得超过 30 日；作出延长查封、扣押期限决定后应当及时填写《查封（扣押）延期通知书》（新增附表 4），书面告知当事人，并说明理由；对物品需要进行检测、检验或者技术鉴定的，应填写《检验（检测、技术鉴定）告知书》（新增附表 5），查封、扣押的期间不包括检测、检验或者技术鉴定的期间。

对不符合立案条件的，药品监督管理部门应当填写《解除先行登记保存物品通知书》（附表 14），解除先行登记保存，或者填写《解除查封（扣押）决定书》（附表 15），解除查封、扣押。

第二十五条　药品监督执法人员调查违法事实，需要抽取样品鉴定检验的，应当按国务院药品监督管理部门制定的药品或者医疗器械质量监督抽验管理规定的要求抽取样品。检验机构应当在规定时限内及时进行鉴定检验。

第二十六条　调查终结，承办人应当写出案件调查终结报告。其内容应当包括案由、案情、违法事实、证据、办案程序，违反法律、法规或者规章的具体条、款、项、目，处罚建议及承办人签字等。(简易程序除外)

第五章　处罚决定

第一节　一般程序

第二十七条　承办人提交案件调查终结报告后，药品监督管理部门应当组织 3 人以上有关人员对违法行为的事实、性质、情节、社会危害程度、办案程序等进行合议，并填写《案件合议记录》(附表 16)。合议应当根据认定的违法事实，依照有关药品、医疗器械管理法律、法规和规章的规定，分别提出如下处理意见：

（一）违法事实清楚，证据确凿，程序合法的，依法提出行政处罚的意见，对有可以不予处罚、从轻、减轻处罚或者从重处罚情节的，提出不予处罚、从轻、减轻处罚或者从重处罚的意见，构成犯罪的，在提出行政处罚意见的同时建议移送司法机关追究刑事责任；

（二）违法事实不清，证据不足，或者存在程序缺陷的，提出补充有关证据材料或者重新调查的意见；

（三）违法事实不能成立的，提出撤案申请，并填写《撤案申请表》（附表17）。

第二十八条　药品监督管理部门在作出处罚决定前应当填写《行政处罚事先告知书》（附表18），告知当事人违法事实、处罚的理由和依据以及当事人依法享有陈述、申辩的权利。

药品监督管理部门必须充分听取当事人的陈述和申辩，并当场填写《陈述申辩笔录》（附表19），当事人提出的事实、理由或者证据经复核成立的，应当采纳。

药品监督管理部门不得因当事人申辩而加重处罚。

对依法需要听证的案件，药品监督管理部门履行事先告知义务及当事人行使陈述、申辩权利等，按照本章第二节的规定执行。

第二十九条　对违法事实清楚、证据确凿、程序合法，依据药品、医疗器械管理法律、法规、规章的规定，应当给予行政处罚的，由承办人填写《行政处罚审批表》（附表20），经承办机构负责人填写审核意见后，报药品监督管理部门主管领导审批。

对于重大、复杂的行政处罚案件，应当由药品监督管理部门负责人集体讨论决定，并填写《重大案件集体讨论记录》（附表21）。

第三十条　药品监督管理部门作出行政处罚决定，应当制作《行政处罚决定书》（附表22）。

《行政处罚决定书》应当载明下列事项：

（一）当事人的姓名或者名称、地址；

（二）违反法律、法规或者规章的事实和证据；

（三）行政处罚的种类和依据；

（四）行政处罚的履行方式和期限；

（五）不服行政处罚决定，申请行政复议或者提起行政诉讼的途径和期限；

（六）作出行政处罚决定的药品监督管理部门名称和作出决定的日期。

《行政处罚决定书》必须盖有作出行政处罚决定的药品监督管理部门的公章。

行政处罚内容有没收假劣药品、医疗器械或者有关物品的，《行政处罚决定书》应当附有《没收物品凭证》（附表23）。

第三十一条　药品监督管理部门对依法没收的药品、医疗器械及相关物品和涉案的原材料、包装、制假器材，应当在超过诉讼期限后依照《行政处罚法》第五十三条规定予以处理。处理前应当核实品种、数量并填写《没收物品处理审批表》（附表24）及《没收物品处理清单》（附表25）。

第三十二条　药品监督管理部门在进行案件调查时，对已有证据证明有违法行为的，应当出具《责令改正通知书》（附表26），责令其改正或者限期改正违法行为。

第二节　听证程序

第三十三条　药品监督管理部门在作出责令停产停业、吊销许可证、撤销药品、医疗器械批准证明文件或者较大数额罚款等行政处罚决定前，应当告知当事人有要求举行听证的权利。

当事人要求听证的，应当组织听证。

对较大数额罚款的划定，依照本省、自治区、直辖市人大常委会或者人民政府的具体规定执行。

第三十四条 听证应当遵循公开、公正的原则。除涉及国家秘密、当事人的业务、技术秘密或者个人隐私外，听证应当公开进行。

听证实行告知、回避制度，并依法保障当事人的陈述权和申辩权。

第三十五条 药品监督管理部门对于适用听证程序的行政处罚案件，应当在作出行政处罚决定前，向当事人送达《听证告知书》(附表 27)。

《听证告知书》应当载明下列主要事项：

(一) 当事人的姓名或者名称；

(二) 当事人的违法事实、行政处罚的理由、依据和拟作出的行政处罚决定；

(三) 告知当事人有要求听证的权利；

(四) 告知提出听证要求的期限和听证组织机关。

《听证告知书》必须盖有药品监督管理部门的公章。

第三十六条 当事人在收到听证告知后 3 日内提出听证要求的，药品监督管理部门应当在当事人提出听证要求之日起 3 日内确定听证人员的组成、听证时间、地点和方式，并在举行听证会 7 日前，将《听证通知书》(附表 28) 送达当事人。

《听证通知书》应当载明下列事项并加盖药品监督管理部门公章：

(一) 当事人的姓名或者名称；

(二) 举行听证的时间、地点和方式；

(三) 听证人员的姓名；

(四) 告知当事人有权申请回避；

(五) 告知当事人准备证据、通知证人等事项。

第三十七条 当事人接到听证通知书后，应当按时出席听证会，也可以委托 1 ~ 2 人代理出席听证会。委托他人代理听证的应当提交由当事人签字或者盖章的委托书。

因故不能如期参加听证的，应当事先告知主持听证的药品监督管理部门。无正当理由不按期参加听证的，视为放弃听证要求，药品监督管理部门予以书面记载。

在听证举行过程中，当事人提出退出听证的，药品监督管理部门可以宣布听证终止，并记入听证笔录。

第三十八条 听证人员包括听证主持人和书记员。

听证主持人由药品监督管理部门主管领导指定本机关内部的非本案调查人员担任，一般由本机关法制机构人员或者从事法制工作的人员担任。

书记员由药品监督管理部门内部的一名非本案调查人员担任，负责听证笔录的制作和其他事务。

第三十九条 当事人认为听证主持人和书记员与本案有利害关系的，有权申请回避。听证主持人的回避由药品监督管理部门主管领导决定；书记员的回避，由听证主持人决定。

第四十条 有下列情形之一的，可以延期举行听证：

(一) 当事人有正当理由未到场的；

(二) 当事人提出回避申请理由成立，需要重新确定听证人员的；

(三) 需要通知新的证人到场，或者有新的事实需要重新调查核实的。

第四十一条 举行听证时，案件调查人员提出当事人违法事实、证据和行政处罚建议；当事人进行陈述、申辩和质证。

第四十二条 听证应当填写《听证笔录》(附表 29)。《听证笔录》应当载明下列事项：

（一）案由；
（二）听证参加人姓名或者名称、地址；
（三）听证主持人、书记员姓名；
（四）举行听证的时间、地点、方式；
（五）案件承办人提出的事实、证据和行政处罚建议；
（六）当事人陈述、申辩和质证的内容；
（七）听证参加人签字或者盖章。

听证结束后，应当将《听证笔录》当场交当事人和案件承办人审核，无误后签字或者盖章。当事人拒绝签字的，由听证主持人在《听证笔录》上注明。

第四十三条　听证结束后，听证主持人应当根据听证情况，提出听证意见并填写《听证意见书》（附表30）。

第四十四条　听证意见与按本规定第二十七条提出的案件合议意见一致的，按程序作出行政处罚决定；不一致的，提交领导集体讨论决定。对于事实认定不清，证据不足的，应当重新调查取证。

第三节　简易程序

第四十五条　对于违法事实清楚、证据确凿，依法应当作出下列行政处罚的，可以当场作出行政处罚决定：
（一）警告；
（二）对公民处以50元以下罚款；
（三）对法人或者其他组织处以1000元以下罚款。

第四十六条　药品监督执法人员当场作出行政处罚决定的，应当向当事人出示执法证件，填写预定格式、编有号码并加盖药品监督管理部门公章的《当场行政处罚决定书》（附表31）。

《当场行政处罚决定书》应当载明当事人的违法行为、行政处罚依据（适用的法律、法规、规章名称及条、款、项、目）、具体处罚的内容、时间、地点、不服行政处罚决定申请行政复议或者提起行政诉讼的途径、药品监督管理部门名称。

当事人应当在《当场行政处罚决定书》上签字或者按指纹，并由执法人员签字后当场交付当事人。

当事人拒绝签字或者按指纹的，执法人员应当注明情况。

第四十七条　药品监督管理部门适用简易程序作出行政处罚决定的，应当在《当场行政处罚决定书》中书面责令当事人改正或者限期改正违法行为。

第四十八条　药品监督执法人员当场作出的行政处罚决定，应当在7个工作日内报所属药品监督管理部门备案。

第四节　送　　达

第四十九条　《行政处罚决定书》应当在宣告后当场交付当事人，并由当事人在《送达回执》（附表32）上签字。

当事人不在场的，应当在7日内依照本节规定，将《行政处罚决定书》送达当事人。

《行政处罚决定书》由承办人送达被处罚单位或者个人签收，受送达人在《送达回执》上注明收到日期并签字或者盖章。签收日期即为送达日期。

送达《行政处罚决定书》应当直接送交受送达人。受送达人是公民的，本人不在时，交同住成年家属签收；受送达人是法人或者其他组织的，应当由法定代表人、其他组织的主要负责人或者该法人、其他组织负责收件的人员签收。

第五十条　受送达人或者其同住成年家属拒收《行政处罚决定书》的，送达人应当邀请有关基层组织或者所在单位人员到场并说明情况，在行政处罚决定书《送达回执》上注明拒收事由和日期，由送达人、见证人签字（盖章），将行政处罚决定书留在被处罚单位或者个人处，即视为送达。

第五十一条　直接送达有困难的，可以委托就近的药品监督管理部门代送或者用“双挂号”邮寄送达，邮局回执注明的收件日期即为送达日期。

国务院药品监督管理部门作出的撤销药品、医疗器械批准证明文件的行政处罚，交由被处罚单位所在地的省、自治区、直辖市药品监督管理部门送达。

第五十二条　受送达人下落不明，或者依据本规定的其他方式无法送达的，以公告方式送达。

第六章　执行与结案

第五十三条　《行政处罚决定书》送达后，当事人应当在处罚决定的期限内予以履行。

当事人确有经济困难，需要延期或者分期缴纳罚款的，经当事人提出书面申请，提交有关证明材料。经案件承办人员合议，符合规定的填写《延（分）期缴纳罚没款审批表》（附表 33），并经作出行政处罚决定的药品监督管理部门主管领导批准。主管领导批准后，由当事人填写延（分）期缴纳罚没款保证书，注明延（分）期缴款具体时间和金额，在保证书上签字并加盖公章，可以暂缓或者分期缴纳罚没款。

第五十四条　当事人对行政处罚决定不服，申请行政复议或者提起行政诉讼的，行政处罚不停止执行，但行政复议或者行政诉讼期间裁定停止执行的除外。

第五十五条　作出罚款和没收违法所得决定的药品监督管理部门应当与收缴罚没款的机构分离。除按规定当场收缴的罚款外，执法人员不得自行收缴罚没款。

第五十六条　依据本规定第四十五条当场作出行政处罚决定，有下列情形之一的，执法人员可以当场收缴罚款：

（一）依法给予 20 元以下罚款的；

（二）不当场收缴事后难以执行的。

第五十七条　在边远、水上、交通不便地区，药品监督管理部门及执法人员依照本规定作出处罚决定后，当事人向指定的银行缴纳罚款确有困难的，经当事人提出，执法人员可以当场收缴罚款。

第五十八条　药品监督管理部门及其执法人员当场收缴罚款的，必须向当事人出具省、自治区、直辖市财政部门统一制发的罚款收据。

执法人员当场收缴的罚款，应当自收缴罚款之日起 2 日内交至药品监督管理部门；药品监督管理部门应当在 2 日内将罚款缴付指定的银行。

第五十九条　当事人在法定期限内不申请行政复议或者提起行政诉讼，又不履行行政处罚决定的，药品监督管理部门可以自期限届满之日起 3 个月内向人民法院申请强制执行。

药品监督管理部门申请人民法院强制执行前应当填写《履行行政处罚决定催告书》（新增附表 6），书面催告当事人履行义务，告知履行义务的期限和方式、加处罚款的标准、依法享有的陈述和申辩权利。加处罚款的总数额不超过原罚款数额。当事人进行陈述、申辩的，药品监督管理部门应当制作《陈述申辩笔录》（附表 19），记录当事人提出的事实、理由和证据，并制作《陈述申辩复核意见书》（新增附表 7）。当事人提出的事实、理由或者证据成立的，药品监督管理部门应当采纳。

《履行行政处罚决定催告书》送达10日后，当事人仍未履行处罚决定的，药品监督管理部门可以申请人民法院强制执行，并填写《行政处罚强制执行申请书》（附表34）。

第六十条　行政处罚决定履行或者执行后，承办人应当填写《行政处罚结案报告》（附表35），将有关案件材料进行整理装订，归档保存。

第七章　附　　则

第六十一条　药品监督管理部门及其执法人员违反本规定实施行政处罚的，依照《中华人民共和国行政处罚法》、《中华人民共和国药品管理法》、《中华人民共和国药品管理法实施条例》、《医疗器械监督管理条例》的有关规定，追究法律责任。

第六十二条　药品监督行政执法文书由各地按本规定附表的示范格式自行印制。

第六十三条　本规定所称药品监督管理部门，是指依法享有行政处罚权的药品监督管理局、分局。

第六十四条　本规定自2003年7月1日起施行。本规定自施行之日起，国家药品监督管理局1999年8月1日颁布实施的《药品监督行政处罚程序》（国家药品监督管理局第8号令）废止。

附表：中华人民共和国药品监督行政执法文书（略）

食品药品监管总局等部门关于进一步加强中药材管理的通知

（食药监〔2013〕208 号）

各省、自治区、直辖市人民政府：

中药材是中医药的重要组成部分。加强中药材管理、保障中药材质量安全，对于维护公众健康、促进中药材产业持续健康发展、推动中医药事业繁荣壮大，具有重要意义。为进一步加强中药材管理，经国务院同意，现就有关工作通知如下：

一、充分认识加强中药材管理的重要性

近年来，我国中药材管理不断加强，形成了以中药材种植养殖、产地初加工和专业市场为主要环节的中药材产业，呈现出持续发展的良好态势。但受多种因素影响，中药材管理领域仍然存在一些突出问题，主要表现是，标准化种植养殖落实不到位，不科学使用农药化肥造成有害物质残留；中药材产地初加工设备简陋，染色增重、掺杂使假现象时有发生；中药材专业市场以次充好，以假充真，制假售假，违法经营中药饮片和其他药品现象屡禁不止。这些问题严重影响中药材质量安全，危害公众健康，阻碍中药材产业和中医药事业健康发展，社会反映强烈。

地方各级人民政府要深刻认识这项工作的重要意义，以对国家和公众高度负责的态度，采取切实有效措施，加大中药材产业链各环节的管理力度，坚决打击违法犯罪活动，确保中药材质量安全。

二、强化中药材管理措施

（一）加强中药材种植养殖管理。各地要高度重视中药材资源的保护、利用和可持续发展，加强中药材野生资源的采集和抚育管理，采集使用国家保护品种，要严格按规定履行审批手续。严禁非法贩卖野生动物和非法采挖野生中药材资源。要在全国中药材资源普查的基础上结合本地中药材资源分布、自然环境条件、传统种植养殖历史和道地药材特性，加强中药材种植养殖的科学管理，按品种逐一制定并严格实施种植养殖和采集技术规范，统一建立种子种苗繁育基地，合理使用农药和化肥，按年限、季节和药用部位采收中药材，提高中药材种植养殖的科学化、规范化水平。禁止在非适宜区种植养殖中药材，严禁使用高毒、剧毒农药、严禁滥用农药、抗生素、化肥，特别是动物激素类物质、植物生长调节剂和除草剂。加快技术、信息和供应保障服务体系建设，完善中药材质量控制标准以及农药、重金属等有害物质限量控制标准；加强检验检测，防止不合格的中药材流入市场。

（二）加强中药材产地初加工管理。产地初加工是指在中药材产地对地产中药材进行洁净、除去非药用部位、干燥等处理，是防止霉变虫蛀、便于储存运输、保障中药材质量的重要手段。各地要结合地产中药材的特点，加强对中药材产地初加工的管理，逐步实现初加工集中化、规范化、产业化。要对地产中药材逐品种制定产地初加工规范，统一质量控制标准，改进加工工艺，提高中药材产地初加工水平，避免粗制滥造导致中药材有效成分流失、质量下降。严禁滥用硫磺熏蒸等方法，二氧化硫等物质残留必须符合国家规定。严厉打击产地初加工过程中掺杂使假、染色增重、污染霉变、非法提取等违法违规行为。

（三）加强中药材专业市场管理。除现有 17 个中药材专业市场外，各地一律不得开办新的中药材专业市场。中药材专业市场所在地人民政府要按照“谁开办，谁管理”的原则，承担起管理责任，明确市场开办主体及其责任。中药材专业市场要建立健全交易管理部门和质量管理机构，完善市场交易和质量管理的规章制度，逐步建立起公司化的中药材经营模式。要构建中药材电子交易平台和市场信息平台，建设中药材流通追溯系统，配备使用具有药品现代物流水平的仓储设施设备，提高中药材仓储、养护技术水平，切实保障中药材质量。严禁销售假劣中药材，严禁未经批准以任何名义或方式经营中药饮片、中成药和其他药品，严禁销售国家规定的 28 种毒性药材，严禁非法销售国家规定的 42 种濒危药材。

（四）加强中药饮片生产经营管理。中药饮片生产经营必须依法取得许可证照，按照法律法规及有关规定组织开展生产经营活动。严禁未取得合法资质的企业和个人从事中药饮片生产、中药提取。各地要坚决取缔无证生产经营中药饮片的非法窝点，严厉打击私切滥制等非法加工、变相生产中药饮片的行为。要加强对药品生产经营企业的管理，严厉打击药品生产经营企业出租出借许可证照、将中药饮片生产转包给非法窝点或药农、购买非法中药饮片改换包装出售等违法行为。鼓励和引导中药饮片、中成药生产企业逐步使用可追溯的中药材为原料，在传统主产区建立中药材种植养殖和生产加工基地，保证中药材质量稳定。

（五）促进中药材产业健康发展。各地要根据国家中药材产业中长期发展规划，制定切合本地实际的中药材产业发展规划，采取有效措施促进中药材产业健康发展。要建立完善中药材种植养殖、产地初加工和中药材专业市场各项管理制度，开展诚信体系建设，营造促进行业健康发展的政策环境，推动地方特色中药材的集约化、品牌化发展。

三、加强组织保障

（一）明确地方政府责任。各地要切实履行地方政府负总责的要求，加强统一领导和组织协调，落实对中药材种植养殖、产地初加工和专业市场各环节的管理责任。要明确负责中药材管理的机构和人员，保障必要的经费和工作条件；建立中药材管理和服务的专业技术机构，完善中药材产业链中各项技术规范，提高中药材技术服务和质量保障能力；扶持中药材行业协会等社会组织发展，充分发挥其行业管理、行业自律、企业诚信等方面的作用，提高中药材管理的社会化水平。

（二）严惩违法犯罪行为。各地要切实加强对中药材的日常管理，强化中药材产业链各环节的排查，深挖带有行业共性的隐患和问题，坚决清退不符合要求的生产经营者，净化中药材市场环境。要针对社会反映强烈的突出问题，组织开展中药材整治专项行动，严厉打击制假售假等各类违法违规行为，保持打击中药材违法犯罪的高压态势。建立部门、区域联动机制，追根溯源，一查到底，及时查处曝光典型案件，有力震慑违法犯罪分子。

（三）严格监督检查。国务院有关部门要加强协作配合和监督指导，采取抽查、监督检验和明察暗访等方式，对中药材管理情况和中药材质量情况进行监督检查，监督检查结果要及时向社会公布。对问题突出、屡整屡犯、群众反映强烈的中药材专业市场坚决予以关闭；对管理措施不到位、市场秩序混乱、质量问题严重的地方，依纪依法追究相关责任人责任。

国家食品药品监督管理总局　中华人民共和国工业和信息化部
中华人民共和国农业部　中华人民共和国商务部
中华人民共和国国家卫生计划生育委员会　中华人民共和国国家工商行政管理总局
国家林业局　国家中医药管理局
2013 年 10 月 9 日

食品药品监管总局关于加强互联网药品销售管理的通知

（食药监药化监〔2013〕223 号）

各省、自治区、直辖市食品药品监督管理局：

为规范互联网售药行为，落实《关于印发打击互联网非法售药行动工作方案的通知》（食药监药化监〔2013〕123 号，以下简称《工作方案》）的工作部署，确保药品“两打两建”行动取得实效，现将有关工作要求通知如下：

一、加强药品交易网站资质的管理

药品生产企业、药品经营企业在自设网站进行药品互联网交易，或第三方企业为药品生产企业、药品经营企业提供药品互联网交易服务，必须按照原国家食品药品监督管理局印发的《互联网药品交易服务审批暂行规定》（国食药监市〔2005〕480 号，以下简称《暂行规定》），申请取得《互联网药品交易服务资格证书》后方可开展业务。按该证书服务范围仅可与其他企业和医疗机构进行药品交易的网站或提供药品互联网交易服务的网站，不得擅自超范围提供面向个人消费者的药品交易服务。零售单体药店不得开展网上售药业务。各省级食品药品监督管理部门应加强药品生产和经营企业网上售药监督监测，发现违反上述规定的药品交易网站（包括自设网站和提供交易服务的网站，下同），应对设立企业按照《暂行规定》和《工作方案》要求依法严肃查处，直至移送通信管理部门关闭其网站。

二、加强药品交易网站销售含麻黄碱类复方制剂的管理

药品零售企业销售含麻黄碱类复方制剂，必须按原国家食品药品监督管理局、公安部、原卫生部联合印发的《关于加强含麻黄碱类复方制剂管理有关事宜的通知》（国食药监办〔2012〕260 号）要求，查验和登记购买者合法有效的身份证件。鉴于目前互联网药品交易尚不能查验购买者身份证件，药品零售连锁企业一律不得在药品交易网站展示或向个人消费者销售含麻黄碱类复方制剂。发现违反规定的，由所在地食品药品监督管理部门按照《国务院关于加强食品等产品安全监督管理的特别规定》第三条有关规定进行处罚，造成严重后果的吊销许可证照，构成犯罪的依法移送公安机关追究刑事责任；对提供交易服务网站的企业应按照《暂行规定》第二十九条第二种情形和《工作方案》要求依法严肃查处，直至移送通信管理部门关闭其网站。

三、加强药品交易网站销售处方药的管理

《暂行规定》要求药品零售连锁企业通过药品交易网站只能销售非处方药，一律不得在网站交易相关页面展示和销售处方药。发现违反上述规定的，对企业自设网站由所在地食品药品监督管理部门按照《药品流通监督管理办法》第四十二条处罚；对提供交易服务网站由所在地食品药品监督管理部门按照《工作方案》要求依法责令停业整顿，限期整改。上述企业拒不改正或情节严重的，吊销其《互联网药品交易服务资格证书》，并移送通信管理部门关闭其网站。

在药品交易网站的非交易相关页面展示处方药名称、图片、说明书等信息的，必须在该页面上部加框标示“药品监管部门提示：如发现本网站有任何直接或变相销售处方药行为，请保留证据，拨打 12331 举报，举报查实给予奖励”。所在地省级食品药品监督管理部门应予督促和检查，对违规网站的设立企业，应参照《暂行规定》第二十九条第一种情形和《工作方案》要求依法查处，直至移送通信管理部门关闭其网站。

四、加强网售药品配送环节的管理

药品零售连锁企业通过互联网销售药品时，应当使用本企业符合《暂行规定》等文件要求的药品配送系统自行配送，且符合《药品经营质量管理规范》的有关要求，保证在售药品的质量安全。发现药品零售连锁企业违反规定的，由所在地食品药品监督管理部门参照《暂行规定》第二十九条第二种情形和《工作方案》要求依法查处。

五、加大对互联网非法售药的查处力度

各级食品药品监督管理部门要按照《工作方案》的部署，严格落实以上规定，开展监督检查和监测，规范互联网药品交易的主体和行为，严厉打击互联网违法销售药品等行为，切实将各种违法案件查处到位。对违反上述规定被责令整改的企业，11 月 15 日前必须完成整改，否则按照《工作方案》的要求从严处理。对需要予以关闭的网站，应及时移送通信管理部门关闭；对监督检查和监测发现的触犯刑律的案件，应及时移送司法机关依法追究刑事责任。

对打击互联网非法售药行动中涉事企业的整顿处理结果，省级食品药品监督管理部门要按照药品“两打两建”工作要求按期报送总局。对总局投诉举报中心移交的违法违规销售药品的网站，省级食品药品监督管理部门要按时将查处结果及时反馈总局投诉举报中心。任何单位和个人如发现从事互联网药品交易服务的企业违反上述规定，均可向食品药品监督管理部门举报（举报电话 12331）。

国家食品药品监督管理总局

2013 年 10 月 29 日

关于无极膏等32种药品转换为非处方药的通知

（国食药监安〔2004〕626号）

各省、自治区、直辖市食品药品监督管理局（药品监督管理局）：

根据国家药品监督管理局令第10号《处方药与非处方药分类管理办法》（试行）的规定，按照《关于开展处方药与非处方药转换评价工作的通知》（国食药监安〔2004〕101号）的要求，经我局审定，无极膏等32种药品（其中化学药品12种，中成药20种）转换为非处方药，现将药品名单（附件1）及其说明书（附件2）予以公布。并就有关事宜通知如下：

一、各省、自治区、直辖市食品药品监督管理局（药品监督管理局）接本通知后，要尽快将有关事宜通知本辖区相关药品生产企业。

二、自本通知下发之日起，各地即可进行以上非处方药品种的审核登记工作。审核登记工作的有关要求，按照《关于做好2002年非处方药管理有关工作的通知》（国药监办〔2002〕195号）执行。

附件：32种转换为非处方药药品名单

国家食品药品监督管理局

2004年12月31日

附件：

32 种转换为非处方药药品名单

一、化学药品

序号	品名	规格（组成）	分类	备注
1	无极膏	每克含：薄荷脑 35 毫克、合成樟脑 56 毫克、水杨酸甲酯 30 毫克、冰片 5 毫克、麝香草酚 2.5 毫克、丙酸倍氯米松 0.1 毫克	甲	
2	复方肝素钠二甲亚砜凝胶	每 100 克凝胶含：二甲亚砜 15 克、肝素钠 5 万国际单位、右泛醇 2.5 克	乙	
3	多糖铁胶囊	0.15 克（以铁计）	甲	
4	盐酸氨基葡萄糖胶囊	0.75 克	甲	
5	聚乙烯醇滴眼液	(1) 10 毫升：0.14 克；(2) 8 毫升：0.112 克	乙	
6	双氯芬酸钠搽剂	20 毫升：0.2 克	甲	双跨
7	维生素 C 咀嚼片	200 毫克	乙	
8	甘露聚糖肽口服溶液	10 毫升：10 毫克	甲	
9	口服蜡样芽孢杆菌活菌制剂	每粒 0.25 克，含活菌数不低于 2.0×10^{8} CFU	乙	
10	奥美拉唑镁肠溶片	10 毫克（以奥美拉唑计）	甲	双跨
11	右美沙芬缓释混悬液	100 毫升：0.6 克（以氢溴酸右美沙芬计）	甲	双跨
12	复方甘草含片	每片含甘草浸膏粉 112.5 毫克、阿片粉 4 毫克、樟脑 2 毫克、八角茴香油 2 毫克、苯甲酸钠 2 毫克	甲	

二、中成药

序号	品名	规格（组成）	分类	备注
1	健儿止泻颗粒	每袋装 6 克	甲	双跨
2	四季草颗粒	每袋装 2 克	甲	双跨
3	和胃整肠丸	每丸重 0.2 克	甲	双跨
4	小儿清热止咳颗粒	每袋装 6 克	甲	
5	眩晕宁片	每片重 0.31 克（相当于原药材 6 克）	甲	
6	鹿胎颗粒	每袋装 10 克	甲	
7	正柴胡饮胶囊	每粒装 0.3 克	乙	
8	胃苏颗粒	每袋装 5 克	甲	双跨
9	清火栀麦片	薄膜衣片：每片重 0.34 克	甲	
10	鼻通滴鼻剂	每瓶装 5 毫升	甲	
11	抗脑衰胶囊	每粒装 0.3 克（相当于原药材 1.78 克）	甲	
12	脉舒平袋泡茶	每袋装 2.5 克	甲	
13	镇咳宁含片	每片重 0.8 克	甲	
14	妇科千金胶囊	每粒装 0.4 克	甲	双跨
15	海马舒活膏	(1) 7 厘米×10 厘米；(2) 7 厘米×5 厘米	乙	
16	岭南万应止痛膏	每瓶装 (1) 70 毫升；(2) 20 毫升；(3) 5 毫升	乙	
17	痛肿灵（酊剂）	每瓶装 (1) 30 毫升；(2) 40 毫升	甲	
18	复方穿心莲片	每片重 0.37 克	甲	双跨
19	除疤膏	每支装 (1) 25 克；(2) 50 克	甲	
20	雪山金罗汉止痛涂膜剂	每瓶装 (1) 20 毫升；(2) 45 毫升	甲	

关于板蓝根分散片等32种药品转换为非处方药的通知

（国食药监注〔2012〕116号）

各省、自治区、直辖市食品药品监督管理局（药品监督管理局）：

根据《处方药与非处方药分类管理办法（试行）》（国家药品监督管理局令第10号）的规定，经国家食品药品监督管理局审定，板蓝根分散片等32种药品（化学药品3种、中成药29种）转换为非处方药。现将转换的32种药品名单（附件1）及其非处方药说明书范本（附件2）予以发布。

自本通知发布之日起，即可按照《关于印发非处方药说明书规范细则的通知》（国食药监注〔2006〕540号）和国家食品药品监督管理局的有关规定，进行以上品种说明书和标签的变更工作。

附件：1. 转换为非处方药的32种药品名单

2. 板蓝根分散片等32种非处方药说明书范本（略）

国家食品药品监督管理局

2012年5月7日

附件 1：

转换为非处方药的 32 种药品名单

序号	品名	规格（成分）	分类	备注
1	板蓝根分散片	每片重 0.58 克	乙类	双跨
2	地贞颗粒	每袋装 5 克	甲类	
3	复方杏香兔耳风胶囊	每粒装 0.5 克	甲类	双跨
4	复方鱼腥草糖浆	（1）每支装 10 毫升；（2）每支装 20 毫升；（3）每瓶装 60 毫升；（4）每瓶装 100 毫升	甲类	
5	菊蓝抗流感胶囊	每粒装 0.45 克	甲类	
6	苦金片	每片重 0.41 克	甲类	
7	蒲地蓝消炎片	每片重 0.31 克	甲类	双跨
8	清热解毒口服液	每瓶装 100 毫升	乙类	
9	清热解毒片	每片重 0.315 克（薄膜衣片）	乙类	双跨
10	乌圆补血口服液	每支装 10 毫升	甲类	
11	益脑片	每片重 0.3 克	甲类	双跨
12	白石清热颗粒	每袋装 10 克	甲类	
13	板蓝根滴丸	每丸重 52 毫克	乙类	双跨
14	刺五加脑灵胶囊	每粒装 0.4 克	甲类	
15	复方莪术油软胶囊	每粒装 0.15 克	甲类	
16	葛根汤合剂	（1）每瓶装 60 毫升；（2）每瓶装 120 毫升	甲类	
17	根痛平胶囊	（1）每粒装 0.3 克；（2）每粒装 0.4 克；（3）每粒装 0.5 克	甲类	
18	加味藿香正气软胶囊	每粒装 0.6 克（相当于原药材 2.157 克）	甲类	
19	金骨莲片	每片重 0.24 克	甲类	
20	金振口服液	每支装 10 毫升	甲类	
21	橘红痰咳泡腾片	每片重 1.3 克	甲类	
22	祛浊胶囊	每粒装 0.5 克	甲类	
23	沙苑子胶囊	每粒装 0.38 克	乙类	
24	四物颗粒	每袋装 5 克	甲类	
25	田七镇痛膏	每片 7 厘米 ×10 厘米	甲类	
26	调经养颜片	每片重 0.6 克	甲类	
27	雪山胃宝丸	每丸重 0.25 克	甲类	双跨
28	银菊清咽颗粒	每袋装 5 克	乙类	
29	银翘解毒胶囊	每粒装 0.5 克	乙类	
30	美扑伪麻干混悬剂	每袋含主要成分对乙酰氨基酚 325 毫克、盐酸伪麻黄碱 30 毫克、氢溴酸右美沙芬 15 毫克、马来酸氯苯那敏 2 毫克	甲类	
31	蒙脱石混悬液	90 毫升：9 克	甲类	双跨
32	盐酸氨基葡萄糖颗粒	0.48 克	乙类	

关于印发《关于做好传染病治疗药品和急救药品类基本药物供应保障工作的意见》的通知

各省、自治区、直辖市和新疆生产建设兵团卫生厅局、工业和信息化主管部门：

为贯彻落实《中共中央国务院关于深化医药卫生体制改革的意见》，保障国家基本药物制度顺利推进实施，加快建立以国家基本药物制度为基础的药品供应保障体系，指导各地及时、有效做好短缺传染病治疗药品和急救药品类基本药物的供应保障工作，确保群众基本用药，卫生部、工业和信息化部共同制定了《关于做好传染病治疗药品和急救药品类基本药物供应保障工作的意见》。现印发给你们，请遵照执行。

卫生部办公厅

工业和信息化部办公厅

2011 年 10 月 31 日

关于做好传染病治疗药品和急救药品类基本药物供应保障工作的意见

《中共中央国务院关于深化医药卫生体制改革的意见》（中发〔2009〕6号）提出“加快建立以国家基本药物制度为基础的药品供应保障体系，保障人民群众安全用药”。随着国家基本药物制度的推进，药品供应保障体系建设取得了明显成效。但仍有一些问题尚未得到有效解决，突出表现在一些地区部分传染病治疗药品和急救药品类基本药物的供应难以满足需要。为指导各地及时、有效做好短缺传染病治疗药品和急救药品类基本药物（以下简称短缺药品）的供应保障工作，确保群众基本用药，现提出以下意见。

一、汇总供应短缺药品信息

省级卫生行政部门要结合本省（区、市）传染病发病情况以及急救药品使用和基本药物供应的实际情况，协调市、县级卫生行政部门，结合医疗机构意见，汇总分析和综合研判后，提出短缺药品品种（含名称、剂型、规格等）和需求数量，会同省级工业和信息化主管部门分别报送卫生部和工业和信息化部备案。

二、建立短缺药品信息平台

省级卫生行政部门要会同工业和信息化主管部门充分利用现有药品集中采购平台，进一步拓展服务功能，增设动态更新的短缺药品信息功能，主动发布短缺药品品种、企业生产经营情况、省内库存和储备等信息，充分利用短缺药品现有市场资源，互通有无，保障临床用药需求。

三、调整优化医疗机构药品库存

医疗机构特别是负责传染病预防和治疗的医疗机构要结合自身治疗需要，调整优化药品尤其是短缺药品的库存，保证临床用药。对于医疗机构没有库存或难以采购到的临时急需药品，省级卫生行政部门要积极协调向其他医疗机构调剂使用，做到程序便捷、急用急调、保证使用。

四、加快研究建立常态化短缺药品储备

省级工业和信息化主管部门要会同有关部门结合本省（区、市）内医疗机构短缺药品需求情

况，对用量不确定、企业不常生产和本区域经常性供应短缺的品种，加快建立省级常态化的短缺药品储备。对于当前医疗机构急需的短缺药品，省级卫生行政部门要商医药储备主管部门根据有关规定积极协调调用应急医药储备，尽最大可能保障药品供应。

五、探索短缺药品定点生产和省际联合采购

对用量小、企业生产不盈利的短缺品种，研究通过定点生产或省际联合采购方式集中生产，以稳定药品供应。卫生部将对定点生产的品种进行严格遴选，限定为市场需求量小但又难以替代的少数药品，汇总各省（区、市）年度使用需求数量，配合有关部门遴选定点企业，其他药品仍通过集中采购机制引导生产销售。各地采购机构按照汇总的数量与选定生产企业签订采购合同，严格按照合同约定采购并及时付款，生产企业严格按照合同约定保质保量按时供应。

六、加强生产供应监测和协调

省级工业和信息化主管部门要会同卫生行政部门加强短缺药品生产供应监测。及时掌握生产动态，加强产需衔接，重点监测紧缺原料药和中药材等供应情况。采取有力措施，积极协调解决原料供应不足等企业生产经营存在的突出问题，提高短缺药品生产能力，保障临床需求。

七、加大组织实施力度

省级卫生行政部门、工业和信息化主管部门要本着为人民群众及时、充分提供安全有效药品的原则，强化属地责任，切实做好短缺药品的供应保障工作。

关于加强中药饮片监督管理的通知

（国食药监安〔2011〕25号）

各省、自治区、直辖市食品药品监督管理局（药品监督管理局），卫生厅（局）、中医药管理局，新疆生产建设兵团卫生局、食品药品监督管理局：

中药饮片是国家基本药物目录品种，质量优劣直接关系到中医医疗效果。为进一步加强中药饮片监督管理，促进中医药事业健康发展，现就加强中药饮片监督管理工作有关要求通知如下：

一、提高加强中药饮片监管重要性的认识

近年来，各级监督管理部门采取一系列措施，加强监管，规范了中药饮片的生产、经营和使用行为，使中药饮片质量水平有所提高。然而中药饮片生产、经营和使用等环节还存在一些不规范的问题，个别生产企业存在着不按《药品生产质量管理规范》（GMP）要求生产，甚至外购散装饮片，加工包装等行为；部分经营企业和医疗机构存在着从不具有资质的生产经营企业采购和使用中药饮片等问题。各级卫生行政、食品药品监管和中医药管理部门务必高度重视，应充分认识加强中药饮片监管对推动医药卫生体制改革，强化基本药物制度建设的重要意义，依法加强辖区内中药饮片的生产、经营和使用各个环节的监管，工作中应加强协调配合，形成监管合力，切实保障中药饮片质量。

二、加强中药饮片生产经营行为监管

各级食品药品监管部门应加强中药饮片生产、经营行为监管。生产中药饮片必须持有《药品生产许可证》、《药品 GMP 证书》；必须以中药材为起始原料，使用符合药用标准的中药材，并应尽量固定药材产地；必须严格执行国家药品标准和地方中药饮片炮制规范、工艺规程；必须在符合药品 GMP 条件下组织生产，出厂的中药饮片应检验合格，并随货附纸质或电子版的检验报告书。批发零售中药饮片必须持有《药品经营许可证》、《药品 GSP 证书》，必须从持有《药品 GMP 证书》的生产企业或持有《药品 GSP 证书》的经营企业采购。批发企业销售给医疗机构、药品零售企业和使用单位的中药饮片，应随货附加盖单位公章的生产、经营企业资质证书及检验报告书（复印件）。

严禁生产企业外购中药饮片半成品或成品进行分包装或改换包装标签等行为。严禁经营企业从事饮片分包装、改换标签等活动；严禁从中药材市场或其他不具备饮片生产经营资质的单位或个人采购中药饮片。

三、加强医疗机构中药饮片监管

各级卫生行政和中医药管理部门应加强对中药饮片使用环节的监管，进一步规范医疗机构对饮

片的管理工作。医疗机构从中药饮片生产企业采购，必须要求企业提供资质证明文件及所购产品的质量检验报告书；从经营企业采购的，除要求提供经营企业资质证明外，还应要求提供所购产品生产企业的《药品 GMP 证书》以及质量检验报告书。医疗机构必须按照《医院中药饮片管理规范》的规定使用中药饮片，保证在储存、运输、调剂过程中的饮片质量。

严禁医疗机构从中药材市场或其他没有资质的单位和个人，违法采购中药饮片调剂使用。医疗机构如加工少量自用特殊规格饮片，应将品种、数量、加工理由和特殊性等情况向所在地市级以上食品药品监管部门备案。

四、明确监管责任，严格执法监督

各省级食品药品监管、卫生行政和中医药管理部门应按照本通知要求，加强中药饮片生产、经营及使用环节的监督和现场检查。发现医疗机构违反规定，使用不符合要求饮片的，卫生行政、中医药管理部门应按照有关规定予以严肃处理。发现中药饮片生产、流通及使用环节存在违法生产、采购和使用的，食品药品监管部门一律依法查处。

各省级食品药品监管、卫生行政和中医药管理部门应进一步加强领导，落实责任，将中药饮片监管列为重点工作，结合本地实际情况，制定加强监管工作方案并开展监督检查，强化中药饮片生产、流通及使用环节日常监管工作，加大中药饮片抽验和检查力度，强化中药饮片生产、经营企业和医疗机构药房中药饮片质量的监管，强化医疗机构调剂使用中药饮片的监督。各省级食品药品监管、卫生行政和中医药管理部门应将中药饮片监督管理工作方案于 2011 年一季度前分别上报国家食品药品监督管理局、卫生部和国家中医药管理局，并每半年报告监督管理工作情况。国家食品药品监督管理局、卫生部和国家中医药管理局将加强对各地中药饮片监管工作的指导，及时通报工作进展情况，并适时组织督导检查。

国家食品药品监督管理局　中华人民共和国卫生部

国家中医药管理局

2011 年 1 月 5 日

关于严厉查处药品生产经营企业制售假药违法犯罪行为的通知

（国食药监电〔2011〕10号）

各省、自治区、直辖市食品药品监督管理局（药品监督管理局）：

在近期公安部统一指挥开展的打击制售假药犯罪集群战役中，食品药品监管部门积极配合，并核查发现个别药品生产企业和少数药品经营企业涉嫌制售假药。为严厉查处药品生产经营企业制售假药违法犯罪行为，现将有关要求通知如下：

一、各级食品药品监管部门对已经查证属实药品生产企业生产销售假药的，依照《药品管理法》第七十四条的规定，一律撤销药品批准证明文件。其中，有使用非法化工原料生产、违法委托生产、已停产企业参与生产假药情形的，一律按照情节严重依法撤销药品批准证明文件，并吊销《药品生产许可证》。

对已查证属实药品经营企业出租转让证照票据经营假药的、明知渠道不清或手续不全仍然购销假药等情形的，一律按照情节严重依法吊销《药品经营许可证》。

对生产销售假药的药品生产经营企业，一律公开予以曝光；对涉嫌犯罪的，一律移送公安机关追究刑事责任。

二、各级食品药品监管部门应结合制售假药违法犯罪活动的特点，对行政区域内药品生产企业进行检查，重点检查原料药使用情况、委托生产加工情况、出租厂房设备生产情况等；对经营企业重点检查购销渠道情况、证照票据管理情况等。凡是发现有违法违规行为的，依照《药品管理法》严厉查处，并予以曝光，情节严重的，吊销《药品生产许可证》或《药品经营许可证》。对制售假药的，按照本通知要求依法严厉查处。

各级食品药品监管部门应高度重视，对违法违规行为决不姑息。对姑息迁就、查处不力的，应严肃追究相关部门和责任人的责任。各省级食品药品监管部门应将查处工作情况和结果及时报告国家局。国家局将对重点案件督查督办。

国家食品药品监督管理局

2011年12月10日

关于进一步加强基本药物生产监管工作的意见

（国食药监安〔2011〕454 号）

各省、自治区、直辖市食品药品监督管理局（药品监督管理局）：

按照国家局《关于印发 2011 年药品生产和经营监管工作计划的通知》（国食药监安〔2011〕95 号）、《关于深入开展基本药物生产和质量监督检查工作的通知》（国食药监安〔2011〕196 号）等相关文件要求，各级食品药品监督管理部门加强组织领导，进一步强化行政区域内基本药物生产及质量监管，做了大量卓有成效的工作，目前基本药物质量安全形势总体平稳。但在 2011 年上半年国家局组织的基本药物飞行检查、督导检查以及各省（区、市）局组织的监督检查过程中，发现个别企业在基本药物生产质量方面还存在着较为严重的问题，应引起各地监管部门的高度重视。为切实保证基本药物质量安全，现就进一步加强基本药物生产监管工作提出如下意见：

一、加强基本药物监督检查，密切关注基本药物中标价格情况。各省（区、市）局应按照国食药监安〔2011〕196 号有关要求，继续开展基本药物监督检查，检查品种应包括所有基本药物品种。要密切关注行政区域内基本药物生产企业在省内外中标价格情况，将那些中标价格明显偏低的品种列为重点监督检查对象，及时组织检查，杜绝偷工减料、以次充好、替代投料、掺杂使假等违法违规行为，消除药品安全风险，确保基本药物质量安全。国家局已建成基本药物中标品种数据库，各省（区、市）局可自行登录国家局基本药物数据查询系统，查询本行政区域内基本药物生产企业在省内外中标价格情况。

二、建立基本药物生产企业中标情况备案制度。为及时动态掌握本行政区域内的基本药物生产企业在全国各地的中标情况，各省（区、市）局可从本地的实际情况出发，建立行政区域内的基本药物生产企业中标情况备案制度，不管是在本地中标还是在外地中标的品种，均需要向企业所在的省（区、市）局或地市局备案。备案内容包括中标价格、成本情况以及中标省份名称等等。省（区、市）局或地市局根据企业备案情况以及工艺处方核查等情况，对中标品种进行安全风险评估，根据评估结果采取有针对性的监管措施，切实消除安全隐患。

三、创新检查方式，有效开展基本药物监督检查。基本药物监督检查不同于常规的药品 GMP 认证，各省（区、市）局应打破常规，创新监管手段，要根据基本药物的特点和可能出现的问题有针对性地组织开展检查工作。检查重点包括原料来源、物料平衡、生产工艺等内容。对监督检查中发现的可疑点，必须进行深查深究，绝不轻易放过。

四、探索建立基本药物监督检查协作机制，实现信息资源共享。当前药品领域已经形成大市场、大流通格局，基本药物的生产、流通同样是面向全国市场，各地在努力确保行政区域内企业生产的基本药物质量安全的同时，应加强对输入本行政区域基本药物的质量监管。鼓励各地加强区域间监管部门之间的合作，探索建立基本药物监督检查协作机制，实现信息资源共享。各省（区、市）可根据本地的实际情况，对工作中发现的可疑点，通过开展跨区域的基本药物监督检查、向其他省（区、市）局发出“协助核查函”或向国家局直接报告等方式，进一步加强基本药物生产监管，确保基本药物质量安全。

五、加强监督检查队伍建设，提高执法能力。准确及时发现基本药物生产过程中存在的问题，有的放矢开展监督检查工作，对确保基本药物质量安全具有重要意义。各地要在科学监管理念指导下，创新监管及监督检查方式，努力打造一支政治坚定、作风优良、技术过硬的基层监督检查人才队伍，创造性地开展基本药物监督检查工作。通过“走出去”和“请进来”等各种方式，学习好的经验和做法，不断提升人员总体素质，提高监管效率和执法能力，将各种安全隐患消灭在萌芽之中。

六、加大对违法违规生产基本药物行为的处罚力度。各省（区、市）局应加大对基本药物生产企业违法违规生产行为的打击力度，对监督检查、飞行检查以及市场抽验工作中发现的问题，要坚决一查到底，绝不姑息，坚决杜绝地方保护主义，打击、震慑药品生产企业的不法行为。

七、进一步明确基本药物监督管理职责，落实监管责任。各省（区、市）局要进一步加强基本药物监管责任体系建设，细化、明确省、市、县各级药监部门在基本药物监督管理方面的具体职责，防止推诿、扯皮现象发生，确保基本药物质量安全。

各地在强化基本药物生产监管工作中如有好的经验、意见或建议，请及时上报国家局。

国家食品药品监督管理局

2011年10月21日

关于规范中药生产经营秩序严厉查处违法违规行为的通知

（国食药监安〔2012〕187号）

各省、自治区、直辖市食品药品监督管理局（药品监督管理局）：

近年来，各级食品药品监管部门不断加大中药生产流通监管力度，努力保持中药质量总体稳定。但随着市场竞争日趋激烈，中药材产量与需求矛盾加剧，价格剧烈波动，中药生产流通领域问题突出，制假售假现象有所抬头。一些中药生产经营企业降低要求，放任不规范行为，为制假售假提供方便，甚至直接参与违法活动，严重干扰中药生产经营秩序，直接影响公众用药安全有效，引发社会高度关注。为规范中药生产经营秩序，严厉查处违法违规行为，切实加强监管，确保中药质量，现将有关要求通知如下。

一、加强监督管理规范中药生产经营秩序

（一）中药饮片、中成药生产企业应保证其使用的中药材来源、产地稳定，推进中药材基地建设，积极引导中药材规范化、规模化种植。加强对重金属及有害元素、农药残留、黄曲霉毒素等安全性指标的检测和控制，切实保证中药材质量和安全。

（二）中药饮片生产企业应严格按照GMP要求和炮制规范进行炮制生产，具备与生产品种相适应的检验设备和能力，严把质量检验关，对每批购进的中药材和所生产饮片进行检验，保证饮片质量。

（三）中成药生产企业应严格按照GMP组织生产，严把原料、中间产品和成品质量关，切实承担起第一质量责任人的职责。应具备与生产品种相适应的中药前处理、提取能力，保证生产体系完整，强化生产全过程的质量控制。严格按照药品标准投料生产，处方项下规定为饮片投料的不得以药材投料，规定为中药提取物投料的，方可直接使用提取物投料。具备对购入原料、中间产品、出厂产品进行全项检验的设备和能力。建立能够防范提取药渣废料回流药品市场的药渣处置管理制度，严防被不法分子利用。

使用中药提取物投料的生产企业，应切实加强对提取物生产企业的质量审计，固定提取物来源，并将提取物供应商等信息报送省级食品药品监管局药品注册部门备案，发生变更时应重新备案。不得使用无《药品生产许可证》企业生产的产品，不得使用无国家药品标准的产品。

中成药生产企业应加强本企业或本集团中药提取车间建设，使之完全适应相应品种提取生产和质量控制需要。暂时不具备提取能力的，要尽快提出解决方案和具体时限，报省局备案同意后，可以继续按照《关于加强中药前处理和提取监督管理工作的通知》（国药监安〔2002〕84号）有关要求执行。各省级食品药品监管局应从严审批新的委托提取申请，加强委托提取日常监督检查，督促

企业实施其解决方案，不符合要求的，责令暂停生产。

（四）药品经营企业、医疗机构应从持有《药品 GMP 证书》的饮片生产企业或持有《药品 GSP 证书》的饮片经营企业采购中药饮片，并索取合法票据。严格执行药品 GSP 和《医院中药饮片管理规范》有关规定，完善购进记录、验收、储存、运输、调剂、临方炮制等过程的管理制度和措施。严禁从事饮片分包装、改换标签等活动。严禁从中药材市场或其他不具备饮片生产经营资质的单位或个人采购中药饮片，确保中药饮片安全。

二、坚决查处制假售假等违法违规行为

（一）严厉查处中药材专业市场违法违规行为。中药材专业市场存在的制假售假、掺杂掺假、增重染色、以劣充好等违法违规行为，是假劣中药材的重要来源。要彻查假劣中药材源头，打击并捣毁与中药材专业市场勾结的制售假劣中药材、中药饮片的“黑窝点”；加强对经营业户的监督检查，严厉打击经销假劣药材的行为；查清并阻断假劣中药材流向，严防假劣中药材进入正规生产流通领域；坚决查处中药材专业市场销售中药饮片、毒性药材、药品制剂等经营行为，规范中药材专业市场经营秩序。

（二）严厉查处中成药生产过程中的违法违规行为。重点查处：使用增重染色、被污染或提取过的假劣中药材及饮片投料生产，非法使用中药提取物替代中药材投料生产；购入无国家标准或未通过 GMP 检查的中药提取物投料生产；偷工减料、不按处方投料、不按规定进行前处理、违反生产工艺生产、不按规定检验等违法违规行为；将提取药渣废料销售给不法分子，导致药渣回流药品市场。

（三）严厉查处中药饮片生产过程中的违法违规行为。重点查处：使用假劣中药材、被污染或提取过的中药材进行投料生产；生产过程中添加其他物质造成饮片污染；外购中药饮片（含半成品）进行分包装或改换包装标签；出租出借证照，虚开票据，为不法分子提供产品检验报告；不按炮制规范或超出核准范围炮制，不按规定检验；与“黑窝点”勾结制假售假等违法违规行为。

（四）严厉查处中药饮片流通使用环节的违法违规行为。重点查处：药品经营企业和医疗机构购进、销售和使用增重、染色、被污染的中药材和提取过的及其他假劣中药饮片；擅自加工药材冒充中药饮片销售；出租出借证照，虚开票据；与“黑窝点”相互勾结制假售假；从非法渠道购买中药饮片等违法违规行为。

对上述违法违规行为，各地要按照《药品管理法》及有关规定严肃查处；对发现与“黑窝点”勾结制假售假的，要深挖严查，严厉打击；涉嫌犯罪的，一律移送公安机关。

三、加强组织领导落实监管责任

（一）提高思想认识，加强组织领导。要深刻认识当前加强中药生产经营监督管理、严厉打击制假售假行为的重要性和紧迫性。各省级食品药品监管局要着眼大局，积极贯彻国家局要求，结合本地区实际和中药材专业市场专项整治要求，认真组织，周密部署，精心安排，确保工作有序开展，并取得实效。要切实消除隐患，防范发生系统性问题，确保中药产品质量，保证公众用药安全。

（二）加大监督检查和监督检验力度。各地要针对可能影响中药质量的突出问题和监管薄弱环节，开展以中药生产、经营企业为重点的现场检查工作。着重检查中药材和饮片来源、处方工艺、物料平衡、质量检验等情况，核对购、销、调、存合同和票据等记录。要改进检查方式，提高检查

效能，采取多种方式，主动收集线索，明察暗访，深入调查，做到重大隐患早发现，突出问题早纠治。国家局将加强飞行检查的频次，督促各地落实工作要求。

各地要加强中药监督抽验，结合中药材专业市场的抽验计划，加大对中药生产企业、经营企业以及医疗机构（含个体诊所）各环节的抽验力度，对检查过程中发现可能存在问题的产品进行重点抽验，提高对原料（含中药提取物）、成品及市场流通产品抽验的针对性。

（三）加强案件查办工作。对于现场检查和抽样检验发现的各种违法违规行为，各地要立即采取控制措施，追根溯源，一查到底，绝不姑息，依法从重查处；涉及辖区外的，应及时函告相关地方食品药品监管局协查；对于制售假药、涉及面广、危害性大的案件，应及时报告。对于构成犯罪的，要及时移交公安机关。对于发现的不规范生产经营行为，要督促企业采取措施及时整改。国家局将组成检查组和督导组，有针对性地进行监督检查和督导，查办一批大案要案，曝光一批严重违法违规企业，有力震慑不法分子，使中药生产经营秩序根本好转。

（四）监督企业严格执行药品 GMP 和 GSP。各地要将现场检查与日常监管工作有机结合起来，加大新修订药品 GMP 和 GSP 实施力度，加快工作进度，为规范中药生产经营秩序提供有力支撑。

各省级食品药品监管局要组织将本通知精神及时传达至辖区内相关生产经营企业。执行中遇到问题，应及时向国家局反映。

国家食品药品监督管理局

2012 年 7 月 18 日

关于加强药用玻璃包装注射剂药品监督管理的通知

（食药监办注〔2012〕132号）

各省、自治区、直辖市及新疆生产建设兵团食品药品监督管理局（药品监督管理局）：

根据药品监督检查信息，部分注射剂类药品与所选用的药用玻璃存在相互作用，影响药品质量，造成一定安全隐患。为保证产品质量，保障公众用药安全，现就加强药用玻璃包装注射剂药品监督管理有关事项通知如下：

一、药品生产企业必须切实对所生产的产品质量负责。注射剂产品与所用药用玻璃的相容性研究应符合国家食品药品监督管理局发布的《药品包装材料与药物相容性试验指导原则》（YBB00142002）等相关技术指导原则的要求。凡不符合的，必须立即停止使用该药用玻璃包装，并重新开展规范的研究；依据研究结果选用合适的药用包装材料，并及时提出变更的补充申请。严防选用不恰当药用包装材料造成药品质量问题。

二、药品生产企业应根据药品的特性选择能保证药品质量的包装材料。对生物制品、偏酸偏碱及对pH敏感的注射剂，应选择121℃颗粒法耐水性为1级及内表面耐水性为HC1级的药用玻璃或其他适宜的包装材料。对注射剂类药品包装材料由达不到上述耐水要求的药用玻璃变更为符合上述耐水要求药用玻璃的补充申请，药品生产企业可在完成相关研究后报所在地省（区、市）食品药品监督管理部门批准。对变更药用玻璃包装生产厂家的，药品生产企业可在完成药品与药用玻璃包装相容性实验验证后，报所在地省（区、市）食品药品监督管理部门备案。

三、药品生产企业应按照《药品生产质量管理规范（2010年修订）》有关供应商评估的要求，对药用玻璃生产企业定期进行现场质量审计和回顾分析，与其签订质量协议，建立供应商质量档案，定期考察药用玻璃与药品的相容性。发现药用玻璃生产发生原料、处方、工艺等变更时，应重新进行药品与药用玻璃的相容性验证。购入每批药用玻璃包装后，应按标准进行检验，符合国家标准规定后方可批准使用。

四、各级食品药品监督管理部门应将对相关药用包装材料的监督检查和监督抽验纳入工作计划，加强对药用包装材料的监管。要重点对以往监督检查中发现问题的企业，加大监督检查和监督抽验频次和力度，对产品质量不符合标准规定的，依法查处。

本通知自下发之日起执行。各级食品药品监督管理部门要加强宣传和指导，加大对药用玻璃和注射剂生产企业日常监督管理，督促药品生产企业严格执行有关规定，落实责任，消除安全隐患，确保产品质量。

国家食品药品监督管理局办公室

2012年11月8日

关于印发加强药用辅料监督管理有关规定的通知

（国食药监办〔2012〕212号）

各省、自治区、直辖市食品药品监督管理局（药品监督管理局）：

为进一步加强药用辅料生产和使用管理，保证药品质量，依据《中华人民共和国药品管理法》及其实施条例等法律法规，国家食品药品监督管理局组织制定了《加强药用辅料监督管理的有关规定》。现印发你们，请督促行政区域内相关企业遵照执行，并做好监督检查工作。

国家食品药品监督管理局

2012年8月1日

加强药用辅料监督管理的有关规定

药用辅料是药品的重要组成部分，直接影响药品的质量。为进一步加强药用辅料生产、使用的监管，确保药品质量安全，依据《中华人民共和国药品管理法》及其实施条例、《国务院关于加强食品等产品安全监督管理的特别规定》、《药品生产监督管理办法》、《药品注册管理办法》、《药品生产质量管理规范》等相关法律法规规章，特规定如下：

一、药品制剂生产企业必须保证购入药用辅料的质量

（一）药品制剂生产企业是药品质量责任人。必须切实加强药品生产质量管理，确保药品质量安全。必须严格药用辅料使用的管理，按照药品监督管理部门核准的处方工艺，使用符合要求的药用辅料生产药品。凡因违法违规使用药用辅料引发的药品质量问题，药品制剂生产企业必须承担主要责任。

（二）药品制剂生产企业必须健全质量管理体系。应确保质量管理部门有效履行质量保证和质量控制职责，企业负责人及其他部门人员不得干扰或妨碍质量管理部门履行职责。确定药用辅料供应商应进行审计并经企业质量管理部门批准。

（三）药品制剂生产企业应加强药用辅料供应商审计。应按照《药品生产质量管理规范（2010年修订）》有关要求，对药用辅料生产企业定期进行质量评估，对药用辅料生产企业的质量体系进行质量审计和回顾分析，并建立所有购入药用辅料及供应商的质量档案。

（四）药品制剂生产企业必须对所使用的药用辅料质量严格把关。凡购入的药用辅料，都必须按照药品批准注册时核准的质量标准进行检验，确保符合药用要求。对已颁布国家药品标准的药用辅料，必须符合国家药品标准的要求。

（五）药品制剂生产企业应与主要药用辅料供应商签订质量协议。随时掌握所使用药用辅料的变更情况，研究和评估变更对药品质量的影响，并按照《药品注册管理办法》的要求进行申报。

二、药用辅料生产企业必须保证产品的质量

（六）药用辅料生产企业必须对产品质量负责。应严格执行《药用辅料生产质量管理规范》，健全企业质量管理体系，加强对生产所用原材料的供应商审计，严格原材料质量控制，按照产品注册核准的处方工艺组织生产，规范产品批号的编制，保证产品质量稳定。对未取得批准文号且历史沿用的药用辅料，应按照与药品制剂生产企业合同约定的质量协议组织生产。

（七）药用辅料生产企业必须保证产品质量。应按注册批准的或与药品制剂生产企业合同约定的质量标准，对每批产品进行全项检验，合格后方可入库、销售。对已颁布国家药品标准的药用辅料，必须符合国家药品标准的有关要求。产品放行前，所有生产文件和记录，包括检验数据均应经质量管理部门审查并符合要求，不符合要求不得放行出厂。

（八）药用辅料生产企业应配合药品制剂生产企业开展供应商审计。若发生生产工艺、原材料来源等可能影响药用辅料质量的变更时，应主动开展相应的评估，及时通报药品制剂生产企业。

三、药品监督管理部门对药用辅料实施分类管理

（九）药用辅料实施分类管理。对新的药用辅料和安全风险较高的药用辅料实行许可管理，即生产企业应取得《药品生产许可证》，品种必须获得注册许可；对其他辅料实行备案管理，即生产企业及其产品进行备案。实行许可管理的品种目录由国家食品药品监督管理局组织制定，分批公布。

对实施许可管理的药用辅料，生产企业应按要求提交相关资料。经省级药品监督管理部门按照《药用辅料生产质量管理规范》的要求进行生产现场检查，动态抽样检验，并经国家食品药品监督管理局审核合格后，予以注册。国家食品药品监督管理局对辅料注册申请的审核应与相应的药物制剂进行关联。

对实施备案管理的药用辅料，由生产企业提交相关资料，报所在地省级药品监督管理部门备案。省级药品监督管理部门可根据需要进行现场检查和抽样检验。

药用辅料许可及备案的相关要求另行制定。进口药用辅料参照此规定，报国家食品药品监督管理局许可或备案。

（十）严格药品注册申报对药用辅料的要求。药品制剂生产企业申报药品注册时，应提交所使用的药用辅料种类、供应商、质量标准及供应商审计结果等资料；对变更药用辅料种类的补充申请，应进行相应的研究，提交研究资料和供应商审计结果，报国家食品药品监督管理局审批后方可使用；对不改变辅料种类仅变更供应商的，需提交相应研究资料及供应商审计结果，向省级药品监督管理部门备案后方可使用。

（十一）加强药用辅料标准管理。国家食品药品监督管理局组织国家药典委员会开展药用辅料质量标准制修订工作，发布药用辅料国家药品标准，研究制定药用辅料推荐标准。各级药品监督管理部门依据国家药品标准进行监督检查。

四、药品监督管理部门必须加强药用辅料生产使用全过程监管

（十二）地方各级药品监督管理部门应落实监管责任。要加强对本行政区域内药品制剂生产企业的日常监管，重点检查药品制剂生产企业是否按核准的工艺处方生产；是否按供应商审计的要求对药用辅料生产企业进行审计；是否按要求对所使用的药用辅料按相应质量标准进行检验；是否未经批准擅自变更药用辅料；供应商发生变化时是否按要求进行了备案等。

（十三）地方各级药品监督管理部门应加强药用辅料生产监管。对本行政区域内药用辅料生产企业开展日常监督，或根据在药品制剂生产企业监督检查中发现的问题，对药用辅料生产企业进行延伸检查。重点检查药用辅料的生产是否符合《药用辅料生产质量管理规范》；是否严格控制原材料质量；是否按照核准或备案的工艺进行生产；是否建立完善的批号管理制度和出厂检验制度。对不接受检查的，药品制剂生产企业不得使用其生产的药用辅料。

（十四）各级药品监督管理部门应加强对药用辅料的监督抽验。根据监督检查的情况，明确抽验重点，细化抽验范围和要求。抽验范围应涵盖药用辅料生产企业和药品制剂生产企业等药用辅料的使用单位。对以往监督检查和抽验中发现问题的企业和机构，要加大抽验频次和检查力度。

（十五）各级药品监督管理部门要加大查处力度。发现药品制剂生产企业、药用辅料生产企业在药用辅料生产、使用方面违法违规的，应按《中华人民共和国药品管理法》、《国务院关于加强食品等产品安全监督管理的特别规定》等有关规定对相关企业和责任人进行查处，情节严重的，依法从严从重处理。构成犯罪的，移送公安机关，依法追究刑事责任。

五、注重基础数据建设，建立诚信管理机制

（十六）建立药用辅料数据库。药品制剂生产企业应根据药品监督管理部门核准的药用辅料使用情况，填报在产品种的药用辅料使用信息，并通知和协助药用辅料生产企业填报药用辅料生产信息，报各自所在地省级药品监督管理部门。国家食品药品监督管理局和省级药品监督管理部门汇总相关信息，建立药用辅料数据库，全面掌握药用辅料生产、使用的动态情况。

（十七）建立药用辅料生产企业信用档案。各省级药品监督管理部门应建立药用辅料生产企业信用档案，公开对药用辅料生产企业的检查、抽验情况，供药品制剂生产企业选用药用辅料时参考。

（十八）鼓励社会公众参与监督管理。支持行业协会、第三方机构和公众对药用辅料生产使用过程中的违法违规行为进行监督和举报，共同维护药品及药用辅料质量安全。有关行业协会应当加强行业自律，推动行业诚信建设，推进分类管理，引导规范药品制剂生产企业和药用辅料生产企业诚信守法，依法经营。

本规定由国家食品药品监督管理局负责解释，自 2013 年 2 月 1 日起执行。

关于停止生产销售使用甲丙氨酯制剂的通知

（食药监〔2013〕11号）

各省、自治区、直辖市食品药品监督管理局（药品监督管理局）：

国家食品药品监督管理总局经再评价认为，甲丙氨酯制剂临床价值有限，发生严重不良反应的风险较高，长时间使用可能产生药物依赖，在我国使用风险大于效益。

根据《药品管理法》第四十二条规定，国家食品药品监督管理总局决定自2013年7月1日起，停止甲丙氨酯制剂在我国的生产、销售和使用，撤销药品批准证明文件。

请各省（区、市）食品药品监管部门立即将上述决定通知辖区内有关药品生产、经营、使用单位，并监督其遵照执行，已生产的甲丙氨酯制剂由当地食品药品监督管理部门监督销毁。

附件：撤销的甲丙氨酯制剂批准文件名单

国家食品药品监督管理总局

2013年5月8日

附件：

撤销的甲丙氨酯制剂批准文件名单

序号	通用名称	批准文号	生产单位
1	甲丙氨酯片	国药准字 H44020922	广东众生药业股份有限公司
2	甲丙氨酯片	国药准字 H21024069	朝阳富祥药业有限公司
3	甲丙氨酯片	国药准字 H50020361	重庆科瑞制药（集团）有限公司
4	甲丙氨酯片	国药准字 H50020749	重庆科瑞制药（集团）有限公司
5	甲丙氨酯片	国药准字 H41022329	开封制药（集团）有限公司
6	甲丙氨酯片	国药准字 H41022328	开封制药（集团）有限公司
7	甲丙氨酯片	国药准字 H13022769	石药集团欧意药业有限公司
8	甲丙氨酯片	国药准字 H14021646	山西远景康业制药有限公司
9	甲丙氨酯片	国药准字 H14021287	大同星宇星火制药有限责任公司
10	甲丙氨酯片	国药准字 H41020986	郑州永和制药有限公司
11	甲丙氨酯片	国药准字 H13021917	河北东风药业有限公司
12	甲丙氨酯片	国药准字 H61022488	西安利君制药有限责任公司
13	甲丙氨酯片	国药准字 H61022416	西安利君制药有限责任公司
14	甲丙氨酯片	国药准字 H62020612	甘肃新兰药药业有限公司
15	甲丙氨酯片	国药准字 H62020613	甘肃新兰药药业有限公司
16	甲丙氨酯片	国药准字 H14021806	山西云中制药有限责任公司
17	甲丙氨酯片	国药准字 H14020656	大同长兴制药有限责任公司
18	甲丙氨酯片	国药准字 H61021423	陕西永寿制药有限责任公司
19	甲丙氨酯片	国药准字 H61021422	陕西永寿制药有限责任公司
20	甲丙氨酯片	国药准字 H52020396	贵州光正制药有限责任公司
21	甲丙氨酯片	国药准字 H36020781	江西制药有限责任公司
22	甲丙氨酯片	国药准字 H36020782	江西制药有限责任公司
23	甲丙氨酯片	国药准字 H23022093	黑龙江鼎恒升药业有限公司
24	甲丙氨酯片	国药准字 H42021694	远大医药（中国）有限公司
25	甲丙氨酯片	国药准字 H23020081	哈药集团三精制药四厂有限公司
26	甲丙氨酯片	国药准字 H23020080	哈药集团三精制药四厂有限公司
27	甲丙氨酯片	国药准字 H33021435	宁波大红鹰药业股份有限公司
28	甲丙氨酯片	国药准字 H21021527	东北制药集团沈阳第一制药有限公司
29	甲丙氨酯片	国药准字 H21021526	东北制药集团沈阳第一制药有限公司
30	甲丙氨酯片	国药准字 H32025324	江苏吉贝尔药业有限公司
31	甲丙氨酯片	国药准字 H32025325	江苏吉贝尔药业有限公司
32	甲丙氨酯片	国药准字 H46020446	海南赛立克药业有限公司

续表

序号	通用名称	批准文号	生产单位
33	甲丙氨酯片	国药准字 H11020967	北京双鹤药业股份有限公司
34	甲丙氨酯片	国药准字 H11020966	北京双鹤药业股份有限公司
35	甲丙氨酯片	国药准字 H62020166	甘肃莫高实业发展股份有限公司制药厂
36	甲丙氨酯片	国药准字 H63020049	青海制药厂有限公司
37	甲丙氨酯片	国药准字 H23022183	牡丹江灵泰药业股份有限公司
38	甲丙氨酯片	国药准字 H37022531	济南永宁制药股份有限公司
39	甲丙氨酯片	国药准字 H15020660	赤峰蒙欣药业有限公司
40	甲丙氨酯片	国药准字 H15020201	内蒙古兰太药业有限责任公司
41	甲丙氨酯片	国药准字 H43021035	湖南湘药制药有限公司
42	甲丙氨酯片	国药准字 H43021076	湖南湘药制药有限公司
43	甲丙氨酯片	国药准字 H14022418	山西太原药业有限公司
44	甲丙氨酯片	国药准字 H50021195	重庆西南制药二厂有限责任公司
45	甲丙氨酯片	国药准字 H20064715	陕西西岳制药有限公司
46	甲丙氨酯片	国药准字 H20064716	陕西西岳制药有限公司
47	甲丙氨酯片	国药准字 H22021877	公主岭市红光制药厂
48	甲丙氨酯片	国药准字 H31020471	上海华氏制药有限公司天平制药厂
49	甲丙氨酯片	国药准字 H15020213	包头康力药业集团股份有限公司
50	甲丙氨酯片	国药准字 H15020214	包头康力药业集团股份有限公司
51	甲丙氨酯片	国药准字 H44020365	广州白云山光华制药股份有限公司
52	甲丙氨酯片	国药准字 H13022036	保定康信药业有限公司

关于进一步加强含可待因复方口服溶液、复方甘草片和复方地芬诺酯片购销管理的通知

（食药监办药化监〔2013〕33号）

各省、自治区、直辖市食品药品监督管理局（药品监督管理局）：

2009年，原国家食品药品监督管理局印发《关于切实加强部分含特殊药品复方制剂销售管理的通知》（国食药监安〔2009〕503号），对含可待因复方口服溶液、复方甘草片、复方地芬诺酯片的购销管理提出了要求，对遏制此类药品从药用渠道流失和滥用，发挥了积极作用。但近来，含可待因复方口服溶液（品种目录见附件1）、复方甘草片和复方地芬诺酯片等含特殊药品复方制剂在购销环节发生流失的案件仍时有发生。为进一步加强对上述药品的购销管理，保障公众健康，现将有关事项通知如下：

一、加强药品生产企业销售管理

（一）上述药品的生产企业，应根据质量管理水平、诚信状况、信息化水平、物流能力等条件，择优选择、确定业务关系相对稳定的药品批发企业经销本企业上述药品。在选取过程中，生产企业应当按照产品销售区域的不同条件，以满足市场供应为导向，合理划定批发企业经销范围，促使药品可由最短途径到达终端环节。药品生产企业只能将本企业生产的上述药品直接销售给经本企业确定的批发企业；由企业集团开办的统一销售本集团所生产药品的批发企业和直接从国外进口上述药品的批发企业，参照药品生产企业管理，也应当执行上述规定。

（二）生产企业在与批发企业签订购销合同时，要将严格按照国家规定销售含特殊药品复方制剂的要求作为合同内容加以约定。同时，生产企业应当加强对批发企业履行协议情况的监督，对不能切实履行合同义务的，及时采取措施中断药品供应。生产企业应当将选取批发企业的情况（见附件2）报送所在地省级食品药品监督管理部门，同时抄报批发企业所在地省级和地市级食品药品监督管理部门。

二、严格药品经营企业购销管理

（一）从生产企业直接购进上述药品的批发企业，可以将药品销售给其他批发企业、零售企业和医疗机构；从批发企业购进的，只能销售给本省（区、市）的零售企业和医疗机构。

（二）在药品零售环节，上述药品列入必须凭处方销售的处方药管理，严格凭医师开具的处方销售。零售企业应当按照原国家食品药品监督管理局、公安部和原卫生部《关于加强含麻黄碱类复方制剂管理有关事宜的通知》（国食药监办〔2012〕260号）要求，将上述药品同含麻黄碱类复方

制剂一并设置专柜由专人管理、专册登记，上述药品登记内容包括药品名称、规格、销售数量、生产企业、生产批号。如发现超过正常医疗需求，大量、多次购买上述药品的，应当立即向当地食品药品监督管理部门报告。

三、加大药品购销监管力度

各级食品药品监督管理部门要加大对上述药品购销的监管，除基本药物的中标品种执行国家有关规定外，均应当严格执行本通知和国食药监安〔2009〕503号文件的有关规定。要加大监督检查力度，督促企业严格供货方或销售方资格审查，规范购销渠道和票据管理，认真执行出入库复核、查验制度，以及禁止现金交易等规定，防止药品流入非法渠道；要加强对零售药店处方药与非处方药分类管理的监督和指导，防止药品被套购和滥用。对监督检查中发现违反规定的企业，应当依据《中华人民共和国药品管理法》第七十九条规定给予处罚，对违反规定的药品生产企业，还应当削减或取消其特殊药品原料药购用计划；对违反有关规定直接造成上述药品流入非法渠道的，必须依法予以吊销《药品生产许可证》或《药品经营许可证》的处罚；对涉嫌触犯刑律的，及时移送公安机关依法查处。

附件：1. 含可待因复方口服溶液品种目录

2. 报送信息表

国家食品药品监督管理总局办公厅

2013年7月8日

附件1：

含可待因复方口服溶液品种目录

一、国产品种

序号	药品名称	生产企业名称
1	复方磷酸可待因口服溶液（联邦止咳露）	深圳致君制药有限公司
2	愈酚伪麻待因口服溶液	深圳致君制药有限公司
3	可愈糖浆	北京华润高科天然药物有限公司
4	复方磷酸可待因糖浆（可非）	东北制药集团沈阳第一制药厂
5	复方可待因口服溶液（新泰洛其）	珠海联邦制药股份有限公司中山分公司
6	愈酚待因口服溶液（联邦克立安）	珠海联邦制药股份有限公司中山分公司
7	复方磷酸可待因口服溶液	南京星银药业集团有限公司
8	复方磷酸可待因溶液（立健亭）	南昌立健药业有限公司
9	复方磷酸可待因口服溶液	上海长城药业有限公司

二、进口品种

序号	药品名称	生产企业名称
1	复方磷酸可待因口服溶液（Ⅲ）（克斯林）	万辉药业有限公司
2	复方磷酸可待因口服溶液（奥亭）	澳美制药厂
3	复方磷酸可待因溶液（Ⅱ）（珮夫人克露）	卢森堡大药厂有限公司
4	复方磷酸可待因糖浆（欧博士止咳露）	欧化药业有限公司

附件 2：

报送信息表

________年____月____日（报送企业印章）

药品生产企业名称						选取的药品批发企业所在省（区、市）				
序号	选取的药品批发企业名称	地址	经营品种			药品经营许可证号	法定代表人	联系人	电话	备注
			可待因复方口服溶液	复方甘草片	复方地芬诺酯片					
1										
2										
3										
4										
5										
6										
7										

注：生产可待因复方口服溶液、复方甘草片或复方地芬诺酯片的药品生产企业应当如实填写上表，并将报送信息表及时报送所在地省级食品药品监督管理部门，同时抄报选取的药品批发企业所在地省级和地市级食品药品监督管理部门。

关于做好进口药品电子监管代理机构监管工作的通知

（食药监安函〔2013〕14号）

各省、自治区、直辖市食品药品监督管理局（药品监督管理局）：

按照《国家食品药品监督管理局关于进口药品实施电子监管有关事宜的通知》（国食药监安〔2013〕23号），进口药品电子监管代理机构正陆续将自身信息和受托事项报告国家局，国家局已在专网和外网网站分别发布进口药品电子监管工作代理机构详细信息和数据，供省级药品监督管理部门和公众查询。请你们根据专网网站提供的属地进口药品电子监管代理机构信息和外网网站提供的进口药品数据，按国食药监安〔2013〕23号文件要求开展相关监督和管理，做好对电子监管代理机构的培训和指导工作，确保进口药品电子监管工作顺利实施。

国家食品药品监督管理局药品安全监管司

2013年3月26日

关于进口药品实施电子监管有关事宜的通知

（国食药监安〔2013〕23号）

各省、自治区、直辖市食品药品监督管理局（药品监督管理局），各口岸药品监督管理局，有关单位：

为落实国家食品药品监督管理局《关于印发2011～2015年药品电子监管工作规划的通知》（国食药监办〔2012〕64号）和《关于做好2012年度药品电子监管工作的通知》（食药监办〔2012〕85号），现将进口药品实施电子监管有关事宜通知如下：

一、境外制药厂商（《进口药品注册证》或《医药产品注册证》“公司名称”项下企业）应对其进口到我国药品的电子监管实施工作负总责，按国家食品药品监督管理局规定品种和期限实施药品电子监管，并应在我国境内指定一家药品生产企业、药品批发企业、其在境内设立的子公司或办事机构，作为其药品电子监管工作的代理机构（以下简称电子监管代理机构）。

二、境外制药厂商应授权委托其电子监管代理机构作为同我国药品监督管理部门和相关机构的固定联系单位，协助其在境内办理实施药品电子监管有关事务，并可协助境外工厂进行电子监管码申请、数据上传及相关的药品召回等具体工作。

三、电子监管代理机构应将其信息和受托事项按附件1格式与要求报告国家食品药品监督管理局行政受理服务中心。上述信息、事项变更或委托关系终止的，亦应在5个工作日内报告。

四、境外制药厂商及其《进口药品注册证》或《医药产品注册证》载明的生产厂（或包装厂）、电子监管代理机构加入中国药品电子监管网的入网手续可由境外制药厂商委托其电子监管代理机构统一办理，取得数字证书。入网登记格式与要求见附件2，首次登记入网应将《进口药品企业入网登记表》随《进口药品电子监管工作代理机构报告表》一并报送国家食品药品监督管理局行政受理服务中心。

五、境外制药厂商应按国家食品药品监督管理局《药品电子监管工作指导意见》和《药品电子监管技术指导意见》要求开展进口药品电子监管实施工作。赋码工作（包括建立各级药品包装的关联关系）应在进口药品注册证书载明的生产厂或包装厂内完成。获得批准在境内分包装的品种，可在批准的分包装企业内赋码。禁止在其他场所将已完成大包装的产品拆箱赋码。因互联网通讯等问题，在境外访问中国药品电子监管网存在困难时，可委托电子监管代理机构代为申请电子监管码，上传赋码、关联关系数据以及药品入库、出库数据，进行核注核销。

六、进口单位申请药品进口备案时，应在《药品进口管理办法》第十三条第一款第七项规定的备案资料中增附已赋码药品各个批号各级包装实物样本或其照片，证实该批号药品已加印或加贴药品电子监管码统一标识。所提供照片应能在一个画面内清晰呈现上述信息。

七、应在2013年12月31日前实施电子监管的进口药品，其电子监管代理机构应在2013年2月28日前提交报告，并将相关机构加入中国药品电子监管网。此前已入网进口企业，亦应按《进口药品企业入网登记表》要求补报所需信息。

2013 年 1 月 1 日以后新增补的国家和地方基本药物，其境外制药厂商未指定电子监管代理机构的应及时指定，并按本通知要求报告信息、办理入网登记，在新目录发布后 12 个月内完成相关进口药品的赋码，并开展核注核销等工作。

八、省级药品监督管理部门应根据国家食品药品监督管理局网站公开的进口药品电子监管代理机构名单和进口药品数据，将该代理机构及所代理境外制药厂商注册的全部进口药品纳入本级药品电子监管监督实施工作范围，对电子监管代理机构开展培训、指导，督促其境外制药厂商按规定时限、品种和要求完成电子监管相关工作。对违反规定拆箱赋码的应责令其立即改正。

九、口岸药品监督管理局要按照国家食品药品监督管理局规定的电子监管品种实施时限，在进口备案审查时对应实施电子监管品种按其标示生产日期查验产品赋码情况，未按要求赋码者不予办理进口备案，并通报其电子监管代理机构所在地省级药品监督管理部门。

十、口岸药品监督管理局对应于 2013 年 12 月 31 日前实施电子监管的品种，自 2014 年 1 月 1 日开始查验。此日期后生产的产品须按规定赋码，方可办理进口备案；此日期前已生产的未赋码产品最迟应于 2014 年 4 月 30 日前完成进口备案，逾期不予办理。

各省级药品监督管理部门和口岸药品监督管理局应高度重视，落实工作职责和制度，严格按照本通知要求做好各项工作。相关工作中遇到新的问题，请及时反馈国家食品药品监督管理局药品安全监管司。

附件：1. 进口药品电子监管工作代理机构报告格式与要求（略）

2. 进口药品企业入网登记格式与要求（略）

国家食品药品监督管理局

2013 年 1 月 29 日

关于做好国家基本药物抽验管理工作的通知

（食药监办稽〔2013〕30号）

各省、自治区、直辖市食品药品监督管理局（药品监督管理局）：

为贯彻落实国务院深化医药卫生体制改革的有关精神，做好国家基本药物全品种覆盖抽验工作，在总结前期工作经验的基础上，现就进一步加强国家基本药物抽验管理工作的有关事宜通知如下：

一、明确目标，细化任务

国家基本药物抽验工作的总体目标是：通过国家计划抽验和地方监督抽验，完成对国家基本药物目录品种的覆盖抽验。基本药物抽验工作要兼顾打假治劣与综合评价，既要保证覆盖抽验，又要突出对重点环节、重点品种的监管，要将监督检查、快检快筛与抽样检验综合运用于基本药物全品种覆盖抽验中，以全面加强对基本药物的质量监管。

各省（区、市）食品药品监管部门一是要重点加强生产环节的抽验，确保完成对本辖区基本药物生产企业生产的基本药物品种的覆盖抽验。对在基本药物生产企业未抽到样品的，应由该企业出具书面证明。二是应结合基本药物品种备案工作以及电子监管码数据信息，加强对在本省中标并已配送到本省的基本药物的抽验，特别要加强对生产环节未抽到样品品种的追踪抽验。三是要充分运用执法监督手段和快检快筛技术，加强对基层医疗卫生单位基本药物使用环节的检查，对实施基本药物制度的基层医疗机构进行有针对性的快检快筛或抽验。四是应针对以往监督抽验中发现不符合标准规定批次较多、不良反应较多、投诉举报较多、生产经营不规范的重点企业和重点产品增加抽验频次。

二、落实职责，统筹协调

各省（区、市）食品药品监管部门应切实担负起药品质量安全属地监管的责任，组织落实辖区内国家基本药物抽验工作。除按照国家计划要求（国家抽验计划涉及的国家基本药物品种名单另行通知），组织完成本辖区国家计划抽验的检查、抽样、检验和查处等工作外，还要组织对本辖区除国家计划抽验品种以外其他国家基本药物品种进行监督抽验，并对抽验不符合标准规定的产品及时依法进行查处。

各省（区、市）食品药品监管部门要进一步加强基本药物责任体系建设，细化、明确省、市、县各级食品药品监管部门在基本药物监督管理以及全覆盖抽验工作中的具体职责。结合本地实际，积极争取政府支持，落实经费保障，对于基本药物的抽样及检验工作予以适当、必要的经费支持。

科学合理、统筹安排抽验工作，有效利用辖区内监督检查及检验资源。做到监督检查、现场抽样、检验分析、行政处罚有效衔接、紧密配合。

三、科学抽验，突出重点

坚持抽验工作服务于监管的原则，不断完善抽验工作机制。各省（区、市）食品药品监管部门一是要避免重复抽验。着力提升抽验计划的科学性，合理安排抽样范围、抽样量、抽样比例及检验方案，提高抽验的针对性和代表性。二是要避免抽样地过于集中。避免在某一生产或经营企业过度集中抽样。抽样范围应覆盖辖区内适宜抽验的全部行政区划，要合理安排在生产、经营和使用环节的抽样比例。三是要避免抽样时间过于集中。避免简单化、程式化地以年为周期的抽验模式。抽样计划可按季度安排，并根据国家基本药物生产、中标、配送等情况，随时抽样、及时检验。四是要加强国家基本药物目录中中药饮片的抽验。结合本辖区实际情况，开展中药饮片专项监督抽验，对市场较为混乱的中药饮片加大抽验及检查力度。五是要加强国家基本药物目录中生物制品的监督检查与抽验。对于各省不具备检验资质的生物制品，由国家局根据批签发、不良反应监测、投诉举报等信息，通过国家计划抽验安排具有检验资质的检验机构，每年对部分重点品种进行监督抽验。各省（区、市）食品药品监管部门在对基本药物生物制品生产、配送、使用环节进行抽样前，应进行必要的监督检查并保存相关监督检查材料。六是要加强国家基本药物生产企业所使用的主要药用包材与辅料的监督抽验。药用包材与辅料是药品的重要组成部分，对有可能影响药品质量的直接接触药品的药用包材与药用辅料应安排专项监督抽验。七是要结合药品快检技术提高抽验效能。对不能满足抽验量要求的，要将“监督检查、快检快筛与抽样检验”工作有机结合，借助快检技术加强对基层基本药物的监管。对基本药物进行的快检快筛检测工作，应按要求做好记录和汇总（快检取样及检测情况记录单见附件1）。

四、借助系统，提高效能

各省（区、市）食品药品监管部门要借助信息化手段，加强对本辖区基本药物抽验工作的全过程管理，包括品种和企业的基础数据、任务分配、抽样管理、信息汇总、检查督办等。要指定专人负责本辖区基本药物抽验工作的沟通与协调，指导本辖区各级食品药品监管部门和相关检验机构做好国家基本药物抽验信息系统数据填报工作，确保信息报送的及时准确和有效共享。

各省（区、市）食品药品监管部门应于每年基本药物抽样工作开展前，将本辖区内国家基本药物生产企业名称、所生产国家基本药物品种及所属地区录入抽验信息系统。每月15日前，将截至当日已完成的基本药物抽样、检验、质量公告以及抽验不符合标准规定产品查处等情况录入抽验信息系统。

五、部门联动，查处到位

各省（区、市）食品药品监管部门要结合基本药物覆盖抽验工作，探索和实践监检结合的工作模式，使现场监督检查与抽样检验有效结合，对基本药物的违法行为做到早发现、早处理。对不符合标准规定的产品和责任企业要及时依法查处。对偷工减料、以次充好的行为要及时研究制定补充检验方法。对抽验工作中发现的重大问题要及时报告。

六、及时总结，逐级考评

各省（区、市）食品药品监管部门要加强对抽验数据的统计、分析，主动从不符合标准规定药品信息中发现问题、查找根源。并于每年 12 月 31 日前将本年度本辖区国家基本药物抽验工作总结及分析报告（要求详见附件 2）报送国家局稽查局。工作总结要求客观全面，统计数字准确，系统上传数据必须与总结中的数据保持一致。

为全面评价基本药物抽验工作，逐级落实职责，实行国家对省、省对市的考核及检查。国家局对各省（区、市）食品药品监管部门国家基本药物抽验工作进行检查和考核（考核指标详见附件 3），并定期予以通报。各省（区、市）食品药品监管部门应完善本辖区的药品抽验工作考核标准和激励机制，增强基本药物覆盖抽验的计划性和可追溯性，确保工作扎实推进、有效完成。

附件：1. 快检取样及检测情况记录单（略）

2. 国家基本药物抽验工作总结及分析报告提纲（略）

3. 国家基本药物抽验工作考核通报表（略）

国家食品药品监督管理局办公室

2013 年 3 月 15 日

关于提前终止有关中药品种保护的通知

江西省食品药品监督管理局：

江西天施康中药股份有限公司、江西天佑药业有限公司在申请“复方杏香兔耳风颗粒”延长保护期中，临床试验资料存在造假行为。根据《药品管理法》、《中药品种保护条例》及《国务院办公厅关于国家中药品种保护工作中同品种管理等问题的复函》（国办函〔1995〕15号）的有关规定，国家局决定提前终止上述两家企业该品种的中药品种保护。现将有关事项通知如下：

一、自本通知印发之日起，江西天施康中药股份有限公司、江西天佑药业有限公司的“复方杏香兔耳风颗粒”不再按国家中药保护品种管理。

二、请你局收回该品种《中药保护品种证书》（第20060450号、第20060451号），并上交国家中药品种保护审评委员会办公室销毁。

三、废止上述两家企业该品种《国家中药品种保护审批件》（第2006079号、第2006190号）。

四、请你局对上述两家企业的造假行为按相关规定予以查处，并报国家局。

国家食品药品监督管理局

2007年3月5日

关于提前终止有关中药品种保护的通知

各省、自治区、直辖市食品药品监督管理局（药品监督管理局）：

大连泛美药业有限公司“溃得康颗粒”等12个中药保护品种已欠中药保护品种保护年费两年以上；江西诚志信丰药业有限责任公司申请自2007年起不再缴纳该企业国家中药保护品种“田七跌打丸”的保护年费。根据《中药品种保护条例》及《国务院办公厅关于国家中药品种保护工作中同品种管理等问题的复函》（国办函〔1995〕15号）的有关规定，国家局决定提前终止以下13个中药保护品种的保护（见附件），并将有关事项通知如下：

一、自本通知印发之日起，大连泛美药业有限公司“溃得康颗粒”等13个品种不再按国家中药保护品种管理，不得冠以“国家中药保护品种”的称谓，其《中药保护品种证书》一并废止。

二、提前终止有关企业中药品种保护的品种名单中的第4～13号品种，因其他企业的同品种仍在保护期内，故该10个品种的生产企业应在保护期内停止生产；如继续生产，国家局将中止该品种批准文号效力，并按《中药品种保护条例》第二十三条进行查处。

附件：提前终止有关企业中药品种保护的品种名单

国家食品药品监督管理局

2008年6月4日

附件：

提前终止有关企业中药品种保护的品种名单

序号	药品名称	生产企业	保护品种号	保护证书号	保护批件号	保护期限
1	溃得康颗粒	大连泛美药业有限公司	国药准字 Z10970079	2002122	2002299	2002 年 9 月 12 日 ~ 2009 年 9 月 12 日
2	儿泻止颗粒	武汉华琦药业有限公司	国药准字 Z42021718	2002102	2002279	2002 年 9 月 12 日 ~ 2009 年 9 月 12 日
3	归芪口服液	武汉第四制药厂	国药准字 Z10980079	2003024	2003067	2003 年 6 月 16 日 ~ 2010 年 6 月 16 日
4	胆乐胶囊	浙江新华制药有限公司	国药准字 Z33020205	20011411	2001238	2001 年 8 月 5 日 ~ 2008 年 8 月 5 日
5	颈痛灵药酒	长春市北华制药厂	国药准字 Z22022303	20011511	2001263	2001 年 8 月 5 日 ~ 2008 年 8 月 5 日
6	产妇安口服液	广州福寿仙药业有限公司	国药准字 Z19993022	2002029	2002053	2002 年 4 月 17 日 ~ 2009 年 4 月 17 日
7	强身健脑片	广州福寿仙药业有限公司	国药准字 Z19993090	2002050	2002075	2002 年 4 月 17 日 ~ 2009 年 4 月 17 日
8	强身健脑片	四川好医生制药有限公司	国药准字 Z51022571	2002050 - 4	2004181	2004 年 6 月 24 日 ~ 2009 年 4 月 17 日
9	生发丸	吉林方大药业股份有限公司	国药准字 Z22020256 国药准字 Z22020257	2002059	2002084	2002 年 4 月 17 日 ~ 2009 年 4 月 17 日
10	追风舒经活血片	长春新宇制药有限公司	国药准字 Z22021269	2002158	2002338	2002 年 9 月 12 日 ~ 2009 年 9 月 12 日
11	双黄连口服液	上海五洋药业健康产品有限公司	国药准字 Z31020185	200300812	2003196	2003 年 8 月 15 日 ~ 2010 年 4 月 11 日
12	复方熊胆乙肝胶囊	湖北龙丹生物医药科技股份有限公司	国药准字 Z19991019	2003021 - 1	2004084	2003 年 12 月 12 日 ~ 2010 年 6 月 16 日
13	田七跌打丸	江西诚志信丰药业有限责任公司	国药准字 Z36021883	2004078 - 2	2005311	2005 年 12 月 13 日 ~ 2011 年 8 月 13 日

关于提前终止有关中药品种保护的通知

各省、自治区、直辖市食品药品监督管理局（药品监督管理局）：

我局收到杭州天目山药业股份有限公司、哈尔滨乐泰药业有限公司和山东孔府制药有限公司来函，分别申请终止“心无忧片”、“和络舒肝胶囊”和“胃炎宁颗粒”中药品种保护。根据《中药品种保护条例》及《关于印发中药品种保护指导原则的通知》（国食药监注〔2009〕57号）的有关规定，决定提前终止杭州天目山药业股份有限公司“心无忧片”、哈尔滨乐泰药业有限公司“和络舒肝胶囊”和山东孔府制药有限公司“胃炎宁颗粒”的中药品种保护。现将有关事项通知如下：

一、自本通知印发之日起，杭州天目山药业股份有限公司“心无忧片”、哈尔滨乐泰药业有限公司“和络舒肝胶囊”和山东孔府制药有限公司“胃炎宁颗粒”不再按国家中药保护品种管理，不得冠以“国家中药保护品种”的称谓。

二、请浙江省、黑龙江省和山东省食品药品监督管理局负责收回上述中药保护品种的审批件及中药保护品种证书。

国家食品药品监督管理局

2010年5月18日

关于提前终止有关中药品种保护的通知

各省、自治区、直辖市食品药品监督管理局（药品监督管理局）：

我局收到海口奇力制药股份有限公司、郑州羚锐制药股份有限公司、安康北医大制药股份有限公司、江西山高制药有限公司来函，分别申请终止“益气复脉胶囊”、“生白口服液”和“绞股蓝总甙胶囊”（两家）中药品种保护。根据《中药品种保护条例》及《关于印发中药品种保护指导原则的通知》（医学教育网搜集整理国食药监注〔2009〕57号）的有关规定，决定提前终止海口奇力制药股份有限公司“益气复脉胶囊”、郑州羚锐制药股份有限公司“生白口服液”、安康北医大制药股份有限公司“绞股蓝总甙胶囊”和江西山高制药有限公司“绞股蓝总甙胶囊”的中药品种保护。现将有关事项通知如下：

一、自本通知印发之日起，海口奇力制药股份有限公司“益气复脉胶囊”、郑州羚锐制药股份有限公司“生白口服液”、安康北医大制药股份有限公司“绞股蓝总甙胶囊”和江西山高制药有限公司“绞股蓝总甙胶囊”不再按国家中药保护品种管理，不得冠以“国家中药保护品种”的称谓。

二、请海南省、河南省、陕西省、江西省食品药品监督管理局负责收回上述中药保护品种的审批件及中药保护品种证书。

国家食品药品监督管理局

2010年10月18日

关于提前终止有关中药品种保护的通知

各省、自治区、直辖市食品药品监督管理局（药品监督管理局）：

根据吉林省食品药品监督管理局《关于上报通化金马药业集团股份有限公司提前终止风湿祛痛胶囊保护申请的函》（吉食药监注函〔2012〕112号），通化金马药业集团股份有限公司（以下简称通化金马公司）申请提前终止“风湿祛痛胶囊”中药品种保护。根据《中药品种保护条例》及《关于印发中药品种保护指导原则的通知》（国食药监注〔2009〕57号）的有关规定，决定提前终止通化金马公司“风湿祛痛胶囊”中药品种保护。现将有关事项通知如下：

一、自本通知印发之日起，通化金马公司“风湿祛痛胶囊”不再按国家中药保护品种管理，不得冠以“国家中药保护品种”的称谓。

二、请吉林省食品药品监督管理局负责收回上述中药保护品种的审批件及中药保护品种证书。

国家食品药品监督管理局

2012年11月13日

关于提前终止有关中药品种保护的通知

各省、自治区、直辖市食品药品监督管理局（药品监督管理局）：

根据山东省食品药品监督管理局《关于提前终止少腹逐瘀胶囊中药品种保护的申请》（鲁食药监注函〔2012〕133 号），东阿澳东药业有限公司申请提前终止少腹逐瘀胶囊中药品种保护。根据《中药品种保护条例》及《关于印发中药品种保护指导原则的通知》（国食药监注〔2009〕57 号）的有关规定，决定提前终止东阿澳东药业有限公司少腹逐瘀胶囊中药品种保护。现将有关事项通知如下：

一、自本通知印发之日起，东阿澳东药业有限公司少腹逐瘀胶囊不再按国家中药保护品种管理，不得冠以“国家中药保护品种”的称谓。

二、请山东省食品药品监督管理局负责收回上述中药保护品种的审批件及中药保护品种证书。

国家食品药品监督管理局

2013 年 2 月 6 日

关于进一步落实药用明胶胶囊和胶囊剂药品批批检要求的通知

（国食药监电〔2012〕25 号）

各省、自治区、直辖市食品药品监督管理局（药品监督管理局）：

国家局《关于严格实施药用明胶胶囊和胶囊剂药品批批检的公告》（2012 年第 25 号）和《关于加强胶囊剂药品及相关产品质量管理工作的通知》（国食药监电〔2012〕18 号）下发后，各地认真贯彻落实文件精神，积极推进相关工作，按期报送统计情况。根据各地报送的情况分析，目前还存在一些企业自检水平不高、各地自检和抽验进度不平衡以及批批检落实不到位等问题，实现批批检目标要求，任务还相当艰巨。为进一步落实药用明胶、药用胶囊和胶囊剂药品批批检要求，现就有关事项通知如下：

一、确保实现批批检工作目标

对上市药品实行批批检是企业的责任，落实批批检是保证上市胶囊剂药品质量的重要措施。必须坚定目标不动摇，不折不扣地按时完成任务。各企业不得以任何理由不完成批批检，各地药品监督管理部门要督促企业提出批批检的工作计划。凡是不能按期完成批批检的企业暂停胶囊剂药品的生产，集中力量保证批批检任务的完成。凡是 6 月 1 日仍然没有完成批批检的药品批次，一律暂停销售使用。凡是企业自检发现不合格药品必须主动召回，对主动召回的可以免于行政处罚，对召回不力的，以及监督抽验中仍发现不合格药品的从严从重处罚。

对于质量保障和检验能力较强，药用胶囊采购渠道固定、明确，且购进后已进行批批检的胶囊剂药品生产企业，经企业认真排查，提供有效检验数据，并做出产品合格的承诺，经省级药品监督管理部门现场检查和检验数据审核后，企业可以不重复自检。这些企业的名单必须在省级药品监督管理部门网站进行公示，接受社会监督。

各地药品监督管理部门应当加强督促检查，及时掌握企业自检工作进度，对企业遇到的实际困难可给予必要的协调和帮助。

二、提高监督抽验的覆盖面

对 4 月 30 日前上市的产品，在企业自检合格后进行监督抽验，监督抽验比例应不低于企业生产批次的 3%；对 5 月 1 日后上市的药用明胶和药用胶囊原则要求做到批批抽检，胶囊剂药品监督抽验比例应不低于 20%。

在上述原则下，可根据企业的具体情况，适当调整抽验比例。对质量保障体系较为完善、检验能力较强，既往无不良记录的企业，可适当降低抽验比例；对质量保障体系较差、自检能力较弱、曾发生问题的企业，则应提高抽验比例，但总批次不得低于前款要求的3%和20%的比例。

各省级药品监督管理部门要合理安排药品检验工作，落实监督抽验任务。各级药品检验所要把工作重点放在监督抽验中，在确保完成监督抽验任务的前提下，方可接受企业的委托检验。

三、适时开展市场药品质量评估

国家局将于5月底在全国范围内开展一次市场胶囊剂药品质量评估工作，抽取一定比例的胶囊剂药品进行检验，通过与前期市场抽验情况的比对，以评估市场药品质量状况，若仍有铬限量超标的产品，依法从严从重处理。

以上规定请各地及时通知药品生产企业，认真贯彻执行。

国家食品药品监督管理局

2012年5月13日

关于加强含麻黄碱类复方制剂管理有关事宜的通知

（国食药监办〔2012〕260号）

各省、自治区、直辖市食品药品监督管理局（药品监督管理局）、公安厅（局）、卫生厅（局）：

近年来，含麻黄碱类复方制剂被违法犯罪分子通过各种手段骗购，从正常药用渠道流失被用于制毒的问题屡禁不止，影响社会安定和危害公众身体健康，并造成不良的国际影响。为此，药品监管、公安、卫生等相关部门先后采取多种措施，加强含麻黄碱类复方制剂的监管，防止从药用渠道流失，取得了一定的成效。但是近一段时期以来，制毒犯罪分子又采取雇用人员多次购买的方式，向部分地区药品零售企业骗购含麻黄碱类复方制剂，造成不同程度的药品流失，同时少数药品零售企业片面追逐利益，存在违规销售行为。因此，必须对这类行为进行严厉打击，坚决遏制这一违法犯罪行为的蔓延。现将有关事项通知如下：

一、将单位剂量麻黄碱类药物含量大于30mg（不含30mg）的含麻黄碱类复方制剂，列入必须凭处方销售的处方药管理。医疗机构应当严格按照《处方管理办法》开具处方。药品零售企业必须凭执业医师开具的处方销售上述药品。

含麻黄碱类复方制剂每个最小包装规格麻黄碱类药物含量口服固体制剂不得超过720mg，口服液体制剂不得超过800mg。

相关药品生产企业应当在2013年2月28日前完成上述药品的标签、说明书和包装的修改工作，未完成的2013年3月1日后不得销售。2013年2月28日前上市的药品，按原销售方式售完为止。

二、药品零售企业销售含麻黄碱类复方制剂，应当查验购买者的身份证，并对其姓名和身份证号码予以登记。除处方药按处方剂量销售外，一次销售不得超过2个最小包装。

药品零售企业不得开架销售含麻黄碱类复方制剂，应当设置专柜由专人管理、专册登记，登记内容包括药品名称、规格、销售数量、生产企业、生产批号、购买人姓名、身份证号码。

药品零售企业发现超过正常医疗需求，大量、多次购买含麻黄碱类复方制剂的，应当立即向当地食品药品监管部门和公安机关报告。

三、含麻黄碱类复方制剂生产企业应当切实加强销售管理，严格管控产品销售渠道，确保所生产的药品在药用渠道流通。

凡发现多次流失或流失数量较大的含麻黄碱类复方制剂，其生产企业所在地省级食品药品监管部门应削减其生产企业相关品种的麻黄碱类原料药购用审批量，削减幅度原则上不少于上一年度审批量的50%。各省（区、市）公安机关应当按照国家食品药品监管局和公安部《关于生产含麻黄碱类复方制剂所需麻黄碱类原料药购用审批的指导意见》（国食药监安〔2009〕417号）的规定，继续做好审批前的协助核查工作。

四、各级食品药品监管部门要认真贯彻执行本通知要求，严格含麻黄碱类复方制剂的监督检查，发现市场销售出现异常的，要及时提醒，坚决纠正；对违反规定的要通报批评，严肃处理。对违反规定销售造成含麻黄碱类复方制剂流入非法渠道的药品生产、经营企业，应当按照《药品管理法》、《国务院关于加强食品等产品安全监督管理的特别规定》等有关法律规定，给予吊销《药品生产许可证》、《药品经营许可证》的处罚。对涉嫌构成犯罪的，要及时移送公安机关处理。

本通知所称含麻黄碱类复方制剂是指含有《易制毒化学品管理条例》所附品种目录中麻黄碱类物质的药品复方制剂。

国家食品药品监督管理

中华人民共和国公安部

中华人民共和国卫生部

2012 年 9 月 4 日

关于加强含牛黄等药材中成药品种监督管理的通知

（国食药监注〔2012〕355号）

各省、自治区、直辖市食品药品监督管理局（药品监督管理局），新疆生产建设兵团食品药品监督管理局，国家药典委员会：

为加强含牛黄等药材中成药品种监督管理，严格处方投料生产，现将有关事项通知如下：

一、对于国家药品标准处方中含牛黄的临床急重病症用药品种（见附件）及其他剂型或规格，可以将处方中的牛黄固定以培植牛黄或体外培育牛黄等量替代投料使用，但不得使用人工牛黄替代。

二、凡本通知附件所列品种及其他剂型或规格的现行药品标准中处方项下为人工牛黄的，相关生产企业应按修订药品标准的程序和要求于2013年12月31日前提出补充申请，并由国家药典委员会审定。自国家食品药品监督管理局批准之日起，相关生产企业不得继续使用人工牛黄投料生产。

三、允许使用天然麝香投料生产的品种及企业，应符合国家林业局、国家工商行政管理总局和国家食品药品监督管理局的相关要求，并按要求进行专用标识管理。

四、凡生产中使用培植牛黄、体外培育牛黄、人工牛黄替代牛黄，以及使用人工麝香替代天然麝香的品种，其说明书及标签中【成份】项下应准确标明培植牛黄、体外培育牛黄、人工牛黄或人工麝香；涉及说明书及标签变更的，应按要求向所在地省（区、市）食品药品监督管理部门备案。

五、药品生产企业应严格按照药品标准投料生产，严禁擅自以其他药材或原料等替代，一经发现将依法严肃查处。

六、各省（区、市）食品药品监督管理部门应将上述要求及时通知本行政区域内相关药品生产企业，并督促做好有关工作，切实加强监督管理；相关药品生产企业应继续深入开展资源濒危或紧缺药材的替代研究工作，积极主动进行代用品安全性研究，加强临床监测与评价，为进一步完善代用品的应用和管理积累数据。

附件：国家药品标准处方中含牛黄的临床急重病症用药品种名单

国家食品药品监督管理局

2012年12月5日

附件：

国家药品标准处方中含牛黄的临床急重病症用药品种名单

序号	药品名称	现行国家药品标准
1	安宫牛黄丸	中国药典 2010 年版一部
2	八宝玉枢丸	卫生部部颁药品标准中药成方制剂第 3 册
3	保赤一粒金散	卫生部部颁药品标准中药成方制剂第 4 册
4	保赤一粒金丸	卫生部部颁药品标准中药成方制剂第 15 册
5	保婴夺命散	卫生部部颁药品标准中药成方制剂第 3 册
6	大活络丸	卫生部部颁药品标准中药成方制剂第 6 册
7	癫狂龙虎丸	卫生部部颁药品标准中药成方制剂第 7 册
8	瓜子锭	卫生部部颁药品标准中药成方制剂第 5 册
9	广羚散	卫生部部颁药品标准中药成方制剂第 3 册
10	猴枣牛黄散	卫生部部颁药品标准中药成方制剂第 10 册
11	回春丹	卫生部部颁药品标准中药成方制剂第 2 册
12	回天再造丸	卫生部部颁药品标准中药成方制剂第 4 册
13	金黄抱龙丸	卫生部部颁药品标准中药成方制剂第 12 册
14	局方至宝散	中国药典 2010 年版一部
15	六应丸	中国药典 2010 年版一部
16	梅花点舌丸	中国药典 2010 年版一部
17	牛黄抱龙丸	中国药典 2010 年版一部
18	牛黄千金散	中国药典 2010 年版一部
19	牛黄清热散	卫生部部颁药品标准中药成方制剂第 4 册
20	牛黄清心丸（局方）	中国药典 2010 年版一部
21	牛黄醒脑丸	卫生部部颁药品标准中药成方制剂第 18 册
22	牛黄镇惊丸	中国药典 2010 年版一部
23	片仔癀	卫生部部颁药品标准中药成方制剂第 18 册
24	人参再造丸	中国药典 2010 年版一部
25	十香返生丸	中国药典 2010 年版一部
26	天黄猴枣散	卫生部部颁药品标准中药成方制剂第 10 册
27	万氏牛黄清心丸（含浓缩丸）	中国药典 2010 年版一部
28	万应锭	中国药典 2010 年版一部
29	五粒回春丸	卫生部部颁药品标准中药成方制剂第 20 册
30	西黄丸	卫生部部颁药品标准中药成方制剂第 9 册
31	小儿百寿丸	中国药典 2010 年版一部
32	小儿回春丸	卫生部部颁药品标准中药成方制剂第 11 册
33	小儿羚羊散	卫生部部颁药品标准中药成方制剂第 2 册
34	小儿牛黄清心散	卫生部部颁药品标准中药成方制剂第 2 册
35	小儿清热镇惊散	卫生部部颁药品标准中药成方制剂第 4 册
36	小儿珠黄散	卫生部部颁药品标准中药成方制剂第 11 册
37	至圣保元丸	卫生部部颁药品标准中药成方制剂第 1 册
38	珠珀保婴散	卫生部部颁药品标准中药成方制剂第 3 册

关于开展仿制药质量一致性评价工作的通知

（国食药监注〔2013〕34 号　2013 年 2 月 16 日发布）

各省、自治区、直辖市食品药品监督管理局（药品监督管理局），新疆生产建设兵团食品药品监督管理局：

开展仿制药质量一致性评价，全面提高仿制药质量是《国家药品安全“十二五”规划》的重要任务，是持续提高药品质量的有效手段，对提升制药行业整体水平，保障公众用药安全具有重要意义。为此，国家食品药品监督管理局决定，对 2007 年修订的《药品注册管理办法》实施前批准的基本药物和临床常用仿制药，分期分批进行质量一致性评价。现将有关事宜通知如下：

一、充分认识重要意义。各省级药品监督管理部门务必高度重视仿制药质量一致性评价工作，充分认识该项工作的重要性、复杂性和长期性，充分认识开展仿制药质量一致性评价对确保药品质量安全，促进医药经济结构调整和产业升级，进一步增强我国医药产业国际竞争能力的重要意义。应将仿制药质量一致性评价工作纳入“十二五”期间药品监管工作重点，加强组织领导，落实工作责任，按照国家食品药品监督管理局工作部署，结合本行政区域实际情况，制定具体实施方案，确保各项工作落到实处。

二、积极宣传有关政策。国家食品药品监督管理局制定了《仿制药质量一致性评价工作方案》（以下简称《工作方案》，附件），明确了质量一致性评价的工作目标、原则、内容和程序，对工作进行了总体部署。国家食品药品监督管理局还将陆续下发相关技术指导原则，规范质量一致性评价的研究和技术审查。各省级药品监督管理部门要积极落实《工作方案》，做好质量一致性评价工作的宣贯和培训，及时传达有关政策，使药品生产企业深刻认识质量一致性评价的重要性和必要性，引导药品生产企业积极开展研究，合理安排工作进度、主动作为。

三、认真履行工作职责。国家食品药品监督管理局负责组织制定基本药物品种质量一致性评价的方法和标准，分批公布，同时确定完成每批品种质量一致性评价的时间；按期组织开展质量一致性评价工作。各省级药品监督管理部门要按照《工作方案》的要求，做好质量一致性评价资料的受理、生产现场检查和抽样检验、资料汇总和报送工作。

四、加强日常监督检查。对通过质量一致性评价的，各省级药品监督管理部门既要按照核准的处方和工艺，加强生产现场检查；还要按照质量标准及溶出曲线等质量一致性评价数据，加强监督抽验。对不按照核准的工艺和处方组织生产的、所生产的药品不符合质量标准或质量一致性要求的，依法做出处理。在国家食品药品监督管理局规定时间内未通过质量一致性评价的，应当暂停生产；药品批准文号有效期届满时仍未通过质量一致性评价的，不予再注册，注销批准文号。

五、加强协调形成合力。各级药品监督管理部门要与本级政府有关部门加强沟通与协调，在招标采购、定价和医保报销方面出台鼓励措施，引导企业主动提高药品质量，确保药品质量安全。

六、充分发挥企业的主动性。药品生产企业作为质量一致性研究的主体，应以高度的社会责任感和对产品质量负责任的态度，积极开展研究。对国家食品药品监督管理局已安排评价的品种，药品生产企业应在规定时间内完成研究工作并递交相关资料；对国家食品药品监督管理局暂未安排评价的品种，鼓励药品生产企业主动开展质量一致性评价研究。

七、严格工作纪律要求。仿制药质量一致性评价是一项情况复杂、任务量大、政策性和技术性较强的工作，相关部门必须按照统一部署，加强沟通，密切配合，严格执行有关纪律要求，确保评价结果真实、公正、可靠。要及时向国家食品药品监督管理局报告遇到的困难和问题，保证工作有序、平稳开展，力争按时完成《国家药品安全“十二五”规划》部署的工作任务。

附件：仿制药质量一致性评价工作方案

国家食品药品监督管理局
2013 年 2 月 16 日

（公开属性：主动公开）

附件：

仿制药质量一致性评价工作方案

为落实《国家药品安全“十二五”规划》中全面提高仿制药质量的工作部署，特制定此工作方案。

一、工作目标

国家食品药品监督管理局组织相关技术部门及专家，按照给定的评价方法和标准，对药品生产企业提出的仿制药自我评估资料进行评价，评判其是否与参比制剂在内在物质和临床疗效上具有一致性。评价的对象是 2007 年 10 月 1 日前批准的、对在国内外上市药品进行仿制的化学药品。通过仿制药质量一致性评价，初步建立仿制药参比制剂目录，逐步完善仿制药质量评价体系，淘汰内在质量和临床疗效达不到要求的品种，促进我国仿制药整体水平提升，达到或接近国际先进水平。

二、工作原则

（一）科学适用，分类处理。根据药物自身性质和剂型特点，选择科学、适用、经济的评价方法和标准。尽量选择体外方法进行评价，对体外评价不能满足一致性评价要求的，应增加生物等效性试验。开展生物等效性试验必须经国家食品药品监督管理局批准，并遵守有关规定。

（二）分步实施，全面提高。按照先试点、后推开、逐步推进的工作思路，选择基本药物目录中用药人群广、市场销量大、生产企业多的品种先行先试。积累经验后逐步推开、全面推进。首先开展口服固体制剂的评价；其次开展注射剂的评价；最后开展其他剂型的评价。

（三）加强引导，鼓励先进。充分利用药检系统及科研院校技术力量，制定相关技术指导原则及基本药物品种质量一致性评价方法和标准，引导企业开展比对研究。鼓励药品生产企业起草其他临床常用品种质量一致性评价的方法和标准，企业完成起草后，按程序申报。

三、工作内容

（一）制定年度工作计划，确定拟评价品种名单。

国家食品药品监督管理局成立仿制药质量一致性评价工作办公室（以下简称工作办公室）负责仿制药质量一致性评价工作的具体实施。制定仿制药质量一致性评价年度工作计划，确定每年度拟开展质量一致性评价的品种和负责评价方法研究的机构，并对外公布。

(二) 确定参比制剂及质量一致性评价方法和标准。

工作办公室组织专家，按照参比制剂确定的程序和要求，确定拟评价品种的参比制剂，经公示后对外公布。

承担任务的机构，根据相关技术指导原则，按照起草、复核、公示等程序，拟定各品种质量一致性体外评价方法和标准，报工作办公室。工作办公室组织专家，根据药物性质和剂型特点，确定各品种体外评价方法及是否需要生物等效性试验，并对外公布。参比制剂生产企业应按要求制作并提供参比制剂，配合做好评价方法和标准的起草等工作。

对由药品生产企业起草质量一致性体外评价方法和标准的品种，药品生产企业完成起草后，将相关资料报工作办公室。工作办公室组织药品检验机构进行复核，符合要求的，经公示及专家审查后对外公布。

(三) 药品生产企业开展质量一致性评价研究。

药品生产企业是开展仿制药质量一致性评价的主体。应按照公布的评价方法、标准及有关技术指导原则，以参比制剂为对照药品，全面深入开展与参比制剂的对比研究，解决影响仿制药内在质量的关键问题，实现与参比制剂在内在物质和临床疗效方面的一致。

企业按要求完成评估后，将质量一致性评价研究资料报所在地省级药品监督管理部门。对需要变更处方、工艺等的，应按《药品注册管理办法》的要求进行申报。

(四) 仿制药质量一致性评价资料的受理和现场检查。

省级药品监督管理部门负责行政区域内仿制药质量一致性评价工作的组织和协调。应按照要求做好一致性评价资料的受理、生产现场检查和抽样检验等工作。

省级药品监督管理部门收到药品生产企业质量一致性评价研究资料后，应根据核准的/申报的工艺组织生产现场检查，现场抽取连续生产的 3 批样品，送工作办公室指定的药品检验机构进行复核检验。

药品检验机构收到样品后，应按照公布的评价方法、标准及质量标准对样品进行复核，并将复核结果报药品生产企业所在地省级药品监督管理部门。

涉及处方、工艺变更的，相关补充申请涉及的注册检验也由该药品检验机构承担。

省级药品监督管理部门收到药品检验机构复核结果后，将研究资料、现场检查及检验报告一并报工作办公室。

(五) 审查仿制药质量一致性评价资料，公布质量一致性评价信息。

工作办公室收到一致性评价研究资料后，组织专家委员会进行审查。经审查符合要求的，报国家食品药品监督管理局批准，由国家食品药品监督管理局对外公布通过质量一致性评价的品种名称、批准文号、生产企业名称以及溶出曲线等一致性评价数据。

经审查不符合要求的，由工作办公室告知药品生产企业及其所在地省级药品监督管理部门。

四、工作计划

(一) 2012 年，开展工作调研，完成前期准备工作，启动 15 个基本药物品种质量一致性评价的试点。

(二) 2013 年，全面启动仿制药质量一致性评价，发布相关技术指导原则、工作程序，完善工作制度，开展 50 个基本药物品种质量一致性评价方法和标准的制定。

(三) 2014 年，全面开展其他基本药物品种质量一致性评价方法和标准的制定。

(四) 2015 年，全面完成基本药物目录品种质量一致性评价方法和标准的制定。基本完成 2012 年～2014 年部署的质量一致性评价品种的质量一致性审查工作。

(五) 2015～2020 年，全面完成基本药物质量一致性审查，开展并完成其他临床常用品种质量一致性评价工作。

五、保障措施

（一）成立仿制药质量一致性评价工作办公室。负责仿制药质量一致性评价工作的具体实施和技术审查。组织制定仿制药质量一致性评价的技术指导原则、方法、标准及一致性评价申报资料要求，组织对药品生产企业提交的一致性评价资料进行审查。工作办公室设在中国食品药品检定研究院。

（二）成立专家评审委员会。成立仿制药质量一致性评价专家审评委员会，协助工作办公室审定仿制药质量一致性评价工作的相关技术指导原则、方法和标准，审评企业提交的仿制药质量一致性评价资料，并对重大技术问题进行把关。

（三）建立专门信息管理平台。建立仿制药质量一致性评价电子信息专栏，公布工作方案、技术指导原则、评价方法和标准及通过仿制药质量一致性评价的品种信息，引导和规范企业开展研究，保证质量一致性评价工作的公开、透明。

（四）严格工作纪律。各有关单位要选派政治素质高、业务能力强的人员参加仿制药质量一致性评价工作。要对参加人员加强业务培训和廉政、保密教育，统一尺度，严格标准，严明工作纪律，确保一致性评价工作公平、公正。

第五编　药品包装、广告及药品安全政策法规

直接接触药品的包装材料和容器管理办法

（2004 年 6 月 18 日国家食品药品监督管理局局务会审议通过，
2004 年 7 月 20 日公布，自公布之日起施行）

第一章　总　　则

第一条　为加强直接接触药品的包装材料和容器（以下简称“药包材”）的监督管理，保证药包材质量，根据《中华人民共和国药品管理法》（以下简称《药品管理法》）及《中华人民共和国药品管理法实施条例》制定本办法。

第二条　生产、进口和使用药包材，必须符合药包材国家标准。药包材国家标准由国家食品药品监督管理局制定和颁布。

第三条　国家食品药品监督管理局制定注册药包材产品目录，并对目录中的产品实行注册管理。

对于不能确保药品质量的药包材，国家食品药品监督管理局公布淘汰的药包材产品目录。

第四条　国家鼓励研究、生产和使用新型药包材。新型药包材应当按照本办法规定申请注册，经批准后方可生产、进口和使用。

第二章　药包材的标准

第五条　药包材国家标准，是指国家为保证药包材质量、确保药包材的质量可控性而制定的质量指标、检验方法等技术要求。

第六条　药包材国家标准由国家食品药品监督管理局组织国家药典委员会制定和修订，并由国家食品药品监督管理局颁布实施。

第七条　国家食品药品监督管理局设置或者确定的药包材检验机构承担药包材国家标准拟定和修订方案的起草、方法学验证、实验室复核工作。

第八条　国家药典委员会根据国家食品药品监督管理局的要求，组织专家进行药包材国家标准的审定工作。

第三章　药包材的注册

第一节　基本要求

第九条　药包材注册申请包括生产申请、进口申请和补充申请。

生产申请，是指在中国境内生产药包材的注册申请。申请人应当是在中国境内合法登记的药包材生产企业。

进口申请，是指在境外生产的药包材在中国境内上市销售的注册申请。境外申请人应当是在境外合法登记的药包材生产厂商，其进口申请注册，应当由其驻中国境内的办事机构或者由其委托的中国境内代理机构办理。

补充申请，是指生产申请和进口申请经批准后，改变、增加或者取消原批准事项或者内容的注册申请。

第十条　国家食品药品监督管理局和省、自治区、直辖市（食品）药品监督管理部门应当在行政机关的网站和药包材注册场所公示药包材注册所需的条件、程序、期限、需要提交的全部材料目录和申请书示范文本。

第十一条　申请药包材注册所报送的资料必须完整、规范，数据真实、可靠。申请人应当对其申报资料内容的真实性负责。

第十二条　国家食品药品监督管理局和省、自治区、直辖市（食品）药品监督管理部门对申请人提出的药包材注册申请，应当根据下列情况分别作出处理：

（一）申请事项依法不需要提交注册审批的，应当即时告知申请人不予受理；

（二）申请事项依法不属于受理机关职权范围的，应当即时作出不予受理的决定，并告知申请人向其他有权机关提出申请；

（三）申请材料存在可以当场更正的错误的，应当允许申请人当场更正；

（四）申请材料不齐全或者不符合法定形式的，应当在 5 日内一次告知申请人需要补正的全部内容，逾期不告知的，自收到申请材料之日起即为受理；

（五）申请材料齐全、符合法定形式，或者申请人按照要求提交全部补正申请材料的，应当受理申请。

第十三条　国家食品药品监督管理局和省、自治区、直辖市（食品）药品监督管理部门受理或者不予受理药包材注册申请，应当出具加盖药包材受理专用章并注明日期的通知书。

第十四条　药包材注册审评中需要申请人补充资料的，国家食品药品监督管理局应当一次性发出补充资料的通知。申请人应当在 4 个月内按照通知要求一次性完成补充资料，未能在规定的时限补充资料的予以退审。

第十五条　药包材注册审批作出决定后，国家食品药品监督管理局应当自作出决定之日起 10 日内颁发、送达有关决定。

国家食品药品监督管理局依法作出不予注册的书面决定的，应当说明理由，并告知申请人享有依法申请复审、行政复议或者提起行政诉讼的权利。

第十六条　国家食品药品监督管理局和省、自治区、直辖市（食品）药品监督管理部门对药包材注册申请进行审查时，应当公示审批过程和审批结果。申请人和利害关系人可以对直接关系其重大利益的事项提交书面意见进行陈述和申辩。

第二节　药包材生产申请与注册

第十七条　申请人提出药包材生产申请的，应当在完成药包材试制工作后，填写《药包材注册申请表》，向所在地省、自治区、直辖市（食品）药品监督管理部门报送有关资料和样品。

第十八条　省、自治区、直辖市（食品）药品监督管理部门受理申请后，应当在 30 日内对生产企业按照《药包材生产现场考核通则》的要求组织现场检查，符合要求的，抽取供检验用的连续 3 批样品，通知设置或者确定的药包材检验机构进行注册检验；不符合要求的，予以退审。

第十九条　药包材检验机构在接到注册检验通知和样品后，应当在30日内完成检验，出具检验报告书并提出意见，报送省、自治区、直辖市（食品）药品监督管理部门并通知申请人。

新型药包材的注册检验应当在60日内完成。

第二十条　省、自治区、直辖市（食品）药品监督管理部门应当在收到药包材检验机构的检验报告书和有关意见后10日内将形式审查意见、现场检查意见连同检验报告书、其他有关意见及申请人报送的资料和样品一并报送国家食品药品监督管理局。

第二十一条　国家食品药品监督管理局对省、自治区、直辖市（食品）药品监督管理部门报送的资料，应当在80日内组织完成技术审评。

第二十二条　国家食品药品监督管理局应当在完成技术审评后20日内完成审批。20日内不能作出决定的，经主管局领导批准，可以延长10日。符合规定的，核发《药包材注册证》；不符合规定的，发给《审批意见通知件》。

第三节　药包材进口申请与注册

第二十三条　申请人提出药包材进口申请的，应当填写《药包材注册申请表》，向国家食品药品监督管理局报送有关资料和样品。

第二十四条　国家食品药品监督管理局应当在5日内对申报资料进行形式审查，符合要求的予以受理，发给受理通知单和检验通知单；不符合要求的不予受理，发给不予受理通知单，并说明理由。

第二十五条　申请人凭检验通知单向国家食品药品监督管理局设置或者确定的药包材检验机构报送连续3批样品。

第二十六条　药包材检验机构在收到注册检验通知单和样品后，应当在60日内对样品进行检验，出具检验报告并提出意见，报国家食品药品监督管理局。

第二十七条　国家食品药品监督管理局根据工作需要，可以对进口药包材研制情况及生产条件进行现场考核，并抽取样品。

第二十八条　国家食品药品监督管理局在收到药包材检验机构对样品的检验报告及意见后，应当在90日内组织完成技术审评。

第二十九条　国家食品药品监督管理局应当在完成技术审评后20日内完成审批。20日内不能作出决定的，经主管局领导批准，可以延长10日。符合规定的，核发《进口药包材注册证》；不符合规定的，发给《审批意见通知件》。

香港、澳门和台湾地区的药包材生产厂商申请药包材注册的，参照进口药包材办理，符合规定的，发给《药包材注册证》；不符合规定的，发给《审批意见通知件》。

第四节　药包材的注册检验

第三十条　申请药包材注册必须进行药包材注册检验。药包材注册检验包括对申请注册的药包材进行样品检验和标准复核。

样品检验，是指药包材检验机构按照申请人申报的药包材标准对样品进行检验。

标准复核，是指药包材检验机构对申报的药包材标准中的检验方法的可行性、科学性、设定的指标能否控制药包材质量等进行的实验室检验和审核工作。

第三十一条　药包材注册检验由国家食品药品监督管理局设置或者确定的药包材检验机构承担。

承担注册检验的药包材检验机构，应当按照药包材国家实验室规范的要求，配备与药包材注册检验任务相适应的人员和设备，遵守药包材注册检验的质量保证体系的技术要求。

第三十二条 申请已有国家标准的药包材注册的，药包材检验机构接到样品后应当按照国家标准进行检验，并对工艺变化导致的质量指标变动进行全面分析，必要时应当要求申请人制定相应的质量指标和检验方法，以保证药包材质量的可控性。

第三十三条 进行新药包材标准复核的，药包材检验机构除进行检验外，还应当根据该药包材的研究数据和情况、国内外同类产品的标准和国家有关要求，对该药包材的标准、检验项目和方法等提出复核意见。

第三十四条 药包材检验机构出具的复核意见，应当告知申请人。申请人有异议的，应当在 10 日内将申诉意见报送该药包材检验机构。

药包材检验机构采纳申诉意见的，应当对复核意见作出相应更正；如不同意申请人的申诉意见，应当将复核意见及申请人的申诉一并报送国家食品药品监督管理局，同时抄送申请人和发出注册检验通知的省、自治区、直辖市（食品）药品监督管理部门。

第三十五条 重新制定药包材标准的，申请人不得委托提出原复核意见的药包材检验机构进行该项标准的研究工作；该药包材检验机构不得接受此项委托。

第四章 药包材的再注册

第三十六条 药包材再注册，是指对《药包材注册证》或者《进口药包材注册证》有效期届满需要继续生产或者进口的药包材实施审批的过程。

第三十七条 国家食品药品监督管理局核发的《药包材注册证》或者《进口药包材注册证》的有效期为 5 年。有效期届满需要继续生产或者进口的，申请人应当在有效期届满前 6 个月申请再注册。

第三十八条 申请人提出药包材生产再注册申请的，应当填写《药包材生产再注册申请表》，同时提供有关申报资料，按照原申报程序报送省、自治区、直辖市（食品）药品监督管理部门，并进行注册检验。

第三十九条 省、自治区、直辖市（食品）药品监督管理部门按照原申报程序和要求对申报资料进行形式审查，对生产现场组织检查。

第四十条 国家食品药品监督管理局在收到省、自治区、直辖市（食品）药品监督管理部门报送的资料和药包材检验机构对药包材再注册样品的检验报告及有关意见后，应当在 40 日内完成技术审评，并在完成技术审评后 20 日内完成审批，20 日内不能作出决定的，经主管局领导批准，可以延长 10 日。符合规定的，予以再注册，并换发《药包材注册证》。不符合规定的，发给《审批意见通知件》。

第四十一条 药包材进口的再注册，申请人应当填写《药包材进口再注册申请表》，同时提供有关申报资料，按照原申报程序报送国家食品药品监督管理局，并进行注册检验。

第四十二条 国家食品药品监督管理局在收到药包材检验机构对药包材进口再注册样品的检验报告及有关意见后，应当在 50 日内完成技术审评，20 日内完成审批，20 日内不能作出决定的，经主管局领导批准，可以延长 10 日。符合规定的，予以再注册，并换发《进口药包材注册证》。不符合规定的，发给《审批意见通知件》。

第四十三条 有下列情况之一的，国家食品药品监督管理局不予再注册：

（一）国家公布禁止使用或者淘汰的药包材；

（二）在规定的时间内未提出再注册申请的药包材；

（三）注册检验不合格的药包材。

第四十四条 《药包材注册证》或者《进口药包材注册证》有效期届满前，国家食品药品监督管理局不予再注册的，注销原《药包材注册证》或者《进口药包材注册证》，并予以公告。

第五章　药包材的补充申请

第四十五条 药包材经批准注册后，变更药包材标准、改变工艺及《药包材注册证》或者《进口药包材注册证》中所载明事项等的，申请人应当提出补充申请。

补充申请的申请人，应当是药包材批准证明文件的持有人。

第四十六条 药包材生产的补充申请，申请人应当填写《药包材补充申请表》，向所在地省、自治区、直辖市（食品）药品监督管理部门报送有关资料和说明，省、自治区、直辖市（食品）药品监督管理部门对申报资料进行形式审查，符合要求的予以受理，发给受理通知单。不符合要求的发给不予受理通知单，并说明理由。

第四十七条 对受理的申请，不需要对生产企业按照《药包材生产现场考核通则》的要求组织现场检查的，省、自治区、直辖市（食品）药品监督管理部门应当在受理药包材补充申请后10日内将形式审查意见及申请人报送的资料和样品一并报送国家食品药品监督管理局。

第四十八条 对受理的申请，需要对生产企业按照《药包材生产现场考核通则》的要求组织现场检查的，省、自治区、直辖市（食品）药品监督管理部门应当在30日内组织进行现场检查，符合要求的，抽取供检验用的连续3批样品，通知设置或者确定的药包材检验机构进行注册检验；不符合要求的，予以退审。

药包材检验机构在接到注册检验通知和样品后，应当在30日内完成检验，出具检验报告书并提出意见，报送省、自治区、直辖市（食品）药品监督管理部门并通知申请人。

省、自治区、直辖市（食品）药品监督管理部门应当在收到药包材检验机构的检验报告书和有关意见后10日内将形式审查意见、现场检查意见连同检验报告书、其他有关意见及申请人报送的资料和样品一并报送国家食品药品监督管理局。

第四十九条 药包材进口的补充申请，申请人应当填写《药包材补充申请表》，向国家食品药品监督管理局报送有关资料和说明，国家食品药品监督管理局对申报资料进行形式审查，符合要求的予以受理，发给受理通知单。不符合要求的发给不予受理通知单，并说明理由。

第五十条 国家食品药品监督管理局收到补充申请的申报资料后，应当在受理申请后20日内完成审批。其中需要进行技术审评的，应当在受理申请后60日内完成审批。

第五十一条 变更国内药包材生产企业名称、国内药包材生产企业变更地址称谓等项目的药包材补充申请，由省、自治区、直辖市（食品）药品监督管理部门在受理申请后20日内完成审批，并报国家食品药品监督管理局备案。

第五十二条 国家食品药品监督管理局对药包材的补充申请进行审查，以《药包材补充申请批件》形式，决定是否同意；补充申请的审查决定应当在规定的时限内通知申请人，不同意的决定应当说明理由；如需要换发《药包材注册证》或者《进口药包材注册证》的，换发新证后，原证予以公告注销。

第六章　复　审

第五十三条 被退审的申请，申请人对有关试验或者资料进行了补充和完善后，应当按照原申请程序重新申报。

第五十四条 申请人对不予批准决定有异议的，可以在收到审批决定后 10 日内向国家食品药品监督管理局提出复审。复审的内容仅限于原申请事项、原报送的资料和样品。

第五十五条 接到复审申请后，国家食品药品监督管理局应当在 50 日内作出复审决定。决定撤销原不予批准决定的，应当发给相应的药包材批准证明文件；决定维持原决定的，国家食品药品监督管理局不再受理再次的复审申请。

第七章 监督与检查

第五十六条 国家食品药品监督管理局和省、自治区、直辖市（食品）药品监督管理部门应当对药包材的生产、使用组织抽查检验，并将抽查检验结果予以公告。

第五十七条 国家食品药品监督管理局和省、自治区、直辖市（食品）药品监督管理部门设置或者确定的药包材检验机构，承担药包材监督管理及检查所需的检验任务，并出具检验报告。

第五十八条 药包材生产企业和使用单位对药包材检验机构的检验结果如有异议需要申请复验的，应当参照《药品管理法》第六十七条的规定申请复验。

第五十九条 国家食品药品监督管理局和省、自治区、直辖市（食品）药品监督管理部门组织药包材抽查检验不得收取任何费用。

第六十条 药品生产企业和配制制剂的医疗机构不得使用与国家标准不符的药包材。

第六十一条 有《行政许可法》第六十九条、第七十条规定情形的，国家食品药品监督管理局可以根据申请人或者利害关系人的申请或者依据职权，撤销或者注销药包材批准证明文件。

第八章 法律责任

第六十二条 未经批准使用药包材产品目录中的药包材的，按照《药品管理法》第四十九条、第七十五条的规定查处。

第六十三条 申请人提供虚假申报资料和样品的，国家食品药品监督管理局对该申请不予批准；对申请人给予警告；已批准生产或者进口的，撤销药包材注册证明文件；3 年内不受理其申请，并处 1 万元以上 3 万元以下罚款。

第六十四条 未获得《药包材注册证》，擅自生产药包材的，（食品）药品监督管理部门应当责令停止生产，并处以 1 万元以上 3 万元以下罚款，已经生产的药包材由（食品）药品监督管理部门监督处理。

生产并销售或者进口不合格药包材的，（食品）药品监督管理部门应当责令停止生产或者进口，并处以 1 万元以上 3 万元以下罚款，已经生产或者进口的药包材由（食品）药品监督管理部门监督处理。

第六十五条 对使用不合格药包材的，（食品）药品监督管理部门应当责令停止使用，并处 1 万元以上 3 万元以下的罚款，已包装药品的药包材应当立即收回并由（食品）药品监督管理部门监督处理。

第六十六条 药包材检验机构在承担药包材检验时，出具虚假检验报告书的，（食品）药品监督管理部门应当给予警告，并处 1 万元以上 3 万元以下罚款；情节严重的，取消药包材检验机构资格。因虚假检验报告引起的一切法律后果，由作出该报告的药包材检验机构承担。

第六十七条 在实施本办法规定的行政许可事项中违反其他相关法律、法规规定的，按照有关法律、法规的规定处理。

第九章　附　　则

第六十八条　本办法下列用语的含义：

药包材，是指药品生产企业生产的药品和医疗机构配制的制剂所使用的直接接触药品的包装材料和容器。

新型药包材，是指未曾在中国境内使用的药包材。

药包材批准证明文件，是指《药包材注册证》、《进口药包材注册证》及《药包材补充申请批件》等相关文件。

第六十九条　本办法由国家食品药品监督管理局负责解释。

第七十条　本办法自公布之日起实施。原国家食品药品监督管理局 2000 年 4 月 29 日发布的《药品包装用材料、容器管理办法》（暂行）（国家食品药品监督管理局令第 21 号）同时废止。

附件：1. 实施注册管理的药包材产品目录；

2. 药包材生产申请资料要求；

3. 药包材进口申请资料要求；

4. 药包材再注册申请资料要求；

5. 药包材补充申请资料要求；

6. 药包材生产现场考核通则（略）；

7. 药包材生产洁净室（区）要求（略）。

附件 1：

实施注册管理的药包材产品目录

一、输液瓶（袋、膜及配件）；
二、安瓿；
三、药用（注射剂、口服或者外用剂型）瓶（管、盖）；
四、药用胶塞；
五、药用预灌封注射器；
六、药用滴眼（鼻、耳）剂瓶（管）；
七、药用硬片（膜）；
八、药用铝箔；
九、药用软膏管（盒）；
十、药用喷（气）雾剂泵（阀门、罐、筒）；
十一、药用干燥剂。

附件 2：

药包材生产申请资料要求

一、申报资料目录

（一）省级（食品）药品监督管理局对申报单位药包材生产情况考核报告。

（二）国家食品药品监督管理局设置或者确定的药包材检验机构出具的三批申报产品质量检验报告书。

（三）国家食品药品监督管理局设置或者确定的药包材或者药品检验机构出具的洁净室（区）洁净度检验报告书。

（四）申请企业营业执照。

（五）申报产品生产、销售、应用情况综述。

（六）申报产品的配方。

（七）申报产品的生产工艺及主要生产、检验设备说明。

（八）申报产品的质量标准。

（九）三批申报产品的生产企业自检报告书。

（十）与采用申报产品包装的药品同时进行的稳定性试验（药物相容性试验）研究资料。

（十一）申报产品生产厂区及洁净室（区）平面图。

（十二）申报产品生产企业环境保护、废气废水排放、安全消防等符合国家有关法律规定，所取得的有关合格证明。

二、申报要求

（一）上述第（一）、（二）、（三）项资料，均应当提供原件。

（二）上述第（四）项资料，可以提供复印件。

（三）上述第（八）项资料，若为新药包材或者企业标准，应当同时提供起草说明。

（四）上述第（九）项资料，应当提交距申报日期一年内的检测报告书原件。

附件 3：

药包材进口申请资料要求

一、申报资料目录

（一）生产者合法生产资格证明文件、公证文件及其中文译文。

（二）申报产品生产厂商委托中国境内代理机构申报的授权文书、公证文件及其中文译文。中国境内代理机构的工商执照或者申报产品生产厂商常驻中国境内办事机构的《外国企业常驻中国代表机构登记证》。

（三）申报产品在国外的生产、销售、应用情况综述及申请在中国注册需特别说明的理由。

（四）国家食品药品监督管理局设置或者确定的药包材检验机构出具的三批申报产品质量检验报告书。

（五）洁净室（区）洁净度检验报告及三批产品自检报告书。

（六）申报产品的配方。

（七）申报产品的生产工艺及主要生产、检验设备说明。

（八）申报产品的质量标准。

（九）与采用申报产品包装的药品共同进行的稳定性试验（药物相容性试验）研究资料。

（十）申报产品生产厂区及洁净室（区）平面图。

二、申报要求

（一）上述第（一）项资料，申请人应当提交由原产国政府部门批准其从事药包材生产和经营的证明文件复印件（相当于我国的工商营业执照、生产许可证或者注册证书等）、公证文件原件。其中：

1. 凡原产国政府对药包材在本国上市进行专门审批的，必须提供此类批准证明文件。

2. 凡原产国政府规定无须办理上述专门批准件的，在如实说明后，可免于提供此项资料。

（二）上述第（二）项资料，申报产品生产厂商授权中国境内代理机构代理申报的授权文书、公证文件均需提供原件；中国境内代理机构的工商执照或者申报产品生产厂商常驻中国境内办事机构的《外国企业常驻中国代表机构登记证》可以提供复印件。

（三）上述第（四）项资料，应当提供原件，可在技术审评工作开始后单独另行提交。

（四）上述第（五）项资料，应当提交申报日期一年内的检验报告原件。

（五）上述第（八）项资料，若为新药包材或者企业标准，还应当同时提供起草说明。

（六）全部申报资料均应当使用中文并附英文，其他文种的资料可附后作为参考。中文译文应当与原文内容一致。

附件 4：

药包材再注册申请资料要求

一、生产药包材再注册申请资料要求

（一）申报资料目录

（1）我局颁发的药包材批准证明文件及其批准变更证明文件。

（2）申请人合法登记证明文件。

（3）国家食品药品监督管理局设置或者确定的药包材检验机构出具的三批申报产品质量检测报告书。

（4）国家食品药品监督管理局设置或者确定的药包材或者药品检验机构出具的洁净室（区）洁净度检测报告书。

（5）申报产品的配方。

（6）申报产品的生产工艺及主要生产、检验设备说明。

（7）申报产品的质量标准。

（8）三批申报产品的生产企业自检报告书。

（9）该产品五年内销售及质量情况的总结报告。

（10）批准该产品注册或者再注册时，要求继续完成的工作的执行情况。

（二）申报要求

1. 上述第（1）、（2）项资料，可以提供复印件。

2. 上述第（3）、（4）项资料，应当提供原件。

3. 上述第（5）、（6）项资料，若与上次注册内容相比有所改变，应当指出具体改变的内容。

4. 上述第（7）项资料，再注册时对质量标准进行修订的，应当同时提供原质量标准、修订后的质量标准及修订说明。

5. 上述第（8）项资料，应当提交距申报日期一年内的检验报告书原件。

6. 上述第（9）项资料，应当包括年销售量、使用本产品的药品生产企业及所包装药品品种目录、用户对本品使用评价、质量检验情况、药包材生产企业对产品自检合格率、有无质量事故及官方质量抽检等情况。

二、进口药包材再注册申请资料要求

（一）申报资料目录

1. 我局颁发的药包材批准证明文件及其批准变更证明文件。

2. 生产者合法生产资格证明文件、公证文件及其中文译文。

3. 申报产品生产厂商委托中国境内代理机构申报的授权文书、公证文件及其中文译文。中国境内代理机构的工商执照或者申报产品生产厂商常驻中国境内办事机构的《外国企业常驻中国代表机构登记证》。

4. 国家食品药品监督管理局设置或者确定的药包材检验机构出具的三批申报产品质量检验报告书。

5. 洁净室（区）洁净度检验报告及三批产品自检报告书。

6. 申报产品的配方。

7. 申报产品的生产工艺及主要生产、检验设备说明。

8. 申报产品的质量标准。

9. 该产品三年内在中国销售及质量情况的总结报告。

10. 批准该产品注册或者再注册时，要求继续完成的工作的执行情况。

（二）申报要求

1. 上述第（1）项资料，可以提供复印件。

2. 上述第（2）项资料，申请人应当提交由原产国政府部门批准其从事药包材生产和经营的证明文件复印件（相当于我国的工商营业执照、生产许可证或者注册证书等）、公证文件原件。其中：

（1）凡原产国政府对药包材在本国上市进行专门审批的，必须提供此类批准证明文件。

（2）凡原产国政府规定无须办理上述专门批准件的，在如实说明后，可免于提供此项资料。

3. 上述第（3）项资料，申报产品生产厂商授权中国境内代理机构代理申报的授权文书、公证文件均需提供原件；中国境内代理机构的工商执照或者申报产品生产厂商常驻中国境内办事机构的《外国企业常驻中国代表机构登记证》可以提供复印件。

4. 上述第（4）项资料，应当提供原件。

5. 上述第（5）项资料，应当提交申报日期一年内的检验报告原件。

6. 上述第（6）、（7）项资料，若与上次注册内容相比有所改变，应当指出具体改变的内容。

7. 上述第（8）项资料，再注册时对质量标准进行修订的，应当同时提供原质量标准、修订后的质量标准及修订说明。

8. 上述第（9）项资料，应当包括在中国的年销售量、使用本品的药品生产企业及所包装药品品种目录、用户对本产品使用评价、质量检验情况、药包材生产企业对本产品自检合格率、有无质量事故及政府质量抽检等情况。

9. 全部申报资料均应使用中文并附英文，其他文种的资料可附后作为参考。中文译文应当与原文内容一致。

附件 5：

药包材补充申请资料要求

一、药包材补充申请分类

（一）报国家食品药品监督管理局批准的补充申请事项：

1. 变更药包材注册证所载明的“规格”项目。

2. 变更药包材生产企业地址。

3. 变更进口药包材注册证所载明的“公司名称”及“注册地址”。

4. 变更药包材配方中原料产地。

5. 变更药包材配方中的添加剂。

6. 变更药包材生产工艺。

7. 变更药包材注册标准。

（二）直接报国家食品药品监督管理局备案的补充申请事项：

8. 变更进口药包材注册代理机构。

（三）由省级（食品）药品监督管理局审批，报国家食品药品监督管理局备案的补充申请事项：

9. 变更国内药包材生产企业名称（含药包材生产企业地址变更名称）。

10. 国内药包材生产企业内部变更药包材生产场地。

二、药包材补充申请申报资料项目

1. 药包材批准证明文件复印件。

2. 省级（食品）药品监督管理局对变更后的生产现场进行考核验收的报告。

3. 国家食品药品监督管理局设置或者确定的检验机构出具的三批申报品种变更后的质量检验报告书原件。

4. 国家食品药品监督管理局设置或者确定的检验机构出具的变更后的生产场地洁净室（区）洁净度检验报告书原件。

5. 变更后的原料来源证明、执行的质量标准及其出厂质量检验报告书。

6. 变更后的辅料来源证明、执行的质量标准及其安全用量的依据。

7. 变更前后生产工艺对比研究资料。

8. 变更注册标准的说明及变更前后的注册标准。

9. 三批申报品种变更后的生产企业质量自检报告书原件。

10. 采用变更后的申报品种包装的药品共同进行的稳定性试验研究资料（包含试验用药品的质量标准）。

11. 变更后的生产厂区及洁净室（区）平面图。

12. 变更前后申请人合法登记证明文件复印件；进口药包材厂商所在国主管当局批准其变更“公司名称”或者“注册地址”申请的相关文件、公证文件及其中文译本。

13. 进口药包材厂商授权新的中国代理机构申报的授权文书、公证文件及其中文译本。新的中国代理机构的工商执照复印件及原代理机构同意放弃代理的证明文件。

三、药包材补充申请申报资料项目表

注册事项		申报资料项目												
		1	2	3	4	5	6	7	8	9	10	11	12	13
报国家食品药品监督管理局批准的补充申请事项	1	+	−	+	−	−	−	−	−	+	+	−	−	−
	2	+	+	+	+	−	−	−	−	+	−	+	−	−
			＊1		＊2									
	3	+	−	−	−	−	−	−	−	−	−	−	+	−
	4	+	−	+	−	+	−	−	−	+	+	−	−	−
	5	+	−	+	−	−	+	−	−	+	+	−	−	−
	6	+	−	+	−	−	−	+	−	+	+	−	−	−
	7	+	−	+	−	−	−	−	+	+	−	−	−	−
报国家食品药品监督管理局备案的补充申请事项	8	+	−	−	−	−	−	−	−	−	−	−	−	+
	9	+	−	−	−	−	−	−	−	−	−	−	+	−
	10	+	+	+	+	−	−	−	−	+	−	+	−	−

说明：

1. “＋”代表需要提交；“－”代表不需要提交。

2. “＊1”涉及进口药包材的申请不需要提交此项资料；“＊2”涉及进口药包材的申请按照《附件 3》中第（五）项资料关于洁净室（区）洁净度检验报告的要求提交此项资料。

3. 办理涉及进口药包材的补充申请除提交上表所要求的资料外，还需提交进口药包材厂商授权中国代理机构申报的授权文书、公证文件及其中文译本，中国代理机构的工商执照复印件或者申报品种生产企业常驻中国代表机构《外国企业常驻中国代表机构登记证》复印件。

药品说明书和标签管理规定

（国家食品药品监督管理局令第24号，2006年3月10日国家食品药品监督管理局局务会审议通过，2006年3月15日公布，自2006年6月1日起施行）

第一章 总　　则

第一条 为规范药品说明书和标签的管理，根据《中华人民共和国药品管理法》和《中华人民共和国药品管理法实施条例》制定本规定。

第二条 在中华人民共和国境内上市销售的药品，其说明书和标签应当符合本规定的要求。

第三条 药品说明书和标签由国家食品药品监督管理局予以核准。

药品的标签应当以说明书为依据，其内容不得超出说明书的范围，不得印有暗示疗效、误导使用和不适当宣传产品的文字和标识。

第四条 药品包装必须按照规定印有或者贴有标签，不得夹带其他任何介绍或者宣传产品、企业的文字、音像及其他资料。

药品生产企业生产供上市销售的最小包装必须附有说明书。

第五条 药品说明书和标签的文字表述应当科学、规范、准确。非处方药说明书还应当使用容易理解的文字表述，以便患者自行判断、选择和使用。

第六条 药品说明书和标签中的文字应当清晰易辨，标识应当清楚醒目，不得有印字脱落或者粘贴不牢等现象，不得以粘贴、剪切、涂改等方式进行修改或者补充。

第七条 药品说明书和标签应当使用国家语言文字工作委员会公布的规范化汉字，增加其他文字对照的，应当以汉字表述为准。

第八条 出于保护公众健康和指导正确合理用药的目的，药品生产企业可以主动提出在药品说明书或者标签上加注警示语，国家食品药品监督管理局也可以要求药品生产企业在说明书或者标签上加注警示语。

第二章 药品说明书

第九条 药品说明书应当包含药品安全性、有效性的重要科学数据、结论和信息，用以指导安全、合理使用药品。药品说明书的具体格式、内容和书写要求由国家食品药品监督管理局制定并发布。

第十条 药品说明书对疾病名称、药学专业名词、药品名称、临床检验名称和结果的表述，应当采用国家统一颁布或规范的专用词汇，度量衡单位应当符合国家标准的规定。

第十一条　药品说明书应当列出全部活性成份或者组方中的全部中药药味。注射剂和非处方药还应当列出所用的全部辅料名称。

药品处方中含有可能引起严重不良反应的成份或者辅料的，应当予以说明。

第十二条　药品生产企业应当主动跟踪药品上市后的安全性、有效性情况，需要对药品说明书进行修改的，应当及时提出申请。

根据药品不良反应监测、药品再评价结果等信息，国家食品药品监督管理局也可以要求药品生产企业修改药品说明书。

第十三条　药品说明书获准修改后，药品生产企业应当将修改的内容立即通知相关药品经营企业、使用单位及其他部门，并按要求及时使用修改后的说明书和标签。

第十四条　药品说明书应当充分包含药品不良反应信息，详细注明药品不良反应。药品生产企业未根据药品上市后的安全性、有效性情况及时修改说明书或者未将药品不良反应在说明书中充分说明的，由此引起的不良后果由该生产企业承担。

第十五条　药品说明书核准日期和修改日期应当在说明书中醒目标示。

第三章　药品的标签

第十六条　药品的标签是指药品包装上印有或者贴有的内容，分为内标签和外标签。药品内标签指直接接触药品的包装的标签，外标签指内标签以外的其他包装的标签。

第十七条　药品的内标签应当包含药品通用名称、适应症或者功能主治、规格、用法用量、生产日期、产品批号、有效期、生产企业等内容。

包装尺寸过小无法全部标明上述内容的，至少应当标注药品通用名称、规格、产品批号、有效期等内容。

第十八条　药品外标签应当注明药品通用名称、成份、性状、适应症或者功能主治、规格、用法用量、不良反应、禁忌、注意事项、贮藏、生产日期、产品批号、有效期、批准文号、生产企业等内容。适应症或者功能主治、用法用量、不良反应、禁忌、注意事项不能全部注明的，应当标出主要内容并注明“详见说明书”字样。

第十九条　用于运输、储藏的包装的标签，至少应当注明药品通用名称、规格、贮藏、生产日期、产品批号、有效期、批准文号、生产企业，也可以根据需要注明包装数量、运输注意事项或者其他标记等必要内容。

第二十条　原料药的标签应当注明药品名称、贮藏、生产日期、产品批号、有效期、执行标准、批准文号、生产企业，同时还需注明包装数量以及运输注意事项等必要内容。

第二十一条　同一药品生产企业生产的同一药品，药品规格和包装规格均相同的，其标签的内容、格式及颜色必须一致；药品规格或者包装规格不同的，其标签应当明显区别或者规格项明显标注。

同一药品生产企业生产的同一药品，分别按处方药与非处方药管理的，两者的包装颜色应当明显区别。

第二十二条　对贮藏有特殊要求的药品，应当在标签的醒目位置注明。

第二十三条　药品标签中的有效期应当按照年、月、日的顺序标注，年份用四位数字表示，月、日用两位数表示。其具体标注格式为“有效期至××××年××月”或者“有效期至××××年××月××日”；也可以用数字和其他符号表示为“有效期至××××.××.”或者“有效期至××××/××/××”等。

预防用生物制品有效期的标注按照国家食品药品监督管理局批准的注册标准执行，治疗用生物制品有效期的标注自分装日期计算，其他药品有效期的标注自生产日期计算。

有效期若标注到日，应当为起算日期对应年月日的前一天，若标注到月，应当为起算月份对应年月的前一月。

第四章　药品名称和注册商标的使用

第二十四条　药品说明书和标签中标注的药品名称必须符合国家食品药品监督管理局公布的药品通用名称和商品名称的命名原则，并与药品批准证明文件的相应内容一致。

第二十五条　药品通用名称应当显著、突出，其字体、字号和颜色必须一致，并符合以下要求：

（一）对于横版标签，必须在上三分之一范围内显著位置标出；对于竖版标签，必须在右三分之一范围内显著位置标出。

（二）不得选用草书、篆书等不易识别的字体，不得使用斜体、中空、阴影等形式对字体进行修饰。

（三）字体颜色应当使用黑色或者白色，与相应的浅色或者深色背景形成强烈反差。

（四）除因包装尺寸的限制而无法同行书写的，不得分行书写。

第二十六条　药品商品名称不得与通用名称同行书写，其字体和颜色不得比通用名称更突出和显著，其字体以单字面积计不得大于通用名称所用字体的二分之一。

第二十七条　药品说明书和标签中禁止使用未经注册的商标以及其他未经国家食品药品监督管理局批准的药品名称。

药品标签使用注册商标的，应当印刷在药品标签的边角，含文字的，其字体以单字面积计不得大于通用名称所用字体的四分之一。

第五章　其他规定

第二十八条　麻醉药品、精神药品、医疗用毒性药品、放射性药品、外用药品和非处方药品等国家规定有专用标识的，其说明书和标签必须印有规定的标识。

国家对药品说明书和标签有特殊规定的，从其规定。

第二十九条　中药材、中药饮片的标签管理规定由国家食品药品监督管理局另行制定。

第三十条　药品说明书和标签不符合本规定的，按照《中华人民共和国药品管理法》的相关规定进行处罚。

第六章　附　　则

第三十一条　本规定自2006年6月1日起施行。国家食品药品监督管理局于2000年10月15日发布的《药品包装、标签和说明书管理规定（暂行）》同时废止。

关于印发化学药品注射剂与塑料包装材料相容性研究技术指导原则（试行）的通知

（国食药监注〔2012〕267号）

各省、自治区、直辖市及新疆生产建设兵团食品药品监督管理局（药品监督管理局）：

为科学规范和指导化学药品注射剂与塑料包装材料相容性研究工作，保证研究质量，确保药品安全，国家食品药品监督管理局组织制定了《化学药品注射剂与塑料包装材料相容性研究技术指导原则（试行）》，现予印发，请参照执行。

国家食品药品监督管理局

2012年9月7日

化学药品注射剂与塑料包装材料相容性研究技术指导原则（试行）

一、概　　述

包装系统是指容纳和保护药品的所有包装组件的总和，包括直接接触药品的包装组件和次级包装组件，后者用于药品的额外保护。本指导原则主要针对直接接触药品的包装系统进行阐述。包装系统一方面为药品提供保护，以满足其预期的安全有效性用途；另一方面还应与药品具有良好的相容性，即不能引入可引发安全性风险的浸出物，或引入浸出物的水平符合安全性要求。

是否需要进行相容性研究，以及进行何种相容性研究，应基于对制剂与包装材料发生相互作用的可能性以及评估由此可能产生安全性风险的结果。与口服制剂相比，吸入气雾剂或喷雾剂、注射液或注射用混悬液、眼用溶液或混悬液、鼻吸入气雾剂或喷雾剂等制剂，由于给药后将直接接触人体组织或进入血液系统，被认为是风险程度较高的品种；另外，大多液体制剂在处方中除活性成分外还含有一些功能性辅料（助溶剂、防腐剂、抗氧剂等），这些功能性辅料的存在，可促进包装材料中成分的溶出，因此与包装材料发生相互作用的可能性较大；按照药品给药途径的风险程度及其与包装材料发生相互作用的可能性分级，这些制剂被列为与包装材料发生相互作用可能性较高的高风险制剂。对上述制剂必须进行药品与包装材料的相容性研究，以证实包装材料与制剂具有良好的相容性。

本指导原则主要针对注射剂与塑料包装材料的相容性研究进行阐述，内容包括相容性研究的基本思路、相容性研究的主要内容、相容性试验内容与分析方法，以及试验结果分析与安全性评价等，旨在指导药品研发及生产企业系统、规范地进行药品与包装材料的相容性研究，在药品研发初期对包装材料进行选择，并在整个研发过程中对包装系统适用性进行确认，以有效避免包装材料可能引入的安全性风险，从而选择使用与药品具有良好相容性的包装材料。

本指导原则主要阐述注射剂与塑料包装材料的相容性研究，其他剂型与包装材料的相容性研究不在本指导原则中详述，药品研发及生产企业可参照本指导原则的基本思路及主要研究内容，开展其他剂型与包装材料的相容性研究。

本指导原则是基于《直接接触药品的包装材料和容器管理办法》（局令第 13 号），借鉴国外相关的指导原则及有关专著，同时根据我国药物研发的实际情况制定的；并将随着相关法规的不断完善以及药物研究技术要求的提高而进一步修订完善。

二、相容性研究的基本思路

对药品来说，包装应适用于其预期的临床用途，并应具备如下特性：保护作用、相容性、安全性与功能性。相容性是药品包装必须具备的特性之一；相容性研究则是证明包装材料与药品之间没有发生严重的相互作用，并导致药品有效性和稳定性发生改变，或者产生安全性风险的过程；研究内容应包括包装材料对药品的影响以及药品对包装材料的影响。药品与包装材料的相容性研究，应在药品研发初期或是包装材料的选择时就开始进行，并贯穿于药品研发的整个过程。首先，应对包装组件所用材料以及添加剂等进行分析，然后通过初步的稳定性试验、加速试验和长期稳定性试验考察包装材料对药品稳定性的影响，并通过药物与包装材料的相容性研究考察包装材料中成分迁移进入药品的程度、包装材料对制剂中活性成分与功能性辅料的吸附程度，确认包装材料可以保证药品质量稳定，并与药品相容性良好。上市后，如需变更包装，则应评估该变更对药品质量可能产生的影响，并根据影响程度设计相关的试验进行研究，特别是应进行变更后包装材料与药品的相容性研究，证明这种变更不足以对药品质量以及包装材料功能性产生不可接受的变化，即不会导致安全性风险。

除药品对包装材料产生影响并导致其功能性改变需要更换包材的情况外，相容性研究主要是针对包装材料对药品的影响进行。相容性研究过程主要分为如下六个步骤：①确定直接接触药品的包装组件；②了解或分析包装组件材料的组成、包装组件与药品的接触方式与接触条件、生产工艺过程；③分别对包装组件所采用的不同包装材料进行提取试验，对可提取物进行初步的风险评估并预测潜在的浸出物；④进行制剂与包装容器系统的相互作用研究，包括迁移试验和吸附试验，获得包装容器系统对主辅料的吸附及在制剂中出现的浸出物信息；⑤对制剂中的浸出物水平进行安全性评估；⑥对药品与所用包装材料的相容性进行总结，得出包装系统是否适用于药品的结论。

三、相容性研究的主要内容

药品与包装材料相容性研究的内容主要包括三个方面：提取试验、相互作用研究（包括迁移试验和吸附试验）和安全性研究。

相容性研究的试验材料可能是塑料材料，或者塑料组件，也可能是塑料包装容器。

1. 提取试验

提取试验是指采用适宜的溶剂，在较剧烈的条件下，对包装组件材料进行的提取试验研究；目的是通过提取试验，对可提取物（包装材料中溶出的添加物、单体及其降解物等）进行初步的风险评估并明确潜在的目标浸出物，并依据提取试验研究中获得的可提取物种类和水平信息，建立灵敏的、专属的分析方法，以指导后续的浸出物研究（迁移试验）。

提取溶剂通常应具有与制剂相同或相似的理化性质，重点考虑 pH、极性及离子强度等。提取条件一般应参考制剂的工艺条件，特别是灭菌工艺条件，通过适当提高加热温度和延长加热时间的方式尽量多地提取出包装材料中的可提取物；但应注意提取条件不能太过剧烈，以避免可提取物完全不能反映浸出物的情况的发生；同时还应注意提取材料的制备及与提取溶剂适宜的计量配比（根据临床用法用量设计），即材料的表面积（或重量）与溶剂的体积比。

分析测试方法通常采用气相色谱—质谱（GC－MS）、液相色谱—质谱（LC－MS）、离子色谱（IC）、电感耦合等离子体发射光谱（ICP）、原子吸收光谱法（AAS）等。一般根据包装的安全性要求计算出分析评价阈值（Analytical Evaluation Threshold，AET），选择可达到其能灵敏检出的分析方法；并进行方法灵敏度、专属性等简单的方法学验证。

2. 相互作用研究

相互作用研究包括迁移试验和吸附试验。迁移试验用于考察从包装材料中迁移并进入制剂中的物质；吸附试验则用于考察由于包材吸附可能引发的活性成分或功能性辅料含量的下降。

有些相互作用可在包装适用性研究阶段发现，有些相互作用则在稳定性研究中方可显现。如在稳定性研究中发现药品与包装材料发生相互作用并对药品的质量或安全性产生影响时，则应查找原因并采取相应的措施，如变更包装，或变更贮藏条件等。

通过加速和/或长期稳定性试验（注意药品应与包装材料充分接触）增加相应潜在目标浸出物的检测指标，获得药品中含有的浸出物信息及包装材料对药物的吸附数据。

（1）迁移试验

迁移试验有必要在研发阶段进行，并证明所用包装材料在拟定的接触方式及接触条件下，浸出物（包括种类和含量）不会改变制剂的有效性和稳定性，且不至于产生安全性方面的风险。

通常，提取试验中采用的提取溶剂只是在极性、pH 值及离子强度等方面与拟包装的药品相近，并不一定是制剂的实际处方，由于制剂中的活性成分或者某些辅料的影响，使得提取溶剂、真实制剂与包装材料发生的相互作用可能不同，即提取试验获得的可提取物与真实制剂迁移试验获得的浸出物可能不一致。实际上，提取试验的目的是尽可能多地了解包装组件材料中可能的添加物质，并从提取试验中获得的可提取物种类和水平信息，预测潜在的浸出物；同时根据包装的安全性要求计算出的分析评价阈值（AET），选择可达到其能灵敏检出的分析方法。而迁移试验的目的是采用建立的灵敏、专属、可行的方法检测制剂在有效期内真实的浸出物情况，并据此进行安全性评估。另应注意的是，塑料包装材料中某些组分虽然可在提取试验中获得，而在迁移试验中该组分并不会迁移至制剂中（是可提取物而不是浸出物）；但是，该物质有可能在放置过程中发生降解或与其他成分发生反应，而这些降解产物或反应产物可以迁移至制剂中。因此，在进行提取试验的基础上，仍应采用真实制剂进行迁移试验。

迁移试验所用的分析方法通常会采用提取试验研究过程中选择确定的分析测试方法，但在进行浸出物测定时，因浸出物的浓度往往远低于可提取物，且浸出物的测定结果是进行安全性评估的数据依据，故应对浸出物的测定方法进行全面的方法学验证，包括准确度、精密度（重复性、中间精密度和重现性）、专属性、检测限、定量限，线性及范围和耐用性等；以证实其方法能灵敏、准确、稳定地检出制剂中的浸出物。如果浸出物与可提取物的种类不一致，即浸出物超出了可提取物的范畴，且可提取物的检测方法不适用时，则应针对浸出物的实际情况建立新的分析测试方法，并对新建方法进行充分的方法学验证，以确保所建方法可灵敏、准确、稳定地检出制剂中相关的浸出物。

如果包装材料由不同的材料分层组成，则不仅需要评估最内层成分迁移至药品中的可能性，还应考虑中层、外层成分迁移至药品中的可能性；同时还必须要证明在外层的油墨或粘合剂不会迁移入药品中（多层共挤膜外层的油墨或粘合剂因直接附着在外层膜上，且塑料膜属半透性材料，油墨或粘合剂有可能渗透至制剂中，故油墨或粘合剂是否会渗透至制剂中，应一并在迁移试验中进行研究）。

（2）吸附试验

吸附试验是对活性成分或辅料是否会被吸附或浸入包装材料，进而导致的制剂质量改变所进行的研究。

通常，吸附试验可通过在制剂的稳定性试验中增加相应的检测指标进行。例如，活性成分、防腐剂、抗氧剂含量等。吸附试验中应注意扣除降解的含量降低部分，以及抗氧剂、防腐剂的常规消耗量。

3. 安全性研究

根据提取试验获得的可提取物信息及迁移试验获得的浸出物信息，分析汇总可提取物及浸出物的种类及含量，进行必要的化合物归属或结构鉴定，并根据结构类型归属其安全性风险级别。

通过文献及毒性数据库查询相关的毒性资料，换算成人每日允许最大暴露量（Permitted Daily Exposure，PDE）；评估浸出物是否存在安全性风险，即根据测定的浸出物水平计算实际的每日暴露量与毒理学评估中得到的 PDE 进行比较，做出包装系统是否与药品具有相容性的结论。

如果文献及毒性数据库无相关浸出物的毒性资料，则可对相应的浸出物进行安全性研究，得到相应的毒性数据，换算成人每日允许最大暴露量（PDE）；评估浸出物是否存在安全性风险，做出包装系统是否与药品具有相容性的结论。

如果文献及毒性数据库无相关浸出物的毒性资料，也未采用相应的浸出物进行安全性研究，则可依据安全性阈值（Safety Concern Threshold，SCT），评估浸出物是否存在安全性风险，做出包装系统是否与药品具有相容性的结论。

四、相容性试验内容与分析方法

相容性试验包括提取试验、迁移试验和吸附试验。建议采用相容性试验常用的试验方法和分析测试方法，如有其他合适的试验方法和分析测试方法，经验证可行，也可使用。

1. 提取试验

提取试验主要针对包装材料进行，应对包装系统中的不同包装组件分别进行提取试验。

值得注意的是，在包装材料注册前，为了对包装材料的性质进行全面评估，包装材料生产企业会采取不同溶剂进行一定程度的提取试验，以了解包装材料在不同条件下可能产生的可提取物；在对药物制剂进行研究时，药品研发及生产企业则是在包装材料性质已知的前提下，在包装材料企业提供的包装材料成分信息以及提取试验的基础上，进行药物制剂与包装材料的提取试验。因此，本指导原则强调的注射剂与塑料包装材料的提取试验，与支持包装材料注册所进行的研究目的不同，所选择的提取溶剂和提取条件（见（2），（3））也有所侧重，但是包装材料生产企业进行的提取试验可为注射剂与包装材料的相容性试验提供一定的支持性信息。

（1）包装材料样品的前处理

将包装材料清洗干净，滤纸吸干后切成 0.5cm × 2cm 条状，作为供试品，放入密闭容器内，加入提取溶剂浸没供试品进行浸提。可按下表所示选择供试品与提取溶剂的加入量，建议优先按供试品表面积选择与提取溶剂的比例，当样品的表面积不能确定时，则按供试品重量与提取溶剂的比例进行试验。

供试品表面积或重量与提取溶剂的比例

供试品厚度（mm）	表面积或重量与提取溶剂体积的比例
≤0.5	$6cm^2/mL$
>0.5～1.0	$3cm^2/mL$
>1.0	$1.25cm^2/mL$
不规则形状	0.2g/mL

也可采用多个包装容器组件（如多个接口），以增加提取物的浓度，或对提取样品进行富集，使之符合分析仪器的灵敏度要求。需要测定的数据包括：包装样品的尺寸（长、宽、高、直径）；正常包装情况下药品与包装材料直接接触部分的面积以及提取试验中包装材料与提取溶剂直接接触部分的表面积，如果包装样品与提取溶剂为双面接触，则应计算两面的总面积；如果采用多个包装容器组件，则应计算样品的总面积。包装材料与提取溶剂的接触表面积应高于包装材料与药品的实

际接触面积，以尽可能增加可提取物的种类和数量，模拟生产、运输、贮存和使用最差的条件。

（2）提取溶剂的选择

在包装材料注册前，需对包装材料的性质进行全面评估，这时多采用性质各异的提取溶剂对其进行提取试验，理论上，提取溶剂的性质和种类应包括实际使用的所有状况。常可选择的提取溶剂包括注射用水、0.9%氯化钠注射液、pH3.5 缓冲液、pH8.0 缓冲液、10%或15%乙醇等。为了解析包装材料的组分，一般选择的提取条件相对剧烈，有时会选择能将塑料包装材料完全溶解的提取溶剂，但是这种试验并不能反映组分的提取和迁移的真实情况，也远超出生产、运输、贮存和使用的实际最差条件，与药物制剂进行的提取试验目的并不相同。

对注射剂进行提取试验研究时，应将包装材料注册前进行的全面评估数据作为基础。在此前提下，提取试验中所用的提取溶剂性质应尽可能与实际包装的制剂相同或类似，重点考虑 pH、极性及离子强度等因素，建议在条件许可的前提下，优先选择拟包装的制剂作为提取溶剂，也可根据制剂的特性选择其他适宜的提取溶剂（如不含药物的空白制剂）。

（3）提取条件的确定

一般情况下，物质在高温状态下的迁移速度要高于常温或低温状态，因此，提取试验需在较剧烈的条件下进行。应结合药品在生产、贮存、运输及使用过程中的最差条件，确定适宜的提取方法，如加热、索氏提取、回流或超声等。

对于注射剂，常采用将前处理后的包装材料置于密封容器中，用提取溶剂加热进行提取。试验时需要考虑生产工艺中可能的加热因素，如灭菌温度和时间。另外，也要注意到，在比灭菌温度更加剧烈的条件下，对塑料材料会产生在常温或灭菌条件下不会发生的破坏作用，因此需对提取温度和时间进行分析和考察，以保证从包装材料中提取出尽可能多的可提取物，但又不致使添加物过度降解以致干扰试验。建议在选择提取温度时，优先选择灭菌温度或在其基础上适当增加，但不应使包装材料产生变形。

例如：某注射剂采用 121℃，15 分钟作为灭菌条件，在进行提取试验时，提取条件的强度应高于该灭菌条件，可选择 121℃，60 分钟或适当提高温度，并延长提取时间，或选择其他适宜条件作为提取条件。

（4）可提取物信息分析

对在提取试验研究中获得的高于分析评价阈值（AET）水平的可提取物进行鉴别，预测潜在的可浸出物，包括单体、起始物质、残留物、降解物质、添加剂等。

2. 相互作用研究

一般应选择按正常条件生产、包装、放置的注射剂的包装容器，而不是各包装组件进行相互作用研究，并根据原料药或辅料的理化性质以及制剂的特点确定相互作用研究的具体内容以及试验强度，相互作用研究考察项目可分为物理、化学、生物等几个方面。应至少采用 3 批制剂与 1 批包装容器进行研究。

（1）迁移试验

①确定迁移试验条件

确定迁移试验条件时，应充分考虑药品在生产、贮存、运输及使用过程中可能面临的最极端条件。一般建议选择该药品上市包装的最高浓度，在加速稳定性试验以及长期稳定性试验的条件下进行试验。在对不同浓度的产品进行研究时，可采用矩阵法进行试验。

②考察时间点

考察时间点的设置应基于对药品包装材料性质的认识，包装材料与药品相互影响的趋势而设置。一般可参考影响因素试验、加速稳定性试验以及长期稳定性试验的考察时间点进行设置，至少应包括起点和终点，中间点可适当调整。

③考察项目

一般情况下，应根据材料性质、药品的质量要求设置考察项目。迁移试验的考察项目除质量标准规定的项目外，还应根据提取试验中获得的可提取物信息设定潜在的目标浸出物，以及在放置过程中，包装材料成分中的降解物质或其他新生成物质。

④考察样品的放置

考察过程中，药品与包装容器应充分接触，并模拟药品的实际使用状况，设置放置位置时需充分考虑密封件、标签或油墨的接触或影响。

⑤在迁移试验中应对高于分析评价阈值（AET）水平的相关浸出物进行鉴别、定量，并评估浸出物的安全性。

（2）吸附试验

推荐选择该药品加速试验以及长期留样试验条件（温度和时间）进行吸附试验，通常可选择加速试验以及长期留样试验的考察时间点，按照药品标准进行检验，并根据考察对象如功能性辅料等适当增加检验项目，主要对药品以及拟考察辅料的含量、pH 等项目进行检查。

考察样品的放置要求与迁移试验相同。

3. 空白干扰试验

在进行提取试验、迁移试验和吸附试验时，某些情况下需要进行空白干扰试验，以排除供试品本底干扰，避免出现假阳性结果。

例如：在对塑料包装容器进行提取试验时，可选择硼硅玻璃瓶或聚四氟乙烯瓶，以及聚四氟乙烯或聚丙烯塞，或其他惰性容器进行平行对照试验，但不宜选择橡胶塞作为密封件。在进行吸附试验时，某些成分，如某些抗氧剂本身可在放置过程中发生降解，为避免干扰试验结果，可设对照组，选择通常认为不会发生吸附的包装材料（如玻璃等）作对照，进行平行试验。

4. 分析方法

进行提取试验和迁移试验应采用专属性强、准确、精密、灵敏的分析方法，以保证试验结果的可靠性。目前可采用各种光谱、色谱以及联用方法，分别用于检测易挥发性物质、半挥发性物质、不挥发性物质、金属元素、无机离子等组分。应针对不同的待测目标化合物选择适宜的分析方法。

在进行定性研究时，一般可选择如下方法：液相色谱—质谱（LC - MS）、液相色谱—核磁共振波谱（LC - NMR）、气相色谱—质谱（GC - MS）、气相色谱—红外光谱（GC - IR）、离子色谱—质谱（IC - MS）等联用技术。

在进行定量研究时，一般可选择如下方法：总有机碳（TOC）、总无机碳（TOA）、气相色谱—红外光谱（GC - IR）、液相色谱（UV、ELSD、ECD 检测器等）、液相色谱—质谱（LC - MS）、离子色谱（IC）、气相色谱（GC）、气相色谱—质谱（GC - MS）、高效毛细管电泳法（HPCE）、原子分光光度法（AAS）等。

通常情况下，气相色谱—质谱（GC - MS）用于可挥发或半挥发有机物分析；液相色谱—质谱（LC - MS）用于半挥发及不挥发有机物分析；离子色谱（IC）用于无机或有机阳离子和阴离子分析以及有机酸、碱分析；电感耦合等离子体原子发射光谱法（ICP - AES）、电感耦合等离子体发射光谱—质谱法（ICP - MS）可用于测定无机元素类提取物（如微量元素和重金属等）。

另外，在适宜条件下并经验证可行时，也可选择其他分析方法。

在确定分析方法前，可以根据安全性信息来确定可提取物和/或浸出物的允许限度，并将该相应浓度水平作为分析评价阈值（AET），以此来确定分析方法是否拥有检测这些物质的灵敏度。

为了保证分析方法的可靠性，需对分析方法进行验证。提取试验主要进行方法专属性、灵敏度等简单的方法学验证；迁移试验的方法学验证内容包括：准确度、精密度（重复性、中间精密度和重现性）、专属性、检测限、定量限，线性及范围和耐用性等。由于痕量分析的特殊性，应特别关注分析仪器、各验证内容的可接受性。

五、试验结果分析与安全性评价

根据提取试验及迁移试验获得的可提取物、浸出物信息，分析汇总浸出物和可提取物的种类及含量，进行结构鉴定，通过安全性研究分析其安全性风险程度，结合吸附试验结果，分析判断包装系统是否与药品具有相容性。

1. 塑料包装材料的安全性评价

如果包装容器各组件所用塑料材料中的添加剂为附件 4 所列的常用添加剂，且在包装材料中的含量符合附件 4 的要求，可以认为包装材料中所含添加剂的量符合要求。如果采用的添加剂未列入附件 4，则应提供该添加剂在包装材料中使用和用量的依据。

2. 确定分析评价阈值（AET）

（1）根据文献或试验获得各浸出物或可提取物的人每日允许最大暴露量（PDE）。

（2）如果不能获得 PDE 数据时，研究者可参考目前可获得的已知化合物安全性数据库相关信息，并结合所研究药品的给药途径、用药周期、浸出物或可提取物化学结构等实际情况，确定合适的安全性阈值（SCT）。目前欧洲药品局（European Medicines Agency，EMA）推荐的遗传毒性致癌物的安全性阈值（SCT）为 1.5ug/d，国际药用气雾剂联盟（International Pharmaceutical Aerosol Consortium，IPAC）推荐的吸入制剂的安全性阈值（SCT）为 0.15ug/d。

根据浸出物或可提取物的 PDE 或 SCT 数值、每日最大用药剂量以及制剂包装情况（提取试验中使用容器的数量；与提取溶剂直接接触的表面积；制剂生产、运输、贮藏和使用过程中与药液直接接触部分的表面积等）计算每单个包装容器中，各浸出物或可提取物的最大允许的实际浓度，并在此基础上经计算得到分析评价限度（AET），分析测试方法应满足该 AET 值的测定要求。

在提交注册资料时，应提供浸出物或可提取物的 PDE、SCT、AET 等数值及其计算过程。

3. 可提取物的安全性评价

如果包装材料注册的提取试验以及对药物制剂进行的提取试验结果均显示，提取溶液中某可提取物的含量低于其 PDE 或 SCT，则一般认为由该可提取物导致的安全性风险小，在后续的迁移试验可省略对该成分的研究，但仍应该在后续的迁移试验中对该成分可能产生的降解产物或者相关产物等进行考察。

如果提取溶液中可提取物的含量高于 PDE 或 SCT 时，可以选择进行后续的相互作用研究并对浸出物进行相关的安全性评估，也可以选择更换包装材料重新进行提取试验。

如果认为无须对某提取物进行后续的迁移试验，需提供相应的支持性数据以及分析报告。

4. 浸出物的安全性评价

如果浸出物含量低于 PDE 或 SCT 时，可认为浸出物的量不会改变药品的有效性及安全性，对患者的安全性风险小，包装材料与药品具有相容性。

如果浸出物的含量高于 SCT，建议选择更换包装材料。在不更换包装材料时，应进行相关的安全性评估，评估浸出物的安全性风险。

如果浸出物的含量高于 PDE，则认为包装材料与药品不具有相容性，建议更换包装材料。

5. 吸附试验结果分析

如果吸附试验结果显示包装材料对药品或辅料存在较强吸附，并对药品质量产生了显著影响，建议更换包装材料。

六、名词解释

相容性研究：包装系统与药物相容性研究是指考察包装系统与药物之间是否发生迁移或吸附等，进而影响药物质量和安全性而进行的试验过程。

包装系统：指容纳和保护药品的所有包装组件的总和。包装系统包括直接接触药品的包装组件和次级包装组件。容器密闭系统等同于包装系统。次级包装组件具有为药品提供额外保护的功能。

包装组件：指容器密闭系统中的任何一个组成部件。包装组件分为直接接触药品的包装组件和次级包装组件，次级包装组件指的是不与药物直接接触的包装组件。

塑料：是指以高分子量的合成树脂为主要组分，加入适当添加剂，如增塑剂、稳定剂、阻燃剂、润滑剂、着色剂等，经加工成型的塑性材料，或固化交联形成的刚性材料。

可提取物：通过提取试验获得的从包装材料中溶出的物质。

浸出物：通过迁移试验获得的从包装系统中迁移或因此而产生的并进入药品中的物质。

人每日允许最大暴露量（Permitted Daily Exposure，PDE）：指某一物质被允许摄入而不产生毒性的日平均最大剂量，某一具体物质的 PDE 值是由不产生反应量、体重调整系数、种属之间差异的系数、个体差异、短期接触急性毒性研究的可变系数等推算出的。

安全性阈值（Safety Concern Threshold，SCT）：当浸出物的水平低于这个值时，其致癌和非致癌的毒性作用及安全性影响可忽略不计。

分析评价阈值（Analytical Evaluation Threshold，AET）：根据人每日允许最大暴露量或安全性阈值/限定阈值、用药剂量以及制剂包装特点等计算每单个包装容器中特定的可提取物和/或浸出物含量，当一个特定的可提取物和/或浸出物水平达到或超过这个量值时，需要开始对这个可提取物/浸出物进行分析，并需要报告给相关部门以便开始进行安全性评估。

七、附件（1～4）

1. 不同给药途径制剂与包装系统发生相互作用的风险分级表

不同给药途径的剂型的风险程度	制剂与包装系统发生相互作用的可能性		
	高	中	低
最高	吸入气雾剂及喷雾剂 注射液和注射用混悬液	无菌粉针剂及注射用粉针 吸入粉雾剂	
高	眼用溶液及混悬液 鼻吸入气雾剂及喷雾剂 透皮软膏及贴剂		
低	局部用溶液及混悬液 局部及舌下用气雾剂 口服溶液及混悬液	局部用粉剂 口服粉剂	口服片剂 胶囊等固体制剂

2. 化学药品采用塑料包装材料相容性研究的决策树

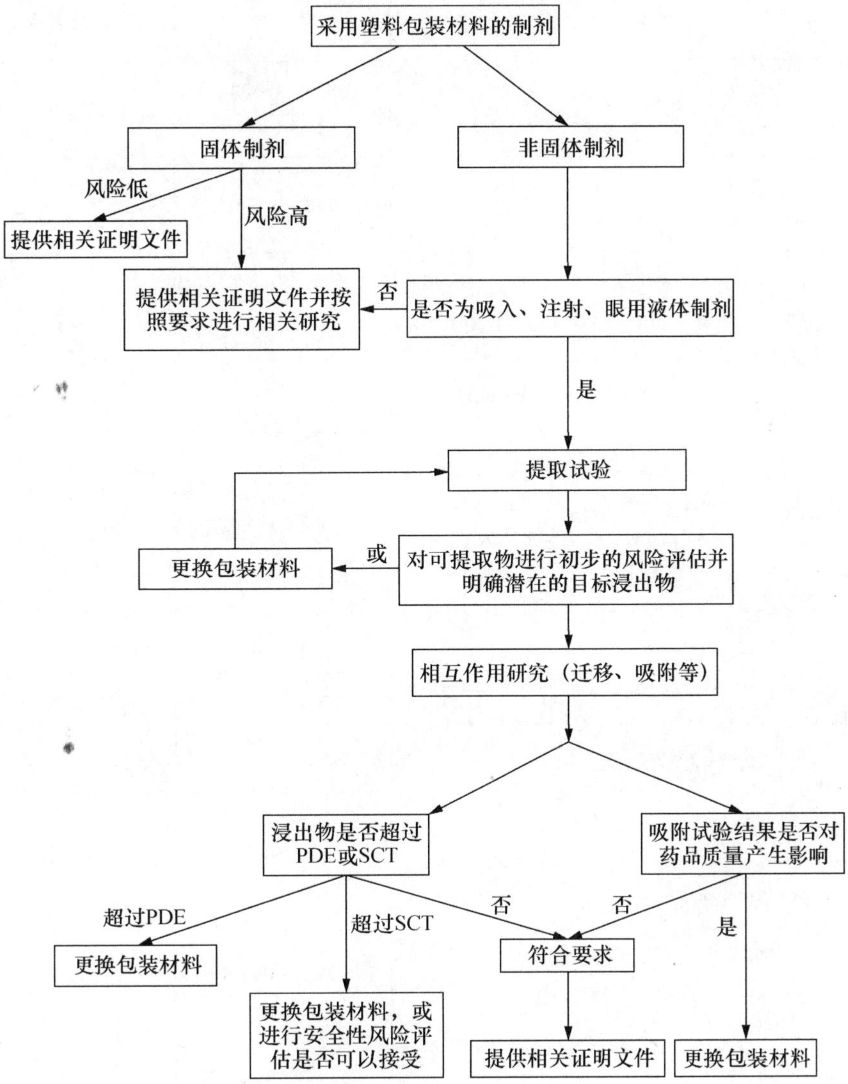

3. 化学药品注射液常用的塑料包装材料及形式

塑料是由树脂和添加剂组成：树脂是塑料的主要成分，它决定了塑料制品的基本性能。添加剂或助剂的作用是改善成型工艺性能、改善制品的使用性能或降低成本。

树脂种类：聚乙烯（PE），聚丙烯（PP），环状聚烯烃（COC）等。

注射液常用的塑料包装形式

包装形式	
输液瓶	PP 瓶，PE 瓶
多层共挤膜（袋）	PP/PE 或改性 PP 塑料，如：三层共挤膜（袋）、五层共挤膜（袋）等，包括接口、组合盖
塑料（软）袋	PP 直立式（软）袋，PP/PE 或改性 PP 塑料（软）袋
塑料安瓿	PE 安瓿，PP 安瓿
预灌封注射器	COC（器身）注射器

4. 塑料包装材料常用添加剂及限度要求

欧洲药典中添加剂编号	名称	CAS 号	限度要求	备注
塑料添加剂 03	烷基酰胺 alkenamides	[05518－18－3] / [00110－30－5]	不超过 0.5%	3.1.13
塑料添加剂 07	2，6－二叔丁基－4－甲基苯酚 2，6－bis（1，1－dimethylethyl）－4－methylphenol	[128－37－0]	不超过 0.125%	3.1.13
塑料添加剂 08	3－（1，1－二甲基乙基）－β－[3－（1，1－二甲基乙基）－4－羟苯基]－4－羟基－β－甲基苯甲酸－1，2－亚乙基酯 Ethylene bis {3，3－bis [3－（1，1－dimethylethyl）－4－hydroxyphenyl] butanoate}	[32509－66－3]	不超过 0.3%	3.1.13
塑料添加剂 09	四 [3－（3，5－二叔丁基－4－羟基苯基）丙酸] 季戊四醇酯 methanetetryl tetramethyl tetrakis [3－[3，5－bis（1，1－dimethylethyl）－4－hydroxyphenyl] propanoate]	[6683－19－8]	不超过 0.3%	3.1.13
塑料添加剂 10	1，3，5－三甲基－2，4，6－三（3，5－二叔丁基－4－羟基苄基）苯 4，4′，4″[（2，4，6－trimethylbenzene－1，3，5－triyl）tris（methylene）] tris [2，6－bis（1，1－dimethylethy）phenol]	[1709－70－2]	不超过 0.3%	3.1.13
塑料添加剂 11	3－（3，5－二叔丁基－4－羟基苯基）丙酸正十八碳醇酯 octadecyl 3－[3，5－bis（1，1－dimethylethyl）－4－hydroxyphenyl] propanoate	[2082－79－3]	不超过 0.3%	3.1.13
塑料添加剂 12	三（2，4－二叔丁基苯基）亚磷酸酯 tris [2，4－bis（1，1－dimethylethyl）phenyl] phosphite	[31570－04－4]	不超过 0.3%	3.1.13
塑料添加剂 13	1，3，5－三（3，5－二叔丁基－4－羟基苯甲基）－S－三嗪－2，4，6 [1H，3H，5H] 三酮 1，3，5－tris [3，5－bis（1，1－dimethylethyl）－4－hydroxybenzyl]－1，3，5－triazine－2，4，6（1H，3H，5H）－trione	[27676－62－6]	不超过 0.3%	3.1.13
塑料添加剂 14	2，2′－二（十八烷基氧）－5，5′－螺 [1，3，2－二氧亚磷酸酯] 2，2′－bis（octadecyloxy）－5，5′－spirobi [1，3，2－dioxaphosphinane]	[3806－34－6]	不超过 0.3%	3.1.13
塑料添加剂 15	1，1′－二（十八烷基）二硫化物 1，1′－disulphanediyldioctadecane	[2500－88－1]	不超过 0.3%	3.1.13
塑料添加剂 16	二（十二烷基）3，3′－硫代二丙酸盐 didodecyl 3，3′－sulphanediyl dipropanoate	[123－28－4]	不超过 0.3%	3.1.13
塑料添加剂 17	二（十八烷基）3，3′－硫代二丙酸盐 dioctadecyl 3，3′－sulphanediyl dipropanoate	[693－36－7]	不超过 0.3%	3.1.13

续表

欧洲药典中添加剂编号	名称	CAS 号	限度要求	备注
塑料添加剂 18	四（2，4－二叔丁基酚）－4，4－联苯基二亚磷酸酯 mixture of seven products corresponding to reaction product of di－tert－butyl phosphonite with biphosphorous trichloride，reaction products with biphenyl and 2，4－bis（1，1－dimethylethyl）phenol	[119345－01－6]	—	不超过 0.1%（出自 3.1.3 聚烯烃）
塑料添加剂 19	硬脂酸 stearic acid	[57－11－4]	不超过 0.5%	3.1.13
塑料添加剂 20	油酸酰胺 oleamide	[301－02－0]	不超过 0.5%	3.1.13
塑料添加剂 21	芥酸酰胺 erucamide	[112－84－5]	不超过 0.5%	3.1.13
塑料添加剂 22	聚丁二酸（4－羟基－2，2，6，6－四甲基－1－哌啶乙醇）酯 copolymer of dimethyl butanedioate and 1－(2－hydroxyethyl）－2，2，6，6－tetramethyl piperidin－4－ol	[65447－77－0]	—	不超过 0.3%（出自 3.1.3 聚烯烃）
	水化碳酸氢氧化镁铝 hydrotalcite		不超过 0.5%	
	硅铝酸钠 sodium silico－aluminate		不超过 0.5%	
	二氧化硅 silica		不超过 0.5%	
	苯甲酸钠 sodium benzoate		不超过 0.5%	
	脂肪酸酯或盐 fatty acid esters or salts		不超过 0.5%	
	磷酸钠 trisodium phosphate		不超过 0.5%	
	液体石腊 liquid paraffin		不超过 0.5%	
	氧化锌 zinc oxide		不超过 0.5%	
	滑石粉 talc		不超过 0.5%	
	氧化镁 magnesium oxide		不超过 0.2%	

注：塑料包装材料常用添加剂及限度指用于注射剂包装的聚乙烯和聚丙烯塑料常用添加剂以及在塑料中的限度。上面所列添加剂中，每种树脂中添加抗氧剂的种类不能超过 3 种，总量不得超过 0.3%。上表内容引自欧洲药典 7.0 版附录 3.1 materials used for the manufacture of containers。

药品广告审查发布标准

（中华人民共和国国家工商行政管理总局和国家食品药品监督管理局决定修改，2007 年 3 月 3 日公布，自 2007 年 5 月 1 日起施行）

第一条 为了保证药品广告真实、合法、科学，制定本标准。

第二条 发布药品广告，应当遵守《中华人民共和国广告法》、《中华人民共和国药品管理法》和《中华人民共和国药品管理法实施条例》、《中华人民共和国反不正当竞争法》及国家有关法规。

第三条 下列药品不得发布广告：

（一）麻醉药品、精神药品、医疗用毒性药品、放射性药品；

（二）医疗机构配制的制剂；

（三）军队特需药品；

（四）国家食品药品监督管理局依法明令停止或者禁止生产、销售和使用的药品；

（五）批准试生产的药品。

第四条 处方药可以在卫生部和国家食品药品监督管理局共同指定的医学、药学专业刊物上发布广告，但不得在大众传播媒介发布广告或者以其他方式进行以公众为对象的广告宣传。不得以赠送医学、药学专业刊物等形式向公众发布处方药广告。

第五条 处方药名称与该药品的商标、生产企业字号相同的，不得使用该商标、企业字号在医学、药学专业刊物以外的媒介变相发布广告。

不得以处方药名称或者以处方药名称注册的商标以及企业字号为各种活动冠名。

第六条 药品广告内容涉及药品适应症或者功能主治、药理作用等内容的宣传，应当以国务院食品药品监督管理部门批准的说明书为准，不得进行扩大或者恶意隐瞒的宣传，不得含有说明书以外的理论、观点等内容。

第七条 药品广告中必须标明药品的通用名称、忠告语、药品广告批准文号、药品生产批准文号；以非处方药商品名称为各种活动冠名的，可以只发布药品商品名称。

药品广告必须标明药品生产企业或者药品经营企业名称，不得单独出现“咨询热线”、“咨询电话”等内容。

非处方药广告必须同时标明非处方药专用标识（OTC）。

药品广告中不得以产品注册商标代替药品名称进行宣传，但经批准作为药品商品名称使用的文字型注册商标除外。

已经审查批准的药品广告在广播电台发布时，可不播出药品广告批准文号。

第八条 处方药广告的忠告语是：“本广告仅供医学药学专业人士阅读。”

非处方药广告的忠告语是：“请按药品说明书或在药师指导下购买和使用。”

第九条 药品广告中涉及改善和增强性功能内容的，必须与经批准的药品说明书中的适应症或者功能主治完全一致。

电视台、广播电台不得在7：00～22：00发布含有上款内容的广告。

第十条　药品广告中有关药品功能疗效的宣传应当科学准确，不得出现下列情形：

（一）含有不科学地表示功效的断言或者保证的。

（二）说明治愈率或者有效率的。

（三）与其他药品的功效和安全性进行比较的。

（四）违反科学规律，明示或者暗示包治百病、适应所有症状的。

（五）含有“安全无毒副作用”、“毒副作用小”等内容的；含有明示或者暗示中成药为“天然”药品，因而安全性有保证等内容的。

（六）含有明示或者暗示该药品为正常生活和治疗病症所必需等内容的。

（七）含有明示或暗示服用该药能应付现代紧张生活和升学、考试等需要，能够帮助提高成绩、使精力旺盛、增强竞争力、增高、益智等内容的。

（八）其他不科学的用语或者表示，如“最新技术”、“最高科学”、“最先进制法”等。

第十一条　非处方药广告不得利用公众对于医药学知识的缺乏，使用公众难以理解和容易引起混淆的医学、药学术语，造成公众对药品功效与安全性的误解。

第十二条　药品广告应当宣传和引导合理用药，不得直接或者间接怂恿任意、过量地购买和使用药品，不得含有以下内容：

（一）含有不科学的表述或者使用不恰当的表现形式，引起公众对所处健康状况和所患疾病产生不必要的担忧和恐惧，或者使公众误解不使用该药品会患某种疾病或加重病情的；

（二）含有免费治疗、免费赠送、有奖销售、以药品作为礼品或者奖品等促销药品内容的；

（三）含有“家庭必备”或者类似内容的；

（四）含有“无效退款”、“保险公司保险”等保证内容的；

（五）含有评比、排序、推荐、指定、选用、获奖等综合性评价内容的。

第十三条　药品广告不得含有利用医药科研单位、学术机构、医疗机构或者专家、医生、患者的名义和形象作证明的内容。

药品广告不得使用国家机关和国家机关工作人员的名义。

药品广告不得含有军队单位或者军队人员的名义、形象。不得利用军队装备、设施从事药品广告宣传。

第十四条　药品广告不得含有涉及公共信息、公共事件或其他与公共利益相关联的内容，如各类疾病信息、经济社会发展成果或医药科学以外的科技成果。

第十五条　药品广告不得在未成年人出版物和广播电视频道、节目、栏目上发布。

药品广告不得以儿童为诉求对象，不得以儿童名义介绍药品。

第十六条　药品广告不得含有医疗机构的名称、地址、联系办法、诊疗项目、诊疗方法以及有关义诊、医疗（热线）咨询、开设特约门诊等医疗服务的内容。

第十七条　按照本标准第七条规定必须在药品广告中出现的内容，其字体和颜色必须清晰可见、易于辨认。上述内容在电视、电影、互联网、显示屏等媒体发布时，出现时间不得少于5秒。

第十八条　违反本标准规定发布的广告，构成虚假广告或者引人误解的虚假宣传的，依照《广告法》第三十七条、《反不正当竞争法》第二十四条处罚。

违反本标准第四条、第五条规定发布药品广告的，依照《广告法》第三十九条处罚。

违反本标准第三条、第六条等规定发布药品广告的，依照《广告法》第四十一条处罚。

违反本标准其他规定发布广告，《广告法》有规定的，依照《广告法》处罚；《广告法》没有具体规定的，对负有责任的广告主、广告经营者、广告发布者，处以一万元以下罚款；有违法所得的，处以违法所得三倍以下但不超过三万元的罚款。

第十九条　本标准自 2007 年 5 月 1 日起施行。1995 年 3 月 28 日国家工商行政管理局令第 27 号发布的《药品广告审查标准》同时废止。

药品流通监督管理办法

（2006年12月8日国家食品药品监督管理局局务会审议通过，
2007年1月31日公布，自2007年5月1日起施行）

第一章　总　　则

第一条　为加强药品监督管理，规范药品流通秩序，保证药品质量，根据《中华人民共和国药品管理法》（以下简称《药品管理法》）、《中华人民共和国药品管理法实施条例》（以下简称《药品管理法实施条例》）和有关法律、法规的规定，制定本办法。

第二条　在中华人民共和国境内从事药品购销及监督管理的单位或者个人，应当遵守本办法。

第三条　药品生产、经营企业、医疗机构应当对其生产、经营、使用的药品质量负责。

药品生产、经营企业在确保药品质量安全的前提下，应当适应现代药品流通发展方向，进行改革和创新。

第四条　药品监督管理部门鼓励个人和组织对药品流通实施社会监督。对违反本办法的行为，任何个人和组织都有权向药品监督管理部门举报和控告。

第二章　药品生产、经营企业购销药品的监督管理

第五条　药品生产、经营企业对其药品购销行为负责，对其销售人员或设立的办事机构以本企业名义从事的药品购销行为承担法律责任。

第六条　药品生产、经营企业应当对其购销人员进行药品相关的法律、法规和专业知识培训，建立培训档案，培训档案中应当记录培训时间、地点、内容及接受培训的人员。

第七条　药品生产、经营企业应当加强对药品销售人员的管理，并对其销售行为作出具体规定。

第八条　药品生产、经营企业不得在经药品监督管理部门核准的地址以外的场所储存或者现货销售药品。

第九条　药品生产企业只能销售本企业生产的药品，不得销售本企业受委托生产的或者他人生产的药品。

第十条　药品生产企业、药品批发企业销售药品时，应当提供下列资料：

（一）加盖本企业原印章的《药品生产许可证》或《药品经营许可证》和营业执照的复印件；

（二）加盖本企业原印章的所销售药品的批准证明文件复印件；

（三）销售进口药品的，按照国家有关规定提供相关证明文件。

药品生产企业、药品批发企业派出销售人员销售药品的，除本条前款规定的资料外，还应当提供加盖本企业原印章的授权书复印件。授权书原件应当载明授权销售的品种、地域、期限，注明销售人员的身份证号码，并加盖本企业原印章和企业法定代表人印章（或者签名）。销售人员应当出示授权书原件及本人身份证原件，供药品采购方核实。

第十一条　药品生产企业、药品批发企业销售药品时，应当开具标明供货单位名称、药品名称、生产厂商、批号、数量、价格等内容的销售凭证。

药品零售企业销售药品时，应当开具标明药品名称、生产厂商、数量、价格、批号等内容的销售凭证。

第十二条　药品生产、经营企业采购药品时，应按本办法第十条规定索取、查验、留存供货企业有关证件、资料，按本办法第十一条规定索取、留存销售凭证。

药品生产、经营企业按照本条前款规定留存的资料和销售凭证，应当保存至超过药品有效期 1 年，但不得少于 3 年。

第十三条　药品生产、经营企业知道或者应当知道他人从事无证生产、经营药品行为的，不得为其提供药品。

第十四条　药品生产、经营企业不得为他人以本企业的名义经营药品提供场所，或者资质证明文件，或者票据等便利条件。

第十五条　药品生产、经营企业不得以展示会、博览会、交易会、订货会、产品宣传会等方式现货销售药品。

第十六条　药品经营企业不得购进和销售医疗机构配制的制剂。

第十七条　未经药品监督管理部门审核同意，药品经营企业不得改变经营方式。

药品经营企业应当按照《药品经营许可证》许可的经营范围经营药品。

第十八条　药品零售企业应当按照国家食品药品监督管理局药品分类管理规定的要求，凭处方销售处方药。

经营处方药和甲类非处方药的药品零售企业，执业药师或者其他依法经资格认定的药学技术人员不在岗时，应当挂牌告知，并停止销售处方药和甲类非处方药。

第十九条　药品说明书要求低温、冷藏储存的药品，药品生产、经营企业应当按照有关规定，使用低温、冷藏设施设备运输和储存。

药品监督管理部门发现药品生产、经营企业违反本条前款规定的，应当立即查封、扣押所涉药品，并依法进行处理。

第二十条　药品生产、经营企业不得以搭售、买药品赠药品、买商品赠药品等方式向公众赠送处方药或者甲类非处方药。

第二十一条　药品生产、经营企业不得采用邮售、互联网交易等方式直接向公众销售处方药。

第二十二条　禁止非法收购药品。

第三章　医疗机构购进、储存药品的监督管理

第二十三条　医疗机构设置的药房，应当具有与所使用药品相适应的场所、设备、仓储设施和卫生环境，配备相应的药学技术人员，并设立药品质量管理机构或者配备质量管理人员，建立药品保管制度。

第二十四条　医疗机构购进药品时，应当按照本办法第十二条规定，索取、查验、保存供货企业有关证件、资料、票据。

第二十五条　医疗机构购进药品，必须建立并执行进货检查验收制度，并建有真实完整的药品购进记录。药品购进记录必须注明药品的通用名称、生产厂商（中药材标明产地）、剂型、规格、批号、生产日期、有效期、批准文号、供货单位、数量、价格、购进日期。

药品购进记录必须保存至超过药品有效期 1 年，但不得少于 3 年。

第二十六条　医疗机构储存药品，应当制订和执行有关药品保管、养护的制度，并采取必要的冷藏、防冻、防潮、避光、通风、防火、防虫、防鼠等措施，保证药品质量。

医疗机构应当将药品与非药品分开存放；中药材、中药饮片、化学药品、中成药应分别储存、分类存放。

第二十七条　医疗机构和计划生育技术服务机构不得未经诊疗直接向患者提供药品。

第二十八条　医疗机构不得采用邮售、互联网交易等方式直接向公众销售处方药。

第二十九条　医疗机构以集中招标方式采购药品的，应当遵守《药品管理法》、《药品管理法实施条例》及本办法的有关规定。

第四章　法律责任

第三十条　有下列情形之一的，责令限期改正，给予警告；逾期不改正的，处以五千元以上二万元以下的罚款：

（一）药品生产、经营企业违反本办法第六条规定的；

（二）药品生产、批发企业违反本办法第十一条第一款规定的；

（三）药品生产、经营企业违反本办法第十二条，未按照规定留存有关资料、销售凭证的。

第三十一条　药品生产、经营企业违反本办法第七条规定的，给予警告，责令限期改正。

第三十二条　有下列情形之一的，依照《药品管理法》第七十三条规定，没收违法销售的药品和违法所得，并处违法销售的药品货值金额二倍以上五倍以下的罚款：

（一）药品生产、经营企业违反本办法第八条规定，在经药品监督管理部门核准的地址以外的场所现货销售药品的；

（二）药品生产企业违反本办法第九条规定的；

（三）药品生产、经营企业违反本办法第十五条规定的；

（四）药品经营企业违反本办法第十七条规定的。

第三十三条　药品生产、经营企业违反本办法第八条规定，在经药品监督管理部门核准的地址以外的场所储存药品的，按照《药品管理法实施条例》第七十四条的规定予以处罚。

第三十四条　药品零售企业违反本办法第十一条第二款规定的，责令改正，给予警告；逾期不改正的，处以五百元以下的罚款。

第三十五条　违反本办法第十三条规定，药品生产、经营企业知道或者应当知道他人从事无证生产、经营药品行为而为其提供药品的，给予警告，责令改正，并处一万元以下的罚款，情节严重的，处一万元以上三万元以下的罚款。

第三十六条　药品生产、经营企业违反本办法第十四条规定的，按照《药品管理法》第八十二条的规定予以处罚。

第三十七条　违反本办法第十六条规定，药品经营企业购进或者销售医疗机构配制的制剂的，按照《药品管理法》第八十条规定予以处罚。

第三十八条　药品零售企业违反本办法第十八条第一款规定的，责令限期改正，给予警告；逾期不改正或者情节严重的，处以一千元以下的罚款。

违反本办法第十八条第二款规定，药品零售企业在执业药师或者其他依法经过资格认定的药学技术人员不在岗时销售处方药或者甲类非处方药的，责令限期改正，给予警告；逾期不改正的，处以一千元以下的罚款。

第三十九条 药品生产、批发企业违反本办法第十九条规定，未在药品说明书规定的低温、冷藏条件下运输药品的，给予警告，责令限期改正；逾期不改正的，处以五千元以上二万元以下的罚款；有关药品经依法确认属于假劣药品的，按照《药品管理法》有关规定予以处罚。

药品生产、批发企业违反本办法第十九条规定，未在药品说明书规定的低温、冷藏条件下储存药品的，按照《药品管理法》第七十九条的规定予以处罚；有关药品经依法确认属于假劣药品的，按照《药品管理法》有关规定予以处罚。

第四十条 药品生产、经营企业违反本办法第二十条规定的，限期改正，给予警告；逾期不改正或者情节严重的，处以赠送药品货值金额二倍以下的罚款，但是最高不超过三万元。

第四十一条 违反本办法第二十三条至第二十七条的，责令限期改正，情节严重的，给予通报。

第四十二条 药品生产、经营企业违反本办法第二十一条、医疗机构违反本办法第二十八条规定，以邮售、互联网交易等方式直接向公众销售处方药的，责令改正，给予警告，并处销售药品货值金额二倍以下的罚款，但是最高不超过三万元。

第四十三条 违反本办法第二十二条规定非法收购药品的，按照《药品管理法》第七十三条的规定予以处罚。

第四十四条 药品监督管理部门及其工作人员玩忽职守，对应当予以制止和处罚的违法行为不予制止、处罚的，对直接负责的主管人员和其他直接责任人员给予行政处分；构成犯罪的，依法追究刑事责任。

第五章　附　　则

第四十五条 本办法所称药品现货销售，是指药品生产、经营企业或其委派的销售人员，在药品监督管理部门核准的地址以外的其他场所，携带药品现货向不特定对象现场销售药品的行为。

第四十六条 实行特殊管理的药品、疫苗、军队用药品的流通监督管理，有关法律、法规、规章另有规定的，从其规定。

第四十七条 本办法自 2007 年 5 月 1 日起施行。自本办法施行之日起，1999 年 8 月 1 日实施的国家药品监督管理局《药品流通监督管理办法（暂行）》（国家药品监督管理局第 7 号令）同时废止。

药品广告审查办法

（国家食品药品监督管理局、中华人民共和国国家工商行政管理总局
审议通过，2007年3月13日发布，自2007年5月1日起施行）

第一条 为加强药品广告管理，保证药品广告的真实性和合法性，根据《中华人民共和国广告法》（以下简称《广告法》）、《中华人民共和国药品管理法》（以下简称《药品管理法》）和《中华人民共和国药品管理法实施条例》（以下简称《药品管理法实施条例》）及国家有关广告、药品监督管理的规定，制定本办法。

第二条 凡利用各种媒介或者形式发布的广告含有药品名称、药品适应症（功能主治）或者与药品有关的其他内容的，为药品广告，应当按照本办法进行审查。

非处方药仅宣传药品名称（含药品通用名称和药品商品名称）的，或者处方药在指定的医学药学专业刊物上仅宣传药品名称（含药品通用名称和药品商品名称）的，无需审查。

第三条 申请审查的药品广告，符合下列法律法规及有关规定的，方可予以通过审查：

（一）《广告法》；

（二）《药品管理法》；

（三）《药品管理法实施条例》；

（四）《药品广告审查发布标准》；

（五）国家有关广告管理的其他规定。

第四条 省、自治区、直辖市药品监督管理部门是药品广告审查机关，负责本行政区域内药品广告的审查工作。县级以上工商行政管理部门是药品广告的监督管理机关。

第五条 国家食品药品监督管理局对药品广告审查机关的药品广告审查工作进行指导和监督，对药品广告审查机关违反本办法的行为，依法予以处理。

第六条 药品广告批准文号的申请人必须是具有合法资格的药品生产企业或者药品经营企业。药品经营企业作为申请人的，必须征得药品生产企业的同意。

申请人可以委托代办人代办药品广告批准文号的申办事宜。

第七条 申请药品广告批准文号，应当向药品生产企业所在地的药品广告审查机关提出。

申请进口药品广告批准文号，应当向进口药品代理机构所在地的药品广告审查机关提出。

第八条 申请药品广告批准文号，应当提交《药品广告审查表》（附表1，略），并附与发布内容相一致的样稿（样片、样带）和药品广告申请的电子文件，同时提交以下真实、合法、有效的证明文件：

（一）申请人的《营业执照》复印件；

（二）申请人的《药品生产许可证》或者《药品经营许可证》复印件；

（三）申请人是药品经营企业的，应当提交药品生产企业同意其作为申请人的证明文件原件；

（四）代办人代为申办药品广告批准文号的，应当提交申请人的委托书原件和代办人的营业执照复印件等主体资格证明文件；

（五）药品批准证明文件（含《进口药品注册证》、《医药产品注册证》）复印件、批准的说明书复印件和实际使用的标签及说明书；

（六）非处方药品广告需提交非处方药品审核登记证书复印件或相关证明文件的复印件；

（七）申请进口药品广告批准文号的，应当提供进口药品代理机构的相关资格证明文件的复印件；

（八）广告中涉及药品商品名称、注册商标、专利等内容的，应当提交相关有效证明文件的复印件以及其他确认广告内容真实性的证明文件。

提供本条规定的证明文件的复印件，需加盖证件持有单位的印章。

第九条　有下列情形之一的，药品广告审查机关不予受理该企业该品种药品广告的申请：

（一）属于本办法第二十条、第二十二条、第二十三条规定的不受理情形的；

（二）撤销药品广告批准文号行政程序正在执行中的。

第十条　药品广告审查机关收到药品广告批准文号申请后，对申请材料齐全并符合法定要求的，发给《药品广告受理通知书》；申请材料不齐全或者不符合法定要求的，应当当场或者在 5 个工作日内一次告知申请人需要补正的全部内容；逾期不告知的，自收到申请材料之日起即为受理。

第十一条　药品广告审查机关应当自受理之日起 10 个工作日内，对申请人提交的证明文件的真实性、合法性、有效性进行审查，并依法对广告内容进行审查。对审查合格的药品广告，发给药品广告批准文号；对审查不合格的药品广告，应当作出不予核发药品广告批准文号的决定，书面通知申请人并说明理由，同时告知申请人享有依法申请行政复议或者提起行政诉讼的权利。

对批准的药品广告，药品广告审查机关应当报国家食品药品监督管理局备案，并将批准的《药品广告审查表》送同级广告监督管理机关备案。国家食品药品监督管理局对备案中存在问题的药品广告，应当责成药品广告审查机关予以纠正。

对批准的药品广告，药品监督管理部门应当及时向社会予以公布。

第十二条　在药品生产企业所在地和进口药品代理机构所在地以外的省、自治区、直辖市发布药品广告的（以下简称异地发布药品广告），在发布前应当到发布地药品广告审查机关办理备案。

第十三条　异地发布药品广告备案应当提交如下材料：

（一）《药品广告审查表》复印件；

（二）批准的药品说明书复印件；

（三）电视广告和广播广告需提交与通过审查的内容相一致的录音带、光盘或者其他介质载体。

提供本条规定的材料的复印件，需加盖证件持有单位印章。

第十四条　对按照本办法第十二条、第十三条规定提出的异地发布药品广告备案申请，药品广告审查机关在受理备案申请后 5 个工作日内应当给予备案，在《药品广告审查表》上签注“已备案”，加盖药品广告审查专用章，并送同级广告监督管理机关备查。

备案地药品广告审查机关认为药品广告不符合有关规定的，应当填写《药品广告备案意见书》（附表 2，略），交原审批的药品广告审查机关进行复核，并抄报国家食品药品监督管理局。

原审批的药品广告审查机关应当在收到《药品广告备案意见书》后的 5 个工作日内，将意见告知备案地药品广告审查机关。原审批的药品广告审查机关与备案地药品广告审查机关意见无法达成一致的，可提请国家食品药品监督管理局裁定。

第十五条　药品广告批准文号有效期为 1 年，到期作废。

第十六条　经批准的药品广告，在发布时不得更改广告内容。药品广告内容需要改动的，应当重新申请药品广告批准文号。

第十七条　广告申请人自行发布药品广告的，应当将《药品广告审查表》原件保存 2 年备查。

广告发布者、广告经营者受广告申请人委托代理、发布药品广告的，应当查验《药品广告审查表》原件，按照审查批准的内容发布，并将该《药品广告审查表》复印件保存 2 年备查。

第十八条　已经批准的药品广告有下列情形之一的，原审批的药品广告审查机关应当向申请人发出《药品广告复审通知书》（附表 3，略），进行复审。复审期间，该药品广告可以继续发布。

（一）国家食品药品监督管理局认为药品广告审查机关批准的药品广告内容不符合规定的；

（二）省级以上广告监督管理机关提出复审建议的；

（三）药品广告审查机关认为应当复审的其他情形。

经复审，认为与法定条件不符的，收回《药品广告审查表》，原药品广告批准文号作废。

第十九条　有下列情形之一的，药品广告审查机关应当注销药品广告批准文号：

（一）《药品生产许可证》、《药品经营许可证》被吊销的；

（二）药品批准证明文件被撤销、注销的；

（三）国家食品药品监督管理局或者省、自治区、直辖市药品监督管理部门责令停止生产、销售和使用的药品。

第二十条　篡改经批准的药品广告内容进行虚假宣传的，由药品监督管理部门责令立即停止该药品广告的发布，撤销该品种药品广告批准文号，1 年内不受理该品种的广告审批申请。

第二十一条　对任意扩大产品适应症（功能主治）范围、绝对化夸大药品疗效、严重欺骗和误导消费者的违法广告，省以上药品监督管理部门一经发现，应当采取行政强制措施，暂停该药品在辖区内的销售，同时责令违法发布药品广告的企业在当地相应的媒体发布更正启事。违法发布药品广告的企业按要求发布更正启事后，省以上药品监督管理部门应当在 15 个工作日内做出解除行政强制措施的决定；需要进行药品检验的，药品监督管理部门应当自检验报告书发出之日起 15 日内，做出是否解除行政强制措施的决定。

第二十二条　对提供虚假材料申请药品广告审批，被药品广告审查机关在受理审查中发现的，1 年内不受理该企业该品种的广告审批申请。

第二十三条　对提供虚假材料申请药品广告审批，取得药品广告批准文号的，药品广告审查机关在发现后应当撤销该药品广告批准文号，并 3 年内不受理该企业该品种的广告审批申请。

第二十四条　按照本办法第十八条、第十九条、第二十条和第二十三条被收回、注销或者撤销药品广告批准文号的药品广告，必须立即停止发布；异地药品广告审查机关停止受理该企业该药品广告批准文号的广告备案。

药品广告审查机关按照本办法第十八条、第十九条、第二十条和第二十三条收回、注销或者撤销药品广告批准文号的，应当自做出行政处理决定之日起 5 个工作日内通知同级广告监督管理机关，由广告监督管理机关依法予以处理。

第二十五条　异地发布药品广告未向发布地药品广告审查机关备案的，发布地药品广告审查机关发现后，应当责令限期办理备案手续，逾期不改正的，停止该药品品种在发布地的广告发布活动。

第二十六条　县级以上药品监督管理部门应当对审查批准的药品广告发布情况进行监测检查。对违法发布的药品广告，各级药品监督管理部门应当填写《违法药品广告移送通知书》（附表 4），连同违法药品广告样件等材料，移送同级广告监督管理机关查处；属于异地发布篡改经批准的药品广告内容的，发布地药品广告审查机关还应当向原审批的药品广告审查机关提出依照《药品管理法》第九十二条、本办法第二十条撤销药品广告批准文号的建议。

第二十七条　对发布违法药品广告，情节严重的，省、自治区、直辖市药品监督管理部门予以公告，并及时上报国家食品药品监督管理局，国家食品药品监督管理局定期汇总发布。

对发布虚假违法药品广告情节严重的，必要时，由国家工商行政管理总局会同国家食品药品监督管理局联合予以公告。

第二十八条　对未经审查批准发布的药品广告，或者发布的药品广告与审查批准的内容不一致的，广告监督管理机关应当依据《广告法》第四十三条规定予以处罚；构成虚假广告或者引人误解的虚假宣传的，广告监督管理机关依据《广告法》第三十七条、《反不正当竞争法》第二十四条规定予以处罚。

广告监督管理机关在查处违法药品广告案件中，涉及到药品专业技术内容需要认定的，应当将需要认定的内容通知省级以上药品监督管理部门，省级以上药品监督管理部门应在收到通知书后的10个工作日内将认定结果反馈广告监督管理机关。

第二十九条　药品广告审查工作人员和药品广告监督工作人员应当接受《广告法》、《药品管理法》等有关法律法规的培训。药品广告审查机关和药品广告监督管理机关的工作人员玩忽职守、滥用职权、徇私舞弊的，给予行政处分。构成犯罪的，依法追究刑事责任。

第三十条　药品广告批准文号为“×药广审（视）第0000000000号”、“×药广审（声）第0000000000号”、“×药广审（文）第0000000000号”。其中“×”为各省、自治区、直辖市的简称。“0”为由10位数字组成，前6位代表审查年月，后4位代表广告批准序号。“视”、“声”、“文”代表用于广告媒介形式的分类代号。

第三十一条　本办法自2007年5月1日起实施。1995年3月22日国家工商行政管理局、卫生部发布的《药品广告审查办法》（国家工商行政管理局令第25号）同时废止。

关于提供药品安全长效机制建设有关材料的通知

（食药监办函〔2011〕441号）

各省、自治区、直辖市食品药品监督管理局（药品监督管理局）：

根据国务院六部门联合下发的《关于印发药品安全专项整治工作方案的通知》（国食药监办〔2009〕342号）精神，国家局会同卫生部、公安部、工业和信息化部、国家工商总局、国家中医药局等六部门联合开展了为期两年的药品安全专项整治工作。在此期间，各地高度重视，积极协调，认真落实药品安全专项整治各项工作任务，逐步建立起高效运转的药品安全监管机制，有力有序推动了药品安全专项整治工作开展。

为及时总结经验，进一步落实“地方政府负总责，监管部门各负其责，企业是第一责任人”的药品安全责任体系，巩固药品安全专项整治工作成果，国家局药品安全专项整治工作领导小组办公室（以下简称国家局药品安全整治办公室）将收集各部门建立药品安全长效机制的有关材料并汇编成册。请各地收集报送本省（区、市）有关资料，主要内容包括：

一、践行科学发展观，贯彻落实科学监管理念。如医药体制改革新举措，保障监管部门无障碍开展工作相关制度，加强组织领导和部门协调的工作机制，有关部门落实药品安全责任的评议考核制度，加强地区间药品监管交流协作工作机制等。

二、加强源头治理，建立药品安全长效机制。如修订或完善的保障药品研制、生产、流通、使用环节安全的法律法规、部门规章和规范性文件，基本药物招标采购管理制度、不良反应监测和药品安全应急管理工作体系和应急处置工作程序等。

三、注重标本兼治，探索并形成的好经验和好做法。如在监管过程中探索提升监管能力的经验和做法。

四、进一步加强药品安全监管的意见和建议等。

请于2011年10月31日前，将以上资料的纸质版和电子版一并提供给国家局药品安全整治办公室。

邮寄地址：西城区宣武门西大街26号院2号楼　国家局药品安全整治办公室

联系人：陆　欣

联系电话：010－88331317（F）

电子邮箱：luxin@sda.gov.cn

国家食品药品监督管理局办公室

2011年10月24日

国务院关于印发国家药品安全“十二五”规划的通知

（国发〔2012〕5号，2012年1月20日发布）

各省、自治区、直辖市人民政府，国务院各部委、各直属机构：

现将《国家药品安全“十二五”规划》印发给你们，请认真贯彻执行。

国务院

2012年1月20日

国家药品安全“十二五”规划

药品安全是重大的民生和公共安全问题，事关人民群众身体健康和社会和谐稳定。为进一步提高我国药品安全水平，维护人民群众健康权益，促进医药产业持续健康发展，依据《中华人民共和国国民经济和社会发展第十二个五年规划纲要》和党中央、国务院有关方针政策，制定本规划。

一、药品安全形势

（一）取得的成绩。

“十一五”时期，国家出台了一系列政策措施，加大了政府投入，形成了较为完备的药品生产供应体系，基本建立了覆盖药品研制、生产、流通和使用全过程的安全监管体系，药品安全状况明显改善，药品安全保障能力明显提高。

1. 药品安全状况明显改善。全国药品评价性抽验总合格率显著提高，化学药品、中药、生物制品的抽验合格率大幅提高，药品质量总体上保持较好水平。《药品注册管理办法》2007 年修订施行后，提升了注册审批标准，严格了药品生产准入，新上市仿制药质量明显提高。药品不良反应监测、特殊药品滥用监测网络预警作用加强，药品安全事件应急处置能力大幅提升，药品安全事件逐渐减少。

2. 公众用药需求基本满足。实施国家基本药物制度，保障公众基本用药权益。新药创制能力进一步提高，药品现代物流体系建设稳步推进，覆盖城乡的药品供应网络基本建成，公众日常用药需求基本得到满足。建立了国家药品储备制度，提高了应对重大疫情灾害的药品保障能力。

3. 药品安全监管能力大幅提高。建立了较为完整的国家、省、市、县四级行政监管体系，构建了以药品注册审评、标准制定、检验检测、不良反应监测为重点的技术支撑体系，健全了以《中华人民共和国药品管理法》和《医疗器械监督管理条例》为核心的法律法规体系，形成了以《中华人民共和国药典》为核心的国家药品标准管理体系。进一步健全了药品质量管理规范，加强了药品全过程监管。药品监管信息化建设取得阶段性成果，特殊药品的电子监管顺利推进。药品监管基础设施明显改善，队伍素质显著提高。

（二）存在的问题。

药品生产企业研发投入不足，创新能力不强，部分仿制药质量与国际先进水平存在较大差距。现行药品市场机制不健全，药品价格与招标机制不完善，一些企业片面追求经济效益，牺牲质量生产药品。医疗机构以药养医状况未明显改善，临床用药监督有待进一步加强，零售药店和医院药房执业药师配备和用药指导不足，不合理用药较为严重。不法分子制售假药现象频出，利用互联网、邮寄等方式售假日益增多，有些假药甚至进入药品正规流通渠道，药品安全风险仍然较大。同时，药品安全法制尚不完善，技术支撑体系不健全，执法力量薄弱，药品监管能力仍相对滞后。

“十二五”时期是我国全面建设小康社会的关键时期，也是促进医药产业健康快速发展的重要机遇期。随着我国经济社会进一步发展，居民生活质量改善，人民群众对药品的安全性、可及性要求不断提高。人口老龄化、疾病谱改变、新发传染性疾病频发等，对药品安全提出了新的挑战。同时，医药产业快速发展，产业结构调整，高新技术在医药产业的广泛应用，都对药品安全监管提出了更高的要求。必须进一步加强药品安全工作，为人民群众健康提供有力保障。

二、指导思想、基本原则与发展目标

（一）指导思想。

以邓小平理论和“三个代表”重要思想为指导，深入贯彻落实科学发展观，结合深化医药卫生体制改革，全面提高药品标准，进一步提高药品质量，完善药品监管体系，规范药品研制、生产、流通和使用，落实药品安全责任，加强技术支撑体系建设，提升药品安全保障能力，降低药品安全风险，确保人民群众用药安全。

（二）基本原则。

1. 坚持安全第一，科学监管。以确保人民群众用药安全为根本目的，以提高药品标准和药品质量为工作重心，完善监管体制，创新监管机制，依法科学实施监管。

2. 坚持从严执法，规范秩序。建立健全科学、公正、公开、高效的药品安全执法体系，严厉打击制售假劣药品行为，严肃追究药品安全责任，促进药品市场秩序和安全形势持续向好。

3. 坚持强化基础，提升能力。加强药品安全保障基础建设，健全药品监管技术支撑体系，充实监管力量，提升队伍素质，提高监管效能。

4. 坚持统一协调，分工负责。强化各级政府药品安全责任，落实部门职责分工，建立统一协调的部门联动机制，联合执法，齐抓共管，实现药品安全各领域、各环节的全面有效监管。

（三）发展目标。

1. 总体目标。

经过 5 年努力，药品标准和药品质量大幅提高，药品监管体系进一步完善，药品研制、生产、流通秩序和使用行为进一步规范，药品安全保障能力整体接近国际先进水平，药品安全水平和人民群众用药安全满意度显著提升。

2. 规划指标。

（1）全部化学药品、生物制品标准达到或接近国际标准，中药标准主导国际标准制定。医疗器械采用国际标准的比例达到 90% 以上。

（2）2007 年修订的《药品注册管理办法》施行前批准生产的仿制药中，国家基本药物和临床常用药品质量达到国际先进水平。

（3）药品生产 100% 符合 2010 年修订的《药品生产质量管理规范》要求；无菌和植入性医疗器械生产 100% 符合《医疗器械生产质量管理规范》要求。

（4）药品经营 100% 符合《药品经营质量管理规范》要求。

（5）新开办零售药店均配备执业药师。2015 年零售药店和医院药房全部实现营业时有执业药师指导合理用药。

三、主要任务与重点项目

（一）全面提高国家药品标准。

实施国家药品标准提高行动计划。参照国际标准，优先提高基本药物及高风险药品的质量标准。提高中药（材）、民族药（材）质量标准与炮制规范。药品生产必须严格执行国家标准，达不到国家标准的，一律不得生产、销售和使用。加强国家药品标准研究，重点加强安全性指标研究。

实施国家医疗器械标准提高行动计划。优先提高医疗器械基础通用标准，提高高风险产品及市场使用量大产品的标准。加强医疗器械检测技术和方法研究，增强标准的科学性。加快医疗器械标准物质研究和参考测量实验室建设。

全面提高仿制药质量。对2007年修订的《药品注册管理办法》施行前批准的仿制药，分期分批与被仿制药进行质量一致性评价，其中纳入国家基本药物目录、临床常用的仿制药在2015年前完成，未通过质量一致性评价的不予再注册，注销其药品批准证明文件。药品生产企业必须按《药品注册管理办法》要求，将其生产的仿制药与被仿制药进行全面对比研究，作为申报再注册的依据。

健全以《中华人民共和国药典》为核心的国家药品标准管理体系。制修订药品、医疗器械标准管理办法，健全药品、医疗器械标准制定、修订、发布、实施、废止程序，建立标准评估、淘汰机制。加强医疗器械标准管理机构建设。建立政府主导，企业、检验机构、高校和科研机构共同参与的标准提高机制，引导和鼓励企业通过技术进步提升质量标准。

专栏一：国家药品、医疗器械标准提高行动计划

提高药品标准：完成6500个药品标准提高工作，其中化学药2500个、中成药2800个、生物制品200个、中药材350个、中药饮片650个。提高139个直接接触药品的包装材料标准，制定100个常用直接接触药品的包装材料标准。提高132个药用辅料标准，制定200个药用辅料标准。

完善医疗器械标准：完成医用电气设备标准150项、无源医疗器械产品标准250项、诊断试剂类产品标准100项。完成对医用电气设备通用安全性标准（第三版）、电磁兼容标准的制（修）订工作。完善标准物质研究工作机制，研制15项医疗器械标准物质。

（二）强化药品全过程质量监管。

严格药品研制监管。完善药品研制规范，制（修）订药品研制技术指导原则和数据管理标准，促进数据国际互认。建立健全药物非临床安全性评价实验室、药物临床试验机构监督检查体系和监管机制，探索建立分级分类监督管理制度。提高药物临床试验现场检查覆盖率，加强药物临床试验安全数据的监测。所有新药申请的非临床研究数据必须来源于符合《药物非临床研究质量管理规范》的机构。鼓励罕见病用药和儿童适宜剂型研发。加强受试者保护，提高药物临床试验的社会参与度和风险管理水平。加强医疗器械临床试验管理，制定质量管理规范。加强医疗器械产品注册技术审查指导原则制定工作，统一医疗器械审评标准，提高审评能力。

严格药品生产监管。加强药品生产监管制度建设，着力推进生产质量管理规范认证工作，建立健全药品生产风险监管体系。鼓励开展常用中药材规范化生产技术研究，推动实施中药材生产质量管理规范，鼓励中药生产企业按照要求建立药材基地。完善医疗器械质量管理体系，编制重点品种医疗器械质量管理规范实施指南。加强对药品、医疗器械生产企业执行生产质量管理规范情况的经常性检查，严肃查处违规企业。加强进口药品监管，建立健全境外检查工作机制和规范，探索建立出口药品监管制度，推动药品进出口与海关的联网核销系统建设，建立和完善进出口医疗器械分类管理、出入境验证和风险管理制度。

严格药品流通监管。完善药品经营许可制度、药品经营质量管理规范认证体系。完善药品流通体系，规范流通秩序，鼓励药品生产企业直接配送，并与药品零售机构直接结算。发展药品现代物流和连锁经营，制定药品冷链物流相关标准。探索建立中药材流通追溯体系。制定实施高风险医疗器械经营质量管理规范，提高医疗器械经营企业准入门槛，完善退出机制。完善农村基本药物供应网，建立健全短缺药品供应保障协调机制，确保基本药物和短缺药品质量安全、公平可及。

严格药品使用监管。完善药品使用环节的质量管理制度，加强医疗机构和零售药店药品质量管理，发挥执业药师的用药指导作用，规范医生处方行为，切实减少不合理用药。加强在用医疗器械监管工作，完善在用医疗器械管理制度。开展药品安全宣传教育活动，普及药品安全常识，提高公众安全用药意识，促进合理用药。

（三）健全药品检验检测体系。

完善药品抽验工作机制，扩大抽验覆盖面和抽验品种范围，增加抽验频次。药品抽验必须做到检验标准、检验程序公开，检验结果及时公告。对抽验不合格产品，及时依法处置。

提高药品检验能力。到“十二五”末，省级药品检验机构、口岸药品检验机构具备依据法定标准对化学药品和中药的全项检验能力，市级药品检验机构具备 85% 以上项目的检验能力。强化生物制品批签发检验能力，授权部分省级药品检验机构承担生物制品批签发任务，被授权的机构必须具备授权品种的独立全项检验能力。开展药品关键检验技术、药品快速检验技术和补充检验技术研究，搭建检验技术共享平台。

提高医疗器械检测能力，重点提高植入性医疗器械等高风险产品和电气安全、电磁兼容、生物安全性的检测能力。加强医疗器械检测机构资格认可和监督评审，建立退出机制。到“十二五”末，国家级医疗器械检测机构具备对所有归口产品的检测能力，省级医疗器械检测机构具备对 95% 以上常用医疗器械的检测能力。

（四）提升药品安全监测预警水平。

加强基层药品不良反应监测，健全重点监测与日常监测相结合的监测机制，强化对药品不良反应和医疗器械不良事件的评价与预警。完善药品安全新闻发布制度，及时发布药品安全预警信息。

加强特殊药品滥用监测。完善监测网络和制度，建立敏感人群用药调查监测机制，为特殊药品监管提供技术服务和保障。

健全药品上市后再评价制度。开展药品安全风险分析和评价，重点加强基本药物、中药注射剂、高风险药品的安全性评价。完善药品再评价的技术支撑体系。经再评价认定疗效不确切、存在严重不良反应、风险大于临床效益危及公众健康的药品，一律注销药品批准证明文件。建立医疗器械再评价制度，组织开展高风险医疗器械再评价工作。

专栏二：药品上市后不良反应监测和安全性再评价工程

医疗器械不良事件监测与再评价：选取 100 个品种，开展重点监测，制定监测技术规范，完成上市后安全风险分析报告。

健全药品医疗器械监测机构：加强市级和县级监测机构建设。药品不良反应病例县（市、区）报告比例达到 80% 以上，药品不良反应报告数达到 400 份/百万人。医疗器械不良事件县（市、区）报告比例达到 70% 以上，医疗器械不良事件报告数达到 100 份/百万人。

（五）依法严厉打击制售假劣药品行为。

深入开展药品安全专项整治。完善打击生产销售假药部际协调联席会议制度，健全部门打假协作机制，加快行政执法与刑事司法衔接的信息平台建设。完善药品检验鉴定机制，提高假劣药品检验鉴定时效。加强行政执法监督，规范执法行为，对制售假劣药品的生产经营企业，依法撤销批准证明文件。完善联合挂牌督办案件制度，加大案件查处力度，重点打击生产假劣药品以及利用互联网、邮寄、挂靠等方式销售假劣药品违法犯罪行为，坚决打击进出口假劣药品违法犯罪行为。研究解决生产销售假劣药品的定罪量刑过低问题，加大对生产销售假劣药品违法犯罪行为的惩处力度。以乡（镇）、村为重点，加大基层打假治劣力度，严厉打击流动药贩。规范药材边贸交易。

严厉打击发布违法药品广告行为。严格广告审批，完善广告监测网络，强化广告发布前规范指导、发布中动态监督、发布后依法查处。规范网上药品信息服务与广告发布行为，重点打击利用互联网发布虚假广告和虚假宣传行为。加强药品电子商务特别是网上药品零售市场监管，严格互联网药品交易服务网站资格审批，促进互联网药品交易服务健康发展。

（六）完善药品安全应急处置体系。

完善药品、医疗器械突发事件应急预案，规范处置程序。强化应急平台、应急检验等技术支撑体系建设，加强国家药品安全应急演练基地和国家食品药品监督管理局投诉举报中心建设，强化应急管理培训，提高应急处置能力和水平。健全重大突发事件应急药品扩产改造和申报审批工作机制，保障应急药品的及时有效供应。

专栏三：应急管理体系建设工程

应急演练基地建设：加强国家级药品、医疗器械安全应急演练基地建设，开展应急知识和技能培训，组织应急演练。

配备应急处置装备：为国家级、省级应急队伍配备必要的应急装备。

（七）加强药品监管基础设施建设。

加快实施药品安全基础设施建设工程，加强技术审评、检查认证、监测预警基础设施建设，进一步改善国家、省、市三级药品检验机构实验室条件，加强省级医疗器械检测中心基础设施建设。按标准建设药品行政监管机构办公业务用房，配备执法装备。加快推进药品快速检验技术在基层的应用，配置快速检验设备。

专栏四：药品安全基础设施建设工程

加强基础设施建设：加强药品行政监管机构业务用房建设，改善国家、省级（含口岸）、市级药品检验机构实验室条件，配备检验设备，提升基层快速检验能力。建设省级医疗器械检测机构、市级药品不良反应监测机构基础设施。

加强执法装备配备：按照配备标准，为市、县两级药品行政监管机构配备必要的执法装备。

（八）加快监管信息化建设。

推进国家药品电子监管系统建设，完善覆盖全品种、全过程、可追溯的药品电子监管体系。整合信息资源，统一信息标准，提高共享水平，逐步实现国家药品电子监管系统与有关部门以及企业信息化系统对接。采取信息化手段实现药品研究和生产过程的非现场监管。建立健全医疗器械监管信息系统，启动高风险医疗器械国家统一编码工作。完成国家药品监管信息系统一期工程，启动二期工程建设。

专栏五：国家药品监管信息系统二期工程

应用平台建设：扩建行政执法、监测分析、政务公开、社会应急、内部管理五类应用平台，建设数据中心，增建辅助决策信息平台。

信息系统建设：建立药物非临床研究、药物临床试验、药品生产质量管理监管信息系统，开展广告监督、医疗机构合理用药监督、药品安全性评估以及医疗器械监管试点。

信息资源安全建设：完善药品监管信息资源保障和配套环境建设。

（九）提升人才队伍素质。

制定药品监管中长期人才发展规划，建立严格的人员准入、培训和管理制度。加强药品监管部门专业技术人员培训，加快高层次监管人才和急需紧缺专门人才培养，形成一支规模适当、结构合理、素质优良的药品监管专业队伍。建设国家食品药品监督管理局高级研修学院，逐步形成国家和省两级培训架构，建设覆盖全系统的网络教育培训平台。加强药品监管部门领导干部和基层一把手培训，提高监管水平。到“十二五”末，各级药品监管队伍大学本科以上学历人员达到75%以上，药学、医疗器械、医学、法学等相关专业人员达到75%以上。

专栏六：人才队伍素质提高工程

人才队伍基础工程：加强国家食品药品监督管理局高级研修学院基础设施建设。分批确认符合条件的机构作为全国食品药品监管系统干部教育培训基地。建设药品监管学科、课程、师资、网络培训体系。

专业技术人员培训工程：加强技术审评、检查认证、检验检测、监测预警、应急管理、政策研究队伍建设和人员培训，完成新一轮省、市两级技术支撑机构主要负责人国家级轮训。

行政监管人员培训工程：完成新一轮省级食品药品监管机构领导班子成员和市、县两级行政监管机构主要负责人国家级轮训。

四、保障措施

（一）完善保障药品安全的配套政策。

完善医药产业政策，提高准入门槛，严格控制新开办企业数量，引导企业兼并重组，促进资源向优势企业集中；支持生物医药、医疗器械产业健康、快速发展；大力扶持中药、民族药发展，促进继承和创新。研究完善药品经济政策，对已达到国际水平的仿制药，在药品定价、招标采购、医保报销等方面给予支持，形成有利于提高药品质量、保障药品安全的激励机制。完善加强药品安全的科技政策，强化科技对药品安全的支撑作用。实施重大新药创制等国家科技重大专项和国家科技计划，支持和鼓励企业科技创新，提高药品、医疗器械的创新能力。以企业为主体、产学研相结合，推进药品安全研究工作。

（二）完善药品安全法律法规。

推动制定执业药师法，修订《中华人民共和国药品管理法》。修订《医疗器械监督管理条例》、《放射性药品管理办法》等法规和规章。研究制定处方药和非处方药分类管理条例。

（三）加强药品安全监管能力建设。

创新药品安全执法体制机制，推进专职化的药品检查员队伍建设。充实国家和省两级药品审评评价、检查认证、监测预警力量，确保药品再评价、再注册等工作顺利开展。深化药品行政审批制度改革，严格审批标准，规范审批程序。各级政府要将药品安全监管经费纳入财政预算，加大经费投入。加强基层、边远地区和民族地区药品安全保障能力建设，改善基层执法条件。加强与国际组织、国外监管机构和民间机构的交流与合作，借鉴国际先进监管经验，不断提高监管能力和水平。

（四）全面落实药品安全责任。

按照“地方政府负总责，监管部门各负其责，企业是第一责任人”的要求，进一步健全药品安全责任体系。企业要切实履行药品安全主体责任，完善质量管理制度，严格执行质量管理规范，禁止不合格药品出厂、销售，及时召回问题药品和退市药品。开展企业信用等级评价工作，建立从业人员诚信档案，对严重违规和失信的企业和从业人员实行行业禁入。监管部门要认真履行监管职责，加强对药品研制、生产、流通、使用的全过程监管，监督企业严格按照国家法律法规和质量规范生产、销售药品，监测药品不良反应，及时进行风险提示，严格查处违法违规行为，确保用药安全。地方各级政府负责本行政区域的药品安全工作，将药品安全列入政府考核测评体系，建立考核评价和责任追究制度。健全各级药品监管机构和农村药品监督网络，确保药品监管机构依法独立开展工作。

（五）完善执业药师制度。

配合深化医药卫生体制改革，制定实施执业药师业务规范，严格执业药师准入，推进执业药师继续教育工程，提高执业药师整体素质，推动执业药师队伍发展。加大执业药师配备使用力度，自2012年开始，新开办的零售药店必须配备执业药师；到“十二五”末，所有零售药店法人或主要管理者必须具备执业药师资格，所有零售药店和医院药房营业时有执业药师指导合理用药，逾期达不到要求的，取消售药资格。

（六）加强对规划实施工作的组织领导。

地方各级政府要根据本规划确定的发展目标和主要任务，将药品安全工作纳入重要议事日程和本地区经济社会发展规划。各有关部门要按照职责分工，细化目标，分解任务，制定具体实施方案，做好相关任务的实施工作。2013年年中和2015年年底，国家食品药品监督管理局牵头对规划执行情况进行中期评估和终期考核，评估和考核结果向国务院报告。

药品安全信用分类管理暂行规定

（2004年9月13日，国家食品药品监督管理局）

第一章　总　　则

第一条　为充分发挥药品、医疗器械监督管理职能，强化药品、医疗器械生产、经营企业和研制单位的信用意识，促进形成统一开放、公平竞争、规范有序的市场环境，依据药品、医疗器械监督管理法律法规，制定本规定。

第二条　药品安全信用分类管理单位包括药品、医疗器械生产、经营企业和研制单位。

第三条　国家食品药品监督管理局对各级食品药品监督管理部门开展信用分类管理工作进行指导和监督。

县级以上食品药品监督管理部门依据法定职责和工作权限，负责本辖区内的药品安全信用分类管理工作。

第四条　药品安全信用分类管理工作包括：建立药品、医疗器械生产经营企业和研制单位的信用信息档案，根据信用等级标准划分信用等级，并按照信用等级给予相应的奖惩。

第五条　各省（区、市）食品药品监督管理部门可以根据本辖区的实际情况，制定相应的具体实施方案，可根据辖区内的行业协会组织建设情况，发挥其在药品安全信用分类管理工作中的作用。

第二章　信用信息档案的建立和交流

第六条　药品安全信用信息档案的主要内容包括：

（一）药品、医疗器械生产、经营企业和研制单位登记注册信息：单位名称、注册地址、生产（经营）地址、法定代表人（负责人）及其身份证号码、企业类型、生产经营范围、生产经营方式、生产的具体品种、注册资金、生产经营期限以及生产、经营许可证或相关证照编号等。

（二）对药品、医疗器械生产、经营企业和研制单位的日常监管信息：食品药品监督管理部门对药品、医疗器械生产、经营企业和研制单位在开发、生产、经营药品、医疗器械的日常监管中，发现的违反药品、医疗器械监督管理法律、法规、规章和政策规定的行为。

第七条　药品安全信用信息档案不包括以下内容：

（一）药品、医疗器械生产、经营企业和研制单位的商业秘密和技术秘密；

（二）药品、医疗器械监督管理法律、法规、规章和各项政策调整范围之外的行为。

第八条　各级食品药品监督管理部门应根据工作权限采集和记录相关信用信息，并建立药品安全信用信息档案。

上级食品药品监督管理部门应对下级食品药品监督管理部门开展药品安全信用分类管理工作进行指导和监督。

第九条　各级食品药品监督管理部门记录的药品安全信用信息，应以行政处罚决定书、文件通知、专项通知书等形式或者电子文档形式，按照药品安全信用等级评定工作的工作分工，及时告知药品、医疗器械生产、经营企业和研制单位所在地省级食品药品监督管理部门。

第十条　药品安全信用信息档案实行专人负责制。具体操作人员必须认真细致核对相关内容。

第三章　信用等级

第十一条　药品安全信用等级分为守信、警示、失信、严重失信四级。

第十二条　确定药品安全信用等级的原则为：

（一）以是否有因违反药品、医疗器械监督管理法律、法规和规章等而被处以刑事或者行政处罚作为信用等级划分的主要标准；

（二）以违法行为情节的轻重和主观过错的大小作为信用等级划分的辅助标准。

第十三条　守信等级：正常运营的药品、医疗器械生产、经营企业和研制单位在一年内无违法违规行为。

第十四条　警示等级：

（一）因违法违规行为受到警告，被责令改正的；

（二）因《药品管理法实施条例》第八十一条规定的行为受到处罚的。

第十五条　失信等级：

（一）因实施同一违法行为被连续警告、公告两次以上的；

（二）被处以罚款、没收违法所得、没收非法财物或者被撤销药品、医疗器械广告批准文号的。

第十六条　严重失信等级：

（一）连续被撤销两个以上药品、医疗器械广告批准文号的；

（二）被撤销批准证明文件、责令停产停业、暂扣生产（经营）许可证、暂扣营业执照的；

（三）药品企事业单位拒绝、阻挠执法人员依法进行监督检查、抽验和索取有关资料或者拒不配合执法人员依法进行案件调查的；

（四）因违反药品、医疗器械监督管理法律、法规构成犯罪的。

第十七条　药品安全信用等级采用动态认定的方法。食品药品监督管理部门应当按照药品安全信用等级划分标准，对已经达到某一信用等级的药品、医疗器械生产、经营企业和研制单位，作出相应的认定。

第十八条　被认定为警示等级的，在随后一年内无违法违规行为的，调升到守信等级。

第十九条　被认定为失信等级的，在随后一年内无违法违规行为的，调升到警示等级。

第二十条　被认定为严重失信等级的，在随后一年内无违法违规行为的，调升到失信等级。

第四章　激励与惩戒

第二十一条　食品药品监督管理部门对被认定为守信等级的，给予政策支持；对被认定为警示、失信或者严重失信等级的，采取防范、提示、加强日常和专项监管等措施予以惩戒。

第二十二条　被认定为守信等级的药品、医疗器械生产、经营企业和研制单位，食品药品监督管理部门可以：

（一）除专项检查和举报检查之外，适当减少或者免除日常监督检查的项目；

（二）定期公告其无违法违规行为的记录；

（三）在法律、法规允许的范围内，适当优先办理行政审批、审核手续。

第二十三条 被认定为警示等级的药品、医疗器械生产、经营企业和研制单位，食品药品监督管理部门可以：

（一）结案后进行回查；

（二）公示违法记录。

第二十四条 被认定为失信等级的药品、医疗器械生产、经营企业和研制单位，食品药品监督管理部门可以：

（一）结案后进行回查；

（二）增加日常监督检查的频次；

（三）公示违法记录。

第二十五条 被认定为严重失信等级的药品、医疗器械生产、经营企业和研制单位，食品药品监督管理部门可以：

（一）结案后进行回查；

（二）列为重点监督检查对象，进行重点专项监督检查；

（三）增加日常监督检查的频次；

（四）公示违法记录。

第五章 监督和责任

第二十六条 各级食品药品监督管理部门应当充分运用监督管理手段，建立并实施药品安全信用分类管理制度，在药品市场信用体系建设中发挥推动、规范、监督、服务作用。

第二十七条 违反本规定，采集、记录、公示的信息不真实，或者故意将虚假信息记入药品安全信用信息档案，造成损失和不良影响的，按有关规定追究具体责任人和主管领导的责任。

第六章 附 则

第二十八条 本规定由国家食品药品监督管理局负责解释。

第二十九条 本规定自发布之日起施行。

关于印发药品安全“黑名单”管理规定（试行）的通知

（国食药监办〔2012〕219号）

各省、自治区、直辖市食品药品监督管理局（药品监督管理局），新疆生产建设兵团食品药品监督管理局：

为进一步加强药品和医疗器械安全监督管理，推进诚信体系建设，完善行业禁入和退出机制，督促和警示生产经营者全面履行质量安全责任，依据《药品管理法》、《行政许可法》、《医疗器械监督管理条例》、《政府信息公开条例》以及其他相关法律、行政法规，国家食品药品监督管理局制定了《药品安全“黑名单”管理规定（试行）》，现予印发，请遵照执行。

国家食品药品监督管理局

2012年8月13日

药品安全“黑名单”管理规定（试行）

第一条 为进一步加强药品和医疗器械安全监督管理，推进诚信体系建设，完善行业禁入和退出机制，督促生产经营者全面履行质量安全责任，增强全社会监督合力，震慑违法行为，依据《药品管理法》、《行政许可法》、《医疗器械监督管理条例》、《政府信息公开条例》以及其他相关法律、行政法规，制定本规定。

第二条 省级以上食品药品监督管理部门应当按照本规定的要求建立药品安全“黑名单”，将因严重违反药品、医疗器械管理法律、法规、规章受到行政处罚的生产经营者及其直接负责的主管人员和其他直接责任人员（以下简称“责任人员”）的有关信息，通过政务网站公布，接受社会监督。

第三条 本规定所称生产经营者是指在中华人民共和国境内从事药品和医疗器械研制、生产、经营和使用的企业或者其他单位。

第四条 国家食品药品监督管理局负责全国药品安全“黑名单”管理工作，各省（区、市）食品药品监督管理部门负责本行政区域内药品安全“黑名单”管理工作。

第五条 药品安全“黑名单”应当按照依法公开、客观及时、公平公正的原则予以公布。

第六条 省级以上食品药品监督管理部门应当在其政务网站主页的醒目位置设置“药品安全‘黑名单’专栏”，并由专人管理、及时更新。

国家食品药品监督管理局依照本规定将其查办的重大行政处罚案件涉及的生产经营者、责任人员在“药品安全‘黑名单’专栏”中予以公布。

各省（区、市）食品药品监督管理部门在其政务网站“药品安全‘黑名单’专栏”中公布本行政区域内纳入药品安全“黑名单”的生产经营者、责任人员，并报国家食品药品监督管理局。国家食品药品监督管理局“药品安全‘黑名单’专栏”转载各省（区、市）食品药品监督管理部门公布的药品安全“黑名单”。

第七条 符合下列情形之一、受到行政处罚的严重违法生产经营者，应当纳入药品安全“黑名单”：

（一）生产销售假药、劣药被撤销药品批准证明文件或者被吊销《药品生产许可证》、《药品经营许可证》或《医疗机构制剂许可证》的；

（二）未取得医疗器械产品注册证书生产医疗器械，或者生产不符合国家标准、行业标准的医疗器械情节严重，或者其他生产、销售不符合法定要求医疗器械造成严重后果，被吊销医疗器械产品注册证书、《医疗器械生产企业许可证》、《医疗器械经营企业许可证》的；

（三）在申请相关行政许可过程中隐瞒有关情况、提供虚假材料的；

（四）提供虚假的证明、文件资料样品或者采取其他欺骗、贿赂等不正当手段，取得相关行政许可、批准证明文件或者其他资格的；

（五）在行政处罚案件查办过程中，伪造或者故意破坏现场，转移、隐匿、伪造或者销毁有关证据资料，以及拒绝、逃避监督检查或者拒绝提供有关情况和资料，擅自动用查封扣押物品的；

（六）因药品、医疗器械违法犯罪行为受到刑事处罚的；

（七）其他因违反法定条件、要求生产销售药品、医疗器械，导致发生重大质量安全事件的，或者具有主观故意、情节恶劣、危害严重的药品、医疗器械违法行为。

生产销售假药及生产销售劣药情节严重、受到十年内不得从事药品生产、经营活动处罚的责任人员，也应当纳入药品安全“黑名单”。

第八条　在公布药品安全“黑名单”时，对具有下列情形之一的生产经营者，应当按照行政处罚决定一并公布禁止其从事相关活动的期限：

（一）有本规定第七条第一款第（三）项情形的生产经营者，食品药品监督管理部门对其提出的行政许可申请不予受理或者不予行政许可，生产经营者在一年内不得再次申请该行政许可，但是根据《药品管理法实施条例》第七十条作出行政处罚决定的，三年内不受理其申请；

（二）有本规定第七条第一款第（四）项情形的生产经营者，食品药品监督管理部门除吊销或者撤销其许可证、批准证明文件或者其他资格外，生产经营者在三年内不得再次申请该行政许可，但是根据《药品管理法》第八十三条和《麻醉药品和精神药品管理条例》第七十五条作出行政处罚决定的，五年内不受理其申请。

符合本规定第七条第二款情形的责任人员，药品生产经营者十年内不得聘用其从事药品生产、经营活动。

第九条　对按照本规定第七条纳入药品安全“黑名单”的，国家食品药品监督管理局或者省（区、市）食品药品监督管理部门应当在行政处罚决定生效后十五个工作日内，在其政务网站上公布。国家食品药品监督管理局应当在接到省（区、市）食品药品监督管理部门上报的药品安全“黑名单”后五个工作日内，在其政务网站上予以转载。

第十条　公布事项包括违法生产经营者的名称、营业地址、法定代表人或者负责人以及本规定第七条第二款规定的责任人员的姓名、职务、身份证号码（隐去部分号码）、违法事由、行政处罚决定、公布起止日期等信息。

第十一条　在“药品安全‘黑名单’专栏”中公布违法生产经营者、责任人员的期限，应当与其被采取行为限制措施的期限一致。法律、行政法规未规定行为限制措施的，公布期限为两年。期限从作出行政处罚决定之日起计算。

公布期限届满，“药品安全‘黑名单’专栏”中的信息转入“药品安全‘黑名单’数据库”，供社会查询。

第十二条　食品药品监督管理部门在办理药品、医疗器械相关行政许可事项时，应当对照“药品安全‘黑名单’专栏”中的信息进行审查，对申请人具有本规定第八条所列情形的不予许可。

食品药品监督管理部门在监督检查中发现有违反本规定第八条的，应当及时依法予以纠正。

第十三条　对“药品安全‘黑名单’专栏”中公布的违法生产经营者，食品药品监督管理部门应当记入监管档案，并采取增加检查和抽验频次、责令定期报告质量管理情况等措施，实施重点监管。

第十四条　食品药品监督管理部门除公布药品安全“黑名单”外，还应当按照《政府信息公开条例》和《国务院关于加强食品等产品安全监督管理的特别规定》的要求，建立生产经营者违法行为记录制度，对所有违法行为的情况予以记录并公布，推动社会诚信体系建设。

第十五条　食品药品监管人员违反本规定，滥用职权、徇私舞弊、玩忽职守的，由监察机关或者任免机关依法对其主要负责人、直接负责的主管人员和其他直接责任人员给予处分。

第十六条　鼓励社会组织或者个人对列入药品安全“黑名单”的单位和个人进行监督，发现有违法行为的，有权向食品药品监督管理部门举报。

第十七条 各省（区、市）食品药品监督管理部门可以根据本规定，结合本地实际制定药品安全“黑名单”管理规定实施细则。

第十八条 本规定自 2012 年 10 月 1 日起施行。

附件：1. 药品安全“黑名单”公示信息格式

2. 药品安全“黑名单”公示信息报送表

附件 1：

药品安全“黑名单”公示信息格式

____________________企业（法定代表人姓名________、职务________、身份证号码____________________）因____________________（违法事由），受到____________行政处罚，根据《药品安全“黑名单”管理规定（试行）》第________条________款________项的规定，该企业列入药品安全“黑名单”，公布日期自________年____月____日至________年____月____日。

____________________企业（或责任人员）在此期间不得________________。

附：1. 行政处罚决定书

2. 有关责任人员信息（姓名、职务、身份证号码）

附件 2：

药品安全“黑名单”公示信息报送表

〔 〕号

国家食品药品监督管理局：

____________企业（法定代表人姓名______、职务______、身份证号码____________）因____________（违法事由），受到________行政处罚，根据《药品安全“黑名单”管理规定（试行）》第______条______款______项列入药品安全“黑名单”，公布日期自______年____月____日至______年____月____日，请你局予以转载。

附：1. 行政处罚决定书

2. 有关责任人员信息（姓名、职务、身份证号码）

（公章）

____年____月____日

本公示信息已于____年____月____日____时____分收到。

接收人签字：________

关于印发加快推进药品快速检验技术研究与应用工作的指导意见的通知

（国食药监稽〔2012〕252号，2012年8月29日发布）

各省、自治区、直辖市食品药品监督管理局（药品监督管理局），中国食品药品检定研究院：

为贯彻实施《国家药品安全“十二五”规划》，加快推进药品快速检验技术研究以及在基层的应用，提高基层药品监管效能，保障公众用药安全，国家食品药品监督管理局组织制定了“十二五”期间《加快推进药品快速检验技术研究与应用工作的指导意见》。现印发你们，请遵照执行。

国家食品药品监督管理局

2012年8月29日

加快推进药品快速检验技术研究与应用工作的指导意见

为加强药品监管，保障公众用药安全，国务院印发了《国家药品安全“十二五”规划》，规划中明确提出“开展药品快速检验技术研究，搭建检验技术共享平台”、“加快推进药品快速检验技术在基层的应用，配置快速检验设备”、“加强县级机构快速检验能力建设”的要求。为贯彻实施《国家药品安全“十二五”规划》，提高基层药品监管效能，加快推进药品快速检验技术研究与应用工作，现提出如下指导意见：

一、指导思想

贯彻落实《国家药品安全“十二五”规划》，进一步加强基层药品监管，在总结前期药品快速检验技术推广应用工作的基础上，结合当前药品监管特点，通过加快推进药品快速检验技术研究与应用，提高基层监督抽验的覆盖面和靶向命中率，有效发现假劣药品，着力保证人民群众用药安全。

二、工作目标

（一）总体目标。

在2012年到2015年期间，各级药品监管部门和药品检验机构应做好如下工作：

1. 按照国家食品药品监督管理局的统一部署，以近红外图谱快速比对分析模型为基础，结合外观鉴别、化学、生物、物理、光谱和色谱等多种快速检验技术，重点针对国家基本药物、进口药品和基层常用药品建立适宜基层监管的药品快速检验方法，针对掺杂、掺假等非法添加问题建立适宜基层监管的快速检验方法，构建国家药品快速检验数据库网络平台，建立规范化的全国药品快速检验技术研发与应用管理体系，加强快速检验技术在日常监管中的推广应用，加强县级机构快速检验能力建设。

2. 充分发挥监管优势和技术优势，鼓励企业积极参与，研究及开发新的适宜基层监管需要的药品快速检验方法，并在地方监管中通过实践验证，不断总结经验予以完善并加以推广。

3. 根据本辖区监管特点，通过建设基层快速检验室、配备药品检测车或快速检验箱等，使样品用量少、准确性好、针对性强、实用性高的快速检验技术可以应用于基层药品的日常监管。

（二）阶段目标。

1. 到2012年底

建立近红外图谱快速比对分析技术规范和指导原则，完成国家药品快速检验数据库网络平台的技术方案，规范各药品检验机构建立、上报、审核、共享近红外图谱快速比对分析模型的操作流程，确保规范可行、流程可控。

2. 到2015年底

由各省组织对辖区内生产的适宜建模的国家基本药物和部分基层常用药品，建立近红外图谱快速比对分析模型。由口岸药品检验机构对2013年1月1日以后在本药品检验机构进行进口检验的适宜建模的进口药品，建立近红外图谱快速比对分析模型。通过国家药品快速检验数据库网络平台，实现近红外图谱快速比对分析模型的全国共享。

组织各地药品检验机构开展系统的快速检验技术研究，完善并建立药品快速检验技术方法研究指导原则和技术要求，构建一批实用性较强的药品快速检验方法。组织各地药品监管部门有效运用药品快速检验技术，确保其在基层药品监管中发挥应有的作用。

三、主要任务

（一）建立药品快速检验技术方法管理体系。建立药品快速检验技术方法研究指导原则和技术要求，建立技术方法评价标准和评价机制。组织全国药品检验系统开展快速检验关键技术研究，形成技术体系，搭建技术共享平台，开展快速检验方法学研究。

（二）健全药品快速检验方法研发体系。组织全国药品检验系统开展系统性、针对性研究，鼓励相关技术成果的产品化、试剂化、仪器化，鼓励运用市场资源开发快速检验试剂盒、快速检测箱、移动快速检验设备等技术产品，形成机制统一、有效运转的研发体系。

（三）完善药品快速检验方法培训体系。完善国家级、省级和市级三级培训体系，建立快速检验方法培训推广平台。国家级培训体系主要培训各省技术和执法人员，省级培训主要针对市级监督执法机构和技术人员，市级培训主要针对县级监管执法人员，重点是快速检验方法的实际应用。

（四）构建快速检验方法的基层应用体系。建立全国药品快速检验方法应用平台，制定统一的操作规范和流程，指导监督执法人员规范使用、规范执法。各地要结合实际统筹推进辖区内的推广应用工作。

四、工作分工

（一）国家食品药品监督管理局负责药品快速检验技术研究与应用的指导和监督。组织制定相应的管理办法，确定工作目标；积极争取国家专项资金，多渠道增加药品快速检验技术及药品检测车的财政资金投入。

（二）中国食品药品检定研究院负责组织全国药品检验机构开展快速检验技术的研究与推广。组织建立药品快速检验技术的技术规范和指导原则；构建并维护国家药品快速检验数据库网络平台，建立国家药品快速检验数据库网络平台的使用流程和技术规范；负责对省级机构的药品快速检验技术研究与应用进行培训和指导；组织对上报的快速检验方法进行审核，并对全国的药品快速检验技术研究与应用情况进行统计分析。

（三）省级药品监管部门负责辖区内快速检验技术研究与应用的组织、管理和协调。积极主动向当地人民政府汇报，明确目标，落实责任，推进药品快速检验技术的研究与应用；落实经费保障，建立规章制度，进行绩效考核；认真做好快速检验技术研究与应用所需装备的配备、维护和使用；结合日常检查和监督抽验，安排将药品快速检验技术应用于日常监管和基层监管。

（四）省级及相关药品检验机构负责组织辖区内药品快速检验技术的研究与推广。省级药品检验机构要充分发挥技术优势，加快研发适宜基层监管的药品快速检验方法，并在实践中进行验证和完善；负责对辖区内药品监管部门和药品检验机构的药品快速检验技术研究与应用进行培训和指导；汇总、复核开发的快速检验方法，并按要求上报研究和检测数据。相关药品检验机构要按照中国食品药品检定研究院发布的技术要求，有计划有步骤地完成国家基本药物、进口药品和基层常用药品近红外图谱快速比对分析模型的建立工作。

（五）省级以下药品监管部门负责辖区内药品快速检验技术的应用。运用药品快速检验技术是药品监管部门加强基层药品监管的一项重要手段。药品监管部门要负责将药品快速检验技术重点应用于实施基本药物制度的基层医疗卫生机构以及边远地区和农村涉药单位的药品检测。通过药品快速检验技术的应用，提升基层药品监管效能；负责对辖区药品快速检验技术应用情况进行收集及上报。

五、保障措施

（一）加强组织领导。各级药品监管部门对《国家药品安全“十二五”规划》中有关药品快速检验技术研究与应用的工作要高度重视，认真落实。各级药品监管部门和药品检验机构要及时沟通、密切配合、形成合力、推进工作。

（二）加强经费保障。建立合理的投入分担落实机制，确保各项经费保障到位。切实加强相关项目和资金使用的管理，认真落实经费使用绩效考核，提高使用效率。

（三）加强队伍建设。根据本地实际，合理配备药品快速检验技术的研发人员，充实基层药品快速检验技术应用队伍并保持相对稳定。加大宣传力度，使广大一线监督执法人员认识快速检验工作的重要意义，增强推动快速检验工作持续发展的主动性。

（四）加强考核激励。把药品快速检验技术是否提升监督检查的针对性和假劣药品的发现率作为考核重点。对工作落实到位的，要给予鼓励和表扬；对工作落实不到位、推诿敷衍的，要严肃追究责任。

关于印发药品定期安全性更新报告撰写规范的通知

（国食药监安〔2012〕264 号）

各省、自治区、直辖市及新疆生产建设兵团食品药品监督管理局（药品监督管理局），国家食品药品监督管理局药品评价中心：

为规范和指导药品生产企业撰写药品定期安全性更新报告，提高药品生产企业分析评价药品安全问题的能力，根据《药品不良反应报告和监测管理办法》规定，我局组织制定了《药品定期安全性更新报告撰写规范》，现予以印发，请遵照执行。

国家食品药品监督管理局

2012 年 9 月 6 日

药品定期安全性更新报告撰写规范

一、前　　言

本规范是指导药品生产企业起草和撰写《定期安全性更新报告》的技术文件，也是药品不良反应监测机构评价《定期安全性更新报告》的重要依据。

本规范是一个原则性指导文件，提出了撰写《定期安全性更新报告》的一般要求，但实际情况多种多样，不可能面面俱到，对具体问题应从实际出发研究确定。

本规范主要参考了ICH E2C（R1）《上市药品定期安全性更新报告（Periodic Safety Update Reports for Marketed Drugs，PSUR)》，依据当前对《定期安全性更新报告》的认识而制定。随着药品生产企业定期总结药品安全的经验积累，以及科学技术的不断发展，本规范也将适时进行调整。

二、基本原则与要求

（一）关于同一活性物质的报告

药品生产企业可以遵循化学药和生物制品按照相同活性成分、中成药按照相同处方组成报告《定期安全性更新报告》。在一份《定期安全性更新报告》内，可以根据药物的不同给药途径、适应症（功能主治）或目标用药人群进行分层。

（二）关于数据汇总时间

《定期安全性更新报告》的数据汇总时间以取得药品批准证明文件的日期为起点计，上报日期应当在数据截止日后60日内。可以提交以国际诞生日为起点计的《定期安全性更新报告》，但如果上述报告的数据截止日早于我国要求的截止日期，应当补充这段时期的数据并进行分析。

（三）关于报告格式

《定期安全性更新报告》包含封面、目录和正文三部分内容。

封面包括产品名称、报告类别（定期安全性更新报告），报告次数、报告期，获取药品批准证明文件时间，药品生产企业名称、地址、邮编及传真，负责药品安全的部门、负责人及联系方式（包括手机、固定电话、电子邮箱等），报告提交时间，以及隐私保护等相关信息（参见附表1，略）。

目录应尽可能详细，一般包含三级目录。

正文撰写要求见本规范第三部分“主要内容”。

（四）关于电子提交

药品生产企业应当通过国家药品不良反应监测系统报告《定期安全性更新报告》。通过该系统在线填报定期安全性更新报告提交表（参见附表2，略），《定期安全性更新报告》作为提交表的附件上传。

（五）关于报告语言

药品生产企业应当提交中文《定期安全性更新报告》。合资、外资企业和进口药品的境外制药厂商可以提交公司统一的用英文撰写的《定期安全性更新报告》，但同时应当将该报告中除病例列表（Line Listings）和汇总表（Summary Tabulations）外的其他部分和公司核心数据表（Company Core Data Sheet，CCDS）翻译成中文，与英文原文一起报告。

三、主要内容

《定期安全性更新报告》的主要内容包括：药品基本信息、国内外上市情况、因药品安全性原因而采取措施的情况、药品安全性信息的变更情况、用药人数估算资料、药品不良反应报告信息、安全性相关的研究信息、其他信息、药品安全性分析评价结果、结论、附件。

（一）药品基本信息

本部分介绍药品的名称（通用名称、商品名称）、剂型、规格、批准文号、活性成分（处方组成）、适应症（功能主治）和用法用量。

（二）国内外上市情况

本部分简要介绍药品在国内外上市的信息，主要包括：

1. 获得上市许可的国家和时间、当前注册状态、首次上市销售时间、商品名等（参见附表3，略）；
2. 药品批准上市时提出的有关要求，特别是与安全性有关的要求；
3. 批准的适应症（功能主治）和特殊人群；
4. 注册申请未获管理部门批准的原因；
5. 药品生产企业因药品安全性或疗效原因而撤回的注册申请。

如果药品在我国的适应症（功能主治）、治疗人群、剂型和剂量与其他国家存在差异，应予以说明。

（三）因药品安全性原因而采取措施的情况

本部分介绍报告期内监管部门或药品生产企业因药品安全性原因而采取的措施和原因，必要时应附加相关文件。如果在数据截止日后、报告提交前，发生因药品安全性原因而采取措施的情况，也应在此部分介绍。

安全性措施主要包括：

1. 暂停生产、销售、使用，撤销药品批准证明文件；
2. 再注册申请未获批准；
3. 限制销售；
4. 暂停临床研究；
5. 剂量调整；
6. 改变用药人群或适应症（功能主治）；
7. 改变剂型或处方；
8. 改变或限制给药途径。

在上述措施外，采取了其他风险控制措施的，也应在本部分进行描述。

（四）药品安全性信息的变更情况

本部分介绍药品说明书中安全性信息的变更情况，包括：

1. 本期报告所依据的药品说明书核准日期（修订日期），以及上期报告所依据的药品说明书核准日期（修订日期）；

2. 药品生产企业若在报告期内修改了药品说明书中的安全性相关内容，包括适应症（功能主治）、用法用量、禁忌症、注意事项、药品不良反应或药物相互作用等，应详细描述相关修改内容，明确列出修改前后的内容；

3. 如果我国与其他国家药品说明书中的安全性信息有差别，药品生产企业应解释理由，说明地区差异及其对总体安全性评价的影响，说明药品生产企业将采取或已采取的措施及其影响；

4. 其他国家采取某种安全性措施，而药品生产企业并未因此修改我国药品说明书中的相关安全性资料，应说明理由。

（五）用药人数估算资料

本部分应尽可能准确地提供报告期内的用药人数信息，提供相应的估算方法。当无法估算用药人数或估算无意义时，应说明理由。

通常基于限定日剂量来估算用药人数，可以通过患者用药人日、处方量或单位剂量数等进行估算；无法使用前述方法时，也可以通过药品销量进行估算。对所用的估算方法应给予说明。

当自发报告、安全性相关研究提示药品有潜在的安全性问题时，应提供更为详细的报告期用药人数信息。必要时，应按照国家、药品剂型、适应症（功能主治）、患者性别或年龄等的不同，分别进行估算。

如果《定期安全性更新报告》包含来源于安全性相关研究的药品不良反应数据，应提供相应的用药人数、不良反应发生例数以及不良反应发生率等信息。

（六）药品不良反应报告信息

本部分介绍药品生产企业在报告期内获知的所有个例药品不良反应和药品群体不良事件。

1. 个例药品不良反应

报告期内国内外发生的所有个例药品不良反应首次报告和随访报告都应报告，不仅包括自发报告系统收集的，也包括上市后研究和其他有组织的数据收集项目发现的及文献报道的。对于文献未明确标识药品生产企业的，相关企业都应报告。

新药监测期内和首次进口五年内的药品，所有药品不良反应需以病例列表和汇总表两种形式进行汇总分析；其他药品，新的或严重药品不良反应需以病例列表和汇总表两种形式进行汇总分析，已知的一般药品不良反应，只需以汇总表形式进行汇总分析。

（1）病例列表

以列表形式提交个例药品不良反应，清晰直观，便于对报告进行分析评价，也有助于排除重复报告。

一个患者的不良反应一般在表格中只占一行。如果一个病例有多个药品不良反应，应在不良反应名称项下列出所有的药品不良反应，并按照严重程度排序。如果同一患者在不同时段发生不同类型的不良反应，比如在一个临床研究中间隔数周发生不同类型的不良反应，就应在表格的不同行中作为另一个病例进行报告，并对这种情况做出相应说明。

病例列表中的病例按照不良反应所累及的器官系统分类排列。病例列表的表头通常包括以下内容（参见附表 4，略）：

①药品生产企业的病例编号。

②病例发生地（国家，国内病例需要提供病例发生的省份）。

③病例来源，如自发报告、研究、数据收集项目、文献等。

④年龄和性别。

⑤怀疑药品的日剂量、剂型和给药途径。

⑥发生不良反应的起始时间。如果不知道确切日期，应估计从开始治疗到发生不良反应的时间。对于已知停药后发生的不良反应，应估算滞后时间。

⑦用药起止时间。如果没有确切时间，应估计用药的持续时间。

⑧对不良反应的描述。

⑨不良反应结果，如痊愈、好转、未好转、不详、有后遗症、死亡。如果同一患者发生了多个不良反应，按照多个结果中最严重的报告。

⑩相关评价意见。需要考虑合并用药、药物相互作用、疾病进展、去激发和再激发情况等因素的影响；假如药品生产企业不同意报告者的因果关系评价意见，需说明理由。

为更好地呈现数据，可以根据药品剂型或适应症（功能主治）不同，使用多个病例列表。

（2）汇总表

对个例药品不良反应进行汇总，一般采用表格形式分类汇总（参见附表5，略）。当病例数或信息很少不适于制表时，可以采用叙述性描述。

汇总表不包含患者信息，主要包含不良反应信息，通常按照不良反应所累及的器官系统分类排序汇总。可以按照不良反应的严重性、说明书是否收载、病例发生地或来源的不同等分栏或分别制表。

对于新的且严重的不良反应，应提供从药品上市到数据截止日的累积数据。

（3）分析个例药品不良反应

本部分对重点关注的药品不良反应，如死亡、新的且严重的和其他需要关注的病例进行分析，并简要评价其性质、临床意义、发生机制、报告频率等。如果报告期内的随访数据对以往病例描述和分析有重要影响，在本部分也应对这些新数据进行分析。

2. 药品群体不良事件

本部分介绍报告期内药品群体不良事件的报告、调查和处置情况。

（七）安全性相关的研究信息

本部分介绍与药品安全相关的研究信息，包括非临床研究信息、临床研究信息和流行病学研究信息。本部分根据研究完成或发表与否，按已完成的研究、计划或正在进行的研究和已发表的研究进行介绍。

1. 已完成的研究

由药品生产企业发起或资助的安全性相关研究，对其中已完成的，药品生产企业应清楚、简明扼要地介绍研究方案、研究结果和结论，并提交研究报告。

2. 计划或正在进行的研究

由药品生产企业发起或资助的安全性相关研究，对其中计划实施或正在实施的，药品生产企业应清楚、简明扼要地介绍研究目的、研究开始时间、预期完成时间、受试者数量以及研究方案摘要。

如果在报告期内已经完成了研究的中期分析，并且中期分析包含药品安全有关的信息，药品生产企业应提交中期分析结果。

3. 已发表的研究

药品生产企业应总结国内外医学文献（包括会议摘要）中与药品安全有关的信息，包括重要的阳性结果或阴性结果，并附参考文献。

（八）其他信息

本部分介绍与疗效有关的信息、数据截止日后的新信息、风险管理计划及专题分析报告等。

1. 与疗效有关的信息

对于治疗严重或危及生命疾病的药品，如果收到的报告反映患者使用药品未能达到预期疗效，这意味着该药可能对接受治疗的人群造成严重危害，药品生产企业应对此加以说明和解释。

2. 数据截止日后的新信息

本部分介绍在数据截止日后，在资料评估与准备报告期间所接收的新的重要安全性信息，包括重要的新病例或重要的随访数据。

3. 风险管理计划

药品生产企业如果已经制订了风险管理计划，则在此介绍风险管理计划相关内容。

4. 专题分析报告

药品生产企业如果针对药品、某一适应症（功能主治）或某一安全问题进行了比较全面的专题分析，应在此对分析内容进行介绍。

（九）药品安全性分析评价结果

本部分重点对以下信息进行分析：

1. 已知不良反应的特点是否发生改变，如严重程度、不良反应结果、目标人群等。
2. 已知不良反应的报告频率是否增加，评价这种变化是否说明不良反应发生率有变化。
3. 新的且严重的不良反应对总体安全性评估的影响。
4. 新的非严重不良反应对总体安全性评估的影响。
5. 报告还应说明以下各项新的安全信息：药物相互作用，过量用药及其处理，药品滥用或误用，妊娠期和哺乳期用药，特殊人群（如儿童、老人、脏器功能受损者）用药，长期治疗效果等。

（十）结论

本部分介绍本期《定期安全性更新报告》的结论，包括：

1. 指出与既往的累积数据以及药品说明书不一致的安全性资料；
2. 明确所建议的措施或已采取的措施，并说明这些措施的必要性。

（十一）附件

《定期安全性更新报告》的附件包括：

1. 药品批准证明文件；
2. 药品质量标准；
3. 药品说明书；
4. 参考文献；
5. 其他需要提交的资料。

四、名词解释

1. 数据截止日：纳入《定期安全性更新报告》中汇总数据的截止日期。
2. 报告期：上期与本期《定期安全性更新报告》数据截止日之间的时间段为本期《定期安全性更新报告》的报告期。

附表：（略）

1. 封面页；
2. 定期安全性更新报告（PSUR）提交表；
3. 国内外上市情况汇总表；
4. 个例药品不良反应病例列表；
5. 个例药品不良反应汇总表。

关于试行药品安全责任体系评价工作的通知

（国食药监办〔2012〕338 号）

各省、自治区、直辖市及新疆生产建设兵团食品药品监督管理局（药品监督管理局），国家局机关各司局、各直属单位：

为落实党中央、国务院关于建立“地方政府负总责、监管部门各负其责、企业是第一责任人”的药品安全责任体系要求，在地方政府的大力支持下，国家食品药品监督管理局（以下称“国家局”）于 2010 年 11 月起在部分省市组织开展了药品安全责任体系评价试点工作。湖北、湖南、黑龙江、浙江、江苏、江西、重庆、宁波 8 省市作为首批省级试点开展了评价工作，内蒙古、陕西、甘肃等省（区）也积极开展了自行试点工作。试点工作通过评价地方药品安全责任落实情况，科学运用评价结果，有力地促进了药品安全责任体系的完善。为进一步加强药品安全责任体系建设，落实《国家药品安全“十二五”规划》要求，经研究决定，按照地方领导和部门推动相结合、统筹规划和各地实际相结合、开展评价和健全体系相结合、正面引导和查找差距相结合的原则，在全国范围内进一步试行评价工作。现就相关事项通知如下：

一、评价内容

国家局在 2011 年试点工作的基础上，围绕以下评价内容制定《药品安全责任体系评价参考指标（2012 年）》（详见附件），作为省（区、市）评价标准。各地在组织开展地市、县评价工作中，可参照该指标建立与地方监管工作实际相适应的评价指标体系。

（一）资源保障状况

加强资源保障是落实药品安全责任的基础。各级地方政府在药品安全责任体系中负有资源保障的责任，应当在当地经济社会发展允许的情况下，提供与保障药品安全的目标相适应的资源保障，完善监管体制，健全法规制度，合理设置药品安全工作机制，配备监管机构队伍，提供必要的财政保障和技术保障，保证食品药品监管部门能独立行使监管职能，填补监管空白。具体评价内容包括：法规制度、工作机制、机构队伍、监管经费、技术装备 5 个二级指标，共设 16 个三级指标。

（二）药品监管状况

监管部门各负其责，切实落实监管责任是保障药品安全的关键。各级食品药品监管部门必须严格依据相关法律法规，按照国家局的工作部署和安排，落实监管责任，切实提高日常监管工作质量和水平，推进重点工作，健全监管网络，加强风险防控，提高监管透明化，调动社会力量参与监督，督促涉药单位规范生产经营行为。评价内容包括：日常监管、重点工作、监管网络、风险管理、信息公开、社会监督、企业责任 7 个二级指标，共设 23 个三级指标。

（三）安全绩效状况

药品安全责任落实的效果需要通过药品安全绩效来评价。各地需进一步提高监管资源的利用效率，不断提升监管效果，提高行政区域内研制、生产、经营、使用环节药品质量安全水平，提高公众对药品监管工作和药品安全状况的满意度。评价内容包括：安全状况、抽验绩效、执法绩效、社会绩效 4 个二级指标，共设 11 个三级指标。

二、工作安排

评价工作分级进行。国家局组织开展省（区、市）药品安全责任体系评价工作，省（区、市）食品药品监管部门组织开展地市、县级药品安全责任体系评价工作。对省（区、市）的评价工作采取自我评价与统一评价相结合的方式进行，各省（区、市）食品药品监管部门对照国家局制定的评价指标进行自我评价，国家局在各地自我评价的基础上，引入第三方评价机构，开展统一评价。对地市县级的评价工作由各省（区、市）食品药品监管部门遵照评价工作原则要求，结合实际情况自行组织开展。评价的方法包括审核文件依据、计算量化指标、电话和网络访问、检查标准操作流程和工作手册、查阅工作记录和档案、现场调查等。

第一阶段，动员和评价准备（2012 年 12 月底前）。

1. 国家局印发评价工作通知，召开药品安全责任体系评价工作动员会；

2. 国家局印发省级药品安全责任体系评价指标，指导各地制定自我评价指标体系；

3. 各省（区、市）食品药品监管部门依据国家局的评价要求，制定本行政区域内的评价工作方案，确定地市、县分级评价指标。

第二阶段，地方自我评价（2013 年 1 月 ~4 月）。

1. 国家局跟踪指导各地评价工作，调研评价工作进展情况，召开中期座谈会，组织评价经验和信息交流；

2. 国家局印发《药品安全责任体系评价操作指南（2012 年版）》，组织各地学习评价方法；

3. 各省（区、市）食品药品监管部门组织开展省级自我评价和地市、县分级评价，并将省级自我评价结果和地市县级分级评价工作方案上报。

第三阶段，国家局统一评价（2013 年 6 月底前）。

1. 各地对照国家局的评价要求，收集提交统一评价的相关依据；

2. 国家局组织培训评价人员，对各省（区、市）省级药品安全责任体系进行统一评价，并对评价工作的成效进行评估。

第四阶段，总结和结果反馈（2013 年 7 月底前）。

1. 各地对评价工作进行总结，并将地市、县级分级评价的结果上报国家局备案；

2. 国家局对各省（区、市）的评价结果进行反馈；

3. 召开全国评价工作总结座谈会，总结工作成效和经验，分析存在的问题和不足，提出进一步完善评价工作的建议。

三、工作要求

各地要加强对评价工作的组织领导，完善工作方案，加强工作保障，做好统筹协调，确保评价工作有序推进。要在现有工作机制的基础上，充分利用社会评价资源，提高综合评价能力，确保评价结果客观、公正。要积极探索和丰富评价结果的运用，充分发挥评价工作的杠杆作用。国家局将探索建立评价工作与中央转移支付项目绩效考核、专项监管工作检查考核、示范区创建、评先评优等工作的协同机制。各地要根据实际情况，积极探索评价结果的运用形式和手段，全方位、多层次推进药品安全责任体系建设和完善。

联系人：张士侠

电话：010－88331226、010－88331236（传真）

电子邮箱：zhangsx@ sda. gov. cn

附件：药品安全责任体系评价参考指标（2012 年）（略）

国家食品药品监督管理局

2012 年 11 月 23 日

第六编　医疗器械监管政策法规

医疗器械监督管理条例

（1999 年 12 月 28 日国务院第 24 次常务会议通过，中华人民共和国国务院令第 276 号，自 2000 年 4 月 1 日起施行）

第一章　总　　则

第一条　为了加强对医疗器械的监督管理，保证医疗器械的安全、有效，保障人体健康和生命安全，制定本条例。

第二条　在中华人民共和国境内从事医疗器械的研制、生产、经营、使用、监督管理的单位或者个人，应当遵守本条例。

第三条　本条例所称医疗器械，是指单独或者组合使用于人体的仪器、设备、器具、材料或者其他物品，包括所需要的软件；其用于人体体表及体内的作用不是用药理学、免疫学或者代谢的手段获得，但是可能有这些手段参与并起一定的辅助作用；其使用旨在达到下列预期目的：

（一）对疾病的预防、诊断、治疗、监护、缓解；

（二）对损伤或者残疾的诊断、治疗、监护、缓解、补偿；

（三）对解剖或者生理过程的研究、替代、调节；

（四）妊娠控制。

第四条　国务院药品监督管理部门负责全国的医疗器械监督管理工作。

县级以上地方人民政府药品监督管理部门负责本行政区域内的医疗器械监督管理工作。国务院药品监督管理部门应当配合国务院经济综合管理部门，贯彻实施国家医疗器械产业政策。

第五条　国家对医疗器械实行分类管理。

第一类是指，通过常规管理足以保证其安全性、有效性的医疗器械。

第二类是指，对其安全性、有效性应当加以控制的医疗器械。

第三类是指，植入人体；用于支持、维持生命；对人体具有潜在危险，对其安全性、有效性必须严格控制的医疗器械。

医疗器械分类目录由国务院药品监督管理部门依据医疗器械分类规则，由国务院卫生行政部门制定、调整、公布。

第六条　生产和使用以提供具体量值为目的的医疗器械，应当符合计量法的规定。具体产品目录由国务院药品监督管理部门会同国务院计量行政管理部门制定并公布。

第二章　医疗器械的管理

第七条　国家鼓励研制医疗器械新产品。医疗器械新产品，是指国内市场尚未出现过的或者安全性、有效性及产品机理未得到国内认可的全新的品种。

第二类、第三类医疗器械新产品的临床试用，应当按照国务院药品监督管理部门的规定，经批准后进行。

完成临床试用并通过国务院药品监督管理部门组织专家评审的医疗器械新产品，由国务院药品监督管理部门批准，并发给新产品证书。

第八条 国家对医疗器械实行产品生产注册制度。

生产第一类医疗器械，由设区的市级人民政府药品监督管理部门审查批准，并发给产品生产注册证书。

生产第二类医疗器械，由省、自治区、直辖市人民政府药品监督管理部门审查批准，并发给产品生产注册证书。

生产第三类医疗器械，由国务院药品监督管理部门审查批准，并发给产品生产注册证书。

生产第二类、第三类医疗器械，应当通过临床验证。

第九条 省、自治区、直辖市人民政府药品监督管理部门负责审批本行政区域内的第二类医疗器械的临床试用或者临床验证。国务院药品监督管理部门负责审批第三类医疗器械的临床试用或者临床验证。

临床试用或者临床验证应当在省级以上人民政府药品监督管理部门指定的医疗机构进行。医疗机构进行临床试用或者临床验证，应当符合国务院药品监督管理部门的规定。

进行临床试用或者临床验证的医疗机构的资格，由国务院药品监督管理部门会同国务院卫生行政部门认定。

第十条 医疗机构根据本单位的临床需要，可以研制医疗器械，在执业医师指导下在本单位使用。

医疗机构研制的第二类医疗器械，应当报省级以上人民政府药品监督管理部门审查批准；医疗机构研制的第三类医疗器械，应当报国务院药品监督管理部门审查批准。

第十一条 首次进口的医疗器械，进口单位应当提供该医疗器械的说明书、质量标准、检验方法等有关资料和样品以及出口国（地区）批准生产、销售的证明文件，经国务院药品监督管理部门审批注册，领取进口注册证书后，方可向海关申请办理进口手续。

第十二条 申报注册医疗器械，应当按照国务院药品监督管理部门的规定提交技术指标、检测报告和其他有关资料。

设区的市级人民政府药品监督管理部门应当自受理申请之日起三十个工作日内，作出是否给予注册的决定；不予注册的，应当书面说明理由。

省、自治区、直辖市人民政府药品监督管理部门应当自受理申请之日起六十个工作日内，作出是否给予注册的决定；不予注册的，应当书面说明理由。

国务院药品监督管理部门应当自受理申请之日起九十个工作日内，作出是否给予注册的决定；不予注册的，应当书面说明理由。

第十三条 医疗器械产品注册证书所列内容发生变化的，持证单位应当自发生变化之日起三十日内，申请办理变更手续或者重新注册。

第十四条 医疗器械产品注册证书有效期四年。持证单位应当在产品注册证书有效期届满前 6 个月内，申请重新注册。

连续停产 2 年以上的，产品生产注册证书自行失效。

第十五条 生产医疗器械，应当符合医疗器械国家标准；没有国家标准的，应当符合医疗器械行业标准。

医疗器械国家标准由国务院标准化行政主管部门会同国务院药品监督管理部门制定。医疗器械行业标准由国务院药品监督管理部门制定。

第十六条 医疗器械的使用说明书、标签、包装应当符合国家有关标准或者规定。

第十七条 医疗器械及其外包装上应当按照国务院药品监督管理部门的规定，标明产品注册证书编号。

第十八条 国家对医疗器械实施再评价及淘汰制度。具体办法由国务院药品监督管理部门由国务院有关部门制定。

第三章 医疗器械生产、经营和使用的管理

第十九条 医疗器械生产企业应当符合下列条件：

（一）具有与其生产的医疗器械相适应的专业技术人员；

（二）具有与其生产的医疗器械相适应的生产场地及环境；

（三）具有与其生产的医疗器械相适应的生产设备；

（四）具有对其生产的医疗器械产品进行质量检验的机构或者人员及检验设备。

第二十条 开办第一类医疗器械生产企业，应当向省、自治区、直辖市人民政府药品监督管理部门备案。

开办第二类、第三类医疗器械生产企业，应当经省、自治区、直辖市人民政府药品监督管理部门审查批准，并发给《医疗器械生产企业许可证》。无《医疗器械生产企业许可证》的，工商行政管理部门不得发给营业执照。

《医疗器械生产企业许可证》有效期5年，有效期届满应当重新审查发证。具体办法由国务院药品监督管理部门制定。

第二十一条 医疗器械生产企业在取得医疗器械产品生产注册证书后，方可生产医疗器械。

第二十二条 国家对部分第三类医疗器械实行强制性安全认证制度。具体产品目录由国务院药品监督管理部门会同国务院质量技术监督部门制定。

第二十三条 医疗器械经营企业应当符合下列条件：

（一）具有与其经营的医疗器械相适应的经营场地及环境；

（二）具有与其经营的医疗器械相适应的质量检验人员；

（三）具有与其经营的医疗器械产品相适应的技术培训、维修等售后服务能力。

第二十四条 开办第一类医疗器械经营企业，应当向省、自治区、直辖市人民政府药品监督管理部门备案。

开办第二类、第三类医疗器械经营企业，应当经省、自治区、直辖市人民政府药品监督管理部门审查批准，并发给《医疗器械经营企业许可证》。无《医疗器械经营企业许可证》的，工商行政管理部门不得发给营业执照。

《医疗器械经营企业许可证》有效期5年，有效期届满应当重新审查发证。具体办法由国务院药品监督管理部门制定。

第二十五条 省、自治区、直辖市人民政府药品监督管理部门应当自受理医疗器械生产企业、经营企业许可证申请之日起三十个工作日内，作出是否发证的决定；不予发证的，应当书面说明理由。

第二十六条 医疗器械经营企业和医疗机构应当从取得《医疗器械生产企业许可证》的生产企业或者取得《医疗器械经营企业许可证》的经营企业购进合格的医疗器械，并验明产品合格证明。

医疗器械经营企业不得经营未经注册、无合格证明、过期、失效或者淘汰的医疗器械。

医疗机构不得使用未经注册、无合格证明、过期、失效或者淘汰的医疗器械。

第二十七条　医疗机构对一次性使用的医疗器械不得重复使用；使用过的，应当按照国家有关规定销毁，并作记录。

第二十八条　国家建立医疗器械质量事故报告制度和医疗器械质量事故公告制度。具体办法由国务院药品监督管理部门会同国务院卫生行政部门、计划生育行政管理部门制定。

第四章　医疗器械的监督

第二十九条　县级以上人民政府药品监督管理部门设医疗器械监督员。医疗器械监督员对本行政区域内的医疗器械生产企业、经营企业和医疗机构进行监督、检查；必要时，可以按照国务院药品监督管理部门的规定抽取样品和索取有关资料，有关单位、人员不得拒绝和隐瞒。监督员对所取得的样品、资料负有保密义务。

第三十条　国家对医疗器械检测机构实行资格认可制度。经国务院药品监督管理部门会同国务院质量技术监督部门认可的检测机构，方可对医疗器械实施检测。

医疗器械检测机构及其人员对被检测单位的技术资料负有保密义务，并不得从事或者参与同检测有关的医疗器械的研制、生产、经营和技术咨询等活动。

第三十一条　对已经造成医疗器械质量事故或者可能造成医疗器械质量事故的产品及有关资料，县级以上地方人民政府药品监督管理部门可以予以查封、扣押。

第三十二条　对不能保证安全、有效的医疗器械，由省级以上人民政府药品监督管理部门撤销其产品注册证书。被撤销产品注册证书的医疗器械不得生产、销售和使用，已经生产或者进口的，由县级以上地方人民政府药品监督管理部门负责监督处理。

第三十三条　设区的市级以上地方人民政府药品监督管理部门违反本条例规定实施的产品注册，由国务院药品监督管理部门责令限期改正；逾期不改正的，可以撤销其违法注册的医疗器械产品注册证书，并予以公告。

第三十四条　医疗器械广告应当经省级以上人民政府药品监督管理部门审查批准；未经批准的，不得刊登、播放、散发和张贴。

医疗器械广告的内容应当以国务院药品监督管理部门或者省、自治区、直辖市人民政府药品监督管理部门批准的使用说明书为准。

第五章　罚　　则

第三十五条　违反本条例规定，未取得医疗器械产品生产注册证书进行生产的，由县级以上人民政府药品监督管理部门责令停止生产，没收违法生产的产品和违法所得，违法所得 1 万元以上的，并处违法所得 3 倍以上 5 倍以下的罚款；没有违法所得或者违法所得不足 1 万元的，并处 1 万元以上 3 万元以下的罚款；情节严重的，由省、自治区、直辖市人民政府药品监督管理部门吊销其《医疗器械生产企业许可证》；构成犯罪的，依法追究刑事责任。

第三十六条　违反本条例规定，未取得《医疗器械生产企业许可证》生产第二类、第三类医疗器械的，由县级以上人民政府药品监督管理部门责令停止生产，没收违法生产的产品和违法所得，违法所得 1 万元以上的，并处违法所得 3 倍以上 5 倍以下的罚款；没有违法所得或者违法所得不足 1 万元的，并处 1 万元以上 3 万元以下的罚款；构成犯罪的，依法追究刑事责任。

第三十七条　违反本条例规定，生产不符合医疗器械国家标准或者行业标准的医疗器械的，由县级以上人民政府药品监督管理部门予以警告，责令停止生产，没收违法生产的产品和违法所得，违法所得5000元以上的，并处违法所得2倍以上5倍以下的罚款；没有违法所得或者违法所得不足5000元的，并处5000元以上2万元以下的罚款；情节严重的，由原发证部门吊销产品生产注册证书；构成犯罪的，依法追究刑事责任。

第三十八条　违反本条例规定，未取得《医疗器械经营企业许可证》经营第二类、第三类医疗器械的，由县级以上人民政府药品监督管理部门责令停止经营，没收违法经营的产品和违法所得，违法所得5000元以上的，并处违法所得2倍以上5倍以下的罚款；没有违法所得或者违法所得不足5000元的，并处5000元以上2万元以下的罚款；构成犯罪的，依法追究刑事责任。

第三十九条　违反本条例规定，经营无产品注册证书、无合格证明、过期、失效、淘汰的医疗器械的，或者从无《医疗器械生产企业许可证》、《医疗器械经营企业许可证》的企业购进医疗器械的，由县级以上人民政府药品监督管理部门责令停止经营，没收违法经营的产品和违法所得，违法所得5000元以上的，并处违法所得2倍以上5倍以下的罚款；没有违法所得或者违法所得不足5000元的，并处5000元以上2万元以下的罚款；情节严重的，由原发证部门吊销《医疗器械经营企业许可证》；构成犯罪的，依法追究刑事责任。

第四十条　违反本条例规定，办理医疗器械注册申报时，提供虚假证明、文件资料、样品，或者采取其他欺骗手段，骗取医疗器械产品注册证书的，由原发证部门撤销产品注册证书，两年内不受理其产品注册申请，并处1万元以上3万元以下的罚款；对已经进行生产的，并没收违法生产的产品和违法所得，违法所得1万元以上的，并处违法所得3倍以上5倍以下的罚款；没有违法所得或者违法所得不足1万元的，并处1万元以上3万元以下的罚款；构成犯罪的，依法追究刑事责任。

第四十一条　违反本条例第三十四条有关医疗器械广告规定的，由工商行政管理部门依照国家有关法律、法规进行处理。

第四十二条　违反本条例规定，医疗机构使用无产品注册证书、无合格证明、过期、失效、淘汰的医疗器械的，或者从无《医疗器械生产企业许可证》、《医疗器械经营企业许可证》的企业购进医疗器械的，由县级以上人民政府药品监督管理部门责令改正，给予警告，没收违法使用的产品和违法所得，违法所得5000元以上的，并处违法所得2倍以上5倍以下的罚款；没有违法所得或者违法所得不足5000元的，并处5000元以上2万元以下的罚款；对主管人员和其他直接责任人员依法给予纪律处分；构成犯罪的，依法追究刑事责任。

第四十三条　违反本条例规定，医疗机构重复使用一次性使用的医疗器械的，或者对应当销毁未进行销毁的，由县级以上人民政府药品监督管理部门责令改正，给予警告，可以处5000元以上3万元以下的罚款；情节严重的，可以对医疗机构处3万元以上5万元以下的罚款，对主管人员和其他直接责任人员依法给予纪律处分；构成犯罪的，依法追究刑事责任。

第四十四条　违反本条例规定，承担医疗器械临床试用或者临床验证的医疗机构提供虚假报告的，由省级以上人民政府药品监督管理部门责令改正，给予警告，可以处1万元以上3万元以下罚款；情节严重的，撤销其临床试用或者临床验证资格，对主管人员和其他直接责任人员依法给予纪律处分；构成犯罪的，依法追究刑事责任。

第四十五条　违反本条例规定，医疗器械检测机构及其人员从事或者参与同检测有关的医疗器械的研制、生产、经营、技术咨询的，或者出具虚假检测报告的，由省级以上人民政府药品监督管理部门责令改正，给予警告，并处1万元以上3万元以下的罚款；情节严重的，由国务院药品监督管理部门撤销该检测机构的检测资格，对主管人员和其他直接责任人员依法给予纪律处分；构成犯罪的，依法追究刑事责任。

第四十六条　违反本条例规定，医疗器械监督管理人员滥用职权、徇私舞弊、玩忽职守，构成犯罪的，依法追究刑事责任；尚不构成犯罪的，依法给予行政处分。

第六章　附　　则

第四十七条　非营利的避孕医疗器械产品的管理办法，由国务院药品监督管理部门会同国务院有关部门另行制定。

第四十八条　本条例自 2000 年 4 月 1 日起施行。

医疗器械分类规则

（2000年2月17日国家药品监督管理局局务会审议通过，
2000年4月5日发布，自2000年4月10日起施行）

第一条 为规范医疗器械分类，根据《医疗器械监督管理条例》，制定本规则。

第二条 医疗器械是指：单独或者组合使用于人体的仪器、设备、器具、材料或者其他物品，包括所需的软件。其使用目的是：

（一）疾病的预防、诊断、治疗、监护或者缓解。

（二）损伤或残疾的诊断、治疗、监护、缓解或者补偿。

（三）解剖或生理过程的研究、替代或者调节。

（四）妊娠控制。

其用于人体体表及体内的作用不是用药理学、免疫学或代谢的手段获得，但可能有这些手段参与并起一定辅助作用。

第三条 本规则用于指导《医疗器械分类目录》的制定和确定新的产品注册类别。

第四条 确定医疗器械分类，应依据医疗器械的结构特征、医疗器械使用形式和医疗器械使用状况三方面的情况进行综合判定。

医疗器械分类的具体判定可以依据《医疗器械分类判定表》（见附件）进行。

第五条 医疗器械分类判定的依据

（一）医疗器械结构特征

医疗器械的结构特征分为：有源医疗器械和无源医疗器械。

（二）医疗器械使用形式

根据不同的预期目的，将医疗器械归入一定的使用形式。其中：

1. 无源器械的使用形式有：药液输送保存器械；改变血液、体液器械；医用敷料；外科器械；重复使用外科器械；一次性无菌器械；植入器械；避孕和计划生育器械；消毒清洁器械；护理器械、体外诊断试剂、其他无源接触或无源辅助器械等。

2. 有源器械的使用形式有：能量治疗器械；诊断监护器械；输送体液器械；电离辐射器械；实验室仪器设备、医疗消毒设备；其他有源器械或有源辅助设备等。

（三）医疗器械使用状态

根据使用中对人体产生损伤的可能性、对医疗效果的影响，医疗器械使用状况可分为接触或进入人体器械和非接触人体器械，具体可分为：

1. 接触或进入人体器械

（1）使用时限分为：暂时使用；短期使用；长期使用。

（2）接触人体的部位分为：皮肤或腔道；创伤或体内组织；血液循环系统或中枢神经系统。

(3) 有源器械失控后造成的损伤程度分为：轻微损伤；损伤；严重损伤。

2. 非接触人体器械

对医疗效果的影响，其程度分为：基本不影响；有间接影响；有重要影响。

第六条 实施医疗器械分类的判定原则

(一) 实施医疗器械分类，应根据分类判定表进行。

(二) 医疗器械分类判定主要依据其预期使用目的和作用进行。同一产品如果使用目的和作用方式不同，分类应该分别判定。

(三) 与其他医疗器械联合使用的医疗器械，应分别进行分类；医疗器械的附件分类应与其配套的主机分离，根据附件的情况单独分类。

(四) 作用于人体几个部位的医疗器械，根据风险高的使用形式、使用状态进行分类。

(五) 控制医疗器械功能的软件与该医疗器械按照同一类别进行分类。

(六) 如果一个医疗器械可以适用二个分类，应采取最高的分类。

(七) 监控或影响医疗器械主要功能的产品，其分类与被监控和影响器械的分类一致。

(八) 国家药品监督管理局根据工作需要，对需进行专门监督管理的医疗器械可以调整其分类。

第七条 国家药品监督管理局主管医疗器械分类工作。依据《医疗器械分类目录》不能确定医疗器械分类时，由省级药品监督管理部门根据《医疗器械分类规则》进行预先分类，并报国家药品监督管理局核定。

第八条 本规则下列用语的含义是：

(一) 预期目的：指产品说明、标签或宣传资料载明的，使用医疗器械应当取得的作用。

(二) 风险：导致人体受伤害的危险发生的可能性及伤害的严重程度。

(三) 使用期限：

1. 暂时：器械预期的连续使用时间在 24 小时以内；

2. 短期：器械预期的连续使用时间在 24 小时以上 30 日以内；

3. 长期：器械预期的连续使用时间超过 30 日；

4. 连续使用时间：器械按预期目的，没有间断地实际发生作用的时间。

(四) 使用部位和器械：

1. 非接触器械：不直接或间接接触患者的器械；

2. 表面接触器械：包括与以下部位接触的器械：

(1) 皮肤：仅接触未受损皮肤表面的器械；

(2) 粘膜：与粘膜接触的器械；

(3) 损伤表面：与伤口或其他损伤体表接触的器械。

3. 外科侵入器械：借助外科手术，器械全部或部分通过体表侵入体内，接触包括下列部位的器械：

(1) 血管：侵入血管与血路上某一点接触；作为管路向血管系统输入的器械。

(2) 组织/骨/牙质：侵入组织、骨和牙髓/牙质系统的器械和材料。

(3) 血液循环：接触血液循环系统的器械。

(五) 植入器械：任何借助外科手术，器械全部或者部分进入人体或自然腔道中；在手术过程结束后长期留在体内，或者这些器械部分留在体内至少 30 天以上，这些器械被认为是植入器械。

(六) 有源器械：任何依靠电能或其他能源而不是直接由人体或重力产生的能源来发挥其功能的医疗器械。

(七) 重复使用外科器械：指器械用于外科手术中进行切、割、钻、锯、抓、刮、钳、抽、夹或类似的手术过程，不连接任何有源器械，通过一定的处理可以重新使用的器械。

（八）中枢循环系统：指人体血液循环中的肺动脉、主动脉、冠状动脉、颈动脉、脑动脉、心脏静脉、上大腔静脉、下大腔静脉。

（九）中枢神经系统：指大脑、脑膜、脊髓。

第九条　本规则由国家药品监督管理局负责解释。

第十条　本规则自2000年4月10日起执行。

附件：医疗器械分类判定表

接触或进入人体器械 A

	使用形式		暂时使用－1			短期使用－2			长期使用－3		
			皮肤/腔道	创伤/组织	血循环/中枢	皮肤/腔道	创伤/组织	血循环/中枢	皮肤/腔道	创伤/组织	血循环/中枢
无源器械A	1	药液输送保存器械	2	2	3	2	2	3	2	3	3
	2	用于改变血液体液器械	–	–	3	–	–	3	–	–	3
	3	医用敷料	1	2	2	1	2	2	–	–	–
	4	外科器械（侵入）	1	2	3	2	2	3	2	3	3
	5	重复使用外科手术器械	1	1	2	–	–	–	–	–	–
	6	一次性无菌外科器械	1	2	3	2	3	3	2	3	3
	7	植入器械	–	–	–	–	–	–	3	3	3
	8	避孕计生器械	2	2	3	2	3	3	3	3	3
	9	消毒清洁器械	2	2	2	2	2	2	2	2	2
	10	其他无源接触器械	1	2	3	2	2	3	2	3	3
有源器械B	使用形式		轻微损伤－1			损伤－2			严重损伤－3		
	1	能量治疗器械	2			2			3		
	2	诊断监护仪器	2			2			3		
	3	输送体液装置	2			3			3		
	4	电离辐射器械	2			3			3		
	5	其他一般有源器械	2			2			–		

续表

非接触人体器械 B					
无源器械A	使用形式		基本不影响 -1	有间接影响 -2	间接重要影响 -3
	1	护理设备	1	2	-
	2	体外诊断试剂	1	2	3
	3	其他辅助器械	1	2	-
有源器械B	使用形式		基本不影响 -1	有间接影响 -2	间接重要影响 -3
	1	实验室仪器设备	1	2	-
	2	消毒设备	1	2	-
	3	其他辅助设备	1	2	-

使用说明：

1. 本表作为医疗器械分类规则的附件，用于具体产品的分类。表中符号“ -”表示没有这种分类。

2. 标题栏中的数字或者符号是此栏目的代号。人体部位的代号依次分别可用：“1”“2”“3”等。例如：某无源短期接触组织外科侵入器械代号为 AA4 -22。

一次性使用无菌医疗器械监督管理办法（暂行）

（2000年8月17日国家药品监督管理局局务会审议通过，
2000年10月13日发布，自发布之日起施行）

第一章　总　　则

第一条　为加强一次性使用无菌医疗器械的监督管理，保证产品安全、有效，依据《医疗器械监督管理条例》制定本办法。

第二条　本办法所称一次性使用无菌医疗器械（以下简称无菌器械）是指无菌、无热原、经检验合格，在有效期内一次性直接使用的医疗器械。

无菌器械按《一次性使用无菌医疗器械目录》（以下简称《目录》）实施重点监督管理。《目录》（见附件）由国家药品监督管理局公布并调整。

第三条　凡在中华人民共和国境内从事无菌器械的生产、经营、使用、监督管理的单位或个人应当遵守本办法。

第二章　生产的监督管理

第四条　生产无菌器械应执行国家药品监督管理局颁布的《无菌医疗器具生产管理规范》及无菌器械的《生产实施细则》。

无菌器械必须严格按标准进行检验，未经检验或检验不合格的不得出厂。

第五条　生产无菌器械应按《生产实施细则》的要求采购材料、部件。企业应保存完整的采购、销售票据和记录，票据和记录应保存至产品有效期满二年。

购销记录应包括：销售或购进的单位名称，供应或采购数量、产品名称、型号规格、生产批号、灭菌批号、产品有效期等。

第六条　生产企业应从符合《生产实施细则》规定条件的单位购进接触无菌器械的包装材料或小包装，并应对产品包装的购入、储存、发放、使用等建立管理制度。

不合格的无菌器械及废弃、过期的无菌器械产品包装或零部件，必须在厂内就地毁形或销毁，不得流出厂外。

第七条　生产企业只能销售本企业生产的无菌器械。生产企业的销售人员应在销售所在地药品监督管理部门登记。销售时应出具下列证明：

（一）加盖本企业印章的《医疗器械生产企业许可证》、《医疗器械产品注册证》的复印件及产品合格证；

（二）加盖本企业印章和企业法定代表人印章或签字的企业法定代表人的委托授权书原件，委托授权书应明确授权范围；

（三）销售人员的身份证。

第八条 生产企业的企业名称、法定代表人或企业负责人发生变更的，企业应向省级药品监督管理局申请办理《医疗器械生产企业许可证》的变更手续后，向国家药品监督管理局申请办理《医疗器械产品注册证》的变更。国家、省级药品监督管理局应自受理申请之日起30个工作日内给予变更。

企业名称变更后，无菌器械的小、中、大包装标注的企业名称应在半年之内变更。新包装启用后，旧包装即停止使用，新、旧包装不得混用。

第九条 生产企业在原厂址或异地新建、改建、扩建洁净厂房的，经所在地省级药品监督管理部门对其质量体系进行初审后，由国家药品监督管理局组织质量体系现场审查和产品抽样检测，合格后方能生产。

第十条 生产企业连续停产一年以上的，须经省级药品监督管理局对现场质量体系进行审查和产品抽查，合格后方可恢复生产，连续停产二年以上的，其产品注册证书自行失效。

第十一条 留样观察或已售出的无菌器械产品出现质量问题，生产企业必须立即封存该批号产品，并通知有关单位停止销售和使用。造成人身伤亡事故的，要在24小时内，报告所在地省级药品监督管理部门。

第十二条 监督检查中，发现生产企业有不符合《生产实施细则》要求的，由实施监督检查的药品监督管理部门责令其限期整改。

第十三条 生产企业不得有下列行为：

（一）伪造或冒用他人厂名、厂址或生产企业证件；

（二）出租或出借本生产企业有效证件；

（三）违反规定采购零部件或产品包装；

（四）伪造或变造生产购销票据、生产原始记录、产品批号；

（五）对不合格品、废弃零部件、过期或废弃产品包装不按规定处理；

（六）擅自增加产品型号、规格；

（七）企业销售人员代销非本企业生产的产品；

（八）向城乡集贸市场提供无菌器械或直接参与城乡集贸市场无菌器械交易。

第三章 经营的监督管理

第十四条 经营企业应具有与其经营无菌器械相适应的营业场地和仓库。产品储存区域应避光、通风、无污染，具有防尘、防污染、防蚊蝇、防虫鼠和防异物混入等设施，符合产品标准的储存规定。

第十五条 经营企业应建立无菌器械质量跟踪制度，做到从采购到销售能追查到每批产品的质量情况。

无菌器械的购销记录必须真实、完整。购销记录应有：购销日期、购销对象、购销数量、产品名称、生产单位、型号规格、生产批号、灭菌批号、产品有效期；经办人、负责人签名等。

第十六条 经营企业应保存完整的无菌器械购销记录和有效证件，无菌器械购销记录及有效证件必须保存到产品有效期满后二年。

第十七条 经营企业销售人员销售无菌器械，应出具下列证明：

（一）加盖本企业印章的《医疗器械经营企业许可证》、《医疗器械产品注册证》的复印件及产品合格证；

（二）加盖本企业印章和企业法定代表人印章或签字的企业法定代表人的委托授权书原件，委托授权书应明确其授权范围；

（三）销售人员的身份证。

第十八条 经营企业发现不合格无菌器械，应立即停止销售，及时报告所在地药品监督管理部门。经验证为不合格的，经营企业必须及时通知该批无菌器械的经营企业和使用单位停止销售或使用。对不合格产品，应在所在地药品监督管理部门监督下予以处理。

对已销售给个人使用的不合格无菌器械，经营企业应向社会公告，主动收回不合格产品。

第十九条 经营企业经营不合格无菌器械，经营者不能指明不合格品生产者的，视为经营无产品注册证的产品；不能指明不合格品供货者的，视为从无《医疗器械经营企业许可证》的企业购进产品。

第二十条 经营无菌器械不得有下列行为：

（一）经营无有效证件、证照不齐、无产品合格证的无菌器械；

（二）伪造或冒用《医疗器械经营企业许可证》；

（三）出租或出借《医疗器械经营企业许可证》；

（四）经营不合格、过期或已淘汰无菌器械；

（五）无购销记录或伪造、变造购销记录；

（六）从非法渠道采购无菌器械；

（七）向城乡集贸市场提供无菌器械或直接参与城乡集贸市场无菌器械交易。

第四章 使用的监督

第二十一条 医疗机构应从具有《医疗器械生产企业许可证》或《医疗器械经营企业许可证》的企业购进无菌器械。

医疗机构应建立无菌器械采购、验收制度，严格执行并做好记录。采购记录至少应包括：购进产品的企业名称、产品名称、型号规格、产品数量、生产批号、灭菌批号、产品有效期等。按照记录应能追查到每批无菌器械的进货来源。

（一）从生产企业采购无菌器械，应验明生产企业销售人员出具的证明，所出具证明的内容按第七条规定。

（二）从经营企业采购无菌器械，应验明经营企业销售人员出具的证明，所出具证明的内容按第十七条规定。

第二十二条 医疗机构应建立无菌器械使用后销毁制度。使用过的无菌器械必须按规定销毁，使其零部件不再具有使用功能，经消毒无害化处理，并做好记录。

医疗机构不得重复使用无菌器械。

第二十三条 医疗机构发现不合格无菌器械，应立即停止使用、封存，并及时报告所在地药品监督管理部门，不得擅自处理。

经验证为不合格的无菌器械，在所在地药品监督管理部门的监督下予以处理。

第二十四条 医疗机构使用不合格无菌器械，不能指明不合格品生产者的，视为使用无产品注册证的产品；不能指明不合格品供货者的，视为从无《医疗器械经营企业许可证》的企业购进产品。

第二十五条 医疗机构使用无菌器械发生严重不良事件时，应在事件发生后24小时内，报告所在地省级药品监督管理部门和卫生行政部门。

第二十六条 医疗机构不得有下列行为：

（一）从非法渠道购进无菌器械；

（二）使用小包装已破损、标识不清的无菌器械；

（三）使用过期、已淘汰无菌器械；

（四）使用无《医疗器械产品注册证》、无医疗器械产品合格证的无菌器械。

第五章 无菌器械的监督检查

第二十七条 国家药品监督管理局负责编制全国无菌器械的抽查计划，并组织实施。省级药品监督管理局负责编制本辖区无菌器械的抽查计划，报国家药品监督管理局备案后组织实施。

国家药品监督管理局和各省、自治区、直辖市药品监督管理局公布无菌器械抽查结果。

第二十八条 生产、经营企业和医疗机构对抽查结果有异议的，可以自收到检验报告之日起15日内，向实施抽查的药品监督管理部门或上一级药品监督管理部门申请复验，由受理复验的药品监督管理部门做出复验结论。

第六章 罚 则

第二十九条 未取得《医疗器械产品注册证》生产无菌器械的，依据《医疗器械监督管理条例》第三十五条处罚。

已取得《无菌器械产品注册证》的企业新建、改建厂房未经批准擅自生产的；伪造他人厂名、厂址、产品批号的；伪造或冒用《医疗器械产品注册证》，擅自增加无菌器械型号、规格的，依据《医疗器械监督管理条例》第三十五条处罚。

第三十条 未取得《医疗器械生产企业许可证》生产无菌器械的，伪造或冒用他人《医疗器械生产企业许可证》的，依据《医疗器械监督管理条例》第三十六条处罚。

第三十一条 生产不符合国家标准或行业标准的无菌器械的，依据《医疗器械监督管理条例》第三十七条处罚。

第三十二条 未取得《医疗器械经营企业许可证》经营无菌器械的，依据《医疗器械监督管理条例》第三十八条处罚。

第三十三条 经营无产品注册证、无合格证明、过期、失效、淘汰的无菌器械的，或者从非法渠道购进无菌器械的，依据《医疗器械监督管理条例》第三十九条处罚。

第三十四条 办理无菌器械注册申报时，提供虚假证明、文件资料、样品，或者采取其他欺骗手段，骗取无菌器械产品注册证书的，依据《医疗器械监督管理条例》第四十条处罚。

第三十五条 医疗机构使用无《医疗器械产品注册证》、无合格证明、过期、失效、淘汰无菌器械的，或者从非法渠道购进无菌器械的，依据《医疗器械监督管理条例》第四十二条处罚。

第三十六条 医疗机构重复使用无菌器械的，或者对应当销毁未进行销毁的，按《医疗器械监督管理条例》第四十三条处罚。

第三十七条 无菌器械的生产、经营企业和医疗机构违反本办法规定，有下列行为之一的，由县级以上药品监督管理部门责令改正，给予警告，并处1万元以上3万以下罚款：

（一）生产企业违反《生产实施细则》规定生产的；

（二）生产企业伪造产品原始记录及购销票据的；

（三）生产企业销售其他企业无菌器械的；

（四）生产、经营企业将有效证件出租、出借给他人使用的；

（五）经营不合格无菌器械的；

（六）医疗机构未建立使用后销毁制度或伪造、变造无菌器械采购、使用后销毁记录的；

（七）生产、经营企业、医疗机构向城乡集贸市场提供无菌器械或直接参与城乡集贸市场无菌器械交易的。

第三十八条　无菌器械生产企业违反规定采购零配件和产品包装的或销售不合格无菌器械的，由县级以上药品监督管理部门予以警告，责令改正，并处以5000元以上2万元以下罚款。

第三十九条　无菌器械经营企业，无购销记录或伪造购销记录，伪造生产批号、灭菌批号、产品有效期的，由县级以上药品监督管理部门予以警告，责令停止经营，并处以5000元以上2万元以下罚款。

第四十条　无菌器械的生产、经营企业和医疗机构违反本办法规定，有下列行为之一的，由县级以上药品监督管理部门责令改正，给予警告：

（一）发现不合格无菌器械，不按规定报告，擅自处理的；

（二）对废弃零部件、过期或废弃的产品包装，不按规定处理的；

（三）经营或使用小包装已破损、标识不清的无菌器械的；

（四）使用无菌器械发生严重不良事件时，不按规定报告的。

第七章　附　　则

第四十一条　本办法由国家药品监督管理局负责解释。

第四十二条　本办法自颁布之日起实施。

附件：

一次性使用无菌医疗器械产品目录

序号	产品名称	产品标准	产品类别
1	一次性使用无菌注射器	GB 15810—1995	三类
2	一次性使用输液器	GB8368—1998	三类
3	一次性使用输血器	GB8369—1998	三类
4	一次性使用滴定管式输液器	YY0286—1996	三类
5	一次性使用无菌注射针	GB15811—1995	三类
6	一次性使用静脉输液针	YY0028—90	三类
7	一次性使用塑料血袋	GB14232—93	三类
8	一次性使用采血器	YY0115—93	三类

医疗器械标准管理办法（试行）

（2001年11月19日国家药品监督管理局局务会审议通过，
2002年1月4日发布，自2002年5月1日起施行）

第一章　总　　则

第一条　为了加强医疗器械标准工作，保证医疗器械的安全、有效，根据《医疗器械监督管理条例》，制定本办法。

第二条　凡在中国境内从事医疗器械研制、生产、经营、使用和监督管理的单位或者个人，应遵守本办法。

第三条　医疗器械标准分为国家标准、行业标准和注册产品标准。

（一）国家标准或行业标准是指需要在全国范围内统一技术要求的标准。

（二）注册产品标准是指由制造商制定，应能保证产品安全有效，并在产品申请注册时，经设区的市级以上药品监督管理部门依据国家标准和行业标准相关要求复核的产品标准。

第四条　国家对医疗器械标准工作实行奖励制度。

第二章　标准工作的管理机构和职能

第五条　国务院药品监督管理部门履行下列职责：

（一）组织贯彻医疗器械标准工作的法律、法规，制定医疗器械标准工作的方针、政策和管理办法；

（二）组织制定和实施医疗器械标准工作规划和计划。指导、监督全国医疗器械标准工作；

（三）组织起草医疗器械国家标准。组织制定、发布医疗器械行业标准。依据国家标准和行业标准的相关要求复核进口医疗器械的注册产品标准及境内生产的第三类医疗器械注册产品标准；

（四）监督实施医疗器械标准；

（五）管理各医疗器械专业标准化技术委员会；

（六）组织转化国际标准，开展对外标准工作交流；

（七）负责医疗器械标准工作的表彰和奖励。管理标准工作经费。

第六条　国务院药品监督管理部门设立医疗器械标准化技术委员会，负责全国医疗器械标准化工作的技术指导和协调，履行下列职责：

（一）开展医疗器械标准体系的研究，提出医疗器械标准工作政策及标准项目规划的建议；

（二）受国务院药品监督管理部门的委托，审核医疗器械国家标准、行业标准，复核进口医疗器械的注册产品标准及境内生产的第三类医疗器械注册产品标准；

（三）指导、协调各医疗器械专业标准化技术委员会的工作；

（四）开展标准工作的培训、宣传、技术指导和国内外标准化学术交流活动；

（五）通报医疗器械标准工作信息。

第七条　国家设立的各医疗器械专业标准化技术委员会的主要任务是：

（一）宣传贯彻标准化工作的法律、法规、方针和政策；

（二）提出医疗器械各专业国家标准或行业标准制定、修订及研究项目的规划和计划建议。开展医疗器械标准研究工作；

（三）承担国家标准和行业标准的制定、修订任务，负责报批标准的整理、校核、编辑工作；

（四）承担医疗器械标准工作的技术指导。协助各级药品监督管理部门处理标准执行中的技术问题；

（五）负责收集、整理医疗器械标准资料，建立本专业内的医疗器械标准技术档案；

（六）开展医疗器械国家标准、行业标准的宣传贯彻和学术交流活动，协助培训标准工作人员。

第八条　省、自治区、直辖市药品监督管理部门在本行政区域内履行下列职责：

（一）贯彻医疗器械标准工作的法律、法规、方针和政策；

（二）在本行政区域内监督实施医疗器械标准；

（三）负责辖区内生产的医疗器械注册产品标准的复核和第三类医疗器械注册产品标准的初审；

（四）指导、协调委托承担的国家标准、行业标准的起草工作。

第九条　设区的市级药品监督管理部门负责本行政区域内第一类医疗器械注册产品标准的复核。

设区的市、县（市）药品监督管理部门负责本行政区域内医疗器械标准实施的监督检查工作。

第三章　国家标准和行业标准的制定和发布

第十条　标准起草单位应对标准的要求、试验方法、检验规则，开展科学验证、进行技术分析、做好验证汇总，按规定起草标准草案稿，编写标准编制说明和有关附件。

第十一条　医疗器械国家标准和行业标准由国家设立的各医疗器械专业标准化技术委员会或国务院药品监督管理部门设立的医疗器械标准化技术委员会组织制定和审核。

第十二条　审定后的标准由起草单位按要求修改，经相应的标准化技术委员会秘书处复核后，报送国务院药品监督管理部门。行业标准由国务院药品监督管理部门审批、编号、发布。

第四章　注册产品标准的制定和审核

第十三条　注册产品标准应执行国家标准、行业标准和有关法律、法规的要求，并按国务院药品监督管理部门公布的《医疗器械注册产品标准编写规范》的要求起草。

第十四条　制造商在申报产品注册时应向药品监督管理部门提交注册产品标准文本和标准编制说明。

注册产品标准编制说明应包括下列内容：

（一）与人体接触的材料是否已在临床上应用过，其安全性、可靠性是否得到证明；

（二）引用或参照的相关标准和资料；

（三）管理类别确定的依据；

（四）产品概述及主要技术条款确定的依据；

（五）产品自测报告；

（六）其他需要说明的内容。

第十五条　进口医疗器械的注册产品标准由国务院药品监督管理部门复核。

境内生产第三类医疗器械的注册产品标准由省、自治区、直辖市药品监督管理部门初审，报国务院药品监督管理部门复核。

境内生产第二类医疗器械的注册产品标准由省、自治区、直辖市药品监督管理部门复核。

境内生产第一类医疗器械的注册产品标准由设区的市级药品监督管理部门复核。

第十六条　初审和复核注册产品标准的主要内容是：

（一）是否符合现行有效的国家标准、行业标准及有关法律、法规；

（二）产品命名是否符合有关规定要求；

（三）预期用途的确定是否准确；

（四）检验项目的确定和检验规则的合理性；

（五）验证方法和验证结论是否正确。

第十七条　注册产品标准由制造商根据复核意见整理或修改，由复核的药品监督管理部门编号、备案。

注册产品标准编号由注册产品标准代号、标准复核机构所在地简称（国别）、注册产品标准顺序号和年代号组成。

其中标准复核机构所在地简称对应境内生产的医疗器械，为一位或两位汉字，是指国家、省、自治区、直辖市简称，或省、自治区+设区市简称。国别简称表示为三位英文字母，对应进口的医疗器械。

示例：

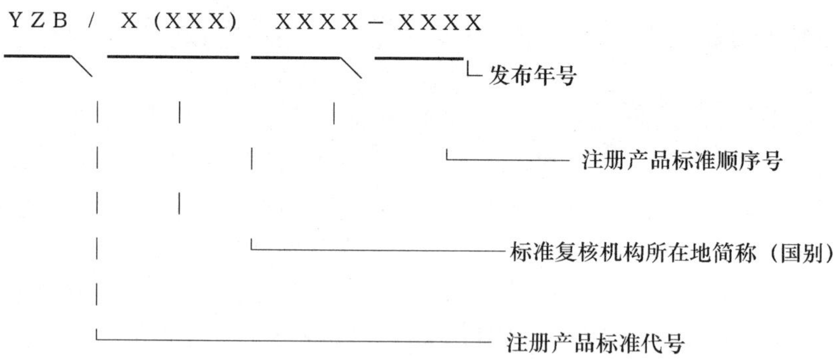

第十八条　凡国家标准、行业标准经修订发布后，在正式实施前，制造商应根据修订、发布的国家标准、行业标准修改注册产品标准，填写《医疗器械注册产品标准修改单》，报原复核部门复核。

第十九条　制造商应对注册产品标准所规定的内容负责。

第五章　标准的实施与监督

第二十条　医疗器械的研制、生产、经营和使用应符合相应的国家标准、行业标准或注册产品标准。无相应标准的医疗器械，不得生产、经营和使用。

第二十一条　生产不符合医疗器械注册产品标准的医疗器械的，视为不符合医疗器械行业标准。

第二十二条　县级以上药品监督管理部门的医疗器械监督检查人员应按规定对医疗器械生产、经营、使用单位实施标准的情况进行监督检查。有关单位和个人不得拒绝和隐瞒情况。医疗器械监督检查人员对所取得的资料和样品负有保密义务。

第六章　附　　则

第二十三条　本办法由国务院药品监督管理部门负责解释。

第二十四条　本办法于2002年5月1日起施行。

关于《医疗器械标准管理办法》（试行）的说明

（2002 年 1 月 4 日发布）

一、立法依据

《医疗器械监督管理条例》（下称《条例》）于 2000 年 4 月 1 日开始实施，医疗器械监督管理工作步入法制化轨道。医疗器械标准是医疗器械研制、生产、经营、使用和监督管理共同遵守的技术法规。医疗器械标准工作是整个监督管理工作的技术基础。从《条例》发布之初，《医疗器械标准管理办法》（下称《办法》）就列入《条例》配套规章的立法计划。

针对《条例》中没有给出注册产品标准法律地位的问题，我们多次协同局办公室向有关部门汇报、协调，最终最高人民法院审判委员会和最高人民检察院检察委员会通过了《最高人民法院、最高人民检察院关于办理生产、销售伪劣商品刑事案件具体应用法律若干问题的解释》，于 4 月 10 日开始施行。在该司法解释中，明确规定："没有国家标准、行业标准的医疗器械，注册产品标准可视为'保障人体健康的行业标准'。"注册产品标准获得了法律地位。

二、《办法》起草过程

《办法》讨论稿于 2000 年 6 月起草完成。先后在 2001 年 2 月召开的全国医疗器械监督工作会和 2001 年 4 月召开的全国医疗器械标准化委员会秘书长会上征求意见。经 2001 年 6 月 18 日专门召开部分省市和医疗器械质量监督检验中心主管标准工作的同志参加的征求意见会，修改完善后，于 6 月底报局办公室法规处。根据法规处意见，9 月 25 日我们再次召开医疗器械司、医疗器械审评中心和受理办参加的扩大司务会，对送审稿内容逐条讨论修改后，又于 10 月 10 日会同局办公室有关同志共同讨论，完善。在此基础上，10 月 17 日，任局长又亲自带领器械司、医疗器械审评中心、受理办对送审稿逐条斟酌修改，形成送审稿，提交局务会审议。2001 年 11 月 19 日经局务会审议，原则通过。

三、重要条款说明

（一）《办法》第三条规定了医疗器械标准的类别，包括国家标准、行业标准和注册产品标准，根据"两高"的司法解释，明确了注册产品标准的法律地位。国家标准和行业标准在《标准化法》和其相关法规中都没有明确的定义。故第三条第（一）项笼统地规定"国家标准或行业标准是指需要在全国范围内统一技术要求的标准"。第三条第（二）项规定了注册产品标准的定义。

（二）当前医疗器械标准工作没有统一归口的技术组织，标准制定、验证由各专业标准化技术委员会根据专业分工负责。专业标准化技术委员会的秘书处分设在各医疗器械检测中心。由于标准工作是基础性技术工作，工作复杂，任务繁重，而基本没有经济效益，同时各检测中心检测任务很重。因此，大多数专业标技委的工作都处于维持的状态。为扭转这一被动局面，《办法》第六条规定国务院药品监督管理部门设立医疗器械标准化技术委员会，并在其直接领导下负责全国医疗器械标准化工作的研究、技术指导和协调。技术委员会秘书处拟设在医疗器械技术审评中心。

（三）全国的标准化工作一直由国家标准化主管部门主管，由于历史的原因，医疗器械的标准工作也一直在他们的统一管理之下进行。各医疗器械专业标准化技术委员会虽然接受医疗器械主管部门管理，但成立和换届都须经国家标准化主管部门审批，参与国际标准化活动也须通过他们。所以，《办法》第七条明确各医疗器械专业标准化技术委员会的任务时，表述为“国家设立的医疗器械专业标准化技术委员会的主要任务是”，而没有再具体明确谁设立。另外，各专业标准化技术委员会的管理已有《全国专业标准化技术委员会章程》，故《办法》未涉及此部分内容。

（四）关于国家标准和行业标准的制定和发布，有专门的《国家标准管理办法》和《行业标准管理办法》。本《办法》不可能将其内容一一重复，但医疗器械国家标准和行业标准又是医疗器械标准的重要组成部分，《办法》又不可能把这部分内容完全省略，所以在第三章做了简要规定。

根据国务院职能划分，国家标准的制定和修订工作由国家标准化管理委员会统一审查、批准、编号、发布。原送审稿中对医疗器械国家标准的制定主体、制定程序及地位等都作了规定。依照法规处关于部门规章不宜提及其他管理部门的意见，我们删除了原稿中涉及国家标准化主管部门的内容。

（五）为加强注册产品标准工作，《办法》第十三条规定制定《医疗器械注册产品标准编写规范》，第十四条和第十六条对注册产品标准编制说明应包括的内容及初审和复核注册产品标准的主要内容分别作了规定。

（六）《办法》第八条第（三）项规定“省、自治区、直辖市药品监督管理部门负责辖区内生产的医疗器械注册产品标准的复核和第三类医疗器械注册产品标准的初审”。其中，各省、自治区药品监督管理部门负责辖区内生产的第二类医疗器械注册产品标准的复核和第三类医疗器械注册产品标准的初审。各直辖市药品监督管理部门负责辖区内生产的第一、二类医疗器械注册产品标准的复核和第三类医疗器械注册产品标准的初审。

四、主要分歧意见的处理过程

（一）《办法》的名称。《办法》原名《医疗器械标准化管理办法》。持这一意见的同志认为，因为国家有《标准化法》，多年工作的管理也是称标准化工作，包括专业技术委员会也是“标准化专业技术委员会”，根据习惯，规范医疗器械标准工作的管理办法，也应称《医疗器械标准化管理办法》。《医疗器械标准管理办法》给人的感觉是只管标准，不能涵盖整个标准工作。但是最终大家讨论认为，“标准化”是计划经济下的概念。我们现在的医疗器械标准工作是服务于监督管理，医疗器械标准是市场监督的法定技术依据。《办法》是对医疗器械标准工作进行规范，再延用“标准化”的概念已不适宜。最终采用现名称：医疗器械标准管理办法。

（二）关于注册产品标准由谁制定的问题，经过了激烈的争论。部分同志认为，注册产品标准应由注册申请者制定。因为国外没有注册产品标准的概念，对于进口产品，如果要求其制造商按照我们的《注册产品标准编写规范》再制定标准，难以操作。但是大多数同志认为，注册申请者，无法对产品质量承担责任，产品制造商是产品质量的法定责任人。我们不必过分关注标准起草的具体过程，规定注册产品标准由产品制造商制定是明确了质量责任。《办法》最终采纳了这一意见。并在第十九条明确规定：制造商应对注册产品标准所规定的内容负责。

（三）关于注册产品标准是否经药品监督管理部门审批的问题。部分同志认为应当对注册产品标准进行正式审批。讨论后大家认为应该尽量减少审批环节，特别是要分清企业的责任和政府的责任及各级政府部门之间的责任。所以《办法》第三条第（二）项规定，“注册产品标准是指由制造商制定，应能保证产品安全有效，并在产品申请注册时，经设区的市级以上药品监督管理部门依据国家标准和行业标准相关要求复核的产品标准”。第十五条和第十七条规定，药监部门只对注册产品标准进行复核、编号、备案。

五、《办法》实施对推动医疗器械监督管理工作的意义和重要作用

《医疗器械监督管理条例》发布实施后，作为依法行政的基础的标准化工作，有许多工作原则和工作程序需要明确。特别是《条例》中只对国家标准、行业标准给出了法律地位，而对于大量日常工作涉及的注册产品标准，没有给出相应的规定，给医疗器械注册、市场监督管理都带来很多不便，问题较多。今年 4 月份最高人民法院、最高人民检察院对医疗器械的注册产品标准作出司法解释，客观上确定了其法律地位。

《医疗器械标准管理办法》明确了各级药品监督管理部门承担医疗器械标准工作的职责、工作程序。规定了医疗器械标准工作的技术组织机构。规定了注册产品标准的法定地位及制定和审核的程序。这些规定为医疗器械的监督管理解了燃眉之急，提供了有力的法规依据，必将使医疗器械的标准工作在依法行政的工作中发挥更加坚实的基础性作用。

六、《办法》经局务会讨论后有关部分修改的说明

在局务会讨论过程中共提出四条修改意见：

（一）对于第三条第（二）项，会上提出注册产品标准应表达“国家标准、行业标准中未包含的，应写注册产品标准”的意思。综合了各方意见，将其内容改为：“注册产品标准是指由制造商制定，应能保证产品安全有效，并在产品申请注册时，经设区的市级以上药品监督管理部门依据国家标准和行业标准相关要求复核的产品标准。”

（二）采纳会上意见，本《办法》定为“试行”。

（三）会上提出，原《办法》第十三条内容应由第三章调到第二章。我们研究后认为，原第十三条内容在第二章第五条中已有所体现，故可以删去第十三条。

（四）市场司提出增加罚则，经与法规处研究后，在第五章中增加相关条款。

医疗器械临床试验规定

（2003 年 12 月 22 日国家食品药品监督管理局局务会审议通过，
2004 年 1 月 17 日发布，自 2004 年 4 月 1 日起施行）

第一章　总　　则

第一条　为加强对医疗器械临床试验的管理，维护受试者权益，保证临床试验结果真实、可靠，根据《医疗器械监督管理条例》，制定本规定。

第二条　医疗器械临床试验的实施及监督检查，应当依照本规定。

第三条　本规定所称医疗器械临床试验是指，获得医疗器械临床试验资格的医疗机构（以下称医疗机构）对申请注册的医疗器械在正常使用条件下的安全性和有效性按照规定进行试用或验证的过程。

医疗器械临床试验的目的是评价受试产品是否具有预期的安全性和有效性。

第四条　医疗器械临床试验应当遵守《世界医学大会赫尔辛基宣言》（附件 1）的道德原则，公正、尊重人格、力求使受试者最大程度受益和尽可能避免伤害。

第五条　医疗器械临床试验分医疗器械临床试用和医疗器械临床验证。

医疗器械临床试用是指通过临床使用来验证该医疗器械理论原理、基本结构、性能等要素能否保证安全性有效性。

医疗器械临床验证是指通过临床使用来验证该医疗器械与已上市产品的主要结构、性能等要素是否实质性等同，是否具有同样的安全性、有效性。

医疗器械临床试用的范围：市场上尚未出现过，安全性、有效性有待确认的医疗器械。

医疗器械临床验证的范围：同类产品已上市，其安全性、有效性需要进一步确认的医疗器械。

第六条　医疗器械临床试验的前提条件：

（一）该产品具有复核通过的注册产品标准或相应的国家、行业标准；

（二）该产品具有自测报告；

（三）该产品具有国务院食品药品监督管理部门会同国务院质量技术监督部门认可的检测机构出具的产品型式试验报告，且结论为合格；

（四）受试产品为首次用于植入人体的医疗器械，应当具有该产品的动物试验报告；其他需要由动物试验确认产品对人体临床试验安全性的产品，也应当提交动物试验报告。

第二章　受试者的权益保障

第七条　医疗器械临床试验不得向受试者收取费用。

第八条 医疗器械临床试验负责人或其委托人应当向受试者或其法定代理人详细说明如下事项：

（一）受试者自愿参加临床试验，有权在临床试验的任何阶段退出；

（二）受试者的个人资料保密。伦理委员会、（食品）药品监督管理部门、实施者可以查阅受试者的资料，但不得对外披露其内容；

（三）医疗器械临床试验方案，特别是医疗器械临床试验目的、过程和期限、预期受试者可能的受益和可能产生的风险；

（四）医疗器械临床试验期间，医疗机构有义务向受试者提供与该临床试验有关的信息资料；

（五）因受试产品原因造成受试者损害，实施者应当给予受试者相应的补偿；有关补偿事宜应当在医疗器械临床试验合同中载明。

第九条 受试者在充分了解医疗器械临床试验内容的基础上，获得《知情同意书》。《知情同意书》除应当包括本规定第八条所列各项外，还应当包括以下内容：

（一）医疗器械临床试验负责人签名及签名日期；

（二）受试者或其法定代理人的签名及签名日期；

（三）医疗机构在医疗器械临床试验中发现受试产品预期以外的临床影响，必须对《知情同意书》相关内容进行修改，并经受试者或其法定代理人重新签名确认。

第三章 医疗器械临床试验方案

第十条 医疗器械临床试验方案是阐明试验目的、风险分析、总体设计、试验方法和步骤等内容的文件。医疗器械临床试验开始前应当制定试验方案，医疗器械临床试验必须按照该试验方案进行。

第十一条 医疗器械临床试验方案应当以最大限度地保障受试者权益、安全和健康为首要原则，应当由负责临床试验的医疗机构和实施者按规定的格式（附件2）共同设计制定，报伦理委员会认可后实施；若有修改，必须经伦理委员会同意。

第十二条 市场上尚未出现的第三类植入体内或借用中医理论制成的医疗器械，临床试验方案应当向医疗器械技术审评机构备案。

第十三条 已上市的同类医疗器械出现不良事件，或者疗效不明确的医疗器械，国家食品药品监督管理局可制订统一的临床试验方案的规定。

开展此类医疗器械的临床试验，实施者、医疗机构及临床试验人员应当执行统一的临床试验方案的规定。

第十四条 医疗器械临床试验方案应当针对具体受试产品的特性，确定临床试验例数、持续时间和临床评价标准，使试验结果具有统计学意义。

医疗器械临床试用方案应当证明受试产品理论原理、基本结构、性能等要素的基本情况以及受试产品的安全性有效性。

医疗器械临床验证方案应当证明受试产品与已上市产品的主要结构、性能等要素是否实质性等同，是否具有同样的安全性、有效性。

第十五条 医疗器械临床试验方案应当包括以下内容：

（一）临床试验的题目；

（二）临床试验的目的、背景和内容；

（三）临床评价标准；

（四）临床试验的风险与受益分析；

（五）临床试验人员姓名、职务、职称和任职部门；

（六）总体设计，包括成功或失败的可能性分析；

（七）临床试验持续时间及其确定理由；

（八）每病种临床试验例数及其确定理由；

（九）选择对象范围、对象数量及选择的理由，必要时对照组的设置；

（十）治疗性产品应当有明确的适应症或适用范围；

（十一）临床性能的评价方法和统计处理方法；

（十二）副作用预测及应当采取的措施；

（十三）受试者《知情同意书》；

（十四）各方职责。

第十六条　医疗机构与实施者签署双方同意的临床试验方案，并签订临床试验合同。

第十七条　医疗器械临床试验应当在两家以上（含两家）医疗机构进行。

第四章　医疗器械临床试验实施者

第十八条　实施者负责发起、实施、组织、资助和监查临床试验。实施者为申请注册该医疗器械产品的单位。

第十九条　实施者职责：

（一）依法选择医疗机构；

（二）向医疗机构提供《医疗器械临床试验须知》；

（三）与医疗机构共同设计、制定医疗器械临床试验方案，签署双方同意的医疗器械临床试验方案及合同；

（四）向医疗机构免费提供受试产品；

（五）对医疗器械临床试验人员进行培训；

（六）向医疗机构提供担保；

（七）发生严重副作用应当如实、及时分别向受理该医疗器械注册申请的省、自治区、直辖市（食品）药品监督管理部门和国家食品药品监督管理局报告，同时向进行该医疗器械临床试验的其他医疗机构通报；

（八）实施者中止医疗器械临床试验前，应当通知医疗机构、伦理委员会和受理该医疗器械注册申请的省、自治区、直辖市（食品）药品监督管理部门和国家食品药品监督管理局，并说明理由；

（九）受试产品对受试者造成损害的，实施者应当按医疗器械临床试验合同给予受试者补偿。

第二十条　《医疗器械临床试验须知》应当包括以下内容：

（一）受试产品原理说明、适应症、功能、预期达到的使用目的、使用要求说明、安装要求说明；

（二）受试产品的技术指标；

（三）国务院食品药品监督管理部门会同国务院质量技术监督部门认可的检测机构出具的受试产品型式试验报告；

（四）可能产生的风险，推荐的防范及紧急处理方法；

（五）可能涉及的保密问题。

第五章 医疗机构及医疗器械临床试验人员

第二十一条 承担医疗器械临床试验的医疗机构，是指经过国务院食品药品监督管理部门会同国务院卫生行政部门认定的药品临床试验基地。

第二十二条 医疗器械临床试验人员应当具备以下条件：

（一）具备承担该项临床试验的专业特长、资格和能力；

（二）熟悉实施者所提供的与临床试验有关的资料与文献。

第二十三条 负责医疗器械临床试验的医疗机构及临床试验人员职责：

（一）应当熟悉实施者提供的有关资料，并熟悉受试产品的使用；

（二）与实施者共同设计、制定临床试验方案，双方签署临床试验方案及合同；

（三）如实向受试者说明受试产品的详细情况，临床试验实施前，必须给受试者充分的时间考虑是否参加临床试验；

（四）如实记录受试产品的副作用及不良事件，并分析原因；发生不良事件及严重副作用的，应当如实、及时分别向受理该医疗器械注册申请的省、自治区、直辖市（食品）药品监督管理部门和国家食品药品监督管理局报告；发生严重副作用，应当在二十四小时内报告；

（五）在发生副作用时，临床试验人员应当及时做出临床判断，采取措施，保护受试者利益；必要时，伦理委员会有权立即中止临床试验；

（六）临床试验中止的，应当通知受试者、实施者、伦理委员会和受理该医疗器械注册申请的省、自治区、直辖市（食品）药品监督管理部门和国家食品药品监督管理局，并说明理由；

（七）提出临床试验报告，并对报告的正确性及可靠性负责；

（八）对实施者提供的资料负有保密义务。

第二十四条 负责医疗器械临床试验的医疗机构应当确定主持临床试验的专业技术人员作为临床试验负责人。临床试验负责人应当具备主治医师以上的职称。

第六章 医疗器械临床试验报告

第二十五条 医疗器械临床试验完成后，承担临床试验的医疗机构应当按医疗器械临床试验方案的要求和规定的格式（附件3）出具临床试验报告。医疗器械临床试验报告应当由临床试验人员签名、注明日期，并由承担临床试验的医疗机构中的临床试验管理部门签署意见、注明日期、签章。

第二十六条 医疗器械临床试验报告应当包括以下内容：

（一）试验的病种、病例总数和病例的性别、年龄、分组分析，对照组的设置（必要时）；

（二）临床试验方法；

（三）所采用的统计方法及评价方法；

（四）临床评价标准；

（五）临床试验结果；

（六）临床试验结论；

（七）临床试验中发现的不良事件和副作用及其处理情况；

（八）临床试验效果分析；

（九）适应症、适用范围、禁忌症和注意事项；

（十）存在问题及改进建议。

第二十七条　医疗器械临床试验资料应当妥善保存和管理。医疗机构应当保存临床试验资料至试验终止后五年。实施者应当保存临床试验资料至最后生产的产品投入使用后十年。

第七章　附　　则

第二十八条　本规定由国家食品药品监督管理局负责解释。

第二十九条　本规定自2004年4月1日起施行。

附件：1. 世界医学大会赫尔辛基宣言（略）

2. 医疗器械临床试验方案（略）

3. 医疗器械临床试验报告（略）

医疗器械说明书、标签和包装标识管理规定

（2004 年 6 月 18 日国家食品药品监督管理局局务会审议通过，
2004 年 7 月 8 日公布，自公布之日起施行）

第一条 为规范医疗器械说明书、标签和包装标识，保证医疗器械使用的安全，根据《医疗器械监督管理条例》，制定本规定。

第二条 凡在中华人民共和国境内销售、使用的医疗器械应当按照本规定要求附有说明书、标签和包装标识。简单易用的产品，按照国家食品药品监督管理局的规定，可以省略说明书、标签和包装标识三项中的某一项或者某两项的，依照其规定。

第三条 医疗器械的使用者应当按照医疗器械说明书使用医疗器械。

第四条 医疗器械说明书是指由生产企业制作并随产品提供给用户的，能够涵盖该产品安全有效基本信息并用以指导正确安装、调试、操作、使用、维护、保养的技术文件。

医疗器械标签是指在医疗器械或者包装上附有的，用于识别产品特征的文字说明及图形、符号。

医疗器械包装标识是指在包装上标有的反映医疗器械主要技术特征的文字说明及图形、符号。

第五条 医疗器械说明书、标签和包装标识的内容应当真实、完整、准确、科学，并与产品特性相一致。

医疗器械标签、包装标识的内容应当与说明书有关内容相符合。

第六条 医疗器械说明书、标签和包装标识文字内容必须使用中文，可以附加其他文种。中文的使用应当符合国家通用的语言文字规范。

医疗器械说明书、标签和包装标识的文字、符号、图形、表格、数字、照片、图片等应当准确、清晰、规范。

第七条 医疗器械说明书应当符合国家标准或者行业标准有关要求，一般应当包括以下内容：

（一）产品名称、型号、规格；

（二）生产企业名称、注册地址、生产地址、联系方式及售后服务单位；

（三）《医疗器械生产企业许可证》编号（第一类医疗器械除外）、医疗器械注册证书编号；

（四）产品标准编号；

（五）产品的性能、主要结构、适用范围；

（六）禁忌症、注意事项以及其他需要警示或者提示的内容；

（七）医疗器械标签所用的图形、符号、缩写等内容的解释；

（八）安装和使用说明或者图示；

（九）产品维护和保养方法，特殊储存条件、方法；

（十）限期使用的产品，应当标明有效期限；

（十一）产品标准中规定的应当在说明书中标明的其他内容。

第八条　医疗器械标签、包装标识一般应当包括以下内容：

（一）产品名称、型号、规格；

（二）生产企业名称、注册地址、生产地址、联系方式；

（三）医疗器械注册证书编号；

（四）产品标准编号；

（五）产品生产日期或者批（编）号；

（六）电源连接条件、输入功率；

（七）限期使用的产品，应当标明有效期限；

（八）依据产品特性应当标注的图形、符号以及其他相关内容。

第九条　医疗器械说明书、标签和包装标识不得有下列内容：

（一）含有“疗效最佳”、“保证治愈”、“包治”、“根治”、“即刻见效”、“完全无毒副作用”等表示功效的断言或者保证的；

（二）含有“最高技术”、“最科学”、“最先进”、“最佳”等绝对化语言和表示的；

（三）说明治愈率或者有效率的；

（四）与其他企业产品的功效和安全性相比较的；

（五）含有“保险公司保险”、“无效退款”等承诺性语言的；

（六）利用任何单位或者个人的名义、形象作证明或者推荐的；

（七）含有使人感到已经患某种疾病，或者使人误解不使用该医疗器械会患某种疾病或加重病情的表述的；

（八）法律、法规规定禁止的其他内容。

第十条　医疗器械的产品名称应当符合国家相应的标准和规定。

第十一条　医疗器械的产品名称应当清晰地标明在说明书、标签和包装标识的显著位置，并与医疗器械注册证书中的产品名称一致。

第十二条　医疗器械有商品名称的，可以在说明书、标签和包装标识中同时标注商品名称，但是应当与医疗器械注册证书中标注的商品名称一致。同时标注产品名称与商品名称时，应当分行，不得连写，并且医疗器械商品名称的文字不得大于产品名称文字的两倍。

医疗器械商品名称中不得使用夸大、断言产品功效的绝对化用语，不得违反其他法律、法规的规定。

第十三条　医疗器械说明书中有关注意事项、警示以及提示性内容主要包括：

（一）产品使用可能带来的副作用；

（二）产品在正确使用过程中出现意外时，对操作者、使用者的保护措施以及应当采取的应急和纠正措施；

（三）一次性使用产品应当注明“一次性使用”字样或者符号；

（四）已灭菌产品应当注明灭菌方式，注明“已灭菌”字样或者标记，并注明灭菌包装损坏后的处理方法；

（五）使用前需要消毒或者灭菌的应当说明消毒或者灭菌的方法；

（六）产品需要同其他产品一起安装或者协同操作时，应当注明配合使用的要求；

（七）在使用过程中，与其他产品可能产生的相互干扰及其可能出现的危险性；

（八）产品使用后需要处理的，应当注明相应的处理方法；

（九）根据产品特性，应当提示操作者、使用者注意的其他事项。

第十四条　医疗器械说明书中有关安装的内容应当能够保证操作者、使用者正确安装使用，应当包括：

（一）产品安装说明及技术图、线路图；

（二）产品正确安装所必须的环境条件及鉴别是否正确安装的技术信息；

（三）其他特殊安装要求。

第十五条　医疗器械说明书应当由生产企业在申请医疗器械注册时，按照《医疗器械注册管理办法》的规定提交（食品）药品监督管理部门审查，提交的医疗器械说明书内容应当与其他注册申请材料相符合。

第十六条　生产企业应当对医疗器械说明书内容的真实性、完整性负责。

第十七条　经（食品）药品监督管理部门注册审查的医疗器械说明书的内容不得擅自改动。

第十八条　说明书变更的内容涉及到《医疗器械注册管理办法》规定的应当办理医疗器械重新注册的情形的，不得按说明书变更处理。

第十九条　生产企业变更经注册审查的医疗器械说明书的内容，不涉及产品技术性变化的，生产企业应当提交相关文件，向医疗器械注册的原审批部门书面告知。相关文件至少包括：

（一）经注册审查、备案的说明书的复本；

（二）更改备案的说明书；

（三）说明书更改情况说明（含更改情况对比表）；

（四）注册产品标准修改文件（仅限于说明书更改内容涉及标准的文字性修改时）；

（五）所提交材料真实性的声明。

原注册审批部门自收到生产企业更改医疗器械说明书的书面告知之日起，在 20 个工作日内未发出有不同意见的书面通知的，说明书更改生效，并由原注册审批部门予以备案；原注册审批部门在 20 个工作日内发出书面通知的，生产企业应当按照通知要求办理。

第二十条　违反本规定，有下列行为之一的，由县级以上（食品）药品监督管理部门给予警告，责令限期改正，并记入生产企业监管档案：

（一）擅自更改经注册审查、备案的说明书的内容的；

（二）上市产品的标签、包装标识与经注册审查、备案的说明书内容相违背，或者违反本规定其他要求的；

（三）医疗器械的产品名称或者商品名称违反本规定的；

（四）上市产品未按规定附说明书、标签和包装标识的；简单易用的产品，国家食品药品监督管理局另有规定的除外。

第二十一条　医疗器械生产企业擅自在医疗器械说明书中增加产品适用范围或者适应症的，由县级以上（食品）药品监督管理部门依照《医疗器械监督管理条例》第三十五条规定的未取得医疗器械注册证书的情形予以处罚。

第二十二条　本规定由国家食品药品监督管理局负责解释。

第二十三条　本规定自公布之日起施行。国家药品监督管理局于 2002 年 1 月 4 日发布的《医疗器械说明书管理规定》同时废止。

医疗器械生产监督管理办法

（2004 年 6 月 25 日国家食品药品监督管理局局务会审议通过，
2004 年 7 月 20 日公布，自公布之日起施行）

第一章　总　　则

第一条　为加强医疗器械生产的监督管理，规范生产秩序，保证医疗器械安全、有效，根据《医疗器械监督管理条例》，制定本办法。

第二条　医疗器械生产监督管理是指（食品）药品监督管理部门依法对医疗器械生产条件和生产过程进行审查、许可和监督检查等管理活动。

第三条　国家食品药品监督管理局主管全国医疗器械生产监督管理工作；县级以上地方（食品）药品监督管理部门负责本行政区域内医疗器械生产监督管理工作。

第二章　开办医疗器械生产企业的申请与审批

第四条　开办医疗器械生产企业应当符合国家医疗器械行业发展规划和产业政策。

第五条　国家食品药品监督管理局应当依照《医疗器械监督管理条例》的规定，对医疗器械生产企业的开办条件作出具体规定，针对不同类别医疗器械制定相应的医疗器械生产质量管理规范，并组织实施。

第六条　开办第一类医疗器械生产企业，应当具备与所生产产品相适应的生产条件，并应当在领取营业执照后 30 日内，填写《第一类医疗器械生产企业登记表》（见本办法附件 1），向所在地省、自治区、直辖市（食品）药品监督管理部门书面告知。

第七条　开办第二类、第三类医疗器械生产企业必须具备以下条件：

（一）企业的生产、质量和技术负责人应当具有与所生产医疗器械相适应的专业能力，并掌握国家有关医疗器械监督管理的法律、法规和规章以及相关产品质量、技术的规定。质量负责人不得同时兼任生产负责人；

（二）企业内初级以上职称或者中专以上学历的技术人员占职工总数的比例应当与所生产产品的要求相适应；

（三）企业应当具有与所生产产品及生产规模相适应的生产设备，生产、仓储场地和环境。企业生产对环境和设备等有特殊要求的医疗器械的，应当符合国家标准、行业标准和国家有关规定；

（四）企业应当设立质量检验机构，并具备与所生产品种和生产规模相适应的质量检验能力；

（五）企业应当保存与医疗器械生产和经营有关的法律、法规、规章和有关技术标准。

第八条　开办第三类医疗器械生产企业，除应当符合本办法第七条要求外，还应当同时具备以下条件：

（一）符合质量管理体系要求的内审员不少于两名；

（二）相关专业中级以上职称或者大专以上学历的专职技术人员不少于两名。

第九条　开办第二类、第三类医疗器械生产企业，应当向企业所在地省、自治区、直辖市（食品）药品监督管理部门提出申请，填写《医疗器械生产企业许可证（开办）申请表》（见本办法附件2)，并提交以下材料：

（一）法定代表人、企业负责人的基本情况及资质证明；

（二）工商行政管理部门出具的拟办企业名称预先核准通知书；

（三）生产场地证明文件；

（四）企业生产、质量和技术负责人的简历、学历或者职称证书；相关专业技术人员、技术工人登记表，并标明所在部门和岗位；高级、中级、初级技术人员的比例情况表；

（五）拟生产产品范围、品种和相关产品简介；

（六）主要生产设备和检验设备目录；

（七）生产质量管理文件目录；

（八）拟生产产品的工艺流程图，并注明主要控制项目和控制点；

（九）生产无菌医疗器械的，应当提供生产环境检测报告。

申请人应当对其申请材料全部内容的真实性负责。

第十条　省、自治区、直辖市（食品）药品监督管理部门收到申请后，应当根据下列情况分别作出处理：

（一）申请事项依法不属于本部门职权范围的，应当即时作出不予受理的决定，并告知申请人向有关行政机关申请；

（二）申请材料存在可以当场更正的错误的，应当允许申请人当场更正；

（三）申请材料不齐全或者不符合形式审查要求的，应当当场或者在 5 个工作日内发给申请人《补正材料通知书》，一次性告知申请人需要补正的全部内容，逾期不告知的，自收到申请材料之日起即为受理；

（四）申请材料齐全、符合形式审查要求的，或者申请人按照要求提交全部补正申请材料的，予以受理。

省、自治区、直辖市（食品）药品监督管理部门受理或者不予受理医疗器械生产企业开办申请的，应当出具加盖本部门受理专用印章并注明日期的《受理通知书》或者《不予受理通知书》。

第十一条　对申请开办第二类、第三类医疗器械生产企业的，省、自治区、直辖市（食品）药品监督管理部门应当自受理之日起 30 个工作日内，按照本办法第七条至第九条的规定和国家食品药品监督管理局颁布的医疗器械生产质量管理规范对申请进行审查。对于尚未颁布实施医疗器械生产质量管理规范分类实施要求的，按照本办法第七条至第九条的规定进行审查。

经审查符合规定的，作出准予发证的书面决定，并于 10 个工作日内发给《医疗器械生产企业许可证》（见本办法附件 7)。经审查不符合规定的，作出不予发证的书面决定，并说明理由，同时告知申请人享有依法申请行政复议或者提起行政诉讼的权利。

第十二条　省、自治区、直辖市（食品）药品监督管理部门应当在行政机关的网站和办公场所公示申请《医疗器械生产企业许可证》所需的条件、程序、期限、需要提交的全部材料的目录和申请书示范文本等。

省、自治区、直辖市（食品）药品监督管理部门颁发《医疗器械生产企业许可证》的有关信息，应当予以公开，公众有权查阅。

第十三条 省、自治区、直辖市（食品）药品监督管理部门对医疗器械生产企业开办申请进行审查时，应当公示审批过程和审批结果。申请人和利害关系人可以对直接关系其重大利益的事项提交书面意见进行陈述和申辩。

第十四条 医疗器械生产企业开办申请直接涉及申请人与他人之间重大利益关系的，省、自治区、直辖市（食品）药品监督管理部门应当告知申请人、利害关系人可以依照法律、法规以及国家食品药品监督管理局的其他规定享有申请听证的权利；在对医疗器械生产企业开办申请进行审查时，省、自治区、直辖市（食品）药品监督管理部门认为涉及公共利益的重大许可事项，应当向社会公告，并举行听证。

第三章 医疗器械生产企业许可证管理

第十五条 《医疗器械生产企业许可证》分正本和副本，正本、副本具有同等法律效力，有效期为5年。

《医疗器械生产企业许可证》由国家食品药品监督管理局统一印制。

第十六条 《医疗器械生产企业许可证》应当载明许可证编号、企业名称、法定代表人、企业负责人、注册地址、生产地址、生产范围、发证机关、发证日期和有效期限等事项。

生产范围应当包括产品管理类别、医疗器械分类目录类代号和名称。

第十七条 《医疗器械生产企业许可证》变更分为许可事项变更和登记事项变更。

许可事项变更是指法定代表人、企业负责人、注册地址、生产地址、生产范围的变更。

登记事项变更是指除上述事项以外的其他事项的变更。

第十八条 医疗器械生产企业变更许可事项的，应当在原许可事项发生变更30日前，填写《医疗器械生产企业许可证（变更）申请表》（见本办法附件3），参照本办法第九条的规定提交涉及变更内容的有关材料，向原发证机关申请《医疗器械生产企业许可证》变更登记。原发证机关应当自收到企业变更申请和变更申请材料之日起15个工作日内作出准予变更或者不予变更的决定。准予变更的，收回原证，换发新证，变更后的《医疗器械生产企业许可证》有效期的截止日期不变。不予变更的，应当书面说明理由，并告知申请人享有依法申请行政复议或者提起行政诉讼的权利。

医疗器械生产企业依法办理《医疗器械生产企业许可证》许可事项的变更手续后，应当及时向工商行政管理部门办理企业注册登记的变更手续。

第十九条 医疗器械生产企业变更《医疗器械生产企业许可证》登记事项的，应当在工商行政管理部门核准变更后30日内，填写《医疗器械生产企业许可证（变更）申请表》（见本办法附件3），向原发证机关申请《医疗器械生产企业许可证》变更登记。原发证机关应当自收到企业变更申请和变更申请材料之日起15个工作日内为其办理变更手续。符合规定的，收回原证，换发新证，变更后的《医疗器械生产企业许可证》有效期的截止日期不变。

第二十条 第二类、第三类医疗器械生产企业合并、分立或者跨原管辖地迁移的，应当按照本办法第七条至第九条的规定重新办理《医疗器械生产企业许可证》。

第一类医疗器械生产企业合并、分立、跨原管辖地迁移或者告知登记事项变更的，应当在领取新的营业执照后30日内或者在告知登记事项发生变更后30日内，按照本办法第六条的规定，向所在地省、自治区、直辖市（食品）药品监督管理部门书面告知。

第二十一条 第二类、第三类医疗器械生产企业跨省设立本企业生产场地但没有形成独立生产企业的，应当向原审批部门提出申请，填写《第二类、第三类医疗器械生产企业跨省设立生产场地登记表》（见本办法附件4），并提交相关材料，申请《医疗器械生产企业许可证》变更登记。原审批部门参照本办法第十八条第一款的规定办理。准予变更的，原审批部门应当将变更情况通报生产场地所在地省、自治区、直辖市（食品）药品监督管理部门。

第一类医疗器械生产企业跨省设立本企业生产场地但没有形成独立生产企业的，应当按照本办法第二十条第二款的规定，向原告知登记部门书面告知。原告知登记部门收到该书面告知后，应当将情况通报生产场地所在地省、自治区、直辖市（食品）药品监督管理部门。

医疗器械生产企业跨省设立生产场地并形成独立生产企业的，应当按照本办法第七条至第九条的规定办理《医疗器械生产企业许可证》，或者按照本办法第六条的规定进行第一类医疗器械生产企业告知登记。新设生产场地所在地省、自治区、直辖市（食品）药品监督管理部门在核发《医疗器械生产企业许可证》或者收到第一类医疗器械生产企业书面告知后，应当通报原审批部门或者原告知登记部门。

第二十二条　《医疗器械生产企业许可证》有效期届满需要继续生产的，医疗器械生产企业应当在有效期届满前6个月，向原发证机关提出换发《医疗器械生产企业许可证》的申请，填写《医疗器械生产企业许可证（换发）申请表》（见本办法附件5），并提交原《医疗器械生产企业许可证》核发以来或者前次《医疗器械生产企业许可证》换发以来本办法第九条规定材料中发生变化的材料。

原发证机关结合企业执行法律法规、产品监督抽查和质量体系运行情况，比照本办法第十一条的规定进行审查，作出是否予以换发《医疗器械生产企业许可证》的决定。符合规定的，收回原证，换发新证。不符合规定的，作出不予换证的书面决定，并说明理由，同时告知申请人享有依法申请行政复议或者提起行政诉讼的权利。

省、自治区、直辖市（食品）药品监督管理部门根据医疗器械生产企业的申请，应当在《医疗器械生产企业许可证》有效期届满前作出是否准予其换证的决定。逾期未作出决定的，视为同意换证，并予补办相应手续。

第二十三条　《医疗器械生产企业许可证》遗失的，医疗器械生产企业应当立即向原发证机关申请补发，并在原发证机关指定的媒体上登载遗失声明。原发证机关在企业登载遗失声明之日起满1个月后，按照原核准事项在10个工作日内补发《医疗器械生产企业许可证》。

第二十四条　省、自治区、直辖市（食品）药品监督管理部门应当建立《医疗器械生产企业许可证》核发、换发、变更等工作档案，并将《医疗器械生产企业许可证》核发、换发、变更、补发、撤销和注销等情况，在每季度末报送国家食品药品监督管理局。对因变更、换证、吊销、撤销、注销等原因收回、作废的《医疗器械生产企业许可证》，应当建档保存5年。

第二十五条　任何单位或者个人不得涂改、倒卖、出租、出借或者以其他形式非法转让《医疗器械生产企业许可证》。

第四章　医疗器械委托生产的管理

第二十六条　医疗器械委托生产的委托方应当是取得《医疗器械生产企业许可证》或者按照本办法规定进行了第一类医疗器械生产企业告知登记，并且取得医疗器械注册证书的生产企业。

第二十七条　医疗器械委托生产的受托方应当是取得《医疗器械生产企业许可证》或者按照本办法规定进行了第一类医疗器械生产企业告知登记的生产企业，并符合以下条件：

（一）其生产范围应当涵盖受托生产的医疗器械；

（二）生产条件、检测能力、质量管理体系应当与受托生产的医疗器械相适应；

（三）一次性使用的无菌医疗器械以及国家食品药品监督管理局另有规定的其他医疗器械，除应当符合上述规定外，受托方还必须具有涵盖受托生产产品的医疗器械注册证书。

第二十八条　委托方负责委托生产医疗器械的质量和销售。委托方应当对受托方的生产条件、生产技术水平和质量管理状况进行详细考查，应当向受托方提供委托生产医疗器械的技术和质量文件，对生产全过程进行指导和监督。

受托方应当按照委托生产产品医疗器械注册证书规定的产品标准、生产工艺进行生产，并按规定保存所有受托生产文件和记录。

第二十九条　医疗器械委托生产的委托方和受托方应当签署书面合同。合同约定的委托生产期限不得超过委托生产产品的医疗器械注册证书的有效期限。

第三十条　委托方应当自合同签订之日起30日内，向其所在地省、自治区、直辖市（食品）药品监督管理部门登记备案，填写《医疗器械委托生产登记表》（见本办法附件6），并提交如下材料：

（一）委托方和受托方的《医疗器械生产企业许可证》或者《第一类医疗器械生产企业登记表》、营业执照复印件；

（二）委托方委托生产产品的医疗器械注册证书和受托方相关产品的医疗器械注册证书复印件；

（三）委托生产医疗器械拟采用的产品标准、生产工艺、说明书、标签和包装标识；

（四）委托生产合同复印件；

（五）委托方对受托方质量管理体系的认可声明；

（六）委托方关于医疗器械质量、销售以及售后服务责任的自我保证声明。

委托方所在地省、自治区、直辖市（食品）药品监督管理部门登记备案后，应当将《医疗器械委托生产登记表》抄送受托方所在地省、自治区、直辖市（食品）药品监督管理部门。

第三十一条　委托生产合同终止或者登记备案内容发生变化的，委托方应当及时向所在地省、自治区、直辖市（食品）药品监督管理部门报告。委托方所在地省、自治区、直辖市（食品）药品监督管理部门应当将情况及时通报受托方所在地省、自治区、直辖市（食品）药品监督管理部门。

第三十二条　部分医疗器械禁止委托生产。具体目录由国家食品药品监督管理局公布。

第三十三条　医疗器械生产企业委托生产不作为医疗器械管理的零部件、组件、材料等，不属于医疗器械委托生产管理范围。

第三十四条　委托生产的医疗器械，其说明书、标签和包装标识应当标明委托方企业名称、受托方企业名称和生产地址。

第五章　医疗器械生产的监督检查

第三十五条　省、自治区、直辖市（食品）药品监督管理部门负责管理本行政区域内医疗器械生产企业的监督检查工作，建立实施监督检查的运行机制，编制本行政区域内医疗器械生产企业年度监督检查计划，明确设区的市级（食品）药品监督管理机构和县级（食品）药品监督管理机构的监督检查职责。

国家食品药品监督管理局应当对省、自治区、直辖市（食品）药品监督管理部门的监督检查工作情况进行指导和检查，并可以根据需要组织对医疗器械生产企业进行抽查。

第三十六条　医疗器械生产监督检查的主要内容是检查医疗器械生产企业执行有关法律、法规、规章和实施医疗器械生产质量管理规范的情况。监督检查包括换发《医疗器械生产企业许可证》的现场检查、生产质量管理规范跟踪检查和日常监督检查等。

第三十七条 各级（食品）药品监督管理部门组织监督检查时，应当制定检查方案，明确检查标准，如实记录现场检查情况，检查结果应当以书面形式告知被检查企业。需要整改的应当提出整改内容及整改期限，并实施跟踪检查。

在进行监督检查时，（食品）药品监督管理部门应当指派两名以上检查人员实施监督检查，检查人员应当向被检查企业出示执法证明文件。（食品）药品监督管理部门工作人员对知悉的企业技术秘密和业务秘密应当保密。

第三十八条 监督检查时，（食品）药品监督管理部门可以依法查阅或者要求生产企业提供以下有关情况和材料：

（一）《医疗器械生产企业许可证》及其事项变动和审批情况，医疗器械注册证书和营业执照；

（二）企业组织机构、生产和质量主要管理人员以及生产、检验条件的变动及审批情况；

（三）企业生产运行情况和质量管理情况；

（四）医疗器械生产企业接受监督检查及整改落实情况；

（五）不合格医疗器械被通告后的整改情况；

（六）检查机关需要审查的其他必要资料。

第三十九条 县级以上地方（食品）药品监督管理部门应当在法律、法规、规章赋予的权限内，建立本行政区域内医疗器械生产企业的监管档案。监管档案应当包括医疗器械注册审批、生产许可、生产监督检查、产品质量监督抽查、不良事件监测、不良行为记录和投诉举报等内容。

第四十条 县级以上地方（食品）药品监督管理部门应当将监督检查中发现的生产企业的以下行为记入生产企业监管档案：

（一）生产不符合国家标准、行业标准和注册产品标准的医疗器械的；

（二）超出许可范围生产医疗器械的；

（三）擅自降低相应生产条件的；

（四）违反医疗器械说明书、标签和包装标识管理要求的；

（五）未按规定建立并有效实施质量跟踪和不良事件监测制度的；

（六）违法发布医疗器械广告的；

（七）擅自委托生产医疗器械或者委托生产医疗器械未备案的；

（八）其他违反法律、法规、规章及国家食品药品监督管理局相关要求的。

第四十一条 （食品）药品监督管理部门实施监督检查，不得妨碍医疗器械生产企业的正常生产活动，不得索取或者收受医疗器械生产企业的财物，不得谋取其他利益。

第四十二条 个人和组织发现医疗器械生产企业进行违法生产的活动，有权向（食品）药品监督管理部门举报，（食品）药品监督管理部门应当及时核实、处理。

第四十三条 县级以上地方（食品）药品监督管理部门对本行政区域内有不良行为记录的生产企业，可以增加监督检查和产品抽验频次。

第四十四条 医疗器械生产企业应当在质量管理体系有效运行下组织生产，符合医疗器械生产企业生产条件的相应规定和质量管理规范有关要求。

第四十五条 医疗器械生产企业生产的医疗器械应当符合国家标准、行业标准和注册产品标准。上市销售的医疗器械应当经检验合格，并附有合格证。

第四十六条 医疗器械跨省设立生产场地但未形成独立生产企业的，生产场地所在地省、自治区、直辖市（食品）药品监督管理部门负责其日常监督管理工作，并将有关情况向医疗器械生产企业的原审批部门或者原告知登记部门通报。

医疗器械委托生产的，受托方所在地省、自治区、直辖市（食品）药品监督管理部门负责受托企业的日常监督管理工作，并将有关情况向委托方所在地省、自治区、直辖市（食品）药品监督管理部门通报。

第四十七条　医疗器械生产企业连续停产一年以上重新组织生产的，应当提前书面告知所在地省、自治区、直辖市（食品）药品监督管理部门。省、自治区、直辖市（食品）药品监督管理部门应当对医疗器械生产企业进行质量体系考核或者现场检查。

第四十八条　医疗器械生产企业应当按照有关规定开展医疗器械不良事件监测和上市产品再评价工作，并建立相关档案。

第三类医疗器械生产企业应当建立并实施产品上市后的跟踪制度，确保产品的可追溯性。

第四十九条　医疗器械生产企业生产的医疗器械发生重大质量事故的，应当立即报告所在地省、自治区、直辖市（食品）药品监督管理部门。

第五十条　有《中华人民共和国行政许可法》（以下简称《行政许可法》）第七十条情形之一的，原发证机关应当依法注销《医疗器械生产企业许可证》，并自注销之日起5个工作日内通知有关工商行政管理部门。

第五十一条　县级以上（食品）药品监督管理部门应当设医疗器械监督员。医疗器械监督员的有关管理规定由国家食品药品监督管理局另行制定。

第六章　法律责任

第五十二条　有《行政许可法》第六十九条情形之一的，国家食品药品监督管理局或者省、自治区、直辖市（食品）药品监督管理部门根据利害关系人的请求或者依据职权，可以撤销《医疗器械生产企业许可证》。

第五十三条　违反本办法规定，未取得《医疗器械生产企业许可证》生产第二类、第三类医疗器械的，依照《医疗器械监督管理条例》第三十六条处罚。

未取得医疗器械注册证书生产医疗器械的，依照《医疗器械监督管理条例》第三十五条处罚。

第五十四条　违反本办法规定涂改、倒卖、出租、出借或者以其他形式非法转让《医疗器械生产企业许可证》的，由县级以上（食品）药品监督管理部门责令其改正，可以并处1万元以上3万元以下罚款；对于使用涂改、倒卖、出租、出借或者以其他形式非法转让的《医疗器械生产企业许可证》的，责令其改正，其中属于未取得《医疗器械生产企业许可证》生产第二类、第三类医疗器械的，依照《医疗器械监督管理条例》第三十六条处罚。

第五十五条　申请人隐瞒有关情况或者提供虚假材料申请《医疗器械生产企业许可证》的，省、自治区、直辖市（食品）药品监督管理部门不予受理或者不予批准，并给予警告，申请人在一年内不得再次申请《医疗器械生产企业许可证》。

以欺骗、贿赂等不正当手段取得《医疗器械生产企业许可证》的，由原发证机关撤销《医疗器械生产企业许可证》；已进行生产的，依照《医疗器械监督管理条例》第三十六条处罚；申请人在三年内不得再次申请该行政许可。

第五十六条　生产不符合国家标准、行业标准和注册产品标准的医疗器械的，依照《医疗器械监督管理条例》第三十七条处罚。

第五十七条　医疗器械生产企业有下列情形之一的，由所在地县级以上（食品）药品监督管理部门给予警告，责令限期改正，可以并处3万元以下罚款：

（一）第一类医疗器械生产企业未按规定向（食品）药品监督管理部门书面告知的；

（二）未按标准进行检验或者产品出厂没有合格证的；

（三）未按规定办理《医疗器械生产企业许可证》变更手续的；

（四）违反医疗器械生产质量管理有关要求，擅自降低生产条件的；

（五）未按本办法规定登记备案擅自委托或者受托生产医疗器械的；

（六）在未经许可的生产场地擅自生产医疗器械的；

（七）生产第三类医疗器械未按规定建立上市后跟踪制度的；

（八）未按规定报告所发生的重大医疗器械质量事故的；

（九）上市医疗器械存在重大安全隐患而不予纠正的；

（十）医疗器械生产企业连续停产一年以上，未提前书面告知所在地省、自治区、直辖市（食品）药品监督管理部门即恢复生产的；

（十一）向负责监督检查的（食品）药品监督管理部门隐瞒有关情况、提供虚假材料或者拒绝提供反映其活动情况的真实材料的。

医疗器械生产企业有前款所列情形，情节严重或者造成危害后果，属于违反《医疗器械监督管理条例》相关规定的，依照《医疗器械监督管理条例》的规定处罚。

第五十八条 在实施本办法规定的行政许可中违反相关法律、法规规定的，按照有关法律、法规处理。

第五十九条 （食品）药品监督管理部门工作人员滥用职权、徇私舞弊、玩忽职守，构成犯罪的，依据刑法的有关规定由司法部门追究刑事责任；尚不构成犯罪的，由主管部门依法给予行政处分。

第七章 附 则

第六十条 本办法由国家食品药品监督管理局负责解释。

第六十一条 本办法自公布之日起施行。国家药品监督管理局于 2000 年 4 月 10 日发布的《医疗器械生产企业监督管理办法》同时废止。

附件：(略)

1. 第一类医疗器械生产企业登记表（格式）
2. 医疗器械生产企业许可证（开办）申请表（格式）
3. 医疗器械生产企业许可证（变更）申请表（格式）
4. 第二类、第三类医疗器械生产企业跨省设立生产场地登记表（格式）
5. 医疗器械生产企业许可证（换发）申请表（格式）
6. 医疗器械委托生产登记表（格式）
7. 医疗器械生产企业许可证（格式）

医疗器械注册管理办法

（2004 年 5 月 28 日国家食品药品监督管理局局务会审议通过，
2004 年 8 月 9 日公布，自公布之日起施行）

第一章　总　　则

第一条　为规范医疗器械的注册管理，保证医疗器械的安全、有效，根据《医疗器械监督管理条例》，制定本办法。

第二条　在中华人民共和国境内销售、使用的医疗器械均应当按照本办法的规定申请注册，未获准注册的医疗器械，不得销售、使用。

第三条　医疗器械注册，是指依照法定程序，对拟上市销售、使用的医疗器械的安全性、有效性进行系统评价，以决定是否同意其销售、使用的过程。

第四条　国家对医疗器械实行分类注册管理。

境内第一类医疗器械由设区的市级（食品）药品监督管理机构审查，批准后发给医疗器械注册证书。

境内第二类医疗器械由省、自治区、直辖市（食品）药品监督管理部门审查，批准后发给医疗器械注册证书。

境内第三类医疗器械由国家食品药品监督管理局审查，批准后发给医疗器械注册证书。

境外医疗器械由国家食品药品监督管理局审查，批准后发给医疗器械注册证书。

中国台湾、香港、澳门地区医疗器械的注册，除本办法另有规定外，参照境外医疗器械办理。

医疗器械注册证书有效期 4 年。

第五条　医疗器械注册证书由国家食品药品监督管理局统一印制，相应内容由审批注册的（食品）药品监督管理部门填写。

注册号的编排方式为：

×（×）1（食）药监械（×2）字××××3 第×4××5××××6 号。其中：

×1 为注册审批部门所在地的简称：

境内第三类医疗器械、境外医疗器械以及中国台湾、香港、澳门地区的医疗器械为“国”字；

境内第二类医疗器械为注册审批部门所在的省、自治区、直辖市简称；

境内第一类医疗器械为注册审批部门所在的省、自治区、直辖市简称加所在设区的市级行政区域的简称，为××1（无相应设区的市级行政区域时，仅为省、自治区、直辖市的简称）；

×2 为注册形式（准、进、许）：

“准”字适用于境内医疗器械；

“进”字适用于境外医疗器械；

“许”字适用于台湾、香港、澳门地区的医疗器械；

××××3 为批准注册年份；

×4 为产品管理类别；

××5 为产品品种编码；

××××6 为注册流水号。

医疗器械注册证书附有《医疗器械注册登记表》（见本办法附件 1），与医疗器械注册证书同时使用。

第六条　生产企业提出医疗器械注册申请，承担相应的法律义务，并在该申请获得批准后持有医疗器械注册证书。

办理医疗器械注册申请事务的人员应当受生产企业委托，并具有相应的专业知识，熟悉医疗器械注册管理的法律、法规、规章和技术要求。

申请境外医疗器械注册的，境外生产企业应当在中国境内指定机构作为其代理人，代理人应当承担相应的法律责任；并且，境外生产企业应当委托中国境内具有相应资格的法人机构或者委托其在华机构承担医疗器械售后服务。

第七条　申请注册的医疗器械，应当有适用的产品标准，可以采用国家标准、行业标准或者制定注册产品标准，但是注册产品标准不得低于国家标准或者行业标准。

注册产品标准应当依据国家食品药品监督管理局规定的医疗器械标准管理要求编制。

第八条　申请第二类、第三类医疗器械注册，生产企业应当符合国家食品药品监督管理局规定的生产条件或者相关质量体系要求。

第二章　医疗器械注册检测

第九条　第二类、第三类医疗器械由国家食品药品监督管理局会同国家质量监督检验检疫总局认可的医疗器械检测机构进行注册检测，经检测符合适用的产品标准后，方可用于临床试验或者申请注册。

经国家食品药品监督管理局会同国家质量监督检验检疫总局认可的医疗器械检测机构（以下简称医疗器械检测机构）目录另行发布。

第十条　医疗器械检测机构应当在国家食品药品监督管理局和国家质量监督检验检疫总局认可的检测范围内，依据生产企业申报适用的产品标准（包括适用的国家标准、行业标准或者生产企业制定的注册产品标准）对申报产品进行注册检测，并出具检测报告。

尚未列入各医疗器械检测机构授检范围的医疗器械，由相应的注册审批部门指定有承检能力的检测单位进行检测。

境外医疗器械的注册检测执行《境外医疗器械注册检测规定》。

第十一条　同一注册单元内所检测的产品应当是能够代表本注册单元内其他产品安全性和有效性的典型产品。

第十二条　同一生产企业使用相同原材料生产的同类产品，如果生产工艺和预期用途保持不变，重新注册时，对产品的生物学评价可以不再进行生物相容性试验。

同一生产企业使用已经通过生物学评价的原材料生产的同类产品，如果生产工艺保持不变，预期用途保持不变或者没有新增的潜在生物学风险，申请注册时，对产品的生物学评价可以不再进行生物相容性试验。

第十三条　申请第二类、第三类医疗器械注册，同时满足以下条件的，可以免予注册检测：

（一）所申请注册的医疗器械与本企业已经获准注册的医疗器械的基本原理，主要功能、结构，所用材料、材质，预期用途属于同一类。

（二）生产企业已经通过医疗器械生产质量管理规范检查或者已经获得医疗器械质量体系认证，并且生产企业能够提供经原企业生产条件审查机构认可的检测报告。

（三）所申请注册的医疗器械与本企业已经获准注册并且已经通过注册检测的同类产品比较，未发生涉及安全性、有效性改变，或者虽然涉及安全性、有效性改变，但是改变部分和由其引起产品其他相关安全性、有效性变化的部分都已经通过了医疗器械检测机构检测。

（四）已经获准注册的本企业同类产品按照规定进行医疗器械不良事件监测，并且未发现严重不良事件。

（五）已经获准注册的本企业同类产品1年内无（食品）药品监督管理部门产品质量监督抽查不合格记录。

（六）境外医疗器械已经通过境外政府医疗器械主管部门的上市批准。

第十四条　申请第二类、第三类医疗器械产品重新注册，同时满足以下条件的，可以免予注册检测：

（一）申请重新注册的医疗器械与本企业已经获准注册的医疗器械的基本原理，主要功能、结构，所用材料、材质，预期用途属于同一类；

（二）生产企业已经通过医疗器械生产质量管理规范检查或者已经获得医疗器械质量体系认证，并且生产企业能够提供经原企业生产条件审查机构认可的检测报告；

（三）申请重新注册的医疗器械与已经通过注册检测的原注册产品相比较，未发生涉及安全性、有效性改变，或者虽然涉及安全性、有效性改变，但是改变部分和由其引起产品其他相关安全性、有效性变化的部分都已经通过了医疗器械检测机构检测；

（四）申请重新注册的医疗器械在原医疗器械注册证书有效期内按照规定进行医疗器械不良事件监测，并且未发现不良事件；

（五）原注册医疗器械1年内无（食品）药品监督管理部门产品质量监督抽查不合格记录。

第十五条　已经通过境外政府医疗器械主管部门的上市批准、对安装场地有特殊要求、检测困难的大型医疗器械，可以申请暂缓检测，于取得医疗器械注册证书后再对产品进行补充检测。

根据前款规定申请暂缓检测而获准注册的产品，生产企业必须在首台医疗器械入境后、投入使用前完成注册检测。经检测合格后方可投入使用。

第三章　医疗器械临床试验

第十六条　申请第二类、第三类医疗器械注册，应当提交临床试验资料。

临床试验资料提供方式执行《医疗器械注册临床试验资料分项规定》（见本办法附件12）。

第十七条　在中国境内进行医疗器械临床试验的，应当严格执行《医疗器械临床试验规定》。

第十八条　在中国境内进行临床试验的医疗器械，其临床试验资料中应当包括临床试验合同、临床试验方案、临床试验报告。

（食品）药品监督管理部门认为必要时，可以要求生产企业提交临床试验须知、知情同意书以及临床试验原始记录。

第四章　医疗器械注册申请与审批

第十九条　申请医疗器械注册，申请人应当根据医疗器械的分类，向本办法第四条规定的相应（食品）药品监督管理部门提出申请，并应当填写医疗器械注册申请表，按照本办法附件 2、附件 3、附件 6、附件 8 或者附件 9 的相应要求提交申请材料。申请材料应当使用中文；根据外文资料翻译的申请材料，应当同时提供原文。

申请人提交的医疗器械说明书应当符合《医疗器械说明书、标签和包装标识管理规定》。

申请人应当对其申请材料全部内容的真实性负责。

第二十条　（食品）药品监督管理部门收到申请后，应当根据下列情况分别作出处理：

（一）申请事项依法不属于本部门职权范围的，应当即时作出不予受理的决定，并告知申请人向有关行政机关申请；

（二）申请材料存在可以当场更正的错误的，应当允许申请人当场更正；

（三）申请材料不齐全或者不符合形式审查要求的，应当当场或者在 5 个工作日内发给申请人《补正材料通知书》，一次性告知申请人需要补正的全部内容，逾期不告知的，自收到申请材料之日起即为受理；

（四）申请材料齐全、符合形式审查要求的，或者申请人按照要求提交全部补正申请材料的，予以受理。

（食品）药品监督管理部门受理或者不予受理医疗器械注册申请，应当出具加盖本部门专用印章并注明日期的《受理通知书》或者《不予受理通知书》。

第二十一条　（食品）药品监督管理部门受理医疗器械注册申请后，应当在本办法第二十二条规定的期限内对申请进行实质性审查并作出是否给予注册的书面决定。经审查符合规定批准注册的，自书面批准决定作出之日起 10 个工作日内发给医疗器械注册证书。经审查不符合规定的，作出不予注册的书面决定，并说明理由，同时告知申请人享有依法申请行政复议或者提起行政诉讼的权利。

第二十二条　设区的市级（食品）药品监督管理机构应当自受理申请之日起 30 个工作日内，作出是否给予注册的决定。

省、自治区、直辖市（食品）药品监督管理部门应当自受理申请之日起 60 个工作日内，作出是否给予注册的决定。

国家食品药品监督管理局应当自受理申请之日起 90 个工作日内，作出是否给予注册的决定。

在对注册申请进行审查的过程中，需要检测、专家评审和听证的，所需时间不计算在本条规定的期限内。（食品）药品监督管理部门应当将所需时间书面告知申请人。

第二十三条　未获得境外医疗器械上市许可的境外医疗器械，申请注册时，参照境内同类产品注册的技术审查要求执行（需要提交的材料见本办法附件 8、附件 9）。

第二十四条　（食品）药品监督管理部门在对医疗器械注册申请材料进行技术审查时，需要生产企业补充材料的，应当一次性发出书面补充材料通知。

生产企业应当在 60 个工作日内按照通知要求将材料一次性补齐，补充材料的时间不计算在（食品）药品监督管理部门进行实质审查的期限内。生产企业未能在规定的时限内补充材料且没有正当理由的，终止审查。

第二十五条　注册申请被终止审查的，在被终止审查后的 6 个月内不得再次申请。

第二十六条　生产企业对补充材料通知内容有异议的，可以在规定的时限内向（食品）药品监督管理部门提出书面意见，说明理由并提供技术支持材料，经（食品）药品监督管理部门审查后作出决定。

第二十七条　医疗器械产品的注册单元原则上以技术结构、性能指标和预期用途为划分依据。

第二十八条　作为部件注册的医疗器械，申请人应当说明与该部件配合使用的推荐产品、部件的名称、型号、规格。

由已经获准注册的部件组合成的整机，必须履行整机注册手续。

以整机注册的医疗器械，申请注册时应当列出其主要配置。如果某个主要配置部件性能规格发生改变，整机应当重新注册。

以整机注册的医疗器械，其医疗器械注册证书附表中的“产品性能结构及组成”栏内所列出的组合部件在不改变组合形式和预期用途的情况下单独销售的，可以免予单独注册。

第二十九条　（食品）药品监督管理部门应当在行政机关的网站和医疗器械注册办公场所公示相应的医疗器械注册所需的条件、程序、期限、需要提交的全部材料的目录和申请书示范文本等。

第三十条　（食品）药品监督管理部门对医疗器械注册申请进行审查时，应当公示审批过程和审批结果。申请人和利害关系人可以对直接关系其重大利益的事项提交书面意见进行陈述和申辩。

第三十一条　国家食品药品监督管理局应当定期在其政府网站上公布已经获准注册的医疗器械目录，供公众查阅。

第三十二条　医疗器械注册申请直接涉及申请人与他人之间重大利益关系的，（食品）药品监督管理部门应当告知申请人、利害关系人可以依照法律、法规以及国家食品药品监督管理局的其他规定享有申请听证的权利；在对医疗器械注册申请进行审查时，（食品）药品监督管理部门认为涉及公共利益的重大许可事项，应当向社会公告，并举行听证。

第五章　医疗器械的重新注册

第三十三条　医疗器械注册证书有效期届满，需要继续销售或者使用医疗器械的，生产企业应当在医疗器械注册证书有效期届满前6个月内，申请到期重新注册。逾期办理的，重新注册时应当对产品进行注册检测。

第三十四条　医疗器械注册证书中下列内容发生变化的，生产企业应当自发生变化之日起30日内申请变更重新注册：

（一）型号、规格；

（二）生产地址；

（三）产品标准；

（四）产品性能结构及组成；

（五）产品适用范围。

第三十五条　医疗器械注册证书有效期内，产品管理类别发生改变的，生产企业应当在6个月内，按照改变后的类别到相应的（食品）药品监督管理部门申请变更重新注册。

第三十六条　申请医疗器械重新注册的，应当填写医疗器械注册申请表，并按照本办法附件4、附件5或者附件7的相应要求向（食品）药品监督管理部门提交申请材料。

重新注册的受理与审批程序，本章没有规定的，适用本办法第四章的相关规定。

第三十七条　有下列情形之一的医疗器械，不予重新注册：

（一）未完成（食品）药品监督管理部门在批准上市时按照国家食品药品监督管理局有关规定提出的要求的；

（二）经国家食品药品监督管理局再评价属于淘汰品种的；

（三）按照《医疗器械监督管理条例》的规定撤销医疗器械注册证书的。

第六章　医疗器械注册证书的变更与补办

第三十八条　医疗器械注册证书载明内容发生下列变化的，生产企业应当自发生变化之日起 30 日内申请医疗器械注册证书变更：

（一）生产企业实体不变，企业名称改变；

（二）生产企业注册地址改变；

（三）生产地址的文字性改变；

（四）产品名称、商品名称的文字性改变；

（五）型号、规格的文字性改变；

（六）产品标准的名称或者代号的文字性改变；

（七）代理人改变；

（八）售后服务机构改变。

第三十九条　申请医疗器械注册证书变更的，应当填写医疗器械注册证书变更申请表，并按照本办法附件 10 的要求向原注册审批部门提交有关材料和说明。原注册审批部门对申请材料进行形式审查，当场或者在 5 个工作日内一次性告知申请人需要补正的全部内容，符合要求的发给《受理通知书》。

第四十条　原注册审批部门受理变更申请后，应当在 20 个工作日内作出是否同意变更的书面决定。经审查符合规定予以变更的，发给变更后的医疗器械注册证书，并对原医疗器械注册证书予以注销。经审查不符合规定的，作出不予变更的书面决定，并说明理由，同时告知申请人享有依法申请行政复议或者提起行政诉讼的权利。

变更后的医疗器械注册证书用原编号，编号末尾加带括号的“更”字。

变更后的医疗器械注册证书的有效期截止日与原医疗器械注册证书的有效期截止日相同，有效期满应当申请重新注册。

第四十一条　医疗器械注册证书丢失或损毁的，生产企业应当按照本办法附件 11 的要求提交有关材料和说明，向原注册审批部门申请补办。

第七章　监督管理

第四十二条　负责医疗器械注册审批的（食品）药品监督管理部门应当按照规定程序进行审批，并作出是否给予注册的决定。对违反规定审批注册的，应当依法追究其行政责任。

第四十三条　设区的市级以上地方（食品）药品监督管理部门违反本办法规定实施的医疗器械注册，由其上级（食品）药品监督管理部门责令限期改正；逾期不改正的，上级（食品）药品监督管理部门可以直接公告撤销该医疗器械注册证书。已经被撤销医疗器械注册证书的医疗器械不得继续销售和使用，已经销售、使用的，由县级以上地方（食品）药品监督管理部门负责监督企业进行处理。

第四十四条　省级以上（食品）药品监督管理部门对上市后的医疗器械进行技术再评价，并根据技术评价的结果对不能达到预期使用目的、不能保证安全有效的医疗器械，作出撤销医疗器械注册证书的决定，并向社会公告。已经被撤销医疗器械注册证书的医疗器械不得继续销售和使用，已经销售、使用的，由县级以上地方（食品）药品监督管理部门负责监督企业进行处理。

第四十五条　有《中华人民共和国行政许可法》第七十条情形之一的，原注册审批部门应当依法注销医疗器械注册证书。

第八章　法律责任

第四十六条　违反本办法规定，申请医疗器械注册时，采取提供虚假证明、文件、样品等虚假材料，或者以欺骗、贿赂等不正当手段骗取医疗器械注册证书的，注册审批部门不予受理或者不予注册，并给予警告，1 年内不受理其医疗器械注册申请；对于其已经骗取得到的医疗器械注册证书，予以撤销，2 年内不受理其医疗器械注册申请，并依照《医疗器械监督管理条例》第四十条的规定予以处罚。

第四十七条　涂改、倒卖、出租、出借医疗器械注册证书，或者以其他形式非法转让医疗器械注册证书的，由县级以上（食品）药品监督管理部门责令改正，可以并处 3 万元以下罚款。

第四十八条　违反本办法第三十三条、第三十四条或者第三十五条的规定，未依法办理医疗器械重新注册而销售的医疗器械，或者销售的医疗器械与注册证书限定内容不同的，或者产品说明书、标签、包装标识等内容与医疗器械注册证书限定内容不同的，由县级以上（食品）药品监督管理部门依照《医疗器械监督管理条例》关于无医疗器械注册证书的处罚规定予以处罚。

第四十九条　违反本办法第三十八条的规定，未依法办理医疗器械注册证书变更的，由县级以上（食品）药品监督管理部门责令限期改正或者给予警告；逾期不改正的，可以处以 5000 元以上 1 万元以下罚款。

第五十条　根据本办法第十五条申请注册后再对产品进行注册检测的医疗器械，未按照规定完成注册检测即将产品投入使用的，由国家食品药品监督管理局撤销医疗器械注册证书，予以公告，并记入企业诚信档案。

产品经注册检测不合格的，由国家食品药品监督管理局撤销医疗器械注册证书。

第九章　附　　则

第五十一条　生产企业系指以自己名义把产品推向市场，并对产品负最终法律责任的机构。

第五十二条　注册产品系指获准注册的医疗器械及其说明书、标签、包装标识等有关内容与该医疗器械注册证书限定内容一致的产品。

第五十三条　在医疗器械注册证书有效期内生产的医疗器械都视为有证产品。

第五十四条　按医疗器械注册管理的体外诊断试剂，其注册管理规定由国家食品药品监督管理局另行制定。

第五十五条　本办法由国家食品药品监督管理局负责解释。

第五十六条　本办法自公布之日起施行。国家药品监督管理局于 2000 年 4 月 5 日发布的《医疗器械注册管理办法》同时废止。

附件：（略）

1. 医疗器械注册登记表格式
2. 境内第一类医疗器械注册申请材料要求
3. 境内第二类、第三类医疗器械注册申请材料要求

4. 境内第一类医疗器械重新注册申请材料要求
5. 境内第二类、第三类医疗器械重新注册申请材料要求
6. 境外医疗器械注册申请材料要求
7. 境外医疗器械重新注册申请材料要求
8. 未获得境外医疗器械上市许可的第一类境外医疗器械首次注册申请材料要求
9. 未获得境外医疗器械上市许可的第二类、第三类境外医疗器械首次注册申请材料要求
10. 医疗器械注册证书变更申请材料要求
11. 补办医疗器械注册证书申请材料要求
12. 医疗器械注册临床试验资料分项规定

医疗器械经营企业许可证管理办法

（2004 年 6 月 25 日国家食品药品监督管理局局务会审议通过，
2004 年 8 月 9 日公布，自公布之日起施行）

第一章　总　　则

第一条　为加强对医疗器械经营许可的监督管理，根据《医疗器械监督管理条例》，制定本办法。

第二条　《医疗器械经营企业许可证》发证、换证、变更及监督管理适用本办法。

第三条　经营第二类、第三类医疗器械应当持有《医疗器械经营企业许可证》，但是在流通过程中通过常规管理能够保证其安全性、有效性的少数第二类医疗器械可以不申请《医疗器械经营企业许可证》。不需申请《医疗器械经营企业许可证》的第二类医疗器械产品名录由国家食品药品监督管理局制定。

第四条　国家食品药品监督管理局主管全国《医疗器械经营企业许可证》的监督管理工作。

省、自治区、直辖市（食品）药品监督管理部门负责本辖区内《医疗器械经营企业许可证》的发证、换证、变更和监督管理工作。

设区的市级（食品）药品监督管理机构或者省、自治区、直辖市（食品）药品监督管理部门直接设置的县级（食品）药品监督管理机构负责本辖区内《医疗器械经营企业许可证》的日常监督管理工作。

第五条　国家食品药品监督管理局逐步推行医疗器械经营质量规范管理制度。医疗器械经营质量管理规范由国家食品药品监督管理局组织制定。

第二章　申请《医疗器械经营企业许可证》的条件

第六条　申请《医疗器械经营企业许可证》应当同时具备下列条件：

（一）具有与经营规模和经营范围相适应的质量管理机构或者专职质量管理人员。质量管理人员应当具有国家认可的相关专业学历或者职称；

（二）具有与经营规模和经营范围相适应的相对独立的经营场所；

（三）具有与经营规模和经营范围相适应的储存条件，包括具有符合医疗器械产品特性要求的储存设施、设备；

（四）应当建立健全产品质量管理制度，包括采购、进货验收、仓储保管、出库复核、质量跟踪制度和不良事件的报告制度等；

（五）应当具备与其经营的医疗器械产品相适应的技术培训和售后服务的能力，或者约定由第三方提供技术支持。

第七条 申请《医疗器械经营企业许可证》的，必须通过（食品）药品监督管理部门的检查验收。

省、自治区、直辖市（食品）药品监督管理部门应当依据本办法，结合本辖区实际，制定医疗器械经营企业检查验收标准，报国家食品药品监督管理局备案。

第八条 《医疗器械经营企业许可证》列明的经营范围应当按照医疗器械分类目录中规定的管理类别、类代号名称确定。

第三章 申请《医疗器械经营企业许可证》的程序

第九条 拟办企业所在地省、自治区、直辖市（食品）药品监督管理部门或者接受委托的设区的市级（食品）药品监督管理机构负责受理《医疗器械经营企业许可证》的发证申请。

第十条 省、自治区、直辖市（食品）药品监督管理部门或者接受委托的设区的市级（食品）药品监督管理机构应当在其行政机关网站或者申请受理场所公示申请《医疗器械经营企业许可证》所需的条件、程序、期限、需要提交的全部材料目录和申请书示范文本。

第十一条 申请《医疗器械经营企业许可证》时，应当提交如下资料：

（一）《医疗器械经营企业许可证申请表》；

（二）工商行政管理部门出具的企业名称预核准证明文件；

（三）拟办企业质量管理人员的身份证、学历或者职称证明复印件及个人简历；

（四）拟办企业组织机构与职能；

（五）拟办企业注册地址、仓库地址的地理位置图、平面图（注明面积）、房屋产权证明（或者租赁协议）复印件；

（六）拟办企业产品质量管理制度文件及储存设施、设备目录；

（七）拟办企业经营范围。

第十二条 申请人应当向拟办企业所在地省、自治区、直辖市（食品）药品监督管理部门或者接受委托的设区的市级（食品）药品监督管理机构提出《医疗器械经营企业许可证》的发证申请。

对于申请人提出的《医疗器械经营企业许可证》发证申请，省、自治区、直辖市（食品）药品监督管理部门或者接受委托的设区的市级（食品）药品监督管理机构应当根据下列情况分别作出处理：

（一）申请事项不属于本部门职权范围的，应当即时作出不予受理的决定，发给《不予受理通知书》，并告知申请人向有关部门申请。

（二）申请材料存在可以当场更正的错误的，应当允许申请人当场更正。

（三）申请材料不齐全或者不符合法定形式的，应当当场或者在 5 个工作日内向申请人发出《补正材料通知书》，一次性告知需要补正的全部内容。逾期不告知的，自收到申请材料之日起即为受理。

（四）申请事项属于本部门职权范围，申请材料齐全、符合法定形式，或者申请人按照要求提交全部补正申请材料的，发给《受理通知书》。《受理通知书》应当加盖受理专用章并注明受理日期。

第十三条 省、自治区、直辖市（食品）药品监督管理部门或者接受委托的设区的市级（食品）药品监督管理机构依据医疗器械经营企业检查验收标准对拟办企业进行现场核查，并根据本办法对申请资料进行审查。

第十四条　省、自治区、直辖市（食品）药品监督管理部门应当在受理之日起30个工作日内作出是否核发《医疗器械经营企业许可证》的决定。认为符合要求的，应当作出准予核发《医疗器械经营企业许可证》的决定，并在作出决定之日起10日内向申请人颁发《医疗器械经营企业许可证》。认为不符合要求的，应当书面通知申请人，并说明理由，同时告知申请人享有依法申请行政复议或者提起行政诉讼的权利。

第十五条　（食品）药品监督管理部门对申请人的申请进行审查时，应当公示审批过程和审批结果。申请人和利害关系人可以对直接关系其重大利益的事项提交书面意见进行陈述和申辩。

《医疗器械经营企业许可证》申请直接涉及申请人与他人之间重大利益关系的，（食品）药品监督管理部门应当告知申请人和利害关系人依法享有申请听证的权利。

（食品）药品监督管理部门认为《医疗器械经营企业许可证》涉及公共利益的，应当向社会公告，并举行听证。

第十六条　省、自治区、直辖市（食品）药品监督管理部门应当公布已经颁发的《医疗器械经营企业许可证》的有关信息，公众有权进行查询。

第四章　《医疗器械经营企业许可证》的变更与换发

第十七条　《医疗器械经营企业许可证》项目的变更分为许可事项变更和登记事项变更。

许可事项变更包括质量管理人员、注册地址、经营范围、仓库地址（包括增减仓库）的变更。

登记事项变更是指上述事项以外其他事项的变更。

第十八条　变更《医疗器械经营企业许可证》许可事项的，医疗器械经营企业应当填写《医疗器械经营企业许可证》变更申请书，并提交加盖本企业印章的《营业执照》和《医疗器械经营企业许可证》复印件。

变更质量管理人员的，应当同时提交新任质量管理人员的身份证、学历证书或者职称证书复印件；变更企业注册地址的，应当同时提交变更后地址的产权证明或者租赁协议复印件、地理位置图、平面图及存储条件说明；变更经营范围的，应当同时提交拟经营产品注册证的复印件及相应存储条件的说明；变更仓库地址的，应当同时提交变更后仓库地址的产权证明或者租赁协议复印件、地理位置图、平面图及存储条件说明。

第十九条　医疗器械经营企业申请变更许可事项的，省、自治区、直辖市（食品）药品监督管理部门或者接受委托的设区的市级（食品）药品监督管理机构应当在受理医疗器械经营企业许可事项变更申请之日起15个工作日内按照医疗器械经营企业检查验收标准进行审核，并由省、自治区、直辖市（食品）药品监督管理部门作出准予变更或者不准变更的决定；需要现场验收的，应当在受理之日起20个工作日内作出准予变更或者不准变更的决定。

省、自治区、直辖市（食品）药品监督管理部门作出准予变更决定的，应当在《医疗器械经营企业许可证》副本上记录变更的内容和时间；不准变更的，应当书面告知申请人并说明理由，同时告知申请人享有依法申请行政复议或者提起行政诉讼的权利。

医疗器械经营企业变更《医疗器械经营企业许可证》的许可事项后，应当依法向工商行政管理部门办理企业登记的有关变更手续。变更后的《医疗器械经营企业许可证》有效期不变。

第二十条　医疗器械经营企业因违法经营已经被（食品）药品监督管理部门立案调查，但尚未结案的；或者已经收到行政处罚决定，但尚未履行处罚的，省、自治区、直辖市（食品）药品监督管理部门或者接受委托的设区的市级（食品）药品监督管理机构应当中止受理或者审查其《医疗器械经营企业许可证》的许可事项变更申请，直至案件处理完结。

第二十一条 医疗器械经营企业变更《医疗器械经营企业许可证》登记事项的，应当在工商行政管理部门核准变更后 30 日内填写《医疗器械经营企业许可证》变更申请书，向省、自治区、直辖市（食品）药品监督管理部门或者接受委托的设区的市级（食品）药品监督管理机构申请《医疗器械经营企业许可证》变更登记。省、自治区、直辖市（食品）药品监督管理部门或者接受委托的设区的市级（食品）药品监督管理机构应当在收到变更申请之日起 15 个工作日内为其办理变更手续，并通知申请人。

第二十二条 《医疗器械经营企业许可证》登记事项变更后，省、自治区、直辖市（食品）药品监督管理部门或者接受委托的设区的市级（食品）药品监督管理机构应当在《医疗器械经营企业许可证》副本上记录变更的内容和时间。变更后的《医疗器械经营企业许可证》有效期不变。

第二十三条 企业分立、合并或者跨原管辖地迁移，应当按照本办法的规定重新申请《医疗器械经营企业许可证》。

第二十四条 《医疗器械经营企业许可证》的有效期为 5 年。有效期届满，需要继续经营医疗器械产品的，医疗器械经营企业应当在有效期届满前 6 个月，向省、自治区、直辖市（食品）药品监督管理部门或者接受委托的设区的市级（食品）药品监督管理机构申请换发《医疗器械经营企业许可证》。

省、自治区、直辖市（食品）药品监督管理部门或者接受委托的设区的市级（食品）药品监督管理机构按照本办法规定对换证申请进行审查。

省、自治区、直辖市（食品）药品监督管理部门应当在《医疗器械经营企业许可证》有效期届满前作出是否准予其换证的决定。逾期未作出决定的，视为同意换证并予补办相应手续。

省、自治区、直辖市（食品）药品监督管理部门认为符合要求的，应当在《医疗器械经营企业许可证》届满时予以换发新证，收回原《医疗器械经营企业许可证》；不符合条件的，应当限期进行整改，整改后仍不符合条件的，应当在有效期届满时注销原《医疗器械经营企业许可证》，书面告知申请人并说明理由，同时告知申请人享有依法申请行政复议或者提起行政诉讼的权利。

第二十五条 医疗器械经营企业遗失《医疗器械经营企业许可证》的，应当立即向（食品）药品监督管理部门报告，并在省、自治区、直辖市（食品）药品监督管理部门指定的媒体上登载遗失声明。省、自治区、直辖市（食品）药品监督管理部门应当在企业登载遗失声明之日起满 1 个月后，按照原核准事项补发《医疗器械经营企业许可证》。补发的《医疗器械经营企业许可证》与原《医疗器械经营企业许可证》有效期相同。

第五章 监督检查

第二十六条 上级（食品）药品监督管理部门应当加强对下级（食品）药品监督管理部门实施医疗器械经营许可的监督检查，及时纠正行政许可实施中的违法行为。

第二十七条 （食品）药品监督管理部门应当建立《医疗器械经营企业许可证》发证、换证、变更和监督检查等方面的工作档案，并在每季度的第 1 周将上季度《医疗器械经营企业许可证》的发证、换证、变更和监督检查等情况报上一级（食品）药品监督管理部门。对依法作废、收回的《医疗器械经营企业许可证》，省、自治区、直辖市（食品）药品监督管理部门应当建立档案保存 5 年。

第二十八条 （食品）药品监督管理部门应当加强对医疗器械经营企业的监督检查。监督检查的主要内容包括：

（一）企业名称、企业法定代表人或者负责人及质量管理人员变动情况；

（二）企业注册地址及仓库地址变动情况；

（三）营业场所、存储条件及主要储存设施、设备情况；

（四）经营范围等重要事项的执行和变动情况；

（五）企业产品质量管理制度的执行情况；

（六）其他需要检查的有关事项。

第二十九条　监督检查可以采取书面检查、现场检查或者书面与现场检查相结合的方式。医疗器械经营企业有下列情形之一的，（食品）药品监督管理部门必须进行现场检查：

（一）上一年度新开办的企业；

（二）上一年度检查中存在问题的企业；

（三）因违反有关法律、法规，受到行政处罚的企业；

（四）（食品）药品监督管理部门认为需要进行现场检查的其他企业。

第三十条　《医疗器械经营企业许可证》换证当年，监督检查和换证审查可一并进行。

第三十一条　（食品）药品监督管理部门依法对医疗器械经营企业进行监督检查时，应当将监督检查的情况和处理结果记录在案，由监督检查人员签字后归档。（食品）药品监督管理部门应当公告并在《医疗器械经营企业许可证》副本上记录现场检查的结果。

第三十二条　有下列情形之一的，《医疗器械经营企业许可证》由原发证机关注销：

（一）《医疗器械经营企业许可证》有效期届满未申请或者未获准换证的；

（二）医疗器械经营企业终止经营或者依法关闭的；

（三）《医疗器械经营企业许可证》被依法撤销、撤回、吊销、收回或者宣布无效的；

（四）不可抗力导致医疗器械经营企业无法正常经营的；

（五）法律、法规规定应当注销《医疗器械经营企业许可证》的其他情形。

（食品）药品监督管理部门注销《医疗器械经营企业许可证》的，应当自注销之日起5个工作日内通知工商行政管理部门，并向社会公布。

第六章　法律责任

第三十三条　医疗器械经营企业擅自变更质量管理人员的，由（食品）药品监督管理部门责令限期改正。逾期拒不改正的，处以5000元以上1万元以下罚款。

第三十四条　医疗器械经营企业擅自变更注册地址、仓库地址的，由（食品）药品监督管理部门责令限期改正，予以通报批评，并处5000元以上2万元以下罚款。

第三十五条　医疗器械经营企业擅自扩大经营范围、降低经营条件的，由（食品）药品监督管理部门责令限期改正，予以通报批评，并处1万元以上2万元以下罚款。

第三十六条　申请人隐瞒有关情况或者提供虚假材料申请《医疗器械经营企业许可证》的，省、自治区、直辖市（食品）药品监督管理部门或者接受委托的设区的市级（食品）药品监督管理机构对申请不予受理或者不予核发《医疗器械经营企业许可证》，并给予警告。申请人在1年内不得再次申请《医疗器械经营企业许可证》。

第三十七条　申请人以欺骗、贿赂等不正当手段取得《医疗器械经营企业许可证》的，（食品）药品监督管理部门应当撤销其《医疗器械经营企业许可证》，给予警告，并处1万元以上2万元以下罚款。申请人在3年内不得再次申请《医疗器械经营企业许可证》。

第三十八条　医疗器械经营企业有下列行为之一的，（食品）药品监督管理部门应当责令限期改正，并给予警告；逾期拒不改正的，处以 1 万元以上 2 万元以下罚款：

（一）涂改、倒卖、出租、出借《医疗器械经营企业许可证》或者以其他形式非法转让《医疗器械经营企业许可证》的；

（二）超越《医疗器械经营企业许可证》列明的经营范围开展经营活动的；

（三）在监督检查中隐瞒有关情况、提供虚假材料或者拒绝提供反映其经营情况的真实材料的。

第三十九条　在《医疗器械经营企业许可证》发证、换证、变更和监督管理中有违反相关法律、法规规定的其他情形的，按照有关法律、法规的规定处理。

第七章　附　　则

第四十条　《医疗器械经营企业许可证》包括正本和副本。《医疗器械经营企业许可证》正本和副本具有同等法律效力。《医疗器械经营企业许可证》的正本应当置于医疗器械经营企业经营场所的醒目位置。

《医疗器械经营企业许可证》应当载明企业名称、企业法定代表人、负责人及质量管理人员姓名、经营范围、注册地址、仓库地址、许可证号、许可证流水号、发证机关、发证日期、有效期限等项目。

第四十一条　《医疗器械经营企业许可证》由国家食品药品监督管理局统一印制。《医疗器械经营企业许可证》正本、副本式样和编号方法，由国家食品药品监督管理局统一制定。

第四十二条　本办法自公布之日起实施。国家药品监督管理局令第 19 号《医疗器械经营企业监督管理办法》同时废止。

医疗器械广告审查办法

（卫生部部务会、国家工商行政管理总局局务会审议通过，
2009 年 4 月 7 日发布，自 2009 年 5 月 20 日起施行）

第一条 为加强医疗器械广告管理，保证医疗器械广告的真实性和合法性，根据《中华人民共和国广告法》（以下简称《广告法》）、《中华人民共和国反不正当竞争法》、《医疗器械监督管理条例》以及国家有关广告、医疗器械监督管理的规定，制定本办法。

第二条 通过一定媒介和形式发布的广告含有医疗器械名称、产品适用范围、性能结构及组成、作用机理等内容的，应当按照本办法进行审查。

仅宣传医疗器械产品名称的广告无须审查，但在宣传时应当标注医疗器械注册证号。

第三条 申请审查的医疗器械广告，符合下列法律法规及有关规定的，方可予以通过审查：

（一）《广告法》；

（二）《医疗器械监督管理条例》；

（三）《医疗器械广告审查发布标准》；

（四）国家有关广告管理的其他规定。

第四条 省、自治区、直辖市药品监督管理部门是医疗器械广告审查机关，负责本行政区域内医疗器械广告审查工作。

县级以上工商行政管理部门是医疗器械广告监督管理机关。

第五条 国家食品药品监督管理局对医疗器械广告审查机关的医疗器械广告审查工作进行指导和监督，对医疗器械广告审查机关违反本办法的行为，依法予以处理。

第六条 医疗器械广告批准文号的申请人必须是具有合法资格的医疗器械生产企业或者医疗器械经营企业。医疗器械经营企业作为申请人的，必须征得医疗器械生产企业的同意。

申请人可以委托代办人代办医疗器械广告批准文号的申办事宜。代办人应当熟悉国家有关广告管理的相关法律、法规及规定。

第七条 申请医疗器械广告批准文号，应当向医疗器械生产企业所在地的医疗器械广告审查机关提出。

申请进口医疗器械广告批准文号，应当向《医疗器械注册登记表》中列明的代理人所在地的医疗器械广告审查机关提出；如果该产品的境外医疗器械生产企业在境内设有组织机构的，则向该组织机构所在地的医疗器械广告审查机关提出。

第八条 申请医疗器械广告批准文号，应当填写《医疗器械广告审查表》，并附与发布内容相一致的样稿（样片、样带）和医疗器械广告电子文件，同时提交以下真实、合法、有效的证明文件：

（一）申请人的《营业执照》复印件；

（二）申请人的《医疗器械生产企业许可证》或者《医疗器械经营企业许可证》复印件；

（三）申请人是医疗器械经营企业的，应当提交医疗器械生产企业同意其作为申请人的证明文件原件；

（四）代办人代为申办医疗器械广告批准文号的，应当提交申请人的委托书原件和代办人营业执照复印件等主体资格证明文件；

（五）医疗器械产品注册证书（含《医疗器械注册证》、《医疗器械注册登记表》等）的复印件；

（六）申请进口医疗器械广告批准文号的，应当提供《医疗器械注册登记表》中列明的代理人或者境外医疗器械生产企业在境内设立的组织机构的主体资格证明文件复印件；

（七）广告中涉及医疗器械注册商标、专利、认证等内容的，应当提交相关有效证明文件的复印件及其他确认广告内容真实性的证明文件。

提供本条规定的证明文件的复印件，需证件持有人签章确认。

第九条 有下列情形之一的，医疗器械广告审查机关不予受理该企业该品种医疗器械广告的申请：

（一）属于本办法第十七条、第十九条、第二十条规定的不受理情形的；

（二）撤销医疗器械广告批准文号行政程序正在执行中的。

第十条 医疗器械广告审查机关收到医疗器械广告批准文号申请后，对申请材料齐全并符合法定要求的，发给《医疗器械广告受理通知书》；申请材料不齐全或者不符合法定要求的，应当当场或者在 5 个工作日内一次告知申请人需要补正的全部内容；逾期不告知的，自收到申请材料之日起即为受理。

第十一条 医疗器械广告审查机关应当自受理之日起 20 个工作日内，依法对广告内容进行审查。对审查合格的医疗器械广告，发给医疗器械广告批准文号；对审查不合格的医疗器械广告，应当作出不予核发医疗器械广告批准文号的决定，书面通知申请人并说明理由，同时告知申请人享有依法申请行政复议或者提起行政诉讼的权利。

对批准的医疗器械广告，医疗器械广告审查机关应当报国家食品药品监督管理局备案。国家食品药品监督管理局对备案中存在问题的医疗器械广告，应当责成医疗器械广告审查机关予以纠正。

对批准的医疗器械广告，药品监督管理部门应当通过政府网站向社会予以公布。

第十二条 医疗器械广告批准文号有效期为 1 年。

第十三条 经批准的医疗器械广告，在发布时不得更改广告内容。医疗器械广告内容需要改动的，应当重新申请医疗器械广告批准文号。

第十四条 医疗器械广告申请人自行发布医疗器械广告的，应当将《医疗器械广告审查表》原件保存 2 年备查。

广告发布者、广告经营者受广告申请人委托代理、发布医疗器械广告的，应当查验《医疗器械广告审查表》原件，按照审查批准的内容发布，并将该《医疗器械广告审查表》复印件保存 2 年备查。

第十五条 已经批准的医疗器械广告，有下列情形之一的，原审批的医疗器械广告审查机关进行复审。复审期间，该医疗器械广告可以继续发布：

（一）国家食品药品监督管理局认为医疗器械广告审查机关批准的医疗器械广告内容不符合规定的；

（二）省级以上广告监督管理机关提出复审建议的；

（三）医疗器械广告审查机关认为应当复审的其他情形。

经复审，认为医疗器械广告不符合法定条件的，医疗器械广告审查机关应当予以纠正，收回《医疗器械广告审查表》，该医疗器械广告批准文号作废。

第十六条　有下列情形之一的，医疗器械广告审查机关应当注销医疗器械广告批准文号：

（一）医疗器械广告申请人的《医疗器械生产企业许可证》、《医疗器械经营企业许可证》被吊销的；

（二）医疗器械产品注册证书被撤销、吊销、注销的；

（三）药品监督管理部门责令终止生产、销售和使用的医疗器械；

（四）其他法律、法规规定的应当注销行政许可的情况。

第十七条　篡改经批准的医疗器械广告内容进行虚假宣传的，由药品监督管理部门责令立即停止该医疗器械广告的发布，撤销该企业该品种的医疗器械广告批准文号，1 年内不受理该企业该品种的广告审批申请。

第十八条　向个人推荐使用的医疗器械广告中含有任意扩大医疗器械适用范围、绝对化夸大医疗器械疗效等严重欺骗和误导消费者内容的，省级以上药品监督管理部门一经发现，应当采取行政强制措施，在违法发布广告的企业消除不良影响前，暂停该医疗器械产品在辖区内的销售。

违法发布广告的企业如果申请解除行政强制措施，必须在相应的媒体上发布更正启示，且连续刊播不得少于 3 天；同时向做出行政强制措施决定的药品监督管理部门提供如下材料：

（一）发布《更正启示》的媒体原件或光盘；

（二）违法发布医疗器械广告企业的整改报告；

（三）解除行政强制措施的申请。

做出行政强制措施决定的药品监督管理部门在收到违法发布医疗器械广告企业提交的材料后，在 15 个工作日内做出是否解除行政强制措施的决定。

第十九条　对提供虚假材料申请医疗器械广告审批，被医疗器械广告审查机关发现的，1 年内不受理该企业该品种的广告审批申请。

第二十条　对提供虚假材料申请医疗器械广告审批，取得医疗器械广告批准文号的，医疗器械广告审查机关在发现后应当撤销该医疗器械广告批准文号，并在 3 年内不受理该企业该品种的广告审批申请。

第二十一条　按照本办法第十五条、第十六条、第十七条、第二十条收回、注销或者撤销医疗器械广告批准文号的医疗器械广告，必须立即停止发布。

医疗器械广告审查机关按照本办法第十五条、第十六条、第十七条、第二十条收回、注销或者撤销医疗器械广告批准文号的，应当及时报国家食品药品监督管理局，同时在做出行政处理决定之日起 5 个工作日内通知同级广告监督管理机关。该广告继续发布的，由广告监督管理机关依法予以处理。

第二十二条　药品监督管理部门应当对审查批准的医疗器械广告发布情况进行监测检查。对违法发布的医疗器械广告，药品监督管理部门填写《违法医疗器械广告移送通知书》，连同违法医疗器械广告等样件，移送同级广告监督管理机关查处。

属于异地发布篡改经批准的医疗器械广告内容的，发布地医疗器械广告审查机关还应当向原审批的医疗器械广告审查机关提出依照本办法第十七条撤销医疗器械广告批准文号的建议。

第二十三条　对违法发布的医疗器械广告情节严重的，省、自治区、直辖市药品监督管理部门应当定期予以公告，并及时上报国家食品药品监督管理局，由国家食品药品监督管理局汇总发布。

对发布虚假医疗器械广告情节严重的，必要时，由国家工商行政管理总局会同国家食品药品监督管理局联合予以公告。

第二十四条　未经审查批准发布的医疗器械广告以及发布的医疗器械广告与审查批准的内容不一致的，广告监督管理机关应当依据《广告法》第四十三条规定予以处罚；构成虚假广告或者引人误解的虚假宣传的，广告监督管理机关应当依照《广告法》或者《中华人民共和国反不正当竞争法》有关规定予以处罚。

第二十五条　广告监督管理机关查处违法医疗器械广告案件，涉及医疗器械专业技术内容需要认定的，应当将需要认定的内容通知省级以上药品监督管理部门，省级以上药品监督管理部门应当在收到通知书后的 10 个工作日内将认定的结果反馈广告监督管理机关。

第二十六条　医疗器械广告审查工作人员和广告监督管理工作人员应当接受《广告法》、《医疗器械监督管理条例》等有关法律法规的培训。医疗器械广告审查机关和广告监督管理机关的工作人员玩忽职守、滥用职权、徇私舞弊的，应当按照有关规定给予行政处分；构成犯罪的，依法追究刑事责任。

第二十七条　医疗器械广告批准文号为“X 医械广审（视）第 0000000000 号”、“X 医械广审（声）第 0000000000 号”、“X 医械广审（文）第 0000000000 号”。其中“X”为各省、自治区、直辖市的简称；“0”由 10 位数字组成，前 6 位代表审查的年月，后 4 位代表广告批准的序号。“视”“声”“文”代表用于广告媒介形式的分类代号。

第二十八条　本办法自 2009 年 5 月 20 日起施行。1995 年 3 月 8 日发布的《医疗器械广告审查办法》（国家工商行政管理局、国家医药管理局令第 24 号）同时废止。

医疗器械广告审查发布标准

（国家工商行政管理总局局务会、中华人民共和国卫生部部务会审议通过，
2009 年 4 月 28 日发布，自 2009 年 5 月 20 日起施行）

第一条 为了保证医疗器械广告的真实、合法、科学，制定本标准。

第二条 发布医疗器械广告，应当遵守《中华人民共和国广告法》（以下简称《广告法》）、《中华人民共和国反不正当竞争法》（以下简称《反不正当竞争法》）、《医疗器械监督管理条例》及国家有关规定。

第三条 下列产品不得发布广告：

（一）食品药品监督管理部门依法明令禁止生产、销售和使用的医疗器械产品；

（二）医疗机构研制的在医疗机构内部使用的医疗器械。

第四条 医疗器械广告中有关产品名称、适用范围、性能结构及组成、作用机理等内容应当以食品药品监督管理部门批准的产品注册证明文件为准。

第五条 医疗器械产品注册证明文件中有禁忌内容、注意事项的，应在广告中标明“禁忌内容或注意事项详见说明书”。

第六条 医疗器械广告中必须标明经批准的医疗器械名称、医疗器械生产企业名称、医疗器械注册证号、医疗器械广告批准文号。

经审批的医疗器械广告在广播电台发布时，可以不播出医疗器械广告批准文号。

仅出现医疗器械产品名称的，不受前款限制，但应标明医疗器械注册证号。

第七条 医疗器械广告中不得以任何非医疗器械产品名称代替医疗器械产品名称进行宣传。

第八条 推荐给个人使用的医疗器械产品广告，必须标明“请仔细阅读产品说明书或在医务人员的指导下购买和使用”。

第九条 医疗器械广告中涉及改善和增强性功能内容的，必须与经批准的医疗器械注册证明文件中的适用范围完全一致，不得出现表现性器官的内容。

报纸头版、期刊封面不得发布含有前款内容的广告。电视台、广播电台不得在 7：00～22：00 发布含有前款内容的广告。

第十条 医疗器械广告中有关适用范围和功效等内容的宣传应当科学准确，不得出现下列情形：

（一）含有表示功效的断言或者保证的；

（二）说明有效率和治愈率的；

（三）与其他医疗器械产品、药品或其他治疗方法的功效和安全性对比；

（四）在向个人推荐使用的医疗器械广告中，利用消费者缺乏医疗器械专业、技术知识和经验的弱点，使用超出产品注册证明文件以外的专业化术语或不科学的用语描述该产品的特征或作用

机理;

（五）含有无法证实其科学性的所谓“研究发现”、“实验或数据证明”等方面的内容;

（六）违反科学规律，明示或暗示包治百病、适应所有症状的;

（七）含有“安全”、“无毒副作用”、“无效退款”、“无依赖”、“保险公司承保”等承诺性用语，含有“唯一”、“精确”、“最新技术”、“最先进科学”、“国家级产品”、“填补国内空白”等绝对化或排他性的用语;

（八）声称或暗示该医疗器械为正常生活或治疗病症所必需等内容的;

（九）含有明示或暗示该医疗器械能应付现代紧张生活或升学、考试的需要，能帮助改善或提高成绩，能使精力旺盛、增强竞争力、能增高、能益智等内容。

第十一条 医疗器械广告应当宣传和引导合理使用医疗器械，不得直接或间接怂恿公众购买使用，不得含有以下内容:

（一）含有不科学的表述或者通过渲染、夸大某种健康状况或者疾病所导致的危害，引起公众对所处健康状况或所患疾病产生担忧和恐惧，或使公众误解不使用该产品会患某种疾病或加重病情的;

（二）含有“家庭必备”或者类似内容的;

（三）含有评比、排序、推荐、指定、选用、获奖等综合性评价内容的;

（四）含有表述该产品处于“热销”、“抢购”、“试用”等的内容。

第十二条 医疗器械广告中不得含有利用医药科研单位、学术机构、医疗机构或者专家、医生、患者的名义和形象作证明的内容。

医疗器械广告中不得含有军队单位或者军队人员的名义、形象。不得利用军队装备、设施从事医疗器械广告宣传。

第十三条 医疗器械广告不得含有涉及公共信息、公共事件或其他与公共利益相关联的内容，如各类疾病信息、经济社会发展成果或医疗科学以外的科技成果。

第十四条 医疗器械广告中不得含有医疗机构的名称、地址、联系办法、诊疗项目、诊疗方法以及有关义诊、医疗（热线）咨询、开设特约门诊等医疗服务的内容。

第十五条 医疗器械广告不得在未成年人出版物和频道、节目、栏目上发布。

医疗器械广告不得以儿童为诉求对象，不得以儿童的名义介绍医疗器械。

第十六条 按照本标准第六条规定必须在医疗器械广告中出现的内容，其字体和颜色必须清晰可见、易于辨认。上述内容在电视、互联网、显示屏等媒体发布时，出现时间不得少于5秒。

第十七条 违反本标准规定发布的广告，构成虚假广告或者引人误解的虚假宣传的，依照《广告法》或者《反不正当竞争法》有关规定予以处罚。

违反本标准第三条、第四条等规定发布的医疗器械广告，依照《广告法》第四十一条处罚。

违反本标准其他规定发布广告，《广告法》、《反不正当竞争法》有规定的，依照《广告法》处罚;《广告法》、《反不正当竞争法》没有具体规定的，对负有责任的广告主、广告经营者、广告发布者，处以一万元以下罚款；有违法所得的，处以违法所得三倍以下但不超过三万元的罚款。

第十八条 本标准自2009年5月20日起施行。1995年3月3日国家工商行政管理总局发布的《医疗器械广告审查标准》同时废止。

医疗器械召回管理办法（试行）

（中华人民共和国卫生部令第82号，2010年6月28日卫生部部务会议审议通过，2011年5月20号发布，自2011年7月1日起施行）

第一章　总　则

第一条　为加强对医疗器械的监督管理，保障人体健康和生命安全，根据《医疗器械监督管理条例》、《国务院关于加强食品等产品安全监督管理的特别规定》，制定本办法。

第二条　在中华人民共和国境内销售的医疗器械的召回及其监督管理，适用本办法。

第三条　本办法所称医疗器械召回，是指医疗器械生产企业按照规定的程序对其已上市销售的存在缺陷的某一类别、型号或者批次的产品，采取警示、检查、修理、重新标签、修改并完善说明书、软件升级、替换、收回、销毁等方式消除缺陷的行为。

第四条　本办法所称缺陷，是指医疗器械在正常使用情况下存在可能危及人体健康和生命安全的不合理的风险。

第五条　医疗器械生产企业是控制与消除产品缺陷的主体，应当对其生产的产品安全负责。

第六条　医疗器械生产企业应当按照本办法的规定建立和完善医疗器械召回制度，收集医疗器械安全的相关信息，对可能存在缺陷的医疗器械进行调查、评估，及时召回存在缺陷的医疗器械。

医疗器械经营企业、使用单位应当协助医疗器械生产企业履行召回义务，按照召回计划的要求及时传达、反馈医疗器械召回信息，控制和收回存在缺陷的医疗器械。

第七条　医疗器械经营企业、使用单位发现其经营、使用的医疗器械存在缺陷的，应当立即暂停销售或者使用该医疗器械，及时通知医疗器械生产企业或者供货商，并向所在地省、自治区、直辖市药品监督管理部门报告；使用单位为医疗机构的，还应当同时向所在地省、自治区、直辖市卫生行政部门报告。

医疗器械经营企业、使用单位所在地省、自治区、直辖市药品监督管理部门收到报告后，应当及时通报医疗器械生产企业所在地省、自治区、直辖市药品监督管理部门。

第八条　召回医疗器械的生产企业、进口医疗器械的境外制造厂商在中国境内指定的代理人所在地省、自治区、直辖市药品监督管理部门负责医疗器械召回的监督管理工作，其他省、自治区、直辖市药品监督管理部门应当配合、协助做好本辖区内医疗器械召回的有关工作。

国家食品药品监督管理局监督全国医疗器械召回的管理工作。

第九条　国家食品药品监督管理局和省、自治区、直辖市药品监督管理部门应当建立医疗器械召回信息通报和公开制度，及时向同级卫生行政部门通报相关信息，采取有效途径向社会公布存在缺陷的医疗器械信息和医疗器械召回的情况。

第二章 医疗器械缺陷的调查与评估

第十条 医疗器械生产企业应当建立健全医疗器械质量管理体系和医疗器械不良事件监测系统，收集、记录医疗器械的质量问题与医疗器械不良事件信息，对收集的信息进行分析，对医疗器械可能存在的缺陷进行调查和评估。

医疗器械经营企业、使用单位应当配合医疗器械生产企业开展有关医疗器械缺陷的调查，并提供有关资料。

第十一条 医疗器械生产企业应当按照规定及时将收集的医疗器械不良事件信息向药品监督管理部门报告，药品监督管理部门可以对医疗器械不良事件信息或者可能存在的缺陷进行分析和调查，医疗器械生产企业、经营企业、使用单位应当予以协助。

第十二条 对医疗器械缺陷进行评估的主要内容包括：

（一）在使用医疗器械过程中是否发生过故障或者伤害；

（二）在现有使用环境下是否会造成伤害，是否有科学文献、研究、相关试验或者验证能够解释伤害发生的原因；

（三）伤害所涉及的地区范围和人群特点；

（四）对人体健康造成的伤害程度；

（五）伤害发生的概率；

（六）发生伤害的短期和长期后果；

（七）其他可能对人体造成伤害的因素。

第十三条 根据医疗器械缺陷的严重程度，医疗器械召回分为：

（一）一级召回：使用该医疗器械可能或者已经引起严重健康危害的；

（二）二级召回：使用该医疗器械可能或者已经引起暂时的或者可逆的健康危害的；

（三）三级召回：使用该医疗器械引起危害的可能性较小但仍需要召回的。

医疗器械生产企业应当根据召回分级与医疗器械销售和使用情况，科学设计召回计划并组织实施。

第三章 主动召回

第十四条 医疗器械生产企业按照本办法第十条、第十二条的要求进行调查评估后，发现医疗器械存在缺陷的，应当立即决定召回。

进口医疗器械的境外制造厂商在境外实施医疗器械召回的，应当通知其在中国境内指定的代理人及时报告国家食品药品监督管理局；在境内进行召回的，由其在中国境内指定的代理人按照本办法的规定负责具体实施。

第十五条 医疗器械生产企业做出医疗器械召回决定的，一级召回在 1 日内，二级召回在 3 日内，三级召回在 7 日内，通知到有关医疗器械经营企业、使用单位或者告知使用者。

召回通知至少应当包括以下内容：

（一）召回医疗器械名称、批次等基本信息；

（二）召回的原因；

（三）召回的要求：如立即暂停销售和使用该产品、将召回通知转发到相关经营企业或者使用单位等；

（四）召回医疗器械的处理方式。

第十六条　医疗器械生产企业做出医疗器械召回决定的，应当立即书面告知所在地省、自治区、直辖市药品监督管理部门，并且在5日内填写《医疗器械召回事件报告表》（见附表1），将调查评估报告和召回计划同时提交给所在地省、自治区、直辖市药品监督管理部门备案。

省、自治区、直辖市药品监督管理部门应当将一级召回的有关情况及时报告国家食品药品监督管理局。

第十七条　调查评估报告应当包括以下内容：

（一）召回医疗器械的具体情况，包括名称、批次等基本信息；

（二）实施召回的原因；

（三）调查评估结果；

（四）召回分级。

召回计划应当包括以下内容：

（一）医疗器械生产销售情况及拟召回的数量；

（二）召回措施的具体内容，包括实施的组织、范围和时限等；

（三）召回信息的公布途径与范围；

（四）召回的预期效果；

（五）医疗器械召回后的处理措施。

第十八条　药品监督管理部门可以根据实际情况组织专家对医疗器械生产企业提交的召回计划进行评估，认为医疗器械生产企业所采取的措施不能有效消除缺陷的，应当要求医疗器械生产企业采取提高召回等级、扩大召回范围、缩短召回时间或者改变召回产品的处理方式等更为有效的措施。

第十九条　医疗器械生产企业对上报的召回计划进行变更的，应当及时报药品监督管理部门备案。

第二十条　医疗器械生产企业在实施召回的过程中，应当根据召回计划定期向药品监督管理部门提交《召回计划实施情况报告》（见附表2），报告召回计划实施情况。

第二十一条　医疗器械生产企业对召回医疗器械的处理应当有详细的记录，并向医疗器械生产企业所在地省、自治区、直辖市药品监督管理部门报告。对通过警示、检查、修理、重新标签、修改并完善说明书、软件升级、替换、销毁等方式能够消除产品缺陷的，可以在产品所在地完成上述行为。需要销毁的，应当在销毁地药品监督管理部门监督下销毁。

第二十二条　医疗器械生产企业在召回完成后，应当对召回效果进行评价，并在召回完成后10日内向药品监督管理部门提交医疗器械召回总结报告。

第二十三条　药品监督管理部门应当自收到总结报告之日起10日内对报告进行审查，并对召回效果进行评价。审查和评价结论应当以书面形式通知医疗器械生产企业并抄送同级卫生行政部门。

经过审查和评价，认为召回不彻底，尚未有效消除缺陷的，药品监督管理部门应当要求医疗器械生产企业重新召回。

第四章　责令召回

第二十四条　药品监督管理部门经过调查评估，认为存在本办法第四条所称的缺陷，医疗器械生产企业应当召回医疗器械而未主动召回的，应当责令医疗器械生产企业召回医疗器械。

必要时，药品监督管理部门应当要求医疗器械生产企业、经营企业和使用单位立即暂停销售或者使用、告知使用者立即暂停使用该医疗器械。

第二十五条　药品监督管理部门做出责令召回决定，应当将责令召回通知书送达医疗器械生产企业或者进口医疗器械生产企业的国内代理商，通知书包括以下内容：

（一）召回医疗器械的具体情况，包括名称、批次等基本信息；

（二）实施召回的原因；

（三）调查评估结果；

（四）召回要求，包括范围和时限等。

第二十六条　医疗器械生产企业收到责令召回通知书后，应当按照本办法第十五条、第十六条的规定通知医疗器械经营企业和使用单位或者告知使用者，制订、提交召回计划，并组织实施。

第二十七条　医疗器械生产企业应当按照本办法第十九条、第二十条、第二十一条、第二十二条的规定向药品监督管理部门报告医疗器械召回的相关情况，进行召回医疗器械的后续处理。

药品监督管理部门应当按照本办法第二十三条的规定对医疗器械生产企业提交的医疗器械召回总结报告进行审查，并对召回效果进行评价，及时通报同级卫生行政部门。经过审查和评价，认为召回不彻底，尚未有效消除缺陷的，药品监督管理部门应当要求医疗器械生产企业重新召回。

第五章　法律责任

第二十八条　药品监督管理部门确认医疗器械生产企业因违反法律、法规、规章规定造成上市医疗器械存在缺陷，依法应当给予行政处罚，但该企业已经采取召回措施主动消除或者减轻危害后果的，依照《行政处罚法》的规定从轻或者减轻处罚；违法行为轻微并及时纠正，没有造成危害后果的，不予处罚。

医疗器械生产企业召回医疗器械的，不免除其依法应当承担的其他法律责任。

第二十九条　医疗器械生产企业违反本办法规定，发现医疗器械存在缺陷而没有主动召回医疗器械的，责令召回医疗器械，并处应召回医疗器械货值金额 3 倍的罚款；造成严重后果的，由原发证部门吊销医疗器械产品注册证书，直至吊销《医疗器械生产企业许可证》。

第三十条　医疗器械生产企业违反本办法第二十四条规定，拒绝召回医疗器械的，处应召回医疗器械货值金额 3 倍的罚款；造成严重后果的，由原发证部门吊销医疗器械产品注册证书，直至吊销《医疗器械生产企业许可证》。

第三十一条　医疗器械生产企业有下列情形之一的，予以警告，责令限期改正，并处 3 万元以下罚款：

（一）违反本办法第十五条规定，未在规定时间内将召回医疗器械的决定通知到医疗器械经营企业、使用单位或者告知使用者的；

（二）违反本办法第十八条、第二十三条第二款、第二十七条第二款规定，未按照药品监督管理部门要求采取改正措施或者重新召回医疗器械的；

（三）违反本办法第二十一条规定，未对召回医疗器械的处理做详细记录或者未向药品监督管理部门报告的。

第三十二条　医疗器械生产企业有下列情形之一的，予以警告，责令限期改正；逾期未改正的，处 3 万元以下罚款：

（一）未按本办法规定建立医疗器械召回制度的；

（二）拒绝协助药品监督管理部门开展调查的；

（三）未按照本办法规定提交《医疗器械召回事件报告表》、调查评估报告和召回计划、医疗器械召回计划实施情况和总结报告的；

（四）变更召回计划，未报药品监督管理部门备案的。

第三十三条　医疗器械经营企业、使用单位违反本办法第七条第一款规定的，责令停止销售、使用存在缺陷的医疗器械，并处1000元以上3万元以下罚款；造成严重后果的，由原发证部门吊销《医疗器械经营企业许可证》。

第三十四条　医疗器械经营企业、使用单位拒绝配合有关医疗器械缺陷调查、拒绝协助医疗器械生产企业召回医疗器械的，予以警告，责令改正；拒不改正的，处3万元以下罚款。

第三十五条　药品监督管理部门及其工作人员不履行职责或者滥用职权的，按照有关法律、法规规定予以处理。

第六章　附　　则

第三十六条　召回的医疗器械已经植入人体的，医疗器械生产企业应当与医疗机构和患者共同协商，根据召回的不同原因，提出对患者的处理意见和应采取的预案措施。

第三十七条　召回的医疗器械给患者造成损害的，患者可以向生产企业请求赔偿，也可以向医疗器械经营企业、使用单位请求赔偿。患者向医疗器械经营企业、使用单位请求赔偿的，医疗器械经营企业、使用单位赔偿后，有权向负有责任的生产企业追偿。

第三十八条　本办法自2011年7月1日起施行。

附表 1：

医疗器械召回事件报告表

产品名称		注册证号码	
生产企业			
中国境内负责单位、负责人及联系方式			
召回工作联系人和联系方式			
产品的适用范围			
涉及地区和国家		涉及产品型号、规格	
涉及产品生产（或进口中国）数量		涉及产品在中国的销售数量	
识别信息（如批号）			
召回原因简述			
纠正行动简述			

报告单位：（盖章）　　　　负责人：（签字）

报告人：（签字）　　　　报告日期：

附表 2：

召回计划实施情况报告

<table>
<tr><td colspan="2">产品名称</td><td></td><td>注册证号码</td><td></td></tr>
<tr><td colspan="2">生产企业</td><td colspan="3"></td></tr>
<tr><td colspan="2">中国境内负责单位、负责人及联系方式</td><td colspan="3"></td></tr>
<tr><td colspan="2">召回工作联系人和联系方式</td><td colspan="3"></td></tr>
<tr><td rowspan="8">通知情况</td><td colspan="2" rowspan="4">承担召回联系
责任的收货人</td><td>应当通知人数</td><td></td></tr>
<tr><td>已通知人数</td><td></td></tr>
<tr><td>通知时间</td><td></td></tr>
<tr><td>通知方式</td><td></td></tr>
<tr><td colspan="2" rowspan="4">其他收货人</td><td>应当通知人数</td><td></td></tr>
<tr><td>已通知人数</td><td></td></tr>
<tr><td>通知时间</td><td></td></tr>
<tr><td>通知方式</td><td></td></tr>
<tr><td rowspan="3">完成情况</td><td colspan="2">应当召回数量</td><td colspan="2"></td></tr>
<tr><td colspan="2">已完成数量</td><td colspan="2"></td></tr>
<tr><td colspan="2">有效性检查情况</td><td colspan="2"></td></tr>
<tr><td colspan="3">召回产品的处理措施</td><td colspan="2"></td></tr>
<tr><td colspan="3">完成召回需要时间估计</td><td colspan="2"></td></tr>
<tr><td>其他情况</td><td colspan="4"></td></tr>
</table>

报告单位：（盖章） 负责人：（签字）

报告人：（签字） 报告日期：

关于印发医疗器械科技产业“十二五”专项规划的通知

（国科发计〔2011〕705号，自2011年12月31日发布）

各省、自治区、直辖市、计划单列市科技厅（委、局），新疆生产建设兵团科技局：

为了贯彻落实《国家中长期科学和技术发展规划纲要（2006—2020年）》，指导医疗器械科技产业发展，科技部制定了《医疗器械科技产业“十二五”专项规划》，现印发给你们，请认真贯彻落实。

附件：医疗器械科技产业“十二五”专项规划

科学技术部
2011年12月31日

附件：

医疗器械科技产业“十二五”专项规划

“十二五”是我国全面建设小康社会的关键时期，是提高自主创新能力、培育战略性新兴产业、建设创新型国家的重要阶段，也是进一步深化医药卫生体制改革的攻坚时期。医疗器械是医疗卫生体系建设的重要基础，具有高度的战略性、带动性和成长性，其战略地位受到了世界各国的普遍重视，已成为一个国家科技进步和国民经济现代化水平的重要标志。

为加快推进医疗器械产业发展，更好地满足广大人民群众健康需求，支撑我国医疗卫生服务体系建设，促进医疗卫生体制改革的顺利实施，按照《国家中长期科学和技术发展规划纲要（2006～2020年）》、《中华人民共和国国民经济和社会发展第十二个五年规划纲要》、《国务院关于加快培育和发展战略性新兴产业的决定》与《中共中央、国务院关于深化医药卫生体制改革的意见》等相关要求，特制定医疗器械科技产业“十二五”专项规划。

一、形势与需求

（一）医疗卫生体系建设的重要基础

医疗器械是医疗服务体系、公共卫生体系建设中最为重要的基础装备。近年来，在国家财政的支持下，我国医疗装备的整体水平有了很大提高，但是我国基层医疗机构设备配置水平偏低的总体格局尚未改变，还存在功能少、性能低、不好用、不适用等问题。在大城市、大医院，尤其是三级甲等医院的装备，已经达到或接近发达国家一般医院的装备水平，但是大中型医疗装备、中高端医疗器械和高值医用材料主要以进口为主，价格昂贵，给国家和患者带来了沉重的负担。

（二）医学诊疗技术发展的重大需求

医疗器械领域的创新发展，革命性地解决了许多以往诊疗手段无法解决的问题，促进疾病诊治和医学服务水平不断提高。当前，现代医学加快向早期发现、精确定量诊断、微无创治疗、个体化诊疗、智能化服务等方向发展，对医疗器械领域的创新发展不断提出新的需求。在以疾病为中心向以健康为中心的医学模式转变过程中，面向基层、家庭和个人的健康状态辨识和调控、疾病预警、健康管理、康复保健等方向正在成为新的研究热点，进一步对医疗器械领域的创新发展提出了新的需求。

（三）科技创新的前沿高地

医疗器械是典型的高新技术产业，具有高新技术应用密集、学科交叉广泛、技术集成融合等显著特点，是一个国家前沿技术发展水平和技术集成应用能力的集中体现，是带动和引领多学科技术发展的重要引擎。当前，国际医疗器械领域的科技创新高度活跃，电子、信息、网络、材料、制造、纳米等先进技术的创新成果向医疗器械领域的渗透日益加快，创新产品不断涌现。但是，由于创新能力薄弱，创新体系不完善，产学研医结合不紧密，我国医疗器械科技发展水平与发达国家存在较大差距。

（四）产业竞争的焦点领域

近年来，全球医疗器械产业快速发展，贸易往来活跃，平均增速达7%左右，是同期国民经济增长速度的两倍左右。医疗器械产业作为全球高新技术产业竞争的焦点领域，其竞争正在向技术、人才、管理、服务、资本、标准等多维度、全方位拓展。与发达国家相比，我国医疗器械产业基础薄弱，产业链条不完整，整体竞争力弱，基础产品综合性能和可靠性存在一定差距，部分核心关键技术尚未掌握，在产业竞争中处于不利地位。

（五）我国战略性新兴产业的发展重点

近年来，我国医疗器械产业平均增速在25%左右，远高于同期国民经济平均增长水平。我国已初步建立了多学科交叉的医疗器械研发体系，产业发展初具规模，一些地区呈现集群发展态势。随着新医改政策和扩大内需政策的实施，尤其是对基层卫生体系建设投入的大幅增加，我国医疗器械产业市场前景非常广阔。2010年，先进医疗设备、医用材料等生物医学工程产品的研发和产业化列入我国战略性新兴产业的发展重点，我国医疗器械产业迎来了前所未有的重要战略发展机遇。

二、指导思想和发展原则

（一）指导思想

贯彻落实科学发展观，按照《国家中长期科学和技术发展规划纲要（2006～2020年）》确定的发展重点，落实《国务院关于加快培育和发展战略性新兴产业的决定》，紧密围绕全民健康保障需求和医疗卫生体制改革需求，以需求为导向，以企业为主体，以创新为动力，以整合为手段，统筹项目、人才、基地、联盟、平台和示范的布局，加强多学科交叉，大力推进产学研医结合，积极探索市场机制下的优化组织模式，高效推进医疗器械领域的关键技术、核心部件和重大产品创新，大幅提高医疗器械产业核心竞争力，有效支撑医疗卫生服务体系建设。

（二）发展原则

政府推进和市场机制相结合。突出市场需求，以企业为主体，加强引导性科技投入支持和组织模式优化，加快推进技术创新、产品开发和产业发展。对于基础研究、共性关键技术、核心部件和重大产品的创新开发，予以重点投入支持。

系统布局和重点突破相结合。系统布局医疗器械创新链、产品链、产业链和人才链，整体优化创新体系和发展环境；着力突破一批严重制约产业发展的共性关键技术和核心部件，重点开发一批配置需求迫切、市场容量大、临床价值突出的基础装备和创新产品。

当前急需和未来发展相结合。重点发展基层卫生体系建设急需的普及型先进实用产品，以及临床诊疗必需、严重依赖进口的中高端医疗器械。把握前沿技术发展趋势，加强技术储备，加快发展围绕疾病早期发现与预警、精确/智能诊断、微/无创治疗以及与未来医学模式变革相适应的创新医疗器械产品。

创新驱动和需求拉动相结合。立足自主创新，着力突破一批重大技术瓶颈，创制一批重大产品，改变以仿为主的局面，让创新真正成为产业发展的重要驱动力；大力优化应用环境和完善配套政策，加强创新产品的示范应用，积极扩大内需市场，以基本配置、基层医疗和基础装备的需求为牵引，促进医疗器械产业快速发展。

立足国内与面向国际相结合。统筹国内国际两种资源、两个市场，加强国际科技合作和开放创新，在全球范围内配置研发资源，加快重大产品的创新突破；积极开拓国际市场，加快把中国制造、中国创新的产品推向全球，促进医疗器械产品的国际化发展。

三、发展目标

（一）总体目标

到2015年，初步建立医疗器械研发创新链，医疗器械产业技术创新能力显著提升；突破一批共性关键技术和核心部件，重点开发一批具有自主知识产权的、高性能、高品质、低成本和主要依赖进口的基本医疗器械产品，满足我国基层医疗卫生体系建设需要和临床常规诊疗需求；进一步完善科技创新和产业发展的政策环境，培育一批创新品牌，大幅提高产业竞争力，医疗器械科技产业发展实现快速跨越。

（二）具体目标

（1）技术目标：突破20～30项关键技术和核心部件，形成核心专利200项；在若干前沿技术领域取得重要突破，并形成产业优势。

（2）产品目标：创制50～80项临床急需的新型预防、诊断、治疗、康复、急救医疗器械产品，重点开发需求量大、应用面广以及主要依赖进口的基础装备和医用材料，积极发展慢病筛查、微创诊疗、再生修复、数字医疗、康复护理等新型医疗器械产品。

（3）产业目标：重点支持10～15家大型医疗器械企业集团，扶持40～50家创新型高技术企业，建立8～10个医疗器械科技产业基地和10个国家级创新医疗器械产品示范应用基地，完善产业链条，优化产业结构，提高市场占有率，显著提升医疗器械产业的国际竞争力。

（4）能力目标：大幅提升我国医疗器械创新和产业化能力，培育和引进一批学科带头人和创新团队，建立20～30个技术研发平台，新建10个国家工程技术研究中心和国家重点实验室，完善我国医疗器械标准、测试和评价体系，发挥产业技术创新战略联盟的作用，推动产学研医深度结合，切实保障我国医疗器械产业的可持续发展。

（三）指标体系

表1　“十二五”科技发展主要指标

类别	序号	指标	属性
科技	1	核心专利200项	约束性
	2	重点开发50～80项基础装备和新型产品	
	3	新建10个国家工程技术研究中心和国家重点实验室	
	4	建立8～10个国家科技产业基地	
	5	建立20～30个技术研发平台	
经济	1	科技进步和示范应用带来的新增医疗器械产值2000亿元，出口额占国际市场总额比例提高到5%以上	预期性
	2	形成8～10家产值超过50亿元的大型医疗器械企业集团	预期性
社会	1	基本医疗器械产品性价比大幅提升，有效满足基层医疗和常规诊疗需求	预期性
	2	建立10个创新医疗器械产品示范应用基地，推广应用10万台（套）创新产品	预期性

四、发展重点

（一）基础研究重点

研究力、光、声、电、磁等物理作用的生物学效应，重点开展生物电子学、生物力学、生物光子学、生物声学、生物磁学研究，尤其是分子、细胞、组织、器官、系统、人体等不同层次生命活动中物理—化学—生物学之间耦合作用的规律和机制研究，以及不同层次生命现象的建模与模拟；研究不同物质的生物学效应，重点开展生物材料与细胞组织相互作用机制，以及不同尺度特别是纳米尺度的生物学效应研究等。

加强新理论、新方法、新材料、新技术应用于医疗器械的基础研究；重点开展新型的生物医学成像，医学图像处理，生理信号获取，生化、免疫和微生物检测，组织修复和再生，医学神经工程等基础研究。

（二）关键技术发展重点

满足医学诊疗、健康服务和产业发展需要，围绕医疗器械数字化、智能化、自动化、精准化、无/微创、低负荷、个性化、网络化、协同化等发展趋势，重点发展以下技术：

原理方法类：充分利用基础医学、生物化学、信息科学、电子科学、材料科学、高能物理等领域的最新进展，加强新原理、新方法的应用研究，重点开展多模态融合成像、生物传感、微弱信号检测、神经接口及刺激、高能粒子与射线治疗、高通量/微量/快速体外检测、生物医用材料改性等技术研究。

设计制造类：充分利用先进制造、微纳技术、生物力学、人机工程、计算机科学等领域的最新进展，重点开展精密传动与控制、精密加工与组装、生物医用材料改性、个性化设计与制造等技术研究，着力突破计算机断层扫描仪（CT）、磁共振成像仪（MRI）、正电子发射断层扫描仪（PET）、PET－CT、医用加速器等大型诊疗装备整机及核心部件，微型泵阀、微型传感器、微型光学镜头等高精密零件，以及介入支架、人工关节、骨修复等新型医用材料的设计、制备、制造等技术瓶颈。

应用服务类：充分利用信息技术、生物信息学、网络通信、物联网、云计算等领域的最新进展，积极推进医学影像技术与手术规划、放射治疗、导航定位、医用机器人等技术的结合，加快发展数字化医疗、移动医疗、远程诊疗等新型服务技术。

1. 重大前沿技术

重点突破神经接口及刺激、低剂量光子探测成像、精准定位与导航、动态适形调强、电阻抗功能成像、微弱光电信号检测、电化学/生化传感、无创生理信号获取及参数辨识技术、细胞组织诱导材料和植介入体的个性化设计与制造等技术。储备发展多模态融合成像、分子成像、太赫兹（THz）波检测、微流控等前沿技术。

2. 共性关键技术

重点发展数字化医疗、医学虚拟现实、人机交互设计、生物医用材料加工与制备、精密制造、电磁兼容、可靠性设计等共性技术。积极推进与医疗器械发展和应用密切相关的支撑技术研究，包括工程物理技术、光学技术、无线通信技术、移动计算技术、物联网技术、先进制造技术等。

（三）产品发展重点方向

“十二五”期间，围绕重大疾病防治和临床诊疗需求，重点开发一批适宜基层的先进实用产品和主要依赖进口的中高端产品，积极发展适应医学模式转变的创新产品，显著提升医疗器械产业的市场竞争力。

在预防领域，根据预防为主、战略前移和重心下移的发展要求，重点支持血压、血糖、血脂等生理生化指标的无/微创检测产品，以及恶性肿瘤、心脑血管疾病、出生缺陷等重大疾病筛查产品，积极发展不同状态下的低负荷生理参数检测与监护设备，个人健康指标检测和功能状态评价装置，移动体检系统等产品，满足农村基层/社区和个体/家庭对预防类医疗器械的需要。

在诊断领域，针对疾病诊断无创、早期、精确、低负荷、定量化等要求的发展趋势，重点支持超导 MRI、高性能彩色超声成像仪、高分辨内窥镜、多排螺旋 CT、PET、PET－CT、数字化平板 X 射线机、低剂量数字减影血管造影（DSA）系统、高性能免疫分析系统、全自动高通量生化分析仪、高性能五分类血细胞分析仪、自动化微生物检测分析仪等重点产品、核心部件以及新型诊断试剂；积极发展生物芯片、现场快速检测仪器（POCT）、弹性超声成像等新产品，力求改变我国高端产品依赖进口、国产产品可靠性差、长期跟踪仿造的情况。

在治疗领域，根据微/无创治疗、精确治疗以及智能化、个性化等新的治疗技术发展趋势，重点支持影像导航辅助系统、实时适形调强放射治疗系统、血液透析系统、神经刺激器、高强度超声聚焦治疗系统、高频/激光等手术治疗设备、射频消融系统、新型介入支架、人工关节、骨修复材料、人工血管、口腔种植系统等重点产品；发展手术机器人、人工心脏辅助装置等产品，切实改变高性能治疗产品被国外垄断、治疗费用高的现状。

在康复领域，围绕我国“人人享有康复”的需求，根据普惠化、智能化、个性化等发展趋势，研究结构替代、功能代偿、技能训练、环境改造等技术产品，积极发展肌电及神经控制等智能假肢、人工耳蜗等智能助行/助听/助视辅具，老年人行为功能训练系统，脑卒中病人及运动功能缺失病人的康复训练系统等产品，加快智能化、低成本的先进康复辅具的研发，提高康复设备普及率。

在应急救援领域，围绕灾难医学救援、公共卫生事件应急、战创伤救治和基层医疗急救等不同需要，研发伤员搜寻、现场急救、转运救治、院内急救等应急医学救援链装备及系统，积极发展移动式重症监护救治系统、除颤仪、生命支持呼吸机、快速止血输血设备等产品，保障城乡急救体系、公共卫生应急体系建设需求。

1. 基本医疗器械产品

紧密围绕基层医疗和常规诊疗需求，重点发展低成本、高性能、普惠型的数字X射线机、彩色超声成像仪、生化分析仪、血液分析仪、微生物分析仪、心电图机、监护仪、除颤仪、呼吸/麻醉机、血液净化设备等当前基层配置急需的基础装备，加快突破螺旋CT、MRI、PET－CT、内窥镜、医用加速器、免疫分析系统等主要依赖进口的中高端主流装备和血管支架、人工关节等常用高值耗材，促进普及应用。

2. 新型医疗器械产品

紧密围绕疾病预防、临床诊疗、健康促进的需要，突出融合成像、无创检测、动态监测、微创治疗、精确治疗等新的技术发展方向，积极发展新型医学成像、无/微创动态生理参数检测与监护、分子生物分析仪器、现场快速检测仪器（POCT）、新型微创治疗、术中监测/定位/导航、药械结合产品、医疗机器人、新型中医诊疗等医疗器械产品和系统，以及数字医疗、远程医疗、移动医疗等新型产品，不断提高医学诊疗水平和服务能力。

五、“十二五”重点任务布局

“十二五”期间，力求技术突破、产品创新、能力建设和应用普及，重点实施基础装备升级、高端产品突破、前沿方向创新、创新能力提升以及应用示范工程五项任务。

（一）基础装备升级

紧密结合县级、乡镇、社区等基层医疗卫生机构建设和医疗器械配置升级的紧迫需求，重点支持一批适宜基层、高可靠性、低成本、先进实用的医疗器械产品，提高基层医疗机构装备水平和服务保障能力。

重点发展适宜基层的数字化X射线机、彩色超声成像仪、免疫分析仪、血液分析仪、生化分析仪、心电图机、多参数监护仪、除颤仪、呼吸/麻醉机、血液净化设备等基础装备、耗材及应用解决方案，提高产品可靠性、安全性、易用性，降低成本，满足基层医疗机构的基本装备需求；加快适宜基层的慢病筛查、全科医疗、健康管理、中医诊疗、康复保健、家庭护理等新产品的开发，以及数字化医疗、移动医疗、远程医疗等应用技术发展。

（二）高端产品突破

着力突破高端装备及核心部件国产化的瓶颈问题，实现高端主流装备、核心部件及医用高值材料等产品的自主制造，打破进口垄断，降低医疗费用，提高产业竞争力。

重点研制64排螺旋CT、1.5/3.0T超导MRI、PET－CT、实时三维彩色超声成像仪、高清内窥镜等高端影像设备；研制全自动管式化学发光免疫分析系统、全自动高通量生化分析仪等体外诊断系统与试剂；研制影像导航辅助治疗系统、实时适形调强放射治疗系统和神经电刺激器等先进治疗装备；开发介入支架、人工关节、人工血管、骨修复材料和口腔材料等高值医用材料。重点突破超导磁体、多通道磁共振谱仪、高分辨率PET探测器、大热容量CT球管、X射线平板探测器、超声换能器等核心部件，以及精准定位与导航技术、微弱信号检测技术、电化学/生化传感技术、可再生修复材料技术等关键技术。

（三）前沿方向创新

加强新原理、新材料、新方法和新工艺的研究，加快前沿技术突破和创新产品开发，抢占未来科技产业竞争的制高点。

积极发展多模态融合成像、分子成像、太赫兹波检测、低剂量光子探测成像、电阻抗功能成像、体内光学相干成像、超声聚焦治疗、神经接口与刺激、微弱生理信号采集、微流控和微纳制造等前沿技术；加快发展精准手术机器人、碳纳米管 CT、无创血糖、全降解血管支架、细胞组织诱导性生物材料、中枢神经再生修复材料、新型中医诊疗器械等前沿创新产品。积极推进人体传感器网络、云计算、物联网相结合的全民健康感知、管理和促进等新型服务技术的发展和应用。

（四）创新能力提升

统筹布局项目、人才、联盟、平台、基地，大力加强体制、机制和管理创新，通过产学研医技术创新联盟等多种形式，有效整合优势科技资源，系统构建国家医疗器械创新体系，大幅提升我国医疗器械行业的自主创新能力。

一是重点培养和引进一批具有世界前沿水平的战略科学家、学术带头人、高级工程技术人才和中青年专家等领军人才与创新团队。二是加强产业技术创新战略联盟的建设，建立完善重大产品、核心部件的研发联盟等。三是加强医疗器械共性技术平台建设，重点建设医用电子、医学成像、物理治疗、体外诊断、医用材料、个性化设计和制造、可靠性保障等 20～30 个技术研发平台，建成 10 个国家工程技术研究中心和国家重点实验室，加强医疗器械战略研究体系的建设。四是加强区域创新和产业化基地建设，重点推进 8～10 个国家科技产业基地建设。

（五）应用示范工程

以“创新发展，惠及民生”为宗旨，实施“创新医疗器械产品应用示范工程”和“数字化医疗示范工程”，加快创新医疗器械产品的应用推广，优化医疗资源配置，让科技创新成果更好地服务于医疗卫生体系建设和惠及广大人民群众。

一是实施创新医疗器械产品应用示范工程。遴选一批创新医疗器械产品，在科学评价的基础上普及推广，大力优化创新医疗器械产品的应用环境，打造创新医疗器械产品示范应用和普及推广的平台，实现创新驱动和需求拉动的合力发展。二是实施数字化医疗示范工程。在大型综合性医院、专科医院以及不同区域建设一批大型数字化医院和区域医疗服务协同示范工程，提高医疗机构的诊疗水平和服务能力，促进不同医疗机构间的医疗信息共享、协同医疗和整合服务。

六、保障措施

（一）强化创新引导

以企业为主体，加大国家科技引导投入，统筹多渠道资源，多种资助模式相结合；加强部门联合、军民结合，鼓励国际合作；推进产学研医联盟建设，促进学科交叉、技术融合和资源整合；加大创新人才、创新团队培育和人才引进力度。

（二）完善政策措施

加强多部门协调，完善医疗器械临床试验、注册、监管、定价、收费、医保、配置、采购、标准等相关政策和法规，加强知识产权保护，扶持创新医疗器械产品发展。

（三）优化产业环境

改善创新产品应用环境、企业融资环境，促进企业创新；推进企业兼并重组，优化产业结构，完善产业链条；加强区域发展，加强园区建设，促进产业集聚发展；优化贸易政策，扩大国际市场份额。

食品药品监管总局关于印发医疗器械质量监督抽查检验管理规定的通知

（食药监械监〔2013〕212 号）

各省、自治区、直辖市食品药品监督管理局，新疆生产建设兵团食品药品监督管理局：

为加强医疗器械产品质量监督管理，规范医疗器械质量监督抽查检验工作，国家食品药品监督管理总局组织修订了《医疗器械质量监督抽查检验管理规定》，现印发给你们，请遵照执行。

2006 年 9 月 7 日原国家食品药品监督管理局发布的《国家医疗器械质量监督抽验管理规定（试行）》同时废止。

国家食品药品监督管理总局

2013 年 10 月 11 日

医疗器械质量监督抽查检验管理规定

（2013 年 10 月 11 日，国家食品药品监管总局〔2013〕212 号）

第一章 总 则

第一条 为加强医疗器械产品质量监督管理，规范医疗器械产品质量监督抽查检验工作，根据《医疗器械监督管理条例》（以下称《条例》）及相关规章，制定本规定。

第二条 本规定所称医疗器械质量监督抽查检验（以下称“监督抽验”）是指由食品药品监督管理部门依法定程序抽取、确认样品，并指定具有资质的医疗器械检验机构进行标准符合性检验，根据抽验结果进行公告和监督管理的活动。

第三条 本规定适用于中华人民共和国境内的食品药品监督管理部门、医疗器械检验机构以及医疗器械生产、经营企业和使用单位。

第四条 国家食品药品监督管理总局负责全国监督抽验工作的管理。地方各级食品药品监督管理部门负责组织实施行政区域内的监督抽验工作。

国家食品药品监督管理总局负责制定国家年度监督抽验工作方案，并对抽样单位和检验机构的工作进行协调、指导、督查和质量考核。

地方各级食品药品监督管理部门应当加强对行政区域内生产、经营、使用医疗器械产品的监督抽验，并依据国家食品药品监督管理总局的工作部署，结合本地区实际制定本行政区域年度监督抽验工作方案。

第五条 监督抽验的样品获得分为样品购买、样品返还和无偿提供三种方式。

第二章 方 案

第六条 各级食品药品监督管理部门应当根据医疗器械监管的需要，制定年度监督抽验工作方案，提供必要的经费支持和保障。

监督抽验工作方案应当包括抽验的范围、方式、数量、检验项目和判定原则、工作要求和完成时限（含复验完成时限）等。

第七条 监督抽验品种遴选的基本原则：

（一）对人体有潜在危险，对其安全性、有效性必须严格控制的医疗器械；

（二）使用量大、使用范围广，可能造成大面积危害的医疗器械；

（三）出现过质量问题的医疗器械；

（四）投诉举报较集中的医疗器械；

（五）通过医疗器械风险监测发现存在产品质量风险，需要开展监督抽验的医疗器械；

（六）在既往监督抽验中被判不符合标准规定的医疗器械；

（七）其他需要重点监控的医疗器械。

第三章　抽　　样

第八条　食品药品监督管理部门开展医疗器械抽样时，应当由2名以上（含2名）执法人员实施。在抽样过程中，应当依法对被抽样单位开展监督检查，核查其生产、经营资质和产品来源。

第九条　抽样人员在执行抽样任务时，应当主动出示行政执法证件和抽样文件。

第十条　被抽样单位应当配合抽样工作，并提供以下资料：

（一）被抽样单位为医疗器械生产企业的，应当提供医疗器械生产许可证、被抽取医疗器械的产品注册证、产品注册标准等相关资料的复印件；

（二）被抽样单位为医疗器械经营企业的，应当提供医疗器械经营许可证、被抽取医疗器械的产品注册证、合格证明等相关资料的复印件；

（三）被抽样单位为医疗器械使用单位的，应当提供执业许可证，被抽取医疗器械的产品注册证、合格证明等相关资料的复印件；

以上资料提供复印件的，由被抽样单位有关人员签字并标明与原件相符，加盖被抽样单位印章。

第十一条　抽样应当在被抽样单位存放医疗器械的现场进行，有关单位应当配合完成样品确认。抽取的样品应当根据产品的贮存与运输条件及时寄、送承检机构并做交接记录。

第十二条　抽样人员应当用医疗器械抽样封签签封所抽样品，填写医疗器械抽样记录及凭证，并经被抽样单位主管人员认可后签字，加盖被抽样单位印章。

第十三条　生产企业因故不能提供样品的，应当说明原因并提供有关证明材料、填写未能提供被抽样品的证明；抽样人员应当检查生产现场，查阅有关生产、销售记录后，可追踪到经营企业或使用单位对产品进行抽样。

第十四条　被抽样单位无正当理由不得拒绝抽样。需要被抽样单位协助寄送样品的，被抽样单位应当协助。

第十五条　抽样中发现被抽样单位有违反《条例》等有关规定或发现假冒产品的，应当依法处理。

第四章　检　　验

第十六条　承检机构应当具有相应的医疗器械检验检测资质，并在授检范围内按照产品生产时有效的产品注册标准依法开展相关检验工作。

在医疗器械经营企业、使用单位所抽的样品，其产品注册标准由相应的审批部门提供复印件并加盖单位印章。

承检机构对不宜移动的医疗器械可开展现场检验，被抽样单位应当配合。

第十七条　承检机构接收样品时，应当检查并记录样品的封签、包装有无破损，样品外观等状态有无异常情况；核对样品与医疗器械抽样记录及凭证上的记录是否相符等。

如样品与医疗器械抽样记录及凭证上的记录不相符的，承检机构应当与抽样单位核实，由抽样单位进行纠正。对不符合检验有关规定的不得开展检验工作，并将结果上报组织监督抽验的部门或单位。

所抽样品不属于监督抽验工作方案中规定的抽样范围或不符合监督抽验要求等情况的，承检机构应当在收到样品5个工作日内与抽样单位联系并安排样品退回。抽样单位应当按照监督抽验工作方案抽取补足样品并及时寄、送承检机构。

第十八条 承检机构应当按照检验检测要求制定相关管理和质量控制制度，严格按照相关制度及检验质量规范要求开展检验工作，保证检验工作公正、规范，如实填写原始记录。

第十九条 承检机构应当及时出具科学有效的检验报告，报告应当内容完整、数据准确、结论明确。原始记录及检验报告保存期不得少于5年。

第二十条 国家食品药品监督管理总局组织的监督抽验中，承检机构在完成检验工作后，应当按照监督抽验工作方案的要求，将医疗器械质量监督抽查检验结果通知书和检验报告寄送抽样单位及标示生产企业所在地的省级食品药品监督管理部门；抽样单位及标示生产企业所在地的省级食品药品监督管理部门应当在收到后的5个工作日内送达被抽样单位或标示生产企业。

省级及省级以下食品药品监督管理部门组织的监督抽验中，检验报告及相关文件的送达应当按照各省监督抽验有关规定执行。

第二十一条 承检机构应当及时按监督抽验工作方案要求将检验任务的完成情况及相关资料报组织监督抽验的部门或单位。

第二十二条 对于监督抽验结果为不符合标准规定的样品，应当在监督抽验结果发布后继续保留3个月。监督抽验工作方案中规定返还的样品应当及时返还。因正常检验造成破坏或损耗的样品应当在返还同时说明情况。

第五章 复　　验

第二十三条 被抽样单位或标示生产企业（以下称“申请人”）对检验结果有异议的，可以自收到检验报告之日起7个工作日内向具有相应资质的医疗器械检验机构提出复验申请，检验机构无正当理由不得推诿。逾期视为申请人认可该检验结果，检验机构将不再受理复验申请。

第二十四条 申请人应当向复验机构提交复验申请表及需要说明的其他资料。监督抽验工作方案中规定不得复验的检验项目，复验申请不予受理。复验费用由申请人承担。

第二十五条 复验机构接受复验申请后，应当通知原承检机构，原承检机构应当及时将样品及产品注册标准寄、送复验机构。复验应当按照监督抽验工作方案进行，复验机构出具的复验结论为最终检验结论。

国家食品药品监督管理总局组织的监督抽验中，复验结束后，复验机构应当在2个工作日内将复验报告分别寄送申请人、原承检机构、抽样单位和标示生产企业所在地的省级食品药品监督管理部门。

省级及省级以下食品药品监督管理部门组织的监督抽验中，复验报告及相关文件的送达应当按照各省监督抽验有关规定执行。

第六章 结果处理

第二十六条 各地食品药品监督管理部门收到检验报告后，应当及时对不符合标准规定产品的相关生产、经营企业、使用单位开展监督检查，采取控制措施，对违法行为依法查处。

第二十七条 国家食品药品监督管理总局、省级食品药品监督管理部门应当及时发布医疗器械质量公告。

医疗器械质量公告在发布前，组织监督抽验的部门应当对公告内容进行核实。

第二十八条　公告不当的，应当在原公告范围内予以更正。

第七章　监督管理

第二十九条　抽样人员在监督抽验中向被抽样单位索取超过检验需要的样品或收取检验费用的，由其所在部门或上级主管部门责令退还；情节严重的，应当给予行政处分。

第三十条　承检机构伪造检验结果或者出具虚假证明的，按照《条例》处理；违反纪律泄露和对外公布检验结果的，对有关责任人员给予行政处分。

第三十一条　抽样、检验和相关工作人员应当对被抽样单位提供的有关资料保密，不得擅自泄露和对外公布检验结果。

第八章　附　　则

第三十二条　本规定由国家食品药品监督管理总局负责解释。

第三十三条　本规定自发布之日起施行。

抄送：中国食品药品检定研究院，解放军总后勤部卫生部药品监督管理局。

附录　国家基本药物目录

2012 年版

中华人民共和国卫生部

说　明

基本药物是适应基本医疗卫生需求，剂型适宜，价格合理，能够保障供应，公众可公平获得的药品。国家基本药物目录是各级医疗卫生机构配备使用药品的依据。

一、目录的构成

目录中的药品包括化学药品和生物制品、中成药和中药饮片 3 部分。

目录后附有索引。化学药品和生物制品为中文笔画索引、中文拼音索引和英文索引；中成药为中文笔画索引、中文拼音索引。

二、目录的编排

化学药品和生物制品、中成药分别按药品品种编号，有“注释”的除外。不同剂型同一主要化学成分或处方组成的编一个号，重复出现时标注“*”号。药品编号的先后次序无特别涵义。

“备注”栏内标注“△”号表示药品应在具备相应处方资质的医师或在专科医师指导下使用。

三、目录的分类

化学药品和生物制品主要依据临床药理学分类，共 317 个品种；中成药主要依据功能分类，共 203 个品种；中药饮片不列具体品种，用文字表述。药品的使用不受目录分类类别的限制，但应遵照有关规定。

四、品种的名称

化学药品和生物制品名称采用中文通用名称和英文国际非专利药名称（International Nonproprietary Names，INN）中表达的化学成分的部分，剂型单列，有“注释”的药品除外；未标明酸根或盐基的药品，其主要化学成分相同而酸根或盐基不同的均为目录的药品；酯类衍生物的药品单独标明。

中成药采用药品通用名称。

五、品种的剂型

品种的剂型主要依据 2010 年版《中华人民共和国药典》“制剂通则”等有关规定进行归类处理，未归类的剂型以目录中标注的为准。

目录收录口服剂型、注射剂型、外用剂型和其他剂型。

口服剂型包括片剂（普通片）、分散片、肠溶片、缓释（含控释）片、口腔崩解片、胶囊（即硬胶囊）、软胶囊、肠溶胶囊、缓释（含控释）胶囊、颗粒剂、混悬液、干混悬剂、口服溶液剂、合剂（含口服液）、糖浆剂、散剂、滴丸剂、丸剂、酊剂、煎膏剂、酒剂。

注射剂型包括注射液、注射用无菌粉末（含冻干粉针剂）。

外用剂型包括软膏剂、乳膏剂、外用溶液剂、胶浆剂、贴膏剂、膏药、酊剂、洗剂、散剂、冻干粉。

其他剂型包括气雾剂、雾化溶液剂、吸入溶液剂、灌肠剂、滴眼剂、眼膏剂、滴鼻剂、滴耳剂、栓剂、阴道片、阴道泡腾片、阴道软胶囊。

六、品种的规格

品种的规格主要依据 2010 年版《中华人民共和国药典》。同一品种剂量相同但表述方式不同的暂视为同一规格；未标注具体规格的，其剂型对应的规格暂以国家药品管理部门批准的规格为准。

七、对“注释”的说明

（一）化学药品和生物制品

注释 1：第 37 号“耐多药肺结核用药”是指按规定列入《耐多药肺结核防治管理工作方案》

中的耐多药肺结核治疗药品。

注释2：第43号“艾滋病用药”包括抗艾滋病用药及艾滋病机会性感染用药。抗艾滋病用药是指国家免费治疗艾滋病的药品；艾滋病机会性感染用药是指按规定用于治疗艾滋病患者机会性感染的药品。

注释3：第47号“青蒿素类药物”是指按规定列入《抗疟药使用原则和用药方案（修订稿）》中的以青蒿素类药物为基础的复方制剂、联合用药的药物和青蒿素类药物注射剂。

注释4：第125号“依那普利”包括依那普利和依那普利叶酸。

注释5：第199号“血友病用药”包括冻干人凝血因子Ⅷ、冻干人凝血酶原复合物和冻干人纤维蛋白原。

注释6：第287号“抗蛇毒血清”包括抗蝮蛇毒血清、抗五步蛇毒血清、抗银环蛇毒血清、抗眼镜蛇毒血清。

注释7：第288号“国家免疫规划用疫苗”是指纳入国家免疫规划的疫苗。

注释8：第317号“避孕药”是指按规定列入《计划生育避孕药具政府采购目录》中的避孕药。

（二）中成药

中成药成份中的“麝香”为人工麝香，“牛黄”为人工牛黄，有“注释”的除外。

注释1：目录第53号“安宫牛黄丸”成份中的“牛黄”为天然牛黄、体内培植牛黄或体外培育牛黄。

八、目录中的中药饮片

目录中的中药饮片国家标准是指2010年版《中华人民共和国药典》收载的饮片标准。中药饮片的基本药物管理暂按国务院有关部门关于中药饮片定价、采购、配送、使用和基本医疗保险给付等政策规定执行。

第一部分　化学药品和生物制品

一、抗微生物药

序号	品种名称	剂型、规格	备注
	（一）青霉素类		
1	青霉素 Benzylpenicillin	（钾盐）注射用无菌粉末：0.25g（40 万单位）、0.5g（80 万单位） （钠盐）注射用无菌粉末：0.24g（40 万单位）、0.48g（80 万单位）、0.96g（160 万单位）	
2	苄星青霉素 Benzathine Benzylpenicillin	注射用无菌粉末：30 万单位、60 万单位、120 万单位	
3	苯唑西林 Oxacillin	片剂、胶囊：0.25g 注射用无菌粉末：0.5g、1.0g	
4	氨苄西林 Ampicillin	注射用无菌粉末：0.5g、1.0g	
5	哌拉西林 Piperacillin	注射用无菌粉末：0.5g、1.0g、2.0g	
6	阿莫西林 Amoxicillin	片剂、胶囊、颗粒剂、干混悬剂：0.125g、0.25g	
7	阿莫西林克拉维酸钾 Amoxicillin and Clavulanate Potassillm	片剂：阿莫西林：克拉维酸 =2∶1、4∶1、7∶1 颗粒剂：125mg∶31.25mg（4∶1）、200mg∶28.5mg（7∶1）（阿莫西林∶克维酸） 干混悬剂：250mg∶62.5mg（4∶1）、200mg∶28.5mg（7∶1）（阿莫西林：克拉维酸） 注射用无菌粉末：250mg∶50mg（5∶1）、500mg∶100mg（5∶1）1000mg∶200mg（5∶1）（阿莫西林∶克拉维酸）	
	（二）头孢菌素类		
8	头孢唑林 Cefazolin	注射用无菌粉末：0.5g、1.0g	
9	头孢拉定 Cefradine	片剂、胶囊：0.25g、0.5g	
10	头孢氨苄 Cefalexin	片剂、胶囊：0.125g、0.25g；颗粒剂：0.05g、0.125g	
11	头孢呋辛 Cefuroxime	（头孢呋辛酯）片剂、胶囊：0.125g、0.25g；（钠盐）注射用无菌粉末：0.25g、0.5g、0.75g、1.5g	

续表

序号	品种名称	剂型、规格	备注
12	头孢曲松 Ceftriaxone	注射用无菌粉末：0.25g、0.5g、1.0g、2.0g	
13	头孢他啶 Ceftazidime	注射用无菌粉末：0.5g、1.0g	△
		（三）氨基糖苷类	
14	阿米卡星 Amikacin	注射液：1ml∶0.1g（10 万单位）、2ml∶0.2g（20 万单位）	
15	庆大霉素 Gentamycin	注射液：1ml∶40mg（4 万单位）、2ml∶80mg（8 万单位）	
		（四）四环素类	
16	多西环素 Doxycycline	片剂：50mg、100mg	
		（五）大环内酯类	
17	红霉素 Erythromycin	肠溶（片剂、胶囊）、（琥珀酸乙酯）片剂、胶囊：0.125g（12.5 万单位）、0.25g（25 万单位） 注射用无菌粉末：0.25g（25 万单位）、0.3g（30 万单位）	
18	阿奇霉素 Azithromycin	片剂、胶囊、肠溶（片剂、胶囊）：0.25g（25 万单位）；颗粒剂：0.1g（10 万单位）	
19	地红霉素 Dirithromycin	肠溶（片剂、胶囊）：0.125g、0.25g	
20	克拉霉素 Clarithromycin	片剂、胶囊、颗粒剂：0.125g、0.25g	
		（六）其他抗生素	
21	克林霉素 Clindamycin	（盐酸盐）片剂、胶囊：0.15g；（盐酸盐）注射液：2ml∶0.15g；（盐酸盐）注射用无菌粉末：0.15g	
22	磷霉素 Fosfomycin	（钠盐）注射用无菌粉末：1.0g（100 万单位）、2.0g（200 万单位）、4.0g（400 万单位）；（氨丁三醇）散剂：3.0g	
		（七）磺胺类	
23	复方磺胺甲噁唑 Compound Sulfamethoxazole	片剂：100mg∶20mg、400mg∶80mg（磺胺甲噁唑：甲氧苄啶）	
24	磺胺嘧啶 Sulfadiazine	片剂：0.2g、0.5g；注射液：2ml∶0.4g、5ml：1g	
		（八）喹诺酮类	
25	诺氟沙星 Norfloxacin	片剂、胶囊：0.1g	
26	环丙沙星 Ciprofloxacin	（盐酸盐）片剂、胶囊：0.25g、0.5g；（乳酸盐）注射液：2ml∶0.1g；（乳酸盐）氯化钠注射液：100ml∶0.2g	

续表

序号	品种名称	剂型、规格	备注
27	左氧氟沙星 Levofloxacin	（盐酸盐、乳酸盐）片剂、胶囊：0.2g、0.5g；（盐酸盐、乳酸盐）注射液：2ml∶0.2g、5ml∶0.5g （盐酸盐、乳酸盐）氯化钠注射液：100ml∶0.2g、250ml∶0.5g	

（九）硝基咪唑类

序号	品种名称	剂型、规格	备注
28	甲硝唑 Metronidazole	片剂、胶囊：0.2g；氯化钠注射液：100ml∶0.5g	
29	替硝唑 Tinidazole	片剂、胶囊：0.5g	

（十）硝基呋喃类

序号	品种名称	剂型、规格	备注
30	呋喃妥因 Nitrofurantoin	肠溶片：50mg	

（十一）抗结核病药

序号	品种名称	剂型、规格	备注
31	异烟肼 Isoniazid	片剂：50mg、100mg、300mg；注射液：2ml∶50mg、2ml∶100mg	
32	利福平 Rifampicin	片剂、胶囊：0.15g、0.3g	
33	吡嗪酰胺 Pyrazinamide	片剂、胶囊：0.25g	
34	乙胺丁醇 Ethambutol	片剂、胶囊：0.25g	
35	链霉素 Streptomycin	注射用无菌粉末：0.75g（75万单位）、1.0g（100万单位）	
36	对氨基水杨酸钠 Sodium Aminosalicylate	肠溶片：0.5g；注射用无菌粉末：2.0g	
37	耐多药肺结核用药		注释1△

（十二）抗麻风病药

序号	品种名称	剂型、规格	备注
38	氨苯砜 Dapsone	片剂：50mg、100mg	

（十三）抗真菌药

序号	品种名称	剂型、规格	备注
39	氟康唑 Fluconazole	片剂、胶囊：50mg、100mg；氯化钠注射液：100ml∶0.2g	
40	制霉素 Nysfungin	片剂：10万单位、25万单位、50万单位	

（十四）抗病毒药

序号	品种名称	剂型、规格	备注
41	阿昔洛韦 Aciclovir	片剂、胶囊：0.2g	
42	利巴韦林 Ribavirin	片剂、胶囊：0.1g	
43	艾滋病用药		注释2△

二、抗寄生虫病药

序号	品种名称	剂型、规格	备注
		（一）抗疟药	
44	氯喹 Chloroquine	片剂：75mg、250mg；注射液：2ml∶80mg、5ml∶322mg	
45	伯氨喹 Primaquine	片剂：13.2mg	
46	乙胺嘧啶 Pyrimethamine	片剂：6.25mg	
47	青蒿素类药物		注释 3
		（二）抗阿米巴病药及抗滴虫病药	
*(28)	甲硝唑 Metronidazole	片剂、胶囊：0.2g；氯化钠注射液：100ml∶0.5g	
		（三）抗利什曼原虫病药	
48	葡萄糖酸锑钠 Sodium Stibogluconate	注射液：6ml（按锑计 0.6g，约相当于葡萄糖酸锑钠 1.9g）	
		（四）抗血吸虫病药	
49	吡喹酮 Praziquantel	片剂：0.2g	
		（五）驱肠虫药	
50	阿苯达唑 Albendazole	片剂、胶囊：0.1g、0.2g	

三、麻醉药

序号	品种名称	剂型、规格	备注
		（一）局部麻醉药	
51	利多卡因 Lidocaine	（碳酸盐）注射液：5ml∶86.5mg、10ml∶0.173g；（盐酸盐）注射液：2ml∶4mg、5ml∶0.1g、；10ml∶0.2g；胶浆剂：10g∶0.2g	
52	布比卡因 Bupivacaine	注射液：5ml∶25mg、5ml∶37.5mg	△
53	普鲁卡因 Procaine	注射液：2ml∶40mg、10ml∶100mg、20ml∶50mg、20ml∶100mg	

续表

序号	品种名称	剂型、规格	备注
		（二）全身麻醉药	
54	氯胺酮 Ketamine	注射液：2ml∶0.1g、10ml∶0.1g	△
55	异氟烷 Isoflurane	溶液剂（吸入剂）：100ml	△
56	丙泊酚 Propofol	注射液：20ml∶0.2g、50ml∶0.5g	△
		（三）麻醉辅助药	
57	氯化琥珀胆碱 Suxamethonium Chloride	注射液：1ml∶50mg、2ml∶100mg	
58	维库溴铵 Vecuronium Bromide	注射用无菌粉末：4mg	

四、镇痛、解热、抗炎、抗风湿、抗痛风药

序号	品种名称	剂型、规格	备注
		（一）镇痛药	
59	芬太尼 Fentanyl	注射液：2ml∶0.1mg	△
60	哌替啶 Pethidine	注射液：1ml∶50mg、2ml∶100mg	△
61	吗啡 Morphine	片剂、缓释片、注射液	△
62	布桂嗪 Bucinnazine	片剂：30mg；注射液：2ml∶50mg、2ml∶100mg	△
		（二）解热镇痛、抗炎、抗风湿药	
63	对乙酰氨基酚 Paracetamol	片剂：0.5g；颗粒剂：0.1g；口服溶液剂：100ml∶2.4g；干混悬剂、混悬液	
64	阿司匹林 Aspirin	片剂：0.3g、0.5g；肠溶片：0.3g	
65	布洛芬 Ibuprofen	片剂、胶囊、颗粒剂：0.1g、0.2g；缓释（片剂、胶囊）：0.3g；混悬液：60ml∶1.2g、100ml∶2g	
66	双氯芬酸钠 Sodium Diclofenac	肠溶片：25mg；缓释（片剂、胶囊）：50mg、100mg	
67	吲哚美辛 Indometacin	栓剂：25mg、50mg、100mg	
		（三）抗痛风药	
68	别嘌醇 Allopurinol	片剂：0.1g	
69	秋水仙碱 Colchicine	片剂：0.5mg	

五、神经系统用药

序号	品种名称	剂型、规格	备注
		（一）抗震颤麻痹药	
70	金刚烷胺 Amantadine	片剂：0.1g	
71	苯海索 Trihexyphenidyl	片剂：2mg	
72	多巴丝肼 Levodopa and Benserazide Hydrochloride	片剂、胶囊：0.25g（0.2g∶0.05g）、0.125g（0.1g∶0.025g）（左旋多巴：苄丝肼）	
		（二）抗重症肌无力药	
73	新斯的明 Neostigmine	注射液：1ml∶0.5mg、2ml∶1mg	
74	溴吡斯的明 Pyridostigmine Bromide	片剂：60mg	
		（三）抗癫痫药	
75	卡马西平 Carbamazepine	片剂：0.1g、0.2g	
76	丙戊酸钠 Sodium Valproate	片剂：0.1g、0.2g	
77	苯妥英钠 Phenytoin Sodium	片剂：50mg、100mg；注射用无菌粉末：0.1g、0.25g	
78	苯巴比妥 Phenobarbital	片剂：15mg、30mg、100mg；注射液：1ml∶0.1g、2ml∶0.2g；注射用无菌粉末：0.1g	
		（四）脑血管病用药及降颅压药	
79	尼莫地平 Nimodipine	片剂、胶囊：20mg、30mg	
80	麦角胺咖啡因 Ergotamine and Caffeine	片剂：酒石酸麦角胺1mg，无水咖啡因100mg	
81	甘露醇 Mannitol	注射液：20ml∶4g、50ml∶10g、100ml∶20g、250ml∶50g；注射液：3000ml∶150g（冲洗用）	
82	倍他司汀 Betahistine	（盐酸盐）片剂：4mg	
83	氟桂利嗪 Flunarizine	片剂、胶囊：5mg	
		（五）中枢兴奋药	
84	胞磷胆碱钠 Citicoline Sodium	注射液：2ml∶0.25g；氯化钠注射液、葡萄糖注射液：100ml∶0.25g	
85	尼可刹米 Nikethamide	注射液：1.5ml∶0.375g、2ml∶0.5g	
86	洛贝林 Lobeline	注射液：1ml∶3mg、1ml∶10mg	
		（六）抗痴呆药	
87	石杉碱甲 Huperzine A	片剂、胶囊：50μg	

六、治疗精神障碍药

序号	品种名称	剂型、规格	备注
	（一）抗精神病药		
88	奋乃静 Perphenazine	片剂：2mg、4mg；注射液：1ml∶5mg	△
89	氯丙嗪 Chlorpromazine	片剂：12.5mg、25mg、50mg；注射液：1ml∶10mg、1ml∶25mg、2ml∶50mg	
90	氟哌啶醇 Haloperidol	片剂：2mg、4mg；注射液：1ml∶5mg	△
91	舒必利 Sulpiride	片剂：10mg、50mg、100mg	
92	癸氟奋乃静 Fluphenazine Decanoate	注射液：1ml∶25mg	△
93	氯氮平 Clozapine	片剂：25mg、50mg	△
94	利培酮 Risperidone	片剂：1mg、2mg	△
95	喹硫平 Quetiapine	片剂：25mg、100mg	△
96	阿立哌唑 Aripiprazole	片剂、胶囊、口腔崩解片：5mg、10mg	△
97	五氟利多 Penfluridol	片剂：20mg	△
	（二）抗抑郁药		
98	帕罗西汀 Paroxetine	片剂：20mg	△
99	阿米替林 Amitriptyline	片剂：25mg	
100	多塞平 Doxepin	片剂：25mg	△
101	氯米帕明 Clomipramine	片剂：10mg、25mg；注射液：2ml∶25mg	△
	（三）抗焦虑药		
102	地西泮 Diazepam	片剂：2.5mg、5mg；注射液：2ml∶10mg	注射液△
103	氯硝西泮 Clonazepam	片剂：0.5mg、2mg	△
104	劳拉西泮 Lorazepam	片剂：0.5mg、1mg	
105	艾司唑仑 Estazolam	片剂：1mg、2mg	
106	阿普唑仑 Alprazolam	片剂：0.4mg	
	（四）抗躁狂药		
107	碳酸锂 Lithium Carbonate	片剂：0.25g	
	（五）镇静催眠药		
*(102)	地西泮 Diazepam	片剂：2.5mg、5mg；注射液：2ml∶10mg	注射液△
108	佐匹克隆 Zopiclone	片剂：3.75mg、7.5mg	
109	咪达唑仑 Midazolam	注射液：1ml∶5mg、2ml∶10mg	△

七、心血管系统用药

序号	品种名称	剂型、规格	备注
		(一) 抗心绞痛药	
110	硝酸甘油 Nitroglycerin	片剂：0.5mg；注射液：1ml∶5mg	
111	硝酸异山梨酯 Isosorbide Dinitrate	片剂：5mg；氯化钠注射液、葡萄糖注射液：100ml∶10mg	
112	硝苯地平 Nifedipine	片剂：5mg、10mg	
113	地尔硫䓬 Diltiazem	片剂：30mg	
		(二) 抗心律失常药	
114	美西律 Mexiletine	片剂：50mg、100mg	
115	普罗帕酮 Propafenone	片剂：50mg、100mg；注射液：10ml∶35mg	
116	普鲁卡因胺 Procainamide	注射液：1ml∶0.1g	
117	普萘洛尔 Propranolol	片剂：10mg	
118	阿替洛尔 Atenolol	片剂：12.5mg、25mg、50mg	
119	美托洛尔 Metoprolol	(酒石酸盐) 片剂：25mg、50mg；(酒石酸盐) 注射液：5ml∶5mg	
120	胺碘酮 Amiodarone	片剂：0.2g；注射液：2ml∶0.15g	
121	维拉帕米 Verapamil	片剂：40mg；注射液：2ml∶5mg	
		(三) 抗心力衰竭药	
122	地高辛 Digoxin	片剂：0.25mg	△
123	去乙酰毛花苷 Deslanoside	注射液：2ml∶0.4mg	
		(四) 抗高血压药	
124	卡托普利 Captopril	片剂：12.5mg、25mg	
125	依那普利 Enalapril	片剂：5mg、10mg	注释 4
126	缬沙坦 Valsartan	胶囊：80mg	
127	硝普钠 Sodium Nitroprusside	注射用无菌粉末：50mg	
128	硫酸镁 Magnesium Sulfate	注射液：10ml∶1.0g、10ml∶2.5g	
129	尼群地平 Nitrendipine	片剂：10mg	
*(112)	硝苯地平 Nifedipine	片剂：5mg、10mg；缓释片：20mg、30mg	
130	氨氯地平 Amlodipine	(苯磺酸盐、马来酸盐) 片剂：5mg	
131	比索洛尔 Bisoprolol	片剂、胶囊：2.5mg、5mg	

续表

序号	品种名称	剂型、规格	备注
132	吲达帕胺 Indapamide	片剂：2.5mg；缓释片：1.5mg	
133	酚妥拉明 Phentolamine	注射液：1ml∶10mg；注射用无菌粉末：10mg	
134	复方利血平 Compound Reserpine	片剂	
135	复方利血平氨苯蝶啶 Compound Hypoensive	片剂	
136	哌唑嗪 Prazosin	片剂：1mg、2mg	
	（五）抗休克药		
137	肾上腺素 Adrenaline	注射液：1ml∶1mg	
138	去甲肾上腺素 Noradrenaline	注射液：1ml∶2mg、2ml∶10mg	
139	异丙肾上腺素 Isoprenaline	注射液：2ml∶1mg	
140	间羟胺 Metaraminol	注射液：1ml∶10mg、5ml∶50mg	
141	多巴胺 Dopamine	注射液：2ml∶20mg	
142	多巴酚丁胺 Dobutamine	注射液：2ml∶20mg	
	（六）调脂及抗动脉粥样硬化药		
143	辛伐他汀 Simvastatin	片剂：10mg、20mg	

八、呼吸系统用药

序号	品种名称	剂型、规格	备注
	（一）祛痰药		
144	溴己新 Bromhexine	片剂：8mg	
145	氨溴索 Ambroxol	片剂、胶囊、分散片：30mg；口服溶液剂：100ml∶0.3g	
	（二）镇咳药		
146	复方甘草 Compound Liquorice	片剂、口服溶液剂	
147	喷托维林 Pentoxyverine	片剂：25mg	
148	可待因 Codeine	片剂：15mg、30mg	△
	（三）平喘药		
149	氨茶碱 Aminophylline	片剂：0.1g、0.2g；缓释片：0.1g；注射液：2ml∶0.25g、2ml∶0.5g	

续表

序号	品种名称	剂型、规格	备注
150	茶碱 Theophylline	缓释片：0.1g	
151	沙丁胺醇 Salbutamol	气雾剂：200 揿：每揿 100μg、200 揿：每揿 140μg；雾化溶液剂	
152	丙酸倍氯米松 Beclometasone Dipropionate	气雾剂：200 揿：每揿 50μg	
153	异丙托溴铵 Ipratropium Bromide	气雾剂：14g∶8.4mg（每揿 40μg）	

九、消化系统用药

序号	品种名称	剂型、规格	备注
	（一）抗酸药及抗溃疡病药		
154	复方氢氧化铝 Compound Aluminium Hydroxide	片剂	
155	雷尼替丁 Ranitidine	片剂、胶囊：0.15g；注射液：2ml∶50mg	
156	法莫替丁 Famotidine	片剂、胶囊：20mg；注射液：2ml∶20mg；注射用无菌粉末：20mg	
157	奥美拉唑 Omeprazole	肠溶（片剂、胶囊）：10mg、20mg；注射用无菌粉末：40mg	
158	枸橼酸铋钾 Bismuth Potassium Citrate	片剂、胶囊：0.3g（含 0.11g 铋）；颗粒剂：每袋含 0.11g 铋	
159	胶体果胶铋 Colloidal Bismuth Pectin	胶囊：50mg（以铋计）	
	（二）助消化药		
160	乳酶生 Lactasin	片剂：0.15g、0.3g	
	（三）胃肠解痉药及胃动力药		
161	颠茄 Belladonna	片剂：每片含颠茄浸膏 10mg	
162	山莨菪碱 Anisodamine	片剂：5mg、10mg；注射液：1ml∶2mg、1ml∶10mg	
163	阿托品 Atropine	片剂：0.3mg；注射液：1ml∶0.5mg、1ml∶1mg、1ml∶5mg	
164	多潘立酮 Domperidone	片剂：10mg	
165	甲氧氯普胺 Metoclopramide	片剂：5mg；注射液：1ml∶10mg	

续表

序号	品种名称	剂型、规格	备注
		（四）泻药及止泻药	
166	开塞露（含甘油、山梨醇） Glycerine Enema or Sorbitol Enema	灌肠剂	
167	酚酞 Phenolphthalein	片剂：50mg、100mg	
168	蒙脱石 Smectite	散剂：3g	
169	复方地芬诺酯 Compound Piphenoxylate	片剂：盐酸地芬诺酯 2.5mg，硫酸阿托品 25μg	
170	聚乙二醇 Macrogol	散剂	
		（五）肝病辅助治疗药	
171	联苯双酯 Bifendate	滴丸剂：1.5mg；片剂：25mg	
172	精氨酸 Arginine	注射液：20ml∶5g	
		（六）微生态制剂	
173	地衣芽孢杆菌活菌 Live Bacillus Licheniformis	胶囊：0.25g；颗粒剂：0.5g	
174	双歧杆菌三联活菌 Live Combined Bifidobacterrium, Lactobacillus and Enterococcus	胶囊、肠溶胶囊：0.21g	
		（七）利胆药	
175	熊去氧胆酸 Ursodeoxycholic Acid	片剂：50mg	
		（八）治疗炎性肠病药	
176	小檗碱（黄连素）Berberine	片剂：50mg、100mg	
177	柳氮磺吡啶 Sulfasalazine	肠溶片：0.25g；栓剂：0.5g	

十、泌尿系统用药

序号	品种名称	剂型、规格	备注
		（一）利尿药	
178	呋塞米 Furosemide	片剂：20mg；注射液：2ml∶20mg	
179	氢氯噻嗪 Hydrochlorothiazide	片剂：10mg、25mg	

续表

序号	品种名称	剂型、规格	备注
180	螺内酯 Spironolactone	片剂：4mg、12mg、20mg	
181	氨苯蝶啶 Triamterene	片剂：50mg	

（二）良性前列腺增生用药

序号	品种名称	剂型、规格	备注
182	坦洛新（坦索罗辛）Tamsulosin	缓释胶囊：0.2mg	
183	特拉唑嗪 Terazosin	片剂：2mg	

（三）透析用药

序号	品种名称	剂型、规格	备注
184	腹膜透析液 Peritoneal Dialysis Solution	（乳酸盐）注射液（腹腔用药）	

十一、血液系统用药

序号	品种名称	剂型、规格	备注
	（一）抗贫血药		
185	硫酸亚铁 Ferrous Sulfate	片剂：0.3g；缓释片：0.45g	
186	右旋糖酐铁 Iron dextran	注射液：2ml∶50mg、2ml∶100mg	
187	琥珀酸亚铁 Ferrous Succinate	片剂：0.1g	
188	维生素 B_{12} Vitamin B_{12}	注射液：1ml∶0.25mg、1ml∶0.5mg	
189	叶酸 Folic Acid	片剂：0.4mg、5mg	
190	腺苷钴胺 Cobamamide	片剂：0.25mg	
	（二）抗血小板药		
*(64)	阿司匹林 Aspirin	肠溶片：25mg、50mg、0.1g、0.3g	
191	双嘧达莫 Dipyridamole	片剂：25mg	
192	氯吡格雷 Clopidogrel	片剂：25mg、75mg	
	（三）促凝血药		
193	凝血酶 Thrombin	冻干粉：500 单位、2000 单位	
194	维生素 K_1 Vitamin K_1	注射液：1ml∶10mg	
195	甲萘氢醌 Menadiol	片剂：2mg、4mg	
196	氨甲苯酸 Aminomethylbenzoic Acid	注射液：10ml∶0.1g、5ml∶50mg	
197	氨甲环酸 Tranexamic Acid	注射液：5ml∶0.25g、5ml∶0.5g	

续表

序号	品种名称	剂型、规格	备注
198	鱼精蛋白 Protamine	注射液：5ml∶50mg、10ml∶0.1g	
199	血友病用药	注射用无菌粉末	注释5 △

（四）抗凝血药及溶栓药

序号	品种名称	剂型、规格	备注
200	肝素 Heparin	（钙）注射液：1ml∶5000单位、1ml∶10000单位；（钠）注射液：2ml∶5000单位、2ml∶12500单位	
201	低分子量肝素 Low Molecular Heparin	注射液	
202	华法林 Warfarin	片剂	△
203	尿激酶 Urokinase	注射用无菌粉末：25万单位	△

（五）血容量扩充剂

序号	品种名称	剂型、规格	备注
204	右旋糖酐（40，70） Dextran（40，70）	氯化钠注射液（40）、葡萄糖注射液（40）：500ml∶30g；氯化钠注射液（70）、葡萄糖注射液（70）：500ml∶30g	
205	羟乙基淀粉130/0.4 Hydroxyethyl Starch 130/0.4	氯化钠注射液：250ml∶15g、500ml∶30g	

十二、激素及影响内分泌药

序号	品种名称	剂型、规格	备注
	（一）下丘脑垂体激素及其类似物		
206	绒促性素 Chorionic Gonadotrophin	注射用无菌粉末：500单位、1000单位、2000单位、5000单位	
207	去氨加压素 Desmopressin	片剂：0.1mg、0.2mg；注射液：1ml∶4μg、1ml∶15μg	
	（二）肾上腺皮质激素类药		
208	氢化可的松 Hydrocortisone	片剂：10mg、20mg；注射液：2ml∶10mg、5ml∶25mg、20ml∶100mg；（琥珀酸钠）注射用无菌粉末：50mg、100mg	
209	泼尼松 Prednisone	片剂：5mg	
210	地塞米松 Dexamethasone	片剂：0.75mg；注射液：1ml∶2mg、1ml∶5mg	

续表

序号	品种名称	剂型、规格	备注
		（三）胰岛素及口服降血糖药	
211	胰岛素 Insulin	动物源胰岛素注射液（短效、中效、长效和预混）：400 单位；重组人胰岛素注射液（短效、中效和预混 30R）：300 单位、400 单位	
212	二甲双胍 Metformin	片剂、胶囊、肠溶（片剂、胶囊）：0.25g、0.5g	
213	格列本脲 Glibenclamide	片剂：2.5mg	
214	格列吡嗪 Glipizide	片剂、胶囊：5mg	
215	格列美脲 Glimepiride	片剂：1mg、2mg	
216	阿卡波糖 Acarbose	片剂、胶囊：50mg	
		（四）甲状腺激素及抗甲状腺药	
217	甲状腺片 Thyroid Tablets	片剂：40mg	
218	左甲状腺素钠 Levothyroxine Sodium	片剂：50μg	
219	甲巯咪唑 Thiamazole	片剂：5mg	
220	丙硫氧嘧啶 Propylthiouracil	片剂：50mg、100mg	
		（五）雄激素及同化激素	
221	丙酸睾酮 Testosterone Propionate	注射液：1ml∶25mg	
222	甲睾酮 Methyltestosterone	片剂：5mg	
223	苯丙酸诺龙 Nandrolone Phenylpropionate	注射液：1ml∶10mg、1ml∶25mg	
		（六）雌激素、孕激素及抗孕激素	
224	黄体酮 Progesterone	注射液：1ml∶10mg、1ml∶20mg	
225	甲羟孕酮 Medroxyprogesterone	片剂：2mg、4mg；片剂、胶囊：0.1g、0.25g	△
226	己烯雌酚 Diethylstilbestrol	片剂：0.5mg、1mg、2mg	
227	尼尔雌醇 Nilestriol	片剂：1mg、2mg、5mg	
		（七）钙代谢调节药及抗骨质疏松药	
228	阿法骨化醇 Alfacalcidol	片剂、胶囊、软胶囊：0.25μg、0.5μg	
229	维生素 D_2 Vitamin D_2	软胶囊：5000 单位、10000 单位；注射液：1ml∶5mg（20 万单位）、1ml∶10mg（40 万单位）	

十三、抗变态反应药

序号	品种名称	剂型、规格	备注
230	氯苯那敏 Chlorphenamine	片剂：4mg	
231	苯海拉明 Diphenhydramine	片剂：25mg；注射液：1ml:20mg	
232	赛庚啶 Cyproheptadine	片剂：2mg	
233	异丙嗪 Promethazine	片剂：12.5mg、25mg；注射液：1ml:25mg、2ml:50mg	
234	氯雷他定 Loratadine	片剂、胶囊：5mg、10mg	

十四、免疫系统用药

序号	品种名称	剂型、规格	备注
235	雷公藤多苷 Tripterysium Glycosides	片剂：10mg	
236	硫唑嘌呤 Azathioprine	片剂：50mg、100mg	
237	环孢素 Ciclosporin	胶囊、软胶囊、口服溶液剂	△

十五、抗肿瘤药

序号	品种名称	剂型、规格	备注
		（一）烷化剂	
238	司莫司汀 Semustine	胶囊：10mg、50mg	△
239	环磷酰胺 Cyclophosphamide	片剂：50mg；注射用无菌粉末：100mg、200mg、500mg	△
240	白消安 Busulfan	片剂：0.5mg、2mg	△
		（二）抗代谢药	
241	甲氨蝶呤 Methotrexate	片剂：2.5mg；注射用无菌粉末：5mg、100mg	△
242	巯嘌呤 Mercaptopurine	片剂：25mg、50mg	△
243	阿糖胞苷 Cytarabine	注射用无菌粉末：50mg、100mg	△
244	羟基脲 Hydroxycarbamide	片剂：0.5g	△

续表

序号	品种名称	剂型、规格	备注
245	氟尿嘧啶 Fluorouracil	注射液：10ml∶0.25g	△

（三）抗肿瘤抗生素

序号	品种名称	剂型、规格	备注
246	丝裂霉素 Mitomycin	注射用无菌粉末：2mg、10mg	△
247	依托泊苷 Etoposide	注射液：2ml∶40mg、5ml∶100mg	△
248	多柔比星 Doxorubicin	注射用无菌粉末：10mg	△
249	柔红霉素 Daunorubicin	注射用无菌粉末：20mg	△

（四）抗肿瘤植物成分药

序号	品种名称	剂型、规格	备注
250	长春新碱 Vincristine	注射用无菌粉末：1mg	△
251	紫杉醇 Paclitaxel	注射液：5ml∶30mg、10ml∶60mg	△
252	高三尖杉酯碱 Homoharringtonine	注射液：1ml∶1mg、2ml∶2mg	△

（五）其他抗肿瘤药

序号	品种名称	剂型、规格	备注
253	顺铂 Cisplatin	注射液：2ml∶10mg、6ml∶30mg；注射用无菌粉末：10mg、20mg、30mg	△
254	奥沙利铂 Oxaliplatin	注射用无菌粉末：50mg、100mg	△
255	卡铂 Carboplatin	注射用无菌粉末：50mg、100mg	△
256	亚砷酸（三氧化二砷）Arsenious Acid（Arsenic Trioxide）	注射液：5ml∶5mg、10ml∶10mg；注射用无菌粉末：5mg、10mg	△
257	替加氟 Tegafur	片剂、胶囊：50mg、100mg、200mg	△
258	门冬酰胺酶 Asparaginase	注射用无菌粉末：5000 单位、10000 单位	△
259	亚叶酸钙 Calcium Folinate	注射液：10ml∶100mg；注射用无菌粉末：25mg、50mg、100mg	△
260	维 A 酸 Tretinoin	片剂：10mg	△

（六）抗肿瘤激素类

序号	品种名称	剂型、规格	备注
261	他莫昔芬 Tamoxifen	片剂：10mg	△

（七）抗肿瘤辅助药

序号	品种名称	剂型、规格	备注
262	美司钠 Mesna	注射液：2ml∶0.2g、4ml∶0.4g	△
263	昂丹司琼 Ondansetron	片剂：4mg、8mg	

十六、维生素、矿物质类药

序号	品种名称	剂型、规格	备注
	（一）维生素		
264	维生素 B_1 Vitamin B_1	注射液：2ml∶50mg、2ml∶100mg	
265	维生素 B_2 Vitamin B_2	片剂：5mg、10mg	
266	维生素 B_6 Vitamin B_6	片剂：10mg；注射液：1ml∶50mg、2ml∶0.1g	
267	维生素 C Vitamin C	注射液：2ml∶0.5g、5ml∶1g	
	（二）矿物质		
268	葡萄糖酸钙 Calcium Gluconate	片剂：0.5g；注射液：10ml∶1g	
	（三）肠外营养药		
269	复方氨基酸 18AA Compound Amino Acid 18AA	注射液：250ml∶12.5g（总氨基酸）；小儿复方氨基酸注射液（18AA－Ⅰ）20ml∶1.348g（总氨基酸）	

十七、调节水、电解质及酸碱平衡药

序号	品种名称	剂型、规格	备注
	（一）水、电解质平衡调节药		
270	口服补液盐 Oral Rehydration Salts	散剂（Ⅰ、Ⅱ、Ⅲ）	
271	氯化钠 Sodium Chloride	注射液：0.9%、10%（10ml、50ml、100ml、250ml、500ml、1000ml）	
272	葡萄糖氯化钠 Glucose and Sodium Chloride	注射液：100ml、250ml、500ml	
273	复方氯化钠 Compound Sodium Chloride	注射液：250ml、500ml	
274	氯化钾 Potassium Chloride	缓释片：0.5g；注射液：10ml∶1.5g；颗粒剂	
	（二）酸碱平衡调节药		
275	乳酸钠林格 Sodium Lactate Ringer's	注射液：500ml	
276	碳酸氢钠 Sodium Bicarbonate	片剂：0.3g、0.5g；注射液：10ml∶0.5g、250ml∶12.5g	
	（三）其他		
277	葡萄糖 Glucose	注射液：5%、10%、25%、50%（20ml、100ml、250ml、500ml、1000ml）	

十八、解毒药

序号	品种名称	剂型、规格	备注
		(一) 氰化物中毒解毒药	
278	硫代硫酸钠 Sodium Thiosulfate	注射液：10ml∶0.5g、20ml∶1.0g、20ml∶10g；注射用无菌粉末：0.32g、0.64g	
		(二) 有机磷酸酯类中毒解毒药	
279	氯解磷定 Pralidoxime Chloride	注射液：2ml∶0.25g、2ml∶0.5g	
280	碘解磷定 Pralidoxime Iodide	注射液：20ml∶0.5g	
		(三) 亚硝酸盐中毒解毒药	
281	亚甲蓝 Methylthioninium Chloride	注射液：2ml∶20mg、5ml∶50mg、10ml∶100mg	
		(四) 阿片类中毒解毒药	
282	纳洛酮 Naloxone	注射液：1ml∶0.4mg、1ml∶1mg、2ml∶2mg；注射用无菌粉末：0.4mg、1.0mg、2.0mg	
		(五) 鼠药解毒药	
283	乙酰胺 Acetamide	注射液：2ml∶1.0g、5ml∶2.5g、10ml∶5.0g	
		(六) 其他	
284	氟马西尼 Flumazenil	注射液：2ml∶0.2mg、5ml∶0.5mg、10ml∶1.0mg	

十九、生物制品

序号	品种名称	剂型、规格	备注
285	破伤风抗毒素 Tetanus Antitoxin	注射液、注射用无菌粉末：1500IU、10000IU	
286	抗狂犬病血清 Rabies Antiserum	注射液：400IU、700IU、1000IU	
287	抗蛇毒血清 Snake Antivenin	注射液、注射用无菌粉末	注释6
288	国家免疫规划用疫苗		注释7

二十、诊断用药

序号	品种名称	剂型、规格	备注
		（一）造影剂	
289	泛影葡胺 Maglumine Diatrizoate	注射液：1ml∶0.3g、20ml∶12g	
290	硫酸钡 Barium Sulfate	干混悬剂（Ⅰ型、Ⅱ型）	
291	碘化油 Iodinated Oil	注射液：10ml	
292	碘海醇 Iohexol	注射液：20ml∶6g（I）、50ml∶15g（I）、100ml∶30g（I）	
		（二）其他	
293	结核菌素纯蛋白衍生物 Purified Protein Derivative of Tuberculin	注射液	

二十一、皮肤科用药

序号	品种名称	剂型、规格	备注
		（一）抗感染药	
*(17)	红霉素 Erythromycin	软膏剂：1%	
*(41)	阿昔洛韦 Aciclovir	乳膏剂：3%	
294	磺胺嘧啶银 Sulfadiazine Silver	乳膏剂：1%	
295	咪康唑 Miconazole	乳膏剂：2%	
		（二）角质溶解药	
296	尿素 Urea	软膏剂、乳膏剂：10%、20%	
297	鱼石脂 Ichthammol	软膏剂：10%	
298	水杨酸 Salicylic Acid	软膏剂：2%、5%	
		（三）肾上腺皮质激素类药	
*(208)	氢化可的松 Hydrocortisone	（含醋酸酯）乳膏剂：1%；（丁酸酯）乳膏剂：0.1%	
299	氟轻松 Fluocinonide	软膏剂、乳膏剂：0.025%	
		（四）其他	
300	炉甘石 Calamine	洗剂	
*(260)	维A酸 Tretinoin	乳膏剂：0.025%、0.05%、0.1%	
301	依沙吖啶 Ethacridine	外用溶液剂：0.1%	

二十二、眼科用药

序号	品种名称	剂型、规格	备注
	（一）抗感染药		
302	氯霉素 Chloramphenicol	滴眼剂：8ml∶20mg	
*(27)	左氧氟沙星 Levofloxacin	滴眼剂：0.3%（5ml、8ml）	
*(17)	红霉素 Erythromycin	眼膏剂：0.5%	
*(41)	阿昔洛韦 Aciclovir	滴眼剂：8ml∶8mg	
*(32)	利福平 Rifampicin	滴眼剂：10ml∶5mg、10ml∶10mg	
	（二）青光眼用药		
303	毛果芸香碱 Pilocarpine	注射液：1ml∶2mg；滴眼剂	
304	噻吗洛尔 Timolol	滴眼剂：5ml∶12.5mg、5ml∶25mg	
305	乙酰唑胺 Acetazolamide	片剂：0.25g	
	（三）其他		
*(163)	阿托品 Atropine	眼膏剂：1%	
306	可的松 Cortisone	眼膏剂：0.25%、0.5%、1%；滴眼剂：3ml∶15mg	

二十三、耳鼻喉科用药

序号	品种名称	剂型、规格	备注
307	麻黄碱 Ephedrine	滴鼻剂：1%	
308	氧氟沙星 Ofloxacin	滴耳剂：5ml∶15mg	
309	地芬尼多 Difenidol	片剂：25mg	
310	鱼肝油酸钠 Sodium Morrhuate	注射液：2ml∶0.1g	

二十四、妇产科用药

序号	品种名称	剂型、规格	备注
	（一）子宫收缩药		
311	缩宫素 Oxytocin	注射液：1ml∶5 单位、1ml∶10 单位	
312	麦角新碱 Ergometrine	注射液：1ml∶0.2mg、1ml∶0.5mg	

续表

序号	品种名称	剂型、规格	备注
313	垂体后叶注射液 Posterior Pituitary Injection	注射液：0.5ml∶3单位、1ml∶6单位	
314	米非司酮 Mifepristone	片剂：10mg、25mg、200mg	
315	米索前列醇 Misoprostol	片剂：200μg	
*(301)	依沙吖啶 Ethacridine	注射液：2ml∶50mg	

（二）其他

序号	品种名称	剂型、规格	备注
*(295)	咪康唑 Miconazole	栓剂：0.2g、0.4g；阴道软胶囊：0.4g	
*(28)	甲硝唑 Metronidazole	栓剂：0.5g；阴道泡腾片：0.2g	
316	克霉唑 Clotrimazole	栓剂：0.15g；阴道片：0.5g	

二十五、计划生育用药

序号	品种名称	剂型、规格	备注
317	避孕药		注释8

第二部分　中成药

一、内科用药

序号	功能	药品名称	剂型、规格	备注
		（一）解表剂		
1	辛温解表	九味羌活丸（颗粒）	丸剂：每丸重9g，每袋装6g、9g，每10丸重1.8g；颗粒剂：每袋装5g、15g	
2		感冒清热颗粒（胶囊）	颗粒剂：每袋装3g、6g、12g；胶囊：每粒装0.45g	
3		正柴胡饮颗粒	颗粒剂：每袋装3g、10g	
4	辛凉解表	柴胡注射液	注射液：每支装2ml	
5		银翘解毒丸（颗粒、胶囊、软胶囊、片）	丸剂：每丸重3g、9g，每10丸重1.5g；颗粒剂：每袋装2.5g、15g；胶囊：每粒装0.4g；软胶囊：每粒装0.45g；片剂：每片重0.3g，素片每片重0.5g，薄膜衣片每片重0.52g	
6		芎菊上清丸（颗粒、片）	丸剂：每丸重9g，每袋装6g，每100粒重6g；颗粒剂：每袋装10g；片剂：糖衣片片芯重0.25g、0.3g	
7		牛黄清感胶囊	胶囊：每粒装0.3g	
8		小儿宝泰康颗粒	颗粒剂：每袋装2.6g、4g、8g	
9		祖卡木颗粒	颗粒剂：每袋装6g、12g	
10		小儿热速清口服液（颗粒）	合剂：每支装10ml；颗粒剂：每袋装2g、6g	
11	表里双解	防风通圣丸（颗粒）	丸剂：每丸重9g，每8丸相当于原药材6g，每20丸重1g；颗粒剂：每袋装3g	
12	扶正解表	玉屏风颗粒	颗粒剂：每袋装5g	
		（二）泻下剂		
13	润肠通便	麻仁润肠丸（软胶囊）	丸剂：每丸重6g，每袋装6g，每10粒重1.6g；软胶囊：每粒装0.5g	

续表

序号	功能	药品名称	剂型、规格	备注
		（三）清热剂		
14	清热泻火	黄连上清丸（颗粒、胶囊、片）	丸剂：每丸重6g，每40丸重3g，每袋装6g；颗粒剂：每袋装2g；胶囊：每粒装0.3g；片剂：薄膜衣片每片重0.31g，糖衣片片芯重0.3g	
15		牛黄解毒丸（胶囊、软胶囊、片）	丸剂：每丸重3g，每100丸重5g，每袋装4g；胶囊：每粒装0.3g；软胶囊：每粒装0.4g；片剂：每片重0.25g、0.3g	
16		牛黄上清丸（胶囊、片）	丸剂：每丸重6g，每16粒重3g，每100粒重10g；胶囊：每粒装0.3g；片剂：糖衣基片重0.25g，薄膜衣片每片重0.265g，每片重0.3g	
17		一清颗粒（胶囊）	颗粒剂：每袋装5g、7.5g；胶囊：每粒装0.5g	
18	清热解毒	板蓝根颗粒	颗粒剂：每袋装3g（相当于饮片7g）、5g（相当于饮片7g）、10g（相当于饮片14g）	
19		疏风解毒胶囊	胶囊：每粒装0.52g	
20		清热解毒颗粒	颗粒剂：每袋装5g、9g、18g	
21		小儿化毒散（胶囊）	散剂：每瓶（袋）装0.6g，每袋装3g；胶囊：每粒装0.3g	
22	清热祛暑	保济丸（口服液）	丸剂：每瓶装1.85g、3.7g；合剂：每瓶装10ml	
23		藿香正气水（口服液、软胶囊）	酊剂：每支装10ml；合剂：每支装10ml；软胶囊：每粒装0.45g	
24		十滴水	酊剂：每瓶（支）装5ml、10ml、100ml、500ml	
25	清脏腑热	双黄连合剂（口服液、颗粒、胶囊、片）	合剂：每瓶装100ml、200ml，每支装10ml、20ml；颗粒剂：每袋装5g（相当于净饮片15g），每袋装5g（相当于净饮片30g）；胶囊：每粒装0.4g；片剂：每片重0.53g	
26		银黄口服液（颗粒、胶囊、片）	合剂：每支装10ml；颗粒剂：每袋装2g、4g；胶囊：每粒装0.3g；片剂：每片重0.25g	
27		茵栀黄口服液（颗粒）	合剂：每支装10ml（含黄芩苷0.4g）；颗粒剂：每袋装3g	
28		复方黄连素片	片剂：每片含盐酸小檗碱30mg	
29		连花清瘟胶囊（颗粒）	胶囊：每粒装0.35g；颗粒剂：每袋装6g	
30		小儿泻速停颗粒	颗粒剂：每袋装3g、5g、10g	
31		香连丸	丸剂：每6丸相当于原生药3g，每10丸重1.5g，每12丸重约1g，每20粒重1g，每40丸重约3g，每100粒重3g	

续表

序号	功能	药品名称	剂型、规格	备注
（四）温里剂				
32	温中散寒	附子理中丸（片）	丸剂：每丸重 9g，每 8 丸相当于原生药 3g，每袋装 6g；片剂：基片重 0.25g	
33		香砂养胃丸（颗粒、片）	丸剂：每 8 丸相当于原药材 3g，每袋装 9g；颗粒剂：每袋装 5g；片剂：每片重 0.6g	
34		香砂平胃丸（颗粒）	丸剂：每袋(瓶)装 6g；颗粒剂：每袋装 5g、10g	
35		理中丸	丸剂：每丸重 9g，每 8 丸相当于原药材 3g	
36	益气复脉	参麦注射液	注射液：每支装 10ml、20ml，每瓶装 50ml、100ml	
37		生脉饮（颗粒、胶囊、注射液）	合剂：每支装 10ml；颗粒剂：每袋装 2g、10g；胶囊：每粒装 0.3g、0.35g；注射液：每支装 10ml、20ml	
38		稳心颗粒	颗粒剂：每袋装 5g、9g	
（五）化痰、止咳、平喘剂				
39	温化寒痰	通宣理肺丸（颗粒、胶囊、片）	丸剂：每丸重 6g，每 100 丸重 10g，每 8 丸相当于原药材 3g；颗粒剂：每袋装 3g、9g；胶囊：每粒装 0.36g；片剂：每片重 0.3g	
40		寒喘祖帕颗粒	颗粒剂：每袋装 6g、10g、12g	
41	消热化痰	蛇胆川贝液	糖浆剂、合剂：每支装 10ml	
42		橘红丸（颗粒、胶囊、片）	丸剂：每丸重 3g、6g，每 100 丸重 10g；颗粒剂：每袋装 11g；胶囊：每粒装 0.5g；片剂：每片重 0.3g、0.6g	
43		急支糖浆（颗粒）	糖浆剂：每瓶装 100ml、200ml；颗粒剂：每袋装 4g	
44	润肺化痰	养阴清肺丸（膏、颗粒）	丸剂：每丸重 9g，每 100 粒重 10g；煎膏剂：每瓶装 50g、150g，每瓶装 80ml、100ml；颗粒剂：每袋装 6g、15g	
45		二母宁嗽丸（颗粒、片）	丸剂：每丸重 9g，每 100 丸重 10g；颗粒剂：每袋装 3g、10g；片剂：每片重 0.55g	
46		润肺膏	煎膏剂：每瓶装 250g	
47		强力枇杷露	糖浆剂：每瓶装 100ml、150ml、250ml、330ml	
48	消积化痰	小儿消积止咳口服液	合剂：每支装 10ml	
49	疏风清热	清宣止咳颗粒	颗粒剂：每袋装 10g	
50	健脾止咳	小儿肺咳颗粒	颗粒剂：每袋装 2g、3g、6g	

续表

序号	功能	药品名称	剂型、规格	备注
51	平喘剂	蛤蚧定喘丸（胶囊）	丸剂：每丸重9g，每60丸重9g；胶囊：每粒装0.5g	
52		桂龙咳喘宁胶囊（片）	胶囊：每粒装0.3g（相当于饮片1g）；片剂	

（六）开窍剂

序号	功能	药品名称	剂型、规格	备注
53	清热开窍	安宫牛黄丸	丸剂：每丸重1.5g、3g	注释1
54		清开灵颗粒（胶囊、片、注射液）	颗粒剂：每袋装3g（含黄芩苷20mg）；胶囊：每粒装0.25g（含黄芩苷10mg）；片剂：每片重0.5g（含黄芩苷20mg）注射液：每支装2ml、10ml	
55		安脑丸（片）	丸剂：每丸重3g，每11丸重3g；片剂：薄膜衣片每片重0.5g	
56	化痰开窍	苏合香丸	丸剂：每丸重2.4g、3g	
57		礞石滚痰丸	丸剂：每袋（瓶）装6g	

（七）扶正剂

序号	功能	药品名称	剂型、规格	备注
58	健脾益气	补中益气丸（颗粒）	丸剂：每丸重9g，每8丸相当于原生药3g，每袋装6g；颗粒剂：每袋装3g	
59		参苓白术散（丸、颗粒）	散剂：每袋装3g、6g、9g；丸剂：每100粒重6g；颗粒剂：每袋装6g	
60		健儿消食口服液	合剂：每支装10ml	
61		醒脾养儿颗粒	颗粒剂：每袋装2g	
62	健脾和胃	香砂六君丸	丸剂：每8丸相当于原生药3g，每袋装6g、9g，每100粒重6g	
63		安胃疡胶囊	胶囊：每粒含黄酮类化合物0.2g	
64	健脾养血	归脾丸（合剂）	丸剂：每丸重9g，每8丸相当于原生药3g，每袋装6g、9g，每瓶装60g、120g；合剂：每支装10ml，每瓶装100ml	
65		健脾生血颗粒（片）	颗粒剂：每袋装5g；片剂：每片重0.6g	
66	滋阴补肾	六味地黄丸（颗粒、胶囊）	丸剂：每丸重9g，每8丸重1.44g（每8丸相当于饮片3g），每袋装6g、9g，每瓶装60g、120g；颗粒剂：每袋装5g；胶囊：每粒装0.3g、0.5g	
67	滋阴降火	知柏地黄丸	丸剂：每丸重9g，每10丸重1.7g，每袋装6g、9g，每瓶装60g，每8丸相当于原生药3g	

续表

序号	功能	药品名称	剂型、规格	备注
68	滋肾养肝	杞菊地黄丸（胶囊、片）	丸剂：每丸重 9g，每 8 丸相当于原药材 3g，每袋装 6g、9g，每瓶装 60g、120g；胶囊：每粒装 0.3g；片剂：片芯重 0.3g	
69		生血宝合剂（颗粒）	合剂：每瓶装 100ml；颗粒剂：每袋装 4g、8g	
70	温补肾阳	金匮肾气丸（片）	丸剂：每丸重 6g，每 100 粒重 20g；片剂：每片重 0.27g	
71		四神丸（片）	丸剂：每袋装 9g；片剂：每片重 0.3g、0.6g	
72		济生肾气丸	丸剂：每丸重 9g，每袋装 6g	
73	气血双补	八珍丸（颗粒、胶囊）	丸剂：每丸重 9g，每 8 丸相当于原生药 3g，每袋装 6g，每瓶装 60g；颗粒剂：每袋装 3.5g、8g；胶囊：每粒装 0.4g	
74	益气养阴	消渴丸	丸剂：每 10 丸重 2.5g（含格列本脲 2.5mg）	
75		贞芪扶正颗粒（胶囊）	颗粒剂：每袋装 5g、15g；胶囊：每粒装 0.35g（相当于原药材 3.125g），每 6 粒相当于原生药 12.5g	
76		参芪降糖颗粒（胶囊、片）	颗粒剂：每袋装 3g；胶囊：每粒装 0.35g；片剂：每片重 0.35g	

（八）安神剂

序号	功能	药品名称	剂型、规格	备注
77	养心安神	天王补心丸（片）	丸剂：每丸重 9g，每 8 丸相当于原生药 3g，每袋装 6g、9g，每瓶装 60g、120g；片剂：每片重 0.5g	
78		柏子养心丸	丸剂：每丸重 9g，每袋装 6g、9g，每瓶装 60g、120g	
79		枣仁安神颗粒（胶囊）	颗粒剂：每袋装 5g；胶囊：每粒装 0.45g	

（九）止血剂

序号	功能	药品名称	剂型、规格	备注
80	凉血止血	槐角丸	丸剂：每丸重 9g，每袋装 6g、9g	

（十）祛瘀剂

序号	功能	药品名称	剂型、规格	备注
81	活血祛瘀	血栓通胶囊（注射液）、注射用血栓通（冻干）	胶囊：每粒装 0.18g（含三七总皂苷 100mg）；注射液：每支装 2ml : 70mg（三七总皂苷），每支装 5ml : 175mg（三七总皂苷）；注射用无菌粉末：每瓶（支）装 100mg、150mg、250mg	
82		血塞通胶囊（注射液）、注射用血塞通（冻干）	胶囊：50mg、100mg；注射液：每支装 2ml : 100mg，每支装 5ml : 250mg，每支装 10ml : 250mg；注射用无菌粉末：每支装 100mg、200mg、400mg	

续表

序号	功能	药品名称	剂型、规格	备注
83		丹参注射液	注射液：每支装2ml、10ml	
84		银杏叶胶囊（片、滴丸）	胶囊：每粒含总黄酮醇苷9.6mg、萜类内酯2.4mg，每粒含总黄酮醇苷19.2mg、萜类内酯4.8mg；片剂：每片含总黄酮醇苷9.6mg、萜类内酯2.4mg，每片含总黄酮醇苷19.2mg、萜类内酯4.8mg；滴丸剂：每丸重60mg，薄膜衣丸每丸重63mg	
85		银丹心脑通软胶囊	软胶囊：每粒装0.4g	
86	益气活血	麝香保心丸	丸剂：每丸重22.5mg	
87		脑心通丸（胶囊、片）	丸剂：每袋装0.8g；胶囊：每粒装0.4g；片剂：每片重0.45g	
88		诺迪康胶囊	胶囊：每粒装0.28g	
89		血栓心脉宁胶囊	胶囊：每粒装0.5g	
90		参松养心胶囊	胶囊：每粒装0.4g	
91		益心舒颗粒（胶囊、片）	颗粒剂：每袋装4g；胶囊：每粒装0.4g；片剂：每片重0.4g、0.6g	
92	化瘀宽胸	冠心苏合丸（胶囊、软胶囊）	丸剂：每丸重1g；胶囊：每粒装0.35g；软胶囊：每粒装0.31g、0.5g	
93		地奥心血康胶囊	胶囊：每粒含甾体总皂苷100mg（相当于甾体总皂苷元35mg）	
94	化瘀通脉	通心络胶囊	胶囊：每粒装0.26g	
95		灯盏花素片	片剂：每片含灯盏花素20mg	
96		脑安颗粒（胶囊、片、滴丸）	颗粒剂：每袋装1.2g；胶囊：每粒装0.4g；片剂：每片重0.53g；滴丸剂：每丸重50mg	
97		脉血康胶囊	胶囊：每粒装0.25g	
98	理气活血	血府逐瘀丸（口服液、胶囊）	丸剂：每丸重9g，每60粒重6g，每67丸约重1g，每100丸重20g；合剂：每支装10ml；胶囊：每粒装0.4g	
99		复方丹参片（颗粒、胶囊、滴丸）	片剂：薄膜衣小片每片重0.32g（相当于饮片0.6g），薄膜衣大片每片重0.8g（相当于饮片1.8g），糖衣片（相当于饮片0.6g）；颗粒剂：每袋装1g；胶囊：每粒装0.3g；滴丸剂：每丸重25mg，薄膜衣滴丸每丸重27mg	
100		速效救心丸	滴丸剂：每粒重40mg	

续表

序号	功能	药品名称	剂型、规格	备注
101		心可舒胶囊（片）	胶囊：每粒装0.3g；片剂：每片重0.31g、0.62g	
102	滋阴活血	脉络宁注射液	注射液：每支装10ml	
103	祛瘀解毒	平消胶囊（片）	胶囊：每粒装0.23g；片剂：薄膜衣片每片重0.24g，糖衣片片芯重0.23g	

（十一）理气剂

序号	功能	药品名称	剂型、规格	备注
104	疏肝解郁	逍遥丸（颗粒）	丸剂：每丸重9g，每袋装6g、9g，每8丸相当于原生药3g；颗粒剂：每袋装4g、5g、6g、15g	
105		丹栀逍遥丸	丸剂：每袋装6g	
106		护肝片（颗粒、胶囊）	片剂：糖衣片片芯重0.35g，薄膜衣片每片重0.36g、0.38g；颗粒剂：每袋装1.5g、2g；胶囊：每粒装0.35g	
107	疏肝和胃	气滞胃痛颗粒（片）	颗粒剂：每袋装2.5g、5g；片剂：糖衣片片芯重0.25g，薄膜衣片每片重0.5g	
108		胃苏颗粒	颗粒剂：每袋装5g、15g	
109		元胡止痛片（颗粒、胶囊、滴丸）	片剂：糖衣片片芯重0.25g，薄膜衣片每片重0.26g；颗粒剂：每袋装5g；胶囊：每粒装0.25g、0.45g；滴丸剂：每10丸重0.5g	
110		三九胃泰颗粒（胶囊）	颗粒剂：每袋装2.5g、10g、20g；胶囊：每粒装0.5g	
111		加味左金丸	丸剂：每100丸重6g	

（十二）消导剂

序号	功能	药品名称	剂型、规格	备注
112	消食导滞	保和丸（颗粒、片）	丸剂：每丸重9g，每袋装6g、9g，每8丸相当于原生药3g；颗粒剂：每袋装4.5g；片剂：每片重0.26g、0.4g	
113		六味安消散（胶囊）	散剂：每袋装1.5g、18g；胶囊：每粒装0.5g	
114		小儿化食丸（口服液）	丸剂：每丸重1.5g；合剂：每支装10ml	

（十三）治风剂

序号	功能	药品名称	剂型、规格	备注
115	疏散外风	川芎茶调丸（散、颗粒、片）	丸剂：每袋装6g，每8丸相当于原药材3g；散剂：每袋装3g、6g；颗粒剂：每袋装4g、7.8g；片剂：每片重0.48g	
116	平肝息风	松龄血脉康胶囊	胶囊：每粒装0.5g	

续表

序号	功能	药品名称	剂型、规格	备注
117		丹珍头痛胶囊	胶囊：每粒装0.5g	
118	祛风化瘀	正天丸（胶囊）	丸剂：每袋装6g；胶囊：每粒装0.45g	
119	养血祛风	养血清脑丸（颗粒）	丸剂：每袋装2.5g；颗粒剂：每袋装4g；	
120		消银颗粒（片）	颗粒剂：3.5g/袋；片剂：糖衣片片芯重0.3g，薄膜衣片每片重0.32g	
121		润燥止痒胶囊	胶囊：每粒装0.5g	
122	祛风通络	华佗再造丸	丸剂	
123		小活络丸	丸剂：每丸重3g，每6丸相当于原生药2.3g	
124		复方风湿宁胶囊（片）	胶囊：每粒装0.3g；片剂：基片重0.2g，薄膜衣片每片重0.21g、0.48g	

（十四）祛湿剂

序号	功能	药品名称	剂型、规格	备注
125	散寒除湿	风湿骨痛胶囊（片）	胶囊：每粒装0.3g；片剂：每片重0.36g、0.37g	
126		追风透骨丸	丸剂：每10丸重1g	
127	消肿利水	五苓散（胶囊、片）	散剂：每袋装6g、9g；胶囊：每粒装0.45g；片剂：每片重0.35g	
128		肾炎康复片	片剂：糖衣片片芯重0.3g，薄膜衣片每片重0.48g	
129		尿毒清颗粒	颗粒剂：每袋装5g	
130	清热通淋	癃清片（胶囊）	片剂：每片重0.6g；胶囊：每粒装0.4g、0.5g	
131		三金片	片剂：每片相当于原药材2.1g、3.5g	
132	化瘀通淋	癃闭舒胶囊	胶囊：每粒装0.3g、0.45g	
133	扶正祛湿	尪痹颗粒（胶囊、片）	颗粒剂：每袋装3g、6g；胶囊：每粒0.55g；片剂：每片重0.25g、0.5g	
134		风湿液	酒剂：每瓶装10ml、100ml、250ml	
135	益肾通淋	普乐安胶囊（片）	胶囊：每粒装0.375g；片剂：每片重0.57g（含油菜花粉0.5g）、0.64g（含油菜花粉0.5g）	

（十五）调脂剂

序号	功能	药品名称	剂型、规格	备注
136	化浊降脂	血脂康胶囊	胶囊：每粒装0.3g	

（十六）固涩剂

序号	功能	药品名称	剂型、规格	备注
137	补肾缩尿	缩泉丸（胶囊）	丸剂：每20粒重1g；胶囊：每粒装0.3g	

二、外科用药

序号	功能	药品名称	剂型、规格	备注
		（一）清热剂		
138	清热利湿	消炎利胆片（颗粒、胶囊）	片剂：薄膜衣小片（0.26g，相当于饮片 2.6g），薄膜衣大片（0.52g，相当于饮片 5.2g），糖衣片（片芯重 0.25g，相当于饮片 2.6g）；颗粒剂：每袋装 2.5g；胶囊：每粒装 0.45g	
139	清热解毒	季德胜蛇药片	片剂：每片重 0.4g	
140		连翘败毒丸（膏、片）	丸剂：每袋装 9g，每 100 粒重 6g；煎膏剂：每袋装 15g，每瓶装 60g、120g、180g；片剂：每片重 0.6g	
141		如意金黄散	散剂：每袋（瓶）装 3g、6g、9g、12g、30g	
142		地榆槐角丸	丸剂：每丸重 9g，每 100 丸重 10g	
143	通淋消石	排石颗粒	颗粒剂：每袋装 5g、20g	
144	清热消肿	马应龙麝香痔疮膏	软膏剂	
145	软坚散结	内消瘰疬丸	丸剂：每 10 丸重 1.85g，每 100 粒重 6g，每瓶装 9g	
		（二）温经理气活血剂		
146	散结消肿	小金丸（胶囊、片）	丸剂：每 10 丸重 6g；每 100 丸重 3g、6g；胶囊：每粒装 0.3g、0.35g 片剂：每片重 0.36g	
		（三）活血化瘀剂		
147	化瘀通脉	脉管复康片（胶囊）	片剂：每片重 0.3g、0.6g；胶囊：每粒装 0.45g	
148	消肿活血	京万红软膏	软膏剂：每支装 10g、20g，每瓶装 30g、50g	

三、妇科用药

序号	功能	药品名称	剂型、规格	备注
		（一）理血剂		
149	活血化瘀	益母草膏（颗粒、胶囊、片）	煎膏剂：每瓶装 125g、250g；颗粒剂：每袋装 15g；胶囊：每粒装 0.36g（每粒相当于原药材 2.5g）；片剂：每片含盐酸水苏碱 15mg	

续表

序号	功能	药品名称	剂型、规格	备注
150		少腹逐瘀丸（颗粒、胶囊）	丸剂：每丸重 9g；颗粒剂：每袋装 1.6g、5g；胶囊：0.45g/粒	
151	化瘀止血	茜芷胶囊	胶囊：每粒装 0.4g	
152	收敛止血	葆宫止血颗粒	颗粒剂：每袋装 15g	
153	养血舒肝	妇科十味片	片剂：每片重 0.3g	

（二）清热剂

序号	功能	药品名称	剂型、规格	备注
154	清热除湿	妇科千金片（胶囊）	片剂；胶囊：每粒装 0.4g	
155		花红片（颗粒、胶囊）	片剂：薄膜衣片每片重 0.29g，糖衣片片芯重 0.28g；颗粒剂：每袋装 2.5g、10g；胶囊：每粒装 0.25g	
156		宫炎平片（胶囊）	片剂：薄膜衣片每片重 0.26g，糖衣片片芯重 0.25g；胶囊：每粒装 0.2g、0.25g、0.35g	
157	清热解毒	妇炎消胶囊	胶囊：每粒装 0.45g	
158		金刚藤糖浆	糖浆剂：每瓶装 150ml	
159	行气破瘀	保妇康栓	栓剂：每粒重 1.74g	

（三）扶正剂

序号	功能	药品名称	剂型、规格	备注
160	养血理气	艾附暖宫丸	丸剂：每丸重 9g，每袋装 9g，每瓶装 45g、72g，每 45 粒重 9g，每 100 丸重 4g、10g	
161	益气养血	乌鸡白凤丸（胶囊、片）	丸剂：每丸重 9g，每袋装 6g、9g，每 10 丸重 1g；胶囊：每粒装 0.3g；片剂：每片重 0.5g	
162		八珍益母丸（胶囊）	丸剂：每丸重 9g，每袋装 6g、9g，每瓶装 60g、120g；胶囊：每粒装 0.28g	
163	滋阴安神	更年安片（胶囊）	片剂：薄膜衣片每片重 0.31g，糖衣片片芯重 0.3g；胶囊：每粒装 0.3g	
164		坤泰胶囊	胶囊：每粒装 0.5g	

（四）散结剂

序号	功能	药品名称	剂型、规格	备注
165	消肿散结	乳癖消颗粒（胶囊、片）	颗粒剂：每袋装 8g（相当于原药材 6g）；胶囊：每粒装 0.32g；片剂：薄膜衣片每片重 0.34g、0.67g，糖衣片片芯重 0.32g	
166	活血化瘀	桂枝茯苓丸（胶囊）	丸剂：每丸重 6g，每 100 丸重 10g，素丸每 10 丸重 1.5g、2.2g；胶囊：每粒装 0.31g	
167		乳块消颗粒（胶囊、片）	颗粒剂：每袋装 5g、10g；胶囊：每粒装 0.3g；片剂：薄膜衣片每片重 0.36g	
168		宫瘤清胶囊（颗粒）	胶囊：每粒装 0.37g；颗粒剂：每袋装 4g	

四、眼科用药

序号	功能	药品名称	剂型、规格	备注
		（一）清热剂		
169	清热散风	明目上清丸（片）	丸剂：每袋（瓶）装9g；片剂：素片每片重0.6g，薄膜衣片每片重0.63g	
170		明目蒺藜丸	丸剂：每20粒重1g	
171	泻火明目	黄连羊肝丸	丸剂：每丸重9g，每20丸重1g，每100丸重20g	
172		珍珠明目滴眼液	滴眼剂：每支装8ml、10ml、12ml、15ml	
		（二）扶正剂		
173	滋阴养肝	明目地黄丸	丸剂：每丸重9g，每袋装6g、9g，每8丸相当于原生药3g	
174		障眼明片（胶囊）	片剂：糖衣片片芯重0.21g，薄膜衣片每片重0.21g、0.42g；胶囊：每粒装0.25g、0.4g	
175	益气养阴	复方血栓通胶囊（片）	胶囊：每粒装0.5g；片剂：每片重0.35g、0.4g	

五、耳鼻喉科用药

序号	功能	药品名称	剂型、规格	备注
		（一）耳病		
176	滋肾平肝	耳聋左慈丸	丸剂：每丸重9g，每8丸相当于原生药3g，每100粒重10g	
177		通窍耳聋丸	丸剂：每100粒重6g	
		（二）鼻病		
178	宣肺通窍	鼻炎康片	片剂：每片重0.37g（含马来酸氯苯那敏1mg）	
179	清热通窍	藿胆丸（片、滴丸）	丸剂：每瓶装36g，每10丸重0.24g，每195粒约重3g；片剂；滴丸剂：每丸重50mg	
180	疏风清热	辛夷鼻炎丸	丸剂：每10丸重0.75g	
181		香菊胶囊（片）	胶囊：每粒装0.3g；片剂：素片每片重0.3g，薄膜衣片每片重0.32g	
182	扶正解表	辛芩颗粒	颗粒剂：每袋装5g、20g	

续表

序号	功能	药品名称	剂型、规格	备注
		（三）咽喉、口腔病		
183	化痰利咽	黄氏响声丸	丸剂：炭衣丸每丸重 0.1g、0.133g，糖衣丸每瓶装 400 丸	
184		清咽滴丸	滴丸剂：每丸重 20mg	
185	滋阴清热	口炎清颗粒	颗粒剂：每袋装 3g、10g	
186		玄麦甘桔颗粒（胶囊）	颗粒剂：每袋装 10g；胶囊：每粒装 0.35g	
187	清热凉血	口腔溃疡散	散剂：每瓶装 3g	
188	清热解毒	冰硼散	散剂：每瓶（支）装 0.6g、1.5g、2g、3g	

六、骨伤科用药

序号	功能	药品名称	剂型、规格	备注
189	接骨续筋	接骨七厘散（丸、片）	散剂：每袋装 1.5g；丸剂：每袋装 1.5g、2g；片剂：每片相当于原生药量 0.3g	
190		伤科接骨片	片剂	
191	活血化瘀	云南白药（胶囊、膏、酊、气雾剂）	散剂、胶囊、贴膏剂、酊剂、气雾剂	
192		活血止痛散（胶囊）	散剂：每袋（瓶）装 1.5g；胶囊：每粒装 0.25g、0.5g	
193		七厘散（胶囊）	散剂：每瓶装 1.5g、3g；胶囊：每粒装 0.5g	
194		消痛贴膏	贴膏剂：每贴装 1.0g、1.2g	
195	活血通络	颈舒颗粒	颗粒剂：每袋装 6g	
196		颈复康颗粒	颗粒剂：每袋装 5g	
197		腰痹通胶囊	胶囊：每粒装 0.42g	
198	祛风活络	舒筋活血丸（片）	丸剂：每丸重 6g；片剂：每片重 0.3g	
199		狗皮膏	膏药：每张净重 12g、15g、24g、30g	
200		骨痛灵酊	酊剂：每袋装 10ml，每瓶装 30ml、60ml、100ml、250ml	
201		通络祛痛膏	贴膏剂：7cm×10cm	
202		复方南星止痛膏	贴膏剂：10cm×13cm	
203	补肾壮骨	仙灵骨葆胶囊（片）	胶囊：每粒装 0.5g；片剂：每片重 0.3g	